CONTABILIDADE AMBIENTAL
RELATO INTEGRADO E SUSTENTABILIDADE

O GEN | Grupo Editorial Nacional – maior plataforma editorial brasileira no segmento científico, técnico e profissional – publica conteúdos nas áreas de ciências sociais aplicadas, exatas, humanas, jurídicas e da saúde, além de prover serviços direcionados à educação continuada e à preparação para concursos.

As editoras que integram o GEN, das mais respeitadas no mercado editorial, construíram catálogos inigualáveis, com obras decisivas para a formação acadêmica e o aperfeiçoamento de várias gerações de profissionais e estudantes, tendo se tornado sinônimo de qualidade e seriedade.

A missão do GEN e dos núcleos de conteúdo que o compõem é prover a melhor informação científica e distribuí-la de maneira flexível e conveniente, a preços justos, gerando benefícios e servindo a autores, docentes, livreiros, funcionários, colaboradores e acionistas.

Nosso comportamento ético incondicional e nossa responsabilidade social e ambiental são reforçados pela natureza educacional de nossa atividade e dão sustentabilidade ao crescimento contínuo e à rentabilidade do grupo.

José Roberto Kassai
Nelson Carvalho
José Rubens Seyiti Kassai

CONTABILIDADE AMBIENTAL
RELATO INTEGRADO E SUSTENTABILIDADE

Os autores e a editora empenharam-se para citar adequadamente e dar o devido crédito a todos os detentores dos direitos autorais de qualquer material utilizado neste livro, dispondo-se a possíveis acertos caso, inadvertidamente, a identificação de algum deles tenha sido omitida.

Não é responsabilidade da editora nem dos autores a ocorrência de eventuais perdas ou danos a pessoas ou bens que tenham origem no uso desta publicação.

Apesar dos melhores esforços dos autores, do editor e dos revisores, é inevitável que surjam erros no texto. Assim, são bem-vindas as comunicações de usuários sobre correções ou sugestões referentes ao conteúdo ou ao nível pedagógico que auxiliem o aprimoramento de edições futuras. Os comentários dos leitores podem ser encaminhados à **Editora Atlas Ltda.** pelo e-mail faleconosco@grupogen.com.br.

Direitos exclusivos para a língua portuguesa
Copyright © 2019 by
Editora Atlas Ltda.
Uma editora integrante do GEN | Grupo Editorial Nacional

Reservados todos os direitos. É proibida a duplicação ou reprodução deste volume, no todo ou em parte, sob quaisquer formas ou por quaisquer meios (eletrônico, mecânico, gravação, fotocópia, distribuição na internet ou outros), sem permissão expressa da editora.

Rua Conselheiro Nébias, 1384
Campos Elísios, São Paulo, SP — CEP 01203-904
Tels.: 21-3543-0770/11-5080-0770
faleconosco@grupogen.com.br
www.grupogen.com.br

Designer de capa: OFÁ Design :: Manu

Imagem de capa: Andrey Danilovich | iStockphoto

Editoração Eletrônica: Anthares

CIP-BRASIL. CATALOGAÇÃO NA PUBLICAÇÃO
SINDICATO NACIONAL DOS EDITORES DE LIVROS, RJ

K29c
7. ed.

Kassai, José Roberto
   Contabilidade ambiental : relato integrado e sustentabilidade / José Roberto Kassai, Nelson Carvalho, José Rubens Seyiti Kassai. São Paulo : Atlas, 2019.

ISBN 978-85-97-02155-4

1. Auditoria ambiental. 2. Desenvolvimento sustentável - Contabilidade. I. Carvalho, Nelson. II. Kassai, José Rubens Seyiti. III. Título.

19-57711   CDD 657.4
                                           CDU 657.6

Meri Gleice Rodrigues de Souza - Bibliotecária CRB-7/6439

Apresentação

Este livro aborda o conteúdo básico da disciplina **Relato Integrado e Sustentabilidade**, oferecida na FEA/USP por iniciativa do Núcleo de Estudos em Contabilidade e Meio Ambiente (NECMA/USP) e com o apoio de diversos parceiros que atuam em prol do desenvolvimento sustentável, dentre eles o *International Integrated Reporting Council* (IIRC), a Comissão Brasileira de Acompanhamento do Relato Integrado (CBARI), o *Global Reporting Initiative* (GRI) e a Bolsa de Valores (Brasil, Bolsa, Balcão – B3).[1] É uma disciplina de graduação, mas tem recebido a participação de alunos de pós-graduação, especialistas e ouvintes interessados neste tema que acreditamos ser o próximo passo evolutivo dos relatos corporativos.

Nesse novo padrão de relatos corporativos, as organizações deixarão de produzir comunicações volumosas, desconexas e estáticas e passarão a comunicar o seu processo de geração de valor como alicerce para um futuro sustentável. É um desafio e ao mesmo tempo uma grande oportunidade para as empresas, pois essa predisposição em se tornar mais transparente é um dos atributos de geração e valor ou do seu *goodwill*.

As primeiras iniciativas internacionais sobre o Relato Integrado, ao nosso ver, surgiram em 2002, por ocasião da Cúpula Mundial sobre Desenvolvimento Sustentável (Rio+10), realizada em Joanesburgo e por iniciativa de Mervyn King (membro fundador do IIRC) quando lançou a segunda versão do Código King de governança corporativa da África do Sul, denominado "King II", incluindo o termo *Integrated Sustainability Reporting* e baseado no modelo da GRI e na abordagem *Triple Bottom Line* (TBL).

A versão "King I" foi lançada em 1994. Já a versão "King III" foi lançada em 2009 com a proposição de integração de informações financeiras e de sustentabilidade e passou a ser obrigatória em março de 2010 para as empresas listadas na bolsa de valores de Joanesburgo. A versão "King IV" foi lançada em 2016, consolidando o Relato Integrado e governança corporativa baseada na transparência.

Como começou a iniciativa brasileira? Vamos contar.

O Brasil foi um dos países pioneiros na implantação das normas internacionais de contabilidade (IFRS) com a mudança da lei das sociedades anônimas (2007-2010), e, nessa fase de promover maior transparência nos novos relatórios contábeis, os profissionais ligados às questões de sustentabilidade contribuíram com provocações no sentido de se incluírem também informações de natureza ambiental e social, haja vista as discussões que já ocorriam em ações como o *Global Reporting Initiative* (GRI), o *Carbon Disclosure Project* (CDP), o Instituto IBASE, o Instituto Ethos e os questionários de avaliação do Índice de Sustentabilidade Empresarial (ISE/B3).

Após diversas reuniões, consultas e discussões, foi realizado na FEA/USP, no dia 12 de maio de 2010, um evento para tratar da integração de relatórios financeiros e não financeiros, intitulado "Diálogo IFRS e GRI", que se supõe ser o primeiro evento desta natureza no país. Ele contou com a colaboração dos amigos Fernando Eliezer Figueiredo, Roberto de Souza Gonzales, Carlos Eduardo Lessa Brandão, Gláucia Térreo, Ernest Ligteringen, Ariovaldo dos Santos, Eliseu Martins, Nelson Carvalho, Henry Robert Srou, Yara Cintra, Alexandre Foschine e diversos alunos. Estiveram presentes 168 participantes na Sala da Congregação da FEA/USP, entre profissionais de relatos corporativos, alunos e professores.

---

[1] Além desses, contribuíram como palestrantes desta disciplina: Gláucia Terreo (GRI), Cláudio Andrade (GRI), Carlos Eduardo Lessa Brandão (IBGC), Francisco D'Orto (CBARI), Laércio Kutianski José Romeiro (ACV), Carlos Alberto Di Agustini (Emergia), Sonia Consiglio Favaretto (ISE/B3), Ricardo Voltolini (PLS), Vania Bueno (Comunicação), Wilson Marini (Comunicação), Eduardo Flores (IIRC), Elise Soergue Zaro (NECMA), Fernando Dal Múrcia (NECMA), Alex Silva (Itaú), Fernando Fonseca (NECMA), Meire Ferreita (CBARI), Roberto Souza Gonzalez (CBARI), Robert Eccles (Harvard University), Nelson Carvalho (IIRC), Tatiana Assali (PRI), Julio Campos (NECMA), Fernando Elizer Figueiredo (Schneider), Yara Consuelo Cintra (NECMA), Rafael Feltran-Barbieri (Procam/USP), Alexandre Foschine (IPCY), Nadson Alves (UFPA), dentre outros.

Os vídeos desse evento estão disponíveis na videoteca da USP[2] e a conclusão a que se chegou foi de que "*se não houver uma iniciativa por parte da contabilidade e de finanças, que é a linguagem que os mercados entendem, de nada adianta a retórica dos ambientalistas, socialistas, economistas etc.*". (NECMA, 2010).

O próprio presidente internacional do GRI que participou deste evento, o Sr. Ernest Ligteringen,[3] confidenciou que eles foram vítimas do próprio sucesso, ou seja, que os quase duzentos indicadores e diretrizes de sustentabilidade, por si só, são insuficientes para promoverem as mudanças necessárias para se atingir um mercado mais sustentável; seria necessário integrar os relatórios não financeiros com a contabilidade que já possui *know-how* e tradição no reporte empresarial, em auditorias, normas e regulamentações.

Logo em seguida, em agosto de 2010, foi constituído em Londres o Conselho Internacional do Relato Integrado ou *International Integrated Reporting Council* (IIRC), e na primeira reunião presidida diretamente por Sua Alteza o Príncipe de Gales e o seu secretário geral (que é contador), iniciaram-se os trabalhos ao longo de reuniões quadrimestrais, que culminaram na divulgação da primeira norma sobre Relato Integrado, o **Framework 1.0** do IIRC, ocorrida no dia 9 de dezembro de 2013.

Segundo relatos pessoais do Professor Nelson Carvalho, Sua Alteza Real o Príncipe de Gales proferiu as seguintes palavras em seu discurso de abertura: "*O mundo nunca enfrentou desafios de tamanha magnitude: consumo excessivo de recursos naturais finitos, mudanças climáticas e a necessidade de fornecer água potável, alimento e melhores condições de vida para uma população global cada vez maior. Decisões tomadas para enfrentar estes desafios devem estar embasadas em informações claras e compreensivas e estamos, no momento, lutando para enfrentar desafios do século 21 com, **na melhor das hipóteses**, Relatórios Corporativos e de tomada de decisão do século 20 ou anterior*".

Esse conselho internacional (IIRC) foi constituído inicialmente por quarenta pessoas representantes dos principais países do G20 e, além de economistas, investidores, ambientalistas, dentre outros, o Príncipe de Gales achou por bem convocar os contabilistas, incluindo as principais empresas de auditoria. Do Brasil participaram o Professor Nelson Carvalho, membro fundador do NECMA/USP, e o então vice-presidente de finanças da Natura, Roberto Pedote, acompanhados pelo presidente internacional da GRI.

Desde então, esse tema tem sido discutido internacionalmente. Na FEA/USP, foi objeto de tópicos especiais em disciplinas de pós-graduação e, a partir de 2011, constituiu disciplina regular e optativa, no início com base nas anotações pessoais do professor Nelson Carvalho e nas pautas de reuniões do IIRC e depois com base nos rascunhos ou *draft exposures*; finalmente, em 2014 tomou como base a norma oficial – o *Framework Integrated Reporting*.

As orientações desta norma internacional estão distribuídas em 38 páginas (37 na versão original, em inglês) e não se trata de um roteiro ou de uma *check list*, mas sim de um conjunto de princípios que orientam como a empresa deve iniciar o processo de elaboração de seu Relato Integrado. O seu entendimento é de fácil assimilação, como evidenciam os testes de 50 questões aplicados para mais de 1.000 alunos, com uma média de 50% de acertos após uma única e breve leitura (KASSAI et al., 2016).

O conteúdo deste livro, bem como o foco da disciplina oferecida nesses últimos anos, não se limita ao conteúdo dessa norma internacional, pois, conforme o nosso entendimento, não se trata necessariamente de um novo "relatório", mas de um processo de reporte corporativo baseado no princípio do "pensamento integrado", uma sinergia entre as áreas e os principais dirigentes de uma corporação. Incluímos também algumas noções básicas de contabilidade e de finanças, a pedido de especialistas em sustentabilidade que participaram das aulas.

O Relato Integrado é, sobretudo, uma mudança cultural nos sistemas de comunicação e de governança de uma companhia para se obter o que é realmente "essencial" a ser reportado, entendido como aquilo que é capaz de agregar (ou destruir) valor ao longo do tempo. Essa predisposição a um nível maior de transparência é uma das características desse novo modelo de negócio e do processo de geração de valor da companhia sob as dimensões de seis capitais: financeiro, manufaturado, intelectual, humano, social e de relacionamento e natural.

A justificativa para a escolha desses seis capitais do Relato Integrado baseia-se na premissa de que os valores não tangíveis – ou *goodwill* – refletidos no preço das ações ou em cálculos internos de *valuation* representam a maior parcela do valor de uma

---

[2] Acesse o *site* www.iptv.usp.br e localize o vídeo no campo de pesquisa.

[3] Falecido em 15 de junho de 2017. Aproveitamos para fazer uma homenagem a este homem que trabalhou incansavelmente nas corporações em prol do desenvolvimento sustentável.

companhia. Na década de 1960, a maior parcela do valor de uma companhia era predominantemente de natureza tangível (dinheiro, estoques, terrenos, prédios, máquinas); atualmente, a posição se inverteu, sendo que mais de 80% desse valor é oriundo de Ativos Intangíveis e de natureza não financeira, conforme ilustra a Figura 1 (OCEAN TOMO, 2015).

E não basta juntar os relatórios financeiros e não financeiros elaborados pela companhia para se obter um Relato Integrado; senão seria apenas um "relatório juntado" e, provavelmente, mais volumoso e mais difícil de ser lido ou entendido.

O Relato Integrado deve ser mais do que a junção dos relatórios financeiros com as informações não financeiras; deve incluir uma visão concisa sobre como a estratégia, a governança, o desempenho, o ambiente externo e a postura da empresa diante das externalidades contribuem para redução de riscos e aumento do valor da empresa.

Se no passado a figura do Balanço Patrimonial representava uma "fotografia" estática de um determinado momento da empresa, o Relato Integrado passa a representar um "vídeo", orientado principalmente para a história futura de criação de valor e as perspectivas de sua perpetuação.

Desse modo, o Relato Integrado não consiste apenas em uma banal junção dos relatórios contábeis com os relatórios de sustentabilidade, senão os relatórios GRI já teriam atingido esse patamar, pois armazenam um riquíssimo conjunto de indicadores e medidas de desempenho econômico, ambiental, social, práticas laborais e trabalho digno, direitos humanos, sociedade e responsabilidade pelo produto.

O Relato Integrado se refere a um processo de harmonização e de convergência dos sistemas de gestão organizacional e do processo de comunicação corporativa. Por isso, é fundamental que se respeite o tempo certo para que cada empresa ou profissional possa se adaptar a esse novo modelo de negócio, em sintonia com a sociedade, respeitando a natureza e mantendo o equilíbrio nos seus fluxos de caixa.

Na raiz do conceito de Relato Integrado, há uma profunda mudança mental e de atitudes de membros de conselhos de administração e diretores executivos, em um movimento *top-down* que incorpora os valores de criação sustentável de riqueza por toda a organização, como parte da estratégia da firma. É um grande esforço para que os relatos corporativos atendam às necessidades do século XXI e também às expectativas de Sua Alteza o Príncipe Charles Philip Arthur George.

Diante dessas considerações, tivemos o cuidado de redigir este livro para atender o interesse dos diferentes tipos de público que se interessaram pelo tema e estão, de alguma forma, envolvidos com as questões financeiras e de sustentabilidade. O nosso objetivo não é ensinar como se faz um Relato Integrado, e nem é esse o objetivo do próprio *framework*, mas a nossa intenção é contribuir para um processo de mudança mental e cultural baseado no pensamento integrado e tendo como subproduto relatos corporativos cada vez melhores.

Para orientar a leitura, os capítulos deste livro estão divididos na seguinte forma:

1. Conceitos básicos sobre contabilidade e meio ambiente – testes iniciais: neste capítulo inicial você poderá realizar dois testes e avaliar os seus conhecimentos prévios em contabilidade e em sustentabilidade, bem como calcular e interpretar a sua pegada ecológica. Com essas autoavaliações, o leitor poderá direcionar sua leitura e priorizar os tópicos de maior interesse.

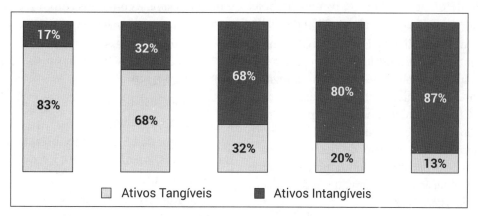

Figura 1 Composição do valor da empresa – *Valuation*
Fonte: Ocean Tomo (2015).

2. **Noções de taxa de risco e de custo de capital:** neste capítulo realizamos uma discussão dinâmica para desmitificar o conceito de risco e simplificar o seu entendimento como base para o cálculo do custo de capital de um empreendimento. Reunimos diversas tabelas e referências para facilitar a identificação da Taxa Mínima de Atratividade (TMA) de diversos projetos ou atividades empresariais, incluindo atividades que não negociam ações em bolsas, e também damos destaque para riscos ambientais.

3. **Medidas contábeis de retorno de investimentos:** neste capítulo apresentamos os principais conceitos de contabilidade e ferramentas de análises econômicas e financeiras. Para fixar os conceitos, exemplificamos as análises comparando os desempenhos de duas empresas globais (Apple e Petrobras).

4. **Medidas financeiras de análise de projetos:** neste capítulo apresentamos as principais ferramentas de análise de viabilidade econômica de projetos e discutimos alguns aspectos avançados que podem surpreender até os mais experientes analistas de investimentos, como inconsistências da TIR e intersecção de Fisher.

5. ***Strategic Budget Plan*** **(SBPL) – ferramenta de controle de desempenho orçamentário:** neste capítulo exemplificamos uma ferramenta de processamento de dados útil no processo de planejamento, execução e controle das estratégias empresariais, fundamental para resguardar a capacidade da empresa em agregar valor. Não se podem negligenciar esses controles de natureza operacional e orçamentária; a sua ausência pode comprometer negócios considerados sustentáveis e atrativos.

6. **Linha do tempo sobre mudanças climáticas globais:** neste capítulo reunimos os principais acontecimentos julgados relevantes nas discussões sobre mudanças climáticas globais e sobre o desenvolvimento sustentável, desde o ano de 1500 até os dias de hoje, tendo como horizonte a agenda global 2030 da ONU.

7. **Balanço Contábil das Nações (BCN):** neste capítulo apresentamos um modelo proposto para a elaboração de balanços contábeis de países ou de regiões. Exemplificamos com análises para sete países (Brasil, Rússia, Índia, China, EUA, Alemanha e Japão) e para cada um dos 26 estados e Distrito Federal brasileiros. Ao final, destacamos um projeto de pesquisa com a proposta de tornar o Brasil uma futura potência verde e analisar a contribuição de cada uma de suas unidades federativas ou *monster states*.

8. **Relato Integrado:** neste capítulo abordamos o conteúdo básico do *framework* do Relato Integrado, bem como a interpretação dos conceitos fundamentais, dos princípios básicos e de seus elementos de conteúdo. Adicionalmente, discutimos alguns mitos e verdades sobre o Relato Integrado com base na opinião de alunos, professores e profissionais envolvidos nas atividades do NECMA nesses últimos anos. E, ao final, o leitor poderá realizar três atividades que reforçam o entendimento do tema, sendo uma delas um *quiz* com 50 questões de múltipla escolha.

9. **Outras ações para o desenvolvimento sustentável:** neste capítulo apresentamos outras ações que contribuem com as discussões em torno dos temas de sustentabilidade (e que, possivelmente, podem se tornar capítulos à parte em futuras edições deste livro).

Para complementar o livro, foram elaborados:

- **Glossário geral:** este tópico apresenta os principais conceitos e terminologias discutidos no livro, na forma de dicionário e em ordem alfabética, com a finalidade de orientar a leitura e fornecer uma consulta rápida sobre os temas.

- **Avaliação de aprendizagem:** ao final de cada capítulo, incluímos algumas atividades para a avaliação de seu conteúdo, como, por exemplo: *quiz* de múltipla escolha, questionários, exercícios, sugestões de pesquisas etc.

O conteúdo completo da disciplina **Relato Integrado e Sustentabilidade** está disponível na plataforma Moodle da USP. Pode ser acessado livremente (sem senha) e inclui programas, provas, vídeos dos principais palestrantes, exercícios, artigos, dissertações e teses, livros, *quizzes*, avaliações e diversos *links* de apoio didático.

Esperamos que esta obra possa se somar a outras ações relacionadas com o desenvolvimento econômico, social, ambiental e cultural das entidades empresariais e da sociedade, e contamos com o seu *feedback* para o aprimoramento deste tema que merece a nossa atenção.

José Roberto Kassai

Professor da FEA-USP e Coordenador do NECMA/USP

jrkassai@usp.br_

Nelson Carvalho

Professor da FEA-USP, Ex-presidente do Conselho da Petrobras, membro do A4S e do IIRC

lnelson@usp.br

José Rubens Seyiti Kassai

Músico, Tradutor e Escritor, nascido após a Rio-92

zezo.kassai@gmail.com

Prefácio

Foi com muito orgulho e certa dose de alívio que recebi o honroso convite para escrever o prefácio deste livro. Orgulho, porque ter seu nome de alguma forma associado ao dos autores desta publicação é uma oportunidade que nenhum profissional da área de controladoria deixa de alimentar em seus sonhos mais dourados. Não apenas pelo vasto conhecimento detido pelos mesmos, mas pela sua reconhecida capacidade de nunca se fecharem para o que ainda está para vir, mesmo que tais fatos pareçam pouco "ortodoxos" para seus pares.

Escrever um livro é compartilhar conhecimento adquirido com aqueles que terão o privilégio de lê-lo. Quando esse conhecimento é tão amplo quanto o dos autores, o resultado é uma obra que certamente irá influenciar não apenas os profissionais e acadêmicos da atualidade, mas também as gerações futuras.

Já a "dose de alívio" se dá pelo fato de que hoje ainda temos o ambiente de negócios dividido entre dois blocos: os financistas, que, em sua grande maioria, acreditam que sua missão se restringe em gerar valor econômico para seus investidores; e os não financistas, que acham que aspectos sociais e ambientais são os únicos que contam.

É fundamental demonstrar que esses dois blocos não precisam ser mutuamente excludentes, mas, ao contrário, todos ganham muito mais se aprenderem a conhecer os argumentos e necessidades um do outro. Esta publicação, por isso, é um sopro de esperança para a bibliografia existente no mercado, na medida em que apresenta os conceitos já consagrados no âmbito de finanças e sob a ótica de aspectos hoje exclusivamente associados à sustentabilidade.

Adicionalmente, se torna uma forte fonte de referência para a mais moderna metodologia de combinação dos dois blocos: o Relato Integrado. Trata-se do termo mais utilizado atualmente em qualquer discussão que envolva o reporte corporativo. Porém, por se tratar de uma proposta ainda recente, muitos são aqueles que ainda demonstram fazer uma interpretação equivocada sobre o que realmente é o Relato Integrado.

Alguns ainda pensam que ele se refere a um novo relatório a ser gerado pelas empresas, ou que é mais um "modismo" em relação a relatórios de sustentabilidade. Os autores vêm ao encontro da necessidade de esclarecer tais equívocos, tratando os conceitos relacionados ao tema de forma clara, objetiva e fascinante; desfazendo mitos e apresentando a essência dos mesmos.

Estando à frente da coordenação da Comissão Brasileira de Acompanhamento do Relato Integrado (CBARI) desde a sua criação em 2012, tenho tido a oportunidade de acompanhar o quanto o Relato Integrado pode contribuir para a geração de relatórios corporativos mais completos, informativos, transparentes e imparciais, transmitidos em uma linguagem moderna e rica em imagens que tornam sua leitura e a assimilação do conteúdo mais fáceis e intuitivas.

Tenho certeza de que o conteúdo deste livro será de um valor inestimável para acadêmicos, reguladores, pessoas e empresas interessadas em ir além do mero reporte formalmente construído.

Vania Borgerth

Agradecimentos

Agradeço ao professor e amigo Nelson Carvalho, por ser a minha referência em contabilidade e meio ambiente e por ter me incentivado na redação desta obra. E à amiga e coordenadora da Comissão Brasileira de Acompanhamento do Relato Integrado (CBARI), Vania Borgerth, que tem se dedicado incansavelmente para promover a melhoria dos relatos corporativos.

Sou grato aos meus eternos orientadores: os professores Armando Catelli (*in memoriam*), Masayuki Nagakawa (*in memoriam*), Iran Siqueira Lima (*in memoriam*), Sérgio de Iudícibus, Reinaldo Guerreiro, Ariovaldo dos Santos e Alexandre Assaf Neto.

Pela inspiração em unir os conhecimentos das escolas de negócios com os aspectos de sustentabilidade, muito obrigado também aos professores e pioneiros: Eliseu Martins, Izak Kruglianskas, Jacques Marcovith, Ricardo Abramovay, José Eli da Veiga, Joaquim José Martins Guilhoto, Rosa Maria Fisher e Graziella Maria Comini.

Obrigado aos amigos e cofundadores do NECMA/USP: Rafael Feltran-Barbieri, Yara Consuelo Cintra, Francisco Carlos, Alexandre Foschine, Maria Cristina Chavantes e Getúlio Akabane, dentre outros. E à USP e aos jovens alunos que são a nossa razão de existência.

Sou grato aos meus antepassados e especialmente aos meus pais, Gildete e Seyiti Kassai (*in memoriam*), pelo dom da vida e pelo amor. E aos meus irmãos e coirmãos, filhos, sobrinhos e agregados.

Sou eternamente grato a Deus e aos amigos e companheiros desta jornada.

José Roberto Kassai

Recursos Didáticos

Os recursos didáticos complementam o conteúdo do livro, facilitando o aprendizado. Este livro conta com os seguintes recursos:

- **Avaliação de aprendizagem**: ao final do capítulo, são disponibilizadas questões dissertativas, exercícios e sugestões de pesquisas para melhor absorção do conteúdo.

> Avaliação de aprendizagem
>
> Para avaliar e aprimorar o conteúdo abordado neste capítulo, seguem algumas sugestões de atividades e questões:
>
> 1) O que você entendeu sobre o conceito de "risco" e qual a relação com a "taxa de retorno" almejada em algum projeto ou empreendimento? O risco é um conceito de natureza "abstrata" ou "determinística"?
> 2) Para reforçar o entendimento empírico sobre o conceito de risco, calcule a "nota média" das disciplinas cursadas por você no ensino médio (ou um curso mais recente), bem como o "desvio-padrão" médio, e compare com os resultados da Classe apresentados no tópico 2.1. Em seguida, interprete o seu desempenho em relação a risco e retorno.

- **Glossário**: ao final do livro, é apresentado um Glossário, em ordem alfabética, com os principais conceitos e terminologias, fornecendo uma consulta rápida sobre os temas discutidos no livro. O Glossário também pode ser acessado em nosso Ambiente Virtual de Aprendizagem (AVA). Basta seguir o passo a passo que consta na 1ª orelha do livro.

> Especial | A | B | C | D | E | F | G | H | I | J | K | L | M | N | O | P | Q | R | S | T | U | V | W | X | Y | Z | **Todos**
>
> Página: **1** 2 3 4 5 6 7 8 9 10 ... 28 (Próximo)
> Todos
>
> 3
>
> 3Rs:
>
> Reduzir, Reutilizar e Reciclar são conceitos criados pela queniana e ganhadora do prêmio Nobel Wangari Maatai, baseados na palavra japonesa *mottainai* (desperdícios) e em suas observações quando em viagem ao Japão.

- ***Quiz* sobre o Relato Integrado**: no Capítulo 8, junto aos Testes de Avaliação, há um *quiz* de múltipla escolha com 50 questões e seu gabarito. O *quiz* também pode ser acessado em nosso Ambiente Virtual de Aprendizagem (AVA). Basta seguir o passo a passo que consta na 1ª orelha do livro.

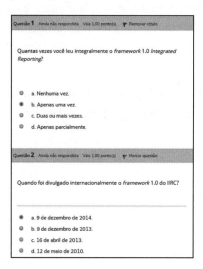

- **Boxe Saiba mais**: em alguns tópicos do livro, no boxe Saiba mais, os autores sugerem ao leitor alguns vídeos complementares, de conteúdo próprio dos autores. Os vídeos são de responsabilidade da plataforma em que estão hospedados. O acesso aos vídeos é feito via QR Code. Para reproduzi-los, basta ter um aplicativo leitor de QR Code baixado no *smartphone* e posicionar a câmera sobre o código. É possível acessar os vídeos também por meio da URL que aparece logo abaixo do código.

Material Suplementar

Este livro conta com o seguinte material suplementar:

- *Respostas dos Exercícios* – restrito a docentes.

O acesso ao material suplementar é gratuito. Basta que o leitor se cadastre em nosso *site* (www.grupogen.com.br), faça seu *login* e clique em GEN-IO, no menu superior do lado direito.

É rápido e fácil. Caso haja dificuldade de acesso, entre em contato conosco (gendigital@grupogen.com.br).

GEN-IO (GEN | Informação Online) é o ambiente virtual de aprendizagem do GEN | Grupo Editorial Nacional, maior conglomerado brasileiro de editoras do ramo científico-técnico-profissional, composto por Guanabara Koogan, Santos, Roca, AC Farmacêutica, Forense, Método, Atlas, LTC, E.P.U. e Forense Universitária. Os materiais suplementares ficam disponíveis para acesso durante a vigência das edições atuais dos livros a que eles correspondem.

Lista de Figuras

Figura 1 Composição do valor da empresa – *Valuation*, vii
Figura 1.1 Ilustrando os cem conceitos de contabilidade e finanças, 2
Figura 1.2 Ilustrando os cem conceitos de sustentabilidade, 4
Figura 1.3 Pegada ecológica dos alunos da FEA/USP, 6
Figura 2.1 Avaliação de risco com base em desvio-padrão, 10
Figura 2.2 Calculadora HP 12C, 13
Figura 2.3 Cálculo de desvio-padrão com uso de planilha Excel, 13
Figura 2.4 Cálculo de correlação com uso de planilha Excel, 15
Figura 2.5 Cálculo do índice beta com uso de planilha Excel, 18
Figura 3.1 As cinco formulações do *Economic Value Added* (EVA), 58
Figura 3.2 Interpretação dos quadrantes do IEVA, 63
Figura 3.3 Empresas norte-americanas classificadas em quadrantes do IEVA, 64
Figura 3.4 Estratégia de alavancagem financeira da Cia. Arixandre, 65
Figura 4.1 Decisões a tomar em um projeto de investimentos, 70
Figura 4.2 Os seis capitais que compõem o Relato Integrado, 70
Figura 4.3 O processo empresarial sob o ponto de vista dos seis capitais, 71
Figura 4.4 Diagrama de fluxo de caixa, 72
Figura 4.5 Diagramas de fluxo de caixa da Cia. Majuclaisa, 75
Figura 4.6 Valores do projeto, 75
Figura 4.7 Cia. Majuclaisa, 76
Figura 4.8 VPL tradicional em nova ótica, 77
Figura 4.9 VPLM da Cia. Majuclaisa, 77
Figura 4.10 Diagrama de Fluxos de Caixa da Cia. Majuclaisa, 78
Figura 6.1 Acidentes ambientais ocorridos pelo mundo, 91
Figura 6.2 Limites de recursos da Terra, 93
Figura 6.3 População mundial (evolução – em milhões de habitantes), 110
Figura 6.4 Pessoas vulneráveis à pobreza mundial (em milhões de habitantes), 110
Figura 7.1 Balanço Contábil das Nações (BCN), 124
Figura 7.2 Os cinco *Monster countries*, 136
Figura 7.3 População economicamente ativa, 173
Figura 8.1 Matriz de materialidade, 189
Figura 8.2 Exemplo de relatório anual consolidado: Itaú, 189
Figura 8.3 Exemplo de Relato Integrado: Itaú, 190
Figura 8.4 Formulário 20-F da CEMIG (2016), 191
Figura 8.5 Objetivos de Desenvolvimento Sustentável da ONU, 192
Figura 8.6 Parte de apresentação sobre processo de seleção de empresas, 193
Figura 8.7 Formas de participação no Índice de Sustentabilidade Empresarial, 194
Figura 8.8 Questionário: inclusão da questão GER 1, 195
Figura 8.9 Síntese do Anexo I – Formulário padrão do ICO2, 217
Figura 8.10 Processo de geração de valor para si e para outros, 229
Figura 8.11 Os seis tipos de capitais segundo o *framework* do Relato Integrado, 230
Figura 8.12 Visão multidimensional dos seis capitais, 232
Figura 8.13 Apresentação das informações em um Relato Integrado, 234
Figura 8.14 Temas de um Relato Integrado conforme segundo confiabilidade e completude, 237
Figura 8.15 Os oito elementos de conteúdo previstos no *framework*, 239
Figura 9.1 Os verbos utilizados na redação dos Objetivos do Desenvolvimento Sustentável, 277

Lista de Gráficos

Gráfico 1.1   Brasil × mundo: crescimento da população até o ano de 2100, 5
Gráfico 3.1   Construção do termômetro de insolvência, 50
Gráfico 3.2   Repetição do EVA, 59
Gráfico 4.1   Diagrama de fluxo de caixa, 72
Gráfico 4.2   Composição da Intersecção de Fisher, 81
Gráfico 6.1   Respostas da pesquisa sobre crise global, 88
Gráfico 6.2   Crescimento da população mundial (em milhões de habitantes), 92
Gráfico 6.3   Índices de pobreza em relação à população mundial (em milhões de habitantes), 94
Gráfico 6.4   Linha do tempo sobre aquecimento global, 96
Gráfico 7.1   Índice de Desenvolvimento Humano × consumo de energia, 117
Gráfico 7.2   Consumo médio *per capita* de energia no mundo (em mil Kcal), 117
Gráfico 7.3   Saldos acumulados de emissões e capturas de carbono, cenário 2020 (em MtonC), 120
Gráfico 7.4   Saldos acumulados de emissões e capturas de carbono, cenário 2050 (em MtonC), 120
Gráfico 7.5   Participação de países no PIB mundial segundo o FMI (em trilhões de US$), 121
Gráfico 7.6   População (em milhões) de países presentes no estudo do FMI, 122
Gráfico 7.7   PIB × Ativo Ambiental líquido da depreciação ambiental, por país (mil US$/TEP), 122
Gráfico 7.8   Depreciação anual do PIB nos países (%), 123
Gráfico 7.9   Balanços Patrimoniais – Brasil e mundo, projeção para 2050 (US$ *per capita*), 126
Gráfico 7.10 Balanço das Nações – cenário "provável" 2020 (milhares de US$ *per capita*), 127
Gráfico 7.11 Balanço das Nações – cenário "provável" 2050 (milhares de US$ *per capita*), 127
Gráfico 7.12 Patrimônio Líquido Ambiental – evolução entre os cenários de 2020 e 2050, 128
Gráfico 7.13 Balanço das Nações, cenário provável para 2050 – PL total dos países (bilhões US$), 128
Gráfico 7.14 Balanços das Nações – relação PLA/PIB no cenário provável para 2050 (em %), 129
Gráfico 7.15 Países mais poluidores de acordo com o saldo residual entre emissões e capturas de carbono, 139
Gráfico 7.16 Balanço das Nações dos *monster countries* e do planeta todo – Cenário 2050 (US$ bilhão), 140
Gráfico 7.17 Balanço das Nações dos *monster countries* e do planeta todo (*per capita*) – Cenário 2050 (US$ 1.000), 140
Gráfico 7.18 *Ranking* dos países menos poluidores de acordo com o saldo residual de carbono (cenário 2050 – US$ milhões), 141
Gráfico 7.19 Redução da população mundial de acordo com a equação fundamental da contabilidade (cenário 2050 – milhões de habitantes), 142
Gráfico 7.20 BCN dos estados brasileiros (cenário IPCC/2050), 163
Gráfico 7.21 BCN dos estados brasileiros (cenário IPCC/2050 – *per capita*), 163
Gráfico 7.22 Emissões 2011 (em MTonC), 163
Gráfico 7.23 Emissões dos estados brasileiros – Ton CO_2 total, 164
Gráfico 7.24 Emissões dos estados brasileiros – *per capita*, 164
Gráfico 7.25 Consumo médio de energia dos estados brasileiros, 165
Gráfico 7.26 População × energia total (TEP) dos estados brasileiros, 165
Gráfico 7.27 Estados brasileiros – área (mil Km²), 165
Gráfico 7.28 Estados brasileiros – densidade (pessoas/Km²), 166
Gráfico 7.29 População e número de bois dos estados brasileiros, 167
Gráfico 7.30 Brasil: população e frota, 167
Gráfico 7.31 PIB dividido pelos estados brasileiros (mil US$), 167
Gráfico 7.32 PIB *per capita* dividido pelos estados brasileiros (mil US$), 168
Gráfico 7.33 Florestas × Agricultura dos estados brasileiros (em %), 168
Gráfico 7.34 IDH dos estados brasileiros, 169
Gráfico 7.35 Taxa de alfabetização (estados brasileiros), 169
Gráfico 7.36 Taxa de mortalidade infantil, 169

Gráfico 7.37 Extrema pobreza (< 1US$), 170
Gráfico 7.38 Coleta de esgoto (%), 170
Gráfico 7.39 Acesso à água e coleta de esgoto, 170
Gráfico 7.40 Porcentagem da população com nível superior, 171
Gráfico 7.41 Acesso à internet: porcentagem de cada estado, 171
Gráfico 7.42 Percentual de mulheres nos estados, 172
Gráfico 7.43 Expectativa de vida, 172
Gráfico 7.44 Consumo médio de energia (em mil Kcal) – *per capita*, 173
Gráfico 8.1 Evolução de índices de desempenho – ISE/B3 × iBovespa, 197
Gráfico 8.2 Densidades das dimensões presentes em questionário de ISE, 198
Gráfico 8.3 Emissões de gases de efeito estufa, por país, 215
Gráfico 8.4 Distribuição das fontes de emissões no Brasil, 216
Gráfico 8.5 Linha do tempo de relatos corporativos, 223
Gráfico 8.6 Relevância de temas em um Relato Integrado, 236
Gráfico 9.1 Emissões de CO_2 a partir da assinatura do Protocolo de Kyoto, 266
Gráfico 9.2 Distribuição estadual das concessões do selo de sustentabilidade Benchmarking Brasil (2003 a 2017), 295
Gráfico 9.3 *Ranking* anual dos primeiros colocados no selo Benchmarking Brasil (2003 a 2017), 295

Lista de Quadros

Quadro 1.1 Os cem conceitos de contabilidade e finanças, 1
Quadro 1.2 Os cem conceitos de sustentabilidade, 3
Quadro 1.3 Conhecimento médio de contabilidade e sustentabilidade, 7
Quadro 2.1 Níveis de risco para pessoas físicas, 25
Quadro 2.2 Coeficientes de risco na agricultura e na pecuária, 26
Quadro 2.3 Risco de empresas brasileiras por comparação gerencial, 27
Quadro 2.4 Base de Dados Brasil, 29
Quadro 2.5 Índices de risco dos estados brasileiros, 30
Quadro 2.6 Anexo VIII da Lei 10.165, 30
Quadro 2.7 Ranqueamento da dimensão ambiental segundo Carlos Alberto Di Agustini, 31
Quadro 2.8 Setores críticos do Índice de Sustentabilidade Empresarial que exigem atenção, 31
Quadro 2.9 Setores do ISE e fatores objeto de melhoria, 32
Quadro 3.1 Exemplo de BP, 36
Quadro 3.2 Exemplo de DRE, 38
Quadro 3.3 Estágio 1: quadro clínico de análises de balanço, 41
Quadro 3.4 Exemplo de termômetro de insolvência de Kanitz, 45
Quadro 3.5 Balanço Patrimonial da Cia. Arixandre, 51
Quadro 3.6 Demonstração do Resultado do Exercício da Cia. Arixandre, 51
Quadro 3.7 BP-1, 52
Quadro 3.8 BP-2, 52
Quadro 3.9 BP-3, 52
Quadro 3.10 BP reclassificado, 53
Quadro 3.11 DRE reclassificada, 54
Quadro 3.12 Cálculo das principais medidas contábeis de retorno de investimento, 55
Quadro 3.13 Cálculo do valor da empresa, 60
Quadro 3.14 *Ranking* das empresas norte-americanas (2000), 61
Quadro 3.15 Cálculo do IEVA, 62
Quadro 3.16 Método FDC × ações, 62
Quadro 4.1 Composição dos valores para o fluxo de caixa, 71
Quadro 4.2 Diagrama de fluxos de caixa representado no BP, 78
Quadro 4.3 Reclassificação das demonstrações contábeis, 79
Quadro 6.1 Consulta de opinião integrante do Relatório de Desenvolvimento Humano da ONU, 2011, 91
Quadro 7.1 Estatísticas descritivas dos *monster countries*, 137
Quadro 7.2 Balanço residual de carbono em MtonC, 138
Quadro 7.3 Conversão do PIB em equivalente de energia consumida (TEP), 139
Quadro 7.4 Balanço das Nações dos *monster countries*, 139
Quadro 7.5 Simulação da redução da população mundial de acordo com o Balanço das Nações (cenário de 2050), 141
Quadro 7.6 Resumo dos principais aspectos dos balanços dos *monster countries*, 143
Quadro 8.1 G4: Resumo dos conteúdos padrão gerais, 186
Quadro 8.2 Resumo dos conteúdos padrão específicos, 187
Quadro 8.3 Empresas componentes da carteira ISE/B3, 196
Quadro 8.4 Empresas integrantes da carteira ICO2/B3 – 2017, 216
Quadro 8.5 19 parágrafos – conteúdo mínimo do Relato Integrado, 228
Quadro 8.6 Caso: matriz de materialidade da FEA/USP, 235
Quadro 8.7 Quadro-resumo dos elementos de conteúdo do RI, 240
Quadro 9.1 Resumo das NDCs, 268
Quadro 9.2 Os 17 Objetivos do Desenvolvimento Sustentável, 270
Quadro 9.3 Principais conteúdos da encíclica papal nº 298, 278
Quadro 9.4 *Cases* de Boas Práticas Socioambientais (2003 a 2017), 286

Lista de Tabelas

Tabela 2.1 Tabela de risco setorial elaborada por Damodaran, 19
Tabela 2.2 Riscos setoriais de empresas norte-americanas, 20
Tabela 2.3 Risco de empresas norte-americanas calculado pela McKinsey, 23
Tabela 2.4 Índices de risco de empresas brasileiras, conforme Kassai, 23
Tabela 2.5 Riscos setoriais em pequenas empresas, 24
Tabela 3.1 Dados iniciais: montando o problema, 48
Tabela 3.2 Cálculo de regressão linear, 48
Tabela 3.3 Construção da coluna "Escore Discriminante", 49
Tabela 3.4 Análise do grau de precisão, 49
Tabela 4.1 Dados para escolha entre dois investimentos (A e B), 80
Tabela 7.1 Resumo das simulações dos cenários 2020 e 2050, 120
Tabela 7.2 Ajuste do PIB – cálculo da depreciação ambiental, 122
Tabela 7.3 Simulações de cenários 2020 e 2050 em US$ mil *per capita*, 125
Tabela 7.4 Balanços Patrimoniais das nações (US$ *per capita*) – cenários 2020, 126
Tabela 7.5 Balanços Patrimoniais das nações (US$ *per capita*) – cenários 2050, 127
Tabela 7.6 Cenário 2006-2020 (MtonC) com e sem cumprimento das orientações do protocolo de Kyoto, sem desmatamento, 132
Tabela 7.7 Cenário 2006-2020 (MtonC) com e sem cumprimento das orientações do protocolo de Kyoto, sem desmatamento, 132
Tabela 7.8 Cenário 2006-2020 (MTOMC) com e sem cumprimento das orientações do protocolo de Kyoto, com desmatamento e queimada, 133
Tabela 7.9 Cenário 2006-2050 (MtonC) com e sem cumprimento das orientações do protocolo de Kyoto, com desmatamento, 133
Tabela 7.10 Cenário 2006-2020 (bilhões US$) com e sem cumprimento das orientações do protocolo de Kyoto, sem desmatamento, 134
Tabela 7.11 Cenário 2006-2050 (bilhões US$) com e sem cumprimento das orientações do protocolo de Kyoto, sem desmatamento, 134
Tabela 7.12 Cenário 2006-2020 (bilhões US$) com e sem cumprimento das orientações do protocolo de Kyoto, com desmatamento e queimada, 135
Tabela 7.13 Cenário 2006-2050 (bilhões US$) com e sem cumprimento das orientações do protocolo de Kyoto, com desmatamento, 135
Tabela 7.14 Coeficientes de estoque, sequestro e emissão de carbono utilizados, 147
Tabelas 7.15A e 7.15B Balanços contábeis dos estados em 2002 e 2008 (*per capita*), 150
Tabela 7.16A e 7.16B Balanços contábeis dos estados (totais), 152
Tabela 7.17 Estimativas de estoque, sequestro e emissões dos biomas nos estados, 155
Tabelas 7.18A e 7.18B Estimativas de estoque, sequestro e emissões totais dos estados e Brasil, 157
Tabela 7.19 Parâmetros utilizados e estimados para 2002, 159
Tabela 7.20 Parâmetros utilizados e estimados para 2008, 160
Tabela 8.1 FENAE – Balanço Social IBASE, 177
Tabela 8.2 IBASE: relatório 2017, 180
Tabela 8.3 Evolução do número de páginas em relatórios de empresas, 236
Tabela 9.1 Produção de cereal em unidades emergéticas (seJ/ano), 283
Tabela 9.2 Potencial da análise emergética na produção de soja (Mato Grosso/2007), 284
Tabela 9.3 Relação de troca entre o meio ambiente e empresas de saneamento, 284

Lista de Abreviaturas e Siglas

3R – Reduzir, Reutilizar e Reciclar
3P – *Planet, People and Profity*
A4S – *Accounting for Sustainability*
ACV – Análise de Ciclo de Vida
ABNT – Associação Brasileira de Normas Técnicas (ISO)
APA – Área de Proteção Ambiental
APP – Área de Preservação Permanente
B3 – Brasil, Bolsa, Balcão (antiga BM&FBovespa + Cetip)
BCN – Balanço Contábil das Nações
BP – Balanço Patrimonial
CAPM – *Capital Asset Pricing Model*
CBARI – Comissão Brasileira de Acompanhamento do Relato Integrado
CCL – Capital Circulante Líquido
CDP – *Carbon Disclosure Project*
CERES – *Coaliton for Environmentally Responsible Economies*
CMB – Correção Monetária de Balanço
CMI – Correção Monetária Integral
CP – Capital Próprio
COP – Conferência das Partes sobre Mudança do Clima da ONU
CSR – *Corporate Social Responsibility*
CT – Capital de Terceiros
DFC – Demonstração de Fluxos de Caixa
DJSI – *Dow Jones Sustainability Index*
DOAR – Demonstração das Origens e Aplicações de Recursos
DRE – Demonstração do Resultado do Exercício
DVA – Demonstração do Valor Adicionado
EBIT – *Earning Before Interest and Taxes*
EBITDA – *Earning Before Interest, Taxes, Depreciation and Amortization*
EHRS – Escala Hierárquica de Risco Setorial
ELP – Exigível a Longo Prazo
EMCB – Relatório Economia das Mudanças do Clima do Brasil (2009)
ESG – *Environmental Social and Governance*
ESI – *Environmental Ship Index*
Estocolmo 1972 – Conferência das Nações Unidas para o Desenvolvimento Sustentável de 1972
EVA – *Economic Value Added*
FCD – Fluxo de Caixa Descontado
FEA/USP – Faculdade de Economia, Administração e Contabilidade da Universidade de São Paulo
FIB – Felicidade Interna Bruta

FSC – *Forest Stewardship Council*
FTSE4GOOD – Índice de Sustentabilidade criado pela Bolsa de Valores de Londres
GAF – Grau de Alavancagem Financeira
GAO – Grau de Alavancagem Operacional
GHG Protocol – *Greenhouse Gas* (Gases de Efeito Estufa) *Protocol*
GDP-ppp – *Gross Domestic Product purchasing power parity*
GRI – *Global Reporting Initiative*
IBASE – Instituto Brasileiro de Análises Sociais e Econômicas
IBrX-50 – Índice Brasil 50 da B3
ICO2 – Índice Carbono Eficiente da B3
IDH – Índice de Desenvolvimento Humano
IEVA – Índice de Especulação de Valor Agregado
IFRS – *International Financial Reporting Standard*
IIRC – *International Integrated Reporting Council* ou Conselho Internacional do Relato Integrado
IR – *Integrated Reporting*
ISE – Índice de Sustentabilidade Empresarial da B3
ISO – *International Organization for Standardization*
Ke – Custo do Capital Próprio
Ki – Custo do Capital de Terceiros
LAIR – Lucro antes do Imposto de Renda
LB – Lucro Bruto
LC – Liquidez Corrente
LG – Liquidez Geral
LL – Lucro Líquido
LO – Lucro Operacional
LPA – Lucro por Ação
LS – Liquidez Seca
MTonC – Megatonelada de Carbono
MV – *Market Value* (ou valor da empresa)
MVA – *Market Value Added*
NBCT15 – Norma Brasileira de Contabilidade de Informações de natureza Social e Ambiental
NBR 16001 – Norma Nacional de Sistema de Gestão e Responsabilidade Social
NDC – *Nationally Determined Contributions* do Acordo de Paris
NECMA – Núcleo de Estudos em Contabilidade e Meio Ambiente da FEA/USP
NOPLAT – *Net Operating Profit Less Adjusted Taxes* ou Lucro Operacional
ODS – Objetivos do Desenvolvimento Sustentável
ODM – Objetivos do Desenvolvimento do Milênio
OMC – Organização Mundial do Comércio
ONU – Organização das Nações Unidas
Payback – Prazo de recuperação
PEA – População Economicamente Ativa
PECLD – Perda Estimada de Créditos de Liquidação Duvidosa
PEMC – Política Estadual de Mudanças Climáticas
PIB – Produto Interno Bruto
PIB PPC – Produto Interno Bruto Paridade Poder de Compra

PLS – Plataforma Liderança Sustentável
PMPC – Prazo Médio de Pagamento das Compras
PMRE – Prazo Médio de Renovação dos Estoques
PMRV – Prazo Médio de Recebimento das Vendas
PNMC – Política Nacional sobre Mudança do Clima
PNRS – Política Nacional de Resíduos Sólidos
PNUMA – Programa das Nações Unidas para o Meio Ambiente
PRI – *Principles for Responsible Investment*
REDD – *Reducing Emissions from Deforestation Degradation*
RI – Relato Integrado
Rio-92 – Conferência das Nações Unidas para o Desenvolvimento Sustentável de 1992
Rio+20 – Conferência das Nações Unidas para o Desenvolvimento Sustentável de 2012
RLP – Realizável a Longo Prazo
ROA – *Return on Assets*
ROE – *Return on Equity*
ROI – *Return on Investment*
ROS – *Return on Sales*
RROE – *Residual Return on Equity*
RROI – *Residual Return on Investment*
SBPL® – *Strategic Budget Plan*
SGA – Sistema de Gestão Ambiental
Stern Review – Relatório Stern sobre aspectos econômicos das mudanças climáticas
TBL – *Triple Bottom Line*
TIR – Taxa Interna de Retorno
TIRM – Taxa Interna de Retorno Modificada
TMA – Taxa Mínima de Atratividade
VPL – Valor Presente Líquido
VPLM – Valor Presente Líquido Modificado
WACC – *Weighted Average Cost of Capital*

Sumário

Introdução, xxix

1 Conceitos Básicos sobre Contabilidade e Meio Ambiente – Testes Iniciais, 1
1.1 Cem conceitos de contabilidade e finanças, 1
1.2 Cem conceitos de sustentabilidade, 3
1.3 Pegada ecológica e população mundial, 4

2 Noções de Taxa de Risco e de Custo de Capital, 9
2.1 Desmistificando o conceito de risco, 9
2.2 Cálculo do desvio-padrão, 12
2.3 Cálculo de correlação (Pearson), 13
2.4 Conceito de custo de capital, 15
2.5 Cálculo do índice beta por meio da calculadora HP 12C e de planilhas eletrônicas, 17
2.6 Escalas Hierárquicas de Risco Setorial (EHRS), 18
    2.6.1 Escala de risco de empresas norte-americanas – Damodaran, 19
    2.6.2 Escala de risco de empresas norte-americanas – McKinsey, 22
    2.6.3 EHRS de empresas brasileiras – Kassai, 22
    2.6.4 Escala de risco de pequenas empresas – Kassai & Nakao, 24
    2.6.5 Escala de risco de pessoas físicas – Kerner & Kassai, 25
    2.6.6 Escala de risco de atividades agrícolas e pecuárias – Arashiro & Kassai, 25
    2.6.7 Escala de risco de empresas brasileiras – por experiência gerencial, 26
    2.6.8 Escala de risco de estados brasileiros – Kassai & Gallo, 28
    2.6.9 Escala de riscos de utilização de recursos naturais do ISE da B3 – Agustini, 30

3 Medidas Contábeis de Retorno de Investimentos, 35
3.1 Relatórios contábeis, 35
    3.1.1 Balanço Patrimonial (BP), 35
    3.1.2 Demonstração do Resultado do Exercício (DRE), 38
3.2 Quadro clínico de análises de balanço, 40
3.3 Desvendando o Termômetro de Insolvência de Kanitz, 46
3.4 Análises de retorno de investimento e valor, 50
    3.4.1 Distorções no montante dos investimentos × Ativo Operacional, 52
    3.4.2 Reclassificação do Balanço Patrimonial, 53
    3.4.3 Reclassificação da Demonstração do Resultado do Exercício, 54
    3.4.4 Cálculo do Custo do Capital de Terceiros (Ki), 55
    3.4.5 Cálculo do Custo do Capital Próprio (Ke), 55
    3.4.6 Cálculo do Custo Médio Ponderado de Capital (WACC), 56
    3.4.7 Cálculo do *Return on Investment* (ROI), 56
    3.4.8 Cálculo do *spread* ou *Residual ROI* (RROI), 56
    3.4.9 Cálculo do *Economic Value Added* (EVA), 57
    3.4.10 Cálculo do *Market Value Added* (MVA) ou *goodwill*, 57
    3.4.11 Cálculo do valor da empresa (VE) ou *Market Value* (MV), 60
    3.4.12 Cálculo do Índice de Especulação de Valor Agregado (IEVA), 60
    3.4.13 Cálculo da *Return on Equity* (ROE) e do Grau de Alavancagem Financeira (GAF), 63

4 Medidas Financeiras de Análise de Projetos, 69
4.1 Como elaborar um projeto de investimentos, 69
4.2 Análise tradicional de viabilidade econômica de projetos, 71
    4.2.1 Diagrama de fluxo de caixa, 71
    4.2.2 Taxa Mínima de Atratividade (TMA), 72
    4.2.3 Taxa Interna de Retorno (TIR), 72
    4.2.4 Valor Presente Líquido (VPL), 73
    4.2.5 Prazo de recuperação *payback*, 73
4.3 Análise avançada de viabilidade econômica de projetos, 74
    4.3.1 Taxa Interna de Retorno Modificada (TIRM), 74

4.3.2 Valor Presente Líquido Modificado (VPLM), 76
4.3.3 Conciliação da TIR com o ROI e do VPL com o EVA, 77
4.3.4 Composição dos fluxos de caixa, 79
4.3.5 Intersecção de Fisher, 80

5 *Strategic Budget Plan* (SBPL) – Ferramenta de Controle de Desempenho Orçamentário, 83

5.1 O que é e como surgiu o SBPL®, 83
5.2 Processo de implantação e customização do SBPL®, 84

6 Linha do Tempo sobre Mudanças Climáticas Globais, 87

6.1 O NECMA/USP, 87
6.2 O mundo está em crise? Pesquisa de opinião, 88
6.3 O crescimento populacional e as necessidades de consumo, 92
6.4 Nível de pobreza da população mundial, 93
6.5 Linha do tempo sobre aquecimento global, 96
6.6 Mudanças climáticas – o que muda em nossas vidas?, 108

7 Balanço Contábil das Nações (BCN), 113

7.1 Modelo BCN de acordo com o compêndio *Indicadores de nações* (LOUETTE, 2009), 113
7.2 A pesquisa original – Balanço Contábil das Nações: reflexões sobre mudanças climáticas globais (2008), 115
   7.2.1 Resumo, 115
   7.2.2 Aspectos metodológicos, 116
   7.2.3 Apuração dos saldos residuais de carbono de cada país, 118
   7.2.4 Ajuste do PIB com base na depreciação calculada em função do consumo de energia, 121
   7.2.5 Fechamento dos balanços contábeis, 123
   7.2.6 Resultados e discussões, 126
   7.2.7 Conclusões da pesquisa, 130
   7.2.8 Anexos da pesquisa original, 131
7.3 Os *monster countries* e o cenário de mudanças climáticas globais: uma análise a partir de seus balanços contábeis (2009), 131
   7.3.1 Resumo, 136
   7.3.2 Estatísticas dos *monster countries*, 136
   7.3.3 Balanço Contábil das Nações dos *monster countries*, 138
   7.3.4 Conclusões, 142
7.4 Balanços contábeis dos estados brasileiros: evidências empíricas da deterioração energético-ambiental no período de 2002-2008, 143
   7.4.1 Resumo, 143
   7.4.2 Introdução, 143
   7.4.3 Revisão bibliográfica, 144
   7.4.4 Metodologia, 145
      7.4.4.1 Coeficientes de carbono, 146
      7.4.4.2 Cálculos dos BCNs dos estados, 147
   7.4.5 Análise dos resultados, 148
   7.4.6 Conclusões, 154
   7.4.7 Anexos (Banco de Dados para futuras pesquisas), 154
7.5 Projeto de pesquisa: cenário promissor para o Brasil como futura superpotência verde, 154
   7.5.1 Resumo, 161
   7.5.2 Introdução, justificativa e bibliografia fundamental, 161
   7.5.3 Objetivo, 162
   7.5.4 Plano de trabalho e cronograma de execução, 162
   7.5.5 Material e métodos, 162
      7.5.5.1 BCN dos estados brasileiros – cenário 2050 (total), 162
      7.5.5.2 BCN dos estados brasileiros – 2050 (*per capita*), 162
      7.5.5.3 Emissões 2011 – MTonC dos principais países, 162
      7.5.5.4 Emissões dos estados brasileiros – TonCO$_2$, 164
      7.5.5.5 Emissões dos estados brasileiros – TonC – *Per capita*, 164
      7.5.5.6 Consumo médio de energia dos estados *per capita* (mil Kcal), 164
      7.5.5.7 População dos estados e consumo de energia (total), 164
      7.5.5.8 Extensão territorial dos estados brasileiros (mil km²), 164
      7.5.5.9 Densidade demográfica dos estados brasileiros (pessoas/km²), 166
      7.5.5.10 População dos estados e número de bois, 166
      7.5.5.11 População e número de veículos, 166
      7.5.5.12 PIB dos estados (mil US$), 166
      7.5.5.13 PIB dos estados (mil US$) – *per capita*, 166
      7.5.5.14 Florestas e agricultura nos estados brasileiros, 168

7.5.5.15 IDH dos estados brasileiros (2013), 168
7.5.5.16 Taxa de alfabetização dos estados, 168
7.5.5.17 Taxa de mortalidade infantil dos estados, 168
7.5.5.18 Extrema pobreza dos estados brasileiros, 168
7.5.5.19 Coleta de esgoto dos estados brasileiros, 169
7.5.5.20 Acesso à água e coleta de esgoto das regiões brasileiras, 169
7.5.5.21 Pessoas com nível superior nos estados brasileiros, 171
7.5.5.22 Acesso à internet nos estados brasileiros, 171
7.5.5.23 Participação das mulheres na população brasileira, 171
7.5.5.24 Expectativa de vida nos estados brasileiros, 172
7.5.5.25 População Economicamente Ativa (PEA) do Brasil em 2014, 172

8 Relato Integrado, 175

8.1 Evolução dos relatos corporativos, 175
- 8.1.1 Relatório de administração (1976), 176
- 8.1.2 Balanço Social IBASE (1997) e Resolução 1003 do CFC (2004), 177
- 8.1.3 *Global Reporting Initiative* – GRI (2002), 184
- 8.1.4 Formulários de Referência 20-F (SEC) e Instrução 480 (CVM), 185
- 8.1.5 Relate ou Explique – relatórios de sustentabilidade (2012), 191
- 8.1.6 Relate ou Explique – os 17 ODS (2017), 192
- 8.1.7 Índice de Sustentabilidade Empresarial – ISE/B3 (2005), 192
  - 8.1.7.1 Questionário ISE – 2017, 199
- 8.1.8 Índice de Carbono Eficiente – ICO2/B3 (2013), 214
- 8.1.9 Sistemas Integrados de Gestão – *International Organization for Standardization* (ISO), 215
- 8.1.10 Relato Integrado ou *Integrated Reporting*, 223

8.2 *Framework Integrated Reporting* – versão 1.0, 224
- 8.2.1 Utilizando a estrutura do *framework*, 225
  - 8.2.1.1 Definição de Relato Integrado, 225
  - 8.2.1.2 Objetivo da estrutura do *framework*, 225
  - 8.2.1.3 Usuários do Relato Integrado, 226
  - 8.2.1.4 Abordagem baseada em princípios, 226
  - 8.2.1.5 Informações de naturezas quantitativas e qualitativas, 226
  - 8.2.1.6 Formato dos relatos, 226
  - 8.2.1.7 Conteúdo mínimo do Relato Integrado: textos em negrito e itálico, 227
  - 8.2.1.8 Declaração dos responsáveis pela elaboração do Relato Integrado, 227
- 8.2.2 Conceitos fundamentais do Relato Integrado, 229
  - 8.2.2.1 Geração de valor para si e para o outro, 229
  - 8.2.2.2 Os seis capitais, 230
  - 8.2.2.3 O novo modelo de negócio orientado para valor, 231
- 8.2.3 Princípios básicos do Relato Integrado, 233
  - 8.2.3.1 Foco estratégico e orientação para o futuro, 233
  - 8.2.3.2 Conectividade da informação e coerência, 233
  - 8.2.3.3 Relações com partes interessadas e *accountability*, 233
  - 8.2.3.4 Materialidade, 234
  - 8.2.3.5 Concisão, 235
  - 8.2.3.6 Confiabilidade e completude, 237
  - 8.2.3.7 Coerência e comparabilidade, 238
- 8.2.4 Elementos de conteúdo do Relato Integrado, 238
  - 8.2.4.1 Visão geral da organização e ambiente externo, 239
  - 8.2.4.2 Governança, 240
  - 8.2.4.3 Modelo de negócios, 240
  - 8.2.4.4 Riscos e oportunidades, 241
  - 8.2.4.5 Estratégia e alocação de recursos, 241
  - 8.2.4.6 Desempenho, 241
  - 8.2.4.7 Perspectivas, 241
  - 8.2.4.8 Base para preparação e apresentação do Relato Integrado, 242

8.3 Mitos e verdades sobre o Relato Integrado, 242

9 Outras Ações para o Desenvolvimento Sustentável, 257

9.1 Relatório Brundtland (*Nosso futuro comum*), 257
9.2 Relatório *Blue Planet Prize – The Imperative to Act* (2012), 258
9.3 Relatório Stern (2006), 259
9.4 Relatório Economia da Mudança do Clima no Brasil – EMCB (2009), 260
9.5 Carta da Terra (2000), 261
9.6 Felicidade Interna Bruta – FIB (1972), 263
9.7 Protocolo de Kyoto e o Acordo de Paris, 265
- 9.7.1 Protocolo de Kyoto – COP3 (1997), 265

9.7.2 Resultados do Protocolo de Kyoto (2005-2012), 266
9.7.3 Acordo de Paris – COP-21 (2015), 266
9.7.4 Orçamento de Carbono Global (2014), 267

9.8 Os 17 Objetivos do Desenvolvimento Sustentável (ODS), 268

9.9 Encíclica do Papa Francisco – *Laudato Si* (2015), 269

9.10 Análise de Ciclo de Vida (ACV) e *carbon footprint*, 276

9.11 Análise emergética (contabilidade emergética), 281

9.12 Benchmarking Brasil – os legítimos da sustentabilidade, 285

9.13 Plataforma Liderança Sustentável (Ricardo Voltolini), 295

Glossário Geral, 299

Referências, 325

Introdução

Imagine-se em um passado não tão distante, mais especificamente na manhã do dia 12 de abril de 1961, a bordo de uma pequena cápsula espacial chamada Vostok-1, sentado ao lado de um cidadão russo de nome Yuri Alekseievitch Gagarin (1934-1968). O que passaria em sua mente se você estivesse sendo lançado naquela primeira viagem tripulada ao espaço e, em menos de duas horas, pudesse dar uma volta ao redor de toda a órbita do planeta?

Muitas são as especulações sobre o que teria dito ou pensado aquele jovem piloto de 27 anos e, sem dúvida, a frase mais conhecida é *"a Terra é azul"*. Oito anos depois, por meio de uma foto tirada do espaço, aquele "mar azul" pôde ser contemplado pelo restante da humanidade, chamando a atenção para o fato de que vivemos em um planeta único e interdependente.

Naquela época, em que a população mundial acabara de atingir 3 bilhões de habitantes, tinha-se a impressão de que a única ameaça à preservação da humanidade eram as guerras; e que o homem, por mais que tivesse tentado, não tivera muito sucesso na destruição da natureza. No entanto, ao ultrapassarem-se os 7 bilhões de habitantes, a situação mostrou-se preocupante, como evidenciam, por exemplo, alguns cálculos simples realizados por geólogos (GOLDEMBERG, 2012).

Os geólogos conseguiram medir o total anual de massa movimentada pelos fenômenos naturais que ocorrem todos os anos no planeta, como erupções vulcânicas, terremotos, tempestades, ventos fortes, precipitações, furacões, tsunamis etc. e que equivalem a **50 bilhões de toneladas anuais**. Atualmente, com o uso intensivo de energias e recursos naturais, cada um dos mais de 7 bilhões de habitantes movimenta em média cerca 8 toneladas anuais (só de gasolina consome-se em média 1 tonelada *per capita* por ano), o que resulta em um total de **56 bilhões de toneladas anuais**, mostrando-se assim a magnitude e a força das atividades humanas e industriais.

E, se pensarmos em uma população prevista para meados deste século em torno de 9 bilhões de habitantes, ao mesmo tempo em que os países pobres se empenharão para melhorar suas condições de vida e aumentar o consumo e os países ricos relutarão em abrir mão de seu conforto atual, será muito difícil compatibilizar as origens e aplicações de recursos desta equação, principalmente se não houver um aumento da consciência coletiva de que a responsabilidade pela preservação do meio ambiente é de todos.

E, ainda, se quisermos aproveitar o desafio de proporcionar um mundo melhor e menos desigual, será necessário reconhecer e atribuir valor às externalidades sociais e ambientais em toda a cadeia produtiva e promover a internalização desses custos pelos agentes econômicos, emitindo a fatura para o pagamento dos serviços ambientais (PSA).

Além das Conferências das Partes da Convenção-Quadro das Nações Unidas sobre Mudança Climática (COP) que são realizadas anualmente, desde 1995, a Organização das Nações Unidas (ONU) realizou três grandes reuniões mundiais para discutir esses problemas relacionados com os limites da natureza e com o futuro da humanidade: uma em Estocolmo (1972) e duas no Rio de Janeiro, em 1992 (Rio-92) e em 2012 (Rio+20).

No início, essas discussões eram restritas a grupos ambientalistas, tornando-se foco de discussões de políticas públicas e regionais. Após a divulgação do Relatório Stern (2006) e de sua versão brasileira, o EMCB (2009), que basicamente mediu monetariamente o custo das externalidades apontadas nos relatórios do *Intergovernmental Panel on Climate Change* (IPCC/ONU), atraiu-se a atenção de um novo agente, as empresas, para os riscos relacionados à mitigação das externalidades e oportunidades de novos negócios.

Um seleto grupo de laureados do *Blue Planet Prize* – considerado o Prêmio Nobel do meio ambiente e financiado pela *Asahi Glass Foundation* – reuniu-se alguns meses antes da Rio+20 e produziu um relatório de aproximadamente 200 páginas com sugestões para serem apresentadas na grande Conferência das Nações Unidas para o Desenvolvimento Sustentável realizada em junho de 2012 no Rio de Janeiro (*Blue Planet laureates: environmental and development challenges – the imperative to act,* 2012). Uma síntese desse relatório destaca cinco ações prioritárias para equacionar as questões neste século, na seguinte ordem de prioridade:

1. Mudar o Produto Interno Bruto (PIB) como indicador de desenvolvimento, incluindo indicadores de capital humano, capital social e capital natural.
2. Eliminar os subsídios perversos na área de energia e, consequentemente, considerar todos os custos envolvidos, inclusive as externalidades e serviços ambientais.
3. Evitar o crescimento desordenado da população, pois os próximos dois bilhões de habitantes irão consumir mais do que os dois bilhões anteriores.
4. Preservar a biodiversidade e evitar o desmatamento.
5. Investir em conhecimentos para aprender qual rumo tomar.

Para concretizar essas cinco ações, bem como outras ações decorrentes e necessárias, as empresas assumem papel fundamental, pois são elas que converterão as soluções em serviços ou produtos em escala global. Além da participação dos governos, das academias e da sociedade civil, espera-se que a ONU ou outro órgão que vier a ser criado possa contribuir em uma espécie de governança internacional, discussão tal que não teve êxito na Rio+20.

Quanto à substituição do PIB como medida de desenvolvimento, há dezenas de modelos que estão sendo estudados e serão abordados em tópicos específicos deste livro, dos quais citamos dois: o Índice de Desenvolvimento Humano (IDH), que já é uma realidade, e o índice Felicidade Interna Bruta (FIB), que é um "sonho". O primeiro já está sendo adotado pelos países da ONU e inclui três dimensões (renda, educação e longevidade). O outro foi desenvolvido em um pequeno país de um milhão de habitantes, o Butão, situado aos pés do Himalaia e que é dirigido por um rei e um monge budista como primeiro-ministro, e está sendo experimentado na Inglaterra, Canadá, Brasil, entre outros, e inclui nove indicadores (padrão de vida, educação, cultura, saúde, bem-estar psicológico, vitalidade comunitária, meio ambiente, governança e uso equilibrado do tempo). Como exemplo de uso equilibrado do tempo, no Butão diz-se que uma pessoa deve dormir em média oito horas por dia, trabalhar em média oito horas e, nas oito horas restantes, deve-se fazer o que mais gosta.

A Conferência das Nações Unidas para o Desenvolvimento Sustentável, realizada no Brasil em 2012, a Rio+20, resultou em um documento final intitulado "The Future We Want", ou "O Futuro que Queremos", e o seu parágrafo 47 reconhece a figura do Relato Integrado. Assim, temos razões para crer que essa será a próxima grande revolução na forma de comunicação de uma organização perante seus *stakeholders*, incluindo, mas não se limitando, aos relatórios financeiro-contábeis.

> 47. We acknowledge the importance of corporate sustainability reporting and encourage companies, where appropriate, especially publicly listed and large companies, to consider integrating sustainability information into their reporting cycle. We encourage industry, interested governments and relevant stakeholders with the support of the United Nations system, as appropriate, to develop models for best practice and facilitate action for the integration of sustainability reporting, taking into account experiences from already existing frameworks and paying particular attention to the needs of developing countries, including for capacity building (UNITED NATIONS. The future we want. Rio+20 United Nations Conference on Sustainable Development, 20-22 Jun. 2012).

Como essa proposta envolve, principalmente, mudança de cultura por parte das organizações e de suas partes interessadas e implica regulamentações internacionais e locais, os resultados finais serão alcançados no longo prazo. Contudo, da forma como todo o processo está sendo conduzido e procurando envolver as pessoas-chave, certamente a Rio+40 irá reconhecer o novo papel das organizações como atores importantes na construção do "Futuro que Queremos".

É num tal contexto que este livro se insere, tendo o cuidado de abordar os conceitos com simplicidade para atender ao maior número de leitores e ampliar seus conhecimentos nas questões ambientais ou no entendimento dos principais conceitos que possibilitam tornar um projeto financeiramente viável, quebrando-se o paradigma de que é suficiente apenas fazer o bem; é necessário, também, ser eficiente e sobretudo atingir a eficácia na gestão e governança das corporações e de seus fluxos de caixa.

1

Conceitos Básicos sobre Contabilidade e Meio Ambiente – Testes Iniciais

Com o objetivo de ajudar você, leitor, a fazer uma autoavaliação de seus conhecimentos prévios nos temas abordados neste livro, reproduzimos a seguir um teste inicial que tem sido aplicado aos alunos que frequentam os cursos de graduação e pós-graduação da FEA/USP, de cursos executivos da FIPECAFI e outros. Caso queira fazer esse exercício de aquecimento, compare depois o seu desempenho com a média geral desse público. Ao final do livro, poderá encontrar no Glossário breves descrições de cada um desses e de outros conceitos.

1.1 Cem conceitos de contabilidade e finanças

Assinale quais desses conceitos contábeis e financeiros que você realmente conhece da lista do Quadro 1.1 e, ao final, compare o número de acertos com a média geral.

Quadro 1.1 Os cem conceitos de contabilidade e finanças			
1	A4S	51	LB e LO
2	ABC	52	LC
3	*Accountability*	53	LG
4	Ágio e deságio	54	LS
5	Ativo Circulante e Não Circulante	55	Margem de Lucro (M) ou ROS
6	BCN	56	*Markup*
7	Beta	57	Missão da Empresa
8	BP e DRE	58	Modelo DuPont
9	*Break-Even Point*	59	NOPLAT
10	Cálculo de correlação	60	Passivo Circulante e Não Circulante
11	Cálculo de desvio-padrão	61	Patrimônio Líquido (PL)
12	Cálculo de regressão	62	*Payback*
13	Capital Circulante Líquido (CCL)	63	PECLD
14	Capital de Terceiros (CT)	64	PMPC
15	Capital Próprio (CP)	65	PMRE
16	CAPM	66	PMRV
17	Ciclo de Caixa	67	Provisão para Imposto de Renda (PIR)
18	Ciclo Operacional	68	Q de Tobin
19	Contabilmimetismo	69	Receita de Vendas
20	Custeamento Direto ou Variável	70	Relato Integrado (RI)
21	Custeamento por Absorção	71	Reserva Legal

(continua)

(continuação)

22	Custo das Vendas	72	Reservas de Lucros
23	Custo de Reposição	73	Risco setorial de Atividades Rurais
24	Custo Fixo e Custo Variável	74	Risco setorial de Empresas de Capital Fechado
25	Custo Histórico e Custo Corrigido	75	Risco setorial de Pequenas Empresas
26	Depreciação e Amortização	76	Risco setorial dos Estados Brasileiros
27	DFC – direto e indireto	77	RLP e ELP
28	DOAR	78	ROA
29	DVA	79	ROE
30	EBIT e EBITDA	80	ROI
31	EVA e MVA	81	RROE
32	Fluxo de Caixa Descontado (FCD)	82	RROI
33	Formas de tributação das empresas	83	Técnica de *Design Thinking*
34	Formas jurídicas de empresa	84	Técnica de Analogias Históricas
35	GAO e GAF	85	Técnica de Dramatização de Cenários
36	Giro do Ativo	86	Técnica de Investigação Apreciativa
37	*Goodwill*	87	Técnica de Monte Carlo
38	ICO2 da B3	88	Técnica de Painel de Especialistas
39	IEVA	89	Técnica de Pesquisa de Mercado
40	IFRS	90	Técnica Delphi
41	IIRC	91	Teoria da manutenção do Capital Financeiro
42	*Impairment*	92	Teoria da manutenção do Capital Físico
43	Impostos Diferidos	93	Termômetro de Insolvência de Kanitz
44	Índices PL, VPA e LPA	94	TIR
45	Inflação e Correção Monetária	95	TIRM
46	Intersecção de Fisher	96	*Valuation*
47	ISE da B3	97	Vida útil e econômica de um bem
48	Ke (*equity capital*)	98	VPL
49	Ki (*debt capital*)	99	VPLM
50	LAIR e LL	100	WACC

O seu número de acertos é: _____ conceitos de contabilidade.

A média geral é de 42 conceitos e um desvio-padrão de 20, ou seja, a quantidade de acertos da maior parte dos alunos (68,26%) está situada em uma faixa de distribuição normal de 22 a 62 acertos. Observe a Figura 1.1. Na cauda da esquerda (2 a 22) podem estar aqueles especialistas em sustentabilidade e que ainda não têm conhecimentos profundos em contabilidade e finanças; e na cauda da direita provavelmente são especialistas em gestão empresarial e que podem estar buscando se aprimorar em conceitos de sustentabilidade. Qual é o seu caso?

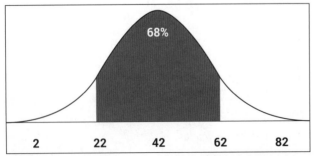

Figura 1.1 Ilustrando os cem conceitos de contabilidade e finanças

> **Saiba mais**
>
> Para saber mais sobre o assunto deste tópico, assista ao vídeo "Gestão Financeira e de Riscos – Principais conceitos de contabilidade e finanças", disponível no QR Code ao lado.
> Fonte: https://www.youtube.com/watch?time_continue=1&v=8osayvAqcjg. Acesso em: 25 jun. 2019.

uqr.to/f1wl

1.2 Cem conceitos de sustentabilidade

Como no teste anterior, assinale quais os conceitos de sustentabilidade listados no Quadro 1.2 que você realmente conhece nesta lista e, ao final, compare também o número de acertos com a média geral.

Quadro 1.2 Os cem conceitos de sustentabilidade

1	A4S	51	Jean-Batiste Joseph Fourier (1827)
2	Agricultura Agrossilvopastoril	52	Joseph Black (1753)
3	Agricultura convencional – Monocultura	53	*Laudato Si*
4	Agricultura familiar	54	Lei 6938/1981 PNMA
5	Agricultura sintrópica	55	Lei 12.187/2009 PNMC; Lei 13.798/2009 PEMC
6	Agricultura Yoko	56	Lei 13.576/2009 LT; Lei 12.305/2010 PNRS
7	Amazônia Legal – APA – APP	57	Lei Anticorrupção (12.846/2013)
8	Análise de Ciclo de Vida	58	Leis da Termodinâmica
9	Análise emergética	59	Licenciamento Ambiental – EIA – RIMA
10	Aquecedor solar a vácuo	60	Matriz Energética
11	Artigo 225	61	Metais Pesados
12	Balanço Contábil das Nações (BCN)	62	Metas de Aichi (2010)
13	Base da Pirâmide	63	Microcrédito
14	*Beautility – Ecodesign*	64	Mitigação
15	*Biomagnetizer*	65	*Monster Countries*
16	Biomimetismo Contábil	66	Mudanças Climáticas Globais
17	*Blue Planet Prize* (1992)	67	NBCT 15
18	*Bluewashing – Sweatshops – Greenwashing*	68	NBR 16001 da ABNT (2004)
19	*Cap and Trade*	69	ODS (2016) e ODM (2001)
20	*Carbon Disclosure Project* (CDP)	70	Pacto Global (2000)
21	Carta da Terra (1987)	71	Pagamento por Serviços Ambientais (PSA)
22	Chorume – Compostagem	72	Passivos Ambientais
23	Clube de Roma (1966)	73	*Permafrost*
24	Colapso Malthusiano (1801)	74	PIB – IDH – FIB – EPI
25	Conferências das Partes (COP)	75	Placas fotovoltaicas
26	Consumo consciente	76	PRI (NYSE, 2006)
27	*Coopetition*	77	Princípio da Precaução
28	COP-3 – Protocolo de Kyoto (1997)	78	Princípio do Equador
29	COP-21 – Acordo de Paris (2015)	79	Princípio do Poluidor Pagador
30	*Culture Jamming*	80	Produção mais Limpa (P+L)
31	Curva de Keeling (1958)	81	REDD
32	Depreciação Ambiental	82	Relatório *Brundtland* (1987)
33	Desenvolvimento Sustentável	83	Relatório EMCB (2009)
34	*Ecological Footprint*	84	Relatório *State of the Future*
35	*Environmental Doomsday Clock*	85	Relatório *Stern* (2006)
36	Estocolmo/72 – Rio/92 – Rio+20	86	Relatório Stiglitz-Sen-Fitoussi (2009)
37	GHG e Aquecimento Global	87	Relatório *The Future We Want*
38	Governança corporativa	88	Relatório *The Imperative to Act*
39	GRI	89	Relatórios do IPCC
40	*Hotspots* de Biodiversidade	90	Resiliência

(*continua*)

(continuação)

41	IBASE (1981)	91	Resolução Aneel 482/2012
42	*Ice Core* (1982)	92	SA 8000 (1997)
43	ICMS ecológico	93	Selo verde – FSC
44	IIRC (2010)	94	*Sin Stocks*
45	INDC e NDC	95	*Stakeholders*
46	Indicadores Akatu e Ethos	96	Sumidouros de carbono
47	*Integrated Reporting*	97	*The Natural Step*
48	*Integrated Thinking*	98	Thomas Newcomen (1712)
49	ISE – ICO2 – DJSI	99	Transgênicos e sementes *terminator*
50	ISO 9001 – 14001 – 26000 – 31000	100	*Triple Bottom Line* (TBL)

O seu número de acertos é: _____ conceitos de sustentabilidade.

A média geral é de 23 conceitos e um desvio-padrão de 10, ou seja, a quantidade de acertos da maior parte dos alunos (68,26%) está situada em uma faixa de distribuição normal de 13 a 33 acertos. Na cauda da esquerda (13 a 23) podem estar aqueles profissionais de gestão empresarial, mas que ainda não têm conhecimentos desses conceitos de natureza multidisciplinar de sustentabilidade. E, na cauda da direita, provavelmente encontram-se as pessoas que já estão preocupadas com as questões ambientais e, se não forem também especialistas em finanças, certamente poderão ampliar suas habilidades em prol de um desenvolvimento sustentável. Observe a Figura 1.2. Qual é o seu caso?

1.3 Pegada ecológica e população mundial

A Organização das Nações Unidas (ONU), conforme o relatório *World Population Prospects 2015 Revision ONU*, estima que a população mundial alcançará 9,7 bilhões de habitantes em 2050 e 11,2 bilhões em 2100, e o crescimento ocorrerá principalmente nos países pobres ou em desenvolvimento, sendo mais da metade na África. O Brasil, como se pode ver no Gráfico 1.1, atingirá o pico de 238 milhões de habitantes em 2050 e declinará para 200 milhões em 2100. Será um país menor e mais velho e o processo de encolhimento da população, que já ocorreu em países europeus, será inevitável segundo essas previsões. Em 2100, estima-se que 40% dos brasileiros terão mais de 60 anos (13% em 2017), 15% terão mais de 80 anos (1,5% em 2017), a expectativa de vida ao nascer será de cerca de 88 anos (74 anos em 2017) e a idade média dos brasileiros será de 50,2 anos (31 anos em 2017).

A população mundial na época de Moisés (4000 a.C.) era de 7 milhões de habitantes, inferior à população atual na cidade de São Paulo. Na época de Buda (1000 a.C.), a população chegou a 50 milhões e a China representava quase metade dessa população. No ano 1 (depois de Cristo), a população chegou a 170 milhões e, na época de Maomé (500 d.C.), ultrapassou os 200 milhões de habitantes. E, como se pode observar no Gráfico 1.1, a população mundial chegou ao seu primeiro bilhão de habitantes somente no ano

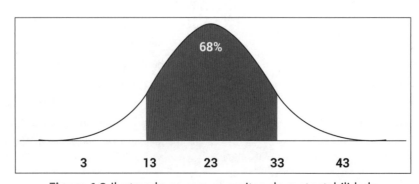

Figura 1.2 Ilustrando os cem conceitos de sustentabilidade

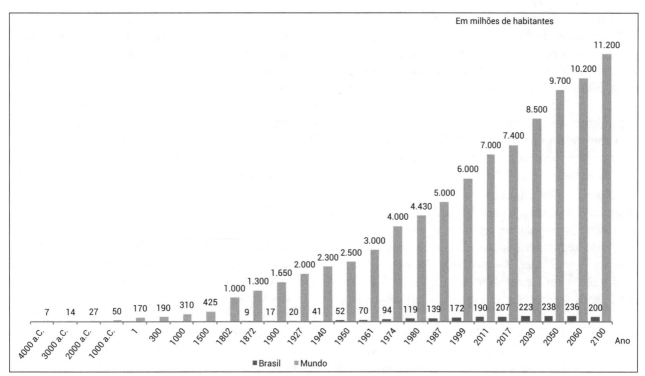

Gráfico 1.1 Brasil × mundo: crescimento da população até o ano de 2100
Fonte: ONU (2018) e NECMA (2019).

de 1802, ao segundo bilhão em 1927 (depois de 125 anos), ao terceiro bilhão em 1961 (após 34 anos), ao quarto bilhão 13 anos após, ao quinto bilhão 13 anos após, ao sexto bilhão em 1999 (12 anos depois), ao sétimo bilhão após 12 anos e deverá atingir 11 bilhões antes do final deste século.

O Brasil realizou o primeiro censo no ano de 1872, com uma contagem de 9 milhões de habitantes, e naquela época já apresentava o dobro da população atual de Portugal, que em 2017 contava com pouco mais de 10 milhões de habitantes. Essa população brasileira incluía os 3,6 milhões de escravos vindos do continente africano. Nosso país encerrou o século XX com mais de 170 milhões e deverá chegar a 200 milhões de pessoas no final do presente século.

E o que a população tem a ver com a **pegada ecológica** ou o seu rastro no planeta relacionado com seus hábitos de consumo? É justamente esse o grande problema da atual civilização. Como se observou, a população levou milhares de anos para atingir o primeiro bilhão de habitantes e, praticamente nos últimos dois séculos, apresentou um crescimento acelerado. E os próximos dois bilhões de habitantes que irão aumentar até meados deste século, certamente, desejarão consumir muito mais do que os dois últimos. Como garantir alimento, vestuário, moradia, transporte, energia, água, eletrônicos etc. para essa população?

Essa é a grande questão deste século. Independentemente das questões de mudanças climáticas no mundo, se o aquecimento global foi influenciado por ações humanas ou da própria natureza, isso é irrelevante diante dessa equação. O mundo empresarial não poderá continuar com o seu modelo tradicional de extração-produção-distribuição-consumo-descarte nos mesmos moldes do século XX, pois os recursos naturais estão sendo explorados em uma velocidade maior do que a capacidade de regeneração da natureza. Nem tudo o que se descarta no processo de produção (lixo) volta para recompor a natureza integralmente; o ciclo atual da economia é linear e não circular como se supunha nas teorias econômicas tradicionais.

No relatório *The Imperative to Act*, elaborado pelos ganhadores do *Blue Planet Prize*, uma espécie de Nobel da Sustentabilidade criado na Rio-92, a questão do crescimento populacional foi uma das questões levantadas como responsáveis pelo aumento do consumo e do nível de atividade industrial ocorrido principalmente no século anterior. Neste relatório é mencionada como exemplo a mensuração da força da natureza realizada por geólogos. Eles conseguiram medir a quantidade de massa movida por todos os eventos naturais, como erupções vulcânicas, terremotos, tempestades, tsunamis, ventos fortes, precipitações etc. como sendo equivalente a **50 bilhões** de toneladas. Com as tecnologias atuais, as atividades industriais movimentam anualmente o equivalente a 8 toneladas de massas (alimento, ferro, cimento, combustíveis etc.) *per capita* anualmente, ou seja: 7 bilhões multiplicado por 8 toneladas, equivalendo a **56 bilhões** de toneladas. Portanto, pela primeira vez na história das civilizações, a atividade humana ou industrial superou a força da própria natureza. Isso mostra a grandiosidade da força humana e, ao mesmo tempo, o risco elevado que compromete a continuidade.

No Japão, há uma expressão bastante conhecida, *mottainai*, relacionada com desperdícios, e nesse país com elevada população, recursos naturais escassos e território reduzido, não se admite desperdiçar nada e tudo é reciclado. A queniana Wangari Maathai (1940-2011) foi agraciada com o Prêmio Nobel em 2004, após conhecer essa expressão japonesa e aplicar a sua filosofia como ativista do meio ambiente nas terras africanas. Foi ela quem deu origem ao conceito dos "três R", sempre nesta ordem: Reduzir, Reutilizar e Reciclar. Primeiro reduzir o consumo de coisas desnecessárias, em seguida reutilizar aquilo que já possuímos e, finalmente, reciclar tudo o que restar. Hoje conhecemos mais outros *Rs* que surgiram depois desses três originais, como repensar, recusar, responsabilizar etc. Maathai fundou o *Green Bell Movement*, uma organização não governamental ambiental concentrada em plantações de árvores, conservação ambiental e direitos das mulheres.

Assim, convidamos o leitor a refletir sobre os seus próprios hábitos de consumo. Para isso, há diversos modelos de cálculo denominados de *pegada ecológica*. A pegada ecológica mede a quantidade de recursos naturais renováveis necessários para manter o nosso estilo de vida e projetados para cada um dos mais de 7 bilhões de habitantes do planeta, ou seja, se toda a população mundial tivesse o nosso nível ou hábito de consumo, quantos planetas seriam necessários para suprir essas necessidades?

A pegada ecológica individual é importante para avaliar o nosso comportamento e, no caso da pegada ecológica de uma cidade, um estado ou país, tem por missão orientar a população e políticas públicas. Segundo a rede WWF (World Wide Fund for Nature), uma das formulações de cálculo de pegada ecológica mais conhecidas, a pegada ecológica brasileira é de 2,9 hectares globais por pessoa; isso significa que, se as pessoas do mundo inteiro consumissem como nós, seria necessário 1,6 planeta para manter a população global.

No modelo de cálculo *Global Footprint Network* (www.footprintnetwork.org) você poderá calcular a sua pegada ecológica e comparar com a média dos alunos da FEA/USP, apresentada na Figura 1.3, que tem sido em torno de 1,7 planeta, com desvio-padrão de 0,3 planeta. Isso significa que, se os mais de 7 bilhões de habitantes atuais tivessem o mesmo nível de consumo dessas pessoas, seriam necessários de 1,4 a 2,0 planetas para suprir essas necessidades. O que mais influenciou esse resultado, segundo as reflexões dos alunos, foram as questões de mobilidade urbana, alto consumo de carne e viagens internacionais de avião. Para fazer o cálculo, acesse o endereço: http://www.footprintnetwork.org/resources/footprint-calculator/.

Mas, infelizmente, a equação ambiental não é tão justa, pois não são os principais responsáveis pela degeneração dos recursos naturais que arcarão com as maiores consequências. E, neste caso, o Relatório Stern (2006) é bem claro: a fatura ambiental será paga pelas nações mais pobres, aquelas próximas à linha do Equador e que se encontram em situações mais fragilizadas, a exemplo de Bangladesh. Assim, mesmo que outras nações tenham pegada ecológica mais elevada, esta pegada naturalmente é compensada por escassez nas demais regiões.

Finalizando este capítulo, o leitor pode avaliar se os seus conhecimentos iniciais estão acima ou abaixo

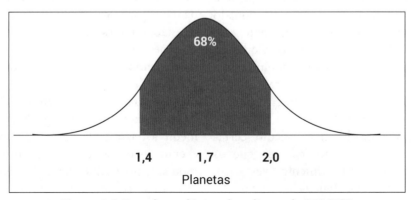

Figura 1.3 Pegada ecológica dos alunos da FEA/USP

das médias apuradas em relação aos conceitos de contabilidade (média 42) e de sustentabilidade (23), de acordo com cada um dos quadrantes representados no Quadro 1.3.

Quadro 1.3 Conhecimento médio de contabilidade e sustentabilidade

Conceitos de contabilidade (média 42)	ALTO (2º)	**ALTÍSSIMO (4º)**
	BAIXO (1º)	ALTO (3º)

Conceitos de sustentabilidade (média 23)

No 4º quadrante, classificam-se as pessoas com alto nível de conhecimento tanto em contabilidade como em sustentabilidade. No 3º e no 2º quadrantes, encontram-se as pessoas com conhecimentos elevados em apenas uma das áreas. E, no 1º quadrante, situam-se as pessoas com conhecimentos iniciais nas duas áreas de conhecimento e que provavelmente poderão aproveitar todo o conteúdo desta obra.

Avaliação de aprendizagem

Para avaliar e aprimorar o conteúdo abordado neste capítulo, seguem algumas sugestões de atividades e questões:

1) Discuta a lista dos cem conceitos de contabilidade e finanças (tópico 1.1) com os demais colegas, a fim de aumentar o número de conceitos conhecidos e trocar experiências.

2) Descreva por escrito o significado de cada um dos cem conceitos de contabilidade e finanças (tópico 1.1), de forma breve e objetiva.

3) Discuta a lista dos cem conceitos de sustentabilidade (tópico 1.2) com os demais colegas, de modo a aumentar o número de conceitos conhecidos e trocar experiências.

4) Descreva por escrito o significado de cada um dos cem conceitos de sustentabilidade (tópico 1.2), de forma breve e objetiva.

5) Em qual dos quadrantes você se situa em relação aos conhecimentos básicos de contabilidade e de sustentabilidade?

6) Calcule a sua pegada ecológica (tópico 1.3), compare-a com os resultados dos colegas e reflita sobre eventuais mudanças de hábitos.

7) Quando você nasceu, qual era o número de habitantes da população mundial? Opine sobre a população mundial prevista para meados deste século.

8) Procure e assista aos vídeos da série "História das Coisas" (Annie Leonard) para refletir com os colegas sobre os seus conteúdos.

9) Procure e assista ao vídeo "A Carne é Fraca" (Instituto Nina Rosa) para refletir com os colegas sobre as origens dos alimentos até chegar à nossa mesa.

10) Procure e assista ao vídeo "O Futuro e a Civilização que Sonhamos" (Kassai/SESC) para refletir com os colegas sobre o seu conteúdo.

11) Enumere outros conceitos que considerar importantes e que não constam das listas anteriores (Quadros 1.1 e 1.2), bem como sugira vídeos e materiais sobre o tema.

Noções de Taxa de Risco e de Custo de Capital

Este capítulo aborda os principais conceitos de contabilidade e de finanças em torno da temática de risco e retorno empresarial. Ele contribui para aprimorar o conhecimento daqueles que já possuem conhecimentos básicos e, para os leigos, possibilita o entendimento de que a viabilidade econômica de um empreendimento ou projeto se dá não apenas com o aumento da taxa de retorno ou de lucro, mas também com uma boa gestão dos riscos e consequente diminuição dos custos de capitais e financiamentos.

Pressupõe-se que os empreendimentos econômicos que incluem práticas socialmente mais justas ou ambientalmente mais corretas, e com maior nível de transparência no reporte de suas externalidades, adquirem maior consistência na capacidade de gerar fluxos de caixa e riquezas ao longo do tempo. Entretanto, na impossibilidade ou dificuldade dessa argumentação inicial, pode-se recorrer ao "outro lado do balanço" para justificar a redução da taxa de risco e do correspondente Custo Médio Ponderado de Capital.

Vamos entender esses conceitos iniciando pela desmistificação do conceito de taxa de risco, com a exemplificação das principais medidas contábeis e financeiras e uma conciliação entre elas. Ao final, você poderá responder ao questionário de avaliação de aprendizagem deste capítulo.

2.1 Desmistificando o conceito de risco

No início do Capítulo 1, você teve oportunidade de fazer o teste inicial da lista dos cem conceitos de sustentabilidade e pode comparar o seu resultado com o desempenho médio das turmas anteriores (média de 23 acertos e desvio-padrão de 10). Vamos supor que você fizesse parte de uma nova turma e o professor avaliasse o desempenho da seguinte forma: média dessa nova turma 20 acertos e desvio-padrão igual a 7.

| Sua turma | Média = 20 | DP = 7 |
| Turmas anteriores | Média = 23 | DP = 10 |

Pergunta-se: quem teve o melhor desempenho, essa nova turma ou as turmas anteriores? A resposta natural é afirmar que as outras turmas tiveram o melhor desempenho, pois apresentaram um resultado maior (23 contra 20 acertos).

Mas agora vamos supor que a sua turma não fosse a sua turma, mas sim uma empresa; e o resultado obtido (20) representasse uma medida qualquer de lucratividade, por exemplo, em porcentagem. E, similarmente, as outras turmas representassem as outras empresas do mercado e aquele resultado (23) representasse a lucratividade média daquele mercado.

Então, pergunta-se: você compraria ações da sua empresa ou do mercado? Em outras palavras, está-se perguntado o que há por trás de uma decisão deste tipo, ou quais as variáveis que precisamos analisar para tomar uma decisão confortável. Para a maioria das pessoas que priorizam o "retorno" simplesmente, a resposta continuaria a mesma, isto é, optando por comprar ações do mercado. Mas outras preocupações surgiriam, como, por exemplo: cenários futuros, desempenhos passados, tipo de produto, imagem da empresa no mercado, níveis de governança, projeção de fluxos de caixa etc.

E, para simplificar a análise dessas outras preocupações, poderíamos resumir por meio da palavra **risco** e, assim, o processo de tomada de decisão envolveria a análise do binômio "risco e retorno". Como avaliar risco? É possível mensurá-lo?

Apesar de sua natureza qualitativa e por seu nível de subjetividade, todos os modelos que se propõem avaliar o risco se baseiam no cálculo ou na operação matemática de "desvio-padrão". E, de acordo com as características do desvio-padrão, quanto menor melhor, ou seja, quanto menor o nível de dispersão ou volatilidade em torno da média, melhor é a eficiência desse número. Observe a Figura 2.1.

Assim, para aqueles que priorizam simplesmente mais retorno, a melhor opção seria comprar ações do mercado, pois apresentam uma taxa maior (23 contra 20). E aqueles que priorizam menor risco talvez pudessem optar por comprar ações da empresa, pois apresentam menor volatilidade (7 contra 10) e menor probabilidade de erros.

Qual a melhor decisão? Nesse caso, trata-se de uma escolha que depende do perfil da pessoa: conservador, moderado ou agressivo. Há pessoas que gostam de viver perigosamente e sentem-se confortáveis em ambiente de alta adrenalina (algumas até gostam de pular de paraquedas!); e há outras que optam por menor nível de ganho, em troca de evitar grandes riscos. O mercado abriga harmoniosamente todos os tipos de pessoas e decisões.

Para reforçar esses conceitos de maneira empírica, apresentamos uma dinâmica que utilizamos na primeira semana de aula junto aos calouros da FEA/USP. Pedimos que tragam os seus boletins escolares do ensino médio e calculem a "nota média" e o respectivo "desvio-padrão" (obs.: na década de 1990, os alunos nem sabiam o que era desvio-padrão, mas hoje a maioria sabe calcular, alguns até memorizaram a formulação de cálculo).

Boletim Escolar	Aluno "A"	Aluno "B"
Nota média	6,0	6,0
Desvio-padrão	1,0	3,0

Nesse exemplo, em que os dois alunos tiveram notas médias iguais (6,0), perguntamos para a classe qual é o aluno com MAIOR probabilidade de ser reprovado? E a resposta é intuitiva: o aluno "B", pois apresenta maior nível de volatilidade ou dispersão em torno da média. Enquanto que a maioria das notas do aluno "A" varia de 5 a 7, a maioria das notas do aluno "B" varia de 3 a 9.

Na sequência, mostramos a média de todos os alunos da classe (6,0) e o respectivo desvio-padrão médio (**2,0**), em seguida fazemos o cálculo de um coeficiente: desvio-padrão de cada aluno dividido pelo desvio-padrão da classe, a saber:

Boletim Escolar	Aluno "A"	Aluno "B"	Classe
Nota média	6,0	6,0	6,0
Desvio-padrão	1,0	3,0	**2,0**
Coeficiente	$\dfrac{1,0}{2,0}=0,5$	$\dfrac{3,0}{2,0}=1,5$	$\dfrac{2,0}{2,0}=1,0$

O que significa um aluno com coeficiente igual a 0,5? A resposta naturalmente atinge o consenso de que um aluno com coeficiente menor do que a unidade apresenta menor nível de "risco" de ser reprovado em relação à maioria da classe.

O aluno com coeficiente maior do que 1, por sua vez, apresenta nível de risco maior de ser reprovado em relação à maioria dos alunos de sua classe. E um aluno com coeficiente próximo de 1 possui as mesmas chances de ser aprovado em relação à maioria dos alunos de sua classe.

Então, perguntamos se alguém reconhece esse "coeficiente" que, por sinal, consta na lista dos Cem Conceitos de Contabilidade e Finanças do capítulo anterior. Dizemos, para facilitar, que é uma letra do alfabeto grego. E logo apontam como o índice beta, tradicional na literatura de finanças.

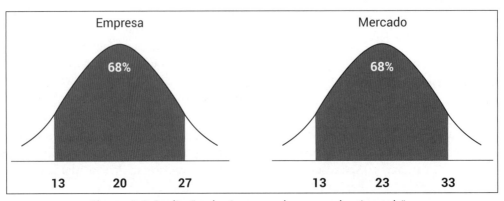

Figura 2.1 Avaliação de risco com base em desvio-padrão

Coeficiente = β

Nessa semana de aulas, os alunos se divertem, pois é de praxe calcular o índice beta de cada um deles e ordenar a lista de chamada em ordem decrescente de risco. Obviamente, é uma "brincadeira" com objetivos didáticos para fixação desse tipo de conceito, mas não se podem evitar as reflexões de quais alunos têm maiores ou menores riscos de serem reprovados, e o conceito de risco vai sendo absorvido e incutido na cultura desses futuros empreendedores ou tomadores de decisões.

Para desmistificar ainda mais o conceito de risco, perguntamos à classe qual o melhor aluno: "A" ou "B"? Geralmente, todos apontam para o primeiro aluno, e aí aproveitamos para esclarecer que esta não é a finalidade de um índice de risco, que risco é apenas risco, ou seja, é um critério de escolha.

Eventualmente, o aluno "A" pode ser melhor em determinadas situações, pode ser aprovado com mais facilidade, mas, observando a sua dispersão em torno da média, talvez ele tenha dificuldade para tirar uma nota dez. E, de outro lado, o aluno "B", apesar de colecionar muitas notas próximas de dez e de zero, pode se encaixar melhor em outras situações, mas devido a sua maior volatilidade terá que ser mais precavido.

Perguntamos: a qual dos alunos o professor tem que estar mais atento para garantir um bom desempenho? Ao aluno "B". Se a maioria dos alunos for aprovada, há um entendimento de que o aluno "A", ou aqueles com índice beta menor do que a unidade, serão aprovados com mais facilidade do que os alunos com índices maiores do que a unidade. E se a maioria da classe for reprovada? Nesse caso, invertem-se as análises, ou seja, não podemos esquecer que risco ainda é uma variável de natureza qualitativa e subjetiva.

Nos livros de administração financeira, a formulação do índice beta é a seguinte:

$$\beta = \frac{\text{Covariância (EMPRESA, MERCADO)}}{\text{Variância (MERCADO)}}$$

E que podemos traduzir nesse exemplo dos alunos da seguinte forma:

$$\beta = \frac{\text{Covariância (ALUNO, CLASSE)}}{\text{Variância (CLASSE)}}$$

Trata-se de uma formulação conhecida pelos especialistas em finanças, mas que pode intimidar um leigo; talvez o seguinte desdobramento em dois termos possa facilitar o seu entendimento, incluindo o conceito de correlação a ser visto em tópico seguinte.

$$\beta = \frac{\text{Desvio-padrão (ALUNO)}}{\text{Desvio-padrão (CLASSE)}} \times \text{Correlação (ALUNO, CLASSE)}$$

O primeiro termo é exatamente o coeficiente calculado anteriormente para cada aluno, ou seja, a razão entre o seu desvio-padrão e o desvio-padrão médio da classe. A literatura de finanças o denomina como parcela de "Risco Total" (RT). O segundo termo consiste na correlação entre eles, e o cálculo é bem simples como o de desvio-padrão (será abordado no capítulo seguinte).

Ao contrário do cálculo do desvio-padrão, que avalia os elementos de uma série em relação a sua média, o cálculo de correlação estabelece a relação entre duas séries ou grupos de dados. O resultado é um número padronizado em uma faixa de "menos um" a "mais um" (–1 a +1). Se for próximo a +1, significa que a correlação é forte e no mesmo sentido; se for próximo a –1, significa que a correlação é forte, mas no sentido contrário; e, se for próximo a zero, significa que a correlação entre as duas séries é fraca.

Assim, se dispomos de uma carteira de investimento com diversas ações e planejamos adquirir um novo título, como deve se comportar esse título em relação à carteira existente se o objetivo é reduzir ou otimizar o seu nível de risco? A resposta é: adquirir papéis com baixa correlação ou, se possível, com correlação negativa em relação à carteira existente. É o caso de uma empresa de sorvetes (sazonalidade): para reduzir o risco desse empreendimento, é conveniente adquirir papéis, por exemplo, de empresas de sopas ou chocolates quentes.

Harry M. Markowitz (nascido em 1927) foi um dos pioneiros na análise da relação entre títulos, carteiras e portfólios de investimentos e, quando publicou um artigo sobre o assunto em 1952, assustou a comunidade científica e foi duramente criticado em sua banca de doutoramento em economia de empresas. Hoje é fácil o entendimento destas questões, mas naquela época, em que não havia computadores nem calculadoras, era difícil de se entender. Ele afirmava que nem sempre um título que apresenta maior taxa de retorno é o melhor para otimizar o desempenho de uma carteira; que às vezes é melhor escolher títulos com correlação baixa (próximo de zero) ou de correlação negativa. Por esses estudos (teorias de carteiras), em 1990, Markowitz compartilhou o Prêmio Nobel de Economia com Merton H. Miller e William F. Sharpe.

Assim, finalizando a análise do desdobramento do índice beta, o segundo termo da equação refere-se à parcela de Risco Diversificável (RD) da carteira, de acordo com as propriedades da correlação e das teorias de Markowitz. Ao se multiplicar a parcela de Risco Total (RT) pelo coeficiente de correlação (zero a um) da parcela de Risco Diversificável (RD), obtém-se o índice beta (β). Portanto, o tradicional índice beta, mencionado na literatura de finanças, é um índice parcial de risco que simboliza a parcela dos riscos não diversificáveis ou riscos sistemáticos.

O Risco Não Diversificável (RND) pode ser entendido como a parcela dos riscos que não pode ser eliminada pela diversificação dos itens de uma carteira de investimentos e, em última instância, representa o risco do próprio negócio ou atividade.

Finalizando este tópico, o mais importante não é o entendimento das formulações matemáticas da taxa de risco ou do índice beta, mas o entendimento do seguinte:

- **Quando β < 1**: significa que o nível de risco de um empreendimento ou de um projeto é menor do que o nível de risco médio do mercado. Por isso, pode-se almejar uma lucratividade pouco mais baixa do que a média do mercado.
- **Quando β = 1**: significa que o nível de risco de um empreendimento ou de um projeto é semelhante ao nível de risco médio do mercado. Por isso, pode-se almejar exatamente a lucratividade média do mercado.
- **Quando β > 1**: significa que o nível de risco de um empreendimento ou de um projeto é maior do que o nível de risco médio do mercado. Por isso, para se equiparar ao mercado, deve-se almejar uma lucratividade pouco acima da média do mercado, imaginando que a longo prazo os retornos serão equivalentes.

Saiba mais

Para saber mais sobre o assunto deste tópico, veja mais no vídeo "Gestão Financeira e de Riscos – Noções de Risco e Retorno e modelos de Precificação de Ativos", disponível no QR Code ao lado.
Fonte: https://www.youtube.com/watch?time_continue=7&v=g3093Cfel-M.
Acesso em: 25 jun. 2019.

uqr.to/f1wn

2.2 Cálculo do desvio-padrão

Os cálculos estatísticos são mais antigos do que os experimentos de Carl Friedrich Gauss (1777-1855) com a distribuição normal, mas só se tornaram mais conhecidos nas últimas décadas com a disponibilidade das calculadoras e das planilhas eletrônicas. Com o objetivo de mostrar que são relativamente simples e incentivar o seu uso por aqueles que ainda não dominam esses instrumentos, segue uma breve revisão do desvio-padrão, calculado manualmente e por meio da calculadora HP 12C e da planilha Excel.

Base de dados: considerando um conjunto com dez elementos quaisquer, calcule a média e o desvio-padrão: (2, 3, 5, 5, 5, 5, 6, 6, 6 e 7).

Cálculo manual:

Elemento	Desvio de cada ponto em relação à média	Desvio ao quadrado
2	2 − 5 = −3	−3 × −3 = 9
3	3 − 5 = −2	−2 × −2 = 4
5	5 − 5 = 0	0 × 0 = 0
5	5 − 5 = 0	0 × 0 = 0
5	5 − 5 = 0	0 × 0 = 0
5	5 − 5 = 0	0 × 0 = 0
6	6 − 5 = 1	1 × 1 = 1
6	6 − 5 = 1	1 × 1 = 1
6	6 − 5 = 1	1 × 1 = 1
7	7 − 5 = 2	2 × 2 = 4

Soma = 50   Soma = Zero   Soma = 20
Média = 5

- Em primeiro lugar, calcula-se a média aritmética desses elementos, simplesmente obtendo-se a soma (50) e dividindo-se pelo número de elementos do conjunto (10), igual a 5.
- Em seguida, calcula-se o desvio de cada ponto em relação a essa média (5).
- Intuitivamente, o resultado seria a média desses desvios, mas a soma deles é sempre igual a ZERO. Gauss então resolveu esse problema de "soma igual a zero" elevando ao quadrado esses desvios.
- Calcula-se a média desses desvios ao quadrado dividindo-se a soma (20) pelo número de elementos (10), obtendo-se um resultado denominado variância (2).
- Finalmente, acha-se a raiz quadrada dessa variância (2) obtendo-se o desvio-padrão dessa "população" = **1,41**.
- Lembrando que há outra versão de cálculo do desvio-padrão quando se dispõe apenas de uma parte ou amostra de dados e, nesse caso, para se calcular a variância divide-se por "n − 1". Assim, 20 / 9 = **2,22**. E a raiz quadrada desse número

(2,22) resulta no desvio-padrão da amostra = **1,49**, levemente superior ao desvio-padrão calculado a partir da população para compensar o eventual erro da amostra.

Cálculo por meio da HP 12C:

- Limpar as memórias da calculadora HP 12C[1] – F (REG).
- Dar entrada de todos os elementos na tecla somatória mais (Σ_+), localizada na quarta linha e nona coluna do teclado da calculadora.
- Calcula-se a média apertando as teclas: (g) X = 5 (a tecla X está localizada na quarta linha e sétima coluna do teclado da calculadora).
- Para o desvio-padrão, apertar as teclas: (g) S = **1,49** (a tecla S está localizada na quarta linha e oitava coluna do teclado da calculadora).
- Note que a calculadora HP 12C calcula o desvio-padrão na versão "amostra" e, para se obter a versão "população", é só "reverter" o cálculo da seguinte forma: eleva-se esse número ao quadrado, multiplica-se por 9 (n – 1), divide-se 10 (n) e calcula-se a raiz quadrada = **1,41**.

Caso queira conhecer melhor as operações estatísticas de sua calculadora HP 12C, consulte os valores armazenados automaticamente nas memórias clicando RCL zero, RCL um, RCL dois, RCL três etc. e compare com as fórmulas de cálculo impressas em seu verso.

Figura 2.2 Calculadora HP 12C

Cálculo por meio da planilha Excel:

- As planilhas eletrônicas dispõem de todos os cálculos estatísticos e, no caso do desvio-padrão, pode ser calculado de modo manual, como demonstrado nas colunas T e U ou com as funções específicas a seguir (veja a Figura 2.3).
- Quando se dispõe de todos os dados da população =DESVPADP.
- Ou quando se dispõe de apenas uma amostra =DESVPAD.

	Nºs	desvios	desvios^2
	2	-3	9
	3	-2	4
	5	0	0
	5	0	0
	5	0	0
	5	0	0
	6	1	1
	6	1	1
	6	1	1
	7	2	4
SOMA:		0	20
Média		5	=MÉDIA(B3:B12)
D.Padrão (população)		1,41	=DESVPADP(B3:B12)
D.Padrão (amostra)		1,49	=DESVPAD(B3:B12)

Figura 2.3 Cálculo de desvio-padrão com uso de planilha Excel

Finalizando, o mais importante não é decorar as formulações de cálculo do desvio-padrão (ou de correlação, que é muito parecido), mas entender que se trata de uma forma de se avaliar a qualidade de determinada informação média. E que quanto menor, melhor, ou seja, quanto menor o nível de dispersão ou volatilidade, melhor é a qualidade deste dado ou informação. Menor o nível de risco.

2.3 Cálculo de correlação (Pearson)

Diferentemente do desvio-padrão, que estabelece a relação dos elementos de um mesmo grupo em torno de sua média (dispersão em torno da média ou volatilidade), o cálculo de correlação estabelece a relação dos elementos de um grupo com os elementos de outro grupo e, por causa de seu método de cálculo padronizado, o resultado varia em uma escala de menos um (–1) a mais um (+1).

---

[1] Lembrando que a sua calculadora HP 12C possui mais de 25 memórias, pois em cada tecla numérica podem-se armazenar duas memórias; nas teclas financeiras também é possível armazenar (STO) dados e ainda há a chamada "pilha operacional", que evita "parênteses" nos cálculos complexos, em virtude do método notação polonesa inversa (RPN). Essa calculadora foi lançada em 1981 pela Hewlett-Packard e substituiu os modelos HP 38E e HP 38C. Ela foi tirada de linha, mas voltou a ser fabricada e até hoje representa um símbolo de *status* para quem atua na área de negócios!

É conhecido também como correlação de Pearson, em homenagem ao matemático britânico Karl Pearson (1857-1936), que desenvolveu as teorias das correlações e a estatística aplicada. Com o objetivo de mostrar que são relativamente simples e incentivar o seu uso por aqueles que ainda não dominam essas operações, segue uma breve revisão da correlação, calculada manualmente e por meio da calculadora HP 12C e da planilha Excel.

Como o seu cálculo considera não apenas a dispersão em torno da média de cada grupo, mas também pondera a posição ou momento de cada elemento, o seu resultado pode ser interpretado quanto ao grau de correlação e ao sentido de comportamento entre os grupos comparados. A correlação pode ser forte ou fraca, respectivamente quando está próxima ou distante da unidade e, quanto ao comportamento, é positiva quando os elementos dos grupos caminham no mesmo sentido ou negativa quando caminham em sentidos contrários. Já um resultado próximo de zero significa que a correlação entre os elementos desses dois grupos é fraca ou nula.

Base de dados: calcule o índice de correlação entre os conjuntos a seguir.

A = (2, 3, 5, 5, 5, 5, 6, 6, 6 e 7).
B = (1, 4, 4, 4, 4, 6, 6, 6, 8 e 7).

Cálculo manual:

Observe a tabela a seguir. Agora, veja a equação:

$$\text{Correlação} = \frac{23}{\sqrt[2]{(20 \times 36)}} = 0{,}8572$$

Ou seja:

$$\text{Correlação} = \frac{\sum\left[(\text{desvio} - A) \times (\text{desvio} - B)\right]}{\sqrt[2]{\sum(\text{desvio} - A) \times \sum(\text{desvio} - B)}} =$$
$$= 0{,}8572$$

- Em primeiro lugar, calcula-se a média aritmética dos elementos de cada um dos grupos que, coincidentemente, são iguais a 50.
- Em seguida, calcula-se o desvio de cada ponto em relação a essa média (5) em cada um dos grupos A e B.
- 5ª coluna: multiplica-se o desvio de cada elemento de um grupo (A) pelo respectivo desvio do outro grupo (B), totalizando soma igual a 23. Se calcularmos a média, dividindo essa soma pelo número de elementos de cada grupo (10), obtemos um número denominado de covariância (2,3).
- 6ª coluna: elevam-se ao quadrado os desvios de cada elemento de um grupo (A), totalizando soma igual a 20.
- 7ª coluna: igualmente, elevam-se ao quadrado os desvios de cada elemento do outro grupo (B), totalizando soma igual a 36.
- No último processo do cálculo, o índice de correlação é calculado dividindo-se o valor apurado pela somatória do produto dos desvios de cada grupo (23), apurada na 5ª coluna, pela raiz quadrada do produto dos desvios ao quadrado de cada grupo (20 × 36), apurados respectivamente nas 6ª e 7ª colunas. Ou seja, um índice de correlação igual a 0,8572.

Elementos Grupo A	Elementos Grupo B	Desvio em relação à sua Média Grupo A	Desvio em relação à sua Média Grupo B	Desvio Grupo A × Desvio Grupo B	Desvio ao Quadrado Grupo A	Desvio ao Quadrado Grupo B
2	1	2 − 5 = −3	1 − 5 = −4	12	9	16
3	4	3 − 5 = −2	4 − 5 = −1	2	4	1
5	4	5 − 5 = 0	4 − 5 = −1	0	0	1
5	4	5 − 5 = 0	4 − 5 = −1	0	0	1
5	4	5 − 5 = 0	4 − 5 = −1	0	0	1
5	6	5 − 5 = 0	6 − 5 = +1	0	0	1
6	6	6 − 5 = +1	6 − 5 = +1	1	1	1
6	6	6 − 5 = +1	6 − 5 = +1	1	1	1
6	8	6 − 5 = +1	8 − 5 = +3	3	1	9
7	7	7 − 5 = +2	7 − 5 = +2	4	4	4
Soma = 50 Média = 5	Soma = 50 Média = 5			Soma = 23	Soma = 20	Soma = 36

- Note que na última etapa do cálculo houve um processo de "padronização" (produto dividido pela raiz quadrada) para que o resultado fosse representado em uma escala de "menos um a mais um", mas, de maneira geral, trata-se de um processo de cálculo semelhante ao do desvio-padrão demonstrado anteriormente. E o seu resultado (+0,8572) indica que a correlação entre os elementos desses dois grupos (A e B) é forte (próximo a 1) e, como é positiva (+), significa que caminham no mesmo sentido. Assim, se os grupos fossem, por exemplo, taxa Selic e lucro de um banco, provavelmente um aumento na taxa referencial de juros pelo governo ocasionaria aumento no lucro desse banco; ou, ao contrário, se o governo reduzisse a Selic, cairia o lucro do banco.

Cálculo por meio da HP 12C:

- Limpar as memórias da calculadora HP 12C.
- Dar entrada dos dados da seguinte forma: primeiro elemento do grupo A (2) teclar ENTER, primeiro elemento do grupo B (1) teclar Somatória Mais (Σ_+); segundo elemento do grupo A (3) ENTER, segundo elemento do grupo B (4) (Σ_+); e assim alternadamente até registrar a entrada de todos os pares de dados. Note que aparece no visor (x) o número sequencial de cada um dos pares lançados.
- Para obter o cálculo de correlação, aperte as teclas **(g) Yr** (terceira linha e oitava coluna) e, em seguida, a tecla **XY** (terceira linha e quarta coluna), mostrando no visor (X) o resultado igual a **0,857159391**.
- Se quiser se aprofundar nos cálculos estatísticos de sua HP 12C, veja em seu verso as principais formulações e onde ela armazena esses coeficientes de regressão linear.

Cálculo por meio da planilha Excel:

As planilhas eletrônicas dispõem de todos os cálculos estatísticos e, no caso da correlação, pode ser calculado de modo manual, como demonstrado nas colunas O a U, ou com a função Correlação= (Figura 2.4).

Finalizando, os cálculos estatísticos hoje são bastante acessíveis e, embora não seja necessário memorizar as suas fórmulas, acreditamos que essa breve revisão, mesmo sem os rigores das formulações matemáticas, poderá lhe proporcionar maior segurança no manuseio de sua calculadora HP 12C e de suas planilhas eletrônicas e maior conforto no entendimento dos conceitos sobre risco e retorno empresarial e das teorias de carteiras.

	Grupo A	Grupo B	Desvio Grupo A	Desvio Grupo B	Desv(A) x Desv(B)	Desv(A)^2	Desv(B)^2
	2	1	-3	-4	12	9	16
	3	4	-2	-1	2	4	1
	5	4	0	-1	0	0	1
	5	4	0	-1	0	0	1
	5	4	0	-1	0	0	1
	5	6	0	1	0	0	1
	6	6	1	1	1	1	1
	6	6	1	1	1	1	1
	6	8	1	3	3	1	9
	7	7	2	2	4	4	4
	5	**5**			**23**	**20**	**36**
					2,3		

CORREL =CORREL(O3:O12;P3:P12)

CORREL= **0,8572**

$$Correlação = \frac{23}{\sqrt[2]{(20 \times 36)}} = 0,85$$

Figura 2.4 Cálculo de correlação com uso de planilha Excel

2.4 Conceito de custo de capital

Harry Markowitz teve dificuldades na época para explicar a sua teoria de carteiras, pois fora duramente criticado em sua tese e os membros de sua banca de doutoramento não reconheceram qualquer relação de seus estudos com matemática, economia ou contabilidade; mas, posteriormente, ficou conhecido por sua célebre frase: "*não coloque todos os ovos numa mesma cesta*".

Anos depois, já reconhecido, orientou um jovem doutorando chamado William Forsyth Sharpe (nascido em 1934) que, juntamente com John Virgil Lintner (1916-1983), desenvolveu uma formulação para precificação de Ativos denominada *Capital Asset Price Model* (CAPM). Por esses estudos, os três compartilharam o Prêmio Nobel de Economia (1990).[2]

Sharpe encarava o problema da precificação de Ativos sob a ótica do investidor pessoa física, enquanto que Lintner via sob o ponto de vida da empresa de capital aberto com ações na bolsa. Assim, os estudos pioneiros de Markowitz relacionados com a teoria de portfólio, conceito de fronteira eficiente etc. foram se tornando cada vez mais conhecidos e, atualmente, o CAPM é um dos modelos mais utilizados para se calcular a taxa de retorno teórica apropriada para determinado investimento em relação a uma carteira diversificada de mercado, podendo ser aplicada para investidores individuais ou para o cálculo do custo de capital de uma empresa ou de um empreendimento, como veremos a seguir.

---

[2] O Prêmio Nobel de Economia não é um Nobel legítimo, da Fundação Alfred Nobel, mas criado e patrocinado pelo Banco Central da Suécia em 1968. Se olharmos para os outros nobeis alternativos, encontraremos na lista importantes brasileiros.

A fórmula é a seguinte:

$$CAPM = RF + \beta \times (RM - RF)$$

Onde: **RF** = *Risk Free* ou Taxa Livre de Risco
RM = *Return of Market* ou expectativa de retorno do mercado
β = índice beta de risco

A Taxa Livre de Risco, ou *Risk Free* (RF), como se subentende, é a taxa de retorno de um investimento livre de risco, ou de menor risco possível em relação às demais ofertas de mercado e, se possível, com correlação fraca, por exemplo, a taxa dos títulos públicos dos países.

A Taxa de Retorno do Mercado (RM) é a própria taxa média de retorno esperada desse mercado; no caso de uma empresa de capital aberto, pode-se comparar, por exemplo, com a própria bolsa de valores (BM&FBovespa); se for uma empresa de capital fechado, pode-se criar uma carteira virtual (ações, ouro, renda fixa, opções, poupança etc.) e adotá-la como referência. A diferença (RM – RF) é conhecida como prêmio pelo risco.

E o índice beta (β), abordado anteriormente, é o indicador de risco desse empreendimento em relação ao mercado, e mais importante do que a exatidão deste número é saber identificar (mesmo intuitivamente) se é maior, menor ou igual à unidade, isto é, respectivamente se o risco do negócio é maior, menor ou próximo ao risco médio do mercado.

A regra implícita neste modelo é de que um empreendimento somente pode ser comparado a outro se ambos estiverem no mesmo nível de risco, e como geralmente têm níveis de riscos e incertezas diferentes, é necessário equalizar as taxas de retorno equivalentes de acordo com seus níveis específicos de risco.

Isso é exatamente o que faz a formulação do CAPM. Se uma empresa possui beta "próximo a um", então o retorno mínimo exigido para os seus negócios é a própria taxa média do mercado. Se a empresa possui beta "maior do que um", então o seu retorno mínimo exigido terá que ser pouco maior do que a RM e se supõe que no longo prazo haverá desempenhos semelhantes. Mas, se uma empresa possui beta "menor do que um", ela pode se dar ao luxo de almejar uma taxa mínima de atratividade pouco abaixo do mercado, pois, devido ao seu menor nível de risco e menor volatilidade, no longo prazo terá uma pequena vantagem em relação ao mercado.

Esta é a Taxa Mínima de Atratividade (TMA), ou a taxa de retorno mínima esperada de um empreendimento e que envolve o conceito de "custo de oportunidade", aprimorado com o balizamento dos níveis de riscos. Pode ser entendida também como a taxa que representa o custo de capital de um empreendimento, ou o parâmetro mínimo para tomadas de decisão.

Exemplificando: se a Taxa de Mercado (RM) é de 12% ao ano e a Taxa Livre de Risco é de 6% ao ano, qual o custo de capital que uma empresa tem de adotar em seu planejamento, supondo-se que o seu beta é 1,2?

Resolvendo com o modelo CAPM:
Custo de capital = RF + β × (RM – RF)
Custo de capital = 6% + 1,2 × (12% – 6%)
Custo de capital = 13,2%

Assim, se a empresa trabalhar em seu planejamento com uma taxa de lucro esperada de 13,2% ao ano, supõe-se que no longo prazo terá retorno próximo ao retorno médio do mercado (12% ao ano). Ou seja, que a taxa de lucro da empresa (13,2%) é equivalente à taxa de lucro média do mercado (12% ao ano), de acordo com seus níveis diferenciados de risco. Nominalmente, a taxa da empresa é maior, mas, depurando-se os níveis de incerteza e risco, elas são equivalentes em termos de risco.

Responda rápido: você prefere ganhar 10% ao ano aplicando na caderneta de poupança ou em ações? A resposta é óbvia: na poupança, pois mesmo um leigo nesse assunto sabe que as cadernetas de poupança são mais garantidas.

Apesar de ser o modelo mais utilizado, o CAPM está sujeito a críticas, sendo uma delas o fato de estabelecer a covariância do retorno individual apenas em relação ao retorno do mercado. E assim surgiu, por exemplo, um modelo denominado *Arbitrage Pricing Theory* (APT), proposto por Stephen A. Ross (1944-2017), que estabelece a relação linear com dois ou mais fatores, por exemplo, com o PIB, taxa de juros, câmbio, salário mínimo, emissões de GHG etc.

Finalizando este tópico e respeitando-se a subjetividade dos níveis de incerteza e de risco, entendemos que o mais importante não é a exatidão dos modelos que se propõem mensurar os índices de riscos, até mesmo porque estamos tratando de algo não preciso, mas sim ter uma noção adequada da posição hierárquica da empresa, ou de um projeto, em relação ao mercado. Se, intuitivamente, o nível de risco fica acima ou abaixo, ou próximo do mercado como referência. No tópico seguinte, são apresentados diversos trabalhos que podem ser úteis na identificação do nível de risco de uma empresa ou de determinado projeto.

β > 1 → Risco da empresa é MAIOR do que o risco médio do mercado

β = 1 → Risco da empresa é IGUAL ao do mercado

β < 1 → Risco da empresa é MENOR do que o risco médio do mercado

2.5 Cálculo do índice beta por meio da calculadora HP 12C e de planilhas eletrônicas

Para mostrar que o cálculo do índice beta é relativamente simples, apresentamos um "bônus" a seguir, por meio da calculadora HP 12C e posteriormente com uma planilha eletrônica.

Calcule o beta: selecionamos ao longo de um período de 7 anos o comportamento do preço das ações da Cia. Arixandre, comparativamente com o comportamento de uma carteira de mercado. Com base nas respectivas variações anuais dessas ações, calcule o índice de risco da empresa.

Período (anos)	Ações da Cia. Arixandre	Ações do Mercado
Ano 1	– 0,07	– 0,17
Ano 2	1,46	1,31
Ano 3	– 0,08	– 0,19
Ano 4	– 0,61	– 0,45
Ano 5	0,31	0,68
Ano 6	2,10	0,99
Ano 7	– 0,40	– 0,41

Cálculo com a HP 12C:

- Limpe as memórias de sua calculadora HP 12C.
- **Dê entrada de cada par de dados (anos) da seguinte forma**: variação das ações da Cia. Arixandre do primeiro ano (–0,07), aperte a tecla **ENTER**; variação das ações do primeiro ano do mercado (–0,17), aperte a tecla Somatória Mais (Σ_+); e assim sucessivamente até registrar a entrada de todos os pares de dados dos anos restantes. Note que aparece no visor (x) o número sequencial de cada um dos anos lançados.
- **Tecle 1 (g) Yr STO 0**. Explicando: tecle o número 1, em seguida calcule o coeficiente de regressão desse número por meio das teclas (g) Yr (terceira linha e oitava coluna) e, depois, armazene esse resultado na memória 1 (STO zero).
- **Tecle 0 (g) Yr STO –0**. Explicando: tecle o número zero (0), em seguida calcule o coeficiente de regressão desse número por meio das teclas (g) Yr (terceira linha e oitava coluna) e, depois, armazene esse número "subtraindo" no saldo já existente na memória zero (STO – zero). Note que, se você teclasse STO O (sem o sinal de menos), iria sobrescrever o resultado atual no conteúdo já existente na memória zero; você sabia que pode armazenar dados nas memórias na HP 12C subtraindo, somando, multiplicando etc.?
- Finalmente, para obter o resultado (índice beta), recupere o saldo na memória zero teclando **recall** ou **RCL 0**, obtendo β igual a **1,264919454**.
- Na verdade, este cálculo utilizou as funções estatísticas de sua HP 12C. Após dar entrada nas variações dos preços das ações da Cia. Arixandre e do mercado, simultaneamente ao longo dos 7 anos selecionados, você calculou os coeficientes de regressão de dois pontos quaisquer (no caso, 1 e zero) e, como se sabe, é possível traçar uma reta com dois pontos, obtendo-se assim o coeficiente angular desta reta, ou seja, o próprio índice beta. Obviamente que não é prático o cálculo desta forma, mas se você conseguiu calcular o índice beta em sua calculadora HP 12C, que foi lançada há quatro décadas, certamente poderá fazê-lo de qualquer outra forma mais simples e prática, como veremos a seguir por meio da planilha Excel.

Cálculo com a planilha Excel:

Observe a Figura 2.5.

- Utilizando-se a fórmula tradicional dos livros de finanças, o índice beta é calculado da seguinte forma:

$$\beta = \frac{\text{Covariância}\left(\text{EMPRESA, MERCADO}\right)}{\text{Variância}\left(\text{MERCADO}\right)} =$$

$$= 1{,}2649194554$$

- Com base na formulação desenvolvida no tópico 2.1, o índice beta pode ser calculado da seguinte forma:

$$\beta = \frac{\text{Desvio-padrão}\left(\text{Arixandre}\right)}{\text{Desvio-padrão}\left(\text{Mercado}\right)} =$$

$$= \text{Correlação}\left(\text{Arixandre, Mercado}\right)$$

$$\beta = \frac{0{,}935944356}{0{,}670999863} \times 0{,}906849617 =$$

$$\beta = 1{,}394850294 \times 0{,}906849617 = \mathbf{1{,}264919454}$$

- Esta última formulação pode ser interpretada da seguinte forma:

	A	B	C	D	E	F
1						
2		Comportamento do preço das Ações				
3		Período	Ações da	Ações do		
4		(anos)	Cia. Arixandre	Mercado		
5		Ano 1	-0,07	-0,17		
6		Ano 2	1,46	1,31		
7		Ano 3	-0,08	-0,19		
8		Ano 4	-0,61	-0,45		
9		Ano 5	0,31	0,68		
10		Ano 6	2,10	0,99		
11		Ano 7	-0,40	-0,41		
12						
13						
14		Covariância (Arixandre/Mercado)	0,569518367	=COVARIAÇÃO.P(C5:C11;D5:D11)		
15		Variância (Mercado)	0,450240816	=VAR.P(D5:D11)		
16		Beta	1,264919454	=C14/C15		
17						
18		Desvio-Padrão (Arixandre)	0,935944356	=DESVPADP(C5:C11)		
19		Desvio-Padrão (Mercado)	0,670999863	=DESVPADP(D5:D11)		
20		Correlação (Arixandre/Mercado)	0,906849617	=CORREL(C5:C11;D5:D11)		
21		DP(Arixandre) / DP(Mercado)	1,394850293	=C18/C19		
22		Beta	1,264919454	=C21*C20		
23						

Figura 2.5 Cálculo do índice beta com uso de planilha Excel

β = 1,394850294 (**RT**) × 0,906849617 (**RD**) = 1,264919454 (**RND**)

Onde: **RT** = Índice de Risco Total
RD = Parcela do Risco Diversificável (pela correlação)
RND = Parcela do Risco Não Diversificável ou Sistemático (ou β)

- Finalizando, o tradicional índice beta, na verdade, refere-se à parcela do Risco Não Diversificável de uma empresa, conhecido também como risco sistemático, pelo qual se supõe que os seus gestores irão minimizar os níveis de risco diversificando os seus investimentos ou projetos, não colocarão todos os ovos em uma mesma cesta, e procurarão agregar novos componentes que possuam baixa correlação ou, se possível, correlação negativa.
- Note que, no caso da Cia. Arixandre, o nível de risco total (1,39) foi reduzido para o nível de risco sistemático (1,26), supondo-se uma redução de 9,3% pelo efeito da correlação (1 – 0,907 = 0,093).

Como se pode diversificar o risco de uma empresa que teme o crescimento de seu maior concorrente? Resposta rápida: comprando ações e investindo nele. Como se pode reduzir o risco de funcionários paralisarem suas atividades em virtude de greve? Resposta: oferecendo ações ou participação nos lucros para eles.

Como minimizar os riscos de empresas de setores polêmicos (petróleo, mineração, energias não renováveis, montadoras de veículos, defensivos agrícolas, monocultura etc.) ou de ações do pecado – ou *Sin Stocks* (álcool, tabaco, sexo, armas etc.), tendo em vista os cenários futuros? A resposta na qual queremos acreditar (*the future we want*) é que, muito provavelmente, essas mesmas empresas irão investir em empreendimentos com correlação baixa ou negativa (energia renovável, reciclagem, veículos limpos, alimentos orgânicos etc.). Esse é o princípio básico da Teoria de Carteira apregoado por Markowitz em 1952 e que fora bastante criticado naquela época.

2.6 Escalas Hierárquicas de Risco Setorial (EHRS)

Como vimos no tópico anterior, o índice de risco (β) geralmente é calculado em função do comportamento do preço das ações de uma empresa em relação a uma *proxy* de mercado e é fundamental para o planejamento dos níveis de retorno e de lucros mínimos que remunerem adequadamente um empreendimento. No entanto, **como identificar índices de risco de empresas que não possuem ações negociadas na bolsa?**

Neste tópico, apresentamos diversas tabelas no formato de "Escala Hierárquica de Risco Setorial (EHRS)" de diversos tipos de empresa, incluindo empresas de capital fechado, pequenas empresas, atividades agrícolas e pecuárias, pessoas físicas, estados brasileiros etc.

Partindo do pressuposto de que os níveis de risco de empresas do mesmo setor são comparáveis, mesmo se forem de países diferentes, as escalas a seguir representam informações riquíssimas como fontes de referência, mas lembrando a orientação dos principais autores de finanças: mais importante do que a exatidão de um índice é compreender a posição hierárquica do nível de risco da empresa ou projeto em análise.

2.6.1 Escala de risco de empresas norte-americanas – Damodaran

Aswath Damodaran nasceu na Índia, em 1957. Atualmente, é um renomado professor de Finanças da Universidade de Nova York (NYU) e autor de diversos livros sobre finanças corporativas, gestão de investimentos e avaliação de empresas. Ele defende o uso de índices betas "setoriais", conforme o índice de Risco Total (RT) demonstrado no tópico 2.5. Na Tabela 2.1, é reproduzida uma tabela de risco setorial elaborada por ele com as principais empresas norte-americanas e, apesar de ter sido elaborada há duas décadas, observa-se que os níveis de risco da maioria das empresas são comparáveis ao longo do tempo.

Na Tabela 2.1 podem-se observar os principais setores empresariais nos EUA ordenados (em ordem decrescente) pelos níveis de risco de acordo com

Tabela 2.1 Tabela de risco setorial elaborada por Damodaran

Escala de risco de empresas norte-americanas				
Nº	Setor	ROE	Endividamento	Beta
1º	Farmacêutico	28,40%	33,83%	1,36
2º	Químico	18,64%	37,61%	1,34
3º	Software	20,66%	9,18%	1,33
4º	Serviços de Saúde	14,33%	27,78%	1,32
5º	Computadores e Equip. Escritórios	14,84%	30,49%	1,27
6º	Eletrônicos de Consumo	15,00%	26,65%	1,26
7º	Entretenimento	23,00%	49,20%	1,25
8º	Bancário e Financeiro	17,09%	29,37%	1,23
9º	Restaurantes	17,51%	46,70%	1,20
10º	Serviços Telefônicos	16,10%	31,94%	1,20
11º	Varejistas	14,04%	33,12%	1,19
12º	Fumo	32,65%	50,39%	1,11
13º	Transporte	12,79%	48,29%	1,10
14º	Bens de Consumo Duráveis	17,51%	30,04%	1,08
15º	Atacadista	16,50%	29,18%	1,08
16º	Construção Civil	11,84%	35,04%	1,08
17º	Fabris Diversos	16,42%	35,51%	1,07
18º	Bens de Consumo	28,81%	44,78%	1,06
19º	Outros Serviços	18,11%	39,39%	1,05
20º	Produção de Papel e Plásticos	15,48%	42,96%	1,03
21º	Equipamentos	13,89%	36,47%	1,02
22º	Automobilístico	18,12%	34,41%	0,99
23º	Editorial	17,34%	39,69%	0,99
24º	Têxtil e Vestuário	13,45%	27,42%	0,98
25º	Bebidas	17,55%	41,14%	0,95
26º	Móveis	14,73%	25,34%	0,93
27º	Seguros	23,62%	37,87%	0,85
28º	Produção de Alimentos	17,31%	30,66%	0,85
29º	Produtos Agrícolas	15,28%	37,67%	0,74
30º	Imobiliário	19,69%	38,44%	0,69
31º	Mineração	11,07%	40,21%	0,64
32º	Produção e Refino de Petróleo	13,35%	44,43%	0,59
33º	Eletricidade e Gás	11,41%	58,35%	0,58

Fonte: Damodaran (1997).

seus respectivos índices beta. Adicionalmente, o quadro é enriquecido com informações sobre a taxa média de retorno do patrimônio líquido ou *Return on Equity* (ROE) e o percentual de endividamento desses setores. Veja que os setores de maior risco são representados por empresas dos setores farmacêutico, químico, eletrônico e os de menor risco os setores de mineração, petróleo, eletricidade e gás ou de *commodities* primários.

Em relação ao sistema *Capital Asset Pricing Model* (CAPM), que é bastante utilizado desde que surgiu na década de 1960, Aswath Damodaran faz crítica ao seu uso indiscriminado e orienta que é necessário considerar dois aspectos. O primeiro é em relação à forma de cálculo do índice de risco, que considera apenas a parcela do risco sistemático, pois não são todos que conseguem eliminar a parte do Risco Diversificável (RD) pela correlação. E o segundo aspecto é em relação à instabilidade dos cálculos dos índices beta que, pelo bom senso, não deveriam variar todos os meses.

Assim, ele recomenda utilizar índices setoriais e calculados no formato de "beta total", ou "índice de risco total (RT)", demonstrado no tópico 2.5 e nos betas dos alunos apurados com base nos boletins escolares, abordado no tópico 2.1. O beta dos alunos é calculado no formato do índice de Risco Total (RT) e não caberia ponderar o efeito da correlação, pois, se assim fosse, é como se considerasse a possibilidade de diversificar as turmas (carteira) remanejando os alunos entre as classes de acordo com seus índices de correlação.

Damodaran disponibiliza em seu *site* diversos materiais e análises financeiras. Como exemplo, veja a Tabela 2.2 (atualizada, dados de 2017) com os níveis de riscos setoriais de empresas norte-americanas, com nome do setor, número de empresas da amostra, índice beta médio (RT) e a relação Dívida/Patrimônio Líquido (Passivos onerosos e PL a valor de mercado).

Tabela 2.2 Riscos setoriais de empresas norte-americanas

Nome do Setor	Nº Firmas	Beta (RT)	Dívida/Patrimônio Líquido
Aço	38	1,60	47,93%
Química (Diversos)	8	1,52	35,52%
Serviços e Equipamentos p/ Escritórios	24	1,49	54,32%
Fármacos (Biotecnologia)	426	1,40	19,45%
Petróleo/Gasolina (Produção e Exportação)	330	1,38	46,98%
Serviços e Equip. p/ Campos Petrolíferos	148	1,37	32,66%
Carvão e Energias Relacionadas	38	1,36	138,55%
Propaganda	41	1,36	62,98%
Borracha e Pneus	4	1,35	72,35%
Publicações e Jornais	37	1,32	56,95%
Materiais de Construção	51	1,31	42,57%
Metais e Minas	97	1,30	51,98%
Varejo (Materiais de Construção)	6	1,30	21,86%
Tabaco	22	1,28	17,18%
Mercado Imobiliário (Geral/Diversos)	11	1,27	24,33%
Metais Preciosos	109	1,25	24,11%
Varejo (*On-line*)	57	1,23	9,63%
Educação	36	1,23	33,38%
Teledifusão/Radiodifusão	30	1,22	95,92%
Transporte (Caminhões)	30	1,21	90,80%
Atacadistas de Alimentos	16	1,20	36,34%
Construção Naval e Indústria Marinha	11	1,20	48,41%
Entretenimento	79	1,20	30,83%
Química (Especializada)	100	1,20	29,98%

(*continua*)

(continuação)

Nome do Setor	Nº Firmas	Beta (RT)	Dívida/Patrimônio Líquido
Semicondutores	80	1,20	14,09%
Distribuição de Petróleo/Gasolina	78	1,20	77,05%
Engenharia/Construção	48	1,18	32,45%
Equipamentos Elétricos	119	1,14	19,15%
Energia Verde e Renovável	25	1,14	174,38%
Software (Internet)	297	1,13	4,27%
Software (Sistemas e Aplicação)	236	1,13	21,50%
Autopeças	63	1,12	35,22%
Transporte Aéreo	18	1,12	70,12%
Papel/Produtos Florestais	23	1,12	49,34%
Telecomunicações (Sem Fio)	17	1,12	114,58%
TV a Cabo	14	1,12	49,24%
Varejo (Distribuidoras)	88	1,10	56,95%
Hospitais/Estruturas de Saúde	38	1,10	170,77%
Equipamentos para Semicondutores	45	1,10	16,35%
Eletrônicos (Consumidor e Escritório)	24	1,08	19,39%
Petróleo/Gasolina (Integrada)	7	1,08	16,91%
Construção Residencial	33	1,08	66,29%
Corretoras e Bancos de Investimento	45	1,08	232,21%
Espaço Aéreo/Defesa	96	1,07	23,53%
Negócios e Serviços do Consumidor	165	1,07	35,10%
Maquinaria	127	1,06	21,70%
Computadores/Periféricos	55	1,06	19,60%
Varejo (Geral)	19	1,05	39,57%
Serviços de Telecomunicação	67	1,04	65,89%
Produtos de Saúde	254	1,04	17,96%
Seguro de Vida	22	1,03	71,41%
Varejo (Linhas Especiais)	108	1,02	52,13%
Fármacos (Farmacêutica)	164	1,02	14,58%
Transportes	17	1,01	31,98%
Materiais de Construção	41	1,01	26,98%
Química (Básica)	45	1,00	58,62%
Imobiliária (Operações e Serviços)	54	0,99	76,67%
Equipamentos de Telecomunicação	107	0,99	24,55%
Serviços de Computação	117	0,99	28,33%
Serviços de Informação	64	0,98	20,46%
Software (Entretenimento)	13	0,98	14,74%
Hotel/Jogos	69	0,96	55,28%
Saúde (Informação e Tecnologia)	125	0,95	20,70%
Saúde (Serviços de Suporte)	121	0,94	32,18%
Recreação	66	0,92	31,12%
Fazendas/Agricultura	37	0,92	60,04%
Varejo (Automóveis)	25	0,91	59,89%

(continua)

(continuação)

Nome do Setor	Nº Firmas	Beta (RT)	Dívida/Patrimônio Líquido
Bebidas (Não alcoólicas)	36	0,91	24,51%
Seguros (Geral)	19	0,90	38,95%
Investimentos e Gestão de Ativos	156	0,90	61,59%
Vestuário	58	0,88	34,21%
Eletrônicos (Geral)	164	0,86	17,87%
Bancos (Centros Financeiros)	10	0,86	188,03%
Serviços Ambientais e de Resíduos	89	0,85	38,98%
Calçados	10	0,85	10,26%
Automobilística e Caminhões	15	0,85	150,42%
Embalagens e Recipientes	26	0,84	56,03%
Móveis/Produtos para o Lar	30	0,84	29,01%
Seguros (Patrimonial/Acidentes)	50	0,83	31,11%
Produtos Domésticos	129	0,80	21,20%
Bebidas Alcoólicas	25	0,79	29,02%
Transporte (Ferrovias)	7	0,79	27,94%
Restaurantes/Lanchonetes	86	0,77	35,01%
Diversos	24	0,76	35,98%
Processamento de Alimentos	87	0,75	26,84%
Resseguros	3	0,75	32,38%
Sociedades de Invest. Imobiliário (REIT)	238	0,72	79,46%
Varejo (Supermercados e Alimentos)	14	0,69	66,85%
Imóveis (Desenvolvimento)	18	0,68	60,51%
Serviços Financeiros (Não Bancários e Seguros)	258	0,65	1124,41%
Utilidades (Água)	22	0,65	43,47%
Energia	68	0,54	87,30%
Bancos (Regional)	645	0,47	60,51%
Utilidades (Geral)	18	0,38	68,37%
Mercado Total	**7330**	**1,00**	**67,90%**
Mercado Total (s/ finanças)	**6100**	**1,08**	**35,71%**

Fontes: Damodaran (2017); http://www.stern.nyu.edu/~adamodar/pc/datasets/wacc.xls. Acesso em: 27 maio 2019.

2.6.2 Escala de risco de empresas norte-americanas – McKinsey

Tom Copeland, Tim Koller e Jack Murrin, da empresa de consultoria norte-americana McKinsey & Company, publicaram a obra *Avaliação de empresas (Valuation): calculando e gerenciando o valor das empresas*, que é uma referência de consulta nesta área. Dessa obra destacamos uma tabela, apresentada na Tabela 2.3, em que os autores também apresentam os níveis de risco das empresas norte-americanas e que pode ser útil como referência para a identificação de risco de empresas semelhantes.

Note que na Tabela 2.3 os setores de maior risco são representados por empresas corretoras de valores, restaurantes, hotéis e construção civil; e os de menor risco, por empresas dos setores mineração, petróleo, energia e gás, ferrovias. E os bancos estão com índices próximos ao mercado (unidade).

2.6.3 EHRS de empresas brasileiras – Kassai

A partir de 30/3/2017, a bolsa de valores brasileira passou a se chamar **B3** (Brasil, Bolsa, Balcão), conforme a anunciada fusão da BM&FBovespa com a Cetip – (Central de Custódia e de Liquidação

Tabela 2.3 Risco de empresas norte-americanas calculado pela McKinsey

Nº	Setor	Beta Alavancado
1º	Corretoras	1,55
2º	Restaurantes	1,41
3º	Hotéis	1,36
4º	Construção Civil	1,32
5º	Máquinas Elétricas	1,26
6º	Instrumentos Científicos	1,25
7º	Aviação Civil	1,24
8º	Máquinas (exceto elétricas)	1,18
9º	Cinema	1,16
10º	Varejo	1,16
11º	Produtos Têxteis	1,14
12º	Imóveis	1,14
13º	Produtos Químicos	1,09
14º	Alimentos	1,04
15º	Bancos	1,01
16º	Papel	0,98
17º	Lojas de Alimentos	0,96
18º	Mineração de Metais	0,88
19º	Refino de Petróleo	0,86
20º	Energia e Gás	0,73
21º	Ferrovias	0,71

Fonte: Copeland, Koller e Murrin (2000).

Tabela 2.4 Índices de risco de empresas brasileiras, conforme Kassai

Nº	Setor	Correlação	Beta
1º	Eletroeletrônica	1,00	3,11
2º	Comunicações	0,94	2,62
3º	Bebidas	0,99	2,24
4º	Serviços diversos	0,98	1,80
5º	Serviços de transporte	0,99	1,72
6º	Mecânica	0,90	1,66
7º	Construção	0,99	1,60
8º	Telecomunicações	0,74	1,42
9º	Tecnologia e computação	0,95	1,38
10º	Plásticos e borrachas	0,99	1,14
11º	Automotivo	0,79	1,10
12º	Varejo	0,99	1,07
13º	Confecções e têxteis	0,99	1,07
14º	Farmacêutico	1,00	1,05
15º	Alimentos	0,96	1,02
16º	Diversos	0,95	0,96
17º	Atacado	0,80	0,93
18º	Higiene, Limpeza e Cosméticos	0,92	0,90
19º	Serviços públicos	0,08	0,89
20º	Materiais de construção	0,98	0,82
21º	Fumo	−0,82	0,70
22º	Papel e celulose	−0,72	0,65
23º	Mineração	−0,96	0,52
24º	Siderurgia e Metalurgia	0,24	0,36
25º	Química e Petroquímica	0,92	0,28

Fonte: Kassai (2001).

Financeira de Títulos), tornando-se assim a quinta maior bolsa de mercado de capitais e financeiro do mundo em valor de mercado, com patrimônio de 13 bilhões de dólares. Apesar disso, a representatividade das empresas nela presentes é muito pequena se comparada com as empresas mundiais, haja vista que os valores individuais da Google, Apple e Microsoft são maiores do que o de todas as empresas brasileiras; a Apple, por exemplo, atingiu o valor de 1 trilhão de dólares em 2017.

Em relação ao mercado nacional, a participação das empresas de capital fechado é predominante, mesmo sem considerar os expressivos números das pequenas e médias empresas. Assim sendo, é necessário adotar outro método para calcular os índices de risco dessas empresas que não negociam suas ações nas bolsas de valores, como apresentamos na Tabela 2.4.

Neste trabalho, o autor calculou o índice beta na versão "beta total", conhecido também como índice de risco total (IRT), comparando o desvio-padrão da variação das taxas de retorno de investimento ou *Return on Investment* (ROI) das empresas dos setores com uma *proxy* de mercado representada pela própria média de mil empresas do mercado brasileiro, selecionadas da base de dados do projeto Melhores e Maiores da FIPECAFI (2001). Nessa amostra, utilizaram-se as mil maiores e melhores empresas brasileiras, incluindo empresas de capital aberto e capital fechado, e as taxas de retorno (ROI) foram calculadas a partir dos respectivos balanços contábeis ao longo de quatro anos.

Como se observa, as posições em ordem hierárquica das empresas desses setores são comparáveis com os níveis de risco das escalas calculadas da forma tradicional, conforme opinião de diversos especialistas que optam por utilizar o risco setorial como referência para as análises de determinada empresa ou projeto.

Então, com base nos respectivos balanços contábeis, as empresas com maiores níveis de risco no Brasil pertencem aos setores eletroeletrônico, comunicações, construção, telecomunicações etc.; e as empresas com os menores níveis de risco continuam sendo as tradicionais empresas dos setores de petróleo, siderurgia e metalurgia, mineração etc. As empresas do setor de alimentos estão próximas ao mercado (beta 1) e o setor farmacêutico também, este diferente do mercado americano que está no topo da lista, provavelmente em razão dos pagamentos de *royalties* em substituição aos gastos de pesquisas.

2.6.4 Escala de risco de pequenas empresas – Kassai & Nakao

Como se calcula o índice de risco de pequenas empresas se a maioria delas, além de não negociar suas ações em bolsas, nem mesmo possui balanços contábeis confiáveis? Kassai e Nakao (2003) iniciaram o trabalho com base em um método denominado "Balanço Perguntado", que consiste basicamente em um roteiro de questões de natureza quantitativa e qualitativa, previamente elaboradas com base no modelo mental das duas principais demonstrações contábeis, o Balanço Patrimonial (BP) e a Demonstração do Resultado do Exercício (DRE).

Essa pesquisa reuniu inicialmente 300 pequenas empresas localizadas na região de Cuiabá/MT e, após uma análise da qualidade das informações dos respectivos balanços perguntados, formou-se um banco de dados com 231 empresas, classificadas em 31 setores. Os resultados da pesquisa evidenciaram uma descoberta curiosa: existe forte correlação entre a taxa de retorno de investimento dessas empresas e os respectivos montantes do faturamento bruto; portanto, optou-se por calcular os índices de risco, ou coeficientes angulares, com base na variação do faturamento médio de cada um dos setores escolhidos, estando implícita a hipótese de que o seu comportamento cíclico pudesse exprimir os níveis de risco das pequenas empresas (KASSAI; NAKAO, 2003).

Assim, os índices de risco setorial foram calculados comparando-se os desvios-padrões médios de cada setor com o desvio-padrão do total dessa amostra. O resultado está representado na Tabela 2.5.

Observe que os setores com maiores níveis de risco são representados por pequenas empresas dos setores de construção civil, calçados, bebidas, consultoria etc. Os setores com menores riscos são representados por

Tabela 2.5 Riscos setoriais em pequenas empresas

Nº	Setor	Ke	Beta
1º	Construtoras	23,4%	2,8
2º	Calçados	20,1%	1,7
3º	Bebidas	20,0%	1,7
4º	Confecções	19,9%	1,6
5º	Equip. Escritório e Informática	19,8%	1,6
6º	Consultoria Contábil	19,4%	1,5
7º	Corretoras de Seguros	19,2%	1,4
8º	Clínicas Odontológicas	19,0%	1,3
9º	Lanchonetes e Padarias	18,9%	1,3
10º	Imobiliárias	18,9%	1,3
11º	Perfumaria e Cosméticos	18,6%	1,2
12º	Materiais de Construção	18,6%	1,2
13º	Artefatos de Madeira	18,5%	1,2
14º	Papelarias e Livrarias	17,8%	0,9
15º	Farmácias e Drogarias	17,8%	0,9
16º	Automóveis e Autopeças	17,8%	0,9
17º	Serviços de Limpeza	17,6%	0,9
18º	Armarinhos	17,3%	0,8
19º	Clínicas Médicas	17,2%	0,7
20º	Confecções Infantis	17,1%	0,7
21º	Publicidade e Propaganda	17,0%	0,7
22º	Combustíveis e Lubrificantes	17,0%	0,7
23º	Medicina Computadorizada	17,0%	0,7
24º	Agências de Viagem	17,0%	0,7
25º	Serviços de Transporte	16,8%	0,6
26º	Garagens de Automóveis	16,5%	0,5
27º	Restaurantes	16,3%	0,4
28º	Mercearias e Armazéns	16,2%	0,4
29º	Escolas	15,9%	0,3
30º	Cabeleireiros	15,9%	0,3
31º	Alimentação	15,6%	0,2

Fonte: Kassai e Nakao (2003).

empresas dos setores de alimentos, salão de beleza, escolas, mercearias, estacionamentos etc. E próximos do mercado (beta igual a 1) estão os setores de materiais de construção, papelaria, farmácia etc.

Nos EUA, conforme Stern Stewart & Co. (2002), o custo de capital das empresas norte-americanas situa-se em uma faixa de 6% a 16% e, no Brasil, na faixa de 10% a 20%, certamente com esse excedente para compensar o risco do país. Kassai e Nakao (2003) adotaram uma faixa sugerida de 15% a 25% e projetaram o custo de capital (Ke) para cada um dos setores de pequenas empresas, destacado na penúltima coluna da tabela.

Finalizando, as premissas e hipóteses adotadas na elaboração desta pesquisa foram necessárias para tornar possível a identificação do nível de risco desse setor tão importante para a economia dos países que é o das pequenas empresas. E, assim, você pode utilizá-lo como referência, adaptar outras variáveis, sugerir outras faixas de retorno e, consequentemente, analisar e gerir com mais eficácia esses empreendimentos.

2.6.5 Escala de risco de pessoas físicas – Kerner & Kassai

Esta pesquisa elaborada por Kerner e Kassai (2006) teve como finalidade didática reforçar o entendimento dos conceitos sobre os níveis de risco e, especialmente, tratar da situação das seguintes pessoas físicas: empregado, trabalhador autônomo, dono de empresa e investidores, que são as figuras centrais dos livros da série *Pai Rico, Pai Pobre* (KIYOSAKI; LECHTER, 1997).

A hipótese implícita na investigação supôs que cada uma das pessoas possui níveis de riscos e de preferências distintos e, com base em uma amostra dos respectivos rendimentos (salários, recibos de pagamentos autônomos, pró-labore e dividendos, juros e rendimentos) no período de fevereiro de 2005 a julho de 2006, apuraram-se as variações mensais, os desvios-padrões e os respectivos índices de risco, demonstrados no Quadro 2.1.

Quadro 2.1 Níveis de risco para pessoas físicas

Nº	Risco	Atividade	Beta
1º	Altíssimo	Autônomo	3,69
2º	Alto	Dono	1,24
3º	Baixo	Empregado	0,38
4º	Baixíssimo	Investidor	0,05

Como era de se esperar, o trabalhador autônomo apresentou o maior nível de risco e esse resultado é compatível com as expectativas desse profissional que, ao deixar de ser empregado, almeja um nível de rendimento maior, pelo menos três vezes mais conforme entrevistas efetuadas com os integrantes da amostra.

O dono de uma empresa foi classificado com risco alto e o empregado, obviamente, como risco baixo, pois este tem a segurança dos salários e benefícios, das férias e do 13º salário.

Como interpretar o baixíssimo risco do investidor, se as expectativas da pesquisa eram que ele estivesse no topo da lista? Os autores entenderam que essa posição se devia ao tipo de investidor selecionado na amostra (que, aliás, poderia ser empregado, dono ou autônomo), pois a amostra selecionada incluía, em sua maioria, investidores "experientes", ou seja, aqueles que "não colocam todos os ovos em uma mesma cesta".

2.6.6 Escala de risco de atividades agrícolas e pecuárias – Arashiro & Kassai

Explorando ainda os métodos alternativos para o cálculo de índices de risco, Arashiro e Kassai (2008) elaboraram uma pesquisa para construir uma escala de risco hierárquico das atividades agrícolas e pecuárias que são realizadas nas mais variadas formas, tanto pessoas físicas quanto jurídicas, como grandes ou pequenas empresas, e geralmente com insuficiência de informações para se calcular o beta da forma tradicional com base na variação do preço das ações negociadas em bolsa.

Assim, os autores utilizaram o banco de dados dos preços agrícolas e pecuários que compõe a base de dados do Índice de Preços no Atacado (IPA), da Fundação Getulio Vargas, por ser um índice que possui os requisitos desejados e devido à sua consistência metodológica.

O IPA é calculado e divulgado pelo Instituto Brasileiro de Economia (IBRE) da Fundação Getulio Vargas e teve origem no primeiro número da revista *Conjuntura Econômica*, em 1947. Ele mede a evolução dos preços transacionados anteriores à venda no varejo. Abrange as principais regiões produtoras do país e compõe-se de 462 produtos e aproximadamente 1.700 informantes cadastrados, que fornecem mais de 25 mil cotações mensais. E o sistema de preços abrange a coleta de preços agropecuários por meio da internet, boletins, bolsas de mercadorias, cooperativas agropecuárias, ceasas etc. e dos preços industriais por meio de informantes. A base de dados desta pesquisa abrangeu informações de variações nos preços no período de dezembro de 2000 a dezembro de 2006 e os coeficientes de risco foram calculados comparando-se os desvios-padrões de cada produto em relação ao desvio-padrão do próprio índice IPA, conforme demonstrado no Quadro 2.2.

O Quiabo foi o campeão e está no topo da lista de risco; a manga foi identificada como alto risco; alface, mamão e chuchu foram apontados como mé-

Quadro 2.2 Coeficientes de risco na agricultura e na pecuária

Beta de atividades agrícolas e pecuárias

Produto agropecuário	Beta	
Quiabo	7,36	Altíssimo Risco
Limão	6,57	Altíssimo Risco
Pepino	5,47	Altíssimo Risco
Repolho	5,30	Altíssimo Risco
Manga	4,41	Alto
Alface	3,72	Médio Risco
Laranja	3,69	Médio Risco
Tomate	3,56	Médio Risco
Chuchu	3,49	Médio Risco
Cacau	3,27	Médio Risco
Cenoura	3,25	Médio Risco
Pimentão	3,11	Médio Risco
Cebola	2,98	Médio Risco
Coco-da-baía	2,74	Médio Risco
Melão	2,70	Médio Risco
Pescado	2,62	Médio Risco
Mamão	2,62	Médio Risco
Café (em coco)	2,52	Médio Risco
Goiaba	2,52	Médio Risco
Beterraba	2,51	Médio Risco
Couve-flor	2,40	Baixo Risco
Melancia	2,36	Baixo Risco
Uva	2,12	Baixo Risco
Trigo (em grão)	2,09	Baixo Risco
Abóbora	2,07	Baixo Risco
Babaçu	1,94	Baixo Risco
Milho (em grão)	1,87	Baixo Risco
Arroz em casca	1,87	Baixo Risco
Batata-doce	1,79	Baixo Risco

Produto agropecuário	Beta	
Fumo em folha	1,76	Baixo Risco
Mandioca (aipim)	1,68	Baixo Risco
Couve	1,61	Baixo Risco
Batata-inglesa	1,60	Baixo Risco
Abacaxi	1,47	Baixo Risco
Maçã	1,42	Baixo Risco
Alho	1,41	Baixo Risco
Algodão herbáceo	1,40	Baixo Risco
Pimenta-do-reino	1,40	Baixo Risco
Soja (em grão)	1,36	Baixo Risco
Banana	1,35	Baixo Risco
Feijão (em grão)	1,34	Baixo Risco
Leite *in natura*	1,24	Baixo Risco
Suínos	1,23	Baixo Risco
Cana-de-açúcar	1,22	Baixo Risco
Amendoim (em casca)	1,15	Baixo Risco
Ovos	1,08	Baixo Risco
Aves	0,74	Baixíssimo
Bovinos	0,71	Baixíssimo
Erva-mate (bruta)	0,51	Baixíssimo

RESUMO

Produto agropecuário	Beta	
Legumes e frutas	5,32	**Altíssimo**
Oleaginosas	2,57	**Alto**
Cereais e grãos	1,72	Baixo Risco
Lavouras p/ exportação	1,61	Baixo Risco
Raízes e tubérculos	1,52	Baixo Risco
Outros produtos agrícolas	1,23	Baixo Risco
Animais e derivados	0,72	**Baixíssimo**

Fonte: Arashiro e Kassai (2008).

dio risco; e o arroz e a banana como baixo risco. A carne suína tem um nível de risco maior do que o de aves, que, por sua vez, tem nível maior de risco do que bovinos. De maneira geral, observou-se que os produtos ou culturas com ciclos biológicos mais longos (ex.: animais e derivados) estão classificados em níveis mais baixos de riscos, ao contrário dos produtos de ciclos mais reduzidos (ex.: legumes), que estão localizados no topo da escala.

Outros aspectos a serem estudados futuramente podem estar relacionados com o hábito alimentar de cada região, a implicação da sazonalidade, as questões de aquecimento global e a necessidade de desenvolver culturas mais sustentáveis.

2.6.7 Escala de risco de empresas brasileiras – por experiência gerencial

As diversas tabelas de risco apresentadas neste livro são úteis no processo de identificação do nível de risco de uma determinada empresa ou de um projeto, pois, mesmo não se dispondo de séries históricas, pode-se utilizar como uma *proxy* ou referencial. Entretanto, não é o caso de novos empreendimentos ou projetos que não tenham similar no mercado. *Como, então, avaliar o risco nesta nova situação?*

Os autores mencionados até então fazem a seguinte recomendação: reúna os profissionais que estão envolvidos com este novo projeto, mostre-lhes algumas tabelas com níveis de riscos (as constantes deste livro, por exemplo) e, não importa se eles conhecem ou não os conceitos financeiros, peça para que cada um "vote" em uma determinada empresa ou setor que, pela sua experiência gerencial, lhe pareça mais semelhante. Em seguida, apure a média da votação, e passe a utilizar esse indicador na gestão desse novo empreendimento ou projeto. Assim, simplesmente ou subjetivamente.

Essa orientação nos faz lembrar e refletir sobre os aspectos subjetivos do próprio conceito de risco. Agindo de acordo com esta orientação, fizemos uma pesquisa com aproximadamente 100 alunos de cursos executivos de MBAs, utilizamos a classificação setorial da revista *Melhores & Maiores* da Editora Abril (KASSAI, 2001). Distribuímos um questionário com os setores empresariais (em ordem alfabética) e solicitamos que classificassem em ordem de grau de risco: alto, médio, baixo e baixíssimo, de acordo com seus *feelings* ou experiência gerencial. E, por meio da moda, obteve-se a escala de risco apresentada no Quadro 2.3.

Quadro 2.3 Risco de empresas brasileiras por comparação gerencial

Nº	SETORES	R1	R2	R3	R4	R5	Maior
1º	Tecnologia e Computação	0%	19%	29%	**29%**	23%	R4
2º	Fumo	10%	19%	23%	**45%**	3%	R4
3º	Seguradoras	3%	39%	13%	**45%**	0%	R4
4º	Eletroeletrônico	0%	13%	**52%**	29%	6%	R3
5º	Mecânica	0%	23%	**45%**	32%	0%	R3
6º	Serviços de Transporte	0%	19%	**55%**	26%	0%	R3
7º	Agrícola	3%	19%	**58%**	19%	0%	R3
8º	Automotivo	0%	32%	**52%**	16%	0%	R3
9º	Construção	3%	29%	**48%**	19%	0%	R3
10º	Atacado e Comércio Exterior	0%	42%	**42%**	16%	0%	R3
11º	Confecções e Têxteis	0%	35%	**58%**	6%	0%	R3
12º	Serviços Diversos	0%	42%	**45%**	13%	0%	R3
13º	Plásticos e Borrachas	0%	42%	**55%**	3%	0%	R3
14º	Farmacêutico	13%	29%	**42%**	16%	0%	R3
15º	Siderurgia e Metalurgia	16%	29%	**42%**	13%	0%	R3
16º	Materiais de Construção	3%	45%	**52%**		0%	R3
17º	Telecomunicações	10%	**45%**	26%	19%	0%	R2
18º	Químico e Petroquímico	3%	**61%**	16%	19%	0%	R2
19º	Fundos de Pensão	19%	**35%**	23%	23%	0%	R2
20º	Mineração	10%	**45%**	32%	13%	0%	R2
21º	Papel e Celulose	0%	**55%**	45%	0%	0%	R2
22º	Bancos	13%	**55%**	10%	23%	0%	R2
23º	Comércio Varejista	3%	**61%**	35%	0%	0%	R2
24º	Comunicações	13%	**48%**	39%	0%	0%	R2
25º	Higiene, Limpeza e Cosméticos	16%	**68%**	16%	0%	0%	R2
26º	Bebidas	19%	**65%**	16%	0%	0%	R2
27º	Alimentos	16%	**77%**	6%	0%	0%	R2
28º	Serviços Públicos	39%	**39%**	23%	0%	0%	R2

Fonte: Kassai (2001).

Note que os resultados apurados com base na experiência gerencial, ou comparação gerencial, refletem os níveis de risco esperados por esses profissionais, e de certa forma apresentam-se coerentes com as tabelas anteriores. A exceção é o setor "Fumo", que está no topo desta lista, embora no cálculo com base nos dados dos balanços contábeis apresentasse risco baixo; talvez eles estejam impressionados com as campanhas atuais antitabagistas ou prevendo que no futuro esse tipo de atividade "polêmica" ou *Sin Stocks*" tenha que mudar radicalmente.

2.6.8 Escala de risco de estados brasileiros – Kassai & Gallo

Do mesmo modo que se conseguiu calcular os índices de risco das pequenas empresas com base na variação do seu faturamento, o argumento principal sendo a forte correlação da receita bruta de vendas com a taxa de retorno de investimento, Kassai e Gallo (2007) elaboraram uma pesquisa para identificar o índice de risco dos estados brasileiros com base em sua receita tributária.

O Brasil é uma República Federativa composta de 26 estados, um distrito federal e 5.563 municípios (IBGE, 2003) e, para cumprir a sua missão no que concerte aos recursos financeiros, compreende o total do numerário pertencente ao ente público e que pode ser oriundo da arrecadação tributária, de empréstimos e das transferências recebidas de outros entes governamentais, tais como o Fundo de Participação dos Estados (FPE).

Dessas três fontes de recursos, a arrecadação tributária é a que representa a maior parte dos recursos dos estados e o tributo de maior relevância é o Imposto sobre Operações Relativas à Circulação de Mercadorias e Prestação de Serviços de Transporte Interestadual e Intermunicipal e de Comunicação (ICMS) que, conforme levantamento efetuado nos dados do Conselho Nacional de Política Fazendária (CONFAZ), no período de 2000 a 2005, representa 85,15% do total arrecadado. Por este motivo, o ICMS foi escolhido como base da pesquisa, devido a sua relevância e à sensibilidade das receitas. Elaborou-se um painel denominado "Base de Dados Brasil", mostrado no Quadro 2.4.

Assim, com essas informações reunidas no quadro "Base de Dados Brasil" (KASSAI; GALLO, 2007), os índices de risco dos estados brasileiros foram calculados a partir da evolução do comportamento da arrecadação tributária (ICMS) de cada estado, como mostra o Quadro 2.5.

Como ficou evidenciado, cinco estados brasileiros estão classificados na área de alto risco (RR, RO, MT, AC, ES), quatro na área de médio risco (AP, AM, MS, MA), 16 na área de baixo risco (TO, AL, PA, GO, MG, PI, SC, SE, RS, PR, PB, BA, SP, DF, PE, RJ) e dois deles em baixíssimo risco (RN, CE). A curva normal foi o critério utilizado para classificar essas áreas – note que nenhum estado foi considerado de altíssimo risco, ou acima de dois desvios-padrões.

A maioria das regiões foi classificada em áreas de baixo ou baixíssimo risco, com exceção da região Norte que, apesar de representar 45% da extensão territorial e abrigar 8% da população brasileira, arrecada apenas 5% da receita tributária. Pode-se inferir, portanto, que os governantes desses estados enfrentam maiores dificuldades (ou maiores riscos) em relação às demais regiões.

Com base no quadro "Base de Dados Brasil", calculou-se o índice de correlação entre a arrecadação tributária (ICMS) e as seguintes variáveis: Área territorial (–0,014), Número de habitantes (0,96) e Renda *per capita* domiciliar (0,46). Apenas o número de habitantes apresentou forte correlação com a arrecadação tributária, o que permite refletir sobre questões como êxodo rural e a urbanização, a relevância das indústrias e do comércio e até mesmo as implicações do ICMS em uma possível grande reforma tributária.

A área territorial apresentou fraca correlação e também sinal negativo, o que suscita questionamentos de longo prazo, principalmente relacionados às questões ambientais e climáticas, efeito estufa, aquecimento global, Amazônia e importância do Brasil no cenário mundial. A renda *per capita* domiciliar, que pode ser relacionada com o PIB, ao contrário do que se poderia supor, apresentou razoável correlação e isso pode ser explicado em função da própria diversificação entre os municípios que compõem cada uma das unidades da federação.

Finalizando, esta pesquisa permitiu ordenar as regiões brasileiras na seguinte ordem decrescente de risco: Norte, Centro-Oeste, Sul, Nordeste e Sudeste e, apesar de ser uma investigação embrionária, ela permite alguns questionamentos como: qual o custo de capital de cada um dos estados brasileiros? Esse custo de capital deveria ser considerado nas metas orçamentárias, nas arrecadações e nas transferências tributárias? Esses são exemplos de questionamentos que se espera que sejam discutidos e possam influenciar as políticas públicas.

Cap. 2 • Noções de Taxa de Risco e de Custo de Capital | 29

Quadro 2.4 Base de Dados Brasil

UF Mil Km²	Área	População (milhões)	RPC dom	\multicolumn{10}{c|}{Arrecadação do ICMS – Valores correntes (R$ Milhões)}										
				1997	1998	1999	2000	2001	2002	2003	2004	2005	2006
Região Norte	**3.853,3**	**14.373,3**	**2.872**	**2.679**	**2.606**	**2.794**	**3.703**	**4.410**	**5.143**	**6.230**	**7.275**	**8.530**	**9.593**
AC Acre	152,6	630,3	2.664	51	77	78	110	136	170	208	257	332	361
AM Amazonas	1.570,7	3.138,7	2.820	1.235	1.035	1.103	1.404	1.656	1.951	2.193	2.613	3.002	3.360
PA Pará	1.247,7	6.850,2	2.796	770	875	903	1.184	1.480	1.718	2.132	2.406	2.852	3.308
RO Rondônia	237,6	1.562,1	3.504	358	303	359	517	558	626	866	1.058	1.244	1.333
AP Amapá	142,8	547,4	3.024	55	65	69	102	118	139	147	184	241	288
RR Roraima	224,3	381,9	2.604	53	69	68	108	119	124	134	151	185	221
TO Tocantins	277,6	1.262,6	2.748	156	182	214	278	343	416	549	606	676	722
Região Nordeste	**1.554,3**	**50.427,3**	**2.546**	**7.830**	**8.374**	**9.190**	**11.394**	**13.024**	**15.213**	**17.066**	**20.133**	**22.720**	**25.988**
MA Maranhão	332,0	6.021,5	1.740	397	431	459	631	805	922	980	1.192	1.464	1.828
PI Piauí	251,5	2.977,3	2.196	306	321	340	430	468	544	612	762	902	1.069
CE Ceará	148,8	7.976,6	2.640	1.254	1.362	1.541	1.868	2.121	2.424	2.634	2.994	3.145	3.756
RN Rio Grande do Norte	52,8	2.962,1	2.916	459	510	614	792	911	1.016	1.187	1.395	1.616	1.914
PB Paraíba	56,4	3.568,4	2.604	491	548	605	736	910	925	1.041	1.145	1.337	1.533
PE Pernambuco	98,3	8.323,9	2.916	1.616	1.720	1.794	2.144	2.395	2.865	3.178	3.667	4.314	4.864
AL Alagoas	27,8	2.980,9	1.908	368	423	417	539	593	673	799	973	1.100	1.281
SE Sergipe	21,9	1.934,6	2.676	367	359	396	490	578	690	765	873	1.011	1.139
BA Bahia	564,7	13.682,1	2.724	2.572	2.701	3.023	3.764	4.243	5.154	5.871	7.133	7.831	8.604
Região Sudeste	**924,5**	**77.374,7**	**5.105**	**36.035**	**36.756**	**40.551**	**48.356**	**54.777**	**59.589**	**65.431**	**75.928**	**84.671**	**94.703**
MG Minas Gerais	586,5	18.993,7	3.948	5.642	5.579	6.471	7.562	9.224	9.544	11.026	13.222	15.638	17.018
ES Espírito Santo	46,1	3.352,0	4.104	1.635	1.497	1.606	2.005	2.491	2.382	2.935	3.732	4.636	5.092
RJ Rio de Janeiro	43,7	15.203,8	5.340	5.239	6.361	7.230	8.170	9.369	10.409	11.181	13.052	13.397	14.805
SP São Paulo	248,2	39.825,2	5.652	23.519	23.319	25.244	30.619	33.693	37.254	40.289	45.922	51.001	57.788
Região Sul	**576,4**	**26.635,6**	**5.231**	**8.879**	**9.178**	**10.389**	**12.759**	**14.999**	**17.130**	**20.383**	**22.720**	**25.972**	**27.246**
PR Paraná	199,3	10.135,4	4.920	2.839	2.929	3.454	4.355	5.003	5.787	6.710	7.824	8.760	9.264
SC Santa Catarina	95,3	5.774,2	5.328	2.033	2.016	2.275	2.757	3.290	3.902	4.685	5.258	5.829	6.169
RS Rio Grande do Sul	281,7	10.726,1	5.472	4.007	4.232	4.660	5.647	6.706	7.441	8.989	9.638	11.383	11.813
Região Centro-Oeste	**1.606,4**	**12.770,1**	**4.663**	**4.141**	**4.007**	**4.961**	**6.106**	**7.099**	**8.312**	**10.189**	**11.881**	**12.925**	**14.181**
MT Mato Grosso	903,4	2.749,1	3.960	972	816	1.125	1.416	1.557	1.864	2.475	2.973	3.098	3.157
MS Mato Grosso do Sul	357,1	2.230,7	3.780	675	653	884	1.077	1.329	1.477	1.860	2.349	2.667	3.010
GO Goiás	340,1	5.508,2	4.032	1.588	1.559	1.831	2.198	2.615	3.020	3.699	3.978	4.224	4.699
DF Distrito Federal	5,8	2.282,0	7.896	907	980	1.121	1.415	1.599	1.951	2.157	2.581	2.936	3.316
BRASIL	8.514,9	181.581,0	4.205	59.564	60.920	67.885	82.317	94.310	105.388	119.299	137.938	154.818	171.712

Fontes: (1) Instituto Brasileiro de Geografia e Estatística (IBGE); (2) Instituto de Pesquisa Econômica Aplicada (IPEA) do Ministério do Planejamento; (3) Conselho Nacional de Política Fazendária (CONFAZ) do Ministério da Fazenda.

Quadro 2.5 Índices de risco dos estados brasileiros

Beta dos estados brasileiros

ESTADO		Área Mil Km²	Beta	
RR	Roraima	224,3	3,51	Alto
RO	Rondônia	237,6	3,50	Alto
MT	Mato Grosso	903,4	3,38	Alto
AC	Acre	152,6	2,96	Médio
ES	Espírito Santo	46,1	2,73	Médio
AP	Amapá	142,8	2,58	Médio
AM	Amazonas	1.570,7	2,44	Médio
MS	Mato Grosso do Sul	357,1	2,26	Médio
MA	Maranhão	332,0	2,15	Médio
TO	Tocantins	277,6	1,72	Baixo
AL	Alagoas	27,8	1,69	Baixo
PA	Pará	1.247,7	1,63	Baixo
GO	Goiás	340,1	1,58	Baixo
MG	Minas Gerais	586,5	1,57	Baixo
PI	Piauí	251,5	1,52	Baixo
SC	Santa Catarina	95,3	1,48	Baixo
SE	Sergipe	21,9	1,46	Baixo
RS	Rio Grande do Sul	281,7	1,36	Baixo
PR	Paraná	199,3	1,35	Baixo
PB	Paraíba	56,4	1,32	Baixo
BA	Bahia	564,7	1,31	Baixo
SP	São Paulo	248,2	1,18	Baixo
DF	Distrito Federal	5,8	1,17	Baixo
PE	Pernambuco	98,3	1,09	Baixo
RJ	Rio de Janeiro	43,7	1,08	Baixo
RN	Rio Grande do Norte	52,8	1,05	Baixíssimo
CE	Ceará	148,8	1,03	Baixíssimo
	Norte	3.853,3	1,94	Médio
	Centro-Oeste	1.606,4	1,74	Baixo
	Sul	576,4	1,26	Baixo
	Nordeste	1.554,3	0,99	Baixíssimo
	Sudeste	924,5	0,96	Baixíssimo
BRASIL		8.514,9	1,00	

2.6.9 Escala de riscos de utilização de recursos naturais do ISE da B3 – Agustini

A Lei Federal 10.165/2000 instituiu uma Taxa de Controle e Fiscalização Ambiental (TCFA), a ser recolhida para o Instituto Brasileiro do Meio Ambiente e dos Recursos Renováveis (IBAMA), sobre as empresas que exercem atividades **potencialmente poluidoras** de acordo com uma classificação do grau de risco de utilização de recursos naturais: Pequeno (P), Médio (M) e Alto (A) risco, conforme o Quadro 2.6.

A descrição dos tipos de atividades das categorias mencionadas na tabela do Anexo VIII podem ser consultadas diretamente na Lei 10.165/2000 e, embora tenha sido elaborada como referência para cobrança de taxas do IBAMA, sugere uma classificação primária dos níveis de risco desses setores em relação aos aspectos ambientais. O grau de risco classificado nessa tabela exprime os níveis de externalidades negativas relacionados com o consumo de recursos naturais e de energia, bem como os níveis gerados de poluição.

Partindo dessa classificação primária de riscos ambientais (que são similares em outros países), Car-

Quadro 2.6 Anexo VIII da Lei 10.165

Código	Categoria	Grau de Risco
1	Extração e Tratamento de Minerais	Alto
3	Indústria Metalúrgica	Alto
8	Indústria de Papel e Celulose	Alto
10	Indústria de Couros e Peles	Alto
15	Indústria Química	Alto
18	Transporte, Terminais, Depósitos e Comércio	Alto
2	Indústria de Produtos Minerais Não Metálicos	Médio
4	Indústria Mecânica	Médio
5	Indústria de Material Elétrico, Eletrônico e Comunicações	Médio
6	Indústria de Material de Transporte	Médio
7	Indústria de Madeira	Médio
11	Indústria Têxtil, de Vestuário, Calçados e Artefatos de Tecidos	Médio
13	Indústria do Fumo	Médio
16	Indústria de Produtos Alimentares e Bebidas	Médio
17	Serviços de Utilidade	Médio
20	Uso de Recursos Naturais	Médio
9	Indústria de Borracha	Pequeno
12	Indústria de Produtos de Matéria Plástica	Pequeno
14	Indústrias Diversas	Pequeno
19	Turismo	Pequeno

Fonte: Anexo VIII da Lei Federal 10.165, de 27/12/2000.

los Alberto Di Agustini, em sua tese de doutorado (2012), elaborou um estudo multidisciplinar[3] com base em quatro métodos: poluição incorporada, pegada ecológica, análise emergética (emergia ou *memory*) e Análise de Ciclo de Vida (ACV). Esse estudo permitiu aprimorar o ranqueamento da dimensão ambiental, fundamentado na avaliação dos impactos nocivos à biosfera. Agustini utilizou como amostra de sua pesquisa as empresas que compõem a carteira do Índice de Sustentabilidade Empresarial (ISE) da Bolsa de Valores de São Paulo (BM&FBovespa), que atualmente se denomina B3 (Brasil, Bolsa, Balcão), e os resultados de seus estudos podem ser apreciados no Quadro 2.7.

Quadro 2.7 Ranqueamento da dimensão ambiental segundo Carlos Alberto Di Agustini

Ranqueamento dos setores do ISE da 83

Nº	Setor do ISE	Nível de Risco
1	Petroquímica	A+
2	Siderurgia e Metalurgia	A+
3	Alimentos	A
4	Papel e Celulose	A-
5	Telecomunicações	A-
6	Geração e Distribuição de Energia	M+
7	Instituições Financeiras	M+
8	Aeronaves	M
9	Abastecimento de Água e Esgoto Sanitário	M-
10	Produção de Cosméticos, Higiene e Limpeza	M-
11	Credenciamento de estabelecimento com cartões	B+
12	Painéis de Madeira Aglomerada	B+
13	Construção Civil	B
14	Máquinas e Ferramentas	B-
15	Análises Clínicas e Medicina Diagnóstica	B-

Fonte: Adaptado de Agustini (2012).

Podemos observar que os setores de petroquímica, siderurgia e metalurgia são os que apresentam os maiores níveis de riscos ambientais, pois são atividades com elevados níveis de externalidades com o meio ambiente, relacionados com consumo de recursos naturais e energia, bem como elevados níveis de poluição.

O setor de alimentos também mostrou elevado nível de risco, provavelmente devido ao fato de a agricultura mundial ser a responsável por mais de 70% do consumo de água potável do planeta. Os serviços de cartões e análises clínicas situaram-se em baixos níveis de risco, assim como, estranhamente, o setor de construção civil, pelo fato de ser uma atividade de médio nível de consumo de recursos renováveis e não renováveis e de médio nível de poluição.

Agustini ainda aprofundou as análises dos fatores objetos de melhoria nos principais setores da carteira ISE, como se pode observar nos Quadros 2.8 e 2.9.

Quadro 2.8 Setores críticos do Índice de Sustentabilidade Empresarial que exigem atenção

Setor do ISE	Fator(es) crítico(s) de atenção
Siderurgia e metalurgia – A1↑	Média geração de poluição tóxica (ar, terra e água), alta área ocupada, alto uso de recursos N, médio uso de recursos R, alto impacto Is, alto consumo de energia e água e alta emissão de gases de efeito estufa em CO_{2e}
Indústria petroquímica – A↑	Alta geração de poluição tóxica (ar, terra e água), alta área ocupada, alto uso de recursos N, médio uso de recursos R, alto impacto Is, alto consumo de energia e água e alta emissão de gases de efeito estufa em CO_{2e}
Produção de alimentos – A →	Média geração de poluição tóxica (ar, terra e água), médio uso de recursos N, médio impacto Is, alto consumo de energia, médio consumo de água e alta emissão de gases de efeito estufa em CO_{2e}
Produção de papel e celulose – A↓	Média área ocupada, alto uso de recursos N, médio uso de recursos R, médio impacto Is, alto consumo de energia e água e alta emissão de gases de efeito estufa em CO_{2e}
Serviços de telecomunicações – A↓	Alta geração de poluição tóxica (ar, terra e água), baixo uso de recursos R, alto uso de energia e água e média emissão de gases de efeito estufa em CO_{2e}
Instituição financeira – M ↑	Baixo uso de recursos R, alta área ocupada, médio consumo de energia, alto consumo de água e média emissão de gases de efeito estufa em CO_{2e}
Geração e distribuição de energia elétrica – M↑	Médio uso de recursos N

Fonte: Adaptado de Agustini (2012).

---

[3] Carlos Alberto Di Agustini é autor de diversos livros de finanças e mercados de capitais e o seu orientador, o prof. Dr. Biágio Fernando Gianetti, é doutor em físico-química. Graças a essa diversidade de conhecimentos foi possível desenvolver esse estudo multidisciplinar.

No Quadro 2.8 são apresentados os setores que mais exigem atenção por parte dos gestores e *stakeholders*, pois se destacam pelos níveis de poluição atóxica (ar, terra e água), uso de grandes áreas de ocupação territorial e consumo elevado de recursos naturais, em especial água e energia. Note que as instituições financeiras, apesar do baixo consumo de recursos naturais, são atividades que utilizam grandes áreas ocupadas e média emissão de gases de efeito estufa.

Quadro 2.9 Setores do ISE e fatores objeto de melhoria	
Setor do ISE	Fator(es) crítico(s) de atenção
Produção de aeronaves – M→	Alta geração de poluição tóxica (ar, terra e água), baixo uso de recursos R e médio consumo de energia e água
Produção de cosméticos e higiene/limpeza – M↓	Alta geração de poluição tóxica (ar, terra e água), médio uso de recursos N, baixo uso de recursos R, médio consumo de energia e água e média emissão de gases de efeito estufa em CO_{2e}
Abastecimento de água e esgoto sanitário – M↓	Média área ocupada, alto uso de recursos N, alto impacto Is, médio consumo de energia e alta emissão de gases de efeito estufa em CO_{2e}
Fabricação de painéis de madeira aglomerada – B↑	Alto uso de recursos N, alto impacto IS e médio consumo de água
Credenciamento de estabelecimentos com cartões de pagamento – B↑	Baixo uso de recursos R e médio consumo de água
Construção civil – B→	Médio uso de recursos N e R e média emissão de gases de efeito estufa em CO_{2e}
Análises clínicas e medicina diagnóstica – B↓	Baixo uso de R e média geração de poluição tóxica (ar, terra e água)
Indústria de máquinas/ferramentas – B↓	Médio uso de recursos R, médio uso de recursos N e médio impacto Is

Fonte: Adaptado de Agustini (2012).

E, por último, o Quadro 2.9 evidencia os setores empresariais que apresentam níveis de risco médio e baixo, com baixo ou médio consumo de recursos naturais e de energia, bem como níveis medianos de poluição.

Note que o setor de produção de aeronaves apresenta-se com médio nível de risco, pois, apesar do elevado nível de poluição atóxica, tem baixo nível de consumo de recursos renováveis, de energia e de água. No entanto, se porventura fossem analisados os principais elos dessa cadeia produtiva, desde a extração das matérias-primas até as emissões e o descarte pelos serviços de aviação, mostraria-se o elevado nível de risco desta atividade de transporte.

Destacamos esse estudo de Agustini porque se trata de uma pesquisa pioneira e embrionária que poderá ser útil no processo de transição da velha economia para uma nova economia. Em 2012, durante a defesa de sua tese, Agustini previu que a hierarquia dos índices beta dos setores empresariais poderia se "inverter" em função do grau de dependência de recursos naturais não renováveis. Nos últimos anos já pudemos constatar esse fato em alguns setores, como é o caso das indústrias petroquímica e cervejeira.

Avaliação de aprendizagem

Para avaliar e aprimorar o conteúdo abordado neste capítulo, seguem algumas sugestões de atividades e questões:

1) O que você entendeu sobre o conceito de "risco" e qual a relação com a "taxa de retorno" almejada em algum projeto ou empreendimento? O risco é um conceito de natureza "abstrata" ou "determinística"?

2) Para reforçar o entendimento empírico sobre o conceito de risco, calcule a "nota média" das disciplinas cursadas por você no ensino médio (ou um curso mais recente), bem como o "desvio-padrão" médio, e compare com os resultados da Classe apresentados no tópico 2.1. Em seguida, interprete o seu desempenho em relação a risco e retorno.

3) Faça alguns cálculos de desvio-padrão, manualmente, por meio de planilhas Excel e utilizando a calculadora HP 12C, para aprimorar o entendimento sobre dispersão em torno da média, elasticidade e probabilidade de risco.

4) Qual o seu entendimento sobre a relação do cálculo da variância com o cálculo de correlação? E com a variância?

5) Explique os componentes do CAPM e discuta algumas críticas e limitações sobre este modelo. No Brasil, quais seriam os parâmetros de Taxa Livre de Risco (RF) e Taxa de Retorno Média do Mercado (RM)?

6) Com qual custo de capital da empresa você está trabalhando ou se relacionando atualmente? Qual a taxa de risco ou índice beta? É maior ou menor do que a unidade?

7) Quais os setores empresariais de MAIOR e de MENOR risco observados nas tabelas hierárquicas de risco mencionadas no tópico 2.6? Isso condiz com a sua intuição sobre esses níveis e riscos?

8) Por que a atividade realizada por um "autônomo" possui mais risco do que uma atividade realizada por um "funcionário", como discutido no tópico 2.6.5? Como um autônomo deveria fazer o preço de venda de seus serviços?

9) Qual o rendimento médio anual dos seguintes instrumentos do mercado atualmente: Selic, Poupança, Renda-Fixa, iBovespa, Dólar, IGP-Di, IPC-FIPE, INPC-IBGE etc.? E, considerando a possibilidade de você abrir uma pequena empresa no ramo de energia solar (ou outro ramo qualquer), estime o seu custo de capital ou a Taxa Mínima de Atratividade (TMA) anual de seu projeto.

10) A viabilidade econômica de um projeto pode ser obtida pelo aumento da taxa de retorno (lucro) ou pela diminuição da taxa de risco (custo de capital). Como você argumentaria a viabilidade de um investimento verde abordando a taxa de risco?

11) Risco é algo bom ou ruim? Disserte sobre essa questão.

3

Medidas Contábeis de Retorno de Investimentos

Os conceitos de risco e de custo de capital, que foram abordados no capítulo anterior, serão utilizados agora nas análises contábeis dos empreendimentos. Iniciamos com uma apresentação dos principais relatórios contábeis (Balanço Patrimonial e Demonstração do Resultado do Exercício), dos principais indicadores tradicionais de análises de Balanço (quadro clínico) e as análises de retorno de investimento e de valor.

Finalizamos este capítulo com um questionário de avaliação dos seus conhecimentos atuais ou aprimorados nesse tema.

3.1 Relatórios contábeis

A contabilidade é sem dúvida a linguagem padrão do mundo dos negócios. Apesar de alguns empreendedores sobreviverem sem essa ferramenta, o entendimento de uma empresa como um sistema interligado de origens e aplicações, de Ativos e Passivos, evidenciados nas principais demonstrações contábeis, facilita as análises de retorno de investimentos e incrementa o potencial de tomadas de decisão mais seguras e duradouras pelos gestores.

É uma ciência milenar e originou-se da visão e experiência de empreendedores que se empenhavam em multiplicar os seus talentos[1] ou negócios. Mas foi **Luca Bartolomeo de Pacioli** (1445-1517), monge franciscano e célebre matemático, que obteve o mérito de ser lembrado por sua obra denominada *Summa de arithmetica, geometria, proportioni et propornalita* (Coleção de conhecimentos de aritmética, geometria, proporções e proporcionalidades), devido a um dos capítulos que tratava sobre *Particulario de Computies et Scripturis*, onde descrevia o método contábil das partidas dobradas. Ao se tornar famoso com essa obra, ele foi convidado para ensinar matemática na corte de Ludovico em Milão e um de seus alunos e amigo foi Leonardo da Vinci.

O Brasil é um dos países pioneiros em adotar integralmente (2007-2010) as normas internacionais de contabilidade, ou *International Financial Reporting Standards* (IFRS), e tornou obrigatória a adoção pelas empresas dos seguintes relatórios contábeis: Balanço Patrimonial (BP), Demonstração do Resultado do Exercício (DRE), Demonstração do Resultado Abrangente (DRA), Demonstração das Mutações do Patrimônio Líquido (DMPL), Demonstração do Valor Adicionado (DVA) e Demonstração de Fluxos de Caixa (DFC). Neste livro, abordaremos apenas os dois principais relatórios contábeis (BP e DRE); os demais podem ser vistos no tradicional *Manual de contabilidade societária* da FIPECAFI (MARTINS; GELBCKE; SANTOS; IUDÍCIBUS, 2013), aplicável a todas as sociedades de acordo com as normas internacionais do Comitê de Pronunciamentos Contábeis (CPC).

3.1.1 Balanço Patrimonial (BP)

O Balanço Patrimonial é o mais importante relatório contábil e se baseia na equação fundamental: **Ativo – Passivo = Patrimônio Líquido**, ou ainda: **Aplicações = Origens**. Para refletirmos sobre o seu conteúdo, apresentamos os Balanços Patrimoniais da maior empresa brasileira (Petrobras) e da maior empresa mundial (Apple), com valores em milhões de dólares (US$), no Quadro 3.1.

Como podemos observar no Balanço apresentado, o Balanço Patrimonial é dividido em dois grupos, o

---

[1] No sentido de qualidade pessoal ou das moedas utilizadas na Babilônia, que pesavam 60,6 kg!

Quadro 3.1 Exemplo de BP

Balanço Patrimonial (BP)
em milhões de US$ (2016-2017)

ATIVO	Petrobras	Apple	PASSIVO	Petrobras	Apple
Circulante			**Circulante**		
Disponível..................	21.261	67.308	Fornecedores...................	14.502	37.294
Contas a receber............	14.701	37.429	Financiamentos................	<u>11.657</u>	<u>41.712</u>
Estoques.........................	<u>8.724</u>	<u>2.132</u>		26.159	79.006
	44.686	106.869			
Não Circulante			**Não Circulante**		
Realizável a LP...............	21.152	8.757	Financiamentos (ELP).......	149.684	114.431
Investimentos.................	3.566	170.430			
Imobilizado.....................	189.745	27.010	**Patrimônio Líquido**		
Intangível........................	3.532	8.620	Capital social....................	68.477	32.144
			Reservas de Lucros...........	18.361	96.105
				86.838	128.249
Totais.....	262.681	321.686	Totais.....	262.681	321.686

lado esquerdo do Ativo e o lado direito do Passivo, respectivamente o conjunto de bens e direitos aplicados na empresa e as respectivas origens desses recursos. É por isso que o total dos Ativos da Petrobras (263 bilhões de dólares) e da Apple (322 bilhões de dólares) é igual ao total de seus respectivos Passivos. Note que se essas duas empresas fossem países estariam classificadas respectivamente na 41ª e 33ª posições dentre os maiores PIBs dos quase duzentos países do mundo.

Além do conceito amplo de Passivo como total do lado direito do Balanço Patrimonial, há um outro conceito mais restrito que representa somente a parcela de dívidas da empresa com terceiros, sob o argumento de que as dívidas da empresa para com os seus acionistas são recursos próprios e não são exigíveis. Nesse sentido, o total de Passivos da Petrobras é representado pela somatória de suas dívidas de curto prazo, ou Passivos Circulantes, mais as dívidas de longo prazo classificadas no subgrupo do Passivo Não Circulante (26 bilhões + 150 bilhões = 176 bilhões). E o total de Passivos da Apple é representado pela somatória de suas dívidas de curto prazo, ou Passivos Circulantes, mais as dívidas de longo prazo classificadas no subgrupo do Passivo Não Circulante (79 bilhões + 115 bilhões = 194 bilhões).

Assim, pela equação fundamental da contabilidade, o Patrimônio Líquido é igual ao total do Ativo menos o total do Passivo, e podemos notar que a Apple possui não apenas o maior valor de bens e direitos (Ativos), mas também o maior valor de Patrimônio Líquido (PL), ou riqueza líquida após a dedução das dívidas, representando 40% de seus Ativos (Petrobras 33%), a saber:

- Petrobras: Ativo (263 bilhões) – Passivo (176 bilhões) = PL (87 bilhões)
- Apple: Ativo (322 bilhões) – Passivo (194 bilhões) = PL (128 bilhões)

O Passivo Circulante é representado pelas dívidas de curto prazo, ou seja, que vencem no prazo de um ano, e o Passivo Não Circulante por aquelas que vencem após esse período, como, por exemplo: fornecedores a pagar, financiamentos e empréstimos bancários, salários a pagar, encargos sociais e impostos a recolher, dividendos a pagar, contas a pagar etc. E o Patrimônio Líquido representa a parcela dos recursos integralizados pelos acionistas da empresa na forma do capital social subscrito e integralizado; e as Reservas de Lucros retidas para distribuição futura ou para cobrir eventuais contingências. Note que, apesar de o capital da Apple representar menos da metade do capital da Petrobras, o montante de Reservas de Lucros é cinco vezes maior, sugerindo a superioridade da lucratividade da empresa norte-americana.

O Ativo Circulante é representado pelo conjunto de bens e direitos que se realizam a curto prazo, ou seja, no prazo de um ano, e o Ativo Não Circulante após esse período. Exemplos: disponíveis, contas a receber, estoques, títulos a receber de longo prazo ou realizáveis a longo prazo, investimentos em outras companhias, imobilizado e intangíveis.

Os disponíveis classificados dentro do subgrupo do Ativo Circulante são representados pelo montante de dinheiro que a empresa possui em caixa, nas contas-correntes bancárias ou em aplicações de liquidez imediata. Note que a Apple tem três vezes mais dólares em caixa (67 bilhões) do que a Petrobras (21 bilhões). Esse montante é maior do que o PIB de mais da metade dos países e seria suficiente para pagar o programa Bolsa Família durante um ano para quase 300 milhões de pessoas. As contas a receber representam o montante de capital de giro da empresa para financiar os clientes em função da política de Prazo Médio de Recebimento das Vendas.

O saldo em estoque da Petrobras (9 bilhões) é maior do que o da Apple (2 bilhões), provavelmente porque o giro de itens como petróleo, gás, querosene etc. é maior do que o giro de iPhone, iPad, Apple Watch etc.

O item de maior valor da Petrobras está concentrado nos Ativos Imobilizados (190 bilhões de dólares), enquanto o da Apple está concentrado em investimentos (170 bilhões). Podemos notar quão diferente são as naturezas e políticas dessas empresas: enquanto a empresa brasileira investe em plataformas marítimas de exploração de petróleo, dutos, edifícios, terrenos, máquinas etc., a empresa norte-americana concentra o seu maior Ativo em investimentos ou em títulos de valores mobiliários, papéis e ações de outras empresas. Os intangíveis são representados por bens intangíveis, como *softwares*, ágios, direitos e concessões, marcas e patentes etc.

Sintetizando a "leitura" dos Balanços Patrimoniais dessas duas grandes empresas, ficaram subentendidos os seguintes conceitos de relatórios contábeis:

- Ativo: é o conjunto de bens e direitos da empresa classificados em Ativos Circulantes e Ativos Não Circulantes. É uma visão estática de tudo o que a empresa possui em capitais de natureza financeira.
- Ativo Circulante: é o conjunto de bens e direitos que se realizam a curto prazo ou no prazo de um ano até o fim do exercício corrente. No caso de empresas que apresentam um ciclo operacional de longo prazo (ex.: navios, aviões, construtoras), o conceito de circulante leva em conta esse prazo maior.
- Ativo Não Circulante: é o conjunto de bens e direitos que se realizam a longo prazo ou cujo objeto não esteja ligado diretamente aos propósitos principais da empresa.
- Disponíveis: representam o montante de dinheiro em poder da empresa, disponíveis no caixa, nas contas bancárias ou aplicados em títulos de liquidez imediata.
- Contas a receber: são títulos a receber geralmente oriundos das vendas a prazo e o seu montante está relacionado diretamente com a política de prazos médios de recebimento das vendas.
- Estoques: são os bens manufaturados objeto de venda pela empresa existentes na data do Balanço e precificados geralmente pelo custo médio das compras ou de fabricação.
- Realizáveis a Longo Prazo (RLP): são semelhantes às contas a receber, mas com prazos superiores a um ano.
- Imobilizado: são os bens adquiridos ou construídos pela empresa, tais como terrenos, prédios, máquinas e equipamentos, instalações, veículos destinados ao processo de operação da empresa. O desgaste desses Ativos é contabilizado a título de depreciações e reduz o lucro como provisão para reposição futura desses Ativos.
- Intangível: são os bens intangíveis da empresa, como *software*, marcas e patentes, direitos e concessões, ágios etc. e que permanecem contabilizados nos Ativos por possuírem valor econômico e fluxos de caixa futuros.
- Fornecedores: são as contas a pagar para os principais fornecedores da empresa e representam uma fonte de financiamento de capital de giro. Classificam-se no subgrupo do Passivo Circulante.
- Financiamentos: são os financiamentos obtidos pela empresa a pagar no curto prazo (Passivo Circulante) ou no longo prazo (Não Circulante).
- Patrimônio Líquido: é a representação da riqueza líquida da empresa obtida pelo montante dos Ativos menos os Passivos exigíveis e compõe-se principalmente pelo capital social e pelas reservas de lucros. Em outras palavras, se todos os itens do Ativo fossem vendidos pelos valores registrados e todos os Passivos fossem pagos pelos valores registrados, sobraria o Ativo Líquido ou o Patrimônio Líquido.
- Capital: é o montante do capital social, subscrito e integralizado pelos acionistas como fontes de recursos próprios. É representado por quotas ou ações.
- Reservas de Lucros: representam o montante dos lucros retidos pela empresa, objeto de distribuição futura de dividendos ou para eventuais contingências.

3.1.2 Demonstração do Resultado do Exercício (DRE)

A Demonstração do Resultado do Exercício (DRE) é o segundo relatório contábil mais importante. Ao contrário do Balanço Patrimonial, que é uma representação estática da empresa, ela evidencia as atividades acumuladas que compõem o resultado de um determinado exercício, apurado em função do saldo residual entre as receitas e as despesas. Para refletir sobre o seu conteúdo, apresentamos, no Quadro 3.2, as DRE da maior empresa brasileira (Petrobras[2]) e da maior empresa com valor em bolsa norte-americana (Apple).

As demonstrações contábeis iniciam-se pela linha da receita bruta de vendas ou faturamento e, dedutivamente, finalizam na última linha com o Lucro Líquido do Exercício.

O faturamento anual da Apple (215 bilhões de dólares) é quase o triplo do faturamento anualizado da Petrobras (91 bilhões) e o Lucro Líquido da empresa norte-americana é ainda maior – sete vezes o resultado da empresa brasileira. O custo das vendas, ou custo dos produtos vendidos, representa os custos diretos e indiretos na fabricação e venda dos principais produtos da empresa e, deduzindo o montante dos faturamentos, obtém-se um resultado intermediário ou uma margem de contribuição denominada Lucro Bruto (LB).

Note que o LB da Apple (39%) é superior ao LB da Petrobras (35%) em relação ao montante das receitas de vendas. As despesas com vendas e administrativas se equivalem em ambas as empresas (7% do faturamento), mas deduz-se que a Apple investe mais em pesquisas e inovação (5%) do que a Petrobras (1%). O Lucro Antes do Imposto de Renda (LAIR) da Apple (28%) é maior do que o da empresa brasileira (10%).

A alíquota média de Imposto de Renda da Petrobras (33%) é maior do que a alíquota média da Apple (26%), e o Lucro Líquido da empresa norte-americana é superior em valores absolutos e em porcentagem em relação ao faturamento, mostrando o melhor desempenho da empresa norte-americana. Será que vender iPhone e iPad é mais fácil do que vender diesel e gasolina? Ou produtos com valor agregado *versus commodity* primário?

O Valor Patrimonial da Ação (VPA) é determinado dividindo-se o total do Patrimônio Líquido pela quantidade de ações, e o VPA da Apple (128.249 / 5.400

---

[2] As demonstrações contábeis da Petrobras referem-se ao 1º trimestre de 2017, anualizadas proporcionalmente em dólares, e as demonstrações contábeis da Apple referem-se ao ano de 2016, com ajustes e simplificações para tornar a exposição didática.

Quadro 3.2 Exemplo de DRE

Demonstração do Resultado do Exercício (DRE) em milhões de US$ (2016-2017)

DRE	Petrobras ($)	Apple ($)	Petrobras (%)	Apple (%)
Receita de Vendas	91.153	215.639	100%	100%
(–) Custo das Vendas	(59.439)	(131.376)	–65%	–61%
Lucro Bruto	**31.714**	**84.263**	35%	39%
(–) Desp. Vendas/Adm	(6.263)	(14.194)	–7%	–7%
(–) Desp. Expl. Pesq. Des	(844)	(10.045)	–1%	–5%
(–) *Desp. Rec. Financeiras*	(10.340)	2.543	–11%	1%
(–) Outras despesas	(4.765)	(1.195)	–5%	–1%
LAIR	**9.502**	**61.372**	10%	28%
(–) *IR e CSL*	(3.093)	(15.685)	–3%	–7%
Lucro Líquido (LL	**6.409**	**45.687**	7%	21%
Quantidade de ações	13.300	5.400		
Valor patrimonial da ação (VPA)	6,5	23,75		
Cotação em 2017 (US$	5,00	156,00		
Valor total das Ações (US$	66.500	842.400		
Lucro por Ação – LPA (US$	0,48	8,46		

ações = US$ 23,75) é superior ao VPA da Petrobras (86.838 / 13.300 ações = US$ 6,53). O Lucro por Ação (LPA) é determinado dividindo-se o Lucro Líquido pela quantidade de ações e, novamente, o LPA da Apple (45.687 / 5.400 ações = US$ 8,46) é superior ao LPA da Petrobras (6.409 / 13.300 ações = US$ 0,48). O valor do total das ações é calculado multiplicando-se a quantidade de ações pelas respectivas cotações e o valor da Apple (5.400 ações × US$ 156,00 = US$ 842.400) é, surpreendentemente, quase 13 vezes maior do que o valor da Petrobras (13.300 ações × US$ 5,00 = US$ 66.500), apesar de a empresa brasileira ter o dobro de pessoas (funcionários e terceiros).

Sintetizando a "leitura" das demonstrações contábeis dessas duas grandes empresas, ficaram subentendidos os seguintes conceitos:

- As receitas de vendas representam o montante do faturamento das empresas, deduzido dos impostos diretos. No caso da Petrobras, referem-se a vendas de diesel, gasolina, gás GLP, nafta, querosene e outros derivados de petróleo; no caso da Apple, o campeão de vendas é o iPhone (70% das vendas), seguido pelo iPad e pelo iMac.
- Os custos das vendas ou dos produtos vendidos compõem-se dos custos diretos e indiretos que compõem a fabricação dos produtos e são relativos à parcela vendida e que já foi baixada dos estoques.
- Despesas com vendas e administrativas compõem-se de diversas despesas contabilizadas diretamente no resultado do período, tais como salários e encargos, água, luz, aluguéis, transportes, alimentação etc. A Petrobras reduziu o número de pessoas (funcionários + terceiros) de 236 mil pessoas para 186 mil em 2017; a Apple tem mais de 100 mil pessoas, sendo que 30% são mulheres.
- Despesas com exploração, pesquisas e desenvolvimento referem-se aos gastos com pesquisas de novos produtos ou novos poços de petróleo. A gigante norte-americana tem batido recordes em gastos com P&D e aposta em novos produtos para não depender apenas do iPhone, que representa 70% de seu faturamento.
- As despesas financeiras representam os encargos financeiros sobre os empréstimos e financiamentos da empresa, tanto de curto como de longo prazo. E as receitas financeiras são os juros ganhos sobre aplicações financeiras. A Petrobras contratou apenas 18% de seu financiamento em moeda nacional (R$) e o restante em operações internacionais, sendo 70% em dólares (US$).
- As despesas com Imposto de Renda seguem as regras tributárias de cada país e incidem sobre o lucro tributário apurado a partir do lucro contábil. Como exemplo, a alíquota de Imposto de Renda pessoa jurídica no EUA é de 40%, no Brasil de 34% e nos Emirados Árabes, 55%.
- O Lucro Líquido mede o desempenho final das receitas de vendas. É incluído no Patrimônio Líquido em reservas de lucros, após as destinações como, por exemplo, distribuição de dividendos. É considerado a linha mais importante da DRE, pois mostra se os administradores conseguiram atingir os seus objetivos no ano corrente e se houve acréscimo ou decréscimo de riqueza no Patrimônio Líquido da companhia.
- É oportuno lembrar, principalmente para os leigos, que a contabilidade reconhece na DRE as receitas e despesas de acordo com o regime de competência e não pelo regime de caixa; o fato de pagamentos ou recebimentos serem realizados à vista ou a prazo não interfere no lucro da empresa, apenas nos fluxos de caixa. É por isso que se faz uma conciliação do lucros com o caixa no período por meio da Demonstração de Fluxos de Caixa (DFC) pelo método indireto.
- Por que a variação de caixa no período não corresponde necessariamente à variação de lucros em um determinado período? A resposta é simples: por causa das diferenças intertemporais relacionadas com os regimes de caixa e de competência. Por exemplo: a despesa de salários é reconhecida no mês em que os funcionários efetivamente realizaram os serviços, mas se o pagamento ocorrer no dia cinco do outro mês, afetará os fluxos de caixa somente no mês seguinte. A receita de vendas é reconhecida no mês em que se concretizou a transação e pela entrega do produto, mas os fluxos de caixa irão ocorrer somente por ocasião do recebimento dessas vendas, que podem ser à vista ou a prazo.
- Como é fácil de entender, a DRE é uma demonstração contábil que complementa as informações do BP, especificamente na movimentação do Patrimônio Líquido. Os lucros ou prejuízos irão compor o saldo acumulado das reservas de Lucros.

Como se pode ver, a Demonstração do Resultado do Exercício e o Balanço Patrimonial têm características distintas e, ao mesmo tempo, complementares. Com a exposição dessas duas grandes empresas mundiais, podem-se notar as funções de cada um desses relatórios contábeis e os perfis da Apple e da Petrobras. No tópico seguinte, faremos uma análise mais detalhada da situação econômico-financeira dessas duas empresas, por meio dos principais indicadores de análises de balanço.

> **Saiba mais**
>
> Para saber mais sobre o assunto deste tópico, veja mais no vídeo "Gestão Financeira e de Riscos – Relatórios Contábeis e Análises Econômicas e Financeiras", disponível no QR Code ao lado.
> Fonte: https://www.youtube.com/watch?v=506eNoaD5hl. Acesso em: 25 jun. 2019.

3.2 Quadro clínico de análises de balanço

Denominamos **quadro clínico de análises de balanço**[3] um conjunto de indicadores que permitem analisar a saúde de um empreendimento, nos moldes das análises clínicas efetuadas por um médico que trata da saúde de seu paciente. Existem centenas de indicadores e é possível criar novos em função de características próprias de um determinado empreendimento. Neste capítulo, abordaremos um quadro básico com os mais tradicionais, segregados em grupos que avaliam as situações financeira (liquidez), econômica (rentabilidade), estrutura de imobilizado e Atividades. Veja o Quadro 3.3.

Como em um exame clínico médico, esses indicadores podem ser analisados individualmente ou em grupos e, ao final, emite-se uma conclusão ou parecer sobre a empresa analisada. Vejamos a seguir os indicadores constantes no Quadro 3.3 e atentemos para a formulação recomendada.

A título exemplificativo, a coluna "Parâmetro" pode conter valores de referências em relação a médias de mercado ou de concorrentes e na coluna "Análise-Tendência" pode-se simbolizar a situação geral de cada indicador (bom-regular-ruim) e a tendência ao longo do tempo (aumento-constante-diminuição) etc.

---

[3] Essa denominação "quadro clínico de análises de balanço" já era utilizada pelo Prof. José Carlos Marion em seus livros há mais de três décadas e a utilizamos, também, em homenagem aos meus dois sogros médicos (José Roberto Kassai), Dr. Rubens D'Oliveira Casanova (alopata) e Dr. Michail Antoniuk (homeopata). Aprendi com eles que o processo de análises de Balanço de uma empresa é muito semelhante ao cuidado de uma pessoa e, muitas vezes, é melhor combinar as práticas disponíveis e complementar com o próprio *feeling*, sentimento, sensação, pressentimento etc.

Situação financeira:

- **Liquidez Corrente (LC)**: a situação financeira da Petrobras é boa e um pouco superior à situação financeira da Apple, pois os índices são maiores ou iguais a um. Isso significa que, para cada um real de dívidas assumidas a curto prazo, a Petrobras tem 1,71 reais para honrar os seus compromissos assumidos, enquanto que a Apple tem 1,35. Essa análise também poderia ser feita comparando-se as demonstrações contábeis ao longo de alguns anos e também comparando-se com valores médios de mercado ou de seus concorrentes. Quanto maior, melhor.

- **Liquidez Seca (LS)**: a liquidez seca exclui do numerador o montante dos estoques e o fato de ser muito distante da Liquidez Corrente é preocupante, pois os estoques ainda não se converteram em dinheiro. Além de poder ser comparada ao longo dos anos como um referencial de mercado, a LS serve para aprimorar a análise da LC que assume maior importância na análise financeira de curto prazo. Observe que a sensibilidade da LS da Petrobras é maior do que a da LS da Apple e pode ser compreendida pelas características diferenciadas de rotatividade de seus estoques. Quanto maior, melhor.

- **Liquidez Imediata (LI)**: considera somente o dinheiro disponível para pagar as dívidas de curto prazo e, embora não tenha necessidade de ser maior do que um, quanto maior, melhor. Note que as situações financeiras da Petrobras (0,81) e da Apple (0,85) estão muito boas, pois estão próximas de um e, quanto maior, melhor.

- **Liquidez Geral (LG)**: como se observa em sua formulação, a LG mede a capacidade de pagamento geral da empresa, considerando o curto e o longo prazos. E, ao contrário do que está indicando a LC, a situação da Petrobras (0,37) está pior do que a situação da Apple (0,60), indicando que o endividamento a longo prazo da empresa brasileira é uma questão séria e relevante.

- **Resumo da situação financeira**: com base nos quatro índices de liquidez, pode-se inferir que a situação financeira das duas empresas é BOA e no curto prazo dificilmente a Petrobras ou a Apple terão dificuldades em pagar as suas dívidas. Essa análise pode ser enriquecida com análise de tendência ao longo de alguns anos ou comparativamente com médias do mercado ou de seus principais concorrentes. Note que a situação da Apple se mantém boa no longo prazo, mas a situação da Petrobras inspira cuidados na gestão de seu endividamento de longo prazo.

Situação econômica:

- **Margem de Lucro (M)**: a margem de lucro da Apple (21,19%) sobre o montante das suas vendas é realmente elevada e superior à margem de lucro da Petrobras (7,03%), e esses desempenhos podem ser aprimorados comparativamente ao longo dos anos ou com as médias dos respectivos setores. Quanto maior, melhor é a margem, mas isoladamente não se pode generalizar sobre a situação de uma empresa, pois depende do giro ou das quantidades vendidas; uma empresa pode ter uma margem excelente, mas se o giro for muito pequeno o resultado final não será bom.

- **Giro do Ativo (G)**: o giro da Apple (0,67) é maior do que o giro da Petrobras (0,35). Em princípio, quanto maior, melhor, mas isoladamente não se pode generalizar a situação de uma empresa, pois depende da margem de lucro; uma empresa pode apresentar um giro elevado, mas não necessariamente uma situação boa, por exemplo, se a margem de lucro for negativa. Da mesma forma, a análise do giro pode ser aprimorada comparativamente ao longo dos anos ou com médias do mercado ou de seus principais concorrentes, e quando possível, o ideal é calcular sobre o valor do ativo médio.

- *Return on Assets* **(ROA)**: ou Taxa de Retorno sobre o Ativo; diferentemente das análises individuais da margem ou do giro, estas sim podem indicar o desempenho da empresa com mais propriedade,

Quadro 3.3 Estágio 1: quadro clínico de análises de balanço

Índice	Formulação	Petrobras	Apple	Parâmetro	Análise Tendência
Liquidez					
Liquidez Corrente (LC)	LC = AC ÷ PC	1,71	1,35		
Liquidez Seca (LS)	LS = (AC − Estoque) ÷ PC	1,37	1,33		
Liquidez Imediata (LI)	LI = Disponível ÷ PC	0,81	0,85		
Liquidez Geral (LG)	LG = (AC + RLP) ÷ (PC + ELP)	0,37	0,60		
Rentabilidade					
Return on Assets (ROA)	ROA = Lucro Líquido ÷ Ativo	2,44%	14,20%		
Margem de Lucro (M)	M = Lucro Líquido ÷ Vendas	7,03%	21,19%		
Giro do Ativo (G)	G = Vendas ÷ Ativo	0,35	0,67		
Return on Equity (ROE)	ROE = Lucro Líquido ÷ Patrimônio Líquido	7,38%	35,62%		
Endividamento					
Capital de Terceiros (CT)	(PC + ELP) ÷ Ativo	0,67	0,60		
Capital Próprio (CP)	PL ÷ Ativo	0,33	0,40		
Garantia do CP ao CT	CP ÷ CT	0,49	0,66		
Endividamento a Curto Prazo	PC ÷ (PC + ELP)	0,15	0,41		
Estrutura do Imobilizado					
Nível de Imobilização do Ativo	Imobilizado ÷ Ativo	0,72	0,08		
Tempo de Vida do Imobilizado (anos)	Imobilizado ÷ Depreciação Anual	3,79	2,57		
Atividade					
Prazo médio renovação estoques (PMRE)	(Estoque ÷ CMV) × 360 dias	53	6		
Prazo médio recebimento vendas (PMRV)	(Contas Receber ÷ Vendas) × 360 dias	58	62		
Ciclo Operacional	PMRE + PMRV	111	68		
Prazo médio pagamento compras (PMPC)	(Fornecedores ÷ Compras) × 360 dias	88	102		
Ciclo de Caixa	PMPC − Ciclo Operacional	−23	34		

pois, na verdade, representam a ponderação das respectivas margens de lucro vezes o giro das empresas, como se nota na Petrobras (7,03% × 0,35 = 2,44% ao ano) e na Apple (21,19% × 0,67 = 14,2% ao ano). Note que o ROA da Apple é excelente (14,2% ao ano) e melhor do que o ROA da Petrobras (2,44% ao ano) e ambos podem ser comparados às principais referências de custos de oportunidades do mercado, como a taxa juros (Selic e FED), renda fixa, bolsas de mercados etc. A taxa de retorno da empresa norte-americana fica bem acima do custo de oportunidade de mercado, ao contrário da empresa brasileira que, apesar de ter apresentado resultado positivo neste exercício, apresenta taxa de retorno que não remunera adequadamente os seus investimentos.

- **Return on Equity (ROE)**: ou Taxa de Retorno dos Acionistas, é calculado com base na parcela do capital próprio ou do Patrimônio Líquido e inclui o ganho de alavancagem financeira proporcionado pela obtenção de capitais de terceiros com custos inferiores ao Custo do Capital Próprio. Note que o ROE da Petrobras (7,38% ao ano) é razoável, mas o da empresa norte-americana é superior (35,62% ao ano).

- **Resumo da situação econômica**: com base nesses quatro indicadores de rentabilidade, pode-se inferir que a situação econômica da Petrobras é RAZOÁVEL, pois, apesar de apresentar resultado positivo neste período, ainda não é suficiente para remunerar adequadamente os seus investimentos ou custos de capitais e, apesar de apresentar uma Taxa de Retorno sobre o Patrimônio Líquido (ROE) razoável, não permitiu distribuição de dividendos devido à série histórica de prejuízos nos anos anteriores. Ao contrário, a situação econômica da Apple é EXCELENTE, como evidencia a sua Taxa de Retorno do Ativo, ou ROA (14,2% ao ano), superior ao da Petrobras e das referências de mercado. Além disso, a margem de lucro (21,19%) e o giro do Ativo Apple (0,67 vez) são mais elevados, assim como a ROE (35,62%), que permite gordas distribuições de dividendos.

Situação de endividamento:

- **Capital de Terceiros (CT)**: o índice de Capital de Terceiros representa a parcela do total de recursos que é financiada por dívidas de curto e longo prazo, classificadas respectivamente como Passivos Circulantes e Passivos Não Circulantes. Note que as duas empresas são bastante endividadas, mas com maior alavancagem da Petrobras (0,67 vez) em relação à Apple (0,60 vez). Se a empresa brasileira não for a campeã em endividamento, certamente é uma das empresas com maior endividamento do planeta (161 bilhões de dólares), que corresponde a quase mil dólares para cada brasileiro.

- **Capital Próprio (CP)**: o índice de Capital Próprio representa a parcela do total de aportes que é financiada com recursos dos acionistas ou do Patrimônio Líquido, e pode ser interpretado como o inverso do índice de capital de terceiros.

- **Garantia do CP ao CT**: para cada real de Capital de Terceiros a Petrobras dispõe de 0,49 centavo de recursos próprios para uma hipotética garantia aos seus credores e, não obstante as políticas financeiras de alavancagem financeira, o ideal seria que este índice fosse igual ou maior do que um. No caso da Apple, ela dispõe de 0,66 centavo para cada dólar de capital de terceiros captado como financiamento, condição levemente superior ao da empresa brasileira.

- **Endividamento a Curto Prazo (ECP)**: a parcela do Capital de Terceiros de curto prazo da Petrobras (0,15) é inferior à da Apple (0,41), mostrando que a empresa brasileira concentra a maior parte de suas dívidas a longo prazo, o que em princípio é bom pois, quanto maior o prazo, maiores são as possibilidades de obtenção de recursos para a quitação. Obviamente a análise pode ser aprofundada comparando-se a evolução desses índices ao longo dos anos e comparativamente à média de mercado ou de seus principais concorrentes.

- **Resumo da situação de endividamento**: como se pode observar, as duas empresas são bastante endividadas, mas, enquanto a empresa brasileira concentra a maior parte de suas dívidas no longo prazo, a empresa norte-americana distribui mais regularmente no curto e no longo prazo. Podemos inferir que a empresa norte-americana administra melhor o seu endividamento. Quanto à empresa brasileira, contrariamente aos benefícios de ganhos com aumento da alavancagem financeira, a sua situação de endividamento pode ser comprometida se os desempenhos de sua situação econômica (rentabilidade) continuarem aquém das expectativas.

Situação de estrutura do imobilizado:

- **Nível de Imobilização do Ativo (IA)**: é a parcela do total de investimentos ou Ativos representada por Ativos Imobilizados, que são bens de longa vida útil, utilizados no processo de produção de uma empresa. Pode-se notar claramente que a Petrobras (0,72) é uma indústria pesada com máquinas, equipamentos, plataformas etc., enquanto na Apple esse índice é muito baixo (0,08), mostrando que o capital de giro da empresa norte-americana é maior do que o capital fixo da empresa brasileira, o que é facilmente compreensível pela natureza dessas empresas de segmentos tão diferentes. A análise desse índice pode ser aprimorada comparativamente com a evolução ao longo dos anos ou em relação a médias de mercado ou de seus principais concorrentes. Outros índices podem ser calculados, por exemplo, em relação ao Patrimônio Líquido etc.

- **Tempo de Vida Útil do Imobilizado (Vida):** a fórmula tradicional deste índice considera o imobilizado líquido da depreciação acumulada no numerador e o montante das depreciações do ano no numerador. Como essa informação não está disponível nos BP e DRE apresentados, essa informação pode ser obtida em quadros de notas explicativas, na Demonstração de Fluxos de Caixa (DFC) pelo método indireto ou até mesmo na extinta Demonstração das Origens e Aplicações de Recursos (DOAR). Estimamos, nesses cálculos, os valores de depreciações anuais da Petrobras (50.000 milhões de dólares) e da Apple (10.505 milhões de dólares) e, apesar disso, como utilizamos o mesmo critério (consistente) para as duas empresas, pode-se inferir que os imobilizados da Petrobras (3,79 anos) e da Apple (2,57 anos) estão de acordo com as suas vidas úteis estimadas. Quando é possível obter informações mais detalhadas, pode-se refinar esses cálculos segregando-se por tipos de imobilizado, por segmentos ou filiais dessas empresas.

- **Resumo da situação de estrutura de imobilizado:** como se observou, as características e estrutura dos Ativos Imobilizados das duas empresas são bastante distintas e, para uma análise mais aprimorada, o ideal seria comparar a evolução dos índices ao longo dos anos com as médias do mercado ou de seus principais concorrentes e, quando possível, segregar por tipos de Ativo Imobilizado ou estabelecimento. Geralmente, as empresas informam em suas notas explicativas e complementares aos balanços contábeis quadros específicos com mais detalhes de seus imobilizados.

Situação de estrutura dos índices de atividades:

- **Prazo Médio de Renovação dos Estoques (PMRE):** representa o número de dias em que a empresa mantém seus estoques médios e, apesar de isso depender das características da empresa, em princípio, quanto menor, melhor. Note que o prazo de estocagem da Petrobras (53 dias) é bem maior do que o da Apple (6 dias). Os cálculos consideraram os saldos de estoques na data do Balanço em relação ao custo das vendas ou dos produtos vendidos, mas, quando possível, o ideal é utilizar o saldo médio de estoques, bem como excluir do custo das vendas a parcela que não representa os custos de materiais, como depreciações, custos indiretos etc.

- **Prazo Médio de Recebimento das Vendas (PMRV):** representa o prazo médio ponderado das vendas a prazo em número de dias e, quanto menor, melhor. Note que a Petrobras (58 dias) possui um PMRV menor do que o da Apple (62 dias). Os cálculos consideraram os saldos de contas a receber na data do Balanço, mas, quando possível, o ideal é utilizar o saldo médio das duplicatas a receber.

- **Ciclo Operacional (CO):** é a somatória do PMRE mais o PMRV e representa o ciclo em que uma empresa inicia as suas atividades com capital de giro, adquire materiais e matérias-primas, processa os produtos em elaboração e produtos acabados, vende esses produtos e os converte em duplicatas a receber e, finalmente, recebe esses títulos e os converte novamente em dinheiro ou capital de giro. Essa volta completa da Petrobras (111 dias) é mais longa do que a da Apple (68 dias) e, apesar das características de cada setor, em princípio, quanto menor, melhor.

- **Prazo Médio de Pagamento das Compras (PMPC):** representa o prazo médio ponderado das compras a prazo relacionadas com os principais fornecedores de insumos e materiais e, para a empresa, quanto maior, melhor. Os cálculos consideraram os saldos de fornecedores em relação ao montante das compras, consideradas para este fim, como iguais ao custo das vendas. Entretanto, quando possível, o ideal é utilizar o saldo médio de fornecedores e tentar identificar o montante correto das compras do período, segregando-se do custo das vendas os custos que não se relacionam com materiais e insumos (ex.: depreciações, custos indiretos, mão de obra etc.) e considerando a variação de estoques. Note que a Apple (102) tem um prazo médio mais confortável para pagar os seus fornecedores do que a Petrobras (88 dias).

- **Ciclo de Caixa (CC):** ou ciclo financeiro, é o número de dias obtido pela diminuição do ciclo operacional do PMPC das companhias. O ideal é que seja positivo ou, quanto maior, melhor. No caso da Petrobras (−23 dias), isso significa que ela está pagando os seus principais fornecedores antes de receber as contas a receber e a Apple (34 dias) está em uma situação bastante confortável. Note que, para resolver uma situação financeira difícil em uma empresa, não basta injetar dinheiro, mas é necessário ajustar ou reduzir o ciclo de caixa. Isso não quer dizer que não se pode trabalhar com ciclo de caixa negativo, mas é importante entender que esse financiamento "interno" tem que ser remunerado no preço de vendas.

- **Resumo da situação de estrutura dos índices de atividade**: o ciclo de caixa ou ciclo financeiro consegue resumir todos os prazos médios de atividades e, em princípio, deve ser positivo ou, quanto maior, melhor. Em uma situação financeira difícil, que não é o caso das empresas analisadas, as recomendações de melhorias podem se concentrar em ações que reduzam esse ciclo de caixa, melhorando o desempenho do controle dos estoques e planejamento das compras, negociando com os clientes prazos menores ou esticando os prazos com os principais fornecedores.

Situação geral da empresa:

- **Resumo**: podemos resumir as análises anteriores com base no seguinte quadro:

Situações da Empresa	Petrobras	Apple
Financeira	Boa	Boa
Econômica	Regular	Excelente
Endividamento	Regular	Regular
Imobilizado	Boa	Boa
Atividade	Ruim	Boa
GERAL	?	?

- Qual a **conclusão** ou o **Parecer Geral** de cada Companhia com base no conjunto das análises e resumo no quadro anterior?
    - **Apple**: obviamente, é mais fácil analisar esta empresa norte-americana e obter um consenso dos leitores de que a sua situação é, no mínimo, **muito BOA** e os argumentos são fáceis de identificar. Está em uma situação financeira boa e dificilmente terá problemas para pagar as suas dívidas. A situação econômica, entendida também como a capacidade de gerar fluxos de caixa ou boa situação financeira no futuro, é excelente. A situação de imobilizado é também boa e, embora não tenhamos analisado em profundidade a composição do imobilizado, o bom senso permite inferir que os Ativos fixos mais importantes não são os imobilizados, mas o capital intelectual e humano dessa empresa da nova economia. E os índices de atividade indicam que os seus fluxos de caixa evoluem naturalmente, pois os recebimentos ocorrem antes dos prazos de pagamento.
    - **Petrobras**: não obstante a situação que a maior empresa brasileira atravessa desde o ano de 2014, com crises políticas e de corrupção, congelamento dos preços, acúmulos de prejuízos etc., com base nesses demonstrativos contábeis, e considerando que é a nossa maior empresa e do setor de petróleo e energia, acreditamos que o leitor em geral concorde que a situação em 2017 é, no mínimo, **REGULAR para BOA**. E atente para os argumentos, ela não tem problemas financeiros de curto prazo, pois apresenta uma liquidez acima do mercado. A situação econômica ou de rentabilidade é regular, mas ao contrário dos anos anteriores em que apresentou vultuosos prejuízos, no trimestre examinado de 2017 o seu resultado foi positivo, embora a taxa retorno ainda estivesse aquém de remunerar adequadamente o seu custo de capital.[4] A situação de endividamento é regular, apesar de estar utilizando as vantagens de alavancagem financeira, mas com riscos atrelados ao seu desempenho futuro. O seu imobilizado está bom, embora não tenhamos aprofundado as análises e detalhamento de cada tipo de imobilizado. E, por último, os prazos de atividades que resultam em um ciclo de caixa negativo representam uma situação ruim, embora a empresa não tenha problemas de caixa, sugerindo que esse prazo de financiamento "interno" esteja sendo remunerado nos preços de vendas. E, por fim, queremos acreditar que a maior empresa brasileira não esteja sob risco de falência.

Termômetro de insolvência de Kanitz:

Outra forma de analisar a situação econômica e financeira de uma empresa é por meio de modelos estruturados, com uso de cálculos estatísticos e de

---

[4] Em tópicos seguintes, abordaremos os conceitos mais avançados de retorno de investimento e de valor agregado. Por ora, concentramo-nos nessas análises básicas.

processamento eletrônico de dados. Como exemplo de modelo pioneiro adotado no país (há mais de 40 anos), apresentamos a fórmula do Termômetro de Insolvência de Kanitz como complemento ao quadro clínico de análises básicas, a saber:

$$KANITZ = 0,05\left(\frac{LL}{PL}\right) + 1,65\left(\frac{AC+RLP}{PC+ELP}\right) + 3,55\left(\frac{AC-Estoques}{PC}\right) - 1,06\left(\frac{AC}{PC}\right) - 0,33\left(\frac{PC+ELP}{PL}\right)$$

Os conceitos que embasam esse modelo serão explicados no tópico seguinte e, no momento, nos atemos a explicar o seu cálculo e como interpretá-lo. Trata-se de uma equação complexa, com vários termos, e baseia-se em informações extraídas dos balanços contábeis, como Lucro Líquido (LL), Patrimônio Líquido (PL), Ativo Circulante (AC), Realizável a Longo Prazo (RLP), Passivo Circulante (PC), Exigível a Longo Prazo (ELP) e estoques.

Observe o Quadro 3.4.

Quadro 3.4 Exemplo de termômetro de insolvência de Kanitz

7	
3	
2	S
1	
0	
−1	
−2	P
−3	
−4	
−5	
−6	I
−7	

A interpretação é muito simples: se o resultado for igual ou maior que zero a empresa é classificada como SOLVENTE (**S**), ou seja, com reduzidas chances de falência e, quanto maior, melhor. Se o resultado for inferior a −3 a empresa é classificada como INSOLVENTE (**I**), ou seja, com grandes chances de falência e, quanto menor, pior. Se estiver no intervalo entre zero e −3, a empresa é classificada como na PENUMBRA (**P**), ou seja, não há indícios de solvência nem de insolvência, inspirando cuidados.

Assim, dando continuidade às análises das empresas brasileira e norte-americana, o Índice de Kanitz apresentou os seguintes resultados: **+3,02** para a Petrobras e **+3,78** para a Apple, indicando que elas se encontram em uma situação de "Solvência", ou seja, com reduzidas chances de insolvência, e com vantagem para a fabricante dos iPhones. Portanto, incluindo-se as análises anteriores efetuadas com base no quadro clínico, pode-se inferir que as empresas analisadas estão em uma situação favorável e com reduzidas chances de falência, embora a empresa brasileira atravesse uma de suas maiores crises e envolvida com a operação Lava Jato.

Lava Jato: transcrevemos a seguir o conteúdo do item 3 das notas explicativas das demonstrações da Petrobras (2016):

3. "Operação Lava Jato" e seus reflexos na companhia

Em 2009, a Polícia Federal brasileira iniciou uma investigação denominada "Operação Lava Jato", visando apurar práticas de lavagem de dinheiro por organizações criminosas em diversos estados brasileiros. A "Operação Lava Jato" é uma investigação extremamente ampla com relação a diversas práticas criminosas e vem sendo realizada através de várias frentes de trabalho, cujo escopo envolve crimes cometidos por agentes atuando em várias partes do país e diferentes setores da economia. A partir de 2014, o Ministério Público Federal concentrou parte de suas investigações em irregularidades cometidas por empreiteiras e fornecedores da Petrobras e descobriu um amplo esquema de pagamentos indevidos, que envolvia um grande número de participantes, incluindo ex-empregados da Petrobras. Baseado nas informações disponíveis à companhia, o referido esquema consistia em um conjunto de empresas que, entre 2004 e abril de 2012, se organizaram em cartel para obter contratos com a Petrobras, impondo gastos adicionais nestes contratos e utilizando estes valores adicionais para financiar pagamentos indevidos a partidos políticos, políticos eleitos ou outros agentes políticos, empregados de empreiteiras e fornecedores, ex-empregados da Petrobras e outros envolvidos no esquema de pagamentos indevidos. Este esquema foi tratado como esquema de pagamentos indevidos e as referidas empresas como "membros do cartel". A companhia não realizou qualquer pagamento indevido. Além do esquema de pagamentos indevidos descrito acima, as investigações evidenciaram casos específicos em que outras empresas também impuseram gastos adicionais e supostamente utilizaram esses valores para financiar pagamentos a determinados ex-empregados da Petrobras. Essas empresas não são membros do cartel e atuavam de forma individualizada. Esses casos específicos foram chamados de pagamentos não relacionados ao cartel. Determinados ex-executivos da Petrobras foram presos e/ou denunciados por crimes como lavagem de dinheiro e corrupção passiva. Outros de nossos ex-executivos e executivos de empresas fornecedoras de bens e serviços para a Petrobras foram ou poderão ser denunciados como resultado da investigação. Os valores pagos pela Petrobras no âmbito dos contratos junto aos fornecedores e empreiteiras envolvidos no esquema descrito anteriormente foram integralmente incluídos no custo histórico dos respectivos ativos imobilizados da companhia. No entanto, a Administração entendeu, de acordo com o IAS 16 (Property, plant and Equipment), que a parcela dos pagamentos que realizou a essas empresas e que foi por elas utilizada para realizar pagamentos indevidos, o que representa gastos adicionais incorridos em decorrência do esquema de pagamentos indevidos, não deveria ter sido capitalizada. Assim, no terceiro trimestre de 2014 a companhia reconheceu uma baixa no montante de R$ 6.194 (R$ 4.788 na Controladora) de gastos capitalizados, referente a valores que a Petrobras pagou adicionalmente na aquisição de ativos imobilizados em exercícios anteriores. Como descrito a seguir, a companhia tem monitorado continuamente as investigações para obter informações adicionais e avaliar seu potencial impacto sobre os ajustes realizados em 2014, não tendo identificado, na preparação das demonstrações contábeis do exercício findo em 31 de dezembro de 2016, nenhuma informação adicional que impactasse a metodologia de cálculo adotada e, consequentemente, o registro contábil de baixas complementares. A Petrobras prosseguirá acompanhando os resultados das investigações e a disponibilização de outras informações relativas ao esquema de pagamentos indevidos e, se porventura se tornar disponível informação que indique com suficiente precisão que as estimativas descritas acima deveriam ser ajustadas, a companhia avaliará a eventual necessidade de algum reconhecimento contábil.

Há diversos modelos de análise estruturada, semelhantes ao pioneiro Termômetro de Kanitz, mas qual é o seu embasamento teórico? É realmente possível prever com segurança a falência de uma empresa? No tópico seguinte, mostraremos como construir um modelo semelhante, passo a passo, desvendando o mito de que somente com recursos avançados se pode construí-lo.

> **Saiba mais**
>
> Para saber mais sobre o assunto deste tópico, veja mais no vídeo "Gestão Financeira e de Riscos – Quadro clínico de análises de balanço e o termômetro de Kanitz", disponível no QR Code ao lado.
>
> Fonte: https://www.youtube.com/watch?v=i4z9aYiY1R0&feature=youtu.be.
> Acesso em: 25 jun. 2019.
>
> uqr.to/f1ws

3.3 Desvendando o Termômetro de Insolvência de Kanitz

O Termômetro de Insolvência de Kanitz foi divulgado pela primeira vez em uma publicação na revista *Exame* em dezembro de 1974 e, surpreendentemente, o autor mostrou que é possível prever com antecedência a falência de uma companhia. O professor e colega Stephen Charles Kanitz, do Departamento de Contabilidade e Atuária da FEA/USP, havia concluído o seu mestrado nos EUA[5] e exerceu durante mais de duas décadas a coordenação da edição especial da *Exame* denominada "Melhores & Maiores". Ao aplicar o seu modelo, inovou o processo de análises econômica e financeira das demonstrações contábeis.

Naquela época, Kanitz aplicou o seu modelo na análise das 500 Melhores & Maiores Empresas Brasileiras e a empresa escolhida como a melhor do ano apresentou um fator de insolvência igual a **+10**, enquanto outra empresa que apresentou fator igual a **–2,6** pediu concordata no ano seguinte, com o fator havendo caído para **–7**. No Brasil, o modelo de Kanitz foi um dos precursores (1972); nos EUA, Edward Altman já explorava essa técnica em 1930 e atualmente há diversos modelos mais atualizados e sofisticados.

Entretanto, em nenhum momento o autor revelou como chegou à fórmula de cálculo, dizendo apenas tratar-se de um ferramental estatístico: "*Para calcular o fator de insolvência usamos uma combinação de índices ponderados estatisticamente. Trata-se de uma ponderação relativamente complexa*" (KANITZ, 1974). Iudícibus (1990), em seus livros sobre análises de Balanço, também relata o fato: "*Stephen Charles Kanitz construiu o termômetro de insolvência, por outro lado não revelou a metodologia empregada*".

E, em um trabalho de pesquisa do doutorado na FEA/USP, Kassai (1998) elaborou uma investigação intitulada "Desvendando o Termômetro de Insolvência de Kanitz", publicada inicialmente nos anais do XIX EnANPAD (1998), no Caderno Temático da IOB (1999) e, dentre outros locais, na Revista do CRCSP (1999), na qual se baseia o presente tópico deste livro. O objetivo é mostrar, passo a passo, como se pode construir um modelo semelhante e incentivar o uso desse instrumento.

O ferramental matemático que fundamenta esse tipo de modelo é uma técnica estatística denominada "análise discriminante". Será demonstrado por meio de cálculos de regressão linear e utilizando-se as tradicionais planilhas eletrônicas Excel. Para demonstrar a técnica, desenvolvemos cinco passos básicos para a construção desse modelo, a saber:

1. Obter os dados e montar o problema.
2. Efetuar o cálculo de regressão linear e definir a equação discriminante.
3. Construir uma coluna chamada "Escore Discriminante" e calcular o ponto de corte.

---

[5] Kanitz estudou na mesma turma de Bill Gates na Universidade Harward e soube-se que o norte-americano não concluiu o curso!

4. Analisar o grau de precisão do modelo.
5. Construir o termômetro de insolvência.

Para ilustrar esses passos, criou-se um caso simplificado para fins didáticos, a partir de uma amostra de apenas 20 empresas, sendo 10 empresas consideradas solventes e 10 insolventes. As empresas solventes foram escolhidas pelo consenso geral (sem nenhum outro método sofisticado) e as insolventes com base em empresas que já haviam falido. Para cada uma dessas empresas, selecionaram-se inicialmente dezenas de indicadores, mas, após uma simples análise de correlação entre eles, e também com base na experiência do autor, eliminaram-se aqueles com forte correlação positiva e restaram três indicadores significativos para o modelo a ser criado (Ind-1, Ind-2 e Ind-3).[6]

1º Passo: Obter os dados e montar o problema

Com base nos dados iniciais, montou-se o problema atribuindo-se números 2 e 1, respectivamente, para as denominações de empresas "solvente" e "insolvente", de modo a possibilitar o processamento dos cálculos (Tabela 3.1).[7]

2º Passo: Efetuar o cálculo de regressão linear e definir a equação discriminante

Na planilha de dados do Excel, pode-se calcular a regressão linear com base na função de Regressão. Caso essa função não esteja habilitada, pode-se fazê-lo clicando na guia "Arquivo", em "Opções", em "Suplementos" e escolhendo a opção "Ferramentas de Análise" (Tabela 3.2).

Após avaliar a qualidade da função discriminante (R quadrado = 0,69), pode-se escrever a equação da reta[8] com base nos coeficientes obtidos, a saber:

$$Y = 0,16619 - 0,036449(\mathbf{Ind\text{-}1}) + 8,859217(\mathbf{Ind\text{-}2}) - 1,2005(\mathbf{Ind\text{-}3})$$

3º Passo: Construir uma coluna chamada "Escore Discriminante" e calcular o ponto de corte

A coluna Escore Discriminante (Tabela 3.3) é a própria equação da reta aplicada para cada uma das empresas e com base em seus respectivos índices. Para apurar-se o ponto de corte, primeiro calcula-se a média do escore das empresas solventes (2) e das insolventes (1) e, em seguida, o ponto de corte[9] é obtido pela média das duas médias, que é igual a **1,5**. Para que serve o ponto de corte? A resposta é óbvia: para separar as classificações entre solventes (acima) e insolventes (abaixo) dele.

4º Passo: Analisar o grau de precisão do modelo

Note que, das 20 empresas, duas delas foram classificadas pelo modelo de forma divergente da classificação original: a **empresa 4** era classificada originalmente como solvente, mas o modelo classificou abaixo do ponto de corte; e a **empresa 20** originalmente era classificada como insolvente, mas o modelo classificou acima do ponto de corte (Tabela 3.4).

Portanto, mesmo "raspando" o ponto de corte, os 18 acertos correspondem a um grau de precisão de 90%, validando o modelo. E, caso o grau de precisão fosse muito baixo, teríamos que recomeçar desde o passo 1; igualmente se o R2 fosse insignificante.

5º Passo: Construir o termômetro de insolvência

A exemplo do modelo de Kanitz, pode-se construir o seu termômetro calculando-se o desvio-padrão e as médias dos escores discriminantes de cada grupo e, em seguida, desenhar os intervalos nas curvas normais, considerando-se a dispersão de um desvio-padrão para cada um dos grupos de empresas. Note que há um intervalo (1,41 a 1,65) que é comum aos dois grupos e que Kanitz denominou de "penumbra". O intervalo acima de 1,65 identifica as empresas "solventes" e abaixo de 1,41 as empresas "insolventes" (Gráfico 3.1).

---

[6] A título de curiosidade, estamos concluindo um modelo para prever se um aluno vai ser aprovado ou não em nossas disciplinas. A amostra é composta por um grupo formado pelos melhores alunos que já tivemos e por outro grupo de alunos que foram reprovados. Os indicadores estão sendo definidos a partir do seguinte banco de dados: idade, sexo, altura, nota do Enem, cor dos olhos, média geral do ensino básico, quantidade de livros que já leu, profissão dos pais, teste de conceitos básicos, se já montou o cubo mágico, horas na internet, se namora, se é casado, se tem filho(s), se trabalha, se gosta de matemática, consumo da conta de luz etc. O que você sugere para nos ajudar? Responda para jrkassai@usp.br.

[7] Poder-se-iam atribuir quaisquer outros números; alguém sabe por que atribuímos 2 e 1 (e não 1 e 2)? Resposta: para que o termômetro não ficasse de "ponta-cabeça"!

[8] Então, como se pode ver, a formulação de Kanitz é uma equação ou função linear obtida, provavelmente, por meio de cálculos de regressão – lembrando que naquela época ainda não estavam disponíveis calculadoras, computadores nem planilhas de cálculos; comenta-se que os cálculos foram feitos por meio de cartões perfurados nos computadores da Poli-USP.

[9] Como se pode comprovar, o ponto de corte é exatamente a média entre os valores atribuídos para as empresas solventes (2) e insolventes (1). Há outras formas de refinar o ponto de corte, como cálculo das distâncias euclidianas, ponto de Mahalanobis etc., que empurrariam o ponto de corte um pouco para cima ou para baixo, mas não é nosso objetivo discuti-las neste momento.

Tabela 3.1 Dados iniciais: montando o problema

Empresa	Ind-1	Ind-2	Ind-3	Classificação	Classificação
1	8,1	0,13	0,64	Solvente	2
2	6,6	0,10	1,04	Solvente	2
3	5,8	0,11	0,66	Solvente	2
4	12,3	0,09	0,80	Solvente	2
5	4,5	0,11	0,69	Solvente	2
6	9,1	0,14	0,74	Solvente	2
7	1,1	0,12	0,63	Solvente	2
8	8,9	0,12	0,75	Solvente	2
9	0,7	0,16	0,56	Solvente	2
10	9,8	0,12	0,65	Solvente	2

Empresa	Ind-1	Ind-2	Ind-3	Classificação	Classificação
11	7,3	0,10	0,55	Insolvente	1
12	14,0	0,08	0,46	Insolvente	1
13	9,6	0,08	0,72	Insolvente	1
14	12,4	0,08	0,43	Insolvente	1
15	18,4	0,07	0,52	Insolvente	1
16	8,0	0,08	0,54	Insolvente	1
17	12,6	0,09	0,30	Insolvente	1
18	9,8	0,07	0,67	Insolvente	1
19	8,3	0,09	0,51	Insolvente	1
20	20,6	0,13	0,79	Insolvente	1

Tabela 3.2 Cálculo de regressão linear

Empresa	Ind-1	Ind-2	Ind-3	Classificação
1	8,1	0,13	0,64	2
2	6,6	0,10	1,04	2
3	5,8	0,11	0,66	2
4	12,3	0,09	0,80	2
5	4,5	0,11	0,69	2
6	9,1	0,14	0,74	2
7	1,1	0,12	0,63	2
8	8,9	0,12	0,75	2
9	0,7	0,16	0,56	2
10	9,8	0,12	0,65	2
11	7,3	0,10	0,55	1
12	14,0	0,08	0,46	1
13	9,6	0,08	0,72	1
14	12,4	0,08	0,43	1
15	18,4	0,07	0,52	1
16	8,0	0,08	0,54	1
17	12,6	0,09	0,30	1
18	9,8	0,07	0,67	1
19	8,3	0,09	0,51	1
20	20,6	0,13	0,79	1

RESUMO DOS RESULTADOS	
Estatística de regressão	
R múltiplo	0,8306772
R-Quadrado	**0,6900246**
R-quadrado ajustado	0,6319042
Erro-padrão	0,3112351
Observações	20

	Coeficientes	Erro-padrão	Stat t	valor-P	95% inferiores	95% superiores	Inferior 95,0%
Intersecção	0,16619	0,465	0,358	0,725	–0,819	1,151	–0,819
Ind-1	–0,036449	0,016	–2,278	0,037	–0,070	–0,003	–0,070
Ind-2	8,859217	3,239	2,735	0,015	1,992	15,726	1,992
Ind-3	1,2005	0,464	2,587	0,020	0,217	2,184	0,217

Tabela 3.3 Construção da coluna "Escore Discriminante"

Empresa	Ind-1	Ind-2	Ind-3	Classificação	Escore Discriminante
1	8,1	0,13	0,64	2	1,791
2	6,6	0,10	1,04	2	2,060
3	5,8	0,11	0,66	2	1,722
4	12,3	0,09	0,80	2	1,476
5	4,5	0,11	0,69	2	1,805
6	9,1	0,14	0,74	2	1,963
7	1,1	0,12	0,63	2	1,946
8	8,9	0,12	0,75	2	1,805
9	0,7	0,16	0,56	2	2,230
10	9,8	0,12	0,65	2	1,652
11	7,3	0,10	0,55	1	1,446
12	14,0	0,08	0,46	1	0,917
13	9,6	0,08	0,72	1	1,389
14	12,4	0,08	0,43	1	0,939
15	18,4	0,07	0,52	1	0,740
16	8,0	0,08	0,54	1	1,232
17	12,6	0,09	0,30	1	0,864
18	9,8	0,07	0,67	1	1,233
19	8,3	0,09	0,51	1	1,273
20	20,6	0,13	0,79	1	1,515
		Média (2)		1,845	
		Média (1)		1,155	
		Ponto de Corte		**1,500**	

Tabela 3.4 Análise do grau de precisão

Empresa	Ind-1	Ind-2	Ind-3	Classificação	Escore
1	8,1	0,13	0,64	2	1,791
2	6,6	0,10	1,04	2	2,060
3	5,8	0,11	0,66	2	1,722
4	12,3	0,09	0,80	2	**1,476**
5	4,5	0,11	0,69	2	1,805
6	9,1	0,14	0,74	2	1,963
7	1,1	0,12	0,63	2	1,946
8	8,9	0,12	0,75	2	1,805
9	0,7	0,16	0,56	2	2,230
10	9,8	0,12	0,65	2	1,652
11	7,3	0,10	0,55	1	1,446
12	14,0	0,08	0,46	1	0,917
13	9,6	0,08	0,72	1	1,389
14	12,4	0,08	0,43	1	0,939
15	18,4	0,07	0,52	1	0,740
16	8,0	0,08	0,54	1	1,232
17	12,6	0,09	0,30	1	0,864
18	9,8	0,07	0,67	1	1,233
19	8,3	0,09	0,51	1	1,273
20	20,6	0,13	0,79	1	**1,515**
		Grau de precisão = **90%**			

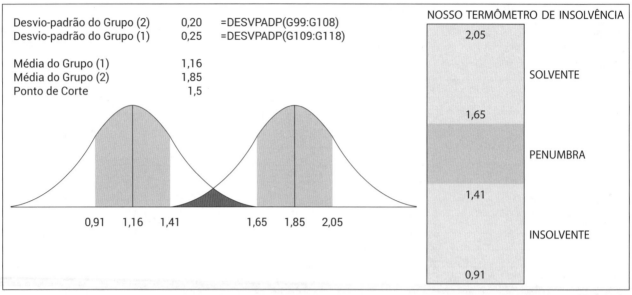

Gráfico 3.1 Construção do termômetro de insolvência

Saiba mais

Para saber mais sobre o assunto deste tópico, veja mais no vídeo "Gestão Financeira e de Riscos – Quadro clínico de análises de balanço e o termômetro de Kanitz", disponível no QR Code ao lado.
Fonte: https://www.youtube.com/watch?v=o8WmCVE6gmU&feature=youtu.be.
Acesso em: 25 jun. 2019.

3.4 Análises de retorno de investimento e valor

Como pudemos observar nos tópicos anteriores deste capítulo e com base na leitura das demonstrações contábeis da empresa brasileira (Petrobras) e da empresa norte-americana (Apple), o processo de análises de balanço é muito rico e extenso e, conforme Kassai (2001), pode ser classificado em três estágios:

- 1º estágio: Quadro clínico de análises de balanço
- 2º estágio: ?
- 3º estágio: Análises estruturadas (Kanitz)

O **primeiro estágio** de análises de balanço consiste na leitura atenta das demonstrações contábeis e no cálculo de dezenas de indicadores. Com base nas interpretações individuais de cada índice ou grupo de índices, comparativamente ao longo dos anos ou tendo como referência a média de mercado ou dos principais concorrentes, elabora-se o parecer final com a descrição da situação da empresa (boa, regular, ruim), identificando os principais pontos fortes e pontos fracos, bem como as recomendações de melhoria.

O **terceiro estágio** de análises de balanço corresponde a modelos estruturados com algoritmos matemáticos e com uso de processamento eletrônico de dados, a exemplo do Termômetro de Kanitz que foi um dos precursores no país (adotado há mais de 40 anos) e evidenciado no tópico anterior deste livro.

Pergunta-se:

- O primeiro estágio é mais "técnica" ou é mais "*feeling*"?
- E o terceiro estágio, é mais "técnica" ou mais "*feeling*"?

O **terceiro estágio** é fácil de se identificar como um processo que envolve praticamente só "técnica". É um modelo frio, objetivo e determinístico e que não necessita de discernimento humano; a única discordância se limita em não aceitar o modelo ou escolher um outro.

E o **primeiro estágio**, apesar de parecer inicialmente mais relacionado com "técnica", pois são muitos cálculos e formulações, na verdade é muito mais "*feeling*", pois na hora de se redigir o parecer final, de escrever o diagnóstico derradeiro, é o "coração" quem faz prevalecer a experiência e a intuição do analista.[10]

---

[10] Em nossos cursos de análises de balanço, mesmo para analistas experientes, é comum a confissão de que esse "monte" de indicadores, às vezes "mais atrapalha do que ajuda". Já ouvi confissões do tipo: "Eu utilizo apenas alguns desses índices e dou preferência para aqueles que batem com a minha opinião pré-formada!".

Apesar disso, esses indicadores na forma do quadro clínico têm uma importante finalidade: eles guiam e orientam a leitura das informações nos respectivos balanços; ao final do processo de cálculo de dezenas de indicadores, pode-se ainda não ter o diagnóstico definitivo da empresa, mas com certeza as informações dos balanços estarão armazenadas na cabeça do analista.

E o **segundo estágio**? Este é o mais importante estágio do processo de análises de balanço e, em nossa opinião, vai direto ao ponto principal, denominado **análises de retorno de investimento**, e que será abordado a seguir e por meio do Estudo de caso.

Este *case* da Cia. Arixandre[11] foi desenvolvido para refletir sobre os principais conceitos que envolvem o processo de análises de retorno de investimento. As simplificações adotadas permitirão discutir conceitos sofisticados inclusive junto aos leitores não especialistas. Observe o Quadro 3.5.

A Cia. Arixandre é uma empresa qualquer e o seu Balanço Patrimonial (BP) representa a sua situação patrimonial e financeira em determinada data. Os auditores já puderam notar que o total do Ativo é igual ao do Passivo (10.000), os analistas já perceberam que a empresa possui mais capital próprio (62%) do que de terceiros e os credores já calcularam o índice de Liquidez Corrente (1,75) e inferiram que a empresa não tem problemas financeiros.

E, assim por diante, o leitor poderia elaborar diversas análises nos moldes apresentados anteriormente neste livro. A prática pode ainda ser fortalecida com a leitura de outros demonstrativos contábeis, das notas explicativas e do relatório da administração e, caso o leitor tenha acesso físico à empresa, pode conhecer melhor as características do negócio, seus controles internos, maturidade dos produtos, carteira de clientes, suas políticas de governança, suas estratégias etc.

Agora vamos ler a DRE (Quadro 3.6). Partindo do montante do faturamento (8.684 milhões), deduzimos o custo das mercadorias ou produtos vendidos e obtemos o Lucro Bruto (43,6%). Após a dedução das despesas operacionais de vendas, administrativas, gerais, depreciações e despesas financeiras, obtemos o Lucro Operacional (1.944) de acordo com as regras societárias e, como não houve resultados não operacionais, esse subtotal é o mesmo do Lucro Antes do Imposto de Renda (1.944).

O Imposto de Renda[12] corresponde a 34% sobre o Lucro Antes do Imposto de Renda (661), resultando, na última linha, no Lucro Líquido (1.283), que indica

---

[11] O nome **Arixandre** é uma homenagem a dois amigos e professores do Departamento de Contabilidade e Atuária da FEA/USP (Ariovaldo + Alexandre) e é uma alusão a duas áreas distintas da contabilidade nas quais eles se destacam: uma delas se baseia fortemente em um conjunto de normas e princípios societários e a outra faz uso de maior grau de subjetividade nas avaliações de valor; as duas se complementam.

[12] Para simplificar o exemplo, consideramos que o lucro contábil é igual ao lucro tributário, sem nenhum ajuste fiscal, e a alíquota de 34% corresponde a 15% de Imposto de Renda (IRPJ) mais um adicional de 10%, acrescendo-se 9% de Contribuição Social sobre o Lucro (CSL).

Quadro 3.5 Balanço Patrimonial da Cia. Arixandre

BP da Cia. Arixandre

Ativo		Passivo	
Circulante		Circulante	
Disponível	900	Fornecedores	500
Duplicatas a Receber	2.100	Financiamentos	800
Estoques	1.500	Salários e Contribuições	600
Outros	400	Impostos	700
		Dividendos	200
Não Circulante		Não Circulante	
Exigível a Longo Prazo (ELP)	100	Financiamentos (ELP)	1.000
Imobilizado	5.000		
		Patrimônio Líquido	6.200
Total...	10.000	Total...	10.000

Quadro 3.6 Demonstração do Resultado do Exercício da Cia. Arixandre

DRE da Cia. Arixandre

Receita de Vendas	8.684	100%
(–) Custo das Vendas	(4.900)	–56,4%
Lucro Bruto (LB)	3.784	43,6%
(–) Despesas com Vendas	(750)	–8,6%
(–) Despesas Administrativas e gerais	(600)	–6,9%
(–) Depreciações e amortizações	(250)	–2,9%
(–) Despesas Financeiras	(240)	–2,8%
Lucro Operacional	1.944	22,4%
( ) Resultado não operacional	–	0%
Lucro antes do IR (LAIR)	1.944	22,4%
(–) Imposto de Renda e Contrib. Social	(661)	–7,6%
Lucro Líquido (LL)	1.283	14,8%

uma margem de lucro sobre vendas (14,8%) bastante significativa.

Os leitores que estão se aprimorando nos conhecimentos básicos de contabilidade já puderam notar a ligação das principais contas da DRE com as contas correspondentes no BP: receita de vendas (com as duplicatas a receber), custo das vendas (com os estoques), despesas (com os fornecedores ou disponíveis), depreciações e amortizações (com o imobilizado), despesas financeiras (com os financiamentos de curto e de longo prazo) e a despesa com Imposto de Renda (com os impostos a pagar); e o excedente das receitas em relação às despesas representa o lucro do período que vai agregar o Patrimônio Líquido ou ser destinado à distribuição de dividendos. É isso que estabelece o princípio de equilíbrio das origens e aplicações, dos débitos e créditos, relatado por Luca Pacioli.

3.4.1 Distorções no montante dos investimentos × Ativo Operacional

Para iniciarmos as análises de retorno de investimentos, é necessário ajustarmos as demonstrações contábeis para esse fim. Começaremos pelo Balanço Patrimonial, pois o seu total de Ativos **não** representa necessariamente o montante correto de investimentos. Vejamos o porquê e as causas dessa distorção.

Vamos supor que um investidor tenha elaborado um projeto de viabilidade econômica e, após os cálculos da Taxa Interna de Retorno (TIR), do Valor Presente Líquido (VPL) e do período de recuperação (*payback*), concluiu que o seu investimento no montante de 1.000 é viável. Resolve, então, implementá-lo.

Qual seria o primeiro suposto lançamento contábil desse empreendimento?

Quadro 3.7 BP-1

Ativo		Passivo	
Caixa............	1.000		
		Capital............	1.000

O Quadro 3.7 evidencia o primeiro Balanço Patrimonial (BP-1) desse empreendimento, com total do Ativo igual ao do Passivo e correspondendo ao montante do investimento inicial (1.000).

Quadro 3.8 BP-2

Ativo		Passivo	
Caixa...............	800		
Estoque..........	200		
		Capital............	1.000

Suponhamos agora, com o início das operações, a realização de uma transação de compra de ESTOQUES no valor de 200, com pagamento à vista. Assim, o segundo Balanço (Quadro 3.8) mostra que o montante do Ativo (800 + 200) continua correspondendo ao montante correto do investimento inicial (1.000) e do lado do Passivo.

Quadro 3.9 BP-3

Ativo		Passivo	
Caixa...............	800	Fornec.............	100
Estoque..........	200		
Estoque..........	100	Capital............	1.000

Todavia, suponhamos uma nova compra de ESTOQUE no valor de 100, mas com **pagamento a prazo**. Veja que, no terceiro Balanço (Quadro 3.9), o total do Ativo (800 + 200 + 100) bate com o total do Passivo (1.000 + 100), mas está divergente do montante correto dos investimentos (1.000). O que houve, então?

Um investidor ou um empreendedor leigo em contabilidade, ao presenciar essa situação, começaria a desconfiar dos relatórios contábeis como *feedback* de seus empreendimentos, pois o contador lhe apresentara um novo relatório informando que o seu investimento inicial de 1.000 agora representava 1.100 e é provável que, a partir de então, passasse a enxergar a contabilidade como uma mera obrigação fiscal e distante da realidade de seus negócios.

Então, por que o total do Ativo de uma empresa não corresponde necessariamente ao montante correto de investimento? A resposta é que, além das diferenças intertemporais, há dois tipos de lançamentos contábeis: permutativos e modificativos.

A compra de estoque a prazo, por exemplo, é um tipo de lançamento em que somente há permutações do valor de um lado para o outro e, se a segunda compra de estoques permanecesse à vista, não haveria essa distorção. Os lançamentos modificativos ocorrem quando há variação na riqueza da empresa ou em seu Patrimônio Líquido.

Resumindo, **nunca** podemos adotar o total do Ativo de uma empresa como o montante correto de investimento daquele empreendimento.[13] Elencamos algumas distorções como, por exemplo, lançamentos permutativos que aumentam matematicamente o total nos dois lados do Balanço, lucros acumulados que ainda não foram distribuídos ou pagos como dividendos, depreciações acumuladas que já foram deduzidas do lucro ou do Patrimônio Líquido, mas continuam em algum item do Ativo. Além disso, não podemos nos esquecer de que a legislação brasileira aboliu o reconhecimento contábil da inflação nos balanços a partir de 31/12/1995 e não admite a reavaliação de ativos dos Ativos não monetários como, por exemplo, imóveis e estoques. Até mesmo com o *deemed cost* e o *impairment*, e outras normas internacionais de contabilidade (IFRS), ainda não foi possível corrigir essas distorções.

Assim, vamos mostrar as orientações de como realizar a reclassificação do Balanço Patrimonial da Cia. Arixandre, a saber.

3.4.2 Reclassificação do Balanço Patrimonial

O Balanço Patrimonial (BP) reclassificado pode ser estruturado em três partes, o lado esquerdo representado pelo montante dos "investimentos" ou do Ativo Operacional e o lado direito representado pelas duas formas de se financiar esse investimento, o Capital de Terceiros (CT) e o Capital Próprio (CP), como se pode ver no Quadro 3.10.

- **Capital de Terceiros (CT)**: considera somente os Passivos "onerosos", isto é, aqueles que representam empréstimos e financiamentos (juros), e exclui os Passivos "não onerosos", como fornecedores, salários e contribuições, impostos e dividendos a pagar. Neste caso, o Capital de Terceiros é representado pelos financiamentos de curto e de longo prazo (800 + 1.000).

- **Capital Próprio (CP)**: é representado pelo total do Patrimônio Líquido (6.200), incluindo não apenas o capital social subscrito e realizado, mas também as outras contas de reservas.

- **Investimentos**: ou Ativo Operacional, pode ser apurado de duas formas, pela somatória do CT + CP (1.800 + 6.200) ou excluindo-se do total do Ativo o montante dos Passivos não onerosos (10.000 − 500 − 600 − 700 − 200 = 8.000).

Portanto, o Balanço Patrimonial reclassificado tem por finalidade apurar o montante considerado correto de investimentos, sem as distorções implícitas no total do Ativo das demonstrações contábeis. Recomenda-se adotar os saldos iniciais ou do exercício anterior, pois, desta forma, os cálculos preservam os princípios do valor do dinheiro no tempo e, no caso de itens não monetários, se os valores estiverem muito desatualizados, é interessante corrigir monetariamente por um índice de inflação e, eventualmente, adotar os valores de mercado ou de reposição.

Quadro 3.10 BP reclassificado			
BP da Cia. Arixandre			
Ativo		**Passivo**	
Circulante		Circulante	
Disponível	900	Fornecedores	500
Duplicatas a Receber	2.100	Financiamentos	800
Estoques	1.500	Salários e Contribuições	600
Outros	400	Impostos	700
		Dividendos	200
Não Circulante		Não Circulante	
Exigível a Longo Prazo (ELP)	100	Financiamentos (ELP)	1.000
Imobilizado	5.000		
		Patrimônio Líquido	6.200
Total...	10.000	Total...	10.000

BP da Cia. Arixandre	
reclassificado	
Investimentos 8.000	**CT** 1.800
	CP 6.200

---
[13] Motivo pelo qual iremos recomendar que não mais se utilize o índice *Return on Assets* (ROA) como medida de retorno de investimento, que deve ser substituído pelo genuíno *Return on Investment* (ROI).

3.4.3 Reclassificação da Demonstração do Resultado do Exercício

A Demonstração do Resultado do Exercício (DRE) reclassificada pode ser estruturada com as nomenclaturas de origem financeira, conforme podemos ver no Quadro 3.11.

- **EBITDA**: o *Earning Before Interest, Taxes, Depreciation and Amortization*, ou lucro antes dos juros, impostos, depreciações e amortizações (LAJIDA), pode ser apurado partindo-se do Lucro Líquido mais os valores das despesas financeiras, dos impostos e das depreciações e amortizações (1.283 + 240 + 661 + 250 = 2.434).
- **EBIT**: o *Earning Before Interest and Taxes*, ou Lucro Antes dos Juros e do Imposto de Renda e Contribuição Social sobre o Lucro (LAJIR) correspondente ao EBITDA apurado anteriormente, excluindo-se o valor das depreciações e amortizações (2.434 − 250 = 2.184).
- **IR sobre EBIT**: corresponde à alíquota de Imposto de Renda sobre o montante do EBIT (34% × 2.184 = 742,6).
- **NOPLAT**: o *Net Operating Profit Less Adjusted Taxes*, ou Lucro Líquido operacional menos os impostos ajustados, corresponde ao montante do EBIT menos o valor de Imposto de Renda que seria devido pela empresa sem considerar as despesas financeiras (2.184 − 742,6 = 1.441,6).
- **Benefício Fiscal de IR**: corresponde à alíquota de Imposto de Renda sobre o montante das despesas financeiras (34% × 240 = 81,6) e é positivo por se tratar de um benefício fiscal decorrente da dedutibilidade das despesas financeiras; ao contrário dos dividendos que não podem ser deduzidos pelas empresas.[14] Note que a somatória das duas parcelas de IR corresponde ao EBIT (− 742,6) e o benefício fiscal de IR (+ 81,6) é exatamente igual ao montante devido de IR pela Cia. Arixandre (661).
- **Lucro Líquido (LL)**: é o mesmo valor do LL constante da DRE tradicional e corresponde à somatória do NOPLAT menos as despesas financeiras menos o benefício fiscal de Imposto de Renda (1.441,4 − 240 + 81,6 = 1.283).

O que é e para que serve o EBTIDA? Em algumas literaturas, há a menção de que ele representa duas medidas de despenho de uma empresa: a geração de caixa e o resultado operacional. Discordamos, pois, apesar de serem medidas aproximadas, não representam adequadamente nem a geração caixa nem o Lucro Operacional e há outras medidas tão simples e mais corretas, como o *free operating cash flow*, a geração de caixa obtida na Demonstração de Fluxo de Caixa (DFC) e o conceito do genuíno lucro operacional (NOPLAT), que veremos a seguir.

Não obstante, procuramos entender o porquê de esta medida ser tão popular, mesmo com erros conceituais, e identificamos um argumento: pode ser utilizada como uma medida "globalizada" de comparação de desempenho de empresas de países diferentes, pois ela ajusta as variáveis macroeconômicas, como taxa de juros, alíquota de Imposto de Renda e taxas de depreciação (no caso de um país não adotar as normas internacionais ou IFRS). Ou ainda, uma possibilidade mais remota, as empresas utilizam essa medida para esconder prejuízos, pois com as adições das depreciações, despesas financeiras e Imposto de Renda, há mais chances de apresentar resultados positivos.

Quadro 3.11 DRE reclassificada

DRE da Cia. Arixandre	
Receita de Vendas	8.684
(−) Custo das Vendas	(4.900)
Lucro Bruto (LB)	**3.784**
(−) Despesas com Vendas	(750)
(−) Despesas Administrativas e gerais	(600)
(−) Depreciações e amortizações	(250)
(−) Despesas Financeiras	(240)
Lucro Operacional	**1.944**
( ) Resultado não operacional	−
Lucro antes do IR (LAIR)	**1.944**
(−) Imposto de Renda e Contrib. Social	(661)
Lucro Líquido (LL)	**1.283**

DRE da Cia. Arixandre	
reclassificada	
EBITDA	**2.434**
(−) Depreciações	(250)
EBIT	**2.184**
(−) Imposto de Renda 34%	(742,6)
NOPLAT (LO)	**1.441,4**
(−) Desp. Financeiras	(240)
(+) Benefício Fiscal IR	81,6
LL	**1.283**

---

[14] Exceção feita ao Juro Sobre o Capital Próprio (JSCP), que a legislação brasileira considera como despesa dedutível.

O EBIT ainda não é o resultado operacional mais adequado, mas mesmo assim é superior ao EBITDA para uma eventual avaliação de desempenho operacional, pois ele considera a depreciação e garante a renovação dos imobilizados.

O NOPLAT (ou NOPAT), ao nosso ver, representa o conceito genuíno de lucro operacional. Note que é diferente do conceito de lucro operacional de acordo com a DRE tradicional, apurada de acordo com as regras societárias.

Como vimos, as duas parcelas de IR na DRE reclassificada, correspondentes às parcelas sobre o EBIT (742,6) e o Benefício Fiscal sobre as despesas financeiras (81,6), resultam no valor devido a ser recolhido pela empresa (742,6 – 81,6 = 661). A parcela sobre o EBIT representa o montante de IR que seria devido pela empresa, caso ela não financiasse os seus investimentos com recursos de terceiros (CT); e a parte inerente aos benefícios fiscais representa justamente o benefício obtido pela dedutibilidade fiscal das despesas financeiras. Caso a empresa financiasse com recursos próprios, não teria esse benefício sobre os dividendos aos acionistas.

O que é melhor para uma empresa: financiar os seus investimentos com capital próprio ou de terceiros? Obviamente, as políticas de distribuição de dividendos envolvem outros aspectos, mas, restringindo-se somente neste aspecto das regras de dedutibilidade do IR, seria mais lógico financiar os investimentos de uma empresa com maior parcela de Capital de Terceiros (CT), pois gera-se uma economia de Imposto de Renda, o que não incide sobre o Capital Próprio (CP).

Assim, com base nessas duas demonstrações contábeis reclassificadas, iniciaremos o cálculo e a análise das principais medidas contábeis de retorno de investimento (Quadro 3.12).

3.4.4 Cálculo do Custo do Capital de Terceiros (Ki)

O Custo do Capital de Terceiros (Ki) representa a taxa média ponderada dos empréstimos e financiamentos obtidos pela empresa e pode ser calculado pela ponderação das respectivas taxas efetivas de cada contrato, após a redução dos benefícios fiscais de Imposto de Renda. No caso da Cia. Arixandre que, por simplificação, não teve acréscimo de novos contratos nem amortizações durante o ano, o cálculo pode ser realizado da seguinte forma:

$$Ki = \frac{240 - 81,6}{1.800} = 8,8\%$$

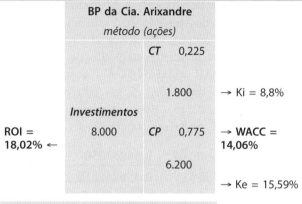

Quadro 3.12 Cálculo das principais medidas contábeis de retorno de investimento

Caso houvesse diversos contratos, poderia-se apurar a taxa bruta de cada um deles (240/1800 = 13,33%), excluir o benefício fiscal de Imposto de Renda de 34% (13,33% × 0,66 = 8,8%) e calcular a média ponderada.

3.4.5 Cálculo do Custo do Capital Próprio (Ke)

O Custo do Capital Próprio (Ke) representa a remuneração adequada do capital dos acionistas da empresa e, embora possa diferir da política de dividendos, deve considerar não apenas o custo de oportunidade pelas alternativas do mercado, mas também um adicional equivalente ao nível de risco da empresa. O ideal seria "negociar" diretamente com os acionistas esta taxa, nos mesmos moldes do capital de terceiros, mas como não é uma prática usual, pode-se recorrer a um dos modelos mais conhecidos e utilizados para esse fim, o *Capital Asset Pricing Model* (CAPM), discutido no Capítulo 2 deste livro.

- CAPM = Rf + β(Rm – Rf)

Onde: Rf = *Risk Free* ou Taxa Livre de Risco

β = índice beta

Rm = Taxa Média de Retorno do Mercado

No caso da Cia. Arixandre, os seus gestores informaram os seguintes dados para o cálculo do Custo do Capital Próprio: Taxa Livre de Risco (RF = 8%), Taxa de Retorno do Mercado (RM = 14%), covariância entre o comportamento das ações da Cia. Arixandre (Ra) em relação ao comportamento de carteira de mercado (COVAR = 0,569518367) e variância do comportamento das ações da carteira de mercado (VARP = 0,450240816). Assim, podemos calcular o índice beta da Cia. Arixandre com base na fórmula:

$$\beta = \frac{Covar(Rm;Ra)}{Var(Rm)} = \frac{0,569518367}{0,450240816} = 1,2649$$

Como o índice beta é maior do que a unidade (1,2649), o nível de risco da Cia. Arixandre é maior do que a média do mercado e, portanto, a remuneração mínima, justa e adequada aos seus acionistas deve ser também superior à do mercado e calculada com base no modelo CAPM a seguir:

**Ke = Rf + β(Rm − Rf) =
8% + 1,2649 (14% − 8%) = 15,59%**

Note que o Custo do Capital Próprio (Ke = 15,59%) é maior do que o Custo do Capital de Terceiros (CT = 8,8%) e segue a lógica implícita na teoria dos investidores, ou seja, teoricamente o investidor só escolheria determinado projeto se a taxa almejada de retorno fosse maior do que todas as outras alternativas. No Brasil essa ideia não é tão difundida, talvez em virtude do elevado custo de capital de terceiros, mas mesmo aqui é recomendado que o Ke seja maior do que o Ki.

3.4.6 Cálculo do Custo Médio Ponderado de Capital (WACC)

Para se calcular o Custo Médio Ponderado de Capital, ou *Weighted Average Cost of Capital* (WACC), ponderam-se os respectivos custos de capital em relação à proporção que cada um deles representa em relação ao montante de Investimentos.

$$\text{Participação do CT} = \frac{1.800}{8.000} = 0,225$$

$$\text{Participação do CP} = \frac{6.200}{8.000} = 0,775$$

Portanto, o custo de capital (WACC) da Cia. Arixandre é:

WACC = 0,225(8,8%) + 0,775(15,59%) = 14,06%

Este é um dos mais importantes indicadores na gestão empresarial e serve de referência no processo de tomadas de decisão, como a taxa mínima de atratividade ou de aceitação de qualquer projeto. Por exemplo, se um gestor apresenta um projeto de aquisição de uma nova máquina, ou do lançamento de um novo produto, ou abertura de uma filial etc. e a taxa interna desse projeto é 13% (TIR), em princípio não se deve aceitar este projeto, pois o seu retorno é menor do que o custo de capital mínimo exigido (14,06%) e, nesse caso, iria "destruir" o valor da companhia. E, para que uma empresa seja considerada viável economicamente, é necessário que a sua taxa de Retorno de Investimento, ou *Return on Investment* (ROI), seja maior ou igual ao seu Custo Médio Ponderado de Capital, ou simplesmente Custo de Capital (WACC).

Vamos calcular a Taxa de Retorno de Investimento (ROI) da Cia. Arixandre no tópico a seguir.

3.4.7 Cálculo do *Return on Investment* (ROI)

A Taxa de Retorno de Investimento genuína é determinada pelo *Return on Investment* (ROI), cuja formulação é a seguinte:

$$ROI = \frac{NOPLAT(LO)}{Investimentos} = \frac{1.441,4}{8.000} = \times 100 = 18,02\%$$

Note que o numerador desta equação é representado pelo genuíno lucro operacional (NOPLAT) e o denominador pelo montante correto do Ativo Operacional (investimentos); diferentemente da Taxa de Retorno sobre o Ativo (*Return on Assets*), que utiliza inadequadamente o lucro líquido e o total do ativo.

Então, a Cia. Arixandre é viável economicamente, pois apresenta uma Taxa de Retorno de Investimento (ROI = 18,02%) maior ou igual ao seu custo de capital (WACC = 14,06%), gerando um excedente ou *spread* positivo (3,96%).

3.4.8 Cálculo do *spread* ou *Residual ROI* (RROI)

O *spread* ou excedente da Taxa de Retorno de Investimento em relação ao custo de capital é também conhecido por *Residual Return on Investment* (RROI), ou *Residual ROI*, e é determinado pela seguinte formulação:

RROI = ROI − WACC = 18,02% −14,06% = 3,96%

Assim, uma Taxa de Retorno de Investimento (ROI) elevada nem sempre é sinal de que a empresa é viável economicamente, pois é necessário compará-la com a respectiva taxa do seu custo de capital (WACC) e o importante é que o RROI seja maior ou igual a zero, ou seja, positivo.

3.4.9 Cálculo do *Economic Value Added* (EVA)

A Cia. Arixandre é viável economicamente, como mostra o seu RROI maior do zero, e esta medida em valor relativo (%) tem o seu equivalente em valor absoluto denominado *Economic Value Added* (EVA), representando igualmente o valor residual ou o valor agregado da empresa naquele determinado período. Destacamos cinco formulações para se calcular o EVA, a saber:

a) Formulação do EVA pelo RROI:

EVA(1) = Investimentos × RROI
EVA(1) = 8.000 × 3,96% = 316,8

b) Formulação do EVA a partir do Lucro Líquido (lucro gasoso):[15]

EVA(2) = Lucro Líquido − Patrimônio Líquido (Ke)
EVA(2) = 1.283 − 6.200 × (15,59%) = 316,4

c) Formulação do EVA a partir do lucro operacional (NOPLAT) e WACC

EVA(3) = NOPLAT − Investimentos (WACC)
EVA(3) = 1.441,4 − 8.000 × (14,06%) = 316,4

d) Formulação do EVA a partir do lucro operacional (NOPLAT) e Ki e Ke

EVA(4) = NOPLAT − CT(Ki) − CP(Ke)
EVA(4) = 1.441,4 − 1.800(8,8%) − 6.200(15,59%)
      = 316,4

e) Formulação do EVA pelo RROE (*Residual Return on Equity*)

EVA(5) = CP × RROE
EVA(5) = CP × (RROE − Ke)
EVA(5) = CP × RROE

$$EVA(5) = CP \times \left(\frac{LL}{PL} - Ke \right)$$

$$EVA(5) = 6.200 \times \left(\frac{1.283}{6.200} - 15,59\% \right)$$

EVA(5) = 6.200 × (20,69% − 15,59%)
EVA(5) = 6.200 × 5,1% = 316,2

O *Residual Return on Equity* (RROE), ou *Residual ROE*, representa o *spread* do acionista e é apurado subtraindo-se do ROE (Lucro Líquido dividido pelo Patrimônio Líquido) o respectivo Custo do Capital Próprio (Ke). E, como vimos na quinta formulação, é uma alternativa para se calcular o *Economic Value Added* (EVA).

A Figura 3.1 evidencia as cinco formulações para se calcular o EVA[16] de uma empresa e, apesar da importância dessa explanação para facilitar a compreensão dos conceitos envolvidos, o leitor poderá utilizar qualquer uma delas. Veja que não há grandes dificuldades para se calcular o EVA; todas as formulações utilizaram apenas sete elementos que podem ser obtidos facilmente dos relatórios contábeis:

- **NOPLAT:** é o lucro operacional genuíno gerado pelos Ativos operacionais.
- **Investimentos:** é o montante correto dos Ativos operacionais.
- **Ki e Ke:** são, respectivamente, o Custo do Capital Próprio e de Terceiros e que compõem o custo do capital da empresa (WACC).
- **CT e CP:** são os recursos que financiam o montante dos investimentos da empresa de acordo com a estrutura de capital desejada com capitais próprio ou de terceiros.
- **Lucro Líquido:** é a última linha da Demonstração do Resultado do Exercício e que irá remunerar os acionistas e a empresa.

A única dificuldade que exige um pouco mais de atenção para se calcular o EVA é a identificação do Custo do Capital Próprio (Ke), ou mais especificamente do índice de risco (beta) do empreendimento, amplamente discutido no Capítulo 2 deste livro.

3.4.10 Cálculo do *Market Value Added* (MVA) ou *goodwill*

No tópico anterior, calculou-se o EVA (316,8) da Cia. Arixandre e pôde-se interpretá-lo como um lucro residual, um lucro econômico ou um "lucro gasoso".

---

[15] Vide Kassai (2004b). Esse artigo foi escrito em homenagem a um aluno engenheiro que fez a seguinte reflexão em uma aula de contabilidade: ao entender que o EVA pode ser obtido subtraindo a remuneração do capital próprio do Lucro Líquido, ele disse que o EVA era um Lucro Líquido mais líquido do que o próprio Lucro Líquido e que, portanto, seria um lucro "gasoso"!

[16] Com pequenas diferenças de arredondamento de cálculo.

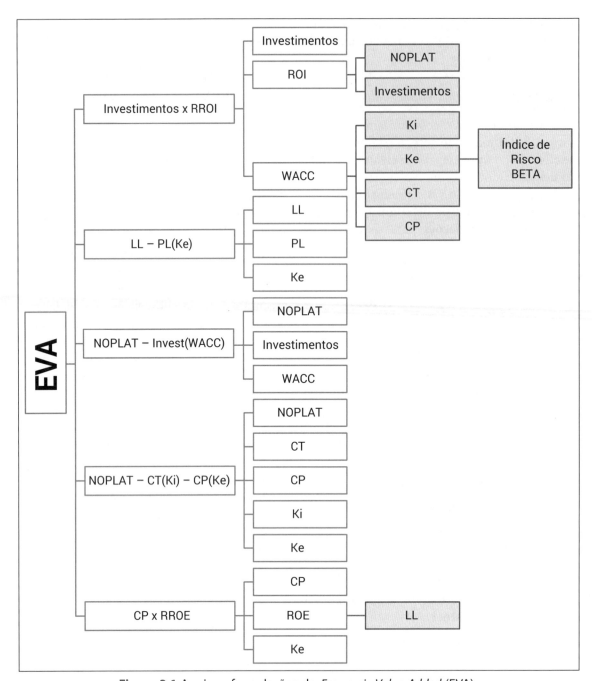

Figura 3.1 As cinco formulações do *Economic Value Added* (EVA)

Considerando-se que uma companhia possui potencial de geração de resultados futuros, pergunta-se: como avaliar o valor de uma empresa?

Há várias formas de se fazer o *valuation* de uma empresa, e um dos métodos mais conhecidos é o Fluxo de Caixa Descontado (FCD), pelo qual se procura calcular o valor presente ou *present value* (PV) dos fluxos de caixa futuros. Este método projeta na linha do tempo valores de fluxos de "caixa" gerados por determinada empresa ou projeto, mas também podem-se utilizar valores de fluxo de "lucros", desde que se tenha conhecimentos mínimos em contabilidade.

No caso da Cia. Arixandre, iremos considerar nos fluxos de caixa os valores correspondentes aos EVAs ou lucro econômico da empresa e, por questão de simplificação didática, consideramos que o EVA (316,8) gerado no exercício se repetirá indefinidamente, como se fosse um valor médio da companhia, conforme ilustrado no Gráfico 3.2.

Na prática, devemos projetar cada um dos fluxos futuros de acordo com os cenários estimados para o empreendimento, podendo ser dividido em um período previsível, geralmente entre 5 e 7 anos, e não previsível após isso. Para o período previsível

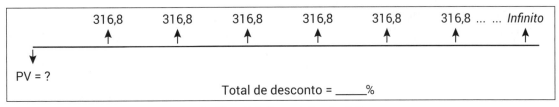

Gráfico 3.2 Repetição do EVA

utiliza-se maior rigor nas projeções e para o período não previsível podem-se utilizar valores médios ou fórmulas de perpetuidade.

Quanto à taxa de desconto, a literatura tem orientado a adoção do conceito de custo de oportunidade, expressão usada na economia para indicar o custo de algo em termos de oportunidade renunciada. Mas podemos melhorar esse conceito incluindo também um adicional para equilibrar o nível de risco do empreendimento e, nesse caso, estaríamos nos referindo ao Custo do Capital Próprio (Ke) demonstrado no caso da Cia. Arixandre. Mas se um empreendimento fosse financiado exclusivamente com Capitais de Terceiros (Ki) ou, ainda, com ambos os recursos, aí estaríamos falando sobre o custo médio de capital (WACC = 14,06%), que é a melhor referência para a taxa de desconto dos fluxos de caixa em uma avaliação de empresa.

O valor presente (PV) dos fluxos de caixa da Cia. Arixandre é determinado pela fórmula da tabela Price, implícita nas calculadoras financeiras e nas planilhas Excel, a saber:

$$PV = PMT \frac{(1+i)^n - 1}{(1+i)^n \cdot i}$$

Onde: PV = valor presente
PMT = valor dos fluxos de caixa intermediários
n = número de períodos
i = taxa de desconto

Quantos anos são necessários para se fazer uma boa avaliação de empresa? Vamos refletir empiricamente, supondo inicialmente 5, 10, 30, 50, 100 ou 500 anos.

$$PV(5 \text{ anos}) = 316,8 \frac{(1+0,1406)^5 - 1}{(1+0,1406)^5 \cdot 0,1406} = 1.086$$

$$PV(10 \text{ anos}) = 316,8 \frac{(1+0,1406)^{10} - 1}{(1+0,1406)^{10} \cdot 0,1406} = 1.649$$

$$PV(30 \text{ anos}) = 316,8 \frac{(1+0,1406)^{30} - 1}{(1+0,1406)^{30} \cdot 0,1406} = 2.210$$

$$PV(50 \text{ anos}) = 316,8 \frac{(1+0,1406)^{50} - 1}{(1+0,1406)^{50} \cdot 0,1406} = 2.250$$

$$PV(100 \text{ anos}) = 316,8 \frac{(1+0,1406)^{100} - 1}{(1+0,1406)^{100} \cdot 0,1406} = 2.253$$

$$PV(500 \text{ anos}) = 316,8 \frac{(1+0,1406)^{500} - 1}{(1+0,1406)^{500} \cdot 0,1406} = 2.253$$

Note que 5 anos não é suficiente para se fazer uma boa avaliação (1.086), pois aumentando-se para 10 anos aumenta-se mais da metade do valor (1.649); mas também não é necessário utilizar 50 ou mais anos, pois o valor presente aumenta muito pouco ou permanece estabilizado. Assim, mesmo sem ter conhecimentos de fórmulas de perpetuidade, visualmente pode-se perceber que em torno de 20 a 30 anos é possível fazer uma avaliação bastante razoável. Ou, então, utilizar a fórmula de perpetuidade, a saber:

$$PV = \frac{PMT}{i}$$

$$PV = \frac{316,8}{0,1406} = 2.253$$

E apurar o mesmo valor (2.253) calculado anteriormente pela fórmula Price.

A esse valor denomina-se *Market Value Added* (MVA = 2.253), ou valor de mercado agregado, que significa o valor presente dos EVAs futuros. Enquanto o EVA representa o valor econômico agregado no período passado, o MVA representa a soma de todos os EVAs futuros trazido a valor presente.[17] Esse é o

---

[17] Lembrando novamente que, para efeito de simplificação didática, consideramos um valor médio e igual do EVA ao longo do tempo; na prática, é necessário projetar os valores de cada período de acordo com os cenários adotados.

potencial de agregação de valor futuro da Cia. Arixandre, conhecido na literatura por *goodwill*.

3.4.11 Cálculo do valor da empresa (VE) ou *Market Value* (MV)

Com base nos cálculos anteriores, pergunta-se: quanto vale a Cia. Arixandre, ou qual é o valor da empresa ou *Market Value* (MV)?

Quadro 3.13 Cálculo do valor da empresa

BP da Cia. Arixandre reclassificado (FCD)

	CT	0,225	
		1.800	→ Ki = 8,8%
Investimentos			
ROI = 18,02% ←	8.000	CP 0,775	→ WACC = 14,06%
	MVA = 2.253	6.200	
	VE = 10.253		→ Ke = 15,59%

O valor da Cia. Arixandre é obtido somando-se o montante de seus investimentos (8.000) mais o valor presente dos fluxos de caixa futuros que, neste caso, foi mensurado com base no *Market Value Added* (MVA), a saber.

VE = Investimentos + MVA = 8.000 + 2.253 = 10.253

Como se observa, a Cia. Arixandre é uma empresa viável economicamente por um simples motivo: ela vale (10.253) mais do que custa (8.000). É uma empresa que agrega valor em suas operações, como mostrou o seu RROI positivo (3,96%) e a sua taxa de retorno (ROI = 18,02%) maior do que o seu custo de capital (WACC = 14,06%).

Para ilustrar essas análises, vejamos o Quadro 3.14 com as principais empresas norte-americanas (em 31/12/2000).

Veja os dados de duas empresas, a número um do *ranking* das empresas norte-americanas naquela época (Microsoft) e a 34ª (Ford):

Indicadores	Microsoft	Ford
Investimentos	20 bilhões US$	74,3 bilhões US$
ROI	51,78% ao ano	16,6% ao ano
WACC	12,62% ao ano	8,52% ao ano
RROI ou Spread	39,16% ao ano	8,08% ao ano
EVA	5,8 bilhões US$	5,4 bilhões US$
MVA	629,5 bilhões US$	63,8 bilhões US$
VE	649,5 bilhões US$	138,1 bilhões US$

Quem investiu mais recursos até hoje? Qual dessas empresas agrega mais valor econômico? Qual delas tem a maior taxa de risco? E quem vale mais no mercado? Qual é considerada empresa de nova economia ou de velha economia? E o Brasil, se parece mais com qual dessas empresas?

É notória a superioridade da Microsoft em relação à montadora de veículos em relação a esses indicadores de retorno de investimento e de valor.[18]

3.4.12 Cálculo do Índice de Especulação de Valor Agregado (IEVA)

No tópico anterior, o valor da empresa foi calculado com base no método do Fluxo de Caixa Descontado (FCD) e adotamos o valor presente dos EVAs futuros para o cálculo do *goodwill* ou *Market Value Added* (MVA-fcd). Mas há outras formas de *valuation* e uma delas tem como base o valor de mercado do Patrimônio Líquido avaliado pela cotação das ações da empresa, como veremos a seguir. Observe o Quadro 3.15.

Considerando-se que a Cia. Arixandre emitiu 6.200 ações e, portanto, o valor patrimonial de suas ações (VPA) é igual a 1,00 e a cotação atual de suas ações é igual a $ 1,20, como calcular o seu *Market Value* ou valor da empresa (VE)?

Começamos pela avaliação do Capital Próprio (CP), ou do Patrimônio Líquido, multiplicando a quantidade de ações (6.200) pelo valor da cotação (1,20), o que resulta no valor de 7.440. Como o Capital de Terceiros já está contabilizado pelo seu valor presente (1.800), o valor da empresa (VE) é obtido pela somatória dos dois capitais.

VE(Arixandre) = CP + CT
VE(Arixandre) = (6.200× 1,20) + 1.800 = 9.240

---

[18] Antes da adoção desses indicadores de retorno de investimento, a Ford e a GM se alternavam no topo da lista das mil melhores e maiores empresas dos EUA. Logo após a adoção desses indicadores de valor, as duas caíram respectivamente para último e penúltimo lugares, pois naquela época a análise das empresas era realizada com base em indicadores como: maior lucro, maior ativo, maior faturamento etc. (da mesma forma em que analisamos as empresas brasileiras hoje!).

Quadro 3.14 Ranking das empresas norte-americanas (2000)

Ranking	Empresa	Setor	Total Capital	ROI	WACC	EVA	MVA	Market Value	Q Tobin	IEVA
1º	Microsoft	Software	20.034	51,78%	12,62%	5.796	629.470	649.504	32,42	13,71
2º	General-Electric	Conglomerado	75.830	17,20%	12,47%	3.499	467.510	543.340	7,17	16,66
4º	Walmart Stores	Comércio	54.013	14,31%	10,99%	1.528	282.655	336.668	6,23	20,33
5º	Intel	Semicondutores	29.825	30,55%	12,19%	4.695	253.907	283.732	9,51	6,59
8º	Oracle	Software	5.413	24,59%	12,42%	605	154.263	159.676	29,50	31,67
9º	IBM	Computadores	66.827	13,33%	11,40%	1.349	154.219	221.046	3,31	13,03
13º	Coca-Cola	Bebidas	18.120	21,80%	12,31%	1.562	134.149	152.269	8,40	10,57
15º	Dell Computer	Computadores	7.302	46,33%	14,79%	1.330	132.609	139.911	19,16	14,75
16º	Yahoo!	Internet	8.847	-2,66%	15,99%	(862)	128.748	137.595	15,55	-23,88
24º	Johnson & Johnson	Saúde	29.570	16,24%	10,39%	1.555	107.564	137.134	4,64	7,19
34º	Ford Motor	Automóveis	74.333	16,60%	8,52%	5.418	63.793	138.126	1,86	1,00
43º	McDonald's	Restaurantes	24.484	10,23%	8,83%	329	46.213	70.697	2,89	12,40
47º	Walt Disney	Entretenimento	38.950	5,60%	9,28%	(1.383)	39.313	78.263	2,01	-2,64
64º	Philip Morris	Tabaco	46.430	21,73%	7,96%	6.454	30.337	76.767	1,65	0,37
67º	Amazon.com	Varejo	1.455	-80,35%	15,64%	(813)	29.514	30.969	21,28	-5,68
74º	Target	Varejo	12.747	12,33%	10,94%	171	26.064	38.811	3,04	16,67
86º	Bank of New York	Finança	7.594	18,26%	11,23%	535	22.014	29.608	3,90	4,62
95º	Dow Chemical	Química	22.220	8,94%	8,50%	97	18.891	41.111	1,85	16,55
153º	Caterpillar	Maquinaria	12.205	12,09%	9,36%	321	10.789	22.994	1,88	3,15
163º	Kellogg	Alimentos	4.657	13,75%	7,88%	279	10.295	14.952	3,21	2,91
173º	Nike	Vestuário	5.487	9,00%	10,07%	(59)	9.546	15.033	2,74	-16,29
185º	Harley-Davidson	Lazer	1.785	17,69%	11,62%	102	8.647	10.432	5,84	9,85
195º	Boeing	Aeroespacial	39.200	7,20%	9,29%	(830)	7.897	47.097	1,20	-0,88
201º	Avon Products	Cuidados pessoais	2.192	21,97%	12,77%	195	7.477	9.669	4,41	4,90
203º	Adobe Systems	Software	951	22,39%	12,55%	101	7.356	8.307	8,74	9,14
209º	New York Times	Editorial	3.135	11,20%	9,20%	62	7.156	10.291	3,28	10,62
322º	Hertz	Locação	9.195	6,83%	7,81%	(84)	3.644	12.839	1,40	-3,39
383º	Dollar Tree Stores	Varejo	721	17,13%	15,04%	13	2.693	3.414	4,74	31,16
847º	Valero Energy	Energia	2.099	1,89%	10,30%	(184)	–	2.099	1,00	0,00
849º	Great Atlantic & Pacific	Varejo de alimentos	3.823	7,21%	6,89%	12	(6)	3.817	1,00	-0,03
920º	Albertson's	Varejo de alimentos	22.722	11,20%	6,75%	637	(483)	22.239	0,98	-0,05
942º	Humana	Saúde	2.175	3,13%	11,20%	(176)	(759)	1.416	0,65	0,48
982º	Nabisco	Alimentos	11.207	1,98%	6,22%	(869)	(2.329)	8.878	0,79	0,17
997º	Bank One Corporation	Finança	45.561	8,47%	11,98%	(1.577)	(8.857)	36.704	0,81	0,67
1000º	Loews Corporation	Finança	19.948	-2,42%	9,50%	(2.546)	(13.607)	6.341	0,32	0,51

Bases de dados: *The 2000 Stern Stewart 1000*; Kassai (2001).

Quadro 3.15 Cálculo do IEVA

BP da Cia. Arixandre
reclassificado (ações)

Investimentos	CT
	1.800
8.000	CP
MVA 1.240 (2)	6.200 ações × 1,20
VE = 9.240	**= 7.440**

E o valor do *goodwill* ou *Market Value Added* com base no preço das ações (MVA-ações) pode ser calculado por diferença entre o valor da empresa e o custo de seus investimentos, a saber.

$$\text{MVA(ações)} = \text{VE} - \text{Investimentos}$$
$$\text{MVA(ações)} = 9.240 - 8.000 = 1.240$$

Qual desses valores é o correto: o da empresa avaliado pelo método do Fluxo de Caixa Descontado (10.253) ou o valor calculado com base na cotação das ações da Cia. Arixandre (9.140)?

Na verdade, eles se referem a métodos diferentes. Em países onde o volume de negociação das bolsas de valores é significativo e reflete a dinâmica dos mercados, o método preferido é o valor de mercado das ações da companhia. E, por sua vez, o método dos fluxos de caixa descontados representa as expectativas de seus gestores a longo prazo, que teoricamente deveriam ser iguais no longuíssimo prazo.

Partindo dessa premissa, podemos avaliar o Índice de Especulação de Valor Agregado (IEVA),[19] com base na seguinte formulação:

---
[19] Kassai (2001); Kassai (2002).

$$\text{IEVA} = \frac{\text{MVA(ações)}}{\text{MVA(fcd)}}$$

$$\text{IEVA} = \frac{1.240}{2.253} = 0,55$$

O numerador desse índice reflete as expectativas do mercado e de seus investidores e o denominador, por sua vez, reflete as projeções da empresa e de seus gestores. Quem está correto: mercado/investidores ou empresa/gestores? Em princípio, o mercado é sempre correto, pois reflete as leis da procura e de oferta. Entretanto, esse mesmo mercado pode estar equivocado em suas expectativas de valor ou de especulação.

Podemos avaliar o IEVA (0,55) da Cia. Arixandre da seguinte forma: se houvesse um equilíbrio entre as expectativas do mercado e a empresa, ou dos investidores com os gestores, o resultado do IEVA deveria ser próximo à unidade (1,00). Assim, podemos interpretar esse índice da seguinte forma:

- **IEVA > 1**: o preço das ações está superavaliado.
- **IEVA = 1**: o preço das ações está em equilíbrio com as expectativas da empresa.
- **IEVA < 1**: o preço das ações está subavaliado.

No caso da Cia. Arixandre, com um IEVA menor do que um (0,55), podemos inferir que o preço de suas ações está subavaliado e, com base neste modelo, calcular a cotação provável da seguinte forma:[20]

$$\text{Cotação Provável (ação)} = \frac{\text{Valor da Empresa (fdc)} - \text{CT}}{\text{Número de ações}}$$

---
[20] O cálculo da cotação provável baseia-se na premissa de que, em condições de equilíbrio, o IEVA = 1,00 e, em seguida, fazemos os cálculos reversos.

Quadro 3.16 Método FDC × ações

BP da Cia. Arixandre
método (FCD)

Investimentos	CT
	1.800
8.000	CP
MVA(fcd) 2.253	6.200
VE = 10.253	

BP da Cia. Arixandre
método (ações)

Investimentos	CT
	1.800
8.000	CP
MVA(ações) 1.240	6200 ações × 1,20
VE = 9.240	**= 7.440**

$$\text{Cotação Provável}(\text{acao}) = \frac{10.253 - 1.800}{6.200 \text{ ações}} = 1,36$$

Além do nível de especulação, podemos interpretar o IEVA com base no gráfico cartesiano da Figura 3.2, com as medidas de lucros (EVA) no eixo X e o comportamento do preço das ações (MVA-ações) no eixo Y.

- **1º Quadrante**: este é o quadrante "ideal" para uma empresa, onde ela está em uma situação de lucro (+) e o preço de suas ações estão subindo (+).
- **2º Quadrante**: neste quadrante, as empresas estão com prejuízos (−), mas o preço de suas ações continua subindo (+); é o caso de empresas que, apesar de não apresentarem lucros, têm fortes expectativas alimentadas pelo mercado em relação ao futuro.
- **3º Quadrante**: este é o quadrante "crítico", pois a empresa apresenta prejuízo (−) e o preço das ações está caindo (−).
- **4º Quadrante**: neste quadrante, apesar de as empresas apresentarem lucros (+), o preço das ações está caindo. Pode ser o caso de empresas que estavam no quadrante crítico e reverteram a situação, mas o mercado ainda não tem confiança; ou de empresas novas ou de novos produtos que o mercado ainda desconhece.

Kassai (2001) ilustrou esta situação em relação às empresas norte-americanas, conforme pode ser visto na Figura 3.3.

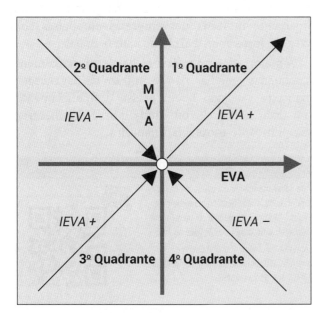

Figura 3.2 Interpretação dos quadrantes do IEVA

No primeiro quadrante estão as empresas que se encontram em situação confortável, com lucros em seus balanços e aumento do preço das ações no mercado (Microsoft, Dell, Walmart etc.).

No segundo quadrante estão as empresas do novo mercado, como, por exemplo a Amazon e a Yahoo!, a cujas ações o mercado atribui valor mesmo sem que elas tenham apresentado lucros em seus balanços contábeis.

No terceiro quadrante estão as empresas em situação crítica e no quarto quadrante, algumas empresas menos conhecidas.[21]

3.4.13 Cálculo da *Return on Equity* (ROE) e do Grau de Alavancagem Financeira (GAF)

Enquanto o *Return on Investment* (ROI) mede a taxa de retorno operacional genuína da empresa, há um outro índice que mede a taxa do retorno do acionista, denominada *Return on Equity* (ROE), que é determinado pela seguinte fórmula:

$$\text{ROE} = \frac{\text{Lucro Líquido}}{\text{Patrimônio Líquido}} \quad \text{ou} \quad \frac{\text{LL}}{\text{PL}}$$

Vejamos o cálculo para a Cia. Arixandre e a sua interpretação em relação ao ROI (18,02%), a saber:

$$\text{ROE} = \frac{1.283}{6.200} = 20,69\%$$

Como se explica que o acionista obteve um ganho (ROE = 20,69%) superior à taxa de retorno da empresa (ROI = 18,02%)?

A explicação reside no fenômeno da alavancagem financeira, ou seja, quando a empresa consegue alavancar o ganho do acionista utilizando capitais de terceiros mais baratos do que o custo de seu capital próprio. Podemos calcular o GAF da seguinte forma:

$$\text{Grau de Alavancagem Financeira}(\text{GAF}) = \frac{\text{ROE}}{\text{ROI}}$$

$$\text{GAF} = \frac{\text{ROE}}{\text{ROI}} = \frac{20,69\%}{18,02\%} = 1,1482 \text{ vez}$$

---

[21] Há um outro indicador de múltiplo, denominado Q de Tobin, determinado pela razão entre o valor de mercado da empresa (CT + CP) e o custo de reposição do ativo de uma empresa. Difere do IEVA (ou Q de Kassai) por medir o potencial de valorização das ações de uma empresa em termos nominais, desconsiderando o nível de especulação. Mais informações, veja em Kassai (2002).

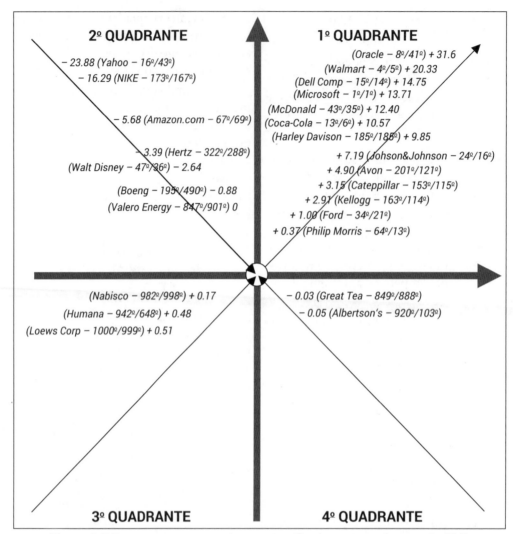

Figura 3.3 Empresas norte-americanas classificadas em quadrantes do IEVA

Se a Cia. Arixandre tivesse financiado 100% de seu investimento (8.000) utilizando apenas capital próprio, a Taxa de Retorno do Acionista (ROE) seria igual à taxa de retorno da empresa (ROI = 18,02%). Mas, como ela financiou parte (1.800 ou 22,5%) com capital de terceiros mais barato (Ki = 8,8%) do que o capital próprio (Ke = 15,59%), conseguiu alavancar o ganho do acionista em 0,1482 vez.

Como se observa na Figura 3.4, a Cia. Arixandre obteve o seu resultado operacional (ROI = 18,02%) oriundo dos esforços da margem operacional sobre as vendas (NOPLAT/Vendas = 16,6%) com o giro dos investimentos (vendas/investimentos = 1,0855 vez).

Adicionalmente, alavancou (GAF = 1,1482 vez) o resultado operacional utilizando capitais de terceiros mais baratos, resultando em um retorno final ao acionista (20,69%) maior. Isso é o que chamamos de estratégia financeira ou de alavancagem financeira, largamente utilizada por empresas em países com taxas de juros mais baixas do que o Brasil.

A maioria das empresas brasileiras, principalmente as pequenas e médias, não se utilizam da alavancagem financeira por não terem acesso a financiamentos com taxas acessíveis, ou, ainda, por desconhecerem essa prática de estratégia financeira.

> **Saiba mais**
>
> Para saber mais sobre o assunto deste tópico, veja mais no vídeo "Gestão Financeira e de Riscos – Análises de retorno de investimento e de valor", disponível no QR Code ao lado.
>
> Fonte: https://www.youtube.com/watch?v=w0nbm4CKeW0&feature=youtu.be. Acesso em: 25 jun. 2019.

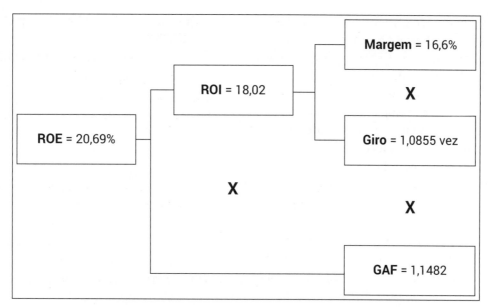

Figura 3.4 Estratégia de alavancagem financeira da Cia. Arixandre

Avaliação de aprendizagem

Para avaliar e aprimorar o conteúdo abordado neste capítulo, seguem algumas sugestões de atividades e questões:

1) O Brasil adotou integralmente as normas internacionais de contabilidade (2007-2010) e a sua contabilidade hoje pode ser considerada uma das mais modernas e seguras. Cite os dois principais relatórios contábeis obrigatórios, os dois novos relatórios exigidos e qual o relatório que foi abolido. Se você é desta área, explique quais as principais mudanças adotadas nesse novo padrão contábil.

2) Antes de visualizar novamente os Balanços Patrimoniais (BP) da Petrobras e da Apple (tópico 3.1.1), responda qual delas possui o MAIOR montante de:
   a. Dinheiro ( )
   b. Vendas a prazo ( )
   c. Estoques ( )
   d. Direitos a receber de longo prazo ( )
   e. Investimentos ou ações de outras empresas ( )
   f. Imobilizado e equipamentos ( )
   g. Bens intangíveis ( )
   h. Dívidas com fornecedores ( )
   i. Dívidas bancárias de curto prazo ( )
   j. Dívidas bancárias de longo prazo ( )
   k. Capital social integralizado pelos sócios ( )
   l. Reservas de Lucros ( )

3) Antes de visualizar novamente as demonstrações do resultado do exercício (DRE) da Petrobras e da Apple (tópico 3.1.2), responda qual delas apresenta o MAIOR percentual em relação ao montante das receitas de vendas (AV%) de:
   a. Custo das vendas ( )
   b. Lucro Bruto ou margem bruta das vendas ( )
   c. Despesas com vendas/adm. ( )
   d. Despesas com exploração, pesquisa e desenvolvimento ( )
   e. Despesas financeiras líquidas das receitas financeiras ( )
   f. Outras despesas ( )
   g. Lucro Antes do Imposto de Renda ( )
   h. Lucro Líquido ( )
   i. Qual delas tem maior quantidade de ações no mercado? ( )
   j. Qual delas possui o maior valor em bolsa = quantidade × cotação? ( )
   k. Qual delas possui o maior valor de Lucro por Ação (LPA)? ( )

4) Como você interpreta a situação financeira de uma empresa com base nos índices de liquidez? Dos quatro índices de liquidez, qual deles é o mais importante e qual a função dos outros na análise financeira? Com base no Quadro Clínico de Análises de Balanço (tópico 3.2), responda qual das empresas (Petrobras e Apple) apresenta melhor situação financeira e por quê.

5) Mesmo sabendo que existem outros indicadores melhores para avaliarmos a rentabilidade de uma empresa, não podemos desprezar a simplicidade e a facilidade de se calcular o *Return on Assets* (ROA). Com base no ROA, responda qual das empresas (Petrobras e Apple) apresenta a melhor situação econômica ou de rentabilidade e se esta qualidade se baseia mais fortemente na margem de lucro (M) ou no giro do ativo (G). E qual das empresas oferece o maior retorno aos acionistas?

6) Com base no Quadro Clínico de Análises de Balanço (tópico 3.2), diga qual das duas empresas (Petrobras e Apple) é a mais "endividada" e desenvolva seus argumentos com base nos índices de Capital de Terceiros (CT), Capital Próprio (CP), garantia do CP ao CT, Endividamento a Curto Prazo (ECP) e em valores absolutos de dívida.

7) Antes de visualizar novamente o Quadro Clínico de Análises de Balanço (tópico 3.2) e apesar de parecer óbvio que a empresa brasileira possui uma estrutura de imobilizado maior do que a empresa norte-americana, responda: os montantes de imobilizado da Petrobras e da Apple são financiados com mais capital próprio ou de terceiro? Quem possui imobilizados mais novos?

8) Antes de visualizar novamente o Quadro Clínico de Análises de Balanço (tópico 3.2), responda qual das empresas (Petrobras ou Apple) possui o maior prazo de ciclo operacional? Os seus ciclos de caixa são favoráveis ou desfavoráveis, ou seja, elas recebem antes de pagar ou pagam antes de receber?

9) Com base no Quadro Clínico de Análises de Balanço, responda qual das empresas (Petrobras ou Apple) encontra-se em uma situação MELHOR? Argumentação livre.

10) Qual das duas empresas (Petrobras ou Apple) é melhor com base no Índice de Kanitz, ou a que possui melhor risco de falência? O que está por trás desta formulação do Termômetro de Insolvência de Kanitz (tópico 3.3)?

11) Por que o "total do ativo" evidenciado no Balanço Patrimonial (BP) não representa o montante adequado de "investimentos" de uma empresa? Por que é necessário fazer ajustes no BP e como eles são feitos?

12) O que são EBITDA, EBIT e NOPLAT? Qual desses indicadores expressa melhor o resultado operacional de uma empresa e qual a finalidade do EBITDA?

13) Discorra sobre o uso do EBITDA como um indicador globalizado.

14) Há certa dificuldade em entender o ajuste do benefício fiscal de Imposto de Renda sobre o montante das despesas financeiras nas análises de retorno de investimento. Como você explicaria isto a um leigo no assunto? E, sem considerar outros aspectos, seria melhor financiar os investimentos de uma empresa com MAIS Capital Próprio (CP) ou Capital de Terceiros (CT)?

15) Como se calcula o Custo Médio Ponderado de Capital de uma empresa (WACC) e seus respectivos custos do capital de terceiros (Ki) e do capital próprio (Ke)?

16) Por que o índice *Return on Investment* (ROI) pode ser considerado como o genuíno resultado operacional de uma empresa e qual a diferença em relação ao *Residual Return on Investment* (RROI)?

17) Como você entendeu o significado do *Economic Value Added* (EVA) e quais as cinco formulações de cálculo? Em sua opinião, qual dessas formulações é mais fácil de ser adotada e qual a real dificuldade para o cálculo do EVA?

18) Qual a diferença entre os indicadores *Market Value Added* (MVA-fcd), calculado com base no valor presente dos EVAs futuros, e o *Market Value Added* (MVA-ações), calculado com base na cotação das ações de uma empresa?

19) Qual a relação entre MVA e *goodwill*?

20) O valor de uma empresa (ou *valuation*) pode ser calculado por diversos métodos, entre eles o método do Fluxo de Caixa Descontado (FCD). Qual a relação entre o valor da empresa (VE) calculado somando-se o montante de investimento com o MVA-fcd e com o MVA-ações?

21) O que é o Índice de Especulação de Valor Agregado (IEVA) e como se interpretam as situações nos quatro quadrantes de valor agregado?

22) Qual a diferença entre o *Return on Investment* (ROI) e o *Return on Equity* (ROE)? Relacione-os com o conceito do Grau de Alavancagem Financeira (GAF) e explique o que está por trás dos ganhos de alavancagem financeira.

23) Quando surgiu e quem inventou a formulação tradicional do Modelo DuPont? Explique a formulação alternativa deste modelo, destacando a

margem de lucro (M), o giro de investimento (G) e o Grau de Alavancagem Operacional (GAF).

24) Com base nos três estágios de análise de balanço, mencionados neste capítulo, elabore análises de balanço de outras empresas nacionais e internacionais.

25) Caso você pretenda abrir algum empreendimento, simule os principais relatórios contábeis dessa nova empresa, projete valores atuais e futuros, e realize as análises constantes neste capítulo.

26) Em sua opinião, qual a importância de conhecer os conceitos básicos sobre contabilidade e análises financeiras?

27) É possível elaborar balanços contábeis de países ou regiões? Sim e um dos modelos será abordado no Capítulo 7 deste livro, relativo ao modelo Balanço Contábil das Nações (BCN).

4

Medidas Financeiras de Análise de Projetos

As medidas financeiras utilizadas na análise de retorno de investimento de um determinado empreendimento são ferramentas essenciais no processo de tomada de decisões. Este capítulo tem por objetivo não apenas discutir as principais ferramentas de análise de projetos, mas também mostrar a sua relação com as medidas contábeis vistas no capítulo anterior.

A Taxa Interna de Retorno (TIR) é a medida correspondente ao *Return on Investment* (ROI), o Valor Presente Líquido (VPL) corresponde ao *Economic Value Added* (EVA) e a Taxa Mínima de Atratividade (TMA) é o próprio Custo Médio Ponderado de Capital (WACC).

Assim, pode-se recorrer às medidas financeiras de análises de projeto para escolher um bom empreendimento e, após a sua implantação, pode-se acompanhar o seu desempenho por meio dos relatórios contábeis. Ao final do capítulo, o leitor poderá responder a um questionário de avaliação e avaliar o seu aproveitamento.

4.1 Como elaborar um projeto de investimentos

Um projeto de investimentos pode contemplar diversas decisões, seja a aquisição de uma nova máquina, o lançamento de um novo produto ou até mesmo a decisão de se abrir uma empresa. A Figura 4.1 ilustra algumas questões que devem ser estudadas.

No caso de um estudo de abertura de nova empresa, o projeto contempla a análise de vários questionamentos, como a razão social, o nome fantasia, a duração e a missão da empresa.

A razão social é o nome oficial registrado no contrato ou estatuto social e nome fantasia, por exemplo **WALITA** (**Wa**ldemar e Mari**lita**), **SADIA** (**S.A.** Indústria de Alimentos da cidade de Concór**DIA**), caracteriza o "apelido" da empresa, que possui valor comercial.

A duração de uma empresa é possivelmente "infinita", mas sempre é oportuno refletir sobre esse que é um grande desafio e vai além da vida de seus fundadores e descendentes.

Outras questões são: qual o ramo de atividade ou os principais produtos, se o investimento vai ser financiado com capitais próprios ou de terceiros, qual vai ser a forma jurídica e o sistema de tributação mais adequado; e dentre outros, quais os principais pontos fortes e fracos, riscos e oportunidades.

Esses questionamentos são a base do *business plan* e podem ser complementados com a visão dos seis capitais (financeiro, manufaturado, intelectual, humano, social/relacionamento e natural ou ambiental) que fazem parte dos elementos de conteúdo do Relato Integrado ou *Integrated Reporting*. Veja a Figura 4.2.

A Figura 4.3, extraída do *framework* do Relato Integrado, ilustra o processo empresarial na visão dos seis capitais; no lado esquerdo entram os seis capitais como recursos, no centro há o processamento e pelo lado direito saem os produtos que podem ser desmembrados nesses mesmos seis capitais.

O modelo de negócio contempla os ambientes interno e externo, explicita a missão e visão da empresa integrada com o desenvolvimento sustentável, os riscos e oportunidades estão em consonância com as estratégias e alocação de recursos e as medidas de *performance* acompanham o planejamento futuro e de longo prazo.

Após a reflexão sobre esses questionamentos, são processadas as estimativas de custos e despesas, as

Vamos abrir uma Empresa?

Razão social: _____
Nome fantasia: _____
Duração: _____
Missão: _____

Ramo de atividade: _____
Capital Social: _____
Recurso de 3os: _____
Forma Jurídica: _____
Um ponto forte: _____
Um ponto fraco: _____

Estratégias orientadas para agregar valor ao longo do tempo?
Modelo de negócio alinhado com sustentabilidade?
Pretende abrir o capital?
Principais externalidades e postura da empresa?
Principais riscos e oportunidades?
Qual o principal dos seis capitais?
Capital Financeiro?
Capital Manufaturado?
Capital Intelectual?
Capital Humano?
Capital Social e de Relacionamento?
Capital Natural?

Figura 4.1 Decisões a tomar em um projeto de investimentos

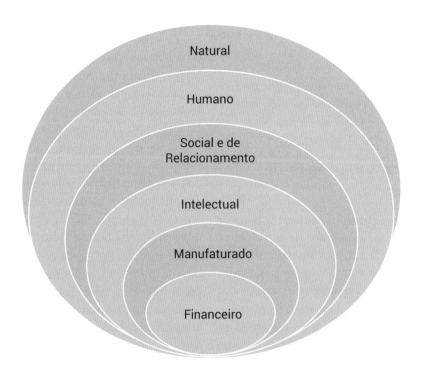

Figura 4.2 Os seis capitais que compõem o Relato Integrado

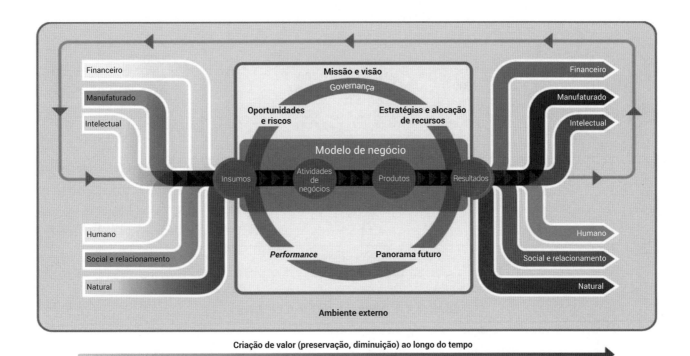

Figura 4.3 O processo empresarial sob o ponto de vista dos seis capitais

receitas e preços de vendas, impostos, capital de giro e capital fixo, políticas de compras, de estocagem e de vendas, depreciações, financiamentos e amortizações, além do montante dos investimentos necessários para a abertura desse novo empreendimento. Esses valores (apresentados no Quadro 4.1) irão compor o diagrama de fluxo de caixa (Gráfico 4.1), a partir do qual serão calculadas as principais medidas de análise de projetos, exemplificados a seguir.

Quadro 4.1 Composição dos valores para o fluxo de caixa

Nº	Investimento inicial	Receitas	Despesas	Outros	Fluxo de Caixa Líquido
0	(1.900)				(1.900)
1		1.500	(900)	(100)	500
2		1.600	(900)	(100)	600
3		1.700	(900)	(100)	700
4		1.800	(900)	(100)	800
5		1.900	(900)	(100)	900

4.2 Análise tradicional de viabilidade econômica de projetos

Para ilustrar os cálculos de viabilidade econômica de projetos, adotar-se-á o diagrama de fluxo exemplificado no tópico anterior que, em princípio, poderia representar desde a compra de uma geladeira até o projeto da própria empresa, conforme a Figura 4.4.

4.2.1 Diagrama de fluxo de caixa

O diagrama de fluxo de caixa segue os conceitos da matemática financeira: a linha horizontal representa o tempo, as setas para cima significam as entradas de recursos ou os fluxos de caixa positivos (+) e as setas para baixo sinalizam as saídas de recursos ou os fluxos de caixa negativos (–).

Se representasse a compra de uma geladeira, por exemplo, poderia ser interpretado da seguinte forma: o valor à vista hoje é 1.900 ou pode ser parcelado em cinco prestações sucessivas de 500, 600, 700, 800 e 900. Mas, no caso do projeto de constituição de uma empresa como um todo, o primeiro fluxo (1.900) pode ser interpretado como o montante de investimento (ou Ativo Operacional) e os fluxos positivos (500, 600, 700, 800, 900) representam os lucros ou respectivos fluxos de caixa que a empresa obtém ao longo desses anos.

A somatória dos fluxos positivos (500 + 600 + 700 + 800 + 900 = 3.500) é superior à somatória dos fluxos negativos (1.900), mas, como cada um desses valores está em moeda de poder aquisitivo de

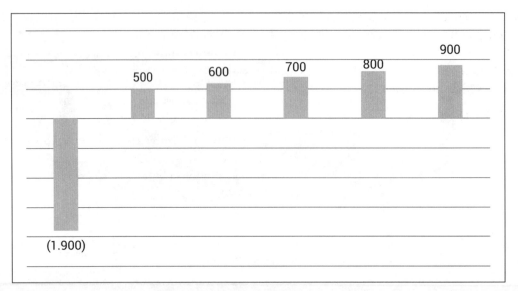

Gráfico 4.1 Diagrama de fluxo de caixa

tempo distinto, os princípios do valor do dinheiro no tempo não permitem que se analise a viabilidade desse projeto de forma aritmética; é necessário, antes, trazer todos esses valores para um mesmo momento de tempo, preferencialmente a valor presente ou *present value* (PV). Para isso, é necessário adotar uma taxa de desconto, denominada Taxa Mínima de Atratividade (TMA).

4.2.2 Taxa Mínima de Atratividade (TMA)

A Taxa Mínima de Atratividade (TMA) é uma taxa de juros que representa o retorno mínimo almejado por um investidor e envolve os conceitos de custo de oportunidade e risco do empreendimento; os mesmos conceitos implícitos no custo médio de capital (WACC), discutido amplamente no Capítulo 2.

Portanto, ao nosso ver, o Custo Médio Ponderado de Capital, ou *Weighted Average Cost of Capital* (WACC), ou, simplesmente, custo de capital, é a melhor referência como a taxa de desconto dos fluxos de caixa de um projeto, pois envolve os conceitos de custo de oportunidade, prêmio de risco do mercado, índice de risco do empreendimento, Custo do Capital de Terceiros e estrutura de financiamento do empreendimento.

Esta taxa de desconto (TMA) serve de referência para os dois principais métodos de análise de projetos: a Taxa Interna de Retorno (TIR) e o Valor Presente Líquido (VPL). Utilizaremos como exemplo uma TMA = 15% ao ano.

4.2.3 Taxa Interna de Retorno (TIR)

A Taxa Interna de Retorno (TIR), ou *Internal Rate of Return* (IRR), é a taxa efetiva de um projeto e pode ser calculada com base na projeção do investimento e respectivos fluxos de caixa explicitados no diagrama de fluxo de caixa do empreendimento.

Com base no diagrama de fluxos de caixa apresentado, a TIR é a taxa que desconta a valor presente todos os fluxos de caixa positivos e iguala aos fluxos de caixa negativos, a saber:

$$1.900 = 500(1+Tir)^1 + 600(1+Tir)^2 + 700(1+Tir)^3 + 800(1+Tir)^4 + 900(1+Tir)^5$$

O cálculo consiste em encontrar as raízes de um polinômio de enésima grandeza e, como se vê no exemplo, **não possui solução algébrica** e somente seria possível pelo método de "tentativa e erro", atribuindo-se taxas até que ambos os lados da equação

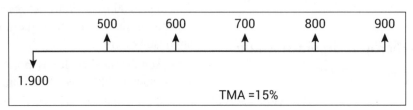

Figura 4.4 Diagrama de fluxo de caixa

se igualem. Ou então, utilizam-se as calculadoras financeiras ou planilhas eletrônicas que dispõem de recursos interativos de cálculo.

Na calculadora HP 12C, o cálculo da TIR pode ser resolvido da seguinte forma:

- 1.900 CHS g CFo
- 500 g CFj
- 600 g CFj
- 700 g CFj
- 800 g CFj
- 900 g CFj
- **f IRR = 21,84%**

Ao clicar-se nas teclas "f IRR", a calculadora informa o resultado (21,84%) após mais de dez segundos de processamento.[1] E pode-se conferir, inserindo o resultado na equação que representa o fluxo de caixa desse empreendimento.

$$1.900 = 500(1,2184)^1 + 600(1,2184)^2 + 700(1,2184)^3 + 800(1,2184)^4 + 900(1,2184)^5$$
$$1.900 = 411 + 404 + 387 + 363 + 335$$
$$1.900 = 1.900$$

De acordo com o método da Taxa Interna de Retorno (TIR), um projeto pode ser considerado viável economicamente quando **é maior ou igual** à Taxa Mínima de Atratividade (TMA). Portanto, o projeto pode ser considerado como viável economicamente, pois a TIR (21,84%) é maior do que a TMA (15%), gerando um *spread* (ou RROI) positivo.

4.2.4 Valor Presente Líquido (VPL)

O método do Valor Presente Líquido (VPL), assim como a TIR, baseia-se no Fluxo de Caixa Descontado e o seu cálculo representa o "valor líquido" ou "saldo" entre os fluxos positivos e negativos, mas descontados a **valor presente**. Para isso, é necessário informar uma taxa de desconto ou a própria taxa de custo de capital do empreendimento (WACC = 15%).

$$PV = 500(1,15)^1 + 600(1,15)^2 + 700(1,15)^3 + 800(1,15)^4 + 900(1,15)^5 - 1.900$$
$$PV = 434,78 + 453,69 + 460,26 + 457,40 + 447,46 - 1.900$$
$$PV = 2.253,59 - 1.900 = 353,59$$

De acordo com o método do VPL, um projeto pode ser considerado viável economicamente quando o resultado **é maior ou igual a zero**. Portanto, o projeto acima pode ser considerado viável economicamente, pois o VPL (353,59) é maior do que zero. A soma dos fluxos positivos ou de lucros (2.253,59) é superior ao montante dos investimentos (1.900) a valor presente, gerando um valor residual positivo (353,59).

O cálculo na HP 12C é muito simples e, se você não limpou as memórias,[2] pode fazê-lo da seguinte forma:

- Introduzir a taxa de desconto (15%) na tecla "i".
- Calcular o VPL teclando "**f NPV**" = **353,59**.[3]

O VPL possui a mesma essência do *Economic Value Added* (EVA) e do *Market Value Added* (MVA), vistos no capítulo anterior, pois representa o valor residual agregado após remunerar todo o investimento.

E se o VPL fosse exatamente igual a zero? Mesmo assim o empreendimento seria considerado viável, pois, diferentemente de lucro igual a zero, teriam sido pagos todos os custos e despesas, além do investimento inicial, e ainda o retorno mínimo exigido pelos investidores (15%) teria sido remunerado.

Para finalizar, a Taxa Interna de Retorno (TIR), vista anteriormente, é a taxa que faz com que o VPL seja igual a zero. Pode conferir!

4.2.5 Prazo de recuperação *payback*

O método *payback,* ou retorno, é utilizado para calcular o período de retorno de um investimento ou o momento em que o montante dos fluxos de caixa ou de lucros se iguala ao montante do investimento inicial. E pode ser calculado aritmeticamente da seguinte forma:

Investimento Inicial: (1.900)
(+) Fluxo ano 1:   500

---

[1] Pois até a HP 12C demora para processar cálculos interativos e sem soluções algébricas!

[2] Os números digitados anteriormente podem ser conferidos na HP 12C chamando as respectivas memórias teclando "RCL", a saber: RCL1 (– 1.900), RCL2 (500), RLC3 (600), e assim na ordem que preferir. Se limpou as memórias, terá que digitar novamente!

[3] A planilha Excel apresenta um erro no cálculo do VPL: ao invés de calculá-lo a valor presente, ela o faz no tempo "menos um". Para ajustar esse cálculo nos padrões das calculadoras financeiras, é muito simples: basta multiplicar o seu resultado (307,47) por 1 mais a TMA (1,15), obtendo-se o valor correto (353,59). Talvez a intenção do Excel fosse facilitar a interpretação da decisão de investimento, que ocorre antes do momento da implantação, mas em nossa opinião isso acabou por gerar mais confusão ou, então, muitos estão fazendo errado sem ainda terem percebido!

= Saldo a recuperar: (1.400)
(+) Fluxo ano 2: 600
= Saldo a recuperar (800)
(+) Fluxo ano 3: 700
= Saldo a recuperar: (100)
(+) Fluxo ano 4: 800

O investimento inicial (1.900) se igualou ao montante dos fluxos positivos ou de lucros no decorrer do início do ano 4, ou, mais precisamente, em 3,13 anos (3 anos mais 100/800 anos).

Segundo este método, o melhor projeto é o que apresenta o menor prazo de recuperação e, apesar de o modelo original não se basear em valores descontados, o *payback* é útil para escolher dentre dois ou mais projetos equivalentes.

As críticas que se faz a este método estão relacionadas ao fato de não se utilizarem fluxos de caixa descontados, e não se considerarem os fluxos de caixa após o período de recuperação. Para isso, há as versões de cálculo mais aprimoradas como "*payback* descontado", "*payback* total" e "*payback* TIR",[4] que, no caso da nossa empresa, resultam respectivamente em 4,27 anos, 4,22 anos e 3,51 anos.

Esses aprimoramentos de cálculo acabam tornando as medidas do *payback* próximas dos métodos principais (TIR e VPL), motivo pelo qual ainda preferimos utilizar o *payback* em sua fórmula original, mas não como método principal, e sim como um método complementar (ou medida de risco) de análise de investimento.

Se dois ou mais projetos estiverem "empatados" com TIR e VPL equivalentes, podemos priorizar aquele que apresenta o menor *payback*. Esse raciocínio é válido para evitar erros na interpretação de projetos, como, por exemplo, um restaurante ou o lançamento de uma nova revista que, se não "decolarem" logo de início, não adianta esperar dois ou mais anos, mesmo que os métodos TIR e VPL sinalizem altos níveis de retorno.

Assim, mesmo com a "imperfeição" de cálculo, o *payback* em sua formulação original torna-se uma medida qualitativa e contribui para diminuir o risco das decisões de investimento; quanto menor, melhor.

4.3 Análise avançada de viabilidade econômica de projetos

A bibliografia em geral tem tratado dos principais métodos de análise de viabilidade econômica de projetos (TIR e VPL) como se fossem temas distintos das respectivas medidas contábeis de retorno de investimentos (ROI e EVA), provavelmente por questão de simplificação ou pelo fato de que nem todos possuem conhecimentos mínimos dessas duas áreas afins (finanças e contabilidade).

Mas ressaltamos a importância dessa interdisciplinaridade que pode contribuir qualitativamente para o processo de tomadas de decisões e para evitar alguns erros muito comuns e que serão relatados a seguir.

4.3.1 Taxa Interna de Retorno Modificada (TIRM)

Objetivando elucidar essa interdisciplinaridade entre os conceitos mencionados, fazemos uma reflexão por meio do exemplo numérico de um projeto, representado pelo diagrama de fluxo de caixa da Cia. Majuclaisa[5] ilustrado na Figura 4.5.

Admitindo uma Taxa Mínima de Atratividade (TMA) de 15% como o custo de oportunidade desse investimento, os métodos tradicionais de avaliação econômica indicam a aceitação desse projeto: a TIR (20%) é superior à TMA e o VPL (62,38) é maior do que zero, como mostram os cálculos:

$$0 = \frac{-1000}{(1+20\%)^0} + \frac{700}{(1+20\%)^1} + \frac{600}{(1+20\%)^2}$$

$$\$62{,}38 = \frac{-1000}{(1+15\%)^0} + \frac{700}{(1+15\%)^1} + \frac{600}{(1+15\%)^2}$$

A TIR apurada de 20% representa a taxa de juros que torna o valor presente das entradas de caixa igual ao valor presente das saídas de caixa do projeto de investimento e, desta forma, é a taxa que faz com que o VPL do projeto seja igual a zero.

Por isso é denominada taxa "interna" de retorno, pois ela faz com que os valores caminhem internamente no período de tempo do diagrama de fluxo de caixa; se descontarmos os fluxos positivos pela própria TIR e trazermos a valor presente, o resultado será o valor

---

[4] Conforme Kassai (2005, p. 88-94), o *payback* descontado é calculado sobre os valores descontados a valor presente; o *payback* total é razão entre o valor presente dos investimentos e o valor presente dos fluxos positivos ou de lucros, multiplicado pelo número total de tempo do projeto; e o *payback* TIR é razão entre o logaritmo de 2 e o logaritmo de 1 mais a TIR do projeto. Lembrando que o mais importante na análise de investimento é escolher o método que julgar mais apropriado e manter-se consistente ao longo da comparação entre os projetos.

[5] Matheus, Julia, Clara, Luisa e Thiago, bisnetos da Voroka.

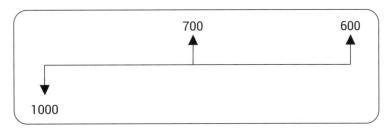

Figura 4.5 Diagramas de fluxo de caixa da Cia. Majuclaisa

do investimento ($700 \div 1{,}20^1 + 600 \div 1{,}20^2 = 1.000$); e se levarmos esse investimento para o valor futuro pela própria TIR ($1.000 \times 1{,}20^2 = 1.440$), obteremos o mesmo valor da soma dos valores futuros de cada um dos fluxos positivos ($700 \times 1{,}20^1 + 600 \times 1{,}20^0 = 1.440$).

Essa é a explicação matemática da TIR e apenas por isso não haveria nenhum questionamento. No entanto, quando analisamos a situação de um empreendimento, há um erro sutil que pode passar despercebido pelas melhores calculadoras ou pelos experientes analistas econômicos: a questão da **taxa de reinvestimento dos fluxos intermediários de caixa**. Veja o que já dizia o ex-ministro da fazenda Mário Henrique Simonsen na década de 1980:

Em um artigo publicado no jornal *Gazeta Mercantil*, o Professor Simonsen afirmou:

> *São quatro os erros mais comuns nos cálculos financeiros: não saber distinguir juros descontados de juros postecipados, usar juros simples quando se devem usar juros compostos, confundir juros nominais com juros reais e, o mais grave de todos e que resiste, inclusive, à habilidade das melhores calculadoras: respeitar a aritmética dos juros compostos, mas com a suposição adicional de que as taxas de juros se mantenham constantes no tempo.*[6]

No exemplo citado, as parcelas intermediárias de caixa (700 e 600) representam fluxos positivos de caixa ou, ainda, sobra de dinheiro. E, como acabamos de verificar, a TIR pressupõe que todos os valores intermediários de caixa são reinvestidos nela mesma. Assim, essa TIR (20%) somente seria verdadeira se a empresa conseguisse reinvestir (ou aplicar) regularmente essa sobra de caixa em uma aplicação que rendesse no mínimo 20% anuais; isso não é factível nem aqui no Brasil, que tem sido o campeão em taxas reais de juros.

Portanto, para calcularmos a verdadeira TIR, devemos ajustar a taxa de reinvestimento dos fluxos de caixa intermediários por uma taxa factível. A esse processo de refinamento denomina-se de Taxa Interna de Retorno Modificada (TIRM) ou *Modified Internal Rate of Return* (MIRR), a ser explicitada no tópico seguinte.

Outra questão matemática que deve ser entendida no processo de cálculo da TIR é a questão das raízes múltiplas oriundas dos polinômios de enésima grandeza. Uma função linear ($y = ax + b$) possui apenas uma raiz ou resposta, uma função quadrática $\left(y = -b \pm \dfrac{\sqrt{b^2 - 4ac}}{2a} \right)$ pode ter até dos resultados e outras funções polinomiais podem ter múltiplas Taxas Internas de Retorno (TIRs).

O exemplo a seguir, ilustrado na Figura 4.6, mostra como calcular as raízes múltiplas por meio da calculadora HP 12C, no caso de um projeto simplificado de extração de minério, considerando um investimento inicial (–100), receitas recebidas (+ 230) e, ao final, custos com a restauração do local (–132).

Entrada dos dados:

100 CHS g CFo
230 g CFj
132 CHS g CFj

---

[6] Simonsen (1981).

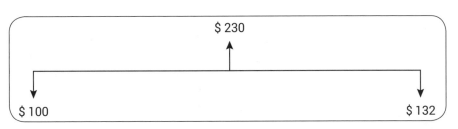

Figura 4.6 Valores do projeto

Cálculo:

f IRR -> a calculadora HP 12C mostra em seu visor a mensagem "*error 3*", significando que o cálculo é complexo e pode haver múltiplas raízes. Segundo o teorema de Descartes, o número máximo de taxas possíveis é igual ao número de inversões de sinais, portanto, para se descobrir as duas soluções possíveis na HP 12C é necessário estimar aleatoriamente algumas taxas e clicar nas teclas **RCL g R/S**:

Estimativa de 5%:
5 **RCL g R/S** → resposta = 10%

Estimativa de 50%:
50 **RCL g R/S** → resposta = 20%

Portanto, o projeto de extração de minério apresenta, matematicamente, duas possíveis taxas internas de retorno possíveis (TIR = 10% e 20%).

Como visto anteriormente, a Taxa Interna de Retorno (TIR) tradicional somente é verdadeira quando o pressuposto das reinversões dos fluxos intermediários de caixa pela própria TIR é verdadeiro. Assim, quando se apuram taxas elevadas ou muito acima das taxas de aplicações praticadas no mercado, não se deve acreditar nesta avaliação.[7]

Para se calcular a Taxa Interna de Retorno Modificada (TIRM) ou *modified internal rate of return* (MIRR), deve-se seguir o princípio do valor do dinheiro no tempo e "reinvestir" os fluxos intermediários por uma taxa de aplicação considerada adequada. Isso implica transformar um diagrama que contém vários fluxos positivos de caixa em um diagrama simplificado com apenas um valor futuro (FV). Desta forma, é possível calcular a TIRM como sendo a taxa efetiva (i) pela fórmula tradicional de juros compostos.

Vejamos no exemplo da Cia. Majuclaisa (Figura 4.7) e, para facilitar o raciocínio, consideraremos a taxa de reinvestimento igual a zero.

O valor futuro foi obtido pela soma dos fluxos intermediários atualizados a valor futuro pela taxa de reinvestimento, a saber: FV = 700 $(1 + 0)^1$ + 600 $(1 + 0)^0$ = 1.300. Como se trata de um diagrama de fluxo de caixa simples, com apenas uma entrada (PV) e uma única saída (FV), pode-se calcular a TIRM[8] pela fórmula de juros compostos:

$$\text{TIRM} = \sqrt{\frac{FV}{PV}} - 1 = \sqrt{\frac{1.300}{1.000}} - 1 \times 100 = 14,02\%$$

Assim, se neste exemplo a taxa de aplicação factível fosse realmente zero, o empreendimento não seria viável, porque a TIRM (14,02%) seria inferior a TMA (15%) e, portanto, o EVA seria negativo e o valor da empresa seria menor do que o seu custo ou investimento inicial.

4.3.2 Valor Presente Líquido Modificado (VPLM)

Assim como a TIR, o Valor Presente Líquido (VPL) também tem problemas relacionados com a reinversão dos fluxos intermediários de caixa, mas, diferentemente da TIR, o modelo da VPL pressupõe que os seus fluxos intermediários são reinvestidos pela taxa de desconto ou Taxa Mínima de Atratividade (TMA).

Para guiarmos o raciocínio dessa inconsistência, vejamos o cálculo do VPL tradicional sob uma nova ótica, reinvestindo os fluxos de caixa intermediários pela TMA (Figura 4.8).

O valor futuro de todos os fluxos intermediários de caixa, reinvestidos pela própria taxa de desconto (TMA = 15%), é:

FV = 700 $(1,15)^1$ + 600 $(1.15)^0$ = 1.405.

---

[7] Por que a TIR tradicional continua sendo utilizada pelos analistas e entidades de crédito como se não houvesse nenhum problema é um mistério! Taxas de 30%, 50%, 80% não têm sentido quando os fluxos intermediários são relevantes.

[8] A planilha Excel dispõe da função MTIR, mas recomendamos **não ajustar os fluxos negativos pelas taxas dos financiamentos** obtidos, pois ao nosso ver esse ajuste está equivocado. Para utilizá-la dentro dos conceitos do valor do dinheiro do tempo, recorra somente aos ajustes dos fluxos positivos pela taxa de reinvestimento factível.

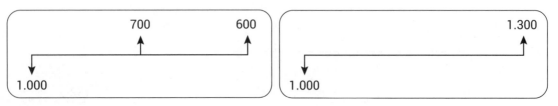

Figura 4.7 Cia. Majuclaisa

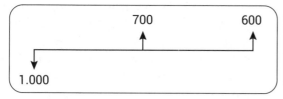 

Figura 4.8 VPL tradicional em nova ótica

Para calcular o VPL, basta trazer a valor presente esse montante (1.405) pela própria taxa de desconto (15%), a saber:

$$VPL = -1000 + 1.405(1,15)^2 = 62,38$$

E chega-se ao mesmo montante do tradicional VPL calculando-se por meio de calculadoras ou de planilhas Excel, bem como descontando-se a valor presente cada parcela dos fluxos intermediários de caixa.

E, o leitor já pode perceber o "***error***" conceitual do método VPL: ele supõe que os fluxos intermediários de caixa são reinvestidos à própria taxa de desconto (15%) e, quando isso não ocorre, o valor é incorreto.[9]

Portanto, para se calcular o Valor Presente Líquido Modificado (VPLM), ou *Modified Net Present Value* (MNPV), de acordo com o princípio do valor do dinheiro no tempo, deve-se "reinvestir" os fluxos intermediários por uma taxa de aplicação considerada adequada e, em seguida, trazer esse montante a valor presente, como será exemplificado no tópico a seguir.

O VPL tradicional somente é verdadeiro quando o pressuposto das reinversões dos fluxos intermediários de caixa pela própria taxa de desconto (WACC) é verdadeiro. Quando a taxa de desconto utilizada é muito diferente das taxas de aplicações praticadas pelo mercado, o VPL é incorreto.

Para se calcular o VPLM,[10] ou o MNPV, portanto, deve-se recompor o seu cálculo, primeiro reinvestindo os fluxos positivos e intermediários de caixa por uma taxa de aplicação factível e, depois, descontando esse montante até a valor presente pela própria taxa de desconto (WACC).

Vejamos, no caso da Cia. Majuclaisa, a proposição do cálculo do VPLM e, para facilitar o raciocínio, supondo que a taxa de aplicação dos fluxos intermediários é zero (Figura 4.9).

O valor futuro (FV) dos fluxos positivos intermediários é:

$$FV = 700 \,(1,0)^1 + 600 \,(1,0)^0 = 1.300$$

Para se obter o VPLM, traz-se a valor presente este montante (FV), a saber:

$$VPL = -1000 + 1.300(1,15)^2 = -17,01$$

Concluindo, se neste exemplo a taxa de aplicação factível fosse realmente próxima de zero, o empreendimento seria **inviável**, pois o VPLM (−17,01) seria menor do que zero, confirmando-se a expectativa do EVA e do MVA negativos. Portanto, o valor desse empreendimento seria menor do que o seu investimento inicial.

4.3.3 Conciliação da TIR com o ROI e do VPL com o EVA

Com o objetivo de evidenciar que as medidas contábeis possuem a mesma essência das medidas financeiras, demonstramos a seguir a conciliação entre elas. A conciliação da TIR e do VPL com as respectivas medidas contábeis, *Return on Investment* (ROI) e *Economic Value Added* (EVA), se dá nas versões da TIR modificada (TIRM) e do VPL modificado (VPLM), e pode ser demonstrada por meio dos relatórios contábeis projetados a partir do diagrama de fluxos da Cia. Majuclaisa (Figura 4.10).

---

[9] Apesar de a taxa de desconto ser uma taxa de financiamento (WACC), ela geralmente não é tão distante da taxa de aplicação do mercado, como ocorre com a TIR. Mas, mesmo assim, essas distorções podem levar a erros de tomadas de decisões de investimentos.

[10] Sugerimos para a Microsoft incluir a formulação do VPLM nas planilhas Excel, bem como corrigir o algoritmo da TIRM, conforme Kassai (2001).

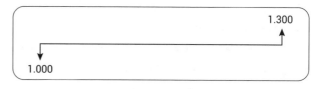

Figura 4.9 VPLM da Cia. Majuclaisa

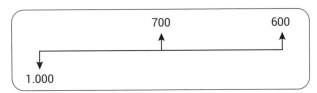

Figura 4.10 Diagrama de Fluxos de Caixa da Cia. Majuclaisa

O diagrama de fluxos de caixa evidencia um fluxo negativo e duas entradas positivas e pode ser representado, hipoteticamente, pelo Balanço Patrimonial representado no Quadro 4.2.

O investimento inicial é representado pelo imobilizado e, como não consta do valor residual no final do fluxo, supõe-se que foi depreciado totalmente.[11] Os fluxos positivos representam a variação de caixa entre as receitas e despesas e o saldo de aplicações financeiras é nulo pela suposição da taxa de reinvestimento igual a zero.

Os investimentos são financiados com 50% de capital próprio e a outra metade com capital de terceiros, os financiamentos foram acrescidos das despesas financeiras (12% ao ano) e o Patrimônio Líquido incluiu no período final o lucro do exercício que ainda não foi distribuído. O Custo do Capital Próprio (CP) é de 18% ao ano.

Como as medidas contábeis (ROI e EVA) possuem a mesma essência das respectivas medidas financeiras (TIR e VPL), vamos proceder à reclassificação das demonstrações contábeis (Quadro 4.3) como visto no Capítulo 3.

O Balanço Patrimonial é composto pelo montante dos investimentos que representa o Ativo Operacional (1.000), e o lado do Passivo evidencia a estrutura de financiamentos do empreendimento, com 50% de Capitais de Terceiros (CT = 500) e 50% de Capitais Próprios (CP = 500). Como se supôs o Custo do Capital de Terceiros (Ki = 12%) e o Custo do Capital Próprio (Ke = 18%), o Custo Médio Ponderado de Capital (WACC) é de 15%, correspondente à Taxa Mínima de Atratividade (TMA) utilizada na análise do projeto.

A Demonstração do Resultado do Exercício (DRE) parte do EBITDA (1.300), que, somente neste caso,[12] corresponde à geração de caixa do empreendimento. O EBIT (300) é obtido diminuindo-se o valor das depreciações e amortizações e o lucro operacional ou NOPLAT (300) é apurado diminuindo-se o valor do Imposto de Renda que seria devido pela empresa caso não utilizasse os benefícios tributários da dedutibilidade das despesas financeiras e, no caso da Cia. Majuclaisa, adotou-se uma alíquota de IR igual a zero para simplificar a exposição didática. O lucro líquido (172,8) é calculado diminuindo-se as despesas financeiras mais os benefícios fiscais do Imposto de Renda.

Partindo dessas duas demonstrações contábeis devidamente reclassificadas, demonstramos a seguir a conciliação das medidas contábeis com as respectivas medidas financeiras: TMA (15%), TIRM (14,02%) e VPLM (–17,01), a saber:

- Ki = 12% ao ano, ou 25,44% para os dois períodos do projeto.
- Ke = 18% ao ano, ou 39,24% para os dois períodos do projeto.

---

[11] É por isso que se devem somar as depreciações nos fluxos de caixa líquidos dos projetos, se não estaríamos considerando-as em duplicidade; e não porque a depreciação não deve ser incluída, como alguns textos deixam subentender.

[12] Quando se analisa o projeto de um empreendimento por inteiro, ou toda a vida de uma empresa, o EBITDA corresponde ao valor da geração de caixa do projeto, pois se admite o fim da continuidade, com todas as receitas e despesas recebidas e pagas e todos os investimentos depreciados. Mas, durante a vida em marcha, são justamente essas diferenças intertemporais que distanciam tais medidas.

Quadro 4.2 Diagrama de fluxos de caixa representado no BP

Balanço Patrimonial da Cia. Majuclaisa					
Ativo	Ano 0	Ano 2	**Passivo**	Ano 0	Ano 2
Caixa	–	1.300	Financiamentos	500	627,2
Aplicações Financeiras	–	–	Dividendos a pagar	–	196,2
Imobilizado	1.000	1.000	Capital	500	500
(–) Depreciações Acum.		(1.000)	Reservas de Lucros		(23,4)
	1.000	1.300		1.000	1.300

Quadro 4.3 Reclassificação das demonstrações contábeis

BP da Cia. Majuclaisa	
	CT
	500
Investimentos	
1.000	CP
	500

DRE da Cia. Majuclaisa	
EBITDA	1.300
(–) Depreciações	(1.000)
EBIT	300
(–) IR 34%	–
NOPLAT	300
(–) Desp. Financeiras	(127,2)
(+) Benef. Fisc. IR	–
LUCRO LÍQUIDO	172,8

- **WACC** = 0,5 (12%) + 0,5 (18%) = 15% ao ano e que corresponde à própria Taxa Mínima de Atratividade (**TMA = 15%**) utilizada na análise do projeto. O WACC para os dois períodos corresponde a 0,5 (25,44%) + 0,5 (39,24%) = 32,3%.

- **ROI** = $\dfrac{\text{NOPLAT}}{\text{Investimentos}} = \dfrac{300}{1.000} \times 100 = 30\%$ para os dois períodos do projeto. A taxa do ROI anual = $\sqrt[2]{1,30} - 1 \times 100 = 14,02\%$, ou seja, a própria **TIRM**.

- O *spread* ou RROI = 30% – 32,3% = –2,3% para os dois períodos do projeto.

- **EVA** = 1.000 × 2,3% = 23 e, como se trata do "EVA acumulado" para os dois períodos ou a vida toda do projeto, representa o próprio *Market Value Added* (**MVA**). E por que esse valor contábil (23) difere do Valor Presente Líquido (–17)? A resposta é simples: o valor contábil representa o "Valor Futuro Líquido (VFL)", pois ambos foram apurados no final do período (ano 2). Portanto, basta trazer a valor presente para o período inicial (ano 0).

- **EVA a valor presente**: $-23(1,15)^2 = -17$

Como se pode observar, as medidas contábeis (ROI e EVA) são perfeitamente conciliáveis com as respectivas medidas financeiras nas versões modificadas (TIRM e VPLM), mostrando que elas seguem a mesma essência de valor residual e valor do dinheiro no tempo. Essa compreensão fortalece o entendimento de que tais medidas são úteis no processo de tomadas de decisão dos empreendimentos, bem como no acompanhamento *a posteriori* por meio de relatórios contábeis.

4.3.4 Composição dos fluxos de caixa

O diagrama de fluxos de caixa representa os valores líquidos de cada período que orientarão os cálculos de viabilidade econômica. Como já dissemos anteriormente, apesar de a literatura em geral recomendar o uso de regimes de caixa, talvez por questão de facilidade, nada obsta que utilizemos medidas de lucro apuradas de acordo com o princípio de competência.

Mas ainda podem restar algumas dúvidas relacionadas com a classificação dos encargos ou despesas financeiras, se as amortizações dos financiamentos devem compor negativamente os fluxos intermediários, se a depreciação deve ser excluída, ou se o lucro operacional é melhor do que o Lucro Líquido.

Para orientar a construção do diagrama de fluxos de caixa, podem-se seguir alguns princípios que contemplam a conciliação das medidas contábeis com as medidas financeiras, a saber:

- No diagrama de fluxos de caixa, o montante de investimento é o próprio Ativo Operacional; os fluxos intermediários e positivos de caixa representam os resultados da demonstração de resultado do exercício; e a taxa de desconto completa o Passivo como o outro lado do Balanço.

- Quando na literatura em geral se recomenda excluir os valores da depreciação, na verdade isso não significa que elas não estejam incluídas, mas que se deve evitar a dupla contagem, pois a depreciação está implícita na diminuição do valor residual do investimento inicial.

- Não se devem diminuir as despesas financeiras dos fluxos intermediários de caixa e nem as parcelas de amortizações dos financiamentos, e muito menos os pagamentos de dividendos, pois esses valores estão implícitos na taxa de desconto (WACC).

- Recomendamos utilizar o lucro operacional (NOPLAT) como base para composição dos fluxos intermediários de caixa, pois o resultado da TIR seria equivalente ao do ROI contábil, bem como o VPL do EVA contábil.

- Caso opte por utilizar Lucro Líquido contábil como base para a composição dos fluxos intermediários de caixa, basta você fazer alguns ajustes como excluir da TMA o Custo do Capital de Terceiros, pois já estaria deduzido do Lucro Líquido e a taxa de desconto seria composta apenas pelo Custo do Capital Próprio (Ke). E, nesse caso, a TIR estaria relacionada com o ROE contábil.
- Resumindo: outras dúvidas que possam surgir podem ser esclarecidas tendo-se como cenário os relatórios contábeis e a interdependência entre os Ativos, Passivos, receitas e despesas, da mesma forma que o diagrama de fluxos de caixa interage com o montante dos investimentos, dos fluxos intermediários e da taxa de desconto. Basta tomar o cuidado de não esquecer ou considerar em duplicidade nenhum item; senão, o Balanço não fecha.

4.3.5 Intersecção de Fisher

Outro aspecto que deve ser levado em consideração para uma análise mais segura em uma decisão de investimento é a Intersecção de Fisher, que pode surpreender até os mais experientes analistas.

Trata-se de um fenômeno relacionado com a existência de conflitos de escolha da melhor alternativa entre a TIR e o VPL, mesmo sabendo-se que ambos se baseiam no método de fluxos de caixa descontados.

Veja esse fenômeno em um simples exemplo numérico (Tabela 4.1), em que a **"Cia. Bolotinha"** precisa escolher entre dois investimentos (A e B).

O projeto A tem um investimento inicial de 1.000 e três fluxos de caixa positivos nos valores de 400, 500 e 400. O projeto B tem um investimento de 800 e três fluxos de caixa positivos nos valores de 320, 400 e 344. E o fluxo de caixa incremental (A − B) do projeto A em relação ao projeto B tem um investimento de 200 e três fluxos de caixa positivos nos valores de 80, 100 e 56.

Note que o **projeto B** é o mais rentável segundo o método da Taxa Interna de Retorno (TIR), pois apresenta um retorno (TIR = 15,51%) superior ao do projeto A (TIR = 14,33%). E, contrariando a escolha, o **projeto A** é a melhor escolha segundo o método do Valor Presente Líquido (VPL = 96,69), considerando-se uma Taxa Mínima de Atratividade (TMA) de 9%. E, para complicar mais ainda, o mesmo método (VPL = 96,69) muda a escolha para o **projeto B** ao se considerar uma nova TMA de 10%. Por que isso ocorre?

Isso ocorre devido a um fenômeno denominado "Intersecção de Fisher" e o Gráfico 4.2, elaborado com as ordenadas e as abscissas representando respectivamente o VPL e a TIR, ilustra esta inconsistência matemática.

As duas retas dos projetos cortam os eixos das ordenadas (VPL) e abscissas (TIR) quando, respectivamente, a TMA ou o VPL são iguais a zero e, como a probabilidade de elas serem perfeitamente paralelas é muito pequena, é de se supor que as retas da maioria dos projetos se cruzem em um determinado espaço. Essa posição é denominada de "Intersecção de Fisher"[13] e pode ser identificada facilmente calculando-se a TIR e o VPL do fluxo de caixa incremental (A − B) dos dois projetos, como mostrado anteriormente nas suas coordenadas: abscissas (9,24%) e ordenadas (36).

Note que a escolha do melhor projeto depende se a TMA exigida é maior ou menor do que o ponto de intersecção de Fisher. No exemplo da Cia. Bolotinha, se a TMA for menor do que 9,24% o **projeto A** é o mais rentável; e vice-versa.

É esse um dos motivos da superioridade do método do VPL em relação à TIR, pois este último não consegue captar essas e outras situações conflitantes. Recomendamos que, em caso de dúvidas ou de conflitos de escolha de projetos, você opte sempre pelo método do VPL em relação ao da TIR. E, ainda, procure medir o mais adequadamente possível a taxa mínima exigida para remunerar o projeto (TMA), pois ela pode influenciar ou até inverter a escolha da melhor alternativa.

Tabela 4.1 Dados para escolha entre dois investimentos (A e B)

Período	Projeto A	Projeto B	(A − B)
0	−1.000	−800	−200
1	400	320	80
2	500	400	100
3	400	344	56
TMA (?)	0%	0%	0%
TIR	14,33%	15,51%	9,24%
VPL	300	264	36
VPL (9%)	96,69	95,88	
VPL (10%)	77,39	79,94	

---

[13] Em homenagem a Ronald Aymer Fisher (1890-1962), considerado o maior matemático do século XX.

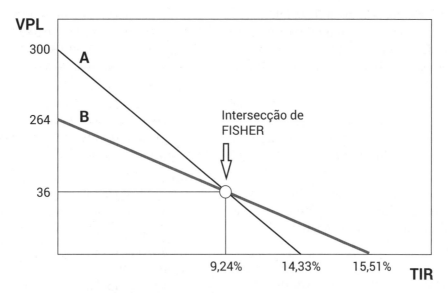

Gráfico 4.2 Composição da Intersecção de Fisher

Concluindo este tópico, procure complementar as análises financeiras de projetos com as respectivas medidas contábeis, pois assim você evita essas pequenas "armadilhas matemáticas" que podem nos induzir a erros na escolha da melhor decisão. Os relatórios contábeis, por mais simples que sejam, facilitam o processo de auditoria dos números estimados.

Saiba mais

Para saber mais sobre o assunto deste tópico, veja mais no vídeo "Gestão Financeira e de Riscos – Conciliação de medidas financeiras de análise de projetos", disponível no QR Code ao lado.
Fonte: https://www.youtube.com/watch?v=u-f4LClf3nfk&feature=youtu.be. Acesso em: 25 jun. 2019.

Avaliação de aprendizagem

Para avaliar e aprimorar o conteúdo abordado neste capítulo, seguem algumas sugestões de atividades e questões:

1) Enquanto a contabilidade pode ser útil para avaliar o desempenho econômico e financeiro de um empreendimento "em andamento", as medidas financeiras de análises de projetos permitem que se façam análises *a priori*. Explique as principais medidas e conceitos de análises de projeto, como: diagrama de fluxos de caixa, Taxa Mínima de Atratividade (TMA), Taxa Interna de Retorno (TIR), Valor Presente Líquido (VPL) e período *payback*.

2) Em um diagrama de fluxos de caixa, as flechas apontadas para baixo (de sinais negativos) representam o montante do investimento inicial e outros reinvestimentos, enquanto as flechas apontadas para cima (de sinais positivos) representam as entradas de lucros ou de fluxos de caixa. Explique como podemos tratar os valores ao longo do tempo e desses fluxos, tendo em vista que há inflação e taxas de remuneração de recursos próprios e de terceiros.

3) O que é Taxa Mínima de Atratividade (TMA) e qual a melhor forma de identificá-la?

4) Como se calcula a Taxa Interna de Retorno (TIR), tendo em vista que envolve cálculos de polinômios de "enésima" grandeza? É possível realizar os cálculos manualmente?

5) Qual a taxa de desconto que devemos utilizar no cálculo do Valor Presente Líquido (VPL)? Como você explicaria o seu cálculo para um leigo no assunto?

6) Qual a inconsistência de cálculo observada no cálculo do Valor Presente Líquido (VPL) por meio da planilha Excel? Confira com a calculadora financeira HP 12C.

7) O que você entende por prazo de recuperação *payback*? Qual a formulação que considera valores descontados no tempo?

8) Relacione os significados da Taxa Interna de Retorno (TIR) e do Valor Presente Líquido (VPL) com os conceitos contábeis de *Return on Investment* (ROI) e *Economic Value Added* (EVA). É possível a conciliação de valores entre eles?

9) Quais são as falhas conceituais da Taxa Interna de Retorno (TIR) relacionadas com raízes múltiplas e reinversão de fluxos intermediários? Explique a formulação da Taxa Interna de Retorno Modificada (TIRM).

10) Qual a falha conceitual do método Valor Presente Líquido (VPL) relacionada com a reinversão de fluxos intermediários? Explique a formulação do Valor Presente Líquido Modificado (VPLM).

11) Demonstre a conciliação da TIR com o ROI e do VPL com o EVA e explique a importância de realizar análises financeiras de projetos, bem como reforçar com análises contábeis de balanços projetados.

12) A depreciação deve ser excluída da composição dos fluxos de caixa nas análises de investimentos? Explique essa confusão existente.

13) As despesas financeiras devem ser deduzidas dos valores dos fluxos de caixa nas análises de investimentos?

14) Qual é a melhor medida de lucro contábil que devemos utilizar para obtermos os fluxos de caixa livres nas análises de investimentos? Lucro Líquido, lucro operacional, EBIT ou EBTIDA?

15) O fenômeno da "Intersecção de Fisher" pode passar despercebido nas análises de investimentos pelos especialistas e pelas potentes calculadoras financeiras. Explique essa afirmação.

16) Explique a frase do professor Mário Henrique Simonsen (1981): *"São quatro os erros mais comuns nos cálculos financeiros: não saber distinguir juros descontados de juros postecipados, usar juros simples quando se devem usar juros compostos, confundir juros nominais com juros reais e, o mais grave de todos e que resiste, inclusive, à habilidade das melhores calculadoras: respeitar a aritmética dos juros compostos, mas com a suposição adicional de que as taxas de juros se mantenham constantes no tempo".*

17) Analise o Projeto de Energia Solar Fotovoltaica: Desde 17/4/2012, conforme a Resolução 482 da ANEEL, é permitido instalar microgeração e minigeração de energia elétrica nos imóveis residenciais e os preços desse tipo de tecnologia têm caído bastante nos últimos anos. Em 2012, o custo da implantação de um sistema solar de placa fotovoltaica em uma residência de padrão médio era em torno de R$ 36.000,00 e, em 2018, esse investimento caiu para cerca de R$ 12.000,00. Considerando-se esse valor de investimento inicial (R$ 12.000,00), uma vida útil estimada do projeto de 25 anos e um benefício de redução na conta de energia elétrica anual em torno de R$ 2.200,00, analise a viabilidade econômica desse projeto com base em uma Taxa Mínima de Atratividade (TMA = 9% a.a.) e uma taxa de reinvestimento igual à poupança de 6,17% a.a. Utilize os seguintes métodos de avaliação: TIR (18,04%); VPL (9.610); *payback* original (5,5 anos); *payback* descontado (7,5 anos); TIRM (9,78%); e VPLM (2.337). Tire as suas conclusões.

Strategic Budget Plan (SBPL) – Ferramenta de Controle de Desempenho Orçamentário

O uso de sistemas de processamento eletrônico de dados tornou-se imprescindível nos ambientes empresariais e não é possível falar em aperfeiçoamento dos relatos corporativos ou em melhoria dos processos de gestão e de governança corporativa sem despender esforços em boas estruturas de *hardware*, *software* e *peopleware*.

Por tal motivo, incluímos neste capítulo a apresentação de um sistema denominado **SBPL** ou ***Strategic Budget Plan***, que se refere a uma ferramenta de planejamento. E, por termos acompanhado a sua trajetória ao longo das últimas décadas, acreditamos que possa ser útil no processo de gestão e de reportes corporativos, bem como no esclarecimento de questões como:

- Qual a diferença entre um *Enterprise Resource Planning* (ERP) e um *Business Intelligence* (BI)? Se os ERPs são essenciais, os BIs são suficientes?
- Até que ponto é confiável o uso de planilhas eletrônicas?
- É possível implantar um sistema de orçamento integrado com os ERPs em 90 dias?
- Como parametrizar também os capitais de natureza não financeira?
- Como envolver os principais gestores no processo de planejamento empresarial?
- Como agregar valor ao longo do tempo e de toda a cadeia produtiva da empresa?

5.1 O que é e como surgiu o SBPL®

O SBPL®[1] foi desenvolvido no início da década de 1990 e teve sua origem, inicialmente, como um *software* básico de orçamento empresarial. Ao longo de quatro décadas, migrou dos *mainframes* para microcomputadores e incorporou experiências de negócios e de tecnologias de sistemas, tornando-se uma poderosa ferramenta de planejamento estratégico e de controle.

Três fatores impulsionaram o aperfeiçoamento do SBPL® como ferramenta de planejamento:

- A falta de segurança das planilhas eletrônicas quando utilizadas em grandes volumes de informações.
- A morosidade no processo de integração dos ERPs, pois, por representarem o principal sistema operacional da empresa, são geralmente inflexíveis e tendem a engessar os processos decisórios.
- A superficialidade dos sistemas de apoio gerencial ou *Business Intelligence* (BI) que, apesar da possiblidade de algoritmos e formulações matemáticas, de maior segurança em relação às planilhas eletrônicas, não têm a robustez dos ERPs.

As planilhas eletrônicas surgiram na década de 1970, com o lançamento do pioneiro Visicalc[2] (1979),

---

[1] SBPL® é uma marca registrada da Kassai Consultores – www.kassai.com.br.

[2] Em uma aula de contabilidade na Universidade Harvard (EUA), o jovem Daniel Bricklin observou que o professor gastava muito tempo fazendo cálculos em uma planilha desenhada no quadro-negro e, imaginando que seria possível automatizar esse processo, idealizou, em 1978, o primeiro protótipo de uma planilha eletrônica de dados. Com a ajuda do seu amigo Bob Frankston, fundou a VisiCorp e ambos lançaram o VisiCalc em 1979.

posteriormente seguido por Supercalc (1981), Lotus 123 (1983), Multiplan (1985), Quattro Pro (1989) e Excel (1987). Elas foram responsáveis por disseminar o uso de microcomputadores no cotidiano das empresas e hoje são consideradas instrumentos de trabalho indispensáveis para realizar atividades operacionais e gerenciais.

Para volumes pequenos de informações que envolvem decisões simples, as planilhas eletrônicas geram resultados bastante satisfatórios. No entanto, quando envolvem grandes volumes ou maior complexidade de informações, elas são ineficazes, perigosas, passíveis de erros, apresentam baixa *performance* e precariedade nos detalhes, são inseguras com relação ao sigilo das informações e sujeitas a forte dependência humana e individual. Para as corporações que se encontram nesse limiar, a migração para uma solução sistêmica representa evolução significativa em seu estágio de gestão.

Os *Enterprise Resource Plannings* são considerados sistemas de apoio às operações e qualquer empresa pode dispor de módulos específicos para controlar suas atividades, como compras, estoques, logística, vendas, emissão de notas fiscais, recebimentos, contas a pagar, fluxos de caixa, contabilidade, folha de pagamento, ativo fixo etc. Por representarem o principal sistema operacional de uma empresa, os ERPs acabam se tornando inflexíveis, pois não permitem falhas, por exemplo, na emissão da nota fiscal, no cálculo dos impostos ou da folha de pagamento.

Com isso, surgiram no mercado ferramentas mais flexíveis, a exemplo do BI, que trabalham a partir dos dados armazenados nos ERPs e atendem satisfatoriamente às necessidades de apoio gerencial, com maior segurança em relação ao uso de planilhas eletrônicas.

No entanto, quando uma organização atinge um nível mais avançado de planejamento e de controle orçamentário, que envolve simulações e cenários múltiplos, mesmo essas ferramentas de BI acabam se tornando inseguras, pois geralmente se baseiam em cubos dimensionais e formulações matemáticas difíceis de auditar, ao contrário da solução encontrada no SBPL® que se baseia em contabilizações por "partidas dobradas".

Há no mercado nacional e internacional vários *players* interessantes que se destacam por conter até 50% dos módulos estruturados com base em ERP, mas a solução adotada pelo SBPL® considera 100% dos seus módulos baseados nos ERPs. Por este motivo, é um sistema que se adequa a qualquer tipo de empresa.

Obviamente que o SBPL®, assim como qualquer outro sistema de planejamento, envolve muito mais questões relacionadas com a cultura e o nível de *expertises* dos gestores de uma organização do que uma solução meramente sistêmica. Mas, certamente, as soluções e tecnologias acumuladas neste sistema podem orientar e influenciar no aprimoramento dos processos de gestão e de governança corporativa de uma empresa. Um dos benefícios imediatos é a disponibilização de orçamentos e prestações de contas permanentes, não apenas por ocasião do fim de ano, pois as premissas atualizadas geram automaticamente os planos para os próximos períodos.

O SBPL® tem sido utilizado por parte de mais de uma centena de grandes clientes como o principal sistema de geração de relatórios societários e gerenciais e como a principal ferramenta de simulação de cenários futuros. E, por permitir a contabilização e parametrização de eventos de natureza financeira e também não financeira, física e qualitativa, pode ser útil no aprimoramento dos processos de relato e de gestão corporativa, especialmente na elaboração do Relato Integrado.

Por ser um sistema personalizado e plenamente adaptado às necessidades de cada organização, ao contrário de *softwares* de "prateleiras", o SBPL® reúne algumas vantagens como: foco nas necessidades específicas de cada empresa, redução da necessidade de diversos sistemas, independência de terceiros, maior segurança no armazenamento de dados.

Como é o processo de implantação do SBPL® e como se faz a customização para atender plenamente às necessidades de cada organização? No tópico seguinte, compartilhamos as experiências e o *know-how* adquiridos nas últimas décadas.

5.2 Processo de implantação e customização do SBPL®

O processo de implantação do SBPL® inclui algumas etapas que envolvem inicialmente os trabalhos de consultores especializados em linguagens de negócios e de sistemas e, posteriormente, no treinamento dos usuários para uso e otimização. Pode ser compreendido na avaliação das seguintes etapas:

1. modelo de negócio;
2. plano de contas;
3. plano de centros de resultados;
4. parametrizações e interfaces;

5. orçamento;
6. contabilidade real;
7. relatórios;
8. ferramentas de simulação.

A avalição do modelo de negócio de uma organização é realizada conjuntamente com os principais gestores ou investidores de uma organização e compreende basicamente a identificação das principais variáveis que compõem o seu ambiente interno e externo; do seu conjunto de missão, crenças, visão e valores; dos principais riscos e oportunidades e das estratégias de alocação de recursos; do conjunto de indicadores de *performance* e de panoramas futuros; dos fornecedores de recursos financeiros e não financeiros; dos principais produtos e serviços ofertados; da sua governança corporativa; e de outras características que interferem na capacidade de geração de valor da organização.

O plano de contas representa a linguagem padrão entre todos os gestores de uma organização, pode ser entendido como a "alma" de uma empresa e deve estar redigido em consonância não apenas com as normas legais, mas, principalmente, com a linguagem usual e corriqueira do mundo dos negócios em que a organização atua. Deve ser capaz de abranger situações no presente, no passado e no futuro e ser inteligível por todos os gestores.

O plano de centros de resultados deve ser obtido a partir da estrutura do organograma funcional da empresa, identificando não apenas os centros de custos ou de responsabilidades por gastos e investimentos, mas também as unidades geradoras de receita ou de valor.

O processo de parametrização do SBPL® é um trabalho árduo desenvolvido por consultores próprios e que levam em consideração aspectos negociais e sistêmicos de uma organização. Este é o "segredo" de sistemas como o SBPL® e, como é realizado 100% a partir do ERP, por "partidas dobradas", requer um minucioso e paciente trabalho, estabelecendo a interface com todas as fontes geradoras de informações e envolvendo questões como: criação de dimensões, unidades de medida, moedas, índices, formulações de cálculos, origens e aplicações.

O orçamento projetado é resultante do módulo básico de orçamento do SBPL® e compõe-se de uma nova base de dados armazenada em partidas dobradas, com as respectivas aplicações relacionadas às suas principais origens de recursos. Independentemente da cultura empresarial existente em relação ao processo de orçamento e de planejamento da organização, as peças orçamentárias podem ser simplificadas ou detalhadas em diferentes níveis de complexidade.

A contabilidade real da empresa torna-se um dos pilares do sistema SBPL® e a adoção de partidas dobradas também no sistema orçamentário proporciona maior eficiência no processamento dos relatórios e simulações. A interface do SBPL® com a contabilidade pode ser feita no nível de saldos ou de lançamentos e períodos; esse é um dos pontos fortes que o diferenciam dos tradicionais BIs.

O módulo de relatórios do SBPL® contém diversos modelos padronizados ou desenvolvidos de acordo com as necessidades de cada empresa. Além de relatórios societários, como Balanço Patrimonial, demonstração do resultado e demonstrações de fluxos de caixa (método direto e indireto), demonstração de valor agregado, podem-se gerar relatórios em outras moedas, em moedas constantes ou correção integral, relatórios gerenciais e por centros de resultados, relatórios sociais e ambientais, dentre outros meios. Como o SBPL® possui a estrutura de um ERP, é comum em alguns clientes o seu uso para retroalimentar outros ERPs, a exemplo da peça orçamentária de pessoal que representa a situação "real" projetada em suas contas partidas.

O conjunto de simulações e a criação de novos cenários são ilimitados e o sistema mantém armazenadas todas as versões e a base original de dados. E o que garante a precisão desses cenários é justamente as parametrizações realizadas em partidas dobradas. Com isso, podem-se explorar diversas questões, como, por exemplo: aumento de vendas, redução no preço, abertura de nova filial, lançamento de novo produto, aumento do dólar, dissídio salarial, políticas de bonificações, novos colaboradores, condições de pagamento, custo dos insumos, índices de perdas, ociosidade, ciclos operacionais, ciclos de caixa, estoques, *pricing*, orçamento base zero (OBZ), orçamento base *kaizen* (OBK) etc.

Como se pôde ver, a implantação do SBPL® requer a atuação de profissionais com *expertises* na linguagem sistêmica e de negócios e, apesar de ser facilitada por consultorias de terceiros, resulta no ganho de uma memória permanente. Todas as memórias de cálculo permanecem gravadas sistemicamente e, a cada novo evento ou simulação, geram-se automaticamente novas situações projetadas, quer seja por meio de indicadores de resultados, geração de caixa, patrimônio, valor agregado ou *goodwill*.

É uma implantação 100% customizada para cada nova organização, baseada em três pilares: contabilidade, orçamento e governança.

A contabilidade passa a se concentrar em um único banco de dados com informações reais e não é mais necessário diferenciar de acordo com regras societárias, fiscais ou necessidades gerenciais. Torna-se muito simples a tarefa de emitir relatórios específicos de acordo com diversas necessidades como: legislação societária, normas internacionais, FASB, moeda estrangeira, correção integral, relatórios sintéticos ou analíticos, individuais ou consolidados etc.

O orçamento se converte em um banco de dados com informações armazenadas e preservadas no mesmo nível do ERP contábil e mantém a memória dos períodos anteriores. E, o mais importante, observado ao longo dos anos, contribui para a integração entre os gestores e departamentos e a eliminação de silos.

E, como terceiro pilar, a visão sistêmica de processamento de dados, associada ao processo de *accountability* ou de prestação de contas, estabelecido pela comparação do "real *versus* orçado", pode incluir boas práticas de governança com as partes interessadas, envolvendo: investidores e sócios, diretorias, conselhos fiscais e de administração, comitês de auditoria, auditorias interna e externa, gerenciamento de riscos, código de conduta e gestão de conflitos e interesses.

Em relação ao Relato Integrado, objeto principal deste livro, o SBPL®, ou sistema similar, pode facilitar o processo desse novo relato corporativo, bastando para isso exercitar a reflexão sobre o processo de geração de valor da organização e incluir algumas novas variáveis relacionadas às dimensões dos seis capitais: financeiro, manufaturado, intelectual, humano, social/relacionamento e natural.

Saiba mais

Para saber mais sobre o assunto deste Capítulo, veja mais no vídeo "Gestão Financeira e de Riscos – Planejamento e Orçamento Empresarial", disponível no QR Code ao lado.
Fonte: https://www.youtube.com/watch?v=F25vMGzbZok&feature=youtu.be.
Acesso em: 25 jun. 2019.

uqr.to/f1wy

Assista também ao vídeo "Gestão Financeira e de Riscos – Principais conceitos de Contabilidade e Finanças", disponível no QR Code ao lado.
Fonte: https://www.youtube.com/watch?v=-NH8kjkvtZo&feature=youtu.be.
Acesso em: 25 jun. 2019.

uqr.to/f1x0

Avaliação de aprendizagem

1. O que é um ERP?
2. O que é um BI?
3. Quando as planilhas eletrônicas se tornam insuficientes na gestão empresarial?
4. O sucesso de um orçamento empresarial depende mais das ferramentas sistêmicas ou do engajamento das pessoas e de sua cultura corporativa? Discorra a respeito.
5. O orçamento empresarial pode ser elaborado utilizando-se informações existentes nos ERPs, com a geração de relatórios pelos BIs ou por meio das planilhas eletrônicas e de suas tabelas dinâmicas. Reflita: quando essas ferramentas se tornam insuficientes para um bom controle orçamentário?
6. Há diversos sistemas específicos de planejamento e controle orçamentário como: SAP, TOVS, Sysphera, Prophix e o SBPL proposto neste capítulo. Quais as principais vantagens desses sistemas em relação aos sistemas tradicionais (ERP e BI) e às planilhas eletrônicas?
7. Qual a importância de um bom plano de contas na implantação de um sistema de controle orçamentário?
8. Qual a importância de um bom plano de centros de custos na implantação de um sistema de controle orçamentário?
9. Qual a importância de se definir adequadamente o modelo de negócio de uma empresa, *a priori*, para a implantação de um sistema de controle orçamentário?
10. O que você entendeu sobre o processo de parametrização e de interfaces de um sistema de controle orçamentário?
11. Um sistema robusto de orçamento e planejamento empresarial é útil apenas para comparar e analisar o desempenho "real x orçado"? Ou também é utilizado para gerar cenários e simulações em qualquer momento? Reflita e discorra sobre essa questão e qual o estágio em que a sua empresa se encontra.
12. Em uma empresa que já se adota um sistema robusto de planejamento e controle orçamentário, os seus executivos se preocupam mais com os aspectos estratégicos e simulação de novos cenários, pois os orçamentos para os próximos meses ou anos são gerados automáticos e permanentemente. Reflita e discorra sobre isso.

6

Linha do Tempo sobre Mudanças Climáticas Globais

Neste capítulo, abordaremos a curva de conhecimento sobre os principais acontecimentos, conceitos e os Objetivos do Desenvolvimento Sustentável (ODS) que estão relacionados com o mundo empresarial e as escolas de negócios, e que fazem parte das atividades do Núcleo de Estudos em Contabilidade e Meio Ambiente (NECMA/USP).

6.1 O NECMA/USP

Quando iniciamos em 2006 as atividades do NECMA/USP, no Departamento de Contabilidade e Atuária da Faculdade de Economia, Administração e Contabilidade da Universidade de São Paulo (FEA/USP) e na Fundação Instituto de Pesquisas Contábeis, Atuariais e Financeiras (FIPECAFI), tivemos importantes colaborações de seus membros fundadores, principalmente daqueles com formação em áreas de conhecimento diferentes das escolas de negócios, como biólogos, químicos, físicos, agrônomos, meteorologistas e outros.[1]

Como escola de negócios, alguns professores da FEA/USP foram pioneiros no envolvimento de questões sociais e ambientais, com destaque para os professores **Henrique Rattner** (década de 1980), que dirigiu a rede do *Leadership for Environment and Development* (LEAD) e a Associação Brasileira para o Desenvolvimento de Lideranças (ABDL), e **Izak Kruglianskas**, que organizou em 1992 o primeiro congresso do Encontro de Gestão Empresarial e Meio Ambiente (ENGEMA).

No **Departamento de Economia** da FEA/USP, destacaram-se pioneiramente os professores Ricardo Abramovay, José Eli da Veiga, Joaquim José Guilhoto, Antonio Evaldo Comune, Carlos Roberto Azzoni e Eduardo Haddad. No **departamento de Administração**, além dos professores Henrique Rattner e Izak Kruglianskas, foram pioneiros os professores Jacques Marcovitch, Rosa Maria Fisher, André Fisher, Graziella Maria Comini, Moacir Miranda e Decio Zylberstain.

No **Departamento de Contabilidade e Atuária**, os primeiros professores que se envolveram com a mensuração econômica dos aspectos sociais e ambientais foram Eliseu Martins, Maisa de Souza Ribeiro, Ariovaldo dos Santos, Bruno Salotti, Luis Eduardo Afonso, Luis Jurandir, Elise Soergue Zaro, Fernando Dal Ri Murcia, Eduardo Flores, Nelson Carvalho e José Roberto Kassai. Em 1991, às vésperas da Rio-1992, Nelson Carvalho publicou um artigo na *Revista Brasileira de Contabilidade* intitulado "Contabilidade Ecológica", fruto de suas participações em grupos ambientais da ONU; e em 1997 Eliseu Martins contribuiu para a criação do balanço social junto ao Instituto Brasileiro de Análises Sociais e Econômicas (IBASE).

O NECMA/USP foi cadastrado oficialmente no Conselho Nacional de Desenvolvimento Científico e Tecnológico (CNPq) em 2009 e tem como objetivo apoiar-se na contabilidade como método milenar para registar o meio ambiente como uma nova e terceira entidade (bens e direitos de natureza difusa)[2] e contribuir para o desenvolvimento sustentável por

---

[1] Agradecimentos especiais a Rafael Feltran-Barbieri (biólogo), Yara Cintra (contabilidade ambiental) e Alexandre Foschine (agrônomo).

[2] Bens e direitos de natureza difusa: que também se referem à sociedade em sua totalidade, de forma que os indivíduos não têm disponibilidade sem afetar a coletividade. Direitos difusos constituem direitos transindividuais, que ultrapassam a esfera de um único indivíduo, caracterizados principalmente por sua indivisibilidade.

meio de ações economicamente viáveis, socialmente justas, ambientalmente corretas e culturalmente compartilhadas.

Tem como principais públicos alvos os grandes atores (empresas e governos) que têm potenciais para promover mudanças significativas e em grande escala nos atuais modelos de extração-produção-distribuição-consumo-descarte.

As suas principais linhas de pesquisas incluem: Indicadores econômico-social-ambiental-governança, Relatórios de Sustentabilidade, Balanço Contábil das Nações e Relato Integrado. Filie-se e colabore conosco.

6.2 O mundo está em crise? Pesquisa de opinião

Desde o início das atividades do NECMA, realizamos uma pesquisa junto aos frequentadores da FEA/USP, consultando não apenas alunos de graduação e de pós-graduação, mas também funcionários e executivos, e perguntamos: **Você acredita que o mundo está enfrentando uma crise global?**

O que referenciamos como crise está relacionado com múltiplos aspectos como aquecimento global e alterações climáticas, fim do petróleo e dos fertilizantes químicos, perda da biodiversidade (terrestre e marinha), ciclo do azoto e do fósforo, camada de ozônio, acidificação dos oceanos, erosão e desertificação, tráfico de drogas, criminalidade, guerras, esgotamento da disponibilidade de água e de solo agrícola, poluição química e carga de aerossóis, novas doenças, êxodo rural e migrações internacionais, empobrecimento e concentração da riqueza e, talvez o mais grave, alienação cultural e política.

As respostas foram tabuladas e são representadas no Gráfico 6.1.

Veja que a maioria (63%) acredita que o mundo está enfrentando uma crise de dimensões globais e uma minoria (37%), que decresce a cada ano,[3] ainda se mantém indiferente ou afirma que esses problemas não são sérios. No grupo das pessoas que não acreditam na possibilidade de um futuro incerto relacionado com as mudanças climáticas globais, 9,3% mostraram-se "indiferentes" e 28,1% afirmaram que a situação "não é séria" e, na eventualidade de algum problema relacionado com água, energia, alimento etc. a ciência encontraria uma solução.

No grupo das pessoas que acreditam que estamos enfrentando uma crise global, 18,8% afirmaram que a situação é "séria", 37,5% que a situação é "muito séria" e 6,3% que a situação é "seriíssima". Neste grupo, uma parte das pessoas do subgrupo "seriíssima" não tem nem esperança em um futuro promissor,

---

[3] Em 2001, mais de 70% dos pesquisados estavam no grupo das pessoas que não acreditavam em uma possível crise global relacionada com questões ecológicas. Historicamente, foram os ecologistas e cientistas os pioneiros na preocupação com as questões ambientais, mas, a partir da divulgação em 2006 do Stern Report, o primeiro relatório a tratar das mudanças climáticas sob a ótica econômica, as empresas e os mercados passaram a se interessar por essas questões.

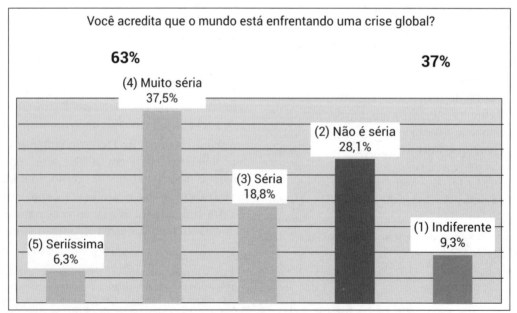

Gráfico 6.1 Respostas da pesquisa sobre crise global
Fonte: NECMA/USP (2017).

mas a maioria das pessoas dos subgrupos "séria" e "muito séria" apostam em alternativas que busquem um *desenvolvimento sustentável*.

E você, caro leitor, em qual dessas categorias se encontra?

A consciência sobre esses problemas no Brasil surgiu, basicamente, após a Rio-1992 e foi enfatizada quando o Brasil sediou a Rio+20, mas na Europa, EUA e Ásia esses assuntos já eram mais discutidos desde a década de 1950 em razão de desastres ambientais. O grande nevoeiro de 1952 em Londres, conhecido também como *Big Smoke*, cobriu a região em poluição durante quatro dias seguidos, o gado morreu por asfixia, 12 mil pessoas morreram e mais de 100 mil ficaram doentes.

Além dos recorrentes tufões no Sudeste Asiático, os furacões no Caribe e os tornados na Costa Oeste norte-americana, outros acidentes ambientais extremos despertaram reflexões no mundo, como, por exemplo: Minamata/Japão (1954), Kyshtym/Rússia (1957), Seveso/Itália (1976), Three Mile Island/EUA (1979), Bhopal/Índia (1984), Chernobyl/Ucrânia (1986), Exxon Valdez/Alasca (1989), BP/Golfo do México (2010), Fukushima/Japão (2011) e, no Brasil, o rompimento de uma das barragens da Samarco/Mariana (2015).

- **Minamata/Japão (1954):** a cidade de Minamata, localizada no sul da província de Kumamoto, foi palco de um grande desastre ambiental entre as décadas de 1950 e 1960, quando milhares de pessoas sofreram uma grave intoxicação por mercúrio em razão de uma fábrica local que jogava seus dejetos tóxicos na baía de Minamata. Esse envenenamento por mercúrio contaminou os peixes e frutos do mar, causando a "doença de Minamata", com morte de animais e mais de 2 mil pessoas.
- **Kyshtym/Rússia (1957):** o desastre de Kyshtym foi um acidente de contaminação radioativa que ocorreu em 29/9/1957 em Mayak, em uma fábrica de reprocessamento de combustível nuclear da União Soviética. É considerado o terceiro pior acidente nuclear, depois de Fukushima e Chernobyl, atingindo um nível 6 na escala internacional de eventos nucleares.
- **Mar de Aral (1960):** o mar de Aral é um lago de água salgada, localizado na Ásia Central e já foi o quarto maior lago do mundo, com 68 mil km² de superfície e 1.100 km³ de volume de água, mas tem encolhido drasticamente desde 1960, após a implantação de projetos de irrigação soviéticos terem desviado os rios que o alimentam, chegando em 2007 a apenas 10% de seu tamanho original.
- **Seveso/Itália (1976):** em 10/7/1976, os tanques de armazenamento da indústria química ICMESA se romperam, liberando 41 galões que continham uma substância altamente venenosa, a dioxina TCDD (mil vezes mais tóxica do que o cianureto; 200 gramas dissolvidas em água são capazes de provocar a morte de um milhão de pessoas). O prefeito local foi avisado somente com 27 horas de atraso e, repentinamente, pássaros atingidos pela nuvem tóxica começaram a cair do céu e crianças foram hospitalizadas com diarreia, enjoos e irritação na pele. A fábrica só foi interditada quando a nuvem havia atingido 30 mil moradores da redondeza, uma área de 1.800 hectares de terra estava contaminada e 75 mil animais morreram.
- **Three Mile Island/EUA (1979):** o acidente na usina Three Mile Island ocorreu no dia 28/3/1979, na Pensilvânia, e é considerado o mais grave acidente nuclear americano, originado por causa humana. A radioatividade em volta da usina era oito vezes maior que a letal e uma área de 16 km² em volta estava contaminada, mas, apesar disso, nenhum dos 15 mil habitantes que moravam em uma área de até 2 km² foi evacuado.
- **Sete Quedas (1982):** o Salto de Sete Quedas, situado na cidade de Guaíra/PR, era a maior cachoeira em volume de água do mundo, com 13.300 m³/segundo, tendo o dobro de volume d'água das Cataratas do Niagara. Guaíra chegou a ser a cidade turística mais visitada do Brasil até que em 1966 foi decretada a sua submersão com a formação do lago da usina hidrelétrica de Itaipu. No dia 13/10/1982, o fechamento das comportas do canal de desvios de Itaipu começou a sepultar um dos maiores espetáculos da face da Terra. A água encheu o lago em um prazo de apenas 14 dias e, nos últimos dois dias, chegou às Sete Quedas e a inundou totalmente. Moradores de Guaíra disseram que tiveram dificuldades para dormir nos meses seguintes, pois havia um "silêncio" mortal nunca ouvido na cidade.
- **Bhopal/Índia (1984):** na madrugada do dia 3/12/1984, 40 toneladas de gases letais vazaram da fábrica de agrotóxicos da Union Carbide Corporation (hoje Dow Química), em Bhopal/Índia, no que foi considerado o pior desastre químico da história. Estima-se que três dias após o desastre 8 mil pessoas já tinham morrido, devido à exposição direta dos gases. Os gases provocaram

queimaduras nos tecidos dos olhos e dos pulmões, atravessaram a corrente sanguínea e danificaram praticamente todos os sistemas do corpo. Muitas pessoas morreram dormindo, outras saíram cambaleando de suas casas, cegas e sufocadas, para morrer no meio da rua.

- **Chernobyl/Ucrânia (1986)**: no dia 26/4/1986 ocorreu o pior acidente nuclear da história na Usina de Chernobyl, classificado como um evento de nível 7 – o máximo na escala internacional, superior ao acidente ocorrido sete anos antes em Three Mile Island. A usina havia sofrido sobrecarga de energia durante um teste de capacidade e o sistema de resfriamento parou de funcionar, o que gerou superaquecimento do núcleo, provocando uma explosão tão violenta que destruiu o teto do reator, que pesava mais de mil toneladas, e um cogumelo de 1 km de altura soltou pelos ares fragmentos de grafite com plutônio a enorme temperatura. O urânio em contato com o ar pegou fogo e foi lançado na atmosfera. Estima-se que mais de 400 mil pessoas morreram ao longo dos 30 anos após o acidente.
- **Exxon Valdez/Alasca (1989)**: o acidente com o navio superpetroleiro Exxon Valdez foi um dos maiores desastres ecológicos dos Estados Unidos e um dos maiores da história, derramando 36 mil toneladas de petróleo bruto que se espalharam pelas águas do mar do Alasca; 1.800 quilômetros de praia ficaram cobertos de piche, em alguns pontos com uma camada de 90 centímetros de espessura, ocasionando morte de pássaros, lontras e baleias. Estima-se em mais de um bilhão de dólares os gastos incorridos com a minimização dos estragos, envolvendo um exército de 11 mil homens, 1.400 barcos, 85 aviões, equipamentos de sucção e bactérias devoradoras de petróleo.
- **P-36 (2001)**: a maior plataforma semissubmersa de petróleo do mundo, que pertencia à empresa brasileira Petrobras e custou 350 milhões de dólares, localizada na Bacia de Campos, naufragou no dia 15/3/2001. Das 175 pessoas a bordo, 11 morreram, todas integrantes da equipe de emergência da plataforma.
- **BP/Golfo do México (2010)**: o pior vazamento de petróleo da história, com 5 milhões de barris derramados nas águas do Golfo do México. A companhia petrolífera BP aceitou pagar a multa recorde de 20,8 bilhões de dólares pelo desastre natural, causado pela explosão de uma de suas plataformas.
- **Fukushima/Japão (2011)**: um terremoto de 8,9 graus na escala Richter e o tsunami resultante abalaram o Japão na madrugada do dia 11/3/2011, provocando danos na usina nuclear de Fukushima, localizada na região nordeste do país. Diferentemente do que aconteceu em Chernobyl, o reator em si não explodiu e o problema foi a falta de energia, que interrompeu o resfriamento do material radioativo, explodindo parte do edifício. 300 mil pessoas tiveram que evacuar a região, 20 mil pessoas morreram em virtude do terremoto e tsunami e 1,6 mil morreram em decorrência das evacuações. O Japão é um dos países com mais recursos tecnológicos e acostumado a se defender de fenômenos naturais, mas tudo isso não foi suficiente para impedir esse acidente, fazendo o mundo refletir sobre o futuro da energia nuclear.
- **Samarco/Mariana (2015)**: é o maior desastre natural ocorrido no Brasil, em 5/11/2015, ocasionado pelo rompimento da barragem de Fundão, da empresa Samarco, localizada em Bento Rodrigues, a 35 km da cidade de Mariana/MG. A tragédia de Mariana deixou 19 mortos e um rastro de lama e destruição ao longo de 600 km entre Minas Gerais e o Espírito Santo. A empresa foi multada num total de 200 milhões de dólares, correspondentes a 68 multas e com pagamento programado em 60 parcelas.
- **Brumadinho (2019)**: o rompimento da barragem de Brumadinho ocorreu em 25 de janeiro de 2019, mostrando a fragilidade dos sistemas de barragens da Samarco/Vale, e desencadeou uma onda de lama que destruiu casas, vegetações e matou várias pessoas, animais e rios.

A Figura 6.1 permite visualizar a sequência desses eventos.

A Organização das Nações Unidas (ONU), por meio do Programa das Nações Unidas para o Desenvolvimento (PNUD), também realiza pesquisas para verificar o nível de consciência das pessoas em relação às alterações climáticas, como pode ser observado no Relatório do Desenvolvimento Humano (RDH-2011), sintetizado no Quadro 6.1.

Note que mais da metade (60%) dos habitantes dos países que participam da pesquisa em 2011 tinham consciência das alterações climáticas, e muitos concordavam (39,7%) que elas representam uma ameaça grave e que a atividade humana é a grande causa dessas alterações climáticas (44,5%). Interessante notar, também, que os países com maiores índices de desenvolvimento humano (IDH) tendem a ter mais consciência do que os países com menores índices.

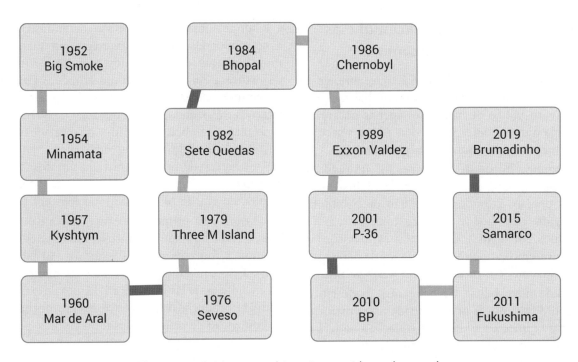

Figura 6.1 Acidentes ambientais ocorridos pelo mundo

Quadro 6.1 Consulta de opinião integrante do Relatório de Desenvolvimento Humano da ONU, 2011

Caixa 2.5
As pessoas estão cientes das alterações climáticas e das suas causas?

Opiniões públicas sobre as alterações climáticas (percentagem de concordância)

Grupo de países	Consciência das alterações climáticas ($n = 147$)	As alterações climáticas são uma ameaça grave ($n = 135$)	A atividade humana causa alterações climáticas ($n = 145$)
Grupos de IDH			
Muito elevado	91,7	60,2	65,3
Elevado	76,1	61,2	60,7
Médio	51,6	29,3	38,8
Baixo	40,2	32,8	26,7
Mundo	60,0	39,7	44,5

O Acordo de Paris (2015) representa os esforços dos países membros da ONU para que o aumento da temperatura média do planeta não ultrapasse 2 graus até o final do século (ou 4 graus no cenário mais grave). Segundo Hawkins et al. (2017), a temperatura global já aumentou 0,8 grau desde os níveis pré-industriais, e segundo o Banco Mundial a temperatura média aumentou 0,9 em relação ao século XX.

Contudo, independentemente da opinião do leitor, ou ainda se os fenômenos de mudanças climáticas são provocados por ações humanas ou pela própria natureza, para nós, das escolas de negócios e do mundo corporativo, é inegável a existência de um enorme problema relacionado com o crescimento populacional e a finitude dos recursos naturais.

Como garantir o consumo desta e das próximas gerações?

6.3 O crescimento populacional e as necessidades de consumo

Se observarmos o Gráfico 6.2, que abrange os últimos seis mil anos, a população mundial atingiu o seu primeiro bilhão de habitantes apenas no ano de 1802. Veja o que aconteceu nos dois últimos séculos: o crescimento populacional é surpreendente.

O segundo bilhão de habitantes foi atingido 126 anos depois (1928) e, após o terceiro bilhão, cada um dos demais, até o sétimo bilhão de habitantes, foi atingido com pouco mais de uma década (12 ou 13 anos em média). E, segundo as previsões da ONU, deveremos atingir 9 e 11 bilhões de habitantes, respectivamente, em meados e fim deste século.

A cada novo bilhão de habitantes, o desejo de consumo dessas novas pessoas tende a ser maior do que a dos bilhões anteriores, e a equação que terá de ser resolvida inclui também a limitação dos recursos naturais para satisfazer as necessidades de alimento, vestuário, moradia, aquecimento, transporte, energia, água, saneamento básico etc.

Este é o grande desafio do presente século, satisfazer as necessidades das civilizações atual e futuras e aprimorar os modos atuais da cadeia extração-produção-distribuição-consumo-descarte para modelos que priorizem o uso de energias renováveis e não poluidoras.

O professor José Goldemberg, em um evento promovido pelo NECMA/USP em 2012, fez uma comparação interessante relacionando a força da natureza e a força humana no processo de industrialização e consumo. Os geólogos conseguiram mensurar a movimentação de massa dos principais fenômenos da natureza em um ano, como erupções vulcânicas, terremotos, tempestades, ventos fortes, tsunamis, precipitações etc., resultando em um total de 50 bilhões de toneladas. E também mediram a quantidade de massa das atividades humanas ou industriais, equivalentes a 8 toneladas[4] de massa para cada um dos 7 bilhões de habitantes; portanto, 7 bilhões vezes 8 toneladas, resultando em 56 bilhões de toneladas em um ano.

Assim, pela primeira vez na história das civilizações, a força humana e industrial (56 bilhões de Ton) superou a força da própria natureza (50 bilhões de Ton). Esse consumo dos recursos da natureza pode ser imaginado pelas grandes atividades de extração de petróleo, produção de ferro e aço, as enormes barragens de contenção de resíduos das mineradoras, produção de cimento, areia para a construção, extração de madeira, a pesca industrial, a pecuária e, dentre outros, as áreas destinadas a agricultura, principalmente as destinadas a monocultura em grande escala.

Uma equipe de pesquisadores liderada por Johan Rockstrom, da Universidade de Estocolmo (ROCKSTROM et al., 2009), desenvolveu um estudo sobre as Fronteiras dos Recursos Planetários, destacando nove limites: água doce; uso da terra; aerossóis atmosféricos;

---

[4] Só de combustível, por exemplo, uma pessoa que percorre em média mil km mensais consome uma tonelada de combustível por ano e, somando-se os outros materiais como alimentos, cimento, minério etc., chega facilmente à média de 8 toneladas.

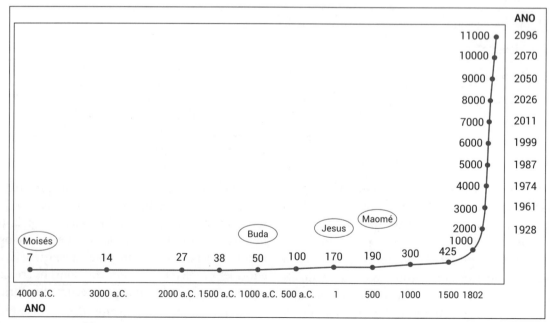

Gráfico 6.2 Crescimento da população mundial (em milhões de habitantes)

poluição química; acidificação dos oceanos; camada de ozônio; ciclo do fósforo e do nitrogênio; perda de biodiversidade; e mudanças climáticas, conforme mostra a Figura 6.2.

Segundo essa pesquisa, três desses limites já foram ultrapassados: perda da biodiversidade, enfraquecimento do ciclo do nitrogênio e as mudanças climáticas globais, que afetam diretamente a produção de alimentos. Isso somado às questões sociais decorrentes torna desafiadora a meta da ONU de reduzir o nível de pobreza extrema e cumprir os demais Objetivos do Desenvolvimento Sustentável (ODS).

6.4 Nível de pobreza da população mundial

Com o crescimento exponencial da população verificado nos últimos dois séculos, o maior problema e também o desafio prioritário dos países membros da ONU é a redução da pobreza extrema, como detalha o primeiro dos Objetivos do Desenvolvimento Sustentável (ODS-1).

Para se ter uma ideia do nível de pobreza mundial, preparamos o Gráfico 6.3.

Mais da metade da população mundial (60%) apresenta algum nível de pobreza, desde a fome e subnutrição até a privação de algum índice de pobreza multidimensional (IPM) predominante nos países em desenvolvimento, segundo a ONU (2017).

A classe média também apresenta alguns níveis de privações de saúde, educação e padrão de vida, e a classe média-alta, juntamente com a classe alta, detém a maior parte (80%) da riqueza gerada em todo o planeta.

Dentre esses níveis de pobreza, conforme o gráfico anterior, destacam-se as seguintes situações em 2017:

- **Analfabetos**: 780 milhões de pessoas ou 10,3% da população mundial ainda não sabem ler ou escrever; incluímos nesse grupo os migrantes que não são alfabetizados no idioma ou costume do país que os acolhe.

- **Água potável**: 800 milhões de pessoas – 10,5% da população mundial – não têm acesso diário à água potável e gastam em média mais de quatro horas por dia para a sua obtenção.[5]

- **Subnutrição ou fome crônica**: 870 milhões de pessoas ou 11,4% da população mundial vivem sob esta condição crônica, seu consumo não chegando nem a cobrir as 1.800 kcal diárias consideradas o mínimo necessário para o funcionamento normal do corpo humano.

---

[5] Curiosamente, no norte do Brasil, ou mais especificamente na região da Floresta Amazônica, onde se localizam as maiores reservas de água doce do planeta (aquíferos Guarani e Alter do Chão), uma das maiores dificuldades das comunidades ribeirinhas e indígenas é a obtenção de água potável, devido principalmente à falta de eletricidade para ligar motores de bombeamento.

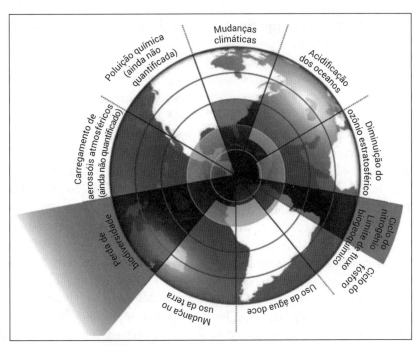

Figura 6.2 Limites de recursos da Terra

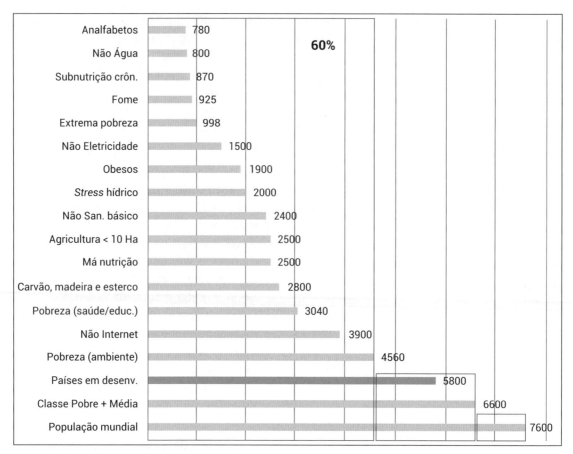

Gráfico 6.3 Índices de pobreza em relação à população mundial (em milhões de habitantes)
Fontes: NECMA/USP (2017) e RDH/ONU (2017).

- **Fome**: 925 milhões de pessoas, incluindo o grupo das pessoas que vivem sob subnutrição crônica, passam fome na maioria dos dias e não têm seguridade alimentar, ou seja, não dispõem de acesso físico ou econômico a suficientes alimentos inócuos e nutritivos que satisfaçam suas necessidades alimentares para desenvolver uma vida ativa e sadia. O continente com maior contingente é a África subsaariana.
- **Extrema pobreza**: 998 milhões de pessoas ou 13,1% da população mundial vivem sob essa condição de pobreza absoluta, medida pela ONU como o consumo abaixo de 1,25 dólares por dia.
- **Acesso à eletricidade**: a ONU comemorou o Ano Internacional da Luz em 2015 e, apesar de todos os avanços científicos da humanidade, 1,5 bilhão de pessoas ainda vivem sem energia elétrica no mundo. Disso decorrem outros problemas, como impossibilidade de estudar à noite, dificuldade de acesso à informação, desperdício de comida por falta de geladeira, insegurança, migrações do campo para as cidades.
- **Obesidade**: 2,1 bilhões de pessoas ou 27,6% da população mundial são obesas ou com sobrepeso, segundo a ONU, e a maioria (25%) mora nas regiões de pobreza. O sobrepeso é caracterizado por um índice de massa corporal (IMC) maior ou igual a 25 e menor que 30, já a obesidade caracteriza-se por um IMC maior ou igual a 30.
- **Stress hídrico**: 2 bilhões de pessoas ou 26,3% da população mundial, segundo a ONU, vivem sob algum problema de *stress* hídrico (secas ou enchentes).
- **Saneamento básico**: 2,4 bilhões de habitantes ou 31,6% da população mundial, segundo o Relatório de Desenvolvimento Humano (RDH/ONU, 2017), vivem em locais onde não há saneamento básico e o esgoto é fonte de contaminação e doenças.
- **Agricultura familiar**: 2,5 bilhões de habitantes, ou 32,9% da população mundial, são pequenos agricultores que vivem em áreas agrícolas com menos de 10 hectares e em regiões de pobreza.
- **Má nutrição**: 2,5 bilhões de habitantes, ou 32,9% da população mundial, segundo o RDH/ONU-

-2017, vivem em condições de má nutrição, ou seja, caracterizadas com subnutrição, obesidade e sobrepeso. Curiosamente, hoje são produzidos muito mais alimentos do que são consumidos.

- **Pobreza (saúde e educação)**: segundo o Relatório de Desenvolvimento Humano (RDH/ONU-2017) e com base no Índice de Pobreza Multidimensional (IPM), que considera três indicadores (saúde, educação e padrão de vida), pelo menos 3 bilhões de habitantes são privados de duas dessas variáveis: saúde e educação.
- **Acesso à internet**: 3,9 bilhões de habitantes ou 51,3% da população mundial não têm acesso à internet e essas regiões são caracterizadas por algum tipo de pobreza.
- **Pobreza (ambiente)**: segundo o relatório RDH/ONU-2017 e com base no Índice de Pobreza Multidimensional (IPA), que considera três dimensões (saúde, educação e padrão de vida), pelo menos 4,56 bilhões de habitantes ou 60% da população mundial vivem sob algum nível de pobreza relacionada com o ambiente.
- **Países em desenvolvimento**: 5,8 bilhões de habitantes ou 76,3% da população mundial vivem em países em desenvolvimento, ou países emergentes, termos utilizados para descrever um país que possui padrão de vida baixo ou médio. Segundo o Banco Mundial, esses países possuem PIB *per capita* abaixo de US$ 11.905 e acima de US$ 900.
- **Classes pobre e média**: pelo menos 6,6 bilhões de habitantes ou 86,8% da população mundial não são ricos e pertencem à classe pobre ou média. E menos de 1 bilhão de pessoas vive em condições de elevado padrão de vida, distribuídas nos países ricos.
- **Ricos**: segundo a organização não governamental britânica Oxfam Internacional e com base na revista *Forbes* (março de 2016), os oito maiores milionários mundiais possuem a mesma riqueza que os 3,6 bilhões de pessoas mais pobres do mundo: Bill Gates (EUA), Amancio Ortega (Espanha), Warren Buffett (EUA), Carlos Slim (México), Jeff Bezos (EUA), Mark Zuckerberg (EUA), Larry Elisson (EUA), Michael Bloomberg (EUA).
- **População mundial**: a população mundial atingiu a marca de 6 bilhões de habitantes em 12/10/1999 e deveremos atingir 8,6 bilhões até 2030, 9,8 bilhões em 2050 e 11,2 bilhões de pessoas em 2100, segundo a ONU/2017. E a Índia deverá superar a China em número de habitantes.

A organização não governamental *Principles for Responsible Investment* (PRI) é uma iniciativa de investidores em parceria com a iniciativa financeira do Programa para o Meio Ambiente e o Pacto Global da ONU, conta com 1.400 signatários em mais de 50 países e representa uma carteira de investimento no valor de **59 trilhões de dólares**.

Em uma palestra aos alunos da FEA/USP,[6] a CEO da PRI no Brasil, Tatiana Assali, abordou o tema "Os 17 ODS e os investidores" e priorizou os seguintes ODS, na ordem de prioridade segundo a ótica e o interesse desses investidores institucionais que compõem a carteira do PRI.

1. Pobreza (ODS-1).
2. Água e saneamento básico (ODS-6).
3. Energia (ODS-7).
4. Infraestruturas resilientes (ODS-9).
5. Empregos (ODS-8).
6. Cidades sustentáveis (ODS-11).
7. Consumo sustentável (ODS-12).

Em relação aos antigos Objetivos do Desenvolvimento do Milênio (ODM), que foram substituídos pelos ODS a partir de 2015, houve um progresso na redução do nível de pobreza mundial, com destaque para as regiões mais pobres como África subsaariana, América Latina e Caribe, Oriente Médio e norte da África, Europa e Ásia central, leste da Ásia e Pacífico e sul da Ásia, a saber:

Para finalizar este tópico, transcrevemos o ODS-1 "Acabar com a fome em todas as suas formas, em todos os lugares" e as suas cinco metas, a saber:

1. Até 2030, erradicar a pobreza extrema, atualmente medida com renda e consumo inferior a US$ 1,25 por dia, para todas as pessoas em todos os lugares.
2. Até 2030, reduzir pelo menos à metade a proporção de homens, mulheres e crianças, de todas as idades, que vivem na pobreza, em todas as suas dimensões de acordo com as definições nacionais.
3. Implementar em nível nacional medidas e sistemas de proteção social adequados, para todos, incluindo pisos, e até 2030 atingir a cobertura substancial dos pobres e vulneráveis.

---

[6] O vídeo desta palestra realizada em 18/8/2016 está disponível da videoteca da FEA/USP, no *link*: www.fea.usp.br/videos/o-papel-dos-grandes-investidores-e-os-ods-eac561-os-17-ods-e-escolas-de-negocios, e faz parte da disciplina "Os 17 ODS e as Escolas de Negócios", ministrada pelos professores José Roberto Kassai e Nelson Carvalho.

4. Até 2030, garantir que todos os homens e mulheres, particularmente os pobres e vulneráveis, tenham direitos iguais aos recursos econômicos, bem como acesso a serviços básicos, propriedade e controle sobre a terra e outras formas de propriedade, herança, recursos naturais, novas tecnologias apropriadas e serviços financeiros, incluindo microfinanças.

5. Até 2030, construir a resiliência dos pobres e daqueles em situação de vulnerabilidade e reduzir a exposição e vulnerabilidade destes a eventos extremos relacionados com o clima e outros choques e desastres econômicos, sociais e ambientais.

   a. Garantir a mobilização significativa de recursos a partir de uma variedade de fontes, inclusive por meio do reforço da cooperação para o desenvolvimento de modo a proporcionar meios adequados e previsíveis para que os países em desenvolvimento, em particular os países menos desenvolvidos, implementem programas e políticas para acabar com a pobreza em todas as suas dimensões.

   b. Criar marcos políticos sólidos em níveis nacional, regional e internacional, com base em estratégias de desenvolvimento a favor dos pobres e sensíveis a gênero, para apoiar investimentos acelerados nas ações de erradicação da pobreza.

6.5 Linha do tempo sobre aquecimento global

Neste tópico, abordaremos os principais acontecimentos que ilustram a cronologia ou linha do tempo do aquecimento global em relação a eventos de natureza econômica, social, ambiental, cultural e de governança e que julgamos relevantes para ampliar o nível de consciência das pessoas.

Cada um desses temas foi escolhido por meio do consenso dos membros do NECMA-USP, que se reúnem no inicio de cada ano para fazer a escolha.

No Gráfico 6.4, o eixo X das abcissas representa a linha do tempo com a cronologia dos principais

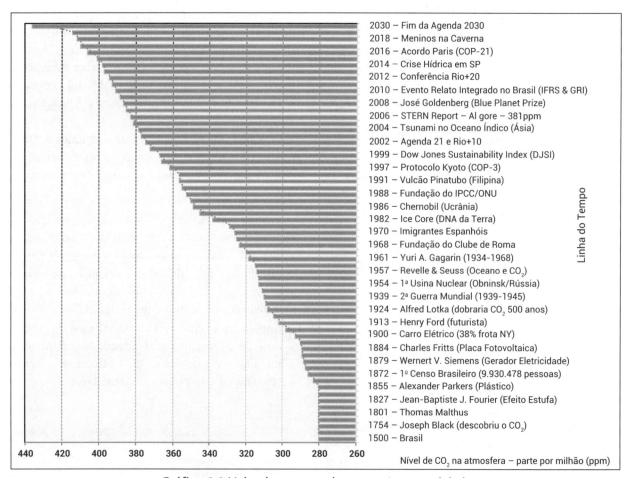

Gráfico 6.4 Linha do tempo sobre aquecimento global
Fonte: NECMA/USP.

eventos sobre aquecimento global, desde o ano de 1500 até os dias de hoje. Olhe o gráfico e procure "adivinhar" no que consiste o eixo Y das ordenadas.

Se você respondeu que o eixo Y representa o nível de CO_2 ou dos gases de efeito estufa (GHG) em **partes por milhão** (ppm), acertou. Pela quantidade de informações desde o ano de 1500 até os dias de hoje, obviamente que a figura não está nítida, mas pode-se perceber que o nível de CO_2 subiu ao longo dos séculos.

Note que já atingimos o nível de 410 ppm no ano de 2017 e este é o maior índice dos últimos três milhões de anos. Nos 800 mil anos antes da Revolução Industrial e Energética, a concentração de CO_2 estava abaixo de 280 ppm e, com base nas medições nos estudos do gelo (*Ice Core*) e do laboratório de Mauna Loa no Havaí (2017), vemos que a concentração dos gases ultrapassou 310 ppm em 1950 e não parou mais de se elevar, subindo em média pelo menos 2 ppm por ano.

Em 2007, o Painel Intergovernamental sobre Mudanças Climáticas (IPCC/ONU) publicou o seu quarto relatório, e neste documento havia a descrição de cenários futuros possíveis em consequência da elevação da concentração de gases de feito estufa na atmosfera. Foi determinado que um aumento de 2 graus Celsius na temperatura média do planeta já ocasionaria mudanças no clima global, como degelo de áreas congeladas e aumento do nível dos oceanos. E a concentração apontada como limite para que a elevação da temperatura global fique abaixo de 2 graus Celsius era de 400 ppm.

Segundo estudos de Gavin L. Foster, publicado na revista *Nature* (2016), o mundo caminha para um efeito estufa potencial sem precedentes nos últimos 420 milhões de anos. Se as emissões de carbono continuarem em sua trajetória atual, a atmosfera poderá atingir um estado não visto em 50 milhões de anos (sendo que, 50 milhões de anos atrás, as temperaturas eram 10 graus Celsius mais quentes e os oceanos eram dramaticamente mais altos do que hoje).

Para conter o aumento médio da temperatura em 2 graus Celsius, o nível minimamente seguro de concentração atmosférica é de 350 ppm e não deveria ultrapassar 380 ppm (chegou em 2005). Isso significa que o mundo vai ter que fazer "emissões negativas", ou seja, além de parar de emitir gases de efeito estufa (GHG), terá que sequestrar carbono da atmosfera e reduzir outras emissões antrópicas, como as emissões geradas pela agricultura, pecuária e o degelo do *permafrost*, que estoca gases GHG.

A elevação da temperatura média global é preocupante devido às consequências que poderão dificultar a sobrevivência da humanidade, como mudanças nas épocas das colheitas agrícolas, migrações de regiões costeiras devido à elevação do nível dos oceanos, surgimento de novas doenças, readaptações das comunidades ribeirinhas e indígenas, mudança nas biodiversidades locais, dificuldade de previsão da ocorrência de eventos extremos etc.

Por isso, superar a era dos combustíveis fósseis e fazer uma mudança da matriz energética é um passo fundamental e que faz parte dos compromissos já assumidos pelos líderes dos países membros da ONU, mesmo considerando-se a saída repentina dos EUA (2018).

Para se chegar a esses acordos, a exemplo do Acordo de Paris (2015), muitas discussões foram feitas desde meados do século passado e os temas passaram a ser discutidos não apenas por ecologistas e cientistas, mas também pelos governos e comunidade civil, incluindo as empresas e os próprios cidadãos.

Para ilustrar essas discussões, e com base no Gráfico 6.4 (Linha do tempo sobre aquecimento global), seguem os principais acontecimentos em ordem cronológica:

- **1500 – descoberta do Brasil**: a população mundial estimada naquela época era de 425 milhões de habitantes, concentrada basicamente na Índia (106 milhões), China (98 milhões), restante da Ásia (77 milhões), Europa (80 milhões) e África (47 milhões). Enquanto na Europa os países se dividiam em reinos e lutavam entre si, Portugal se destacava por desenvolver sua marinha e explorar o Oceano Atlântico e outros países. O continente americano era considerado o "novo mundo", a Oceania o "novíssimo mundo" e as florestas brasileiras estavam intactas, sendo a Mata Atlântica (da qual hoje resta menos de cinco por cento) maior do que a Floresta Amazônia e com uma população indígena estimada de 5 milhões. A carta de Pero Vaz de Caminha (1450-1500), que se notabilizou na função de escrivão da armada de Pedro Álvares Cabral (1467-1520), é um vislumbramento europeu diante deste "novo mundo" e, para a exploração e desenvolvimento desse novo país, o Brasil recebeu a imigração de 3,8 milhões de escravos no período de 1500 a 1855.
- **1712 – Thomaz Newcomen (bomba a vapor)**: o engenheiro britânico Thomas Newcomen (1663-1729) patenteou em 1712 a primeira bomba

movida a vapor para drenar água das minas de carvão. Naquela época os bombeiros dispunham de recursos para atingir até 5 metros de profundidade e, com o invento de Newcomen, passaram a atingir 50 metros de profundidade, alavancando a extração e a queima de combustíveis e dando início ao que hoje conhecemos como Revolução Industrial. Estima-se que a população brasileira naquela época era de 300 mil habitantes mais os indígenas, e a população mundial estava em torno de 610 milhões de habitantes.

- **1754 – Joseph Black (descobriu o CO_2):** o químico e físico escocês Joseph Black (1728-1799) descobriu em 1754 a presença do dióxido de carbono (CO_2) na atmosfera (0,03%) e que a sua presença é fundamental para a manutenção da vida no planeta – sem ele, as plantas e outros organismos não realizariam o processo de fotossíntese, que transforma energia solar em energia química e produz oxigênio para os seres vivos. A população mundial estimada era de 720 milhões de habitantes.

- **1800 – imigração dos portugueses:** ao contrário do que se imagina, a maior parte da população brasileira nessa época não era formada por escravos, indígenas e aventureiros, mas o país recebeu forte imigração da elite portuguesa. No início do século XIX, 600 mil portugueses vieram ao país, a exemplo da Família Imperial portuguesa e toda a sua comitiva. Hoje, estima-se uma população de 1,4 milhão de imigrantes vivendo no Brasil (IBGE).

- **1801 – Thomas Robert Malthus (previu uma crise mundial):** no início do século XIX, o pastor anglicano e economista britânico Thomas Robert Malthus (1766-1834) previu uma crise de proporções civilizatórias. A população mundial acabara de atingir o seu primeiro bilhão de habitantes. Cada família tinha em média quatro ou cinco filhos, cada um desses filhos também tinha mais quatro ou cinco filhos. Em uma conta simples, ele previu que a população iria crescer de forma exponencial, enquanto a oferta de alimentos estaria limitada. Mas ele estava errado, pois esqueceu-se de prever o chamado "milagre da agricultura", movido pela produção de mais alimentos por hectare com o uso de fertilizantes e defensivos químicos e outros recursos tecnológicos. Estima-se para meados deste século uma população mundial em torno de 9 bilhões de habitantes e a equação atual ainda envolve outras limitações (água, energia, terras férteis etc.).

- **1824 – imigração alemã:** em 1824, a cidade de Nova Friburgo, no Rio de Janeiro, e várias cidades do Sul do Brasil receberam as primeiras levas de imigrantes alemães. Essa colonização teve importante papel na diversificação da agricultura e no processo de urbanização e de industrialização. Hoje, estima-se uma população de 176 mil imigrantes no país (IBGE).

- **1827 – Jean-Baptiste J. Fourier (descobriu o efeito estufa):** o matemático e físico francês Jean-Baptiste Joseph Fourier (1768-1830) foi o primeiro a propor que os gases da atmosfera são os responsáveis por proporcionar uma temperatura constante ao planeta pelo processo do "efeito estufa". Sete décadas mais tarde, o químico sueco **Svante August Arrhenius** (1859-1927), Prêmio Nobel de Química de 1903, associou o dióxido de carbono (CO_2) emitido da queima de petróleo e carvão mineral ao aumento da temperatura do planeta pelo efeito estufa.

- **1846 – Abraham Gesner Pine (inventou o querosene):** o médico e geólogo Abraham Gesner Pine (1797-1864) desenvolveu em 1846 um processo para refinar um combustível à base de carvão mineral e o denominou de "querosene", mais barato que os produtos concorrentes (como o óleo de baleia) para iluminação das cidades.

- **1855 – Alexander Parkes (inventou o plástico):** o químico Alexander Parkes (1813-1890) inventou um material flexível e durável denominado de "*parkesine*" e que, posteriormente, deu origem ao plástico, uma invenção genial que hoje em dia está em todas as partes porque é um material leve, limpo e inquebrável, apesar de não ser biodegradável.

- **1859 – Edwin Lawrentine Drake (primeira torre de extração de petróleo):** em 27 de agosto de 1859, o norte-americano Edwin Lawrentine Drake (1819-1880), conhecido como "Coronel Drake", constrói a primeira torre de extração de petróleo na Pensilvânia/EUA. Ao invés de utilizar escavações manuais, adaptou um método de perfuração e extração de sal com tubos de pequeno diâmetro e o líquido jorrou quando o poço atingiu 23 metros de profundidade. Cinco anos após a sua descoberta, 543 companhias de exploração de petróleo estavam em pleno funcionamento, segundo o Museu da Petrobras em Salvador/BA, e a fase dos combustíveis baratos e eficientes estava inaugurada. Os óleos de baleia e de cânhamo, que eram utilizados para iluminação naquela época, foram logo substituídos e deu-se o início à fase dos combustíveis baratos e eficientes que ainda hoje são a base da matriz energética mundial.

- **1872 – 1º censo brasileiro (9,9 bilhões de habitantes)**: o primeiro recenseamento da população do Brasil foi realizado em 1872 e apresentou uma população de 9.930.478 habitantes, sendo 15% pessoas escravizadas, 80% de origem portuguesa, 48% do sexo feminino, 80% de analfabetos. O censo foi realizado pela Diretoria-Geral de Estatística (DGE) e o Instituto Brasileiro de Geografia e Estatística (IBGE) foi criado somente em 1934, de início sob o nome Instituto Nacional de Estatística (INE).
- **1875 – imigração italiana:** nessa época, a Europa de modo geral estava afundada em crise e estima-se que metade da população da Itália tenha migrado para outros países. O Brasil teve que apelar para uma "migração subvencionada", na qual o próprio governo brasileiro pagava a passagem dos imigrantes e, a partir de então, a imigração dos italianos superou a dos portugueses e espanhóis. Estima-se que hoje vivam 1,5 milhões de italianos no país.
- **1879 – Siemens & Halske (inventaram o gerador elétrico)**: a empresa Siemens foi fundada em 1847 pelos engenheiros alemães **Werner von Siemens (1816-1892)** e **Joahann Georg Halske (1814-1890)**, que, dentre diversas invenções, criaram em 1879 o gerador elétrico, inaugurando uma nova era de ferrovias elétricas, redes de iluminação, linhas de bonde.
- **1880 – Thomas Alva Edison (inventou a lâmpada)**: Thomas Alva Edison (1847-1931) foi um inventor, cientista e empreendedor dos EUA que desenvolveu muitos dispositivos importantes e foi um dos primeiros a aplicar os princípios de produção maciça aos processos de invenção, sendo fundador da General Electric (GE) em 1892. Ao todo foram 2.332 patentes e, dentre as suas contribuições universais para a revolução tecnológica do século XX, encontra-se a lâmpada incandescente em 1880.
- **1884 – a placa fotovoltaica não é recente:** Charles Fritts (1850-1903), engenheiro americano e inventor, criou e instalou a primeira placa de energia solar fotovoltaica de telhado em 1884, com base em estudos de outros cientistas. Porém, a invenção não vingou devido à existência de outras fontes de energia economicamente mais baratas.
- **1896 – Svant August Arrhenius (quantificou o aquecimento global)**: com base no conceito de "efeito estufa" estudado por Jean-Baptiste Joseph Fourier em 1827, o sueco Svant August Arrhenius (1859-1927), ganhador do Prêmio Nobel de Química de 1903, relacionou o dióxido de carbono (CO_2) com o efeito estufa e criou um modelo matemático para estudar a influência dos gases do efeito estufa, estimando um aumento de 5 graus Celsius na temperatura média mundial se a quantidade de CO_2 na atmosfera duplicasse. Nessa época, o nível era de 290 partes por milhão (ppm).
- **1900 – o carro elétrico já existia:** Thomas Alva Edison, que fabricava as baterias elétricas para a Ford e a General Electric (GE), já produzia veículos movidos a eletricidade no final do século XIX. Nos inícios dos anos 1900, 38% dos veículos nos EUA eram movidos a eletricidade, 40% a vapor e apenas 22% a gasolina. No entanto, diante do reduzido custo do petróleo, a indústria automotiva cedeu para aos modelos movidos a combustão interna. Veja a frase de Edison: "*Acredito que o motor elétrico será usado por todos em todas as cidades grandes e que o automóvel elétrico será o veículo familiar do futuro. Todo o transporte deve migrar para a eletricidade. Estou convencido de que não irá demorar até que todo o transporte de Nova York seja elétrico.*"
- **1908 – imigração japonesa no Brasil:** no dia 18 de junho de 1908, chegam ao país os primeiros 781 imigrantes vinculados ao acordo imigratório estabelecido entre Brasil e o Japão, depois de uma viagem de 52 dias no navio Kasato Maru. Desde o fim do século XIX o Japão atravessava uma crise demográfica com o fim do feudalismo e o início da mecanização da agricultura, e a população do campo passou a migrar para as cidades. Em 1902 a Itália proibiu a imigração subsidiada para o Brasil, deixando as fazendas de café sem trabalhadores, e nesse mesmo período os japoneses foram proibidos de migrarem para os EUA e não eram bem recebidos na Austrália e no Canadá; assim, o Brasil se tornou uma forte opção. Hoje, estima-se que haja 1,5 milhões de imigrantes japoneses no país (IBGE).
- **1913 – Henry Ford (montagem em série)**: o empresário americano e escritor Henry Ford (1863-1947), fundador da Ford Motor Company em 1903, foi o primeiro a aplicar a ideia da linha de produção em suas montadoras de veículos, aumentando a eficiência de suas fábricas. Embora Ford fosse amigo de Thomas Alva Edison (GE), quis a história que ambos não dessem continuidade à produção de automóveis movidos a eletricidade. Veja uma das frases que lhe são atribuídas: "*Se

tivéssemos perguntado às pessoas o que elas queriam na época, elas teriam dito cavalos mais rápidos."

- **1914-1918 – Primeira Guerra Mundial:** conhecida como Grande Guerra, foi um conflito bélico mundial ocorrido entre 28 de julho de 1914 e 11 de novembro de 1918. Situou-se nas regiões dos Oceanos Pacífico, Atlântico e Índico, da Europa, África e Oriente Médio, causou o colapso de quatro impérios e mudou de forma radical o mapa geopolítico da Europa e Oriente Médio. Nessa época, estima-se que a população mundial tenha atingido 1,5 bilhões de habitantes e mais de 9 milhões de combatentes morreram.

- **1924 – Alfred James Lotka (termodinâmica):** o americano Alfred James Lotka (1880-1949) foi um matemático e físico-químico conhecido por seus estudos sobre termodinâmica e ecologia. Ele propôs que a seleção natural é, em sua raiz, uma luta entre os organismos pela energia disponível. O princípio de Lotka afirma que os organismos que sobrevivem e prosperam são aqueles que capturam e usam energia de forma mais eficiente do que seus concorrentes. Lotka estendeu sua interpretação à sociedade humana e alertou que a mudança na dependência da energia solar para a energia não renovável representaria novos desafios para a humanidade. Cada tonelada de carvão produz três toneladas de CO_2 na queima. O consumidor paga pelo carvão, mas não assume qualquer responsabilidade sobre essa externalidade, pois o mercado não reconhece o valor desses bens livres no longo prazo. Nessa época, a população mundial era em torno de 1,9 bilhões de habitantes.

- **1934 – Arnold Toynbee (história das civilizações):** o historiador britânico Arnold Toynbee (1889-1975) escreveu sua obra prima, *A study of history*, em doze volumes no período de 1934-1961, na qual sugere que se deve pensar na civilização como um todo e não em partes nacionalistas. Sua obra traça o desenvolvimento e a decadência de todas as civilizações mundiais, detalhando as etapas pelas quais todos passam: gênese, desenvolvimento, tempo de problemas, estado universal e desintegração. Identificou três parâmetros presentes em todas as civilizações que ser tornaram hegemônicas (e que se estenderam às teorias de administração empresarial): Visão, Cultura Organizacional e Motivação. Um trecho de sua obra destaca a visão de um mundo único: *"Creio na iminência de um mundo único e que no século XXI a vida humana vai ser novamente uma unidade em todos os aspectos e atividades. Creio, que no campo da religião, o sectarismo vai ser subordinado ao ecumenismo, que no campo da política o nacionalismo vai ficar subordinado ao governo mundial, e que no campo do estudo dos assuntos humanos a especialização vai ser subordinada a uma visão abrangente."*

- **1939-1945 – Segunda Guerra Mundial:** essa guerra foi o maior conflito militar global, ocorrido entre 1º/9/1939 e 2/9/1945. Foi a guerra mais abrangente da história, com mobilização de 100 milhões de militares da maioria das nações e mais de 70 milhões de mortos, incluindo o holocausto e o uso de bombas nucleares nas cidades de Hiroshima e Nagasaki. No dia 2/9/1945 o governo japonês assinou o acordo de rendição, encerrando oficialmente a guerra. A população mundial nessa época era de 2,3 bilhões de habitantes.

- **1945 – Hiroshima e Nagasaki:** os EUA lançaram em 6/8/1945 a primeira bomba nuclear (urânio) na cidade de Hiroshima, matando 166 mil pessoas e, três dias depois, no dia 9/8, a segunda bomba nuclear (plutônio) na cidade de Nagasaki, matando 80 mil pessoas. Foram as primeiras e únicas vezes que esse tipo de arsenal foi utilizado em uma situação de combate/guerra. O artista Issao Hashimoto elaborou um mapa animado com todas as explosões atômicas de 1945 a 1998, totalizando 2.053 bombas detonadas em nosso planeta: Paquistão (2), Índia (4), China (45), Reino Unido (45), França (210), União Soviética (715), EUA (1.032), além da Coreia do Norte mais recentemente. Segundo um estudo realizado pelo British-American Security Information Council (2011), existem no mundo cerca de 22.400 ogivas nucleares, sendo maioria na Rússia (60%) e EUA (35%); imagine se isso pudesse ser utilizado como fonte de energia.

- **1954 – primeira usina nuclear (Rússia):** em 27/6/1954, a Rússia inaugura em Obninsk a primeira usina nuclear para geração de energia elétrica, com capacidade para 6 MW (para se ter uma ideia, a capacidade de Itaipu é de 14 mil MV). O mundo tem atualmente 450 usinas nucleares e mais 50 em construção, representando 11% da matriz energética mundial, distribuídas em sua maioria na Europa (33%), nos EUA (24%) e Japão (20%). Apesar dos riscos, é uma alternativa de energia "limpa".

- **1955 – Gilbert Norman Plass (aquecimento 3,6 graus):** o físico canadense Gilbert Norman Plass (1940-2004), formado em Harvard e Princeton, previu na década de 1950 que o nível de CO_2

aumentaria a temperatura média do planeta em 3,6 graus. O IPCC/ONU estima que a temperatura média do planeta até o final do século aumente de 2 a 4,5 graus Celsius.

- **1957 – os oceanos não absorvem todo o aumento de CO_2 (Revelle & Hans):** o geólogo e oceanógrafo americano **Roger Randall Dougan Revelle** (1909-1991) foi um dos primeiros a estudar o movimento das placas tectônicas relacionado com o aquecimento global. Em 1957, Revelle divulgou um estudo em coautoria com físico-químico-nuclear **Suess Hans** (1909-1993) indicando que os oceanos iriam absorver o excesso de CO_2 em um ritmo muito mais lento do que previsto pelos geocientistas, agravando as previsões sobre o aquecimento global.

- **1958 – a curva de Keeling (CO_2):** o químico e climatologista americano Charles David Keeling (1928-2005) identificou que a temperatura média do planeta era 13,9 graus Celsius e foi pioneiro nas medições dos níveis de CO_2. A sua emblemática "curva Keeling" se tornou o maior registro de dióxido de carbono atmosférico do mundo e uma evidência científica alarmante, mostrando níveis de CO_2 nunca vistos em todo o registro geológico. Sua pesquisa mostrou a evolução da concentração de CO_2 na atmosfera desde os 310 ppm no início da década de 1950, um aumento repentino para 315 em 1957 até os 380 ppm no ano de seu falecimento (2005) e, atualmente, ultrapassa os 410 ppm (2017), conforme as medições que continuam em Mauna Loa (Havaí).

- **1961 – a Terra é azul (Yuri Gagarin):** no dia 12/4/1961, o astronauta soviético Yuri Alekseievitch Gagarin (1934-1968) tornou-se o primeiro homem a viajar pelo espaço, a bordo da nave Vostok-1, e dar uma volta completa na órbita terrestre em uma hora e 48 minutos. Muito se especula sobre o que ele teria dito, mas ficou célebre a suposta frase "A Terra é azul". Ele se tornou o "garoto-propaganda" do programa espacial soviético, viajando por todo o mundo, e quando esteve no Brasil, em 1961, foi recepcionado pelo diretor do Instituto de Pesquisa Tecnológica (IPT), Dr. Alberto Pereira de Castro, e nos confidenciou a sua adoração pela caipirinha brasileira.[7]

- **1965 – carro elétrico brasileiro:** o primeiro carro elétrico brasileiro veio de Jundiaí, conforme manchete do jornal *O Globo* de 23/2/1965. Naquele ano, ninguém falava de emissões de carbono ou efeito estufa e a gasolina era muito barata; mesmo assim, o inventor Maurício Lorensini (nascido em 1924) construiu em sua oficina, na cidade de Jundiaí/SP, o primeiro carro elétrico brasileiro de que se tem notícia.

- **1968 – fundação do Clube de Roma:** é um grupo de pessoas ilustres que se reúne para debater um vasto conjunto de assuntos relacionados a política, economia e sobretudo o desenvolvimento sustentável. Foi fundado em 1968 pelo industrial italiano **Aurelio Peccei** (1908-1984) e pelo cientista **Alexandre King** (1909-2007). Tornou-se conhecido a partir de 1972 com a publicação do livro *Os limites do crescimento*, elaborado por Dana Meadows (1941-2001) e uma equipe do MIT, e versa sobre problemas cruciais para a humanidade como energia, poluição, saneamento, saúde, ambiente, tecnologia e crescimento populacional. Vale a pena ler a versão *Os limites do crescimento: atualização 30 anos*.

- **1969 – o homem pisou na Lua:** a missão da nave Apolo 11 teve início em 16/7/1969 e aterrissou na Lua no dia 20/7/1969, tendo a bordo Neil Armstrong (1930-2012), Edwin Aldrin (1930) e Michael Collins (1930). Retornou à Terra no dia 24/7/1969. "Este é um pequeno passo para o homem e um salto gigantesco para a humanidade" (Armstrong).

- **1970 – imigrantes espanhóis:** depois dos portugueses e italianos, os espanhóis representaram a maior força de imigrantes para o Brasil e, segundo o IBGE, da década de 1880 até 1970, entraram cerca de 750 mil espanhóis em busca de uma vida melhor nas terras brasileiras. Hoje estima-se que vivem em torno de 600 mil espanhóis no país.

- **1972 – Conferência de Estocolmo (1972):** a Conferência das Nações Unidas sobre o Meio Ambiente Humano foi realizada entre os dias 5 e 16/6/1972 na capital da Suécia, Estocolmo, e foi o primeiro grande encontro mundial preocupado em organizar as relações do homem com a natureza e buscar um equilíbrio entre o desenvolvimento econômico e a degradação ambiental. Já naquela época os representantes dos países desenvolvidos defendiam a diminuição do crescimento para amenizar os efeitos da poluição, enquanto os países subdesenvolvidos defendiam o direito de poluir.

---

[7] Dr. Alberto, em seu sítio em Cotia/SP, nos contou que naquele dia não havia ninguém que falasse o idioma russo e o inglês de Gagarin não era muito compreensível, mas a secretária foi muito feliz quando teve a ideia de oferecer-lhe uma caipirinha brasileira. O astronauta se entrosou e todos e passaram a tarde se divertindo e tomando caipirinha!

A população nessa época alcançava 4 bilhões de habitantes.

- **1982 – *Ice Core* na Antártida (Richard Blane Alley):** o geólogo americano Richard B. Alley (nascido em 1957) foi um dos principais autores do capítulo quatro (Changes in Snow, Ice and Frozen Ground) do 4º Relatório do IPCC/ONU e também foi convidado pelo vice-presidente dos EUA Al Gore para testemunhar sobre suas pesquisas (*Ice Core*) diante do Senado norte-americano. Foram realizadas escavações profundas no gelo da Groenlândia e da Antártida e os tubos de gelo cortados verticalmente permitiram analisar a formação de neve e as respectivas moléculas de ar aprisionadas nos últimos 800 mil anos, detectando uma forte correlação do aumento da temperatura da Terra com o aumento dos níveis de CO_2 após o período da Revolução Industrial. Essa pesquisa é considerada um estudo do "DNA" do planeta Terra e um forte argumento a comprovar a influência das atividades humanas no clima global.
- **1984 – Hidrelétrica de Itaipu:** em 5/5/1984, após 13 anos em construção, entrou em operação a usina hidrelétrica de Itaipu[8] com capacidade para gerar 14.000 MW, responsável por 90% da energia consumida no Paraguai e 20% no Brasil. Apesar de ser menor do que a usina de Três Gargantas da China (2011), a Itaipu é a maior em produção de energia renovável. A matriz energética brasileira é muito privilegiada, com 44% de fontes renováveis contra 13% da média mundial. As dez maiores usinas hidrelétricas do mundo são: Três Gargantas, na China (22.000 MW), Itaipu (14.000 MW), Belo Monte (11.233 MW), Guri, na Venezuela (10.000 MW), Tucuruí (8.370 MW), Grand Coulee, nos EUA (6.494 MW), Sayano-Shushenskaya, na Rússia (6.400 MW), Krasnoyarsk, na Rússia (6.000 MW), Churchill Falls, no Canadá (5.428 MW) e La Grande, no Canadá (5.328 MW) (Fonte: EPE, 2012). Não obstante serem consideradas fontes de energia renováveis, tem-se que considerar as externalidades geradas na implantação das usinas hidrelétricas e no uso de petróleo e carvão nos períodos de seca.

- **1986 – acidente nuclear de Chernobyl:** Chernobyl é uma cidade fantasma localizada na Ucrânia e onde ocorreu o primeiro acidente nuclear no dia 14/4/1986, devido a problemas técnicos em uma de suas turbinas. As pessoas foram alertadas somente 30 horas depois do acidente, que emitiu 400 vezes mais radiação do que a bomba atômica de Hiroshima no Japão. Segundo informações oficiais, morreram cerca de 15 mil pessoas, mas estudos publicados no IEA/USP (2011) apontam mais de 200 mil pessoas. O segundo maior acidente nuclear ocorreu 25 anos depois, em Fukushima/Japão (2011), e colocou em xeque o futuro da energia nuclear mundial.
- **1987 – Relatório *Brundtland* (*Nosso futuro comum*):** motivada pela Conferência de Estocolmo-1972, a ONU criou o Programa das Nações Unidas para o Meio Ambiente (PNUMA) e convidou em 1983 a médica e ex-primeira-ministra da Noruega **Gro Harlem Brundtland** (nascida em 1939) para presidir a Comissão Mundial sobre o Meio Ambiente, que deu origem em 1987 ao *Relatório Brundtland* ou *Nosso futuro comum*. Neste documento, o desenvolvimento sustentável é concebido como: "*O desenvolvimento que satisfaz as necessidades presentes, sem comprometer a capacidade das gerações futuras de suprir suas próprias necessidades*".
- **1988 – fundação do IPCC e os Relatórios:** como reconhecimento público e político das questões ambientais foi criado em 1988 no Painel Internacional sobre Mudanças Climáticas (IPCC) das Nações Unidas, constituído de três grupos que tratam: (1) dos aspectos científicos das mudanças climáticas; (2) dos sistemas socioeconômicos e dos sistemas naturais; e (3) do estabelecimento de limites sobre os gases do efeito estufa e outras ações necessárias. O resultado de seu trabalho é divulgado na forma de Relatórios sobre Avaliação do Meio Ambiente ou *Assessment Reports* (ARs) e são publicados aproximadamente de cinco em cinco anos. O **primeiro dos relatórios** (1990) sugeriu que se criasse uma instância de negociação política sobre mudanças climáticas, o que culminou na criação da Convenção-Quadro das Nações Unidas para Mudanças do Clima (ou UNFCC, sigla em inglês). O **segundo relatório** (1995) propôs um sistema de mitigação da emissão de CO_2, principal fonte causadora do efeito estufa e, em 1997, foi instituído o Protocolo de Kyoto. O **terceiro relatório** (2001) trouxe fortes evidências de que a ação do homem

---

[8] O lago de Itaipu inundou a maior cachoeira do mundo em volume de águas e um dos Patrimônios da Humanidade – a "Sete Quedas" – situada na divisa do Paraná com o Paraguai e onde eu (Kassai) tive o privilégio de passar a minha infância. Os moradores da cidade de Guaíra/PR relatam que, ao término do enchimento de todas as cachoeiras, surgiu na cidade um "silêncio assustador"; não tinham se apercebido que, mesmo a quilômetros de distância, o som das águas fazia parte sutilmente da vida de cada um.

era promotora de mudanças climáticas e projetou cenários alarmantes de aumento de temperatura na Terra e suas consequências nos mais diversos biomas. O **quarto relatório** (2007) aumentou o nível de confiabilidade do relatório anterior, com uso de tecnologias de processamento eletrônico de dados ainda não acessíveis no AR3. O **quinto relatório** (2013) alertou que, caso as emissões de gases do efeito estufa continuem crescendo às atuais taxas ao longo dos próximos anos, a temperatura do planeta poderá aumentar até 4,8 graus Celsius neste século, o que poderá resultar em uma elevação em até 82 centímetros no nível do mar e causar danos importantes na maior parte das regiões costeiras do globo, sendo cada vez mais difícil prever os eventos extremos abruptos.

- **1990 – consenso da comunidade científica (efeito estufa):** mesmo faltando dez anos para o final do século passado, já havia um amplo consenso na comunidade científica de que o efeito estufa provocado pelo acúmulo dos gases emitidos pelas atividades humanas tem o potencial de produzir mudanças dramáticas no clima do planeta, como sustentado na declaração assinada em 1990 por 49 ganhadores do Prêmio Nobel e mais 700 membros da National Academy of Sciences (NAS). Nesta declaração há uma alerta: "Só tomando medidas agora poderemos garantir que as gerações futuras não estarão em risco."

- **1991 – vulcão Pinatubo (Filipinas):** após 500 anos inativo, o monte Pinatubo, localizado na ilha Luzon nas Filipinas, entrou em erupção em junho de 1991 causando a morte de 800 pessoas, formando uma neblina de aerossóis e ácido sulfúrico durante meses seguidos. Isso fez com que as temperaturas globais caíssem em aproximadamente 0,5 grau Celsius, mascarando o aquecimento global.

- **1992 – Conferência do Rio de Janeiro (Rio-92):** a Conferência das Nações Unidas sobre o Meio Ambiente e Desenvolvimento conhecida por Rio-92 ou Eco-92 foi o segundo grande encontro da ONU para tratar das questões que envolvem o futuro do planeta e foi realizada entre os dias 3 e 14/6/1992 na cidade do Rio de Janeiro. Este grande evento, denominado de "Cúpula da Terra", consagrou o conceito de "desenvolvimento sustentável", além de contribuir para a mais ampla conscientização de que os dados ambientais eram majoritariamente de responsabilidade dos países desenvolvidos. Apesar do pioneirismo da Conferência de Estocolmo (1972), a Rio-92 foi considerada mais importante por envolver maior número de representantes da sociedade civil e não civil dos países membros da ONU. Estima-se que mais de 50 mil pessoas tenham estado presentes no país.[9]

- **1995 – primeira Conferência das Partes (COP-1):** a Conferência das Partes (COP) é o órgão supremo da Convenção-Quadro das Nações Unidas sobre Mudança do Clima (UNFCCC), com sede em Bonn/Alemanha, e que reúne anualmente os países partes em conferências mundiais. Suas decisões são coletivas e consensuais e só podem ser tomadas se forem aceitas unanimemente pelas partes, sendo soberanas e valendo para todos os países signatários. As COPs realizadas foram as seguintes: Berlim (1/1995), Genebra (2/1996), Kyoto (3/1997), Buenos Aires (4/1998), Bonn (5/1999), Haia (6/2000), Marrakech (7/2001), Nova Delhi (8/2002), Milão (9/2003), Buenos Aires (10/2004), Montreal (11/2005), Nairóbi (12/2006), Bali (13/2007), Poznan (14/2008), Copenhague (15/2009), Cancún (16/2010), Durban (17/2011), Doha (18/2012), Varsóvia (19/2013), Lima (20/2014), Paris (21/2015), Marrakech (22/2016), Bonn (23/2017), Katowice (24/2018).

- **1997 – Protocolo de Kyoto (COP-3):** o Protocolo de Kyoto foi criado na terceira Conferência das Partes (COP-3), realizada em Kyoto/Japão, e consiste no compromisso dos países desenvolvidos em reduzir as emissões de carbono com base nos níveis de 1990, em duas etapas: redução de 5,2% (2005-2012) e redução de 18% (2013-2020). Para auxiliar o processo de redução das emissões, foi criado o "Mecanismo de Desenvolvimento Limpo (MDL)", constituído por papéis que podem ser negociados com os países desenvolvidos, denominados "Reduções Certificadas de Emissões (RCE)" ou *Certified Emmission Reductions* (CERS)". Uma unidade de CER equivale a uma tonelada de redução de carbono.

- **1998 – ano mais quente do milênio:** o ano de 1998 foi declarado pela National Aeronautics and Space Administration (NASA) como o ano mais quente do século e dos dois mil últimos anos,

---

[9] Nessa época, os brasileiros de maneira geral ainda não tinham muito conhecimento sobre as questões ambientais, mas esse grande evento tornou-se um divisor de águas. Os jovens da geração pós-Rio-92 hoje estão no mercado de trabalho e têm um nível de consciência ambiental/social superior aos contemporâneos daquele jovem que deu a primeira volta na órbita do planeta (Yuri Gagarin) e, provavelmente, enxergava o planeta e o universo como inesgotáveis.

com aumento na temperatura média do planeta de 0,6 grau Celsius. Em 2005 esse recorde foi quebrado, mas a cada novo ano que se passa um novo recorde é estabelecido.

- **1999 – índices de sustentabilidade (bolsas de valores):** o Índice Dow Jones de Sustentabilidade (DJSI), de 1999, indexado na Bolsa de Nova York, foi a primeira carteira de *performance* financeira de empresas líderes em sustentabilidade, elaborado em três índices diferentes (empresas globais, europeias e zona do euro). Seguindo essa abordagem *Triple Bottom Line* (TBL), surgiram o FTSE4GOOD Series em Londres (2001), o Johannesburg Stock Exchange Social Responsible Investment (JSE/SRI) em Joanesburgo/África do Sul (2004) e o Índice de Sustentabilidade Empresarial (ISE/B3) no Brasil (2005).

- **2001 – terceiro relatório IPCC (aquecimento de 1,4 a 5,8º C):** o terceiro relatório do IPCC (AR3) demonstrou que o aumento da concentração dos gases de efeito estufa na atmosfera era também devido às atividades humanas e industriais e que essas emissões poderão exceder a variação natural observada nos últimos milênios.[10]

---

[10] **Segue uma síntese desse terceiro relatório (INPE/CPTEC):** a temperatura média da superfície do planeta aumentou no século XX em aproximadamente 0,6 grau Celsius. Globalmente, é muito provável que os anos 1990 tenham sido a década mais quente e que 1998 o ano mais quente desde 1861. A temperatura tem se elevado durante as últimas quatro décadas nos níveis desde a superfície até 8 km de altitude e este nível pode ser afetado pela redução do ozônio estratosférico, aerossóis atmosféricos e pelo fenômeno El Niño. A cobertura de neve e gelo tem diminuído aproximadamente em 10% desde 1960. O nível médio do mar aumentou globalmente e o conteúdo calorífico dos oceanos também experimentou um acréscimo. Mudanças também têm sido detectadas em outros componentes do clima: desde 1950, observou-se com certa precisão que houve redução na frequência de temperaturas mínimas extremas, enquanto que aumentou a frequência de temperaturas máximas extremas. Emissões de gases de efeito estufa e aerossóis em razão de atividades humanas continuam a alterar a atmosfera e consequentemente o clima. Existem novas e fortes evidências de que a maior parte do aquecimento observado nos últimos 50 anos seja atribuída à atividade humana e vai continuar mudando a composição atmosférica durante o século XXI. A temperatura média ao nível do mar e em escala global pode experimentar aumentos significativos. A temperatura média global pode aumentar entre **1,4 e 5,8 graus Celsius** no período de 1990 até 2100, com uma taxa de aquecimento maior que aquela observada no século XX. Em latitudes baixas, se observarão aumentos e diminuições na chuva regional continental, com uma forte variabilidade interanual. Em relação ao El Niño, projeções mostram poucas mudanças na amplitude do fenômeno nos próximos 100 anos. Porém, há possibilidades de intensificação dos extremos de secas e enchentes que ocorrem durante o El Niño. As alterações antropogênicas no clima podem persistir por muitos séculos.

- **2002 – Cúpula Mundial sobre Desenvolvimento Sustentável (Rio+10):** ou *Earth Summit 2002*, foi um fórum de discussão das Nações Unidas realizado em 2002 em Joanesburgo, África do Sul, e teve como objetivo principal discutir soluções propostas pela **Agenda 21**, criada na Rio-92. Os 179 países participantes da Rio-92 assinaram a Agenda 21 Global, um programa de ação baseado em um documento de 40 capítulos que constitui a mais abrangente tentativa já realizada de promover, em escala planetária, um novo padrão de desenvolvimento, denominado "desenvolvimento sustentável", e pode ser definida como um instrumento de planejamento para a construção de sociedades sustentáveis, em diferentes bases geográficas, que concilia métodos de proteção ambiental, justiça social e eficiência econômica.

- **2003 – primeiro presidente de esquerda no Brasil (Lula):** Luiz Inácio Lula da Silva (nasc. 1945) foi o primeiro presidente de esquerda eleito no Brasil e o seu governo foi caracterizado por aprovação popular (83%), melhorias sociais e escândalos políticos, a exemplo, respectivamente, do programa Bolsa Família que tirou da extrema pobreza mais de 20 milhões de brasileiros e dos casos como Mensalão e Lava Jato.

- **2004 – terremoto e tsunami no Oceano Índico (Ásia):** em 26 de dezembro de 2004 ocorreu um terremoto submarino ao sul da África, com magnitude entre 9,1 e 9,3 graus. Foi o terceiro maior terremoto já registrado, fazendo com que o planeta inteiro vibrasse, alterando em 2.5 centímetros a posição do Polo Norte, diminuindo a duração dos dias em 6,8 microssegundos. O tsunami que se seguiu ocasionou mais de 225 mil mortes.

- **2005 – ISE da B3 (3º índice mundial):** o **Índice de Sustentabilidade Empresarial (ISE)** é uma iniciativa pioneira na América Latina. Elaborado pela antiga BM&FBovespa e atual Brasil, Bolsa, Balcão (B3), busca criar um ambiente de investimento compatível com as demandas do desenvolvimento sustentável e estimular a responsabilidade ética das corporações. A B3 seleciona anualmente as 200 ações mais negociadas e envia um conjunto de questionários com várias dimensões (ambiental, econômico-financeira, geral, governança corporativa, mudança do clima, natureza do produto e social) e, após a tabulação pela Fundação Getulio Vargas (FGV), seleciona as melhores empresas para compor a carteira limitada ao máximo de 40 empresas. A carteira anunciada em 22/11/2006, por exemplo, reuniu 34 companhias que representavam 52% do total do valor das companhias com ações negociadas na Bolsa. Além do ISE, a B3 criou também o Índice de Carbono Eficiente (ICO2), para incentivar as empresas a monitorarem suas emissões de gases de efeito estufa (GEE) e, consequentemente, a criarem estratégias para se adaptarem a uma economia que tenha menor impacto sobre o clima do planeta.

- **2006 – Relatório Stern (*Stern Review: the economics of climate change*)**: o relatório Stern foi elaborado pelo economista do Banco Mundial e do governo britânico Nicholas Stern (nasc. 1946), e refere-se a um estudo encomendado pelo governo britânico sobre os efeitos na economia mundial das alterações climáticas nos próximos 50 anos. É o primeiro relatório dessa natureza e foi apresentado ao público no dia 30/10/2006. Contém 662 páginas (disponíveis na internet) e uma de suas principais conclusões é que um investimento de apenas 1% do PIB Mundial em ações mitigadoras pode evitar a perda de 20% do mesmo PIB e abre-se uma janela de oportunidades para novos empreendimentos no desenvolvimento de cada país. Segue um trecho de seu relatório: "*a alteração climática é resultante da maior falha de mercado que o mundo já viu, as evidências sobre a gravidade dos riscos decorrentes da inação ou da ação adiada são esmagadoras. O problema das mudanças climáticas envolve uma falha fundamental nesta equação: não são aqueles que mais contribuíram para as emissões dos gases de efeito estufa que irão pagar a conta.*" Vale a pena conferir esse relatório e também a sua versão brasileira (EMCB, 2009).

- **2006 – *Uma verdade inconveniente* (Al Gore)**: *An incovenient truth* é um documentário norte-americano de 2006 sobre a campanha do jornalista, ecologista, político e ex-vice-presidente dos EUA **Al Gore** para conscientizar os cidadãos do mundo sobre o aquecimento global. A ideia do documentário veio de Laurie David, jornalista americana, ao ver uma das apresentações de Al Gore e coincidiu com a estreia do filme *The day after tomorrow*. Al Gore recebeu o Nobel da Paz em 2007, junto com o IPCC/ONU. Em seu mais recente livro *O Futuro – seis desafios para mudar o mundo* (2009), ele expõe que, diante dos novos e alarmantes dados dos últimos anos, é hora de um plano global que realmente resolva os problemas da crise climática. Discorre também sobre economia global, a internet e a comunicação instantânea, as mudanças do eixo do poder mundial, novas formas de crescimento, manipulação genética e o ecossistema natural e humano.

- **2007 – o quarto Relatório do IPCC (AR4)**: o relatório AR4 praticamente descartou a possibilidade de limitar o aumento médio na temperatura na faixa de até 2 graus Celsius e, em sua síntese, relatou: os resultados alertam para um aumento médio global das temperaturas entre 1,8 grau C e 4 graus C até 2100 e esse aumento pode ser ainda maior (6,4 graus C) se a população e a economia continuarem se apoiando no consumo intenso dos combustíveis fósseis. Considerando a temperatura média global da superfície da Terra e dos oceanos no período desde 1850, os dez anos mais quentes da história estão no período de 1995 a 2006. A taxa de aumento entre 1850 e 1899 foi 0,57 grau C, enquanto entre 2001 e 2005 essa taxa passou para 0,95 graus C, correspondendo a um aumento médio no período de 0,76 grau C.

- **2007 – prêmio Nobel da Paz**: o prêmio Nobel da Paz de 2007 foi concedido para o **IPCC e Al Gore**.[11]

- **2008 – prêmio "Nobel" a um brasileiro (José Goldemberg)**: tendo em vista que o prêmio Nobel da Fundação Alfred Nobel considera apenas cinco áreas (física, química, medicina, literatura e paz), foram criados outros "prêmios nobeis" alternativos,[12] a exemplo do Nobel de Economia

---

[11] Na biografia de **Alfred Nobel** (1833-1896), conta-se que ele estava desgostoso com o uso militar da dinamite que havia inventado e ficou chocado ao ver a edição de um jornal francês que noticiara por engano a morte de seu irmão Ludvig como sendo a sua com a seguinte manchete: "*Morre o Senhor da Guerra*". Possivelmente por isso, despertou nele o desejo fazer um testamento e destinar seus bens e patentes para a Fundação Alfred Nobel, com o objetivo de premiar aqueles que servissem ao bem da humanidade (física, química, medicina, literatura e paz). Curiosamente, o prêmio Nobel de Economia não é um Nobel legítimo, da Fundação Alfred Nobel, mas financiado pelo Banco Central da Suécia e, como este, há diversos prêmios nobeis "alternativos", alguns criados até para criticar os critérios da Fundação Alfred Nobel, como não inclusão da matemática, o fato de que o prêmio deveria considerar o conjunto da vida da pessoa e não uma disciplina, a questão de privilegiar pessoas do hemisfério norte e do sexo masculino etc.

[12] A queniana **Wangari Muta Maathai** (1940-2011), que desenvolveu o conceito 3 Rs (reduzir, reutilizar e reciclar), tornou-se a primeira mulher negra a receber o prêmio Nobel da Paz (2004) da Fundação Alfred Nobel e também diversos outros prêmios, como: Rigth Livelihood Award (1984), Prêmio Goldman do Meio Ambiente (1991), Prêmio África (1991), Prêmio Edingburg (1993), Prêmio Petra Kelly (2004), Prêmio Sofia (2004).

e do *Blue Planet Prize* (Prêmio Planeta Azul). O físico e professor da USP **José Goldemberg** recebeu o *Blue Planet Prize* em 2008, uma espécie de prêmio Nobel do Meio Ambiente, concedido pela fundação japonesa Asahi Glass a cidadãos que se destacam em suas pesquisas e políticas públicas na área de sustentabilidade.

- **2009 – Relatório Economia da Mudança do Clima no Brasil (EMCB):** é um estudo inspirado no Relatório Stern, do Reino Unido, que fez uma abrangente análise econômica dos problemas das mudanças climáticas globais. O próprio Nicholas Stern esteve no Brasil, fez reuniões na USP e, sob a coordenação de Jacques Marcovitch (FEA/USP) e do climatologista Carlos Afonso Nobre (INPE) e, em parceria com diversas instituições públicas brasileiras atuantes na área, elaborou-se a "versão brasileira" do *Stern Review*, com previsões dos cenários de mudanças climáticas globais para o país até meados deste século. Entre as principais conclusões está a de que os piores efeitos da mudança do clima **recairão sobre as regiões da Amazônia e do Nordeste**, as mais pobres do Brasil, e que, portanto, o custo da inação hoje será o aprofundamento das desigualdades regionais e de renda. Este relatório é intitulado **"Economia da Mudança do Clima no Brasil: Custos e Oportunidades"**. Pode ser localizado facilmente na internet e a sua leitura é obrigatória para todos que de alguma forma estejam envolvidos com planejamento estratégico e de longo prazo, pois engloba os diversos níveis de probabilidade do aquecimento global em cenários de simulações sobre muitos aspectos do Brasil, como: recursos hídricos, energia, produção agrícola, padrão e uso da terra, biodiversidade amazônica, zona costeira, região Nordeste, desmatamento, biocombustíveis, taxação de carbono e novos negócios.

- **2010 – primeiro evento sobre Relato Integrado no Brasil (FEA/USP):** no dia 12/5/2010 o Núcleo de Estudos em Contabilidade e Meio Ambiente (NECMA/USP), do Departamento de Contabilidade e Atuária da FEA/USP, realizou o primeiro encontro para discutir a possibilidade de integração entre a contabilidade e os relatórios de sustentabilidade, denominado **"Diálogo IFRS & GRI"**. Participaram desse evento representantes da *Global Reporting Initiative* (Ernest Ligteringem, Glaucia Terro e Carlos Alberto Lessa Brandão) e os professores Eliseu Martins, Nelson Carvalho, Henry Robert Srou, Ariovaldo dos Santos e José Roberto Kassai. Alguns meses depois, Nelson Carvalho e Ernest Ligteringem (1955-2017) foram convidados e participaram da primeira reunião do *International Integrated Reporting Council* (IIRC), uma iniciativa do Príncipe de Gales para promover a próxima grande revolução na contabilidade: os relatórios integrados (*Integrated Reporting*). A conclusão do evento foi de que os relatórios de natureza "não financeira", por mais que se aperfeiçoem, não lograrão sucesso se não forem integrados com os tradicionais relatórios financeiros.[13]

- **2011 – acidente nuclear de Fukushima (Japão):** o desastre de Fukushima, ocorrido em 11 de março de 2011, foi o pior acidente nuclear desde a explosão do reator de Chernobyl, na Ucrânia, em 1986. Começou em um terremoto de magnitude 9, seguido por tsunamis e a explosão do reator da usina. Segundo estimativas, a radiação contaminou uma área, chamada de "zona morta", várias centenas de quilômetros quadrados ao redor da planta atômica e causou mais de 12 mil mortes. Enquanto o acidente na Ucrânia foi provocado por causas humanas, no Japão a origem foram causas naturais, colocando-se em cheque o futuro da energia nuclear na matriz energética dos países.

- **2011 – deslizamentos de terra no Rio de Janeiro:** em janeiro de 2011, enchentes e deslizamentos de terra atingiram o estado do Rio de janeiro, após intensas chuvas na região serrana, afetando Teresópolis, Nova Friburgo, Petrópolis e outras cidades da região serrana do estado. Segundo estimativas, houve mil mortes e 35 mil desalojados e a tragédia foi considerada como o maior desastre climático da história do país.

- **2012 – Conferência Rio+20:** especula-se que a ONU tinha a intenção de realizar a "Escolmo+40" nesta data, mas devido à repercussão mundial da Rio-92, a **Conferência das Nações Unidas para o Desenvolvimento Sustentável** de 2012, ou Rio+20, foi realizada novamente na cidade do Rio de Janeiro entre os dias 13 e 22 de junho. Segundo

---

O Right Livelihood Award concedeu prêmios para seis brasileiros: José Lutzenberguer (1988), MST (1991), Comissão Pastoral da Terra (1991), Leonardo Boff (2001), Chico Whitaker Ferreira (2006) e Erwin Krautler (2010). E o *Blue Planet Prize* laureou o professor José Goldemberg (USP) com o nobel do meio ambiente.

[13] O vídeo deste evento pode ser facilmente localizado na internet procurando-se por **"diálogo IFRS & GRI"** ou no *link*: www.fea.usp.br/videos_view.php?id=167.

o secretário de Turismo, Pedro Guimarães, o Rio recebeu 110 mil visitantes e 45 mil pessoas estiveram no Riocentro, onde aconteceu o encontro dos chefes de Estado. Mais de 1 milhão de pessoas participaram dos eventos paralelos, principalmente a Cúpula dos Povos, que teve um público de 300 mil pessoas. Como resultado, todos os chefes de Estado presentes reconheceram a gravidade dos limites do planeta e produziram um documento final denominado "*The Future We Want*", que servirá de orientação para as políticas públicas, estratégias empresariais e conduta da sociedade civil até a "Rio+40". Um dos trechos desse relatório, no parágrafo 47, inclui a orientação para que as empresas elaborem seus relatórios contábeis integrados com informações de natureza financeira tanto quanto não financeira.

- **2013 – lançamento do *framework* do Relato Integrado (Versão 1):** o Conselho Internacional do Relato Integrado ou *International Integrated Reporting Council* (IIRC) iniciou seus trabalhos em agosto de 2010, com reuniões quadrimestrais realizadas regularmente nos principais países do G20, inclusive no Brasil, sob a coordenação do professor Nelson Carvalho e, em 16/4/2013 foi lançado mundialmente[14] o primeiro rascunho ou *Exposure Draft Integrated Reporting*, permanecendo em audiência pública por 90 dias até que, no dia 9/12/2013,[15] foi divulgada a primeira versão do *framework* do Relato Integrado. O conteúdo na íntegra deste documento pode ser obtido diretamente no *site* do IIRC –www.theiirc.org – e muitas discussões já ocorrem no NECMA/USP e na Comissão Brasileira de Acompanhamento do Relato Integrado (CBARI) – www.relatointegradobrasil.com.br –, que conta com mais de 300 membros que participam de reuniões quadrimestrais na sede da Febraban em São Paulo.
- **2014-2016 – crise hídrica no estado de São Paulo**: a crise da água no estado de São Paulo ocorreu em um período crítico de 2014 a 2016, no qual a seca e a redução de oferta de água atingiram níveis preocupantes e poucas vezes vistos na história local, tendo como um dos símbolos o imenso Sistema Cantareira que permaneceu vazio e com exploração do "volume morto", fazendo com que a população repensasse o uso e desperdícios desse líquido escasso. Apesar desse avanço por parte da população, é necessário investir em reuso e equacionar o consumo de água na atividade agrícola.[16]
- **2015 – rompimento da barragem da Samarco (Mariana/MG)**: considerado o maior desastre natural do país, ocorreu no dia 5/11/2015 o rompimento da barragem de rejeitos de mineração de Fundão, localizada no subdistrito de Bento Rodrigues, a 35 km do centro do município de Mariana/MG. Além da destruição total de Bento Rodrigues, este acidente provocou aumento da turbidez das águas do Rio Doce, com impactos no abastecimento de várias cidades de Minas Gerais e do Espírito Santo, danos culturais a monumentos históricos do período colonial, bem como à fauna e à flora na área da bacia hidrográfica, incluindo possível extinção de espécies endêmicas, e prejuízos à atividade pesqueira e de turismo nas localidades atingidas. Para se ter uma ideia do potencial instalado dessas externalidades, existem quase 700 barragens de rejeitos no país e metade situa-se no estado de Minas Gerais.
- **2015 – Acordo de Paris (COP-21)**: a 21ª Conferência das Partes (COP-21) foi realizada em Paris em dezembro de 2015, e ao contrário do Protocolo de Kyoto (1997) que levou anos para ser ratificado, o Acordo de Paris foi ratificado e entrou em vigor no dia 4/11/2016. O Acordo de Paris foi aprovado pelos 195 países partes para reduzir emissões dos gases de efeito estufa (GEE) no contexto do desenvolvimento sustentável, no sentido de manter o aumento da temperatura média global próxima a 2 graus Celsius. Para o alcance do objetivo final do acordo, os governos se envolveram na construção de seus próprios compromissos, a partir das chamadas **Pretendidas Contribuições Nacionalmente Determinadas** (NDC, na siga em inglês) e com base no que cada governo considera viável no cenário local. A **NDC do Brasil** compromete-se em reduzir as emissões de gases de efeito estufa em **37%** abaixo dos níveis de 2005 até 2025 e em **43%** até 2030,

---

[14] O lançamento do *Exposure Draft Integrated Reporting* no Brasil ocorreu nessa data, na sede da atual B3, e o vídeo está disponível no YouTube: www.youtube.com/watch?v=2jO2nPjTlgU ou na biblioteca do NECMA/USP.

[15] Nesse dia, o NECMA/USP realizou uma reunião na FEA/USP com o professor Robert G. Eccles, da Universidade Harvard e membro do IIRC, para tratar do *framework* e, simultaneamente, o professor Nelson Carvalho participava da reunião em Londres com Sua Alteza o Príncipe de Gales no lançamento oficial do *Framework Integrated Reporting*.

[16] Mais de 80% da produção agrícola mundial hoje compõe-se de grãos destinados à atividade da pecuária.

basicamente com as seguintes estratégias: evitar desmatamento, reflorestamento, aumentar o uso de bioenergia e alcançar 45% de energias renováveis na matriz energética em 2030.

- **2017 – saída dos EUA do Acordo de Paris (Trump)**: no dia 1º/6/2017, o presidente Trump anunciou a retirada dos EUA do Acordo de Paris: *"Para cumprir meu dever de proteger a América, os EUA vão se retirar do Acordo do Clima de Paris e começar renegociações para reentrar no acordo de uma forma que seja justa com o povo americano."* A saída dos EUA não significa o fim do Acordo de Paris, até porque, de acordo com as regras, o processo demora três anos, mas é complicador, pois esse país é o segundo entre os maiores poluidores do planeta: China (29%), EUA (15%), União Europeia (10%), Japão (4%), Brasil (2%). E, além do mais, sabemos que os compromissos assumidos originalmente no Acordo de Paris são insuficientes para se atingir a meta de limitar o aumento da temperatura abaixo de 2 graus Celsius, tendo que ser revistos futuramente. A NDC norte-americana propunha reduzir de 26% a 28% as emissões até 2025, praticamente o dobro das reduções realizadas até então.
- **2019**: rompeu-se outra barragem de rejeito da empresa Vale/Samarco, mostrando a fragilidade ambiental em Minas Gerais. Repetiu-se o mar de lama e a morte de muitas pessoas, animais e rios.
- **2020 a 2030**: ?

6.6 Mudanças climáticas – o que muda em nossas vidas?

Se você nasceu após a Conferência das Nações Unidas sobre o Meio Ambiente e o Desenvolvimento Humano (Rio-92), praticamente cresceu ouvindo falar de temas até então raros como: camada de ozônio, gases do efeito estufa, aquecimento global, escassez de água potável, energias renováveis, preservação ambiental, reciclagem, pico do petróleo, mudanças climáticas. O termo "mudanças climáticas", embora também possa se referir a mudanças atuais ou variações naturais das quatro estações do ano, tem sido utilizado pelo Painel Intergovernamental sobre Mudanças do Clima da Organização das Nações Unidas (da sigla em inglês, IPCC) para se referir a uma variação de longo prazo, que abrange décadas ou milhões de anos e refere-se a variações estatisticamente significativas dos parâmetros climáticos, como temperatura, precipitações, nebulosidade e ventos.

Há fortes indícios de que o clima está de fato mudando. De acordo o Instituto Nacional de Pesquisas Espaciais (INPE), as décadas de 2000 e 2010 foram as mais quentes dos últimos mil anos. Enquanto a temperatura média global subiu em torno de 5 graus Celsius nos últimos dez mil anos, se continuar o mesmo ritmo de aquecimento global observado nas últimas décadas, pode aumentar os mesmos 5 graus Celsius em apenas 200 anos (INPE, 2012).

Essas variações que estão ocorrendo no clima podem ser atribuídas a três causas (IPCC, 2017):

1) Causas externas ao globo terrestre, como variação orbital, impactos de meteoritos e, principalmente, a intensidade da radiação vinda do Sol; há quatro bilhões de anos a energia do Sol era equivalente a 70% da atual.

2) Processo natural da própria Terra, que é estruturada em quatro camadas (núcleo interno sólido, um núcleo externo líquido, um manto sólido e a crosta sólida) e como se observa nas diversas eras geológicas em seus quatro bilhões de anos de existência: Arqueozoica (3,8 bilhões a 2,5 bilhões de anos atrás), Proterozoica (2,5 bilhões a 540 milhões de anos), Paleozoica (540 milhões a 250 milhões), Mesozoica (250 milhões a 65,5 milhões de anos) e Cenozoica (65 milhões de anos até hoje), com destaque para a sub-época Quaternária denominada Holoceno e que teve início desde a última glaciação, há 11,5 mil anos.

3) E, mais recentemente e de forma mais acelerada, a ação humana e pós-Revolução Industrial, caracterizada pela exploração em grande escala de recursos naturais e a consequente emissão de CO_2 e de outros gases do efeito estufa.

Independentemente de quais sejam as causas do aquecimento global, o fato é que as consequências diretas e indiretas do aumento de temperatura são graves para o ser humano e para todos os seres vivos e têm impactos profundos no planeta, como:

- Perda da biodiversidade e extinção de espécies animais e vegetais em níveis parecidos com as extinções em massa de períodos de final de glaciação.
- Esgotamento da disponibilidade de água potável e agravamento em virtude das desigualdades sociais e do manejo inadequado dos recursos naturais; estima-se que quase dois bilhões de pessoas no mundo não têm acesso diário a água potável (ONU, 2012).

- Alteração na frequência e intensidade de chuvas e fenômenos climáticos, vendavais, ondas de calor, secas prolongadas, erosão e desertificação. A maioria dos países ainda não possui supercomputadores capazes de processar modelagens matemáticas do clima e prever esses eventos climáticos extremos com precisão; o Brasil adquiriu recentemente (INPE, 2011) um desses equipamentos, mas antes disso não dispunha de nenhum supercomputador com memória de processamento superior a 1 terabyte, enquanto que Japão e EUA já utilizavam máquinas com mais de 50 terabytes há décadas.
- Elevação do nível do mar, inundações, refugiados do clima e migrações internacionais. Se todo o manto de gelo da Antártida fosse derretido, o nível do mar aumentaria em torno de 70 metros. Isso não deve acontecer, mas tendo-se em vista que quase um bilhão de pessoas vive a menos de um metro do nível do mar e que 1% a 10% desse gelo representa um aumento de 70 centímetros a 7 metros no nível do mar, não se pode desprezar esse risco iminente (IPCC, 2012).
- Fim da era do petróleo e dos fertilizantes químicos, escassez de energia, escassez de solo agrícola e dificuldades na produção de alimentos, mutações nas culturas agrícolas. Thomas Malthus previu uma crise civilizatória no início do século XIX ao relacionar o crescimento populacional com a produção limitada de alimentos, e isso não ocorreu graças ao milagre da agricultura baseado no uso de fertilizantes nitrogenados à base de petróleo.

E incluindo-se neste cenário outros problemas já conhecidos, como crescimento populacional, empobrecimento e concentração de riquezas, tráfico de drogas, criminalidade, guerras, alienação cultural e política, educação, empoderamento dos menos favorecidos etc., fica difícil planejar o futuro que queremos a ponto de nos perguntarmos: **como resolver essa crise?**

Neste livro, reunimos diversas ações que contribuem para o desenvolvimento sustentável e que podem funcionar como uma cartilha para o futuro que queremos, a exemplo do Relatório Final da Rio+20, da Agenda 2030 dos 17 Objetivos do Desenvolvimento Sustentável (ODS) e da segunda Encíclica *Laudato Si* do Papa Francisco, abordados no Capítulo 9.

Avaliação de aprendizagem

Para avaliar e aprimorar o conteúdo abordado neste capítulo, seguem algumas sugestões de atividades e questões:

1) Consulte a página do NECMA/USP no portal de Grupos do Conselho Nacional de Desenvolvimento Científico e Tecnológico (CNPq) – http://dgp.cnpq.br/dgp/espelhogrupo/31517, veja os trabalhos que estão sendo desenvolvidos nas diversas linhas de pesquisa e, se houver interesse, será bem-vindo para somar com suas contribuições.

2) O mundo está em crise? Esse é um tipo de questionamento que não tem a mesma intensidade das discussões realizadas na primeira década desse século (até a Rio+20), mas até hoje é comum encontrar pessoas que nunca ouviram falar sobre os problemas do aquecimento global, ou que acreditam que é uma situação passageira, ou que eventuais problemas serão todos solucionados pela ciência. Esta é uma boa discussão para se iniciar em uma classe ou grupo de pessoas.

3) Relembrar a história dos principais acidentes ou desastres ambientais é uma atividade que desperta muita curiosidade e reflexões. Sugerimos que os alunos pesquisem e façam apresentações sobre alguns deles, como: *Big Smoke* (1952), Mar de Aral (1960), Minamata (1954), Kyshtym (1957), Seveso (1976), Three Mile Island (1979), Sete Quedas (1982), Bhopal (1984), Chernobyl (1986), Exxon Valdez (1989), P-36 (2001), BP/Golfo do México (2010), Fukushima (2011) e Samarco (2015).

4) A ONU realizou pesquisas com a população de seus países membros e questionou: "As pessoas estão cientes das alterações climáticas e de suas causas?" Qual foi o resultado da pesquisa com base no Relatório de Desenvolvimento Humano (RDS)?

5) Com base na evolução da população mundial ao longo dos últimos 6 mil anos (Figura 6.3), promova uma discussão e reflexão com sua turma e comece perguntado qual era a população mundial quando cada um nasceu.

6) Quais são os nove limites planetários, mencionados na pesquisa liderada por Johan Rockstrom (2009), da Universidade de Estocolmo? Quais deles já foram ultrapassados?

7) A pobreza é sem dúvida o desafio mais urgente e prioritário de acordo com os principais relatórios, a exemplo dos 17 ODS da ONU (Figura 6.4). Faça uma reflexão sobre esta situação e sobre os diversos níveis de "pobreza".

8) Promova uma discussão e reflexão explorando os principais acontecimentos anuais na Linha do Tempo sobre Aquecimento Global (até 2018) e

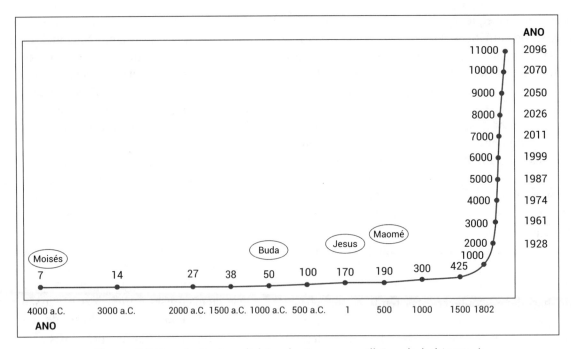

Figura 6.3 População mundial (evolução – em milhões de habitantes)

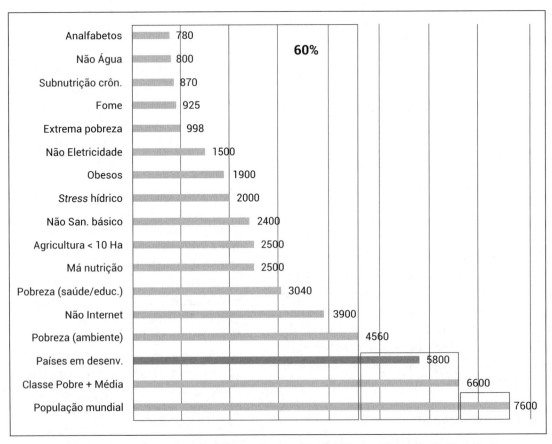

Figura 6.4 Pessoas vulneráveis à pobreza mundial (em milhões de habitantes)
Fonte: NECMA/USP (2017) e RDH/ONU (2017).

inclua outros eventos considerados relevantes. E envie para nós também: jrkassai@usp.br.

9) Com base na Linha do Tempo sobre Aquecimento Global, evidenciada na questão anterior, escolha três (3) eventos que você considera mais relevante em nossa história.

10) Mudanças climáticas: o que muda em nossas vidas? Promova essa discussão com sua turma e chegue em um consenso sobre o nosso futuro, pelo menos daqui a 20 anos.

11) A exemplo do método de Investigação Apreciativa (IA), criado por David Cooperrider em 1980, que se baseia na afirmação de que as pessoas estão mais abertas a mudanças e propícias a maior criatividade quando são questionadas a respeito de "fatos positivos" e não do que é "negativo" ou o que lhes falta, faça uma reflexão com sua turma sobre **"Qual o Futuro que Queremos?"**. Explore aspectos como moradia, alimentos, trabalho, mobilidade, lazer, cultura, conceito de felicidade, economia, relacionamentos, agricultura, formas de energia, esporte etc. Peça para que cada um escreva um parágrafo com 15 linhas ou grave um minivídeo de até um minuto (YouTube).

7

Balanço Contábil das Nações (BCN)

Este capítulo aborda uma das linhas de pesquisa do NECMA-USP, denominada "Balanço Contábil das Nações", e está dividido em cinco tópicos:

7.1 Modelo BCN de acordo com o compêndio *Indicadores de nações* (LOUETTE, 2009)

7.2 A pesquisa original – Balanço Contábil das Nações: reflexões sobre mudanças climáticas globais (2008)

7.3 Os *monster countries* e o cenário de mudanças climáticas globais: uma análise a partir de seus balanços contábeis (2009)

7.4 Balanços contábeis dos estados brasileiros: evidências empíricas da deterioração energético-ambiental no período de 2002-2008

7.5 Projeto de pesquisa: cenário promissor para o Brasil como futura superpotência verde

O Balanço Contábil das Nações (BCN) é uma metodologia para a elaboração de relatórios contábeis de países ou regiões, por meio do método *inquired balance sheet* e da equação básica da contabilidade: Ativo menos Passivo é igual ao Patrimônio Líquido.

O trabalho pioneiro[1] (2006-2008) elaborou o Balanço Patrimonial de alguns dos principais países de acordo com os cenários de mudanças climáticas globais do *Intergovernmental Panel on Climate Change* (IPCC/ONU) e com base no estoque de recursos florestais e no saldo residual entre as emissões e capturas de carbono (GHG) estimadas até 2050 para cada país.

Foi uma das primeiras pesquisas realizadas pelo NECMA/USP, e o estudo original foi elaborado em coautoria com os pesquisadores Rafael Feltran-Barbieri (biólogo), Nelson Carvalho (economista), Alexandre Foschine (agrônomo), Yara Consuelo Cintra (administradora), Luiz Eduardo Afonso (atuário) e Luiz Jurandir Simões de Araújo (ciência da computação) e recebeu a colaboração de diversos outros pesquisadores das áreas de energia, química, física e engenharia.

O trabalho foi apresentado em 13/10/2008, durante a cerimônia de entrega do "Prêmio Eco Amcham do Brasil", em palestra conjunta com o Ministro do Meio Ambiente. E, simultaneamente, na cidade de Rimini/Itália, a professora Yara Cintra estava apresentando o trabalho na *Conference on Social and Environmental Accounting Research* (CSEAR).

Naquele ano, o NECMA participou de dezenas de apresentações, conferências e simpósios e recebeu muita demanda de serviços, tendo em vista a repercussão do *Stern Review: The Economics of Climate Change* (2006), que, definitivamente, despertou o interesse das empresas e mercados para as oportunidades das mudanças climáticas globais.

Esta foi a primeira experiência desse grupo multidisciplinar, e apesar das dificuldades de linguagens e conceitos (às vezes, de preconceitos), mostrou que é possível e gratificante trabalhar de forma transversal entre as diversas áreas do conhecimento humano.

7.1 Modelo BCN de acordo com o compêndio *Indicadores de nações* (LOUETTE, 2009)

O compêndio *Indicadores de nações: uma contribuição ao diálogo da sustentabilidade* (LOUETTE, 2009)

---

[1] O trabalho original recebeu o prêmio Dow-USP de Inovação – SISCA 2009 (US$ 10 mil), sendo uma de suas exigências: "*O trabalho poderá ser em qualquer área do conhecimento humano (física, química, administração, economia, biologia, engenharia, ciências da saúde, políticas públicas etc.) desde que seja claramente de natureza interdisciplinar ou multidisciplinar e que tenha relevância frente às metas de sustentabilidade.*" Ele foi apresentado em congressos nacionais e internacionais, fazendo parte de livros, periódicos, entrevistas em jornais, rádios, palestras etc. E, curiosamente, quando foi submetido aos primeiros congressos nacionais, foi recusado por dois deles com a seguinte justificativa: "*não se caracteriza como pesquisa em contabilidade*"!

faz algumas críticas ao tradicional Produto Interno Bruto (PIB) e elenca 25 indicadores globais de sustentabilidade das nações, dentre os quais o Balanço Contábil das Nações (BCN), que foi selecionado pela autora em reuniões do Pacto Global realizadas na Fundação Getulio Vargas (FGV), a saber:[2]

O QUE É:

O Balanço Contábil das Nações é uma metodologia para a elaboração de relatórios contábeis de países ou regiões, por meio do método *inquired balance sheet* e de acordo com a equação fundamental da contabilidade: *Ativo menos Passivo é igual ao Patrimônio Líquido*, composto por dados de natureza financeira e não financeira.

ORIGEM:

O modelo originou-se no Núcleo de Estudos em Contabilidade e Meio Ambiente (NECMA/USP), do departamento de Contabilidade e Atuária da FEA/USP, em parceria com pesquisadores do Instituto de Pesquisa da Civilização Yoko (IPCY), do Programa de Pós-Graduação em Ciência Ambiental (PROCAM/USP) e do Instituto de Pesquisa em Energia Nuclear (IPEN/USP).

OBJETIVO:

O Balanço Contábil das Nações tem por objetivo evidenciar a conta com a qual cada cidadão terá que arcar diante dos fenômenos de mudanças climáticas globais, do aquecimento global e do aumento da concentração dos gases de efeito estufa (GHG). Mostra situações de superávit ou déficit e permite reflexões individuais, regionais e consolidadas em relação a políticas e mecanismos de preservação ambiental.

CONTEÚDO:

O balanço ambiental de cada país ou região tem os Ativos representados pelos seus recursos florestais. Os Passivos correspondem às obrigações em relação à preservação do meio ambiente e o Patrimônio Líquido significa a parcela residual destinada a recompor as reservas naturais para as gerações atual e futuras.

Os Ativos são avaliados monetariamente (US$), adotando-se como custo de oportunidade o PIB, deduzido pela depreciação calculada no consumo médio de energia em tonelada equivalente de petróleo (TEP) ou *tons of oil equivalent* (TOE).

O Patrimônio Líquido é quantificado em função do saldo residual entre as emissões e capturas de carbono (CO_2) para cada país ou região, precificado com base no custo de captura de carbono previsto, divulgado pela ONU, ou no preço de mercado global. As emissões podem ser obtidas nas previsões do *Special Report on Emmission Scenarios* (SRES-IPCC) e as capturas de carbono são calculadas com base nas áreas florestais disponíveis e as respectivas taxas de conversão de GHG.

O Passivo pode ser apurado por equivalência contábil ou, simplesmente, por diferença entre o total do Ativo menos o total do Patrimônio Líquido, com base na equação fundamental da contabilidade (Luca Pacioli).

Como o PIB representa a soma em valores monetários de todos os bens e serviços finais produzidos em determinado país ou região, foi adotado como base para a avaliação dos seus Ativos.

Entretanto, como esta medida considera apenas o fluxo das receitas, o modelo previu um ajuste para diminuir os efeitos dos fluxos das externalidades e denominou-se "depreciação". Os valores podem ser convertidos em qualquer moeda e, no caso de uma comparação internacional, a exemplo do Banco Mundial, sugere-se utilizar o dólar na modalidade paridade do poder de compra ou *Gross Domestic Product purchasing power parity* (GDP-ppp), pois esta modalidade considera o custo relativo dos bens, serviços e as taxas de inflação locais de cada país.

Utilizou-se o consumo de energia para ajustar os fluxos de despesas ou externalidades ambientais e sociais do Ativo, pois é uma variável com forte correlação com os diversos indicadores de qualidade de vida, a exemplo do Índice de Desenvolvimento Humano (IDH).

A medida tonelada equivalente de petróleo (TEP) ou *tons of oil equivalent* (TOE) está relacionada diretamente com as emissões dos GHG, em especial com o CO_2, e com o desenvolvimento econômico e social dos países. Em 2008, as médias de consumos *per capita* apontavam: média mundial (1,69 TEP), EUA (8,45 TEP), Alemanha (4,2 TEP), Japão (4,05 TEP), Rússia (3,5 TEP), Brasil (1,09 TEP), China (0,66 TEP), Índia (0,32 TEP), Bangladesh (0,15 TEP). Isso implica que, para gerar uma mesma quantidade de US$ em um determinado país, as emissões de CO_2 e as externalidades ambientais e sociais são desiguais.

Para o cálculo dessa "depreciação", considerou-a orientação de Goldemberg (2007) que afirma ser necessário reduzir o consumo de energia dos países ricos, mas é vital aumentar a barreira para uma TEP nos países pobres.

Assim, quando o consumo de energia médio *per capita* de um país é superior à unidade, a depreciação

---

[2] O modelo BCN também consta em um dos capítulos de Baldarelli (2010, p. 127-157), em coautoria dos mesmos autores do NECMA/USP.

diminui o valor do ativo; e quando é menor do que um, a depreciação é "positiva", aumentando-se o valor do ativo, a exemplo da Índia e das regiões pobres da África, Ásia e América Latina.

Os saldos de captura de carbono (GHG) de cada país são calculados com base nos estoques de carbono florestal contidos na biomassa e nos compostos orgânicos do solo, pois representam depositários de carbono evitado na atmosfera e são convertidos em Megatonelada (MTon) de acordo com as áreas dos biomas de cada país e as respectivas taxas de estocagem sugeridas pelo IPCC (2000).

O saldo residual de carbono é apurado diminuindo-se o montante das emissões acumuladas de carbono de acordo com os cenários SRES A1B1 e A2B2 do IPCC – 2050 – abrangendo desmatamento, uso de tecnologias e cumprimento do Protocolo de Kyoto e outros mecanismos que vierem a ser adotados para a descarbonização das economias.

PASSO A PASSO:

Os procedimentos básicos para a elaboração do BCN de uma região são os seguintes:

1. **Obtenção dos dados**: produto interno bruto (GDP-ppp), consumo médio de energia anual (TOE), número de habitantes, área florestal das biomassas e compostos orgânicos, taxa de estocagem de carbono e o custo sugerido pela ONU de carbono evitado ou o preço de mercado da MTon.
2. **Mensuração do Ativo Ambiental**: apuração do GDP-ppp *per capita* pelo número de habitantes e divisão pelo consumo médio de energia em TOE *per capita*.

$$\text{Ativo} = \frac{\text{GDP-ppp Total}}{\text{N}^{\underline{o}}\text{ Habitantes}} \div \text{TOE } per\ capita$$

3. **Mensuração do Patrimônio Líquido Ambiental**: apuração do saldo residual de carbono obtido pela diferença entre o saldo em estoque (área florestal vezes a taxa de captura de carbono) e as emissões estimadas de carbono nos cenários estabelecidos pelo IPCC. Por último, efetua-se a conversão do saldo em MTonC para US$ pelo custo sugerido nos relatórios da ONU.

$$\text{PL} = ((\text{Área florestal} \times \text{taxa de captura}) - \text{Emissões estimadas}) \times \text{Custo MTon}$$

4. **Mensuração do Passivo Ambiental**: obtido por diferença entre o valor do Ativo e o valor do Patrimônio Líquido.

$$\text{Passivo} = \text{Ativo} - \text{PL}$$

RESULTADOS:

Os resultados desse modelo mostram a situação de cada país ou região na forma de um Balanço Contábil das Nações (BCN), ou seja, nos moldes de um Balanço Patrimonial utilizado para analisar a situação das empresas em geral.

Se o total do Ativo Ambiental é maior do que o Passivo Ambiental, o Patrimônio Líquido Ambiental retrata uma situação de SUPERÁVIT econômico-social-ambiental daquele país ou região, evidenciando um crescimento que contribui para o desenvolvimento sustentável.

Se o total do Ativo Ambiental é menor do que o Passivo Ambiental, o Patrimônio Líquido Ambiental retrata uma situação de DÉFICIT econômico-social-ambiental daquele país ou região, evidenciando que o país não está contribuindo para o desenvolvimento sustentável global.

O estudo pioneiro da USP foi apresentado durante o evento do Prêmio Eco 2008 da Amcham do Brasil, em conjunto com a palestra do ministro Roberto Mangabeira Unger sobre mitos e realidades da Amazônia. Abrangeu uma amostra de sete países (Brasil, Rússia, Índia, China, EUA, Japão e Alemanha), representando 68% do PIB mundial, 50% da população e 48% do consumo de energia e os principais blocos econômicos.

O balanço consolidado para o planeta, resultante do estudo, mostrou-se deficitário, com um Patrimônio Líquido negativo, ou seja, um Passivo Ambiental a descoberto equivalente a US$ 2,3 mil anuais para cada um dos habitantes do planeta. Em outras palavras, cada um dos mais de 7 bilhões de habitantes do planeta deveria provisionar US$ 2,3 mil anuais para mitigação dos efeitos de mudanças climáticas globais. Nesse cenário falimentar, Brasil e Rússia são os únicos países que apresentaram situação superavitária e com legitimidade para projetos de créditos de carbono, vantagens essas sumariamente condicionadas a ações urgentes contra os desmatamentos e queimadas hoje observados.

7.2 A pesquisa original – Balanço Contábil das Nações: reflexões sobre mudanças climáticas globais (2008)

7.2.1 Resumo

O objetivo desse trabalho é elaborar o Balanço Patrimonial de países com base nos cenários de mudanças climáticas e aquecimento global apontados pelo *Intergovernmental Panel on Climate Change* (IPCC) da Organização das Nações Unidas (ONU).

O estudo leva em consideração o estoque de recursos florestais e o saldo residual entre as emissões e capturas de carbono ou *Greenhouse Gas* (GHG) estimadas para cada país em 2020 e 2050 de acordo com os relatórios *Special Report on Emission Scenarios* (SRES) A1B1 e A2B2. A pesquisa foi conduzida de forma multidisciplinar, envolvendo conceitos das áreas de biologia das mudanças climáticas, energia, geociência, economia e da contabilidade que foi utilizada para delimitar o objeto da pesquisa e servir de método, por meio da técnica *inquired balance sheet*, para mensuração e classificação dos Ativos, Passivos e Patrimônios Líquidos ambientais.

Selecionou-se uma amostra de sete países: representantes do BRIC (Brasil, Rússia, Índia e China) e países desenvolvidos da América, Europa e Ásia (EUA, Alemanha e Japão). Os balanços contábeis de cada país foram avaliados em unidades equivalentes de PIB, ajustados pelo consumo de energia *per capita* em toneladas equivalentes de petróleo (TEP) e em megatoneladas de carbono (MtonC), precificadas pelo custo (US$) de captura de carbono sugerido pela ONU.

Os resultados da pesquisa mostram que os países desenvolvidos estão consumindo recursos de outras nações e de gerações futuras e, apesar de o Brasil e a Rússia apresentarem superávits ambientais, o balanço consolidado do planeta no cenário de 2050 aponta para uma situação deficitária ou falimentar, com "passivo a descoberto" ou Patrimônio Líquido negativo equivalente a US$ 2,3 mil anuais para cada um dos atuais 6,6 bilhões de habitantes (2008) e um Passivo Ambiental equivalente a um quarto do PIB mundial. Este relatório contábil não convencional é uma prestação de contas global diante dos cenários futuros e sugere ações coordenadas que envolvam aspectos sociais, ambientais, culturais e econômicos.

7.2.2 Aspectos metodológicos

Para a elaboração dos balanços contábeis de países de acordo com o cenário do IPCC/ONU, as discussões envolveram conceitos das áreas de biologia das mudanças climáticas globais, energia, geociência, economia e contabilidade, conforme o modelo BCN apresentado no tópico anterior e os seguintes passos:

1) apuração dos saldos residuais de carbono de cada país em MtonC e em dólares americanos nos cenários previstos;
2) ajustes do PIB de cada país com a redução da depreciação ambiental calculada em função do consumo médio de energia em tonelada equivalente de petróleo (TEP);
3) fechamento dos balanços contábeis pela técnica *inquired balance sheet* ou balanço perguntado.

Os países escolhidos para compor a base de dados da pesquisa original são representantes do BRIC[3] (Brasil, Rússia, Índia e China) e países desenvolvidos da América, Europa e Ásia (EUA, Alemanha e Japão). Esses sete países representam 32% da área emersa do planeta, 50% da população mundial, 68% do PIB mundial e envolve os principais blocos econômicos, como União Europeia (EU), Mercado Comum do Sul (Mercosul), Cooperação Econômica da Ásia e do Pacífico (APEC), Tratado Norte-Americano de Livre Comércio (NAFTA) e Área de Livre Comércio das Américas (ALCA). Abrange também os cinco *monster countries* (KENNAN, 1993), definidos como territórios continentais, populações gigantescas e com missões importantes no futuro da humanidade.

Foram adotados os cenários futuros estabelecidos pelo *Intergovernmental Panel on Climate Change* (IPCC) da Organização das Nações Unidas (ONU), mais especificamente as previsões constantes dos relatórios *Special Report on Emission Scenarios* (SRES) A1B1 e A2B2, e com ajustes referentes à simulação de outras variáveis na questão de sequestro de moléculas de carbono, como tipo de floresta, desmatamento e uso de tecnologia.

Utilizou-se a energia em tonelada equivalente de petróleo (TEP), ou *ton of oil equivalent* (TOE), para o cálculo da depreciação ou ajuste das externalidades do PIB, devido ao seu alto grau de correlação com os principais indicadores sociais, como qualidade de vida e distribuição de renda, como mostra o Gráfico 7.1, que estabelece a comparação do consumo de energia (TEP) com o IDH – UNPD, 1998.

O IDH é uma medida comparativa de longevidade, educação e renda e contempla em sua formulação expectativa de vida, taxa de alfabetização, taxa de escolarização e logaritmo decimal do PIB *per capita* (HDIR, 2007). Foi desenvolvido em 1990 pelo economista paquistanês Mahbub ul Haq, com a colaboração do indiano Amartya Sen, ganhador do Prêmio Nobel de Economia 1998, e vem sendo utilizado pelo programa das Nações Unidas em seus relatórios.

E, como se observa no Gráfico 7.1, há uma correlação direta, porém não linear, entre melhoria nos índices sociais, qualidade de vida, distribuição de renda e o consumo de energia; quanto maior o IDH, maior é o nível de consumo de energia.

---

[3] A partir de 2011, incluiu-se a África do Sul e o grupo passou-se chamar BRICS, uma nomenclatura utilizada pelo Banco Mundial.

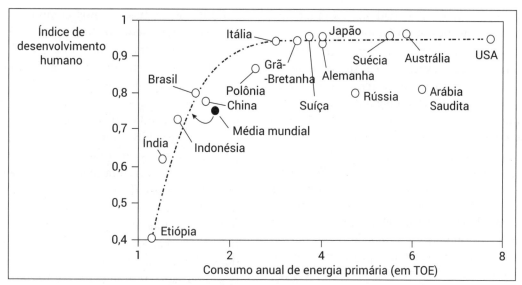

Gráfico 7.1 Índice de Desenvolvimento Humano × consumo de energia
Fonte: Jess; Kern; Kaiser, Olsshausen (2011).

Segundo o Balanço Energético Nacional, elaborado pela Empresa de Pesquisa Energética (EPE), do Ministério de Minas e Energia do Governo Federal (2006), o consumo anual de energia em 2030, no mundo, pode chegar a 18.185 milhões de toneladas equivalentes de petróleo (TEP), elevando o consumo médio *per capita* dos atuais 1,69 TEP para 2,22 TEP.

Nos países cujo consumo médio de energia é inferior a 1 TEP anual, as taxas de analfabetismo, mortalidade infantil e fertilidade são altas, enquanto a expectativa de vida e o IDH são baixos. Assim, apesar da necessidade de redução emergente do consumo de energia, ou de substituição por outras fontes não poluentes, é vital aumentar a barreira de 1 TEP nos países pobres (GOLDEMBERG, 2007).

Somando-se toda a energia consumida anualmente no mundo, de todas as fontes energéticas renováveis e não renováveis, e a população vigente, o consumo médio anual *per capita* corresponde a 1,69 TEP (GOLDEMBERG, 2007). E, como a TEP é uma medida equivalente de energia, pode ser convertida para outras unidades com base em coeficientes de transformidade.

Considerando-se que uma TEP corresponde a 10.000.000 Kcal (BEN, 2008), o consumo diário de energia é equivalente a 46.301 Kcal para cada habitante do planeta, conforme demonstra a fórmula de cálculo a seguir:

Consumo Mundial =

$$= \frac{1{,}69 \text{ Tep} \times 10.000.000 \text{ Kcal}}{365 \text{ dias}} = 46.301 \text{ Kcal por dia}$$

Adotando-se que as refeições de um dia correspondem em média a 2 mil Kcal e somado as energias consumidas durante as outras atividades diárias como tomar banho, iluminação, fazer comida, TV, internet, aquecimento, refrigeração, transporte etc. chega-se no consumo médio diário.

Enquanto o consumo médio diário do Brasil é de 29.800 Kcal para cada brasileiro, os EUA ultrapassam

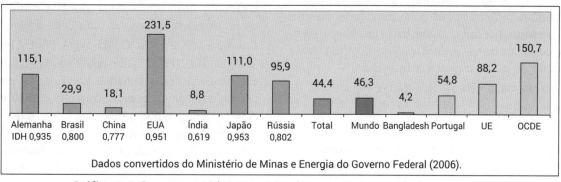

Gráfico 7.2 Consumo médio *per capita* de energia no mundo (em mil Kcal)

230.000 Kcal e países como Bangladesh estão em torno de 4.000 Kcal, como destaca o Gráfico 7.2.

Assim, para a avaliação dos Ativos Ambientais, dividiu-se o PIB pelo respectivo consumo de energia (em TEP) de cada país. A diferença é o que se denominou de depreciação ambiental, sendo esta a maneira apontada para o ajuste das externalidades na geração dessa riqueza econômica.

A forte correlação do PIB *per capita* dos países considerados na amostragem desta pesquisa com o IDH (0,91) e com o consumo de energia em TEP (0,94) reforçou os argumentos para o ajuste proposto e, considerando-se que o consumo de energia tem relação positiva com o desenvolvimento econômico, a qualidade de vida e com os níveis de emissão dos gases que provocam o efeito estufa (RODRIGUEZ, 2008), interpretou-se esta dedução do Ativo Ambiental de cada país como uma sugestão para o cálculo da depreciação ambiental.

7.2.3 Apuração dos saldos residuais de carbono de cada país

Para a apuração dos saldos residuais e do balanço de emissão e captura de carbono, foram realizadas consultas à literatura especializada, com cruzamento de informações que permitiram gerar dados compostos, específicos, não prontamente disponíveis.

Os dados obtidos foram distribuídos nas Tabelas 7.6 a 7.9 (ver o tópico 7.2.8 deste capítulo), considerando ausência de desmatamento, duas delas considerando taxas fixas de desmatamento nos países, em unidade megatonelada de carbono (MTonC). Esses números foram replicados nas tabelas do tópico 7.2.8, convertendo-se as unidades em dólar americano (US$), levando-se em conta o custo médio de captura de carbono, dadas as tecnologias atuais sugeridas pelo IPCC (2007) de US$ 45,00/TonC.

Cada uma dessas oito tabelas contém nove colunas com as seguintes rubricas: país, estoque de carbono florestal potencial, emissão acumulada de carbono em cenário A1B1 do IPCC, emissão acumulada de carbono em cenário A2B2, captura de carbono pela biomassa florestal e solo, captura industrial de carbono com alta tecnologia, captura industrial de carbono com baixa tecnologia, saldo cumulado de carbono (melhor cenário relativo), saldo acumulado de carbono (pior cenário relativo).

Detalhes da obtenção dos dados específicos de cada uma dessas nove colunas são apresentados nas Tabelas 7.6 a 7.9:

1. Coluna PAÍS: países analisados neste estudo.
2. Coluna ESTOQUE DE CARBONO FLORESTAL E DE SOLO: considera-se estoque todo o carbono contido na biomassa e nos compostos orgânicos no solo. Nesse sentido, florestas são depositários de "carbono evitado" na atmosfera. É comum a literatura empregar os dados de estocagem como sugerido pelo *Human Development Report* 2007/2008 (ONU, 2007), cujo método consiste na utilização de um único índice médio de estoque para todos os biomas, em função da área de cobertura vegetal por país. Neste estudo optou-se, entretanto, por um método que se acredita mais preciso, utilizando-se os índices específicos de estocagem de cada um dos diferentes biomas (savanas, florestas tropicais, florestas temperadas e florestas boreais) sugerido pelo IPCC (2000), multiplicado pelas áreas residuais dos respectivos biomas presentes em cada país analisado, retiradas de FAO (2007). Na situação "com desmatamento" – Tabelas 7.8, 7.9, 7.12 e 7.13 –, as taxas de desmatamento de cada país seguiram as projeções da FAO (2007), assumindo-as como fixas ano a ano. Nesses casos, o estoque de carbono diminui no acumulado, proporcionalmente nos anos 2020 e 2050, se comparados com aquelas da situação "sem desmatamento" das Tabelas 7.6, 7.7, 7.10 e 7.11.
3. Coluna EMISSÃO ACUMULADA DE CARBONO SITUAÇÃO *Special Report on Emission Scenarios* (IPCC SRES A1B1): emissão acumulada diz respeito a todo carbono lançado na atmosfera, em um determinado período, originário de atividades industriais, veiculares, geração de energia térmica e queimadas florestais (quando há desmatamento). Apresentam-se, nessa coluna, valores, por nós estimados, de emissões acumuladas de carbono entre 2006 e 2020 e entre 2006 e 2050, tendo como valor de referência a emissão de cada país no ano de 2006 (NEAA, 2007) e UNSD (2007) e os valores apresentados pelo IPCC (2000) para os anos de 2020 e 2050, no cenário A1B1, que prevê continuidade de crescimento no uso de combustíveis fósseis, baixa substituição por fontes energéticas renováveis e crescimento populacional global. Consideramos taxas anuais médias fixas para cada país.
4. Coluna EMISSÃO ACUMULADA DE CARBONO SITUAÇÃO (IPCC SRES A2B2): nessa coluna são expostos valores, estimados por nós, de emissões acumuladas de carbono entre 2006 e 2020 e entre 2006 e 2050, tendo como valor de referência a emissão de cada país no ano de 2006 (NEAA, 2007) e UNSD (2007), e os valores estimados pelo IPCC (2000) para os anos de 2020 e 2050, no cenário A2B2, que prevê taxas anuais decrescentes no uso

de combustíveis fósseis, alta substituição por fontes energéticas renováveis e crescimento populacional global. Para estimar o acumulado no período, consideramos taxas anuais médias fixas para cada país.

5. Coluna CAPTURA DE CARBONO PELA BIOMASSA FLORESTAL E SOLO: considera-se captura a quantidade de carbono que a floresta e o solo retiram da atmosfera nos processos de fotossíntese e outros processos biogeoquímicos. Estimou-se a captura acumulada nos períodos entre 2006 e 2020 e entre 2006 e 2050, utilizando-se índices de captura anual específicos aos biomas (IPCC, 2000) em função da área ocupada por cada um deles nos países analisados (FAO, 2007). Para as duas tabelas relativas a cenários sem desmatamento, as taxas anuais de captura foram fixas e constantes. Para as duas tabelas relativas a cenários com desmatamento, as taxas de captura anual foram consideradas fixas, idênticas às próprias taxas de desmatamento de cada país, com base nos índices da Food and Agriculture Organization da Organização das Nações Unidas (FAO, 2007).

6. Coluna CARBONO INDUSTRIAL EVITADO, COM BAIXA TECNOLOGIA (IPCC SRES A1B1): carbono Industrial evitado é a quantidade de carbono que as indústrias deixam de despejar na atmosfera (BP, 2007). A quantidade depende do número de indústrias, mas principalmente do nível tecnológico para emprego eficiente da matriz energética, mudando para fontes não fósseis, o que poupa emissões. Considerou-se nessa coluna a quantidade acumulada de carbono evitado nos períodos de 2006 a 2020 e 2006 a 2050, segundo o cenário de capacidade industrial de baixa eficiência, A1B1, sugerido pelo IPCC (2000), com taxas anuais fixas.

7. Coluna CARBONO INDUSTRIAL EVITADO, COM ALTA TECNOLOGIA (IPCC SRES A1B1): assim como na coluna 6, aplicada ao cenário de capacidade industrial de alta tecnologia de eficiência energética A2B2, sugerido pelo IPCC (2000), com taxas anuais fixas.

8. Coluna SALDO ACUMULADO DE CARBONO (pior cenário relativo): apresentam-se os saldos de carbono por país em cada tabela, dados por estoque + captura – emissão, considerando cenário A1B1 de emissão e captura industrial.

9. Coluna SALDO ACUMULADO DE CARBONO (melhor cenário relativo/pior cenário relativo): apresentam-se os saldos de carbono por país em dados por estoque + captura – emissão, considerando cenário A2B2 de emissão e captura industrial.

Nas Tabelas de 7.10 a 7.13, apresenta-se a conversão das quantidades em toneladas de carbono (tonC) para dólar americano (US$), seguindo o sugerido por Metz et al. (2005) contido no *Special report on carbon dioxide capture and storage* do IPCC. Tal relatório estima custos de "captura de carbono" variando entre 39 e 51 dólares/tonelada de carbono.

Esses valores são entendidos como o custo necessário para que cada tonelada de carbono emitida na produção industrial seja capturada e estocada no subsolo, ao invés de despejada na atmosfera.

Os custos oscilam conforme uma série de variáveis, destacando-se o setor da atividade industrial, o volume de produção, a matriz energética utilizada e o tipo de captura de carbono (depósito bruto em fissuras de subsolo, depósitos com processamento em derivados de carbonatos, depósito bruto em fissuras marinhas ou dissolução), todas tecnologias disponíveis atualmente.

Utilizou-se no presente estudo o valor US$ 45,00/tonC, média simples dos extremos estimados no referido relatório, por opção destes autores, pela indisponibilidade de instrumentos mais precisos para ponderar melhor o custo.

A seguir apresenta-se a Tabela 7.1, que resume as oito tabelas presentes no tópico 7.2.8 e possibilita a compreensão dos cálculos elaborados nos principais cenários.

A Tabela 7.1 demonstra o resumo das quatro principais simulações do saldo acumulado das emissões e capturas de carbono, para os períodos até 2020 e 2050 e considerando-se os piores e melhores cenários, isto é, com desmatamento e baixa tecnologia (CD-BT) e sem desmatamento e alta tecnologia (SD-AT), para cada um dos países estudados, para a soma deles e para todo o planeta.

Os Gráficos 7.3 e 7.4 ilustram a situação desses países e do mundo. Observe que apenas dois países apresentam saldos acumulados "positivos" e o déficit planetário é apontado em ambos os cenários.

Ao compararmos 2020 com 2050, as projeções otimistas e pessimistas, fica evidente que o "tempo" é a variável relevante nessas simulações, e isso permite inferir que, independentemente do grau de precisão das variáveis estudadas, o cenário crítico para o futuro é uma realidade.

Os dois cenários, 2020 e 2050, apresentam saldos acumulados de carbono para o planeta deficitários, ou seja, mesmo se fosse possível zerar as emissões agora, esse excesso de carbono existente na atmosfera ainda influenciaria o aquecimento global.

Tabela 7.1 Resumo das simulações dos cenários 2020 e 2050

País	Em MtonC				Em bilhões US$			
	(1) CD-BT	(2) SD-AT	(3) CD-BT	(4) SD-AT	(1) CD-BT	(2) SD-AT	(3) CD-BT	(4) SD-AT
	Pior 2020	Melhor 2020	Pior 2050	Melhor 2050	Pior 2020 CD	Melhor 2020	Pior 2050	Melhor 2050
Alemanha	(4.566,33)	(3.077,77)	14.289,26	(2.094,99)	(205,49)	(138,50)	(643,02)	(94,28)
Brasil	3.997,42	6.624,43	2.171,49	22.013,98	179,88	298,10	97,72	990,62
China	(31.504,78)	(20.747,24)	(119.340,33)	(25.654,17)	(1.417,72)	(933,63)	(5.370,32)	(1.154,44)
EUA	(29.877,93)	(19.587,00)	(103.269,48)	(17.810,23)	(1.344,51)	(881,41)	(4.647,13)	(801,46)
Índia	(5.953,65)	(3.761,62)	(20.359,29)	(2.292,48)	(267,91)	(169,27)	(916,17)	(103,16)
Japão	(6.691,99)	(4.513,16)	(21.448,74)	(4.516,80)	(301,14)	(203,09)	(965,20)	(203,28)
Rússia	(392,88)	4.683,66	(20.937,82)	27.876,83	(17,68)	210,76	(942,20)	1.254,46
Total	(74.990,14)	(40.378,70)	297.473,43	(2.477,86)	(3.374,57)	(1.817,04)	(13.386,32)	(111,51)
Mundo	(119.893,93)	(51.896,96)	660.401,52	(21.982,88)	(5.395,21)	(2.321,87)	(29.718,08)	(989,23)

Legenda: CD-BT = com desmatamento e baixa tecnologia
SD-AT = sem desmatamento e alta tecnologia

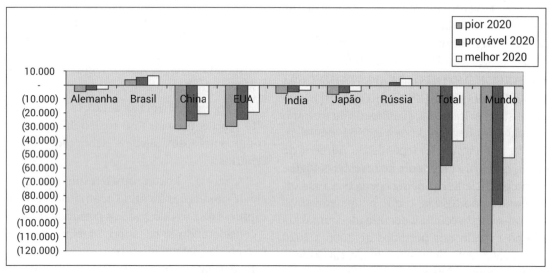

Gráfico 7.3 Saldos acumulados de emissões e capturas de carbono, cenário 2020 (em MtonC)

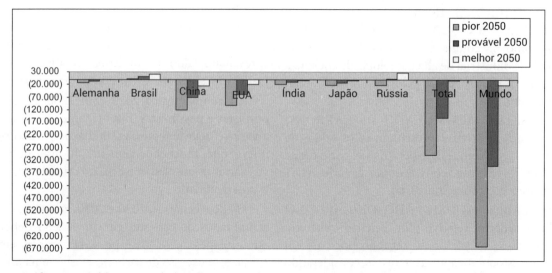

Gráfico 7.4 Saldos acumulados de emissões e capturas de carbono, cenário 2050 (em MtonC)

Note que apenas dois países (Brasil e Rússia) apresentam saldos superavitários, isto é, a sua capacidade de absorção de carbono é maior do que as suas emissões projetadas, situações essas basicamente devidas às florestas brasileiras (Amazônia, Cerrado e um pouco de Mata Atlântica) e da floresta boreal coberta de gelo na Rússia, que representam grandes sumidouros e armazéns de carbono.

Brasil e Rússia, na verdade, seriam os únicos grandes países com legitimidade para emitirem títulos e certificados de carbono; não tem cabimento a China, atualmente, ter mais projetos de mecanismos de desenvolvimento limpo (MDL) do que o Brasil.

E, a fim de evidenciar a situação crítica projetada para 2050, o cenário provável (média aritmética dos piores e melhores cenários) do Brasil e da Rússia representa, respectivamente, apenas 4% e 1% do déficit residual de carbono acumulado para o planeta. Hipoteticamente, seriam necessárias mais vinte e cinco novas "Amazônias" brasileiras para zerar as emissões de carbono.

É por este motivo que a própria ONU vem trabalhando com cenários difíceis para as próximas décadas, já prevendo adaptações necessárias, a exemplo do Protocolo de Kyoto (1997), do Acordo de Paris (2015) e dos 17 ODS (2015-2030), entre outros.

7.2.4 Ajuste do PIB com base na depreciação calculada em função do consumo de energia

O PIB ou *Gross Domestic Product* (GPD) representa a soma em valores monetários de todos os bens e serviços produzidos em um país e, por este motivo, foi definido como parâmetro para avaliação dos Ativos.

Para facilitar a comparabilidade entre os países estudados, escolheu-se o PIB avaliado pelo método Paridade de Poder de Compra (PPC) ou *purchasing power parity* (ppp), adotado pelas Nações Unidas e pelo Banco Mundial, que mede quanto uma determinada moeda pode comprar em termos internacionais em US$ americanos (UN, 2007).

O Gráfico 7.5 traz o montante do PIB desses países, de acordo com o *International Monetary Fund, World Economic Outlook Database, April 2008* (www.imf.org), e mostra a participação relevante (54%) desses países na composição do PIB mundial.

O Gráfico 7.6 ilustra o número de habitantes dos países envolvidos neste estudo.

Nos propósitos deste trabalho, o PIB *per capita* foi ajustado pelo consumo médio de energia de cada país, visando equalizar as diferenças regionais devidas às características geográficas e o nível de conforto de cada um dos países; em um país de clima tropical, a necessidade de energia certamente é inferior à de um país onde o calor ou o frio são excessivos.

Dividiu-se o valor do PIB de cada país pelo respectivo consumo de energia em TEP, obtido no Dossiê Energia e Desenvolvimento apud Goldemberg (2007), obtendo-se assim o valor do Ativo Ambiental líquido da "depreciação ambiental", evidenciados no Gráfico 7.7.

Exemplificando o cálculo para o Brasil, dividiu-se o valor PIB *per capita* (US$ 10,2 mil) pelo respectivo consumo de energia (1,09 TEP), resultando em um PIB equivalente e ajustado (9,4 mil).

Com esses ajustes, o PIB *per capita* (GDP/TEP) expressa não apenas o *purchasing power parity* (ppp),

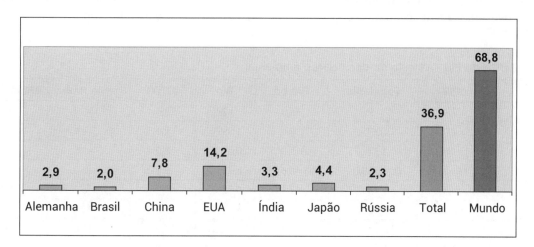

Gráfico 7.5 Participação de países no PIB mundial segundo o FMI (em trilhões de US$)
Fonte: *International Monetary Fund* (april, 2008).

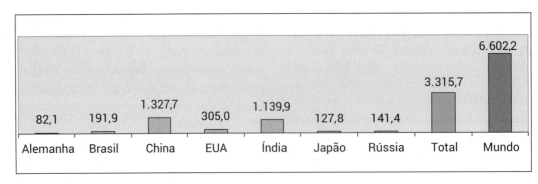

Gráfico 7.6 População (em milhões) de países presentes no estudo do FMI
Fonte: *International Monetary Fund* (april, 2008).

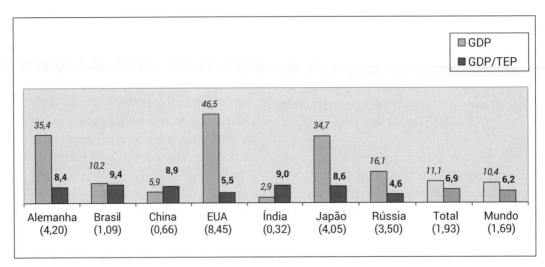

Gráfico 7.7 PIB × Ativo Ambiental líquido da depreciação ambiental, por país (mil US$/TEP)
Fonte: Goldberg (2007).

mas também a paridade do consumo de energia, o que possibilita melhor comparabilidade entre os Ativos Ambientais dos países, líquidos das depreciações ambientais, em um contexto amplo das externalidades negativas provocadas ao meio ambiente em função do desenvolvimento econômico e nos cenários de mudanças climáticas globais.

A Tabela 7.2 também evidencia os cálculos da depreciação ambiental e a apuração dos Ativos Ambientais de cada país estudado.

Tabela 7.2 Ajuste do PIB – cálculo da depreciação ambiental

País	PIB	População	PIB pc	Tep	ATIVO	Depr. Amb.	Depr. Amb. %
Alemanha	2,9	82,1	35,3	4,2	8,4	26,9	76,20%
Brasil	2,0	191,9	10,4	1,09	9,6	0,9	8,3%
China	7,8	1.327,7	5,9	0,66	8,9	–3,0	–51,5%
EUA	14,2	305,0	46,6	8,45	5,5	41,0	88,2%
Índia	3,3	1.139,9	2,9	0,32	9,0	–6,2	–212,5%
Japão	4,4	127,8	34,4	4,05	8,5	25,9	75,3%
Rússia	2,3	141,4	16,3	3,5	4,6	11,6	71,4%
Outros	31,9	3.286,4	9,7	1,76	5,5	4,2	43,2%
Mundo	68,8	6.602,2	10,4	1,69	6,2	4,3	40,8%

Detalhes de cada uma das colunas da Tabela 7.2:

1) País: são os 7 países que compõem a amostra deste estudo.
2) PIB (ppp): em bilhões de dólares.
3) População: em milhões de habitantes.
4) PIB pc: PIB *per capita*, obtido com a divisão do PIB pela população.
5) ATIVO: é o resultado do ajuste que compõe o Ativo líquido da depreciação ambiental, pela divisão do PIB pelo consumo médio de energia em TEP.
6) Depreciação Ambiental: é a depreciação ambiental de cada país em dólares, obtida pela diferença entre o PIB e o valor do Ativo ajustado.
7) Depreciação Ambiental %: é a depreciação ambiental de cada país em termos relativo (%) em relação ao PIB original.

Desta forma, o PIB de cada país foi ajustado pela depreciação calculada em função do consumo médio de energia, equalizando as diferenças regionais devidas ao nível de conforto e das externalidades sociais e ambientais de cada país.

O Gráfico 7.8 ilustra a taxa de depreciação ambiental e social.

Note que dois países apresentam taxas negativas de depreciação (China e Índia). Isso se deve ao fato de que o consumo médio de energia *per capita* é inferior a uma tonelada equivalente de petróleo (1 TEP) e, segundo o critério adotado neste trabalho, deve-se promover o aumento do consumo de energia para os países pobres (GOLDEMBERG, 2007). Por este motivo, o objetivo prioritário da Agenda 2030 da ONU é a redução da extrema pobreza.

O campeão das externalidades negativas são os EUA, com a maior taxa de depreciação anual de seu PIB (88,2%) e, talvez por isso, o país tenha concluído que seria muito difícil (ou impossível a curto prazo) cumprir o Acordo de Paris e demais acordos da agenda 2030. Alemanha, Japão e Rússia estão comprometidos com as políticas de descarbonização de suas economias, mas nota-se como são difíceis os seus desafios, pois apresentam altas taxas de depreciação.

Os demais países apresentam taxas médias de depreciação (em torno de 40%) e o Brasil é um país privilegiado, talvez o único que "teoricamente" possa se adequar a uma legítima economia verde nas próximas décadas, tendo em vista a sua matriz energética e os recursos naturais privilegiados.

7.2.5 Fechamento dos balanços contábeis

A ciência contábil, quando comparada com outros ramos do conhecimento humano, pode-se assemelhar a uma técnica administrativa, mas em sua profundidade estão implícitos alguns princípios básicos e importantes, como a lei do equilíbrio e *accountability*.

O equilíbrio está retratado na equação fundamental da contabilidade formulada por Luca Pacioli – Ativo menos Passivo é igual ao Patrimônio Líquido – e se baseia no princípio do débito e crédito, das origens e aplicações, da oferta e procura, do risco e retorno, e nas leis da causa e do efeito. O outro princípio básico é o de *accountability*, um conceito da esfera ética que remete à obrigação de prestação de contas e de responsabilidade social (SCHEDLER, 1999).

Este trabalho procura contribuir para a questão emergente de mudanças climáticas, expandindo os significados de Passivo Ambiental, e sugere o patrimônio

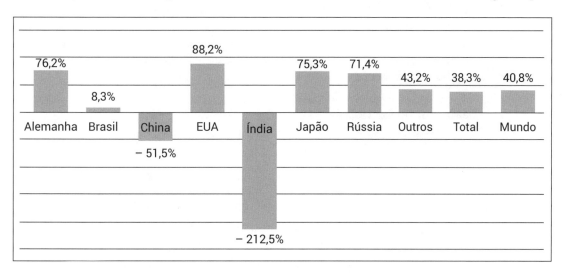

Gráfico 7.8 Depreciação anual do PIB nos países (%)

líquido ambiental, relacionando-o com a preservação de todo o patrimônio natural.

É uma **prestação de contas à humanidade** – por isso, aqui a ciência contábil não estaria limitada por aspectos normativos, auditorias e tribunais de contas, mas remeteria à consciência de cada cidadão, sublinhando valores implícitos nos conceitos de equilíbrio e *accountability*.

Devido ao grau de imprecisão dos dados coletados neste trabalho e à dificuldade no tratamento de informações multidisciplinares, escolheu-se um método contábil que simplifica a escrituração dos eventos econômicos, denominado *inquired balance sheet* ou balanço perguntado (KASSAI, 2004a). O método dispensa os registros analíticos e simultâneos e procura montar as "peças de um balanço", respeitando o princípio básico de equilíbrio. Veja a Figura 7.1.

Como em uma balança, portanto, os dados apurados até então neste trabalho serão contabilizados da seguinte forma:

- **Ativo**: corresponde ao PIB, avaliado pelo método Paridade do Poder de Compra (PPC), *per capita*, convertido em unidade equivalente de energia em tonelada equivalente de petróleo (TEP). Com essa medida "equivalente", o Ativo representa os recursos naturais que cada cidadão de determinado país possui de gerar benefícios futuros para o seu sustento e preservação do meio ambiente.

- **Patrimônio Líquido (PL)**: corresponde ao saldo residual do potencial dos estoques de florestas, das emissões e capturas de carbono, medidos em megatoneladas de carbono e convertidos para dólares americanos de acordo com este trabalho.

- **Passivo**: corresponde ao saldo de obrigações que cada cidadão de determinado país tem em relação ao seu sustento e à preservação do meio ambiente. É apurado por *accountant equivalency* ou "por diferença" por meio da equação fundamental da contabilidade.

A contabilização dos eventos, de acordo com o modelo proposto, permite a apuração de três resultados possíveis, a saber:

- **Patrimônio Líquido Ambiental positivo**: quando a situação econômica de cada cidadão de determinado país é "superavitária", ou seja, gera uma renda mais do que suficiente para honrar seus compromissos com a preservação do meio ambiente, e ainda sobram créditos de carbono excedentes.

- **Patrimônio Líquido Ambiental nulo**: quando a situação econômica de cada cidadão de determinado país é "nula", ou seja, gera uma renda suficiente para honrar seus compromissos com a preservação do meio ambiente.

- **Patrimônio Líquido Ambiental negativo**: quando a situação econômica de cada cidadão de determi-

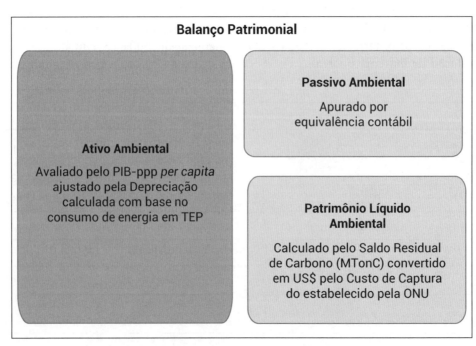

Figura 7.1 Balanço Contábil das Nações (BCN)

nado país é "deficitária", ou seja, gera uma renda insuficiente para honrar seus compromissos com a preservação do meio ambiente, necessitando reduzir as emissões ou negociar créditos de carbono de outras nações.

A interpretação desses resultados possíveis pode ser focada (1) no Balanço Patrimonial individual de determinado país; ou (2) no Balanço Patrimonial consolidado como um todo. Apesar de ser uma equação injusta, na qual os países que serão mais afetados não são necessariamente os que mais contribuíram com as emissões de carbono, cada país deve observar também a situação consolidada para o planeta, pois no longo prazo as consequências das mudanças climáticas mundiais são globais e solidárias.

Em uma situação individual de patrimônio líquido negativo (deficitário), o cidadão não consciente estará consumindo recursos de outros cidadãos de determinados países ou das futuras gerações. Em uma situação de patrimônio positivo (superavitário), o cidadão tem que estar consciente para manter o seu nível de contribuição para com a sociedade e ao meio ambiente.

No Balanço Patrimonial consolidado, para o planeta como um todo, um Patrimônio Líquido positivo demonstra que a situação está sob controle, necessitando apenas coordenar as ações políticas e econômicas entre as nações superavitárias e deficitárias.

Uma situação deficitária, de Patrimônio Líquido negativo ou "passivo a descoberto", indica uma circunstância crítica e falimentar e a necessidade de fortes mudanças nos processos decisórios das nações.

Para a preparação do fechamento contábil das contas, as informações da Tabela 7.1 serão convertidas em unidades *per capita* em função do número de habitantes de cada país e para cada um dos cenários escolhidos. O resultado é retratado na Tabela 7.3.

Finalmente, para o fechamento dos Balanços Patrimoniais, serão utilizadas as informações PIB-ppp *per capita* equivalente de energia TEP da Tabela 7.3 para avaliação monetária dos Ativos e Patrimônio Líquido. O Passivo é obtido por *accountant equivalency*, segundo o método *inquired balance sheet*.

Para exemplificar o processo de contabilização, demonstra-se no Gráfico 7.9 o fechamento dos balanços do Brasil e do mundo no cenário 2050 (provável).

O Brasil apresenta um Patrimônio Líquido superavitário (US$ 2.800), pois o total do Ativo individual de cada brasileiro (US$ 9.400) é superior ao montante de seu Passivo (US$ 6.600). Isso demonstra que, no cenário previsto para 2050 (provável), o Brasil possui hoje um patrimônio suficiente para arcar com seus compromissos individuais e, ainda, contribuir positivamente para o meio ambiente da Terra com cotas excedentes de carbono.

Essas cotas, se convertidas ao preço sugerido pelo IPCC, correspondem a 62,2 TonC *per capita* ou em torno de 11,9 bilhões de TonC para todo o país. E poderiam ser utilizadas para compensar as necessidades de outros países por meio dos créditos de carbono. E, se considerarmos que **uma única árvore contém em torno de 7 toneladas de carbono sequestrado, cada brasileiro corresponderia a um saldo excedente de 9 árvores ou um total de 1,7 bilhão de árvores** para essa nação.

Tabela 7.3 Simulações de cenários 2020 e 2050 em US$ mil *per capita*

País	População (mil)	(1) CD-BT Pior 2020	(2) SD-AT Melhor 2020	(1) CD-BT Pior 2050	(4) SD-AT Melhor 2050	2020 Provável	2050 provável
Alemanha	82.599	(2,5)	(1,7)	(7,8)	(1,1)	(2,1)	(4,5)
Brasil	191.791	0,91	1,6	0,5	5,2	1,2	2,8
China	1.328.630	(1,1)	(0,7)	(4,0)	(0,9)	(0,9)	(2,5)
EUA	305.826	(4,4)	(2,9)	(15,2)	(2,6)	(3,6)	(8,9)
Índia	1.169.016	(0,2)	(0,1)	(0,8)	(0,1)	(0,2)	(0,4)
Japão	127.967	(2,4)	(1,6)	(7,5)	(1,6)	(2,0)	(4,6)
Rússia	142.499	(0,1)	1,5	6,6	8,8	0,7	1,1
Total	3.348.328	(1,0)	(0,5)	(4,0)	(0,0)	(0,8)	(2,0)
Mundo	6.602.224	(0,8)	(0,4)	(4,5)	(0,1)	(0,6)	(2,3)

Legenda: CD-BT = com desmatamento e baixa tecnologia
SD-AT = sem desmatamento e alta tecnologia

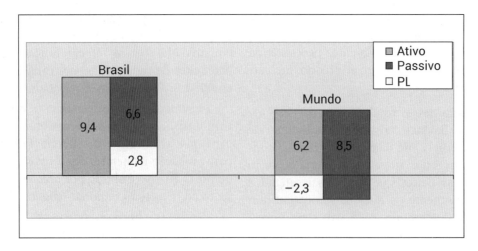

Gráfico 7.9 Balanços Patrimoniais – Brasil e mundo, projeção para 2050 (US$ *per capita*)

Por outro lado, o balanço para o mundo apresenta uma situação deficitária (US$ 6.200 menos US$ 8.500 é igual a menos US$ 2.300 *per capita*), com "Passivo a descoberto" ou Patrimônio Líquido negativo, e, mesmo havendo países com saldos positivos, como o Brasil, a situação global prevalece sobre a individual de cada país, denotando uma situação falimentar.

7.2.6 Resultados e discussões

As Tabelas 7.4 e 7.5 apresentam os balanços contábeis das nações (BCN) obtidos em função dos dados evidenciados nas tabelas disponíveis no tópico 7.2.8, demonstrando três simulações (pior, melhor e provável) para cada um dos cenários (2020 e 2050) deste trabalho.

É importante salientar que os "piores cenários" são aqueles em que desmatamento e tecnologia de captura de carbono seguem tendência atual, considerando taxas de desmatamento anual fixa e igual à observada em 2005, enquanto que nos "melhores cenários" são considerados desmatamento zero e tecnologia de captura com taxas de eficiência crescentes ano a ano, estimada pelo próprio relatório do IPCC (METZ et al., 2005).

Com os dados das simulações apresentados nas Tabelas 7.4 e 7.5, apresentam-se a seguir os Gráficos 7.10 e 7.11, com os cenários "prováveis" de 2020 e 2050, considerados aqui como a média aritmética entre os piores e os melhores cenários.

No cenário "provável" 2020, apenas Brasil e Rússia apresentam Patrimônios Líquidos "positivos", enquanto os demais países encontram-se em situação deficitária quanto às suas contas de emissões de carbono. Note que a situação do mundo é negativa, significando que a situação é crítica nesse cenário e o saldo *per capita* (US$ 600) representa um valor deficitário em torno de 4 trilhões de dólares.

Tabela 7.4 Balanços Patrimoniais das nações (US$ *per capita*) – cenários 2020

País	Pior Ativo	Pior Passivo	Pior PL	Melhor Ativo	Melhor Passivo	Melhor PL	Provável Ativo	Provável Passivo	Provável PL
Alemanha	8,4	10,9	(2,5)	8,4	10,1	(1,7)	8,4	10,5	(2,1)
Brasil	9,4	8,5	0,9	9,4	7,8	1,6	9,4	8,2	1,2
China	8,9	10,0	(1,1)	8,9	9,6	(0,7)	8,9	9,8	(0,9)
EUA	5,5	9,9	(4,4)	5,5	8,4	(2,9)	5,5	9,1	(3,6)
Índia	9,0	9,2	(0,2)	9,0	9,1	(0,1)	9,0	9,2	(0,2)
Japão	8,6	11,0	(2,4)	8,6	10,2	(1,6)	8,6	10,6	(2,0)
Rússia	4,6	4,7	(0,1)	4,6	3,1	1,5	4,6	3,9	0,7
Total	6,9	7,9	(1,0)	6,9	7,4	(0,5)	6,9	7,7	(0,8)
Mundo	6,2	7,0	(0,8)	6,2	6,6	(0,4)	6,2	6,8	(0,6)

Tabela 7.5 Balanços Patrimoniais das nações (US$ *per capita*) – cenários 2050

País	Pior Ativo	Pior Passivo	Pior PL	Melhor Ativo	Melhor Passivo	Melhor PL	Provável Ativo	Provável Passivo	Provável PL
Alemanha	8,4	16,2	(7,8)	8,4	9,5	(1,1)	8,4	12,9	(4,5)
Brasil	9,4	8,9	0,5	9,4	4,2	5,2	9,4	6,6	2,8
China	8,9	12,9	(4,0)	8,9	9,8	(0,7)	8,9	11,4	(2,5)
EUA	5,5	20,7	(15,2)	5,5	8,1	(2,6)	5,5	14,4	(8,9)
Índia	9,0	9,8	(0,8)	9,0	9,1	(0,1)	9,0	9,4	(0,4)
Japão	8,6	16,1	(7,5)	8,6	10,2	(1,6)	8,6	13,2	(4,6)
Rússia	4,6	11,2	(6,6)	4,6	(4,2)	8,8	4,6	3,5	1,1
Total	6,9	10,9	(4,0)	6,9	6,9	(0,0)	6,9	8,9	(2,0)
Mundo	6,2	10,7	(4,5)	6,2	6,3	(0,1)	6,2	8,5	(2,3)

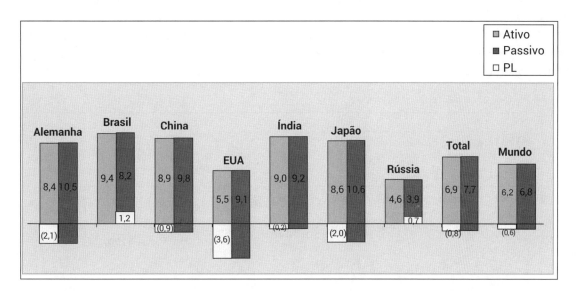

Gráfico 7.10 Balanço das Nações – cenário "provável" 2020 (milhares de US$ *per capita*)

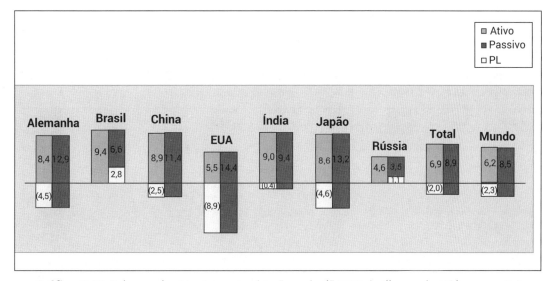

Gráfico 7.11 Balanço das Nações – cenário "provável" 2050 (milhares de US$ *per capita*)

No cenário "provável" 2050, Brasil e Rússia confirmam a situação favorável com saldos excedentes de carbono, e evidenciam a importância de suas florestas no cenário global. O déficit mundial eleva-se para 15,3 trilhões de dólares.

O Gráfico 7.12 compara a evolução entre os dois cenários (2020 e 2050). Nota-se, nessas três décadas, que a situação mundial piora (298%). De um lado, Brasil e Rússia sustentam a situação favorável, enquanto do outro China e EUA despontam como os maiores emissores de carbono e detentores de Patrimônio Líquido Ambiental (PLA) negativo.

Observe o Gráfico 7.13. Ele demonstra o cenário "provável" 2050, mas convertido para valores totais de cada país, pelo número de habitantes, e se visualiza a conta total de cada país ou planeta consolidado.

Assim, o Gráfico 7.13 apresenta o valor total da "conta" devida pelas nações em virtude dos cenários de mudanças climáticas.

Apenas o Brasil (US$ 544 bilhões) e a Rússia (US$ 156 bilhões) apresentam Patrimônio Líquido Ambiental (PLA) positivo; esses dois *monster countries* equivalem a 2,22 trilhões de árvores prontas. Infelizmente, o saldo total da conta, ou o balanço consolidado do mundo, é deficitário (US$ 15,3 trilhões) e equivale a 48,7 trilhões de árvores.

Fica evidente, diante dos dados apresentados, que as soluções para a situação emergente do mundo requerem a ação de todas as nações; as situações privilegiadas do Brasil e da Rússia são insuficientes, pois representam menos de 5% do déficit global.

É necessária, portanto, a ação das nações mais desenvolvidas. Mesmo que o congresso dos EUA tivesse ratificado a assinatura do Protocolo de Kyoto pelo seu vice-presidente (Al Gore) e não tivesse abandonado o Acordo de Paris (Trump), os resultados dessas ações ainda seriam insuficientes, o que mostra a responsabilidade desse país no cenário global.

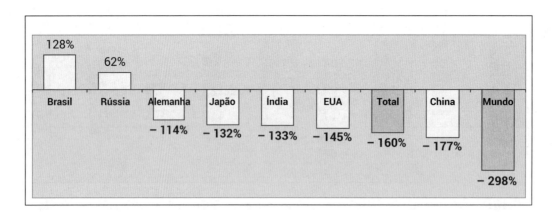

Gráfico 7.12 Patrimônio Líquido Ambiental – evolução entre os cenários de 2020 e 2050

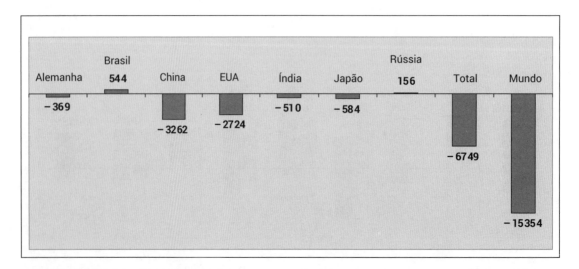

Gráfico 7.13 Balanço das Nações, cenário provável para 2050 – PL total dos países (bilhões US$)

Entretanto, este relatório contábil mostra que é possível encontrar alternativas para quitar esse Passivo Ambiental a descoberto. Observe que a dívida total representa menos de um quarto do PIB do planeta, demonstrado em porcentagem no Gráfico 7.14.

O déficit planetário representa 23,7% do PIB mundial. Os EUA podem contribuir com 19,4% de seu PIB. A conta da China de 25,1% é assustadora em virtude de sua população.[4]

O Japão e a Alemanha se equivalem com 13% de seus respectivos PIBs. Não são países de dimensões continentais, mas têm papéis importantes no cenário internacional, pois podem contribuir com ciência e tecnologia.

A Índia também tem uma conta elevada, 9,6% de seu PIB, mas essa é uma situação adversa pois, ao contrário das nações desenvolvidas, o país precisa elevar a sua renda e ultrapassar o consumo médio de energia acima de uma TEP.

Obviamente, todas essas ações têm que ser coordenadas de forma harmônica. E este é o grande desafio.

As simulações de débitos/créditos e de aportes financeiros retratam uma situação que compromete o futuro da humanidade e os atores desse teatro da vida real terão que fazer a diferença, utilizando os conhecimentos acumulados nas ciências e tecnologias, ao longo da história da humanidade, no âmbito físico, social, econômico e político, e tendo como premissa a responsabilidade social ou *accountability*, baseada em valores éticos e morais.

É um plano que envolve toda a coletividade e exige a cooperação conjunta. Não é um jogo de soma zero; **ou todos ganham, ou todos perdem**.

---

[4] Imagine as consequências para o planeta se a China ou a Índia tivessem o hábito de comer carne ou tomar leite diariamente!

O primeiro ponto a se considerar é que tanto a quantidade acumulada de emissões quanto a capacidade de captura variam em função do tempo. Isso demonstra que as opções de cada nação e o esforço global terão tanto mais resultados favoráveis quanto antes forem adotadas medidas de mitigação de emissões.

Os resultados encontrados demonstram claramente que o estoque de carbono contido nas florestas, bem como a capacidade de captura de carbono por elas, é fundamental, sendo o desmatamento fator crucial no Balanço das Nações, resultado que se harmoniza com as assertivas do Relatório Stern. Pelo relatório, dentre todas as alternativas de rearranjo das nações para mitigar o aquecimento global, coibir o desmatamento é a mais eficiente ou *"highly cost-effective"*.

O Relatório Stern (STERN, 2006) ressalta que 18% de todo o carbono lançado na atmosfera provêm das queimadas de desmatamentos florestais, sendo a única fonte de carbono não estrutural – como são as atividades de geração de energia (24%), industriais (14%), transporte (14%) e agricultura (14%) – e que, portanto, a redução não dependeria de grandes investimentos tecnológicos, nem provocaria impacto econômico na produção e demanda por bens e serviços, ainda mais por se tratar de usos tradicionais das terras desmatadas, geralmente extensivos e improdutivos.

O custo de oportunidade de se manter as florestas em pé, calculado para os oito países responsáveis conjuntamente por mais de 70% das queimadas, encabeçados pelo Brasil, é de US$ 10 bilhões anuais, ou seja, um terço dos US$ 30 bilhões de crédito de carbono já negociados na Bolsa do Clima de Chicago (CCX).

Outra contribuição deste trabalho diz respeito às possibilidades de complementar medições ambientalmente sensíveis como o "PIB verde" (*green GDP*).

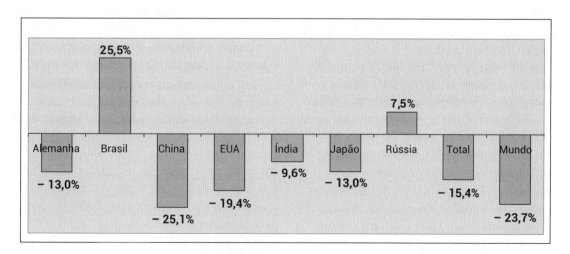

Gráfico 7.14 Balanços das Nações – relação PLA/PIB no cenário provável para 2050 (em %)

O PIB verde tem tentado oferecer o que o PIB convencional faz de melhor: um *bottom line* pelo qual é possível avaliar o quanto os mercados consumidores afetam bens públicos, permitindo comparabilidade entre períodos para uma mesma nação e entre nações em quaisquer períodos.

Nesse sentido, o *green GDP* contabiliza todos os bens e serviços públicos, em valores não monetários, como quantidade de água potável ou tamanho das áreas verdes em uma cidade, que em uma série histórica servem para avaliação de aumento ou diminuição de bem-estar, se aquele bem tem se tornado escasso com o passar dos anos, e em relação aos outros países (BOYD, 2007). O autor deixa claras as dificuldades em se converter esses valores em moeda corrente, mas oferece a solução ao definir serviços ambientais como "[...] *the aspects of the nature that society uses, consumes, or enjoys to experience those benefits* [...] *that are valued by people*" (BOYD, 2007, p. 719).

A valoração pelas pessoas não é fácil de notar, justamente porque são bens livres, não precificados e nem de consumo excludente. Entretanto, como definido por Boyd, pode-se neste trabalho considerar o Balanço em termos de "custo monetário de abatimento evitado" como o reflexo do esforço das nações no oferecimento do serviço ambiental elementar dado pela manutenção da qualidade do ar, em termos de MtonC evitado, tentando administrar os níveis médios de 430 ppm de CO_2, nível medido em 2005 (HOWWELING et al., 2008).

É claro que esses benefícios se reverberam para além do bem-estar de se respirar ar pouco poluído, como conforto térmico, menor exposição a catástrofes climáticas, mas são, no limite, todos amenizados pela mesma ação concreta dos "gastos com abatimento evitados". Tal é o custo de oportunidade implícito neste trabalho.

Dessa maneira, o Balanço Contábil das Nações aqui proposto também poderia incrementar os *National Emission Inventories* (NEI) oferecendo valores monetários, procurando sanar o defeito da não comparabilidade de valores não monetários com evidência (PETERS, 2008), ao mesmo tempo em que escapa das ineficientes "contas satélites" como destacam Morilla, Díaz-Salzar e Cardenete (2007). O Patrimônio Líquido Ambiental (PLA), proposto neste trabalho, seria uma proposta de avaliação do PIB verde ou *green GDP*.

Com base no conjunto dessas informações, poder-se-ia reunir uma Assembleia Geral Extraordinária (AGE) global, composta de cidadãos representantes de todas as nações, e exercitar uma governança corporativa, mas desta vez tendo-se como estratégia a gestão do planeta, sendo cada cidadão ou país uma unidade de negócio. Os seus resultados estariam fortemente correlacionados, e o futuro das próximas gerações dependeria das decisões a serem tomadas a partir de hoje.

7.2.7 Conclusões da pesquisa

A ciência contábil, portanto, evidencia a importância de seu papel no contexto das ciências sociais aplicadas. A avaliação monetária amplia os horizontes e possibilidades para se discutirem alternativas diante das questões de mudanças climáticas.

O método de mensuração aqui sugerido permite a avaliação monetária como o custo de oportunidade de poupar carbono atmosférico das nações e pode complementar as informações dos relatórios da *National Emission Inventories* (NEI), no âmbito da UNFCC, das chamadas "contas satélites", dos GDPs e suas contabilizações.

Países como o Brasil e a Rússia desempenharão importante papel. Primeiro porque a preservação das florestas e savanas, como visto, constitui a melhor relação custo-benefício na reciclagem do carbono atmosférico global (STERN, 2006), além de preservar a biodiversidade. Depois, porque, sabendo aproveitar esse trunfo, esses países poderão ser destinatários legítimos de volumosos investimentos estrangeiros via mecanismos de desenvolvimento limpo (MDL) e compensação.

Na nossa opinião, não seria coerente países como China e EUA beneficiarem-se desses investimentos em função da sua situação global deficitária.

O desmatamento deverá ser a principal causa a ser combatida pelos países para equilibrar melhor seu Patrimônio Líquido Ambiental, por uma dupla razão: desmatamento emite carbono no curto prazo, na ocasião do desmate, e reduz na mesma proporção o estoque de captura, nos prazos médio e longo.

Em termos monetários, pode-se afirmar, portanto, aumento das despesas com carbono não evitado no curto prazo e diminuição do Patrimônio Líquido Ambiental nos prazos médio e longo. Por outro lado, compartilha-se a alegação do *Stern Review* (2006): o custo de oportunidade de conter o desmatamento é o menor dentre as alternativas estruturais, o que reafirma a manutenção das florestas como trunfo para sustentar o PLA.

O objetivo da pesquisa foi atingido ao propor o modelo de contabilização e elaboração dos balanços contábeis das nações, com Ativos avaliados pelo PIB "equivalente" *per capita*, o Patrimônio Líquido pelo saldo residual de carbono e o Passivo como uma obrigação ambiental global.

O conceito de Passivo Ambiental teve uma abordagem ampliada e sugeriu-se a terminologia "Patrimônio Líquido Ambiental", que engloba não apenas os efeitos dos aspectos sociais do Passivo Ambiental, mas também os benefícios futuros do patrimônio natural e florestal.

A suposição inicial foi confirmada, como já se suspeitava inicialmente, com Patrimônio Líquido negativo ou "passivo a descoberto" global. Como em um relatório empresarial, é uma situação econômica deficitária com possibilidade falimentar no futuro, mas que pode ser evitada se medidas corretivas forem tomadas a partir de agora para a redução das emissões.

Os EUA lideram o *ranking* de Patrimônio Líquido ambiental negativo, com um passivo, a descoberto de U$$ 8.900 *per capita* ou total para o país em torno de 2,72 trilhões de dólares, aproximadamente 19% do déficit planetário, donde se infere a sua importância no contexto de ações conjuntas e globais.

Em relação ao saldo *per capita* mundial (que é deficitário), se fosse socializado, caberia a cada um dos habitantes um Passivo Ambiental em torno de US$ 2.300 anuais, a ser deduzido de sua renda ou negociado com as compensações de créditos de carbono, e ainda sujeito a uma coordenação global entre países desenvolvidos e de baixa renda, principalmente àqueles com PIB *per capita* inferior a essa dívida.

Dívida esta que já foi contabilizada e com prazo de vencimento vigente, ou para 2020 ou para 2050, e com risco iminente de alguma cobrança extrajudicial abrupta e a qualquer tempo pela natureza.

Apesar do cenário pessimista, o Balanço das Nações demonstrou que o déficit global do planeta representa 23,7% do PIB mundial, portanto há espaço para ações corretivas.

Esse é o significado deste relatório contábil de dimensões globais: é uma prestação de contas à humanidade, sujeita à consciência de cada cidadão e de seus valores éticos ou morais. É um jogo onde a soma não é zero, ou todos ganham ou todos perdem. Requer ações economicamente viáveis, socialmente justas, ambientalmente corretas e respeito às culturas e crenças locais. Todos deverão se esforçar para darem suas contribuições: os cientistas, os governos, as empresas e os cidadãos, respectivamente focando-se na busca pela verdade, no uso do poder, no resultado econômico e nas crenças e valores.

A dificuldade de se trabalhar de forma interdisciplinar foi o aspecto de maior limitação na realização desta pesquisa e, em muitas vezes, a escolha do caminho pautou-se pela simplicidade dos conceitos da biologia, da física, da economia, da atuária e da própria contabilidade. Os registros contábeis basearam-se em dados estatísticos e estimados, mas o que prevaleceu foi a busca da coerência entre os princípios de cada área. A contabilidade se mostrou fundamental nesse processo, pois baseia-se no princípio universal do equilíbrio entre as causas e efeitos ou das partidas dobradas.[5]

7.2.8 Anexos da pesquisa original

Objetivando disponibilizar o banco de dados utilizado para a elaboração do Balanço Contábil das Nações, como referência para outras pesquisas, seguem na íntegra as principais tabelas anexas.[6]

7.3 Os *monster countries* e o cenário de mudanças climáticas globais: uma análise a partir de seus balanços contábeis (2009)

Com base nos dados da pesquisa original e após alguns encontros dos membros do NECMA/USP com os pesquisadores do Laboratório de Engenharia Ecológica e Informática Aplicada (LEIA/Unicamp),[7] originou-se um novo *paper* denominado "Os *Monster Countries* e o cenário de mudanças climáticas globais: uma análise a partir de seus balanços contábeis".[8] Este tópico do capítulo é uma adaptação do *paper*.

---

[5] Para o entendimento por parte dos leigos em contabilidade, o princípio das partidas dobradas pressupõe que todos os eventos possuem "dois lados da moeda": a aplicação e a respectiva origem. E a contabilidade registra o débito e o crédito correspondentes.

[6] Quaisquer outras informações podem ser obtidas diretamente com os seus autores: José Roberto Kassai, Rafael Feltran-Barbieri, Nelson Carvalho, Alexandre Foschine, Yara Consuelo Cintra e Luis Eduardo Afonso, membros do NECMA/USP.

[7] Especialmente os professores Miguel Juan Bacic (economia), Enrique Ortega (engenharia de alimentos) e João Alfredo de Carvalho Mangabeira (Embrapa-Satélite), especialistas em "contabilidade emergética".

[8] Artigo publicado no CLADEA/2009, de autoria de José Roberto Kassai, Rafael Feltran-Barbieri, Nelson Carvalho, Luis Eduardo Afonso, Luiz Jurandir Simões de Araújo, Yara Cintra, Alexandre Foschine, Miguel Juan Bacic e Enrique Ortega.

Tabela 7.6 Cenário 2006-2020 (MtonC) com e sem cumprimento das orientações do protocolo de Kyoto, sem desmatamento

País	ETOQUE DE CARBONO FLORESTAL Potencial 2020	EMISSÃO C acumulada entre 2006 e 2020 Cenário IPCC SRES A1B1	EMISSÃO C acumulada entre 2006 e 2020 Cenário IPCC SRES A2B2	SEQUESTRO DE C PELA BIOMASSA FLORESTAL E SOLO acumulada entre 2006 e 2020	CARBONO INDUSTRIAL EVITADO acumulada entre 2006 e 2020 Cenário IPCC SRES A1B1	CARBONO INDUSTRIAL EVITADO acumulada entre 2006 e 2020 Cenário IPCC SRES A2B2	SALDO ACUMULADO (emissão – captura) PIOR CENÁRIO EM 2020 SEM KYOTO E BAIXA TECNOLOGIA	SALDO ACUMULADO (Emissão-captura) MELHOR CENÁRIO EM 2020 SEM KYOTO E ALTA TECNOLOGIA
Alemanha	1.683,55	(5.208,21)	(3.974,86)	(127,93)	526,26	769,16	(4.554,02)	(3.077,77)
Brasil	116.080,61	(2.552,86)	(1.968,07)	(8.219,40)	255,22	373,10	5.921,76	6.624,43
China	29.988,08	(37.010,80)	(28.309,06)	2.071,58	3.755,78	5.490,24	(31.183,44)	(20.747,24)
EUA	46.069,56	(36.676,48)	(28.284,65)	3.337,05	3.675,56	5.360,60	(29.663,87)	(19.587,00)
Índia	16.451,34	(7.781,71)	(6.032,70)	1.137,36	779,24	1.133,72	(5.865,11)	(3.761,62)
Japão	3.779,93	(7.722,66)	(5.919,76)	277,78	771,12	1.128,82	(6.673,76)	(4.513,16)
Rússia	174.136,08	(11.680,28)	(8.953,32)	12.020,26	1.089,34	1.616,72	1.429,32	4.683,66
Total	388.189,15	(108.633,00)	(83.442,42)	27.191,36	10.852,52	15.872,36	(0.589,12)	(40.378,70)
Mundo	961.332,00	(197.400,01)	(156.952,49)	82.377,23	15.734,80	22.678,30	(99.287,98)	(51.896,96)

Tabela 7.7 Cenário 2006-2020 (MtonC) com e sem cumprimento das orientações do protocolo de Kyoto, sem desmatamento

País	ETOQUE DE CARBONO FLORESTAL Potencial em 2020	EMISSÃO C acumulada entre 2006 e 2050 Cenário IPCC SRES A1B1	EMISSÃO C acumulada entre 2006 e 2050 Cenário IPCC SRES A2B2	SEQUESTRO DE C PELA BIOMASSA FLORESTAL E SOLO acumulada entre 2006 e 2050	CARBONO INDUSTRIAL EVITADO acumulada entre 2006 e 2050 Cenário IPCC SRES A1B1	CARBONO INDUSTRIAL EVITADO acumulada entre 2006 e 2050 Cenário IPCC SRES A2B2	SALDO ACUMULADO (emissão – captura) PIOR CENÁRIO EM 2050	SALDO ACUMULADO (Emissão-captura) MELHOR CENÁRIO EM 2050
Alemanha	1.683,55	(16.459,99)	(10.337,31)	365,64	1.814,12	7.876,68	(14.280,23)	(2.094,99)
Brasil	116.080,61	(8.215,60)	(6.113,26)	25.222,56	901,12	2.940,68	17.908,08	22.013,98
China	29.988,08	(134.250,10)	(91.309,41)	6.510,68	12.884,96	59.144,56	(114.854,46)	(25.654,17)
EUA	46.069,56	(118.723,40)	(87.683,43)	10.001,20	6.527,84	59.872,00	(102.194,36)	(17.810,23)
Índia	16.451,34	(25.101,92)	(118.637,84)	3.574,56	2.760,56	12.770,80	(18.766,80)	(2.292,48)
Japão	3.779,93	(25.027,20)	(18.275,40)	820,60	2.775,72	12.938,00	(21.430,88)	(4.516,80)
Rússia	174.136,08	(48.702,54)	(33.841,85)	37.777,96	5.936,04	23.940,72	(4.988,54)	27.876,83
Total	388.189,15	(376.480,75)	(226.198,50)	84.273,20	33.600,36	179.447,44	(258.607,19)	(2.477,86)
Mundo	961.332,00	(815.029,99)	(603.360,00)	258.899,96	50.056,17	322.477,16	(506.073,86)	(21982,88)

Cap. 7 • Balanço Contábil das Nações (BCN) | 133

Tabela 7.8 Cenário 2006-2020 (MTOMC) com e sem cumprimento das orientações do protocolo de Kyoto, com desmatamento e queimada

País	ETOQUE DE CARBONO FLORESTAL Potencial 2020	EMISSÃO C acumulada entre 2006 e 2020 Cenário IPCC SRES A1B1	EMISSÃO C acumulada entre 2006 e 2020 Cenário IPCC SRES A2B2	SEQUESTRO DE C PELA BIOMASSA FLORESTAL E SOLO acumulada entre 2006 e 2020	CARBONO INDUSTRIAL EVITADO acumulada entre 2006 e 2020 Cenário IPCC SRES A1B1	CARBONO INDUSTRIAL EVITADO acumulada entre 2006 e 2020 Cenário IPCC SRES A2B2	SALDO ACUMULADO (emissão - captura) PIOR CENÁRIO EM 2020	SALDO ACUMULADO (Emissão -captura) MELHOR CENÁRIO EM 2020
Alemanha	1.659,89	(5.208,93)	(3.975,58)	116,34	526,26	769,16	(4.566,33)	(3.090,08)
Brasil	105.842,27	(4.283,16)	(2.698,37)	8.025,36	255,22	373,10	3.997,42	5.700,09
China	23.060,88	(37.223,80)	(28.522,06)	1.963,24	3.755,78	5.490,24	(31.504,78)	(21.068,56)
EUA	44.134,62	(36.735,69)	(28.343,65)	3.182,20	3.675,56	5.360,60	(29.877,93)	(19.800,85)
Índia	13.917,90	(7.857,66)	(6.108,65)	1.124,77	779,24	1.133,72	(5.953,65)	(3.850,16)
Japão	3.727,01	(7.724,21)	(5.921,31)	261,10	771,12	1.128,82	(6.691,99)	(4.531,39)
Rússia	156.826,90	(12.720,99)	(9.994,03)	11.238,77	1.089,34	1.616,72	(392,88)	2.861,46
Total	349.169,47	(111.754,44)	(85.563,65)	25.911,78	10.852,52	15.872,36	(74.990,14)	(43.779,51)
Mundo	826.745,52	(211.775,18)	(171.327,66)	76.146,45	15.734,80	22.678,30	(119.893,93)	(72.502,91)

Tabela 7.9 Cenário 2006-2050 (MtonC) com e sem cumprimento das orientações do protocolo de Kyoto, com desmatamento

País	ETOQUE DE CARBONO FLORESTAL Potencial	EMISSÃO C acumulada entre 2006 e 2050 Cenário IPCC SRES A1B1	EMISSÃO C acumulada entre 2006 e 2050 Cenário IPCC SRES A2B2	SEQUESTRO DE C PELA BIOMASSA FLORESTAL E SOLO acumulada entre 2006 e 2050	CARBONO INDUSTRIAL EVITADO acumulada entre 2006 e 2050 Cenário IPCC SRES A1B1	CARBONO INDUSTRIAL EVITADO acumulada entre 2006 e 2050 Cenário IPCC SRES A2B2	SALDO ACUMULADO (emissão - captura) PIOR CENÁRIO EM 2050	SALDO ACUMULADO (Emissão -captura) MELHOR CENÁRIO EM 2050
Alemanha	1.599,05	(16.467,54)	(10.344,86)	364,16	1.814,12	7.876,68	(14.298,26)	(2.104,02)
Brasil	79.515,11	(20.950,13)	(18.847,79)	22.220,50	901,12	2.9040,68	2.171,49	6.277,39
China	5.248,08	(136.467,34)	(93.526,65)	4.242,05	12.884,96	59.144,56	(119.340,33)	(30.140,04)
EUA	39.159,06	(119.342,72)	(88.302,32)	9.545,40	6.527,84	59.872,00	(103.269,48)	(18.884,92)
Índia	7.403,34	(25.890,96)	(19.426,88)	2.771,11	2.760,56	12.770,80	(20.359,29)	(3.884,97)
Japão	3.590,93	(25.044,14)	(18.292,34)	819,68	2.7775,72	12.938,00	(21.449,74)	(4.534,66)
Rússia	112.317,58	(59.475,36)	(44.614,67)	32.601,50	5.936,04	23.940,72	(20.937,82)	11.927,55
Total	248.833,15	(403.638,19)	(293.355,51)	72.564,40	33.600,36	179.447,44	(297.473,43)	(41.343,67)
Mundo	480.666,00	(861.015,54)	(549.345,55)	150.557,85	50.056,17	322.477,16	(660.401,52)	(76.310,54)

Tabela 7.10 Cenário 2006-2020 (bilhões US$) com e sem cumprimento das orientações do protocolo de Kyoto, sem desmatamento

País	ESTOQUE DE CARBONO FLORESTAL Potencial 2020	EMISSÃO C acumulada entre 2006 e 2020 Cenário IPCC SRES A1B1	EMISSÃO C acumulada entre 2006 e 2020 Cenário IPCC SRES A2B2	SEQUESTRO DE C PELA BIOMASSA FLORESTAL E SOLO acumulada entre 2006 e 2020	CARBONO INDUSTRIAL EVITADO acumulada entre 2006 e 2020 Cenário IPCC SRES A1B1	CARBONO INDUSTRIAL EVITADO acumulada entre 2006 e 2020 Cenário IPCC SRES A2B2	SALDO ACUMULADO (emissão – captura) PIOR CENÁRIO EM 2020 SEM KYOTO E BAIXA TECNOLOGIA	SALDO ACUMULADO (Emissão -captura) MELHOR CENÁRIO EM 2020 SEM KYOTO E ALTA TECNOLOGIA
Alemanha	75,78	(234,37)	(178,87)	5,76	23,68	34,61	(204,93)	(138,50)
Brasil	5.223,63	(114,88)	(88,56)	369,87	11,49	16,79	266,48	298,10
China	1.349,46	(1.665,48)	(1.273,91)	93,22	169,01	247,06	(1.403,25)	(933,63)
EUA	2.073,13	(1.650,44)	(1.272,81)	150,17	165,40	241,23	(1.334,87)	(881,41)
Índia	740,31	(350,18)	(271,47)	51,18	35,07	51,02	(263,93)	(169,27)
Japão	170,10	(347,52)	(266,39)	12,50	34,70	50,80	(300,32)	(203,09)
Rússia	7.836,12	(525,61)	(402,90)	540,91	49,02	72,25	64,32	210,76
Total	17.468,51	(4.888,48)	(3.754,91)	1.223,61	488,36	714,26	(3.176,51)	(1.817,04)
Mundo	43.259,94	(8.883,01)	(7.049,36)	3.706,97	708,07	1.020,52	(4.467,97)	(2.321,87)

Tabela 7.11 Cenário 2006-2050 (bilhões US$) com e sem cumprimento das orientações do protocolo de Kyoto, sem desmatamento

País	ESTOQUE DE CARBONO FLORESTAL Potencial	EMISSÃO C acumulada entre 2006 e 2050 Cenário IPCC SRES A1B1	EMISSÃO C acumulada entre 2006 e 2050 Cenário IPCC SRES A2B2	SEQUESTRO DE C PELA BIOMASSA FLORESTAL E SOLO acumulada entre 2006 e 2050	CARBONO INDUSTRIAL EVITADO acumulada entre 2006 e 2050 Cenário IPCC SRES A1B1	CARBONO INDUSTRIAL EVITADO acumulada entre 2006 e 2050 Cenário IPCC SRES A2B2	SALDO ACUMULADO (emissão – captura) PIOR CENÁRIO EM 2050	SALDO ACUMULADO (Emissão -captura) MELHOR CENÁRIO EM 2050
Alemanha	75,78	(740,70)	(465,18)	16,45	81,63	354,45	(642,62)	(94,28)
Brasil	5.223,63	(369,70)	(275,10)	1.135,01	40,55	130,71	805,86	990,62
China	1.349,46	(6.041,25)	(4.108,92)	292,98	579,82	2.661,50	(5.168,45)	(1.154,44)
EUA	2.073,13	(5.342,55)	(3.945,75)	450,05	293,75	2.694,24	(4.598,75)	(801,46)
Índia	740,31	(1.129,59)	(838,70)	160,85	124,22	574,69	(844,52)	(103,16)
Japão	170,10	(1.126,22)	(822,39)	36,90	124,90	582,21	(964,42)	(203,38)
Rússia	7.836,12	(2.191,61)	(1.522,88)	1.700,01	267,12	1.077,33	(224,48)	1.254,46
Total	17.468,51	(16.941,63)	(11.978,93)	3.792,29	1.512,06	8.075,13	(11.637,28)	(111,51)
Mundo	43.259,94	(36.676,35)	(27.151,20)	11.650,50	2.252,53	14.511,47	(22.773,32)	(989,23)

Tabela 7.12 Cenário 2006-2020 (bilhões US$) com e sem cumprimento das orientações do protocolo de Kyoto, com desmatamento e queimada

País	ETOQUE DE CARBONO FLORESTAL Potencial em 2020	EMISSÃO C acumulada entre 2006 e 2020 Cenário IPCC SRES A1B1	EMISSÃO C acumulada entre 2006 e 2020 Cenário IPCC SRES A2B2	SEQUESTRO DE C PELA BIOMASSA FLORESTAL E SOLO acumulada entre 2006 e 2020	CARBONO INDUSTRIAL EVITADO acumulada entre 2006 e 2020 Cenário IPCC SRES	CARBONO INDUSTRIAL EVITADO acumulada entre 2006 e 2020 Cenário IPCC SRES A2B2	SALDO ACUMULADO (emissão - captura) PIOR CENÁRIO EM 2020	SALDO ACUMULADO (Emissão - captura) MELHOR CENÁRIO EM 2020
Alemanha	74,69	(234,40)	(178,90)	5,23	23,68	34,61	(205,49)	(139,06)
Brasil	4.762,90	(192,74)	(121,43)	361,14	11,48	16,79	179,88	256,50
China	1.037,74	(1.675,07)	(1.283,49)	88,34	169,01	247,06	(1.417,72)	(948,09)
EUA	1.986,90	(1.653,11)	(1.275,46)	143,20	165,40	241,23	(1.344,51)	(891,03)
Índia	626,31	(353,59)	(274,89)	50,61	35,07	51,01	(267,91)	(173,27)
Japão	167,71	(347,59)	(266,46)	11,75	34,70	50,80	(301,14)	(203,91)
Rússia	7.057,20	(572,44)	(449,73)	505,74	49,02	72,75	(17,68)	128,76
Total	15.712,61	(5.028,94)	(3.850,36)	1.166,01	488,36	714,25	(3.374,57)	(1.970,10)
Mundo	37.203,55	(9.529,88)	(7.709,74)	3.426,60	708,07	1.020,52	(5.395,21)	(3.262,62)

Tabela 7.13 Cenário 2006-2050 (bilhões US$) com e sem cumprimento das orientações do protocolo de Kyoto, com desmatamento

País	ETOQUE DE CARBONO FLORESTAL Potencial em 2050	EMISSÃO C acumulada entre 2006 e 2050 Cenário IPCC SRES A1B1	EMISSÃO C acumulada entre 2006 e 2050 Cenário IPCC SRES A2B2	SEQUESTRO DE C PELA BIOMASSA FLORESTAL E SOLO acumulada entre 2006 e 2050	CARBONO INDUSTRIAL EVITADO acumulada entre 2006 e 2050 Cenário IPCC SRES A1B1	CARBONO INDUSTRIAL EVITADO acumulada entre 2006 e 2050 Cenário IPCC SRES A2B2	SALDO ACUMULADO (emissão - captura) PIOR CENÁRIO EM 2050	SALDO ACUMULADO (Emissão - captura) MELHOR CENÁRIO EM 2050
Alemanha	71,96	(741,04)	(465,52)	16,39	81,63	354,45	(643,02)	(94,68)
Brasil	3.578,18	(942,75)	(848,15)	999,92	40,55	130,71	97,72	282,48
China	236,16	(6.141,03)	(4.208,70)	190,89	579,82	2.661,50	(5.370,32)	(1.356,31)
EUA	1.762,16	(5.370,42)	(3.973,60)	429,54	293,75	2.694,24	(4.647,13)	(849,92)
Índia	333,15	(1.165,09)	(874,21)	124,70	124,22	574,69	(916,17)	(174,82)
Japão	161,59	(1.126,99)	(823,15)	36,88	124,91	582,21	(965,20)	(204,06)
Rússia	5.054,29	(2.676,39)	(2.007,65)	1.467,07	267,12	1.077,33	(942,20)	536,75
Total	11.197,49	(18.163,71)	(13.200,98)	3.265,39	1.512,00	8.075,13	(13.386,32)	(1.860,46)
Mundo	21.629,97	(38.745,70)	(24.720,55)	6.775,10	2.252,52	14.511,47	(29.718,08)	(3.433,98)

7.3.1 Resumo

Cinco países integram o grupo dos *monster countries*, segundo a expressão cunhada pelo diplomata, cientista e professor George Frost Kennan (1904-2005) – EUA, Brasil, Rússia, Índia e China – e foram assim denominados por exercerem papéis importantes no futuro da humanidade devidos a três condições: heterogeneidade, territórios continentais e grandes contingentes populacionais.

Essa pesquisa de natureza exploratória e descritiva teve por objetivo refletir sobre a participação desses gigantes no cenário de mudanças climáticas globais de acordo com seus respectivos balanços contábeis. E os resultados mostraram a relevância desses países no cenário mundial, com Patrimônio Líquido Ambiental deficitário de US$ 1.8 mil para cada um de seus habitantes, mas favorável em relação ao restante do planeta.

7.3.2 Estatísticas dos *monster countries*

Os países ilustrados na Figura 7.2 representam 31,5% da área emersa do planeta, 47% da população mundial, 42,9% do PIB mundial, 40,5% do consumo de energia; apresentam uma densidade demográfica de 64,9 habitantes/km², 39,6% são áreas com florestas, 44,3% das pessoas vivem em áreas urbanas, 19,6% das pessoas têm acesso à internet, 90% dos domicílios têm água encanada e as mulheres representam 48,9% da população total. O IDH médio ponderado é de 0,729 e a expectativa média de vida é de 68,6 anos (IBGE, 2009; GOLDEMBERG, 2007; KASSAI et al., 2008). Mais detalhes sobre esses cinco países podem ser vistos no Quadro 7.1.

A Rússia destaca-se por ter a maior extensão territorial. China e Índia têm as maiores populações, os EUA têm sido a maior economia mundial e o Brasil possui a maior área florestal do planeta e um dos últimos lugares não explorados pelo homem: a Amazônia. Como apontou Kennan, esses países são bastante heterogêneos.

Esse fato é constatado pelos elevados coeficientes de variação: população (82%), densidade demográfica (116%), PIB *per capita* (96%), acesso à internet (76%). Os menores coeficientes de variação relacionam-se com o número de mulheres (4%) e expectativas de vida (7%) desses países.

Os *monster countries* possuem 67 milhões de homens a mais em relação ao número de mulheres, fato decorrente principalmente da participação masculina da Índia e China, enquanto que no resto do mundo se dá o inverso, com excedente de 19 milhões de mulheres.

Em relação à expectativa média de vida, a média dos *monster countries* é próxima à média mundial, mas a diferença entre a Índia e os EUA é de 14 anos.

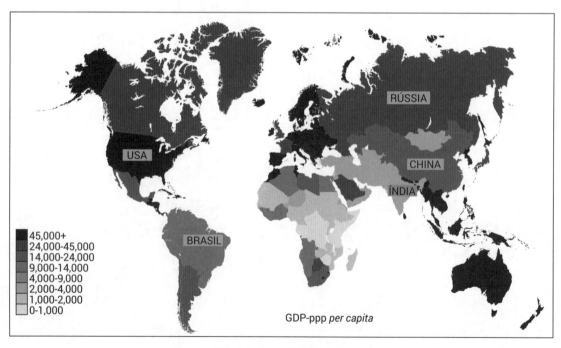

Figura 7.2 Os cinco *Monster countries*

Quadro 7.1 Estatísticas descritivas dos *monster countries*

País	População (Milhões)	Km² (Milhões)	Densidade demográfica (Km²)	GDP – US$ milhões Total	pc	Energia	Área com floresta	Área urbana	Internet	Água encanada	Mulher	IDH	Expectativa de vida
USA	304.999	9.363,5	32,6	14.195.032	46,5	23,1%	33,1%	80,8%	72,5%	99%	50,8%	0,95	78
Brasil	191.870	8.514,9	22,5	1.961.473	10,2	1,9%	57,2%	84,2%	35,2%	91%	50,7%	0,807	72
Rússia	141.407	17.075,4	8,3	2.274.584	16,1	4,4%	47,9%	73,3%	21,1%	97%	53,7%	0,806	65,2
Índia	1.139.882	3.287,6	346,7	3.289.781	2,9	3,3%	22,8%	28,7%	6,9%	89%	48,2%	0,609	64,1
China	1.327.658	9.597,0	138,3	7.792.747	5,9	7,9%	21,2%	40,5%	16%	88%	48,4%	0,762	72,7
Monsters countries	3.105.816	47.838,3	64,9	29.513.617	9,5	40,5%	39,6%	44,3%	19,6%	90%	48,9%	0,729	68,6
Outros	3.496.408	104.161,7	33,6	39.272.974	11,2	59,5%	17,5%	53,2%	22,1%	82,4%	50,3%	0,706	68
Mundo	6.602.224	152.000,0	43,4	68.789.591	10,4	100%	30%	49%	21%	86%	49,6%	0,717	68,3

Fontes: IBGE (2009); Goldemberg (2007); Kassai et al. (2008).

7.3.3 Balanço Contábil das Nações dos *monster countries*

Com base no estudo original (KASSAI et al., 2008), que contemplou a média simples de diversas simulações entre os cenários de emissões e capturas de carbono dos países, combinando o cumprimento ou não do protocolo de Kyoto, uso de altas ou baixas tecnologias de sequestro de gases do efeito estufa, com e sem desmatamento, adotaram-se os cenários exibidos no Quadro 7.2.

Somente Brasil e Rússia apresentam saldos superavitários em ambos os cenários. Estes representam apenas 8,7% e 4,6% do déficit global nos cenários 2020 e 2050, e são anulados pelos outros países.

O déficit global, em saldo residual de carbono, deve quadruplicar no período de 2020 a 2050, mesmo com a evolução menos acentuada dos *monster countries* (167%), comparada com o resto do mundo (464%).

Os resultados mostram que a China deve tomar a dianteira no crescimento das emissões (177%), seguida pelos EUA (145%), Índia (133%), Brasil (128%) e Rússia (62%). No cenário 2020, esses gigantes representam 56,2% do déficit global, valor que diminui para 37,8% no cenário 2050, indicando a importância desses países no cenário global, mesmo sem contabilizar um maior comprometimento de seus maiores poluidores junto ao Protocolo de Kyoto.

Quais são os maiores poluidores do planeta? Essa pergunta poderia ser refinada com a consideração não apenas das emissões de poluentes, mas também com o desconto do potencial de captura de carbono de cada país (por exemplo, por meio de suas florestas). A metodologia apresentada no BCN é uma forma possível para esse refinamento, por meio de uma medida residual de carbono. O Gráfico 7.15 apresenta esses dados.

Como se observa, a partir da posição global deficitária do planeta, os *monster countries* apresentam-se em 2020 como os mais poluidores em relação ao restante do planeta, mas esta posição deve se inverter no cenário 2050.

A China ocupa o topo desse *ranking*, seguida de perto pelos EUA. A Índia não deve conseguir zerar as suas emissões, mas representa um quinto dos EUA. E, finalmente, Brasil e Rússia apresentam superávits ambientais suficientes para zerar as emissões da Índia.

Seguindo o método BCN, os Ativos são avaliados a partir do PIB desses países, dividido pelo consumo de energia em toneladas equivalentes de petróleo (TEP), tendo como objetivo equalizar os diferentes níveis de consumo de energia e o efeito no meio ambiente. Estes dados são demonstrados no Quadro 7.3.

Um país que consome mais energia produz o seu PIB anual causando maiores danos (depreciação) ao meio ambiente do que outro que consome menos energia. De acordo com a conversão proposta na metodologia BCN, o PIB ajustado deve sofrer uma redução de valor para incorporar este fato. É o caso dos EUA e Rússia.

Ao contrário, os países que apresentam consumo médio de energia inferior a uma TEP terão seus PIBs ajustados para mais; é o caso da Índia e da China. Para o Brasil, que tem um consumo de energia próxima a uma TEP, o PIB ajustado é bastante próximo do PIB calculado pela forma tradicional.

Os US$ 68 trilhões de PIB mundial, calculados pelo PPP (IMF/2008), correspondem a um PIB ajustado, ou a um *PIB verde* (TAVELIN, 2009) de apenas US$ 40 trilhões ou US$ 6,2 mil *per capita*, o que corresponde atualmente a uma taxa de depreciação ambiental de 41%.

A realidade socioambiental dessa nova medida é diferente de uma visão puramente econômica, pois

Quadro 7.2 Balanço residual de carbono em MtonC

País	Cenário 2020	Cenário 2050	Aumento (%)	2020 (%)	2050 (%)
USA	(24.732,5)	(60.539,9)	145%	28,8%	17,7%
Brasil	5.310,9	12.092,7	128%	–6,2%	–3,5%
Rússia	2.145,4	3.469,5	62%	–2,5%	–1,0%
Índia	(4.857,6)	(11.325,9)	133%	5,7%	3,3%
China	(26.126,0)	(72.497,3)	177%	30,4%	21,2%
Monsters countries	**(48.259,8)**	**(128.800,8)**	**167%**	**56,2%**	**37,8%**
Outros	(37.635,7)	(212.391,5)	464%	43,8%	62,2%
Mundo	(85.895,4)	(341.192,2)	297%	100%	100%

Fonte: adaptado de Kassai et al. (2008).

procura incorporar de alguma forma as externalidades, os serviços ambientais e, de forma mais ampla, a questão da sustentabilidade.

O *ranking* do PIB verde *per capita*, com base no Quadro 7.3, segue a ordem: Brasil (9,4), Índia (9,0), China (8,9), EUA (5,5) e Rússia (4,6). Os demais países apresentam um PIB verde menor do que o restante dos países e todo o planeta, e isto sugere vantagens socioambientais das outras nações, mas identifica a relevância desses cinco países.

Por meio da conversão dos saldos residuais de carbono pelo custo sugerido no BCN e avaliando os Ativos pelos respectivos PIBs verdes, tem-se no Quadro 7.4 os balanços ambientais dos *monster countries*,

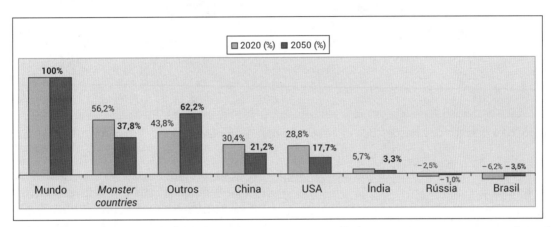

Gráfico 7.15 Países mais poluidores de acordo com o saldo residual entre emissões e capturas de carbono

Quadro 7.3 Conversão do PIB em equivalente de energia consumida (TEP)

País	GDP ppp US$ (Bilhões)	TOE	TOE	Per capita US$ 1.000	TOE
USA	14.195,0	1.680	8,45	46,5	5,5
Brasil	1.961,5	1.800	1,09	10,2	9,4
Rússia	2.274,6	650	3,50	16,1	4,6
Índia	3.289,8	10.281	0,32	2,9	9,0
China	7.792,7	11.807	0,66	5,9	8,9
Monsters countries	29.513,6	18.218	1,62	9,5	5,9
Outros	39.273,0	22.314	1,76	11,2	6,4
Mundo	68.786,6	40.702	1,69	10,4	6,2

Fonte: cálculos dos autores.

Quadro 7.4 Balanço das Nações dos *monster countries*

País	Balanço ambiental – País Ativo	Passivo	Patrimônio	Balanço ambiental – *per capita* Ativo	Passivo	Patrimônio
USA	1.677	4.394	(2.717)	5,5	14,4	(8,9)
Brasil	1.804	1.259	544	9,4	6,6	2,8
Rússia	650	496	155	4,6	3,5	1,1
Índia	10.259	10.756	(497)	9,0	9,4	(0,4)
China	11.816	15.076	(3.260)	8,9	11,4	(2,5)
Monsters countries	18.324	23.915	(5.590)	5,9	7,7	(1,8)
Outros	22.377	32.167	(9.790)	6,4	9,2	(2,8)
Mundo	40.934	56.287	(15.354)	6,2	8,5	**(2,3)**

Fonte: adaptado de Kassai et al. (2008).

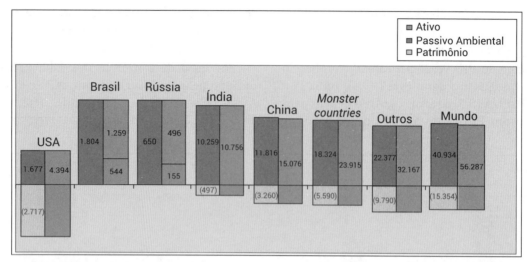

Gráfico 7.16 Balanço das Nações dos *monster countries* e do planeta todo – Cenário 2050 (US$ bilhão)

expressos tanto em termos absolutos para cada país como em termos *per capita*.

De acordo com o Gráfico 7.16, que demonstra a situação total de cada país, os *monster countries* terão em 2050 um Patrimônio Líquido negativo ou déficit equivalente a 5,6 trilhões anuais. É uma situação que, em termos contábeis, poderia ser classificada como falimentar. Ainda assim estarão em melhor situação se comparada com a do restante dos países (9,8 trilhões), cabendo-lhes 36,4% do total da dívida ambiental (15,3 trilhões).

Essa situação favorável em relação ao planeta é amparada também pelas situações superavitárias do Brasil (544 bilhões) e Rússia (155 bilhões), únicas nações a apresentarem superávits ambientais em decorrência, basicamente, de suas grandes florestas. Note que a escala utilizada no Gráfico 7.16 evidencia a relação proporcional entre o Passivo Ambiental (*Liability*) de cada país e o seu respectivo Ativo ou PIB verde (*Assets*). O déficit da China (5.590), apesar de ser maior que o dos EUA (2.717), representa 28% de seu Ativo, contra 162% daquele país.

O Gráfico 7.17, no formato contábil, ilustra a situação *per capita* de cada país.

Tendo como base os dados de cada um dos países, bem como as projeções populacionais, é possível calcular os resultados por habitante. O déficit para cada um dos habitantes do planeta no cenário 2050 é de US$ 2,3 mil anuais. A situação dos cidadãos dos *monster countries* é um tanto quanto mais favorável (US$ 1,8 mil) em relação aos cidadãos dos outros países (US$ 2,8 mil).

Os países líderes, mais ambientalmente corretos, na ordem de PLA (*per capita*), são representados no Gráfico 7.18.

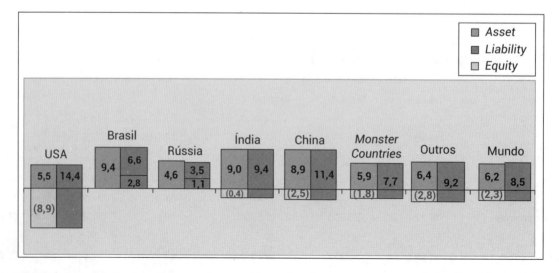

Gráfico 7.17 Balanço das Nações dos *monster countries* e do planeta todo (*per capita*) – Cenário 2050 (US$ 1.000)

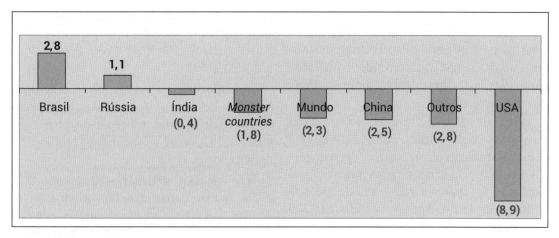

Gráfico 7.18 *Ranking* dos países menos poluidores de acordo com o saldo residual de carbono (cenário 2050 – US$ milhões)

De acordo com o cenário projetado, em 2050 o Brasil deve assumir o topo do *ranking* dos países mais ambientalmente corretos, seguido por Rússia e Índia. Em seguida, surge a China. No último lugar estão os EUA, que apresentam débitos ambientais com o planeta e, principalmente, com as gerações futuras.

Os resultados trazem evidências de que os superávits ou PLA positivos do Brasil e da Rússia (699 bilhões) são insuficientes para zerar o déficit global, mas são equivalentes, por exemplo, ao déficit da Índia. E ainda sobraria um crédito equivalente de 202 bilhões, equivalentes a 112 milhões de habitantes, se considerarmos o déficit *per capita* dos *monster countries* (1,8 mil). Ou seja, uma população mundial da ordem de 1,6 bilhão de habitantes com seus déficits zerados em relação ao meio ambiente.

Assim, com base na equação fundamental da contabilidade e nos dados dos balanços das nações, o Quadro 7.5 demonstra algumas simulações hipotéticas e contrafactuais de redução da população mundial. As simulações são baseadas na composição da população mundial com perfis de cidadãos apresentados nos balanços das nações e com a suposição de que os saldos superavitários do Brasil e da Rússia anulassem os demais saldos deficitários nos seguintes cenários: (1) Brasil, Rússia e Índia, (2) Brasil, Rússia e China, (3) Brasil, Rússia e outros países, (4) Brasil, Rússia e EUA, (5) somente Índia, (6) somente China, (7) somente EUA, (8) somente *monster countries*, (9) somente outros países e (10) cidadãos médios de todo o planeta.

Os resultados apontam a situação hipotética de uma população mundial variando de 1,7 bilhão até 79 milhões de habitantes. Obviamente, não se trata de

Quadro 7.5 Simulação da redução da população mundial de acordo com o Balanço das Nações (cenário de 2050)

Países US$ 1.000	BR + Índia 0,4	BR + China 2,5	BR + Outros 2,8	BR + USA 8,9	Índia 0,4	China 2,5	EUA 8,9	Monster countries 1,8	Outros 2,8	Mundo 2,3
USA				79			79			
Brasil (544 bilhões)	192	192	192	192						
Rússia (155 bilhões)	141	141	141	141						
Índia	1.140				1.748					
China		280				280				
Monsters countries	112							388		
Outros			250						250	304
Mundo	**1.585**	**613**	**583**	**412**	**1.748**	**280**	**79**	**388**	**250**	**304**

Fonte: Cálculos dos autores.

uma condição local ou restrita para esses países, pois as mudanças climáticas globais poderão afetar todo o planeta; mas os perfis desses cidadãos, relacionados com o consumo de energia e suas atitudes em relação ao meio ambiente, são determinantes nesse cenário, ordenados no Gráfico 7.19.

Hoje, cerca de 25% da população mundial consome recursos muito acima da média mundial e das condições normais de reposição da natureza (RODRIGUEZ, 2008). Esse contingente populacional está concentrado nas classes média e alta de todas as nações, inclusive no Brasil. Apenas na Índia, são 300 milhões de pessoas.

Ao mesmo tempo, é vital aumentar o consumo de energia para os cidadãos pobres para a barreira de uma TEP (GOLDEMBERG, 2007), pois as taxas de analfabetismo, mortalidade infantil e fertilidade são altas para esses indivíduos, enquanto a expectativa de vida e o IDH são baixos.

Portanto, tal quadro aponta para a necessidade de se efetuar ações mais enérgicas para reduzir e melhorar a distribuição das emissões de carbono em um plano que envolva toda a coletividade e exija a cooperação conjunta em um jogo ganha-ganha.

A população mundial do século XXI não deveria se espelhar no perfil médio de consumo e dispêndio energético dos EUA nem da Índia. As nações que apresentam superávit ambiental deverão ter cuidado especial com sua biodiversidade ameaçada (MYERS, 2000), para não incorrer nos mesmos erros.

7.3.4 Conclusões

Este estudo baseou-se na questão sobre a participação dos *monster countries* no cenário mundial com base nos seus balanços das nações e, de acordo com a metodologia BCN utilizada, comparam-se os relatórios contábeis individuais de cada um desses países gigantes (EUA, Brasil, Rússia, Índia e China) com o seu consolidado (*monster countries*), com os países restantes (Outros) e com o planeta como um todo (Mundo).

As informações do Quadro 7.6 resumem a relevância desses países e destacam aspectos como emissões de carbono no cenário global, consumo de energia, PIB verde e Patrimônio Líquido Ambiental deficitário.

Os cenários deficitários dos *monster countries* e dos outros países denotam a situação crítica do planeta, mas em situação favorável em relação aos demais países. De acordo com o princípio implícito na equação fundamental da contabilidade, esse Passivo Ambiental deverá ser pago com: (1) redução voluntária dos níveis de emissão de carbono; (2) redução forçada da população; ou (3) por meio de alguma combinação dessas duas alternativas. A redução de carbono envolve não apenas a diminuição por parte das nações ricas, mas terá que ser combinada com aumento nos países pobres, para diminuírem as desigualdades. A redução hipotética de população, caso não seja executada nenhuma outra ação contemplada nos cenários do IPCC (2008), situa-se na faixa de 73% a 99%.

Portanto, parece preferível tomar medidas para reduzir e melhorar a distribuição das emissões de carbono. Os padrões de consumo energético da população mundial deste século não poderão se espelhar no perfil médio dos EUA e nem da Índia, como já dissemos. Outros padrões de geração de riqueza e de consumo, fundamentados na consciência ambiental e econômica, deverão ser adotados.

E, nesse contexto de avaliar os serviços ambientais e as externalidades (depreciação ambiental), a contabilidade inaugura um novo papel diante do cenário global.

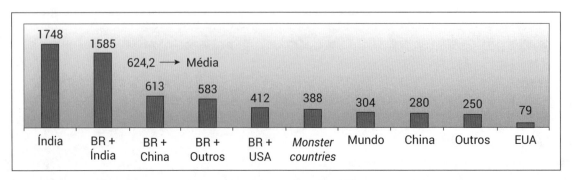

Gráfico 7.19 Redução da população mundial de acordo com a equação fundamental da contabilidade (cenário 2050 – milhões de habitantes)

Quadro 7.6 Resumo dos principais aspectos dos balanços dos *monster countries*

	Monster countries	Outros países
Déficit de carbono no cenário de 2020 (MtonC)	48.260	37.636
Déficit de carbono no cenário de 2050 (MtonC)	128.801	212.391
Déficit de carbono no cenário de 2020 (em relação ao planeta)	56,2%	43,8%
Déficit de carbono no cenário de 2050 (em relação ao planeta)	37,8%	62,2%
Variação da poluição de 2020 a 2050	167%	464%
Consumo médio de energia *per capita* por ano (TEP)	1,62 TEP	1,76 TEP
PIB verde dos países (total em milhões de US$)	US$ 18,2 milhões	US$ 22,3 milhões
PIB verde dos países (*per capita* em milhões de US$)	US$ 5,9 mil	US$ 6,4 mil
Patrimônio líquido ambiental dos países (total US$ trilhões)	(US$ 5,6)	(US$ 9,8)
Patrimônio líquido ambiental dos países (*per capita*)	(US$ 1,8 mil)	(US$ 2,8 mil)

7.4 Balanços contábeis dos estados brasileiros: evidências empíricas da deterioração energético-ambiental no período de 2002-2008

Partindo-se do pressuposto de que o Brasil é o país que apresentou o maior Patrimônio Líquido Ambiental na pesquisa original, equivalente a 544 bilhões de dólares anuais, elaborou-se uma nova pesquisa – Feltran-Barbieri et al. (2012) –, mas, desta vez, com informações obtidas internamente dos bancos de dados nacionais, ao invés da plataforma do IPCC/ONU, e abrangendo os 26 estados brasileiros mais o Distrito Federal. Este tópico do capítulo é uma adaptação do artigo que apresenta a pesquisa.

7.4.1 Resumo

O desafio dessa pesquisa foi o de elaborar Balanços contábeis das unidades federativas do Brasil para os anos de 2002 e 2008 por meio de um método denominado Balanço Contábil das Nações (BCN), em que o Ativo é avaliado pelo PIB *per capita* ajustado pelo consumo de energia em tonelada equivalente de petróleo (TEP), o Patrimônio Líquido pelo saldo residual de serviços ambientais em função das emissões e capturas de carbono e o Passivo representando em seu conceito amplo as externalidades sociais, ambientais e econômicas.

Esses balanços contábeis ambientais seguem o equilíbrio implícito na equação fundamental da contabilidade (Ativo menos Passivo é igual ao Patrimônio Líquido) e, além de permitirem comparabilidade entre os estados brasileiros, possibilitam análises por meio de diversos indicadores e com foco no meio ambiente.

Os resultados evidenciados nos próprios BCNs revelaram que, por um lado, estados com grande patrimônio florestal o substituem dramaticamente por sistemas pecuários ainda pouco eficientes e/ou agricultura de ponta, porém progressivamente dispendiosa em termos energéticos. Por outro, estados mais urbanizados consolidam suas riquezas em aumentos progressivos de consumo de energia e emissões, especialmente da frota veicular e de resíduos.

Conclui-se que, apesar da grande desigualdade de riqueza e de patrimônio natural, todos os estados apresentaram deterioração energético-ambiental no período analisado, seja ela pesada pelo aumento do dispêndio energético na formação do PIB ou acúmulo de emissões de fontes múltiplas, o que ocasionou diminuição no ROI do consolidado do país de 15% nesse período. Tais resultados diagnosticam a refutação generalizada no Brasil do fenômeno de *decoupling* observado nos países desenvolvidos – e mesmo na China – mostrando que, ao contrário, o nosso enriquecimento é progressivamente energético-intensivo e poluente-intensivo, firmado em trajetórias alheias às preocupações recentemente propaladas na Rio+20. Portanto, são necessárias estratégias e políticas urgentes para o país que priorizem a manutenção de seu maior potencial de riqueza futura: a região Norte do Brasil, que concentra 90% do Patrimônio Líquido Ambiental, especialmente o estado do Amazonas que detém 40% dos recursos nacionais.

7.4.2 Introdução

Embora de grande relevância para o diagnóstico de desempenho econômico, a contabilidade tem engajado-se nas questões ambientais apenas timidamente. Alguns avanços foram realizados, como o desenvolvimento de métodos para empresas (GRAY, 1993), contas nacionais (UN, 1993), o *Triple Bottom Line* (ELKINGTON 1997), o *GRI Sustainability Accounting* (GRI, 2011) e os "Relatórios Integrados" ou "*One Reports*" (IIRC, 2012). Mas continua extremamente difícil desenvolver parâmetros genéricos porque a heterogeneidade e a especificidade das firmas e nações dificultam sobremaneira a convergência – senão mais na internacionalização, ao menos no que tange ao meio ambiente (RIBEIRO, 2005).

O desafio aqui é o de elaborar balanços contábeis das unidades federativas do Brasil para os anos de 2002 e 2008, partindo-se de um método proposto originalmente por Kassai et al. (2010) e denominado de Balanço Contábil das Nações (BCN), em que o Ativo é avaliado pelo PIB *per capita* ajustado pelo consumo de energia em tonelada equivalente de petróleo (TEP), o Patrimônio Líquido pelo saldo residual de carbono e o Passivo é representando em seu conceito amplo – as externalidades.

7.4.3 Revisão bibliográfica

Ainda que desde seus primórdios – com a Escola Fisiocrata – a Ciência Econômica tenha se inspirado com os desafios de mensurar os limites e efeitos da natureza sobre o progresso material, foi apenas na década de 1970 que o tema se estabeleceu (BAUMOL; OATES, 1988; FAUCHEAUX; NOEL, 1995). Muito além, no entanto, de consolidar conceitos, tornou-se ramo eclético e controverso. O mais claro exemplo orbita a ideia de "desenvolvimento sustentável". A explícita combinação de desmatamentos com explosão demográfica nos países pobres e poluição com esgotamento dos recursos naturais nos ricos ensejou, em 1972, duro debate contrário ao modelo econômico mirando em seus dois pontos críticos, e inexoravelmente interligados: o de que há limites para o crescimento porque temos apenas um planeta para viver (MEADOWS et al., 1972; WARD; DUBOS, 1972).

A ideia de que seria necessário um "eco desenvolvimento", como queria Ignacy Sachs (1980) – com inclusão social pelo trabalho decente e uso eficiente e previdente de recursos – teve pouca aderência em Estocolmo (1972), e foi totalmente substituída pelo termo "desenvolvimento sustentável", em 1987, com o *Nosso futuro comum* (WCDE, 1987). Na visão de José Eli da Veiga (2010), o termo prosperou desde então porque acomodava os anseios dos pobres em crescer, e iludia os ricos de que tal ocorreria sem piorar sua própria qualidade de vida. Há vinte anos, Lelé (1991) já havia desacreditado a possibilidade de se realizar tal feito.

A Rio+20 popularizou a "economia verde", que novamente levantou mais questionamentos a respeito da plausibilidade do desenvolvimento sustentável. Antes mesmo das discussões começarem já se podia antever a falta de sincronia entre os próprios organismos da ONU. O documento do PNUMA (UNEP, 2011) era modesto e pouco questionava a manutenção do alto nível de consumo nos países do Norte, o que punha em xeque a própria viabilidade de seus argumentos, enquanto o EcoSoc (DESA, 2011) foi surpreendentemente muito mais incisivo que o órgão ambiental, assumindo a sustentabilidade forte como condição *sine qua non*. Embora balizado em soluções notadamente de corrente neoclássica, como taxas para atividades carbono-intensivas e subsídios a fontes renováveis e empregos verdes, sustentou coerência teórico-prática defendida durante o encontro.

A opinião generalizada de que havia muito mais a se fazer não pôde ofuscar, contudo, os avanços da reunião. Foram quase 700 acordos multilaterais com compromisso de investimentos de US$ 513 bilhões em negócios menos alheios às externalidades negativas (CRISPIM, 2012). A Conferência das Nações Unidas para o Desenvolvimento Sustentável, a Rio+20, serviu para reavivar a possibilidade de se admitir que mais relevante do que as incongruências teóricas é sua justificativa ética apoiada no princípio da precaução, segundo o qual o papel do desenvolvimento deveria ser o de corrigir as desigualdades (SACHS, 2000).

E o Brasil tem um enorme desafio. O país se firma como grande potência econômica, porém seria um erro concluir que Celso Furtado por isso falhou em suas previsões sobre o Mito do Desenvolvimento (FURTADO, 1974). Primeiro, porque a pujança do PIB não assegura prosperidade. Segundo, porque até mesmo a prosperidade como conhecida nas teorias neoclássicas está ameaçada no próprio mundo desenvolvido, como afirmou recentemente ninguém menos que Robert Solow, ao admitir que a sustentação da riqueza se tenha feito sob dispêndio energético ineficiente e de recursos naturais em ritmo acelerado de esgotamento (VICTOR, 2010).

É esse caminho que o Brasil tem trilhado também. Se bem que as taxas de desmatamento tenham caído na Amazônia, outros problemas se agravam. Ricardo Abramovay (2010) discute, por exemplo, como o estado de São Paulo, a despeito de liderar o processo de descarbonização da economia, apresenta taxas crescentes de consumo de energia, especialmente no setor secundário, encarecendo seu crescimento. É também São Paulo o estado com uma das menores taxas relativas de cobertura vegetal nativa e o maior importador líquido de recursos naturais, incluindo o de água fluvial oriunda de represas dos estados vizinhos, sem o que sua produtividade agrícola estaria parcialmente tolhida e os abastecimentos hídricos doméstico e industrial deficitários (CRIA/FAPESP, 2008).

Do lado oposto está Roraima, cuja área territorial é muito parecida com a de São Paulo e que, embora apresente um PIB *per capita* menor que a metade do paulista, tem IDH equivalente a 91% e taxa de recursos florestais *per capita* 570 vezes maior (45,56 ha floresta/habitante contra 0,08). Considerando as áreas oficialmente protegidas em unidades de conservação, a cada roraimense estão assegurados 109.645 m² de vegetação nativa, enquanto ao paulista resta se contentar com não mais do que 736 m².[9]

Esses últimos indicadores não são meros exercícios de estatística descritiva. Cada vez mais utilizados no auxílio ao monitoramento do ritmo de degradação/consumo de recursos *versus* incremento populacional, têm figurado como sinalizadores indispensáveis no mapeamento da vulnerabilidade climática regional, o que equivale a afirmar, na avaliação de potencial econômico, por exemplo: negativo, no caso da desertificação, ou positivo, como a inovação em sistemas agroflorestais (WORLDWATCH INSTITUTE, 2005).

É certo, pois, que se o PIB e o IDH são indicadores relevantes, igualmente verdadeiro é que não se tomam mais decisões de investimento ou de aportes prioritários de recursos sem análise de um painel de desempenho muito mais completo, que inclui os mais variados índices de responsabilidade ambiental e de participação social no processo de desenvolvimento (STIGLITZ; SEN; FITOUSSI, 2009). Uma das principais diretrizes da Rio+20, fundada no binômio economia verde e governança internacional, é justamente a de tentar diagnosticar e medir as economias com parâmetros sensíveis às variáveis ambientais e sociais, para tentar construir o "futuro que queremos" (Rio+20). Tal realidade é que inspira este trabalho.

7.4.4 Metodologia

O Balanço Contábil das Nações (BCN) é uma metodologia adotada para elaborar relatórios contábeis de países ou de regiões e suas bases são os métodos *inquired balance sheet* e o emprego da equação fundamental da contabilidade, em que o Patrimônio Líquido é igual ao Ativo menos o Passivo, e a sua inovação é incluir a quantificação dos dados referentes aos recursos florestais e energéticos, tendo em vista os cenários de mudanças climáticas globais (KASSAI et al.; 2008, 2009, 2010, 2012; LOUETE, 2009).

Para fins deste trabalho, os balanços contábeis das unidades federativas do país foram elaborados tendo como orientação os passos mencionados no Compêndio de Indicadores de Sustentabilidade das Nações (LOUETE, 2009), a seguir:

1. **Obtenção dos dados**: PIB de cada unidade federativa em US$ de 2011, consumo médio de energia anual em tonelada equivalente de petróleo (TEP), número de habitantes, área florestal das biomassas e compostos orgânicos, taxa de estocagem de carbono, emissões estimadas de CO_2 e custo de carbono evitado estimado (US$ 48 tC^{-1}) para o mercado internacional por Ecosecurities Consulting Ltd (EC, 2009).

2. **Mensuração do Ativo Ambiental (AA)**: é determinado pelo PIB *per capita* ajustado pela depreciação ambiental e pelo Intangível ou *goodwill* ambiental. A apuração do PIB *per capita* em US$ se faz pelo número de habitantes; a depreciação ambiental é apurada diminuindo-se do PIB *per capita* o resultado desse valor dividido pelo consumo médio de energia em tonelada equivalente de petróleo (TEP), e baseia-se na premissa de que a intensidade-energética do PIB de índice 1 maximiza o desenvolvimento sustentável (GOLDEMBERG, 2007), por isso pode se apresentar positiva nos casos de regiões com consumo energético inferior à unidade. Já o intangível ou *goodwill* ambiental surge após a mensuração do Patrimônio Líquido, quando este é tão superavitário que se apresenta superior ao valor líquido do ativo, e é acrescido pela contrapartida do valor equivalente aos Passivos de emissões.

   AA = PIB + PIB(1 − Consumo energético) + I

3. **Mensuração do Patrimônio Líquido Ambiental (PLA)**: é determinado pelo saldo residual de carbono precificado em US$ pelo valor da tonelada de carbono equivalente conforme valores médios estimados no mercado internacional (US$ 48 tC^{-1}) por Ecosecurities Consulting Ltd (EC, 2009). O saldo residual de carbono é obtido pela diferença entre o saldo em estoque (área florestal vezes taxa

---

[9] Cálculos obtidos a partir de consultas à SEPLAN RR (2010), CRIA/FAPESP (2010) e IPEADATA (2012), considerando Taxa de Florestas Protegidas *per capita* Tx = Σ áreas protegidas / população residente.

de captura de carbono vegetal) e as emissões estimadas de carbono nos cenários estabelecidos neste trabalho. Esse Patrimônio Líquido ambiental nada mais é do que o conjunto de serviços ambientais que poupam custos de captura e estocagem artificiais, ou seja, representam o "carbono evitado".

$$PLA = \left(\sum \Phi + \sum \Pi\right) + \left(\sum \Omega + \sum \Xi\right) + \left(\sum I + \sum T\right) - \sum D - \sum E$$

Onde:

$\left(\sum \Phi + \sum \Pi\right)$ é o estoque bruto de carbono florestal, ou soma do carbono estocado e sequestrado pela vegetação nativa estadual

$\left(\sum \Omega + \sum \Xi\right)$ é o estoque bruto de carbono agrícola no estado

$\left(\sum I + \sum T\right)$ é o estoque bruto de carbono de pastagens no estado

$\sum D$ é a emissão total florestal acumulada de carbono oriundo dos desmatamentos estaduais

$\sum E$ é a emissão total acumulada nos estados, excluindo aquelas advindas dos desmatamentos

4. **Mensuração do Passivo Ambiental**: é determinado por intermédio da equação fundamental da contabilidade (Ativo menos Patrimônio Líquido) e, pelo princípio do equilíbrio implícito nesta equivalência contábil entre as variáveis envolvidas, representa o conjunto amplo das externalidades para com o meio ambiente, incluindo os Passivos e contingências ambientais. Para fins de melhor evidenciação dos Passivos Ambientais, desmembrou-se o montante equivalente ao Passivos de emissões, precificadas pelo valor da tonelada de carbono equivalente conforme valores médios estimados no mercado internacional (US$ 48 tC^{-1}) por Ecosecurities Consulting Ltd (EC, 2009), e cuja contrapartida foi ajustada no grupo do intangível do Ativo Ambiental.

5. **Resultados**: os resultados desse modelo mostram a situação ambiental para cada país ou região, na forma de um Balanço Patrimonial ambiental. De acordo com o princípio contábil do denominador comum monetário, os Ativos, Passivos e Patrimônios Líquidos foram expressos na mesma unidade monetária (US$), mas, por se considerarem variáveis como o número de habitantes, o consumo energético, emissões de carbono, Ativos florestais que representam sumidouros naturais de carbono, acabam expressando o desempenho do conjunto como um todo e nas dimensões econômica-social-ambiental.

Sendo assim, há três situações possíveis que podem ser interpretadas pelo Patrimônio Líquido Ambiental (PLA) de cada região:

- **PLA > 0**: (externalidade positiva) neste caso, a situação ambiental de cada cidadão dessa região é superavitária, ou seja, gera uma renda econômica mais do que suficiente para honrar seus Passivos Ambientais e ainda sobram potenciais de créditos de carbono. Note que essas mesmas regiões superavitárias ainda podem apresentar Passivos Ambientais e as políticas públicas deveriam observar instrumentos de compensação com as regiões mais deficitárias.
- **PLA = 0**: (externalidade nula) quando a situação ambiental de cada cidadão dessa região é nula, ou seja, gera uma renda suficiente para honrar seus compromissos com o meio ambiente. Esse deveria ser o limite de referência para estratégias e políticas públicas.
- **PLA < 0**: (externalidade negativa) quando a situação ambiental de cada cidadão dessa região é deficitária, ou seja, gera uma renda insuficiente para honrar seus compromissos com o meio ambiente. É como se esse indivíduo fosse um tomador de recursos de outras regiões ou de futuras gerações, devendo negociar instrumentos de compensação com as regiões superavitárias e observar o equilíbrio do todo.

7.4.4.1 Coeficientes de carbono

Em escala da paisagem, o Brasil é divido em seis grandes domínios morfoclimáticos: Amazônia, Cerrado, Mata Atlântica, Caatinga, Pantanal e Pampas (AB'SABER, 2003). Por serem eles mesmos compostos por ecossistemas heterogêneos, não há consenso na literatura a respeito da capacidade de cada um na estocagem e sequestro de carbono, bem como de emissões – que dependem de atributos naturais e ritmos de desmatamento (NOBRE; NOBRE, 2002; SAWYER, 2009; BARBOSA; CAMPOS, 2011).

Para padronizar os parâmetros, adotaram-se neste estudo os coeficientes empregados pelo Serviço Florestal Brasileiro, baseado no princípio da proporcionalidade de biomassa (SFB, 2012). Nesse sentido, estoque de carbono se refere ao carbono estrutural que compõe a biomassa, ou o seu "peso" em toneladas de carbono. Sequestro líquido deve ser entendido como o incremento efetivo de carbono à biomassa em um período qualquer, ou o "crescimento" da biomassa em termos de carbono. Já emissão é o desprendimento de carbono inerte e seu despejo para a atmosfera. Quando se refere a emissões oriundas de plantas, entende-se a queima ou transformação de sua biomassa.

Para as atividades agropecuárias preservou-se o princípio da proporcionalidade, balizando-se na literatura disponível para estimação dos coeficientes (CARVALHO et al., 2010; GALDOS; CERRI; CERRI, 2009; GALFORD et al., 2010). Consideraram-se cinco tipos de atividade: lavouras temporárias, cana-de-açúcar, lavouras permanentes, reflorestamentos e pastagens.

Os coeficientes adotados foram listados na Tabela 7.14.

7.4.4.2 Cálculos dos BCNs dos estados

Os BCNs dos estados foram calculados para os anos de 2002 e 2008, com resultados apresentados como referência de final do período, considerando-se, pois, 2002 como tendo transcorrido 1 ano. No caso de 2008 são considerados, pois, dados acumulados de sequestro e emissão de carbono de 7 anos desde 2002, visto que foram efetivamente mobilizados para a atmosfera. A escolha desse intervalo temporal justifica-se pela disponibilidade de dados relativos aos desmatamentos dos biomas brasileiros, cruciais para a mensuração das emissões e estoques. Os cálculos foram efetuados conforme o seguinte padrão:

Ativo Ambiental (AA)

PIB e população de cada estado foram obtidos nos bancos de dados do IPEA (IPEADATA, 2012) e IBGE (SIDRA, 2012). Consumo energético foi estimado como se segue, a partir dos Anuários Estatísticos da Empresa de Pesquisa Energética (EPE, 2011) e Agência Nacional (ANP, 2011):

$$o'_t = \frac{\sum t_i + \sum f_i}{\sum t_b + \sum f_b} \times o_t \quad \text{onde}$$

o'_t é o consumo energético estadual no ano t, com $t = 1$ para 2002

$\sum t_i$ é o consumo elétrico estadual de todos os setores no ano t

$\sum f_i$ é o consumo de todos os combustíveis no estado no ano t

$\sum t_b$ é o consumo elétrico total no Brasil no ano t

$\sum f_b$ é o consumo total de combustíveis no Brasil no ano t

o_t é o consumo energético total do Brasil no ano t

Passivo Ambiental (PA)

A parcela dos PAs relativa às emissões acumuladas de carbono são convertidas monetariamente. O cálculo das emissões florestais é formalizado como:

$$\Delta a = \sum a_j \left[1 - \left(1 - c_j\right)^t \right] \times \rho_j \quad \text{onde}$$

a_j é a área total estadual do bioma j, com $t = 1$ para 2002

c_j é a taxa média de desmatamento do bioma j no estado, no período de 2002 a 2008 (MMA, 2009)

ρ_j é o coeficiente de emissão de carbono do bioma j

Tabela 7.14 Coeficientes de estoque, sequestro e emissão de carbono utilizados

Coeficientes de carbono	Estoque (tC ha⁻¹)	Sequestro líquido (tC ha⁻¹ ano⁻¹)	Emissões (tC ha⁻¹)
Amazônia	181,9595	0,7496	286,7782
Mata Atlântica	156,5253	0,6515	243,5174
Cerrado	64,5022	0,3465	101,6590
Cerrados amazônicos	56,1169	0,3015	88,4433
Caatinga	46,7315	0,2199	76,6105
Pantanal	61,2190	0,3912	96,4845
Pampas	41,4285	0,1724	64,4496
Lavouras temporárias	13,2780	0,0623	nd
Cana-de-açúcar	44,4759	0,1933	nd
Lavouras permanentes	24,6512	0,1345	nd
Reflorestamento	73,8114	0,3615	nd
Pastagens	3,1162	0,0338	nd

Fontes: Nobre e Nobre (2002); Sawyer (2009); Galdos, Cerri e Cerri (2009); Carvalho et al. (2010); Galford et al. (2010); Barbosa e Campos (2011); SBF (2012). Elaboração dos autores.

Emissões acumuladas não florestais, para cada estado, foram calculadas segundo a formulação

$$E_t = \sum K_t \left(\frac{K'_t}{K_t}\right) + B_t \left(\frac{\beta'_t}{\beta_t}\right) + \Theta_t \left(\frac{o'_t}{o_t}\right) + A_t \left(\frac{\alpha'_t}{\alpha_t}\right) + \Lambda_t \left(\frac{\lambda'_t}{\lambda_t}\right), \text{ onde}$$

K_t são as emissões agrícolas brasileiras, $t = 1$ para 2002 (IBRD/WB, 2010)

K'_t é a área agrícola estadual no ano t (Sidra/IBGE, 2012)

k_t é a área agrícola brasileira no ano t (Sidra/IBGE, 2012)

β_t são as emissões brasileiras da pecuária no ano t (IBRD/WB, 2010)

β'_t é o rebanho bovino estadual no ano t (Sidra/IBGE, 2012)

β_t é o rebanho bovino nacional no ano t (Sidra/IBGE, 2012)

Θ_t são as emissões brasileiras de energia e transportes no ano t (IBRD/WB, 2010)

o'_t é o consumo energético estadual total estimado

o_t é o consumo energético brasileiro total (EPE 2010)

A_t são as emissões industriais brasileiras no ano t (IBRD/WB, 2010)

α'_t é o PIB industrial do estado no ano t (IPEADATA, 2012)

α_t é o PIB industrial brasileiro no ano t (IPEADATA, 2012)

Λ_t são as emissões brasileiras de resíduos no ano t (IBRD/WB, 2010)

λ'^t é a população estadual no ano t (Sidra/IBGE, 2012)

λ^t é a população brasileira no ano t (Sidra/IBGE, 2012)

Patrimônio Líquido Ambiental (PLA)

PLA é dado pela soma dos estoques de carbono florestal, agrícola e de pastagens, com os sequestros acumulados dessas três fontes. Os estoques foram calculados como

$$\Phi_j = a_j \times (1 + c_j)^t \times \varphi_j, \text{ onde}$$

a_j é a área do bioma, agrícola ou de pastagens j, com $t = 1$ para 2002 (MMA, 2010; Sidra/IBGE, 2012)

c_j é a taxa de crescimento (ou decrescimento – para desmatamentos) da área observada do bioma, agricultura ou pastagem j no estado (MMA, 2010; Sidra/IBGE, 2012)

φ_j é o coeficiente de estoque de carbono específico ao bioma, agricultura ou pastagem j

Os sequestros acumulados de carbono:

$$\Pi_j = \sum a_j (1 + c_j)^t \times \pi_j$$

a_j é a área do bioma, agrícola ou de pastagem do tipo j no ano t, com $t = 1$ para 2002 (MMA, 2010; Sidra/IBGE, 2012)

c_j é a taxa média de crescimento (ou decrescimento – para desmatamentos) observada no estado para o bioma, agricultura ou pastagem do tipo j (MMA, 2010; Sidra/IBGE, 2012)

π_j é o coeficiente de sequestro de carbono específico ao bioma, agricultura ou pastagem j

7.4.5 Análise dos resultados

A estruturação dos BCNs estaduais exigiu a organização de dados secundários e elaboração de estimativas consideradas fontes relevantes para atestar a credibilidade da pesquisa, bem como informações passíveis de utilidade para outros trabalhos. Por se tratar de bases intermediárias, porém, foram dispostas nas Tabelas 7.7 a 7.31. Já a estrutura dos BCN é apresentada abaixo, nas Tabelas 7.15 e 7.16.

Tais balanços diferem consideravelmente, atestando que a vasta diversidade estadual é também notável no que respeita ao dispêndio energético e Ativo Ambiental *per capita*, exigindo análise pormenorizada das peculiaridades individuais.

Para a presente pesquisa interessam, contudo, generalidades que relevem grupos ou tendências. O primeiro ponto de destaque é que os BCN viram de ponta-cabeça o mapa de riqueza do país, apontando para a existência de pelo menos três grupos, partindo-se de sua riqueza medida pelo PIB convencional e de seus Passivos Ambientais: (1) os ricos ambientalmente deficitários, (2) os pobres ambientalmente deficitários e (3) superavitários ambientais.

A região Norte do país, que representa 81,1% do Patrimônio Líquido Ambiental, detém apenas 20,7% do PIB nacional e é responsável por apenas 6,7% do consumo de energia e de 25,6% das emissões de carbono. E as regiões Sul e Sudeste, que detêm 36,4% do PIB nacional, são responsáveis por 68,1% do consumo de energia e de 34,2% das emissões de carbono, representam menos de 1% do Patrimônio Líquido Ambiental.

Não coincidentemente, os estados do primeiro grupo (Centro-Sul brasileiro) e do segundo (extremo Nordeste) encarnam em versão doméstica as duas facetas daquilo que Celso Furtado chamou de "mito do desenvolvimento", ao analisar que o subdesenvolvimento de países como o Brasil não correspondia a uma situação intermediária, mas condição estacionária e resultante do próprio desenvolvimento das nações ricas, como efeito colateral não remediado.

Em nível nacional, beneficiário do modelo de crescimento econômico que enfatizava a inversão de divisas sobre as regiões com maior potencial de emular a prosperidade externa – sobretudo a partir de 1950, quando só então se fortalece o processo de industrialização e se inicia a modernização do campo –, o Centro-Sul viu sua riqueza crescer consideravelmente, aumentando as desigualdades com o Nordeste, cujo empobrecimento relativo se agravou pela falta completa ou inibição de empreendimentos alternativos direcionados ao aproveitamento das potencialidades locais.

Isso foi especialmente verdadeiro em relação à própria utilização dos recursos naturais. No Centro-Sul, a abundância dos recursos madeireiros e hídricos, a qualidade superior dos solos e as condições climáticas mais favoráveis aos produtos que conformavam a pauta de exportações e insumos domésticos permitiram ao menos a conversão dos Ativos Ambientais em riqueza financeira, ainda que perdulária, enquanto que a degradação no Nordeste nem a isso serviu. Pior. É preciso lembrar que os déficits ambientais aqui representados pelos custos de carbono trazem em seu bojo uma complexidade de problemas mais graves, como, por exemplo, agravamento de escassez hídrica e perda de solo, já em si mesmos suficientemente agravantes da pobreza nordestina.

Por outro lado, os estados que por inúmeras razões, entre elas a baixa densidade demográfica e o isolamento geográfico, estiveram à margem daquele processo se aproveitaram de um enriquecimento modesto, pouco superior aos nordestinos em termos *per capita*, mantido pelo desenvolvimento de economias regionais, algum repasse federal e pela exportação de recursos naturais, que só não chegou a comprometer seus estoques porque são extraordinariamente abundantes. São eles os estados amazônicos, como grandes reservatórios de florestas e baixo consumo energéticos, que apresentam *goodwill* ambiental que correspondia, em 2002, a nada menos do que 34,2 % do Ativo do país, e 39,8% em 2008. Há que se promover estratégias e políticas públicas que mantenham esse Ativo Intangível e, ao mesmo tempo, procurem remunerar a sua população por esses serviços ambientais, pois esse é o grande diferencial do país, ou, mais especificamente, dessas regiões brasileiras que detêm superávits ambientais.

A análise dinâmica, isto é, de comparação intertemporal, mostra, porém, uma deterioração generalizada de todos os estados brasileiros. A mera observação dos Ativos e Passivos de 2002 e 2008 já permite essa constatação, mas se torna mais explícita quando aplicado um indicador conhecido em análises econômicas e financeiras de empresas que é a taxa de retorno de investimento, ou *Return on Investment* (ROI), e que o BCN permite fazer.

Chame-se de ROI dos estados o índice de PLA/AA, e nota-se, por exemplo, que o ROI de São Paulo caiu 12%, o do Amazonas caiu 1% e do Piauí caiu 53%, evidenciando o comprometimento do patrimônio ambiental no crescimento de todo o país que teve nesse período uma queda geral de 15%, com destaque para a região Sudeste, que teve decréscimo em seu ROI de 83%. Pior: todos eles se fazem acompanhados de um dispêndio energético crescente (aumento de 27% nesse período para todo o país). Tim Jackson (2009) mostra como os países europeus têm progressivamente gerado PIB relativamente menos dependentes de recursos, em um fenômeno conhecido como *"relative decoupling"*.

Atentando-se para as Tabelas 7.15 e 7.16, nota-se que, tanto no que diz respeito à intensidade energética do PIB quanto à intensidade-carbono, todos os estados brasileiros contrariam o *decoupling*, sendo, ao contrário, cada vez menos eficientes e poluidores. O fato de haver grande disparidade de níveis de consumo e fontes emissoras entre os estados, mas, mesmo assim, uma tendência de convergência de não *decoupling* generalizada, apenas agrava e atesta um crescimento que, independentemente das características regionais, mostra-se alheio à economia menos impactante.

Nesse ponto, talvez o mais emblemático exemplo sejam os estados do Centro-oeste e da região conhecida como MAPITO, que têm em comum localizarem-se no bioma cerrado. Com alguma defasagem temporal, tais estados estão se consolidando como grandes celeiros do agronegócio, com crescimento explosivo do PIB agropecuário e até mesmo do IDH.

Entretanto, tal fenômeno tem sido possível à custa de um incremento energético e desmatamentos que muito mais se adequariam ao molde da modernização conservadora dos anos 1980 do que aos anseios atuais, tão propalados na Conferência das Nações Unidas para o Desenvolvimento Sustentável de 2012, a Rio+20, que teve o Brasil como sede das discussões.

Retomando o que foi exposto na terceira parte desta seção, os indicadores convencionais nos fazem crer que a região prospera, mas os propostos aqui

Tabelas 7.15A e 7.15B Balanços contábeis dos estados em 2002 e 2008 (*per capita*)

7.15A – Balanços contábeis dos estados brasileiros em 2002 – (Valores *per capita*)								
2002 (10³ US$)		colspan	**Ativo Ambiental**				**Passivo Ambiental**			
Região	**Estado**	**PIB**	**Depreciação**	**Intangível**	**Ativo**	**Passivo Emissões**	**Passivo Outros**	**PL Ambiental**
Norte	AC	7,3	3,2	216,8	227,4	1,6	-	225,7
Norte	AM	11,1	(2,4)	425,5	434,2	0,6	-	433,6
Norte	AP	9,7	8,2	179,8	197,7	0,4	-	197,4
Norte	PA	6,0	3,1	127,0	136,2	1,6	-	134,5
Norte	RO	8,3	3,5	90,5	102,3	3,4	-	98,8
Norte	RR	10,1	9,7	401	420,8	3,0	-	417,8
Norte	TO	7,1	4,6	55,3	66,9	1,6	-	65,4
Nordeste	AL	5,1	7,4	0,1	12,6	0,1	11,5	1,0
Nordeste	BA	6,8	3,3	0,3	10,3	0,3	3,9	6,2
Nordeste	CE	5,7	8,6	0,1	14,3	0,1	11,2	3,0
Nordeste	MA	4,0	5,2	10,3	19,5	0,6	-	18,9
Nordeste	PB	5,3	10,7	0,1	16,1	0,1	13,8	2,2
Nordeste	PE	6,5	9,7	0,1	16,3	0,1	14,7	1,5
Nordeste	PI	3,8	10,9	3,3	18	0,3	-	17,7
Nordeste	RN	6,4	(1,5)	0,2	5,1	0,2	2,5	2,4
Nordeste	SE	7,7	(1,2)	0,2	6,7	0,2	5,6	0,9
Centro-Oeste	DF	38,9	(15,5)	0,1	23,5	0,1	23,2	0,2
Centro-Oeste	GO	10,8	1,9	0,6	13,4	0,6	4,7	8,0
Centro-Oeste	MS	10,6	0,2	12,7	23,6	1,4	-	22,2
Centro-Oeste	MT	12	(2,0)	154,5	164,5	5,4	-	159,1
Sudeste	ES	12,6	(1,0)	0,2	11,9	0,2	10,0	1,7
Sudeste	MG	10,5	1,3	0,3	12	0,3	7,6	4,2
Sudeste	RJ	17,5	(6,2)	0,2	11,5	0,2	11	0,3
Sudeste	SP	20,2	(5,3)	0,2	15,1	0,2	14,2	0,7
Sul	PR	13,5	(6,1)	0,5	8,0	0,5	5,3	2,1
Sul	RS	15,3	(0,4)	0,3	15,3	0,3	12,3	2,6
Sul	SC	15,2	(0,9)	0,3	14,5	0,3	10,6	3,6
Brasil		12,7	(0,2)	18,1	30,6	0,4	8,8	21,3

7.15B – Balanços contábeis dos estados brasileiros em 2008 – (Valores *per capita*)							
2008 (10³ US$)			Ativo Ambiental			Passivo Ambiental		
Região	Estado	PIB	Depreciação	Intangível	Ativo	Passivo Emissões	Passivo Outros	PL Ambiental
Norte	AC	82,8	5,8	102,5	191,0	8,7	-	182,3
Norte	AM	25,8	(5,9)	632,6	382,5	3,3	-	379,2
Norte	AP	121,5	(15,8)	56,8	162,5	3,4	-	159,1
Norte	PA	6,3	1,1	109,0	116,4	8,8	-	107,6
Norte	RO	42,8	(7,2)	51,0	86,6	19,3	-	67,3
Norte	RR	186,9	19,7	134,7	341,3	14,7	-	326,6
Norte	TO	42,2	1,3	14,4	57,9	9,0	-	48,8
Nordeste	AL	12,7	(2,9)	0,9	10,8	0,9	9,9	0,0
Nordeste	BA	3,7	1,5	1,6	6,8	1,6	0,9	4,2
Nordeste	CE	5,2	6,5	0,9	12,6	0,9	9,8	1,9
Nordeste	MA	4,9	1,0	10,7	16,6	3,3	-	13,3
Nordeste	PB	11,1	14,2	0,7	26,0	0,7	23,9	1,4
Nordeste	PE	5,8	5,6	0,7	12,1	0,7	10,7	0,7
Nordeste	PI	9,6	19,3	2,1	31,0	2,1	14,4	14,4
Nordeste	RN	16,1	(4,5)	1,2	12,8	1,2	10,5	1,1
Nordeste	SE	29,9	(12,8)	1,5	18,6	1,5	17,6	(0,5)
Centro-Oeste	DF	119,5	(48,9)	1,1	71,8	1,1	71,5	(0,8)
Centro-Oeste	GO	14,4	(3,8)	3,8	14,4	3,8	7,2	3,4
Centro-Oeste	MS	35,1	(6,2)	8,3	37,1	8,3	16,7	12,1
Centro-Oeste	MT	31,7	(11,0)	112,7	133,4	28,9	-	104,4
Sudeste	ES	28,4	(5,7)	1,4	24,1	1,4	22,5	0,3
Sudeste	MG	4,1	(0,3)	1,8	5,6	1,8	1,6	2,2
Sudeste	RJ	8,6	(3,8)	1,3	6,1	1,3	5,7	(0,9)
Sudeste	SP	3,9	(1,3)	1,1	3,7	1,1	2,8	(0,3)
Sul	PR	10,0	(4,8)	3,3	8,6	3,3	6,1	(0,8)
Sul	RS	11,1	(1,3)	2,2	11,9	2,2	9,1	0,7
Sul	SC	19,4	(6,5)	1,7	14,5	1,7	11,1	1,8
Brasil		**11,9**	**(1,4)**	**15,6**	**26,1**	**2,7**	**6,5**	**16,9**

Fonte: Elaboração dos autores.

Tabela 7.16A e 7.16B Balanços contábeis dos estados (totais)

7.16A – Balanços contábeis dos estados brasileiros em 2002 – (Valores totais)								
2002 (10³ US$)			Ativo Ambiental			Passivo Ambiental		
Região	Estado	PIB	Depreciação	Intangível	Ativo	Passivo Emissões	Passivo Outros	PL Ambiental
Norte	AC	4.289	1.886	126.573	132.748	949	-	131.799
Norte	AM	32.580	(7.086)	1.244.198	1.269.692	1.836	-	1.267.856
Norte	AP	4.921	4.167	91.001	100.089	182	-	99.907
Norte	PA	38.363	20.206	816.938	875.507	10.382	-	865.125
Norte	RO	11.632	4.835	126.754	143.221	4.783	-	138.438
Norte	RR	3.458	3.326	137.696	144.480	1.042	-	143.438
Norte	TO	8.383	5.406	65.275	79.064	1.845	-	77.219
Nordeste	AL	14.671	21.275	314	36.260	314	33.203	2.743
Nordeste	BA	90.710	43.730	3.494	137.934	3.494	51.771	82.669
Nordeste	CE	43.203	65.317	1.078	109.598	1.078	85.521	22.999
Nordeste	MA	23.097	30.170	59.437	112.704	3.284	-	109.420
Nordeste	PB	18.590	37.377	357	56.324	357	48.377	7.590
Nordeste	PE	52.704	78.067	822	131.593	822	119.046	11.725
Nordeste	PI	11.101	31.694	9.432	52.227	884	-	51.343
Nordeste	RN	18.237	(4.300)	636	14.573	636	7.180	6.757
Nordeste	SE	14.135	(2.228)	373	12.280	373	10.187	1.720
Centro-Oeste	DF	83.932	(33.540)	298	50.690	298	50.036	356
Centro-Oeste	GO	55.941	10.028	3.213	69.182	3.213	24.598	41.371
Centro-Oeste	MS	22.656	474	27.114	50.244	2.932	-	47.312
Centro-Oeste	MT	31.309	(5.255)	401.575	427.629	14.002	-	413.627
Sudeste	ES	40.003	(3.114)	710	37.599	710	31.594	5.295
Sudeste	MG	191.047	24.108	4.929	220.084	4.929	138.615	76.540
Sudeste	RJ	256.218	(90.394)	2.934	168.758	2.934	161.433	4.391
Sudeste	SP	765.094	(200.455)	7.028	571.667	7.028	537.100	27.539
Sul	PR	132.177	(59.226)	4.895	77.846	4.895	52.155	20.796
Sul	RS	157.713	(3.896)	3.302	157.119	3.302	127.190	26.627
Sul	SC	83.325	(4.789)	1.389	79.925	1.389	58.492	20.044
	Brasil	2.209.489	(32.217)	3.141.765	5.319.037	77.893	1.536.498	3.704.646

7.16B – Balanços contábeis dos estados brasileiros em 2008 – (Valores totais)								
2008 (10³ US$)			Ativo Ambiental			Passivo Ambiental		
Região	Estado	PIB	Depreciação	Intangível	Ativo	Passivo Emissões	Passivo Outros	PL Ambiental
Norte	AC	56.323	3.939	69.722	129.984	5.904	-	124.080
Norte	AM	85.445	(19.433)	1.199.081	1.265.093	11.054	-	1.254.039
Norte	AP	74.544	(9.724)	34.866	99.686	2.092	-	97.594
Norte	PA	45.750	8.050	788.502	842.302	63.775	-	778.527
Norte	RO	63.687	(10.669)	75.944	128.962	28.687	-	100.275
Norte	RR	77.222	8.128	55.657	141.007	6.062	-	134.945
Norte	TO	54.425	1.648	18.500	74.573	11.646	-	62.927
Nordeste	AL	39.031	(8.743)	2.888	33.176	2.888	30.216	72
Nordeste	BA	52.099	20.711	22.684	95.494	22.684	13.258	59.552
Nordeste	CE	43.369	53.969	7.168	104.506	7.168	81.270	16.068
Nordeste	MA	30.637	6.174	67.092	103.903	20.525	-	83.378
Nordeste	PB	40.739	52.380	2.526	95.645	2.526	87.848	5.271
Nordeste	PE	50.041	48.482	5.750	104.273	5.750	92.107	6.416
Nordeste	PI	29.394	58.980	6.450	94.824	6.450	44.219	44.155
Nordeste	RN	49.197	(13.731)	3.800	39.266	3.800	32.123	3.343
Nordeste	SE	59.315	(25.363)	2.984	36.936	2.984	34.845	(893)
Centro-Oeste	DF	298.046	(121.846)	2.715	178.915	2.715	178.284	(2.084)
Centro-Oeste	GO	82.824	(21.849)	22.180	83.155	22.180	41.231	19.744
Centro-Oeste	MS	81.570	(14.512)	19.285	86.343	19.285	38.942	28.116
Centro-Oeste	MT	92.348	(32.051)	328.236	388.533	84.319	-	304.214
Sudeste	ES	96.833	(19.376)	4.660	82.117	4.660	76.458	999
Sudeste	MG	80.160	(6.547)	34.050	107.663	34.050	30.849	42.764
Sudeste	RJ	133.857	(59.000)	20.836	95.693	20.836	88.560	(13.703)
Sudeste	SP	155.169	(51.007)	45.847	150.009	45.847	114.526	(10.364)
Sul	PR	103.806	(49.478)	34.324	88.652	34.324	62.994	(8.666)
Sul	RS	117.427	(14.037)	22.899	126.289	22.899	96.139	7.251
Sul	SC	116.231	(39.157)	10.072	87.146	10.072	66.497	10.577
Brasil		2.209.489	(254.062)	2.908.718	4.864.145	505.182	1.210.366	3.148.597

Fonte: Elaboração dos autores.

sinalizam a necessidade de cautela, dado o grau de deterioração em termos de carbono e a queda significante no ROI dos estados.

A recuperação de quase 50 milhões de hectares de pastagens utilizadas extensivamente seria uma grande oportunidade para essas regiões, que evitariam a aumento do Passivo de carbono ao relaxar a pressão sobre ecossistemas frágeis, concomitantemente aumentando o PIB com produtividade superior, só assim refletindo melhora nos indicares convencionais sem que comprometa os ambientais.

Outros casos poderiam ser explorados, como a urgência de programas diferenciais ao Nordeste. Os investimentos recentes viabilizados, por exemplo, pelo PAC, ao invés de valorizarem as peculiaridades locais, procuram uma integração que já se mostrou incapaz, no passado, de promover desenvolvimento. Os estados daquela região carregam o fardo da pobreza com alto nível de degradação ambiental. O aproveitamento das vocações naturais para energia eólica e solar, integradas a sistemas produtivos de escala familiar na agricultura, seriam de grande valia para mudar o quadro.

Propostas como essas, originalmente feitas no documento do Banco Mundial para economia de baixo carbono no Brasil, custariam menos da metade do que do PAC (IBRD/WB, 2010). Falta conhecer melhor o problema, para além do reconhecimento do crescimento. Talvez os explícitos resultados dos BCN possam auxiliar o diagnóstico.

7.4.6 Conclusões

A aplicação do método de BCN revelou que, a despeito das grandes desigualdades interestaduais, todas as unidades federativas tiveram deterioração energético-ambiental, seja ela pesada pelo aumento do dispêndio energético do PIB ou acúmulo de emissões de fontes variáveis, no período de 2002 a 2008, consolidando uma trajetória alheia às preocupações recentes propaladas na própria Rio+20. O ROI apurado nos BCNs comparativos de 2002 a 2008 apontou redução de 15% para o consolidado do país, com destaque para São Paulo (queda de 12%), Piauí (queda de 53%) e Amazonas (queda de 1%).

O país deve urgentemente centrar-se na coibição da devastação especialmente do cerrado e da caatinga, bem como incentivar a eficiência energética antes da expansão de fontes renováveis que, embora descarbonizem a economia, não rompam com a trajetória do encarecimento do desenvolvimento.

Por sua natureza exploratória e também qualitativa, a principal contribuição desta pesquisa concentra-se nos próprios balanços contábeis das 27 unidades federativas e o consolidado para o país (Tabelas 7.15 e 7.16) e nas demais tabelas. Espera-se que esse material, riquíssimo em informações reais e estruturado contabilmente, possibilite reuniões ordinárias e extraordinárias com especialistas de todas as áreas para discutir *the future we want* para o país.

Como tema para próxima pesquisa, e com base no artigo "Monster Countries" (KASSAI; FELTRAN-BARBIERI; CARVALHO; 2010), a questão proposta é: quais seriam os *"Brazilian monster states no futuro que queremos?"*, ou seja, quais seriam os estados brasileiros que têm papéis fundamentais na construção do futuro de acordo com a questão temática da Rio+20?

7.4.7 Anexos (Banco de Dados para futuras pesquisas)

Com objetivo de disponibilizar o banco de dados para auxiliar em pesquisas futuras, seguem as Tabelas 7.17 a 7.20.

7.5 Projeto de pesquisa: cenário promissor para o Brasil como futura superpotência verde

Uma das linhas de pesquisa do NECMA/USP refere-se ao Balanço Contábil das Nações (BCN), cujos objetivos estão centrados em analisar contabilmente a situação econômica-social-ambiental-governança de países ou de regiões, nos cenários de mudanças climáticas globais. Uma das pesquisas em andamento busca analisar a situação própria do Brasil tendo em vista a possibilidade de tornar-se futuramente uma superpotência verde.

Pesquisadores de universidades de alguns estados já estão engajados nesta linha de pesquisa e produzindo *papers* sobre os BCNs de suas regiões. O nosso objetivo é abranger todos os 26 estados e Distrito Federal, preferencialmente com a participação de pesquisadores nativos ou que conheçam bem os aspectos regionais e culturais, para que possam não apenas interpretar economicamente o Patrimônio Líquido Ambiental de seus estados, mas também opinar sobre aspectos como educação, saúde, mobilidade, densidade demográfica, água, energia, agricultura, cidades resilientes, cultura etc.

Tabela 7.17 Estimativas de estoque, sequestro e emissões dos biomas nos estados

2002-2008	Bioma	Área 2002 (Km²)	Taxa de Desmatamento (% a.a.)	Área 2008 (Km²)	Estoque Florestal 2002 (MtC)	Estoque Florestal 2008 (MtC)	Sequestro Florestal Acumulado 2002 (MtC)	Sequestro Florestal Acumulado 2008 (MtC)	Emissões Florestais Acumuladas 2002 (MtC)	Emissões Florestais Acumuladas 2008 (MtC)	Balanço Florestal 2002 (MtC)	Balanço Florestal 2008 (MtC)
AC	Amazônia [a]	151.641	0,3075	148.407	2.759	2.700,4	0,113	0,674	15,6	92,7	2.743,8	2.608,3
AL	Caatinga [b]	2.680	1,9975	2.327	13	10,9	0,001	0,003	0,5	2,7	12,0	8,2
	Mata Atlântica [c]	1.583	0,5832	1.519	25	23,8	0,001	0,006	0,3	1,5	24,5	22,2
AM	Amazônia [a]	1.447.721	0,0550	1.442.154	26.343	26.241,4	1,085	6,497	26,7	159,6	26.317,1	26.088,2
	Cerrados Amazônicos [d]	16.757	0,0552	16.693	94	93,7	0,005	0,030	0,1	0,6	93,9	93,1
AP	Amazônia [a]	112.115	0,0348	111.842	2.040	2.035,1	0,084	0,504	1,3	7,8	2.038,8	2.027,7
	Cerrados Amazônicos [d]	6.516	1,9352	5.683	37	31,9	0,002	0,011	1,3	7,4	35,3	24,5
BA	Caatinga [b]	151.348	0,4329	146.821	707	686,1	0,033	0,196	5,9	34,7	701,5	651,6
	Cerrado [b]	105.452	1,3053	96.186	680	620,4	0,036	0,208	16,3	94,2	663,9	526,4
	Mata Atlântica [c]	17.071	0,3890	16.612	267	260,0	0,011	0,066	1,9	11,2	265,3	248,9
CE	Caatinga [b]	92.940	0,6476	88.808	434	415,0	0,020	0,119	5,4	31,7	429,0	383,5
	Mata Atlântica [c]	1.541	0,2712	1.512	24	23,7	0,001	0,006	0,1	0,7	24,0	23,0
DF	Cerrado [b]	1.788	0,6851	1.704	12	11,0	0,001	0,004	0,1	0,9	11,4	10,1
ES	Mata Atlântica [e]	5.582	1,3296	5.083	87	79,6	0,004	0,021	2,1	12,2	85,3	67,4
GO	Cerrado [b]	124.906	1,1725	115.008	806	741,8	0,043	0,248	17,4	100,6	788,4	641,5
	Mata Atlântica [e]	510	4,2259	377	8	5,9	0,000	0,002	0,6	3,2	7,4	2,7
MA	Amazônia [a]	62.777	1,2288	57.572	1.142	1.048	0,046	0,269	25,8	149,3	1.116,6	898,6
	Caatinga [b]	2.619	0,5377	2.522	12	11,8	0,001	0,003	0,1	0,7	12,1	11,0
	Cerrado [b]	178.447	1,2314	163.622	1.151	1.055,4	0,061	0,353	26,0	150,7	1.125,0	905,0
MG	Caatinga [b]	5.729	0,9202	5.370	27	25,1	0,001	0,007	0,5	2,8	26,3	22,4
	Cerrado [b]	152.964	0,8554	144.037	987	929,1	0,052	0,307	15,5	90,8	971,2	838,6
	Mata Atlântica [e]	28.630	1,1671	26.372	448	412,8	0,018	0,107	9,5	55,0	438,7	357,9
MS	Cerrado [b]	59.271	1,8205	52.118	382	336,2	0,020	0,114	12,8	72,7	369,6	263,6
	Mata Atlântica [e]	3.702	0,3910	3.602	58	56,4	0,002	0,014	0,4	2,4	57,5	54,0
	Pantanal [b]	81.124	0,4977	78.340	497	479,6	0,032	0,187	4,5	26,9	492,1	452,9
MT	Amazônia [a]	384.496	1,5421	344.863	6.996	6.275,1	0,283	1,624	198,1	1.136,6	6.798,4	5.140,1
	Cerrado [b]	222.728	1,1689	205.130	1.437	1.323,1	0,076	0,441	30,8	178,9	1.405,9	1.144,7
	Pantanal [b]	50.835	0,4256	49.340	311	302,1	0,020	0,117	2,4	14,4	308,8	287,7
PA	Amazônia [a]	983.893	0,5579	946.108	17.903	17.215,3	0,733	4,326	183,6	1.083,6	17.720,0	16.136,1
	Cerrados Amazônicos [d]	48.653	10,9580	21.591	273	262,5	0,013	0,056	0,5	24,4	272,5	238,2

(continua)

(continuação)

2002-2008	Bioma	Área 2002 (Km²)	Taxa de Desmatamento (% a.a.)	Área 2008 (Km²)	Estoque Florestal 2002 (MtC)	Estoque Florestal 2008 (MtC)	Sequestro Florestal Acumulado 2002 (MtC)	Sequestro Florestal Acumulado 2008 (MtC)	Emissões Florestais Acumuladas 2002 (MtC)	Emissões Florestais Acumuladas 2008 (MtC)	Balanço Florestal 2002 (MtC)	Balanço Florestal 2008 (MtC)
PB	Caatinga [b]	29.015	0,5064	28.002	136	130,9	0,006	0,038	1,3	7,8	134,3	123,1
	Mata Atlântica [c]	769	0,4817	744	12	11,6	0,000	0,003	0,1	0,6	11,9	11,0
PE	Caatinga [b]	39.982	0,8068	37.778	187	176,5	0,009	0,051	2,9	16,9	184,0	159,7
	Mata Atlântica [c]	2.387	0,4294	2.316	37	36,2	0,002	0,009	0,3	1,7	37,1	34,5
PI	Caatinga [b]	112.231	0,3325	109.645	524	512,4	0,025	0,146	3,3	19,8	521,2	492,7
	Cerrado [b]	83.529	0,7366	79.316	539	511,6	0,029	0,169	7,3	42,8	531,5	468,9
PR	Cerrado [b]	1.124	0,0127	1.123	7	7,2	0,000	0,002	0,0	0,0	7,2	7,2
	Mata Atlântica [e]	21.184	0,3181	20.717	332	324,3	0,014	0,082	1,9	11,4	329,7	313,0
RJ	Mata Atlântica [e]	8.720	0,1735	8.614	136	134,8	0,006	0,034	0,4	2,6	136,1	132,3
RN	Caatinga [b]	27.984	0,5934	26.842	131	125,4	0,006	0,036	1,5	8,7	129,3	116,7
	Mata Atlântica [c]	537	1,0765	498	8	7,8	0,000	0,002	0,2	1,0	8,2	6,8
RO	Cerrado [d]	15.696	3,0863	12.603	101	81,3	0,005	0,029	5,7	31,4	95,5	49,9
	Amazonia [a]	156.953	1,4739	141.458	2.856	2.574,0	0,116	0,665	77,3	444,4	2.778,7	2.130,3
RR	Amazônia [a]	157.038	0,1827	155.041	2.857	2.821,1	0,117	0,701	9,6	57,3	2.848,0	2.764,6
	Cerrados Amazônicos [d]	26.257	3,9018	19.873	147	111,5	0,008	0,040	10,5	56,5	136,8	55,1
RS	Mata Atlântica [e]	10.128	0,0664	10.081	159	157,8	0,007	0,039	1,1	1,1	158,3	156,7
	Pampas [b]	66.366	0,4758	64.187	275	265,9	0,011	0,067	2,4	14,0	272,6	251,9
SC	Mata Atlântica [e]	23.688	0,7739	22.434	371	351,1	0,015	0,090	5,2	30,5	365,6	320,7
SE	Caatinga [b]	3.344	0,6846	3.187	16	14,9	0,001	0,004	0,2	1,2	15,4	13,7
	Mata Atlântica [c]	1.167	0,6429	1.116	18	17,5	0,001	0,004	0,2	1,3	18,1	16,2
SP	Cerrado [b]	8.855	1,5248	7.952	57	51,3	0,003	0,017	1,6	9,2	55,5	42,1
	Mata Atlântica [e]	27.376	1,0878	25.358	428	396,9	0,018	0,102	8,5	49,1	420,1	347,9
TO	Amazônia [a]	18.297	0,7009	17.418	333	316,9	0,014	0,080	4,3	25,2	328,6	291,8
	Cerrado [b]	198.269	0,9030	186.071	1.279	1.200,2	0,068	0,397	21,2	124,0	1.257,7	1.076,6
Brasil		5.546.915	0,6921	5.283.694	76.907	74.051,9	3,3	19,3	772,2	4.509,4	76.137,7	69.561,8

Legenda:
[a] Inpe/Prodes (2012)
[b] MMA (2010)
[c] Estimado por média 2005 e 2010 (SOS MA/Inpe 2003, 2001)
[d] Gentilmente cedido por Mario Barroso Ramos-Neto
[e] Estimado por média 000, 2005, 2008 (SOS MA/Inpe 2003, 2008, 2009)

Cap. 7 • Balanço Contábil das Nações (BCN) | 157

Tabelas 7.18A e 7.18B Estimativas de estoque, sequestro e emissões totais dos estados e Brasil

Tabela 7.18A Balanço Ambiental

| 2002 MtC | Balanço Natural ||| Balanço Uso e Cobertura das Terras |||||||| Balanço Outros Parâmetros |||| Balanço Final ||
| | Estoque + Sequestro Líquidos | Emissões | Balanço | Balanço Agrícola ||| Balanço Pecuário ||| Emissões Líquidas Transporte e Energia | Emissões Líquidas Industriais | Emissões Líquidas Resíduos | Balanço | Passivo Ambiental | PL Ambiental |
				Estoque + Sequestro Líquidos	Emissões	Balanço	Estoque + Sequestro Líquidos	Emissões	Balanço						
AC	2.759,4	(15,6)	2.743,8	2,4	(0,4)	2,0	2,7	(2,4)	0,4	(0,9)	(0,1)	(0,1)	(1,0)	(19,4)	2.745,1
AL	37,3	(0,7)	36,6	23,4	(2,1)	21,2	2,9	(1,1)	1,8	(1,9)	(0,2)	(0,4)	(2,5)	(6,4)	57,1
AM	26.437,8	(26,7)	26.411,0	3,9	(0,7)	3,3	2,3	(1,2)	1,1	(8,1)	(0,4)	(0,4)	(8,9)	(37,5)	26.406,5
AP	2.076,7	(2,6)	2.074,1	7,0	(0,3)	6,7	0,8	(0,1)	0,7	(0,5)	(0,1)	(0,1)	(0,7)	(3,7)	2.080,8
BA	1.654,7	(24,0)	1.630,7	95,0	(14,2)	80,8	43,4	(12,9)	30,4	(17,1)	(1,1)	(1,9)	(20,1)	(71,3)	1.721,8
CE	458,5	(5,5)	453,0	33,9	(6,1)	27,8	8,7	(2,9)	5,7	(5,8)	(0,5)	(1,1)	(7,5)	(22,0)	479,0
DF	11,5	(0,1)	11,4	1,7	(0,3)	1,4	0,3	(0,1)	0,1	(4,2)	(1,0)	(0,3)	(5,5)	(6,1)	7,4
ES	87,4	(2,1)	85,3	32,6	(3,0)	29,6	4,8	(2,2)	2,6	(6,2)	(0,5)	(0,5)	(7,2)	(14,5)	110,3
GO	813,7	(18,0)	795,7	59,3	(11,1)	48,2	54,3	(26,4)	27,9	(8,7)	(0,7)	(0,7)	(10,2)	(65,6)	861,7
MA	2.305,7	(51,9)	2.253,7	22,5	(4,3)	18,2	17,8	(6,3)	11,5	(3,4)	(0,3)	(0,8)	(4,5)	(67,0)	2.279,0
MG	1.461,6	(25,5)	1.436,2	167,2	(16,7)	150,5	65,9	(27,0)	38,9	(26,5)	(2,3)	(2,6)	(31,5)	(100,6)	1.594,2
MS	936,9	(17,7)	919,2	41,0	(6,9)	34,1	67,3	(30,4)	36,9	(4,2)	(0,3)	(0,3)	(4,8)	(59,8)	985,4
MT	8.744,5	(231,4)	8.513,1	87,5	(17,9)	69,7	68,6	(29,1)	39,5	(6,6)	(0,4)	(0,4)	(7,4)	(285,8)	8.614,9
PA	18.176,6	(184,1)	17.992,5	23,8	(3,7)	20,1	30,0	(16,0)	14,0	(6,7)	(0,5)	(0,9)	(8,1)	(211,9)	18.018,6
PB	147,6	(1,4)	146,2	12,0	(1,8)	10,2	5,7	(1,2)	4,5	(2,1)	(0,2)	(0,5)	(2,8)	(7,3)	158,1
PE	224,2	(3,2)	221,0	29,9	(3,6)	26,3	6,8	(2,3)	4,5	(5,9)	(0,6)	(1,2)	(7,7)	(16,8)	244,2
PI	1.063,3	(10,6)	1.052,7	15,8	(3,0)	12,8	8,3	(2,4)	5,9	(1,5)	(0,1)	(0,4)	(2,0)	(18,1)	1.069,4
PR	338,8	(1,9)	336,9	177,1	(28,7)	148,4	17,1	(13,2)	3,9	(53,0)	(1,6)	(1,4)	(56,1)	(99,9)	433,1
RJ	136,5	(0,4)	136,1	10,4	(0,8)	9,5	4,5	(2,6)	1,9	(50,7)	(3,1)	(2,1)	(56,0)	(59,9)	91,5
RN	139,2	(1,6)	137,5	10,4	(1,5)	8,9	4,1	(1,1)	3,0	(8,1)	(0,2)	(0,4)	(8,7)	(13,0)	140,7
RO	2.957,3	(83,0)	2.874,2	10,9	(1,6)	9,4	12,8	(10,5)	2,2	(2,1)	(0,1)	(0,2)	(2,5)	(97,6)	2.883,3
RR	3.004,9	(20,1)	2.984,8	0,8	(0,1)	0,7	3,0	(0,6)	2,4	(0,4)	(0,0)	(0,0)	(0,4)	(21,3)	2.987,5
RS	433,5	(2,6)	430,9	156,3	(25,4)	130,9	32,2	(18,9)	13,3	(17,1)	(1,9)	(1,5)	(20,6)	(67,4)	554,6
SC	370,8	(5,2)	365,6	68,9	(7,2)	61,7	6,1	(4,1)	2,0	(10,0)	(1,0)	(0,8)	(11,8)	(28,3)	417,5
SE	33,9	(0,4)	33,5	6,2	(1,0)	5,2	3,3	(1,1)	2,2	(4,6)	(0,2)	(0,3)	(5,1)	(7,6)	35,8
SP	485,6	(10,1)	475,6	206,9	(19,7)	187,2	24,4	(18,0)	6,5	(80,8)	(9,4)	(5,5)	(95,7)	(143,4)	573,6
TO	1.611,9	(25,5)	1.586,4	5,4	(1,1)	4,2	28,7	(9,2)	19,5	(1,6)	(0,1)	(0,2)	(1,9)	(37,7)	1.608,3
Brasil	76.909,9	(772,2)	76.137,7	1.312,3	(183,3)	1.129,0	526,7	(243,2)	283,6	(338,7)	(27,1)	(25,1)	(390,9)	(1.589,6)	77.159,3

Tabela 7.18B Balanço Ambiental

2002-2008 Acumulado MtC	Balanço Natural				Balanço Uso e Cobertura das Terras								Balanço Outros Parâmetros				Balanço Final	
	Estoque + Sequestro Líquidos	Emissões	Balanço		Balanço Agrícola			Balanço Pecuário				Emissões Líquidas Transporte e Energia	Emissões Líquidas Industriais	Emissões Líquidas Resíduos	Balanço	Passivo Ambiental	PL Ambiental
					Estoque + Sequestro Líquidos	Emissões	Balanço	Estoque + Sequestro Líquidos	Emissões	Balanço						
AC	2.701,1	(92,7)	2.608,3		2,5	(2,7)	(0,2)	3,8	(19,6)	(15,8)	(6,9)	(0,4)	(0,6)	(8,0)	(123,0)	2.584,3
AL	34,7	(4,3)	30,4		23,8	(15,1)	8,7	3,2	(9,1)	(5,9)	(27,3)	(1,4)	(3,1)	(31,7)	(60,2)	1,5
AM	26.341,6	(160,2)	26.181,3		4,6	(4,6)	0,0	2,9	(10,2)	(7,3)	(49,0)	(3,2)	(3,2)	(55,4)	(230,3)	26.118,7
AP	2.067,5	(15,2)	2.052,3		7,9	(2,5)	5,4	0,9	(0,8)	0,0	(24,0)	(0,5)	(0,6)	(25,0)	(43,6)	2.032,7
BA	1.567,0	(140,1)	1.427,0		101,2	(103,0)	(1,7)	44,6	(97,2)	(52,6)	(109,7)	(8,6)	(14,1)	(132,3)	(472,6)	1.240,3
CE	438,8	(32,4)	406,4		35,9	(44,2)	(8,3)	9,2	(21,8)	(12,5)	(38,6)	(4,2)	(8,2)	(51,0)	(149,3)	334,7
DF	11,0	(0,9)	10,1		1,9	(2,5)	(0,6)	0,3	(0,9)	(0,6)	(41,9)	(8,1)	(2,4)	(52,4)	(56,6)	(43,4)
ES	79,6	(12,2)	67,4		33,7	(20,8)	12,9	4,5	(17,6)	(13,0)	(38,7)	(4,3)	(3,4)	(46,5)	(97,1)	20,8
GO	748,0	(103,9)	644,1		71,8	(84,5)	(12,7)	53,5	(188,3)	(134,8)	(74,5)	(5,3)	(5,6)	(85,4)	(462,1)	411,2
MA	2.115,4	(300,7)	1.814,7		29,2	(34,4)	(5,2)	19,6	(53,4)	(33,7)	(30,5)	(2,4)	(6,2)	(39,1)	(427,6)	1.736,6
MG	1.367,4	(148,5)	1.218,9		167,9	(121,8)	46,1	64,7	(199,2)	(134,4)	(201,5)	(19,0)	(19,4)	(239,9)	(709,4)	890,7
MS	872,5	(102,0)	770,4		49,6	(55,3)	(5,6)	65,3	(211,3)	(146,0)	(28,7)	(2,2)	(2,3)	(33,2)	(401,8)	585,6
MT	7.902,5	(1.329,9)	6.572,6		116,5	(151,7)	(35,2)	73,7	(223,4)	(149,7)	(45,4)	(3,4)	(2,8)	(51,6)	(1.756,6)	6.336,1
PA	17.482,3	(1.108,0)	16.374,3		24,1	(26,7)	(2,6)	37,2	(131,3)	(94,1)	(51,8)	(3,9)	(7,0)	(62,7)	(1.328,6)	16.214,9
PB	142,5	(8,4)	134,2		13,8	(13,7)	0,1	6,0	(10,0)	(3,9)	(15,1)	(1,8)	(3,7)	(20,6)	(52,6)	109,8
PE	212,9	(18,6)	194,2		33,2	(27,6)	5,6	7,3	(18,5)	(11,2)	(41,5)	(5,0)	(8,6)	(55,1)	(119,8)	133,6
PI	1.024,3	(62,6)	961,7		20,7	(24,3)	(3,6)	9,0	(16,5)	(7,5)	(26,7)	(1,1)	(3,1)	(30,9)	(134,4)	919,7
PR	331,6	(11,4)	320,2		186,8	(206,7)	(19,9)	16,2	(91,1)	(74,9)	(383,0)	(12,5)	(10,3)	(405,9)	(715,1)	(180,5)
RJ	134,9	(2,6)	132,3		9,3	(5,6)	3,7	4,5	(19,1)	(14,6)	(367,0)	(24,2)	(15,6)	(406,8)	(434,1)	(285,4)
RN	133,3	(9,7)	123,6		11,1	(10,9)	0,2	4,4	(8,7)	(4,2)	(45,1)	(1,8)	(3,0)	(49,9)	(79,2)	69,6
RO	2.655,9	(475,8)	2.180,1		12,4	(12,6)	(0,3)	17,8	(88,6)	(70,7)	(18,0)	(1,2)	(1,5)	(20,6)	(597,7)	2.088,5
RR	2.933,4	(113,7)	2.819,6		1,1	(1,1)	(0,1)	2,5	(4,2)	(1,7)	(6,5)	(0,3)	(0,4)	(7,3)	(126,3)	2.810,6
RS	423,8	(15,2)	408,6		172,9	(188,8)	(15,9)	31,4	(132,2)	(100,8)	(115,7)	(14,4)	(10,8)	(140,9)	(477,1)	151,0
SC	351,2	(30,5)	320,7		73,1	(52,1)	21,0	5,8	(32,4)	(26,6)	(80,6)	(8,3)	(5,9)	(94,8)	(209,8)	220,3
SE	32,4	(2,5)	29,9		7,9	(8,1)	(0,2)	3,3	(9,0)	(5,7)	(39,3)	(1,4)	(2,0)	(42,6)	(62,2)	(18,6)
SP	448,3	(58,3)	390,0		267,4	(154,6)	112,8	23,6	(115,1)	(91,6)	(515,6)	(71,4)	(40,2)	(627,1)	(955,1)	(215,9)
TO	1.517,6	(149,2)	1.368,4		11,2	(11,6)	(0,4)	24,4	(66,7)	(42,3)	(13,0)	(0,9)	(1,3)	(15,1)	(242,6)	1.310,6
Brasil	74.071,2	(4.509,4)	69.561,8		1.491,5	(1.387,5)	104,0	540,0	(1.796,1)	(1.256,1)	(2.435,5)	(211,0)	(185,2)	(2.831,7)	(10.524,6)	65.578,0

Tabela 7.19 Parâmetros utilizados e estimados para 2002

2002	Pastagem (10³ha)	Lavouras Temporárias* (10³ ha)	Cana-de-Açúcar (10³ ha)	Lavouras Permanentes (10³ ha)	Reflorestamento (10³ ha)	Áreas Naturais (10³ ha)	Outros Usos** (10³ ha)	Área Estadual Total (10³ ha)	Rebanho Bovino (10³)	PIB (10⁶ US$ 2011)	População Residente (10³)	Consumo Energético (10³tep)	Emissões Florestais (MtC)	Emissões não Florestais (MtC)	Emissões Totais (MtC)	PL Ambiental (10⁶ US$)
AC	870	97	0	15	9	15.164	257	16.412	1.817	1.291	584	406	16	4	19	131.799
AL	918	223	438	25	3	426	746	2.778	816	4.415	2.882	1.176	1	6	6	2.743
AM	716	147	4	53	7	146.448	8.542	155.916	895	9.804	2.924	3.737	27	11	37	1.267.856
AP	263	13	0	2	92	11.863	2.050	14.283	84	1.481	506	274	3	1	4	99.907
BA	13.763	2.974	80	1.262	276	27.387	10.741	56.483	9.856	27.297	13.351	9.008	24	47	71	82.669
CE	2.748	1.459	34	465	18	9.448	719	14.892	2.230	13.001	7.639	3.041	5	16	22	22.999
DF	88	86	0	4	6	179	216	579	113	25.257	2.159	3.597	0	6	6	356
ES	1.515	107	48	629	181	558	1.571	4.610	1.683	12.038	3.168	3.435	2	12	14	5.295
GO	17.228	3.257	204	40	77	12.542	662	34.010	20.102	16.834	5.179	4.392	18	48	66	41.371
MA	5.655	1.273	23	32	50	24.384	1.777	33.194	4.776	6.951	5.781	2.507	52	15	67	109.420
MG	20.918	2.716	278	1.198	1.198	18.732	13.611	58.652	20.559	57.491	18.276	16.228	25	75	101	76.540
MS	21.369	1.984	112	8	126	14.410	(2.293)	35.715	23.168	6.818	2.130	2.086	18	42	60	47.312
MT	21.783	5.456	177	73	68	65.806	(3.029)	90.333	22.184	9.422	2.600	3.124	231	54	286	413.627
PA	9.518	884	8	228	81	103.255	10.822	124.795	12.191	11.544	6.430	4.212	184	28	212	865.125
PB	1.824	413	99	54	10	2.978	269	5.647	952	5.594	3.499	1.162	1	6	7	7.590
PE	2.165	673	392	84	18	4.237	2.244	9.815	1.754	15.860	8.076	3.255	3	14	17	11.725
PI	2.632	794	8	157	13	19.576	1.977	25.158	1.804	3.341	2.896	751	11	7	18	51.343
PR	5.424	8.046	359	225	650	2.231	2.998	19.932	10.048	39.776	9.764	17.691	2	98	100	20.796
RJ	1.424	38	160	57	17	872	1.809	4.378	1.981	77.103	14.678	22.679	0	59	60	4.391
RN	1.303	275	49	162	7	2.852	633	5.281	839	5.488	2.843	3.720	2	11	13	6.757
RO	4.052	246	0	233	25	17.265	1.938	23.759	8.040	3.500	1.401	989	83	15	98	138.438
RR	954	38	1	5	2	18.330	3.101	22.430	423	1.040	343	175	20	1	21	143.438
RS	10.219	7.275	33	173	721	7.649	809	26.878	14.371	47.460	10.299	10.560	3	65	67	26.627
SC	1.949	1.638	17	75	599	2.369	2.924	9.570	3.118	25.075	5.497	5.833	5	23	28	20.044
SE	1.056	202	18	104	2	451	359	2.192	863	4.254	1.827	2.169	0	7	8	1.720
SP	7.758	2.245	2.662	1.025	440	3.623	7.066	24.820	13.701	230.238	37.810	51.234	10	133	143	27.539
TO	9.112	352	3	8	4	21.657	(3.374)	27.762	6.979	2.523	1.181	718	26	12	38	77.219
Brasil	17.926	42.911	5.207	6.394	4.702	554.691	69.145	850.273	185.349	664.896	173.726	178.160	772	817	1.590	3.704.650
												1,0255234	TEP			

Tabela 7.20 Parâmetros utilizados e estimados para 2008

2008	Pastagem (10³ha)	Lavouras Temporárias* (10³ ha)	Cana-de-Açúcar (10³ ha)	Lavouras Permanentes (10³ ha)	Reflorestamentos (10³ ha)	Áreas Naturais (10³ ha)	Outros Usos** (10³ ha)	Área Estadual Total (10³ ha)	Rebanho Bovino (10³)	PIB (10⁶ R$ 2008)	População Residente (10³)	Consumo Energético (10³tep)	Florestais em 2008 (MtC)	Não Florestais em 2008 (MtC)	Totais em 2008 (MtC)	Florestais Acum 2002-2008 (MtC)	Não Florestais Acum 2002-2008 (MtC)	Totais Acum 2002-2008 (MtC)	PL Ambiental (10⁶ US$)
AC	1.193	96	3	15	9	14.841	256	16.412	2.426	7.345	680	636	15	5	20	93	30	123	124.080
AL	967	217	434	25	4	385	747	2.778	1.162	5.090	3.065	3.949	1	12	12	4	56	60	72
AM	902	133	6	43	21	145.885	8.926	155.916	1.312	11.143	3.307	4.281	27	10	37	160	70	230	1.254.039
AP	259	18	0	3	101	11.752	2.149	14.283	96	9.721	614	706	2	11	13	15	28	44	97.594
BA	13.210	2.914	110	1.446	263	25.962	12.578	56.483	11.100	6.794	14.059	10.060	23	49	72	140	333	473	59.552
CE	2.757	1.474	42	497	17	9.032	1.073	14.892	2.461	5.656	8.273	3.686	5	17	23	32	117	149	16.068
DF	79	123	1	2	2	170	200	579	80	38.867	2.493	4.218	0	11	11	1	56	57	(2.084)
ES	1.321	81	78	574	190	508	1.858	4.610	2.120	12.628	3.405	4.257	2	12	14	12	85	97	999
GO	15.681	3.548	416	39	80	11.539	2.708	34.010	20.466	10.801	5.764	7.829	17	56	73	104	358	462	19.744
MA	5.905	1.581	49	38	76	22.372	3.173	33.194	6.816	3.995	6.267	5.216	48	22	70	301	127	428	83.378
MG	18.948	2.942	610	1.166	922	17.578	16.486	58.652	22.370	10.453	19.381	21.104	24	85	109	149	561	709	42.764
MS	19.053	2.442	253	5	88	13.406	468	35.715	22.365	10.637	2.325	2.828	16	44	60	102	300	402	28.116
MT	22.026	7.675	219	85	75	59.933	319	90.333	26.018	12.043	2.914	4.462	212	69	281	1.330	427	1.757	304.214
PA	11.511	886	9	253	65	96.770	15.301	124.795	16.241	5.966	7.233	6.151	178	36	214	1.108	221	1.329	778.527
PB	1.791	480	123	58	7	2.875	313	5.647	1.202	5.313	3.683	1.611	1	7	8	8	44	53	5.271
PE	2.199	806	403	100	23	4.009	2.275	9.815	2.250	6.526	8.588	4.362	3	16	19	19	101	120	6.416
PI	2.709	1.003	13	185	37	18.896	2.315	25.158	1.751	3.833	3.061	1.018	10	15	25	63	72	134	44.155
PR	4.711	8.057	595	190	598	2.184	3.597	19.932	9.586	13.537	10.338	19.752	2	103	105	11	704	715	(8.666)
RJ	1.325	33	137	52	12	861	1.957	4.378	2.145	17.456	15.608	27.910	0	64	65	3	432	434	(13.703)
RN	1.318	267	66	152	8	2.734	736	5.281	1.029	6.416	3.064	4.251	2	9	11	10	69	79	3.343
RO	5.669	406	3	213	21	15.406	2.042	23.759	11.176	8.305	1.489	1.789	76	21	96	476	122	598	100.275
RR	687	46	1	8	4	17.491	4.195	22.430	476	10.070	413	374	18	3	21	114	13	126	134.945
RS	9.175	7.878	37	177	803	7.427	1.381	26.878	14.116	15.313	10.620	12.062	2	68	70	15	462	477	7.251
SC	1.697	1.662	18	80	627	2.243	3.243	9.570	3.884	15.157	5.991	9.035	5	29	34	31	179	210	10.577
SE	980	263	39	108	2	430	370	2.192	1.081	7.735	1.981	3.462	0	10	10	2	60	62	(893)
SP	6.865	1.792	4.542	975	338	3.331	6.977	24.820	11.186	20.235	40.300	60.035	9	130	139	58	897	955	(10.364)
TO	6.904	640	6	7	59	20.349	(203)	27.762	7.393	7.097	1.289	1.251	24	15	39	149	93	243	62.927
Brasil	159.841	47.463	8.211	6.496	4.453	528.369	95.440	850.273	202.307	288.132	186.205	226.293	724	930	1.654	4.509	6.015	10.525	3.148.599

Caso o leitor tenha interesse em contribuir, as sugestões serão muito bem-vindas.

7.5.1 Resumo

Este projeto de pesquisa tem por objetivo avaliar a situação de cada um dos estados brasileiros diante de um cenário futuro em que o Brasil pode se tornar uma das primeiras potências verdes do planeta, devido a alguns fatores de sucesso como: matriz energética atual, áreas florestais e diversidade cultural. É uma pesquisa de natureza exploratória e descritiva e se baseia na seguinte questão orientadora: *"Quais as principais contribuições e limitações de cada um dos estados brasileiros e distrito federal diante da possibilidade de o Brasil se tornar uma das primeiras superpotências verdes do planeta em meados deste século?"*.

O método Balanço Contábil das Nações (BCN) será utilizado para orientar as análises de natureza econômica, social, ambiental e de governança e consiste em avaliar a situação patrimonial dessas regiões com base em seus Ativos, Passivos e Patrimônios Líquidos ambientais, com a contabilização de dados como: PIB, número de habitantes, depreciação ambiental calculada com base no consumo médio de energia em tonelada equivalente de petróleo (TEP) e saldo residual entre as emissões e a capacidade de absorção de gases do efeito estufa (GHG).

A pesquisa se justifica pela aplicabilidade dessa metodologia na escolha das melhores estratégias que possam orientar políticas públicas e permitir que cada região alcance elevados níveis de qualidade de vida, mantendo-se as características individuais e em harmonia com o meio ambiente. Espera-se como resultados desta pesquisa a identificação do que cada estado tem melhor, ou de suas maiores dificuldades, para contribuir com a meta de transformar o Brasil em uma superpotência verde e, também, eleger, dentre as 27 unidades, quais as que se encaixam na denominação *"Brazilian monster states"*, como imprescindíveis para o atingimento dessa meta.

7.5.2 Introdução, justificativa e bibliografia fundamental

A pesquisa original do Balanço Contábil das Nações (BCN) identificou apenas dois países que teriam superávit em seus Patrimônios Líquidos ambientais em meados deste século: Brasil e Rússia; esses seriam na verdade os únicos países com legitimidade para negociarem seus certificados ou créditos de carbono, diante das perspectivas que envolvem os diversos cenários de mudanças climáticas globais em curso.

O protocolo de Kyoto (1997) e o Acordo de Paris (2015) representam o consenso dos países sobre a questão de aquecimento global e da necessidade de descarbonização das economias mundiais. Mesmo sabendo-se que essas metas são insuficientes para conter o aumento da temperatura média global abaixo de 2 graus Celsius e, portanto, novos e mais rigorosos acordos serão necessários, a desmontagem da estrutura criada no século XX nos países mais desenvolvidos é uma tarefa muito difícil.

O custo de oportunidade para abandonar as velhas estruturas industriais criadas no século XX é alto, ao mesmo tempo que países como a Índia e China terão que buscar um crescimento econômico mesclando o consumo de energias renováveis e não renováveis e tentando reduzir os seus níveis de poluição.

Enquanto o déficit mundial para 2050, apontado pelo modelo BCN, é equivalente a US$ 2,3 mil dólares para cada um dos habitantes do planeta, para mitigação das externalidades ambientais, o Brasil apresenta um superávit equivalente a US$ 2,8 mil dólares *per capita* e, hipoteticamente, é o país que reúne mais condições e possibilidades para tornar-se uma futura superpotência verde no futuro, ou seja, proporcionando um nível de qualidade de vida elevado para a sua população e, ao mesmo tempo, em equilíbrio com a natureza e consumido os seus recursos naturais de forma equilibrada e resiliente.

Essa condição do país está associada à sua matriz energética atual (mais de 40% de fontes renováveis contra 10% da média mundial) e à prevalência de sol e vento durante todo o ano. Mais da metade do país é formado ainda por florestas nativas, recursos naturais em abundância (p. ex.: água) e, dentre outras vantagens competitivas, é formado por uma população diversificada e que justifica a classificação do Brasil como um dos *monster countries* (KENAN, 1993), ou seja, países com diversidade cultural, extensão continental e grande população e que seriam países que teriam condições de contribuir com a perpetuação das civilizações futuras.

A bibliografia básica que orienta esta pesquisa baseia-se no modelo BCN (NECMA/USP) como o método de compilação dos resultados, nos principais relatórios da ONU que consolidam as metas da Agenda 2030 (17 ODS) e outras informações julgadas necessárias para fundamentar as análises e justificativas de cada estado brasileiro, tendo como escopo aspectos econômicos, sociais, ambientais e de governança.

7.5.3 Objetivo

O objetivo central desta pesquisa é avaliar a contribuição de cada uma das 27 unidades federativas para tornar o Brasil uma futura superpotência verde, com propostas de melhorias nos principais indicadores de qualidade de vida e resiliência da natureza.

O objetivo secundário da pesquisa é avaliar o BCN de todos os estados e identificar quais são as unidades de maior relevância e imprescindíveis para que hipoteticamente o Brasil possa se tornar uma futura superpotência verde, nos moldes do conceito *Brazilian monster states* com base em Kenan (1993).

Decorrem outros objetivos específicos e que orientaram o cronograma de trabalho desta pesquisa, por exemplo:

- Avaliar o BCN do Brasil, comparativamente com o restante do mundo.
- Avaliar o BCN de cada estado brasileiro comparativamente com o consolidado para o país, bem como refinar os dados fundamentais.
- Avaliar o grau de dificuldade, ou de risco (alto-médio-baixo), de cada uma das unidades em relação à meta nacional.
- Definir as estratégias básicas para que cada um dos estados se ajuste à meta nacional.
- Com base nas estratégias para cada unidade, analisar em detalhes o futuro desejado em suas diversas dimensões (população, densidade, floresta, agricultura, transporte, pecuária, desmatamento, indústrias, comércio, serviços, educação, saneamento básico, expectativa de vida etc.).
- Consolidar as contribuições de todas as unidades e definir modelos de referências ou de parâmetros gerais que possibilitem a comparação e controle.
- Analisar o cenário futuro do país como um todo e de suas riquezas naturais e culturais.
- Consolidar um livro com o conteúdo geral desta pesquisa.
- Trabalhar para a divulgação e reflexão desses resultados.

7.5.4 Plano de trabalho e cronograma de execução

Como se trata de um projeto de pesquisa em andamento, o plano de trabalho de cada uma das novas unidades de pesquisas poderá seguir as orientações gerais e definir um cronograma de acordo com a realidade de cada unidade. Quando atingirmos mais da metade das 27 unidades federativas, poderemos marcar um *deadline* para o encerramento formal do projeto e a publicação de um livro.

7.5.5 Material e métodos

Além do método BCN, quaisquer outros métodos necessários para fundamentar as pesquisas individuais de cada unidade poderão ser utilizados. Ilustramos a situação das 27 unidades federativas do Brasil nos próximos tópicos (7.5.5.1 a 7.5.5.25).

7.5.5.1 BCN dos estados brasileiros – cenário 2050 (total)

A primeira boa notícia deste tópico confirma que o Brasil possui um Patrimônio Líquido Ambiental "superavitário" equivalente a US$ 536 bilhões de dólares anuais.[10] A outra (não tão boa) notícia é que esse superávit concentra-se basicamente na região Norte (Amazonas e Pará). Veja no Gráfico 7.20 a situação dos demais estados, com o MT ultrapassando SP em externalidades negativas.

7.5.5.2 BCN dos estados brasileiros – 2050 (per capita)

Trata-se de um gráfico com informações semelhantes ao tópico anterior, mas detalhando os valores *per capita*. Note no Gráfico 7.21 a contribuição de cada um dos habitantes da "Amazônia" e as ações da maioria dos estados em busca de crescimento econômico baseados em modelos antigos (energia não renovável e poluição); o MT continua liderando as expectativas para as próximas décadas.

7.5.5.3 Emissões 2011 – MTonC dos principais países

No Gráfico 7.22 pode-se observar que a China ultrapassou os EUA em volume de emissões e os dois representam 16% do total de emissões mundial, o equivalente a 34 bilhões de MTonC. Note que o Brasil é um pequeno emissor (450 milhões de MTonC), em torno de 1,3% das emissões mundiais, basicamente oriundas de queimadas e desmatamento.

---

[10] Esse resultado foi obtido na elaboração do BCN a partir de dados nacionais (2009) e ficou muito próximo da pesquisa original (544 bilhões) elaborada a partir de dados do IPCC/ONU (2007).

Cap. 7 • Balanço Contábil das Nações (BCN) | 163

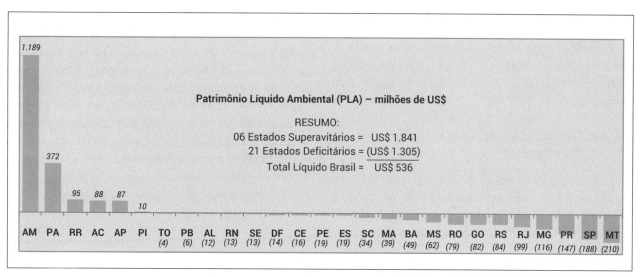

Gráfico 7.20 BCN dos Estados Brasileiros (cenário IPCC/2050)

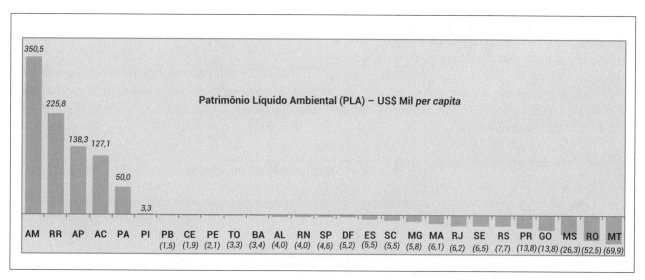

Gráfico 7.21 BCN dos estados brasileiros (cenário IPCC/2050 – *per capita*)

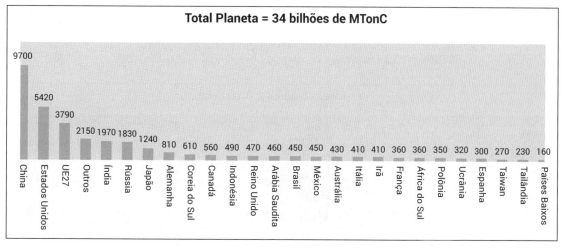

Gráfico 7.22 Emissões 2011 (em MTonC)

7.5.5.4 Emissões dos estados brasileiros – TonCO$_2$

O Gráfico 7.23 identifica o nível de emissões de gases do efeito estufa (GHG) de todos os estados brasileiros. Note que MT lidera o *ranking* do país, ultrapassando o PA e SP.

7.5.5.5 Emissões dos estados brasileiros – TonC – Per capita

É semelhante ao cenário anterior, mas com emissões *per capita*. O que está acontecendo com o estado de MT e os campeões de emissões *per capita* será devido à atividade pecuária? Observe o Gráfico 7.24.

7.5.5.6 Consumo médio de energia dos estados per capita (mil Kcal)

O Gráfico 7.25 mostra o consumo médio de energia *per capita* em milhares de Kcal, uma medida equivalente com base no conceito de emergia. Para se ter uma ideia, uma refeição diária pode ter mil Kcal e, somando-se as demais atividades diárias, como aquecimento, transporte, refrigeração, internet etc., chega-se no consumo médio mundial que é equivalente a 46,3 mil Kcal diário.

Nos EUA, a média *per capita* é superior a 200 Kcal; no Japão e Alemanha, superior a 100 Kcal; a média brasileira, em 2009, era de 33,3 mil Kcal. Veja que SP não é o estado brasileiro com o maior consumo de energia *per capita*, superado por PR, RJ, SE, DF, MT e SC. E a realidade dos países mais pobres? Quais seriam as razões dessa disparidade, tendo em vista que a energia é fortemente correlacionada com as variáveis de qualidade de vida?

7.5.5.7 População dos estados e consumo de energia (total)

O Gráfico 7.26 mostra o número de habitantes de cada estado e o consumo de energia em tonelada equivalente de petróleo (TEP). Pode-se observar que são variáveis com forte correlação.

7.5.5.8 Extensão territorial dos estados brasileiros (mil km²)

O Brasil é um país de dimensões continentais e há estados que poderiam se caracterizar como *Brazilian monster states*, a exemplo do AM, PA, MT, MG, BA e SP. Observe o Gráfico 7.27. Note que o PA é tão

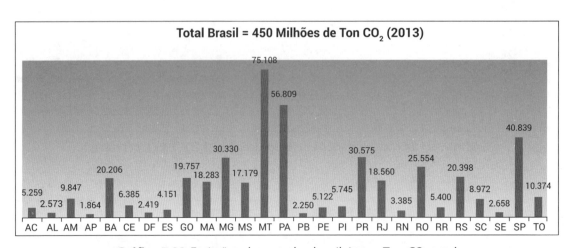

Gráfico 7.23 Emissões dos estados brasileiros – Ton CO$_2$ total

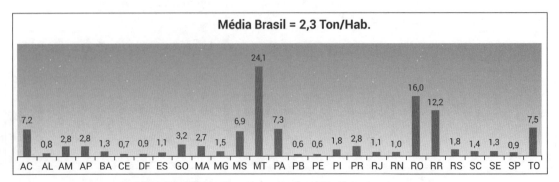

Gráfico 7.24 Emissões dos estados brasileiros – *per capita*

Cap. 7 • Balanço Contábil das Nações (BCN) | 165

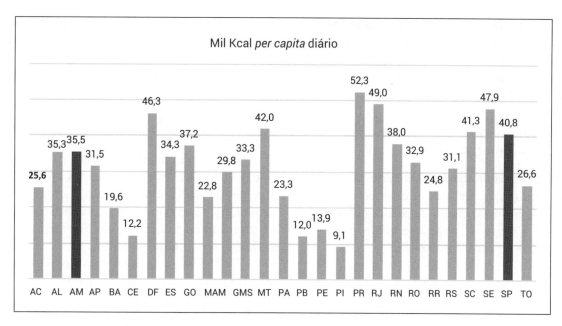

Gráfico 7.25 Consumo médio de energia dos estados brasileiros

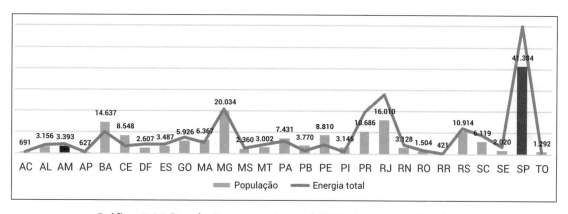

Gráfico 7.26 População × energia total (TEP) dos estados brasileiros

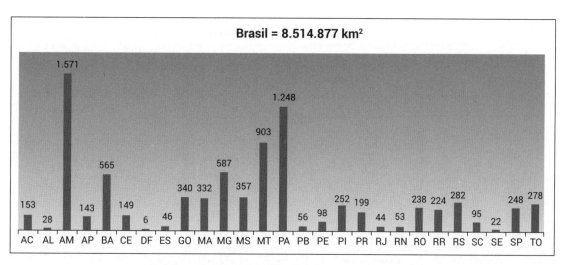

Gráfico 7.27 Estados brasileiros – área (mil Km²)

grande quanto o AM, mas infelizmente ele já desmatou mais da metade de sua área florestal. Como o AM conseguiu preservar quase que a totalidade de suas florestas? Esse questionamento já foi objeto de muitas discussões entre os pesquisadores.[11]

7.5.5.9 Densidade demográfica dos estados brasileiros (pessoas/km²)

O Brasil é grande, mas a maior parte da população se concentra nas margens do oceano ou em centros urbanos. Veja no Gráfico 7.28 a alta concentração no DF, RJ, SP e AL. E note que quase que não há população na Floresta Amazônica.[12]

7.5.5.10 População dos estados e número de bois

O Gráfico 7.29 impressionou nas apresentações que fizemos em todo o país. Veja que em SP há mais gente do que bois, mas no MT, MS, MG, GO, RS há muito mais bois do que gente. No Brasil (IBGE, 2012), há 212 milhões de cabeças de boi contra 204 milhões de habitantes (2017), isso sem contar o número de aves (1.261 milhão), suínos (39 milhões), caprinos (26 milhões) e equinos (9 milhões). Lembre-se de que mais de 80% da produção de grãos no país não é destinado para a alimentação direta do ser humano, boa parte vai para a pecuária.[13]

7.5.5.11 População e número de veículos

O Brasil tem uma frota de mais de 72 milhões de veículos (DENATRAN, 2012), sendo os tipos principais: automóveis (56%), motocicletas e motonetas (25%) e caminhões e camionetes (10%). Isso representa menos de 0 veículo por habitante (obs.: nos EUA é superior a 1). Observe o Gráfico 7.30.

7.5.5.12 PIB dos estados (mil US$)

Veja, no Gráfico 7.31, que os estados que mais contribuem para a formação do PIB do país são SP, RJ, MG, RS, PR, BA e DF.

7.5.5.13 PIB dos estados (mil US$) – per capita

Podem-se perceber as desigualdades existentes entre os estados brasileiros; veja, no Gráfico 7.32, que 70% dos estados possuem um PIB *per capita* abaixo da média nacional.

---

[11] Dizem que há dois tipos: pesquisadores "da" Amazônia e pesquisadores "na" Amazônia. Eu (José Roberto Kassai) fui pesquisador à distância "da" Amazônia por muito tempo e, quando conheci de perto a alta floresta, tomei conhecimento dos verdadeiros pesquisadores "da" Amazônia. O primeiro tem uma visão "romântica" e talvez ilusória da realidade das comunidades indígenas e ribeirinhas.

[12] Dos 70 mil habitantes das comunidades ribeirinhas e indígenas do estado do Amazonas, a Fundação Amazonas Sustentável (FAS-Amazonas) abrange 40 mil com programas de bolsa-floresta, comunidades sustentáveis, energia solar, água potável, escolas, internet etc. É a maior ONG atuante em florestas do mundo.

[13] Os alunos concluem facilmente como é fácil acabar com a fome no país (ou no mundo), basta reduzir o consumo de carne, sem falar que menos de 10% da população mundial consomem carne regularmente. Para se produzir um quilo de frango gastam-se dois quilos de grãos, um quilo de peixe equivale a 1,6 quilo de grãos e um quilo de boi equivale a 10 quilos de grãos. E, curiosamente, um quilo de grãos produz quase que um quilo de insetos – talvez essa seja a fonte de proteína do futuro.

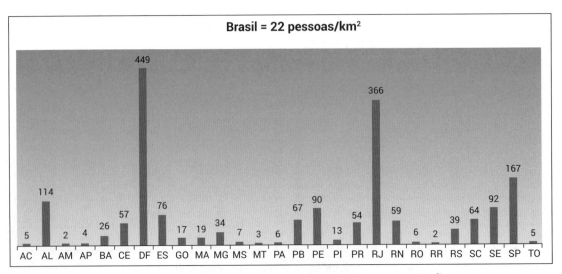

Gráfico 7.28 Estados brasileiros – densidade (pessoas/Km²)

Cap. 7 • Balanço Contábil das Nações (BCN) | **167**

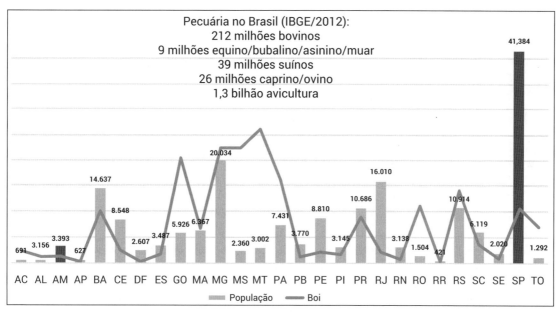

Gráfico 7.29 População e número de bois dos estados brasileiros

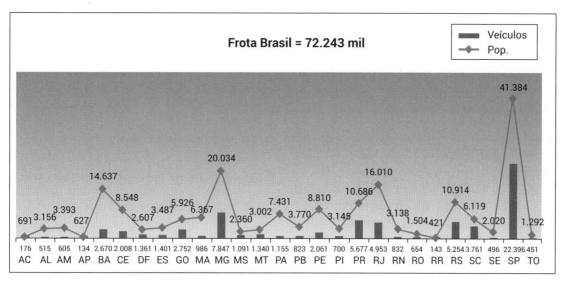

Gráfico 7.30 Brasil: população e frota

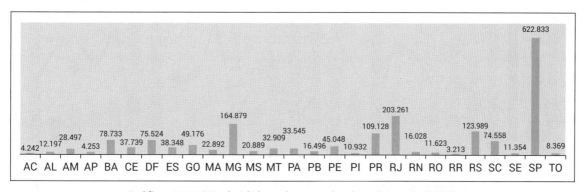

Gráfico 7.31 PIB dividido pelos estados brasileiros (mil US$)

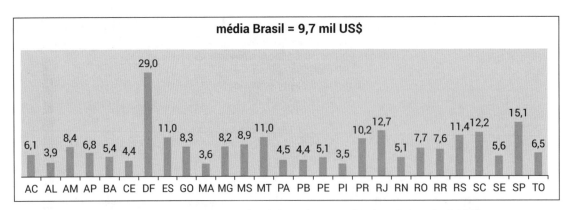

Gráfico 7.32 PIB *per capita* dividido pelos estados brasileiros (mil US$)

7.5.5.14 Florestas e agricultura nos estados brasileiros

Observando o Gráfico 7.33, nota-se que em SP há mais agricultura (63%) do que florestas (14,6%) em relação ao seu território e, de certa forma, isso é uma compensação pelas áreas que já foram desmatadas. E, contrariamente, veja que no AM ainda há predominância de florestas (93,9%). O que fazer para que os estados que ainda possuem grandes áreas florestais não façam o mesmo que os estados do Sudeste, é uma questão importante que tem que ser vista de forma nacional.

7.5.5.15 IDH dos estados brasileiros (2013)

Segundo o Programa das Nações Unidas para o Desenvolvimento (PNUD/2013), as faixas do IDH classificam-se como: baixo (até 0,449), médio (0,55 a 0,699), alto (0,700 a 0,799) e muito alto (0,8 a 1,000). Note, no Gráfico 7.34, que não há nenhum estado brasileiro na classificação "baixo" e apenas o DF é classificado como "alto" (3%), sendo a maioria dos estados classificada como "médio" (52%) e "alto" (44%). Essa é uma boa notícia, pois evidencia a redução da extrema pobreza obtida no país.

7.5.5.16 Taxa de alfabetização dos estados

Este é um ponto fraco do país, como podemos ver no Gráfico 7.35. A taxa média de alfabetização no Brasil (89%) é inferior à taxa média mundial (90%) e inferior a países como EUA (99%), Japão (99%), Cuba (99%), Taiwan (98%), Argentina (98%), Uruguai (98%), Coreia do Sul (98%), Paraguai (94%) e África do Sul (93%).

7.5.5.17 Taxa de mortalidade infantil dos estados

A taxa de mortalidade infantil no Brasil vem caindo nas últimas décadas, mas a situação é muito grave em mais da metade dos estados brasileiros, como percebe-se no Gráfico 7.36.

7.5.5.18 Extrema pobreza dos estados brasileiros

A taxa de extrema pobreza no Brasil diminuiu bastante na última década, principalmente com a ampliação do programa Bolsa Família no governo Lula, mas veja, no Gráfico 7.37, que a situação é muito desigual no país, com mais da metade dos estados pior do que a média nacional.

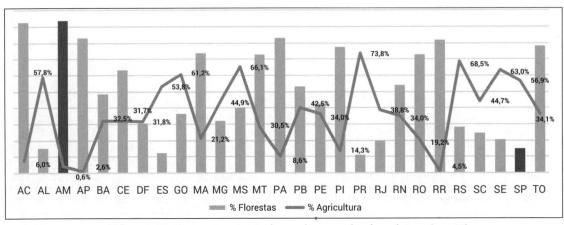

Gráfico 7.33 Florestas × Agricultura dos estados brasileiros (em %)

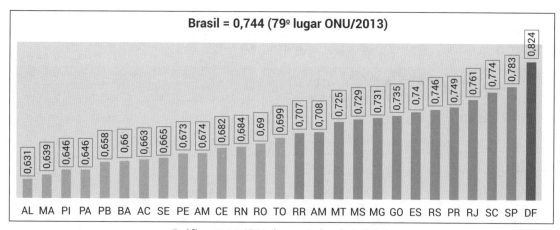

Gráfico 7.34 IDH dos estados brasileiros

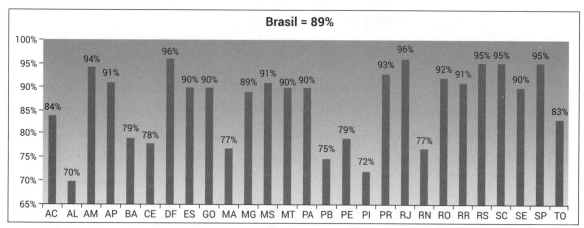

Gráfico 7.35 Taxa de alfabetização (estados brasileiros)

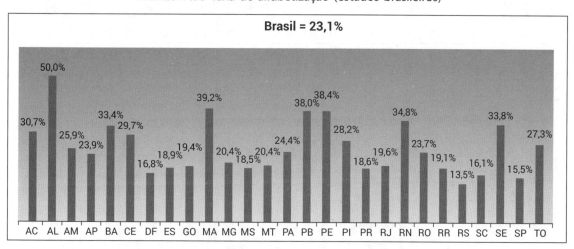

Gráfico 7.36 Taxa de mortalidade infantil

7.5.5.19 Coleta de esgoto dos estados brasileiros

Essa situação talvez seja a nossa maior "vergonha nacional": a média de coleta de esgoto no país é de apenas 55,2%, sem mencionar que o índice de tratamento é menor ainda. Observe o Gráfico 7.38. Na cidade de São Paulo, por exemplo, o índice de coleta é de 99%, mas a SABESP trata menos da metade coletada e despeja o restante nos rios Tietê e Pinheiros.

7.5.5.20 Acesso à água e coleta de esgoto das regiões brasileiras

O Diagnóstico Anual de Águas e Esgoto do Ministério das Cidades (SNIS) mostra a situação alarmante do Brasil em relação ao acesso à água potável e à coleta de esgoto dos estados brasileiros, conforme pode ser analisado no Gráfico 7.39. Note que na região Norte, aonde se concentram as maiores reservas

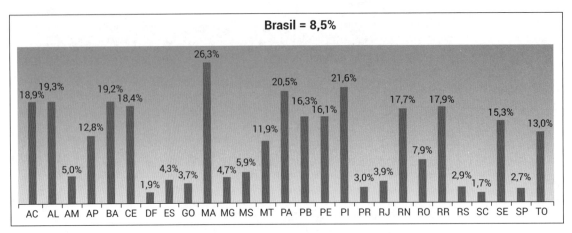

Gráfico 7.37 Extrema pobreza (< 1US$)

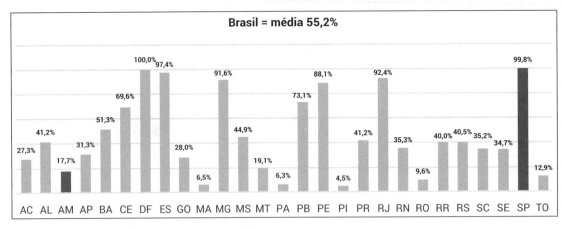

Gráfico 7.38 Coleta de esgoto (%)

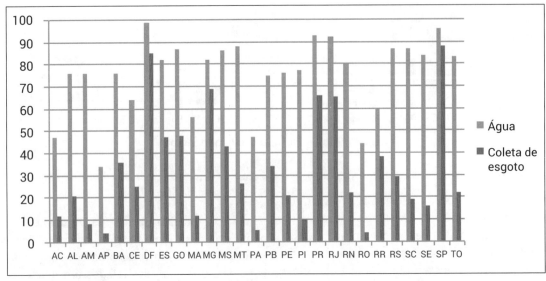

Gráfico 7.39 Acesso à água e coleta de esgoto

hídricas do planeta, o acesso diário à água para beber é restrito. Só 7,9% da zona rural da região Norte tem coleta de esgoto e menos de 10% nas áreas urbanas.

Na Amazônia, os moradores ribeirinhos têm perdido autonomia em áreas sem proteção ambiental e grandes empresas do agronegócio, mineração e construção têm entrado nas florestas contaminando os rios, causando altíssimos impactos ambientais e não revertendo em ganhos nem em saneamento básico para as populações. Nessas regiões, talvez a solução seja utilizar sistemas naturais e caseiros de tratamento de esgoto baseados nos conceitos da permacultura.

7.5.5.21 Pessoas com nível superior nos estados brasileiros

Somente 8,5% da população brasileira chegaram ao ensino superior, percentual considerado baixo se comparado à média dos países da Organização para a Cooperação e Desenvolvimento Econômico (OCDE), que é de 35%. O Gráfico 7.40 mostra o percentual de cada estado.

7.5.5.22 Acesso à internet nos estados brasileiros

O acesso médio à rede de internet tem crescido no Brasil e no mundo, mas as regiões mais pobres têm mais dificuldades de acesso. O Gráfico 7.41 mostra o percentual de cada estado.

7.5.5.23 Participação das mulheres na população brasileira

O número de mulheres no mundo é levemente superior ao de homens considerando-se a população mundial, devido principalmente à China e à Índia. No Brasil, a participação das mulheres é de 51% em nível nacional, mas em 30% dos estados brasileiros há mais homens. A expectativa média do brasileiro é de 74,8 anos, sendo 71,3 para os homens e 78,5 para as mulheres; 51% dos brasileiros estão acima do peso, há 7,4 da população idosa (acima de 65 anos) e a idade média da mulher ao ter seu primeiro filho é de 26,9 anos (IBGE, 2014). O Gráfico 7.42 mostra o percentual de cada estado.

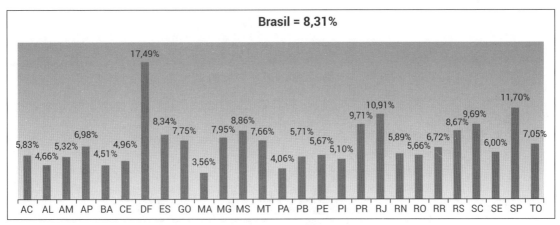

Gráfico 7.40 Porcentagem da população com nível superior

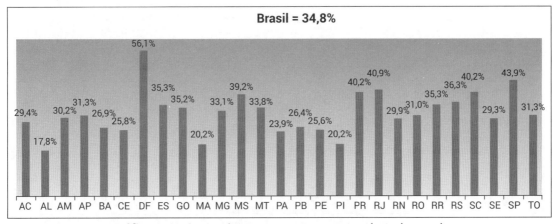

Gráfico 7.41 Acesso à internet: porcentagem de cada estado

7.5.5.24 Expectativa de vida nos estados brasileiros

A expectativa média de vida dos brasileiros tem aumentado, mas nota-se que em 60% dos estados brasileiros a taxa é inferior à média nacional, conforme podemos ver no Gráfico 7.43.

7.5.5.25 População Economicamente Ativa (PEA) do Brasil em 2014

Veja o esquema da Figura 7.3. Observe que a População Economicamente Ativa é formada por 51% do número total de habitantes, sendo que desse total 93% estão trabalhando e 7% estão em busca de emprego. Dos que estão trabalhando, 75% trabalham como empregados e 25% no mercado informal. Dos empregados, 70% trabalham no setor privado, 21% no setor público e 9% como domésticos.

Quantas pessoas no país que realmente trabalham agregando valor à economia nacional? Veja uma reflexão interessante em relação à esta questão. Se considerarmos que há 46 milhões de pessoas que vivem do programa Bolsa Família, 30 milhões são crianças com menos de dez anos e há 69 milhões de inativos, isso representa um contingente de 145 milhões de pessoas ou 71% da população que, digamos dessa forma, não trabalham para agregar valor ou, se trabalham, o fazem para o seu sustento, não agregando valor para a economia. Assim, apenas uma parcela de 29% da população realmente trabalha para agregar valor aos demais.

Avaliação de aprendizagem

Para avaliar e aprimorar o conteúdo abordado neste capítulo, seguem algumas sugestões de atividades e questões:

1) O que é o modelo Balanço Contábil das Nações (BCN) e para que serve? Quais são as variáveis utilizadas em sua contabilização?

2) Você conhece o compêndio *Indicadores de nações: uma contribuição ao diálogo da sustentabilidade* (LOUETTE, 2009)? Cite alguns de seus indicadores.

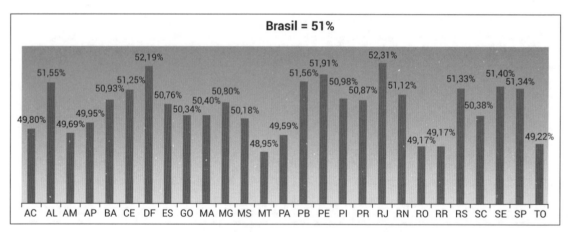

Gráfico 7.42 Percentual de mulheres nos estados

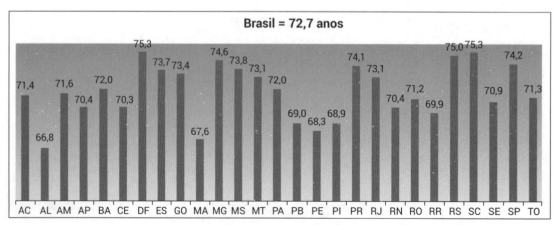

Gráfico 7.43 Expectativa de vida

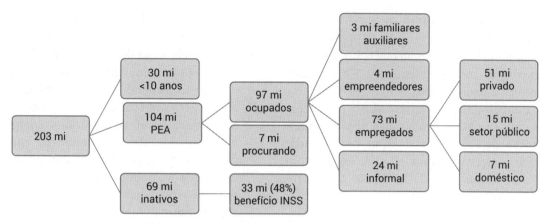

Figura 7.3 População economicamente ativa

3) Anne Louette faleceu antes de concluir a sua trilogia sobre os Compêndios de Sustentabilidade (2008 e 2009), qual era a terceira obra planejada?

4) Na primeira versão do Balanço Contábil das Nações (BCN), avaliou-se a situação de sete países e apenas dois deles apresentaram Patrimônio Líquido Ambiental (PLA) positivo previsto para o ano de 2050. Quais são esses países e o que significa esse superávit?

5) Como é avaliado o total do Ativo dos países e quais os conceitos envolvidos na depreciação? Por que a taxa de depreciação da Índia é "positiva"?

6) Faça uma reflexão sobre o consumo médio de energia *per capita* dos principais países e o que isso significa no padrão de vida das pessoas. Utilize o Gráfico 7.44.

7) Como é calculado o Patrimônio Líquido Ambiental (PLA) dos países? Explique o que é saldo residual de carbono e como pode ser precificado.

8) Qual a projeção do saldo residual de carbono para o mundo e os principais países em 2050? O Acordo de Paris conseguirá reverter esta situação?

9) O quinto relatório do IPCC estimou o orçamento global de carbono em 1 trilhão de toneladas, se quisermos conter o aumento da temperatura média do planeta em torno de 2 graus Celsius. Desde o início da era industrial, ou seja, nos últimos 250 anos, já gastamos 515 bilhões de toneladas de CO_2 e é provável que esse saldo seja gasto nas próximas três décadas. Faça uma reflexão sobre esta provável situação.

10) Explique o saldo do Patrimônio Líquido ambiental positivo, nulo e negativo.

11) Na pesquisa original sobre o Balanço Contábil das Nações (BCN), apurou-se um Patrimônio Líquido Ambiental (PLA) *per capita* para o planeta equivalente a 2,3 mil dólares "negativo" e um valor de 2,8 mil dólares "positivo" para o

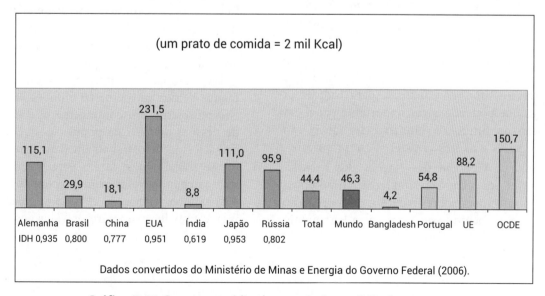

Gráfico 7.44 Consumo médio de energia (em mil Kcal) – *per capita*

Brasil. Interprete esses resultados e relacione-os com as políticas de créditos de carbono.

12) O Patrimônio Líquido Ambiental (PLA) brasileiro superavitário correspondente a 2,8 mil dólares *per capita* e equivale a 62,2 TonC *per capita* ou 11,9 bilhões de TonC para todo o país. Considerando-se que em uma única árvore contém em torno de 7 TonC de carbono, cada cidadão brasileiro corresponderia a um saldo excedente de 9 árvores ou um total de 1,7 bilhão de árvores. Comente esta situação em relação ao futuro do país com uma provável economia verde.

13) O que significa o saldo deficitário (passivo a descoberto) de 2,3 mil dólares *per capita* para o Patrimônio Líquido Ambiental (PLA) do mundo previsto para o ano de 2050? É uma situação falimentar? Quais as providências necessárias?

14) Faça uma reflexão sobre a seguinte frase: "*Apenas Brasil (US$ 544 bilhões) e Rússia (US$ 156 bilhões) apresentam Patrimônio Líquido Ambiental (PLA) positivos e esses dois* monster countries *equivalem a 2,22 trilhões de árvores prontas. Infelizmente, o saldo total da conta, ou o BCN mundial, é deficitário (US$ 15,3 trilhões) e equivale a 48,7 trilhões de árvores*" (KASSAI et al., 2010b).

15) Comente a seguinte frase: "*Com base no BCN dos países, poder-se-ia reunir os cidadãos em uma assembleia geral extraordinária (AGE) global, composta de representantes de todas as nações e exercitar uma governança corporativa global, mas desta vez tendo-se como estratégia a gestão do planeta, sendo cada cidadão ou país correspondente a uma unidade de negócio e o futuro das próximas gerações dependesse das decisões a serem tomadas a partir de hoje*" (extraído das conclusões do BCN original).

16) O diplomata, cientista e professor americano George Frost Kennan (1904-2005) cunhou a expressão "*Monster Countries*" para indicar os países que podem exercer importante papel em relação ao futuro da humanidade. Quais são esses países e as três características próprias?

17) O Balanço Contábil das Nações dos *monster countries* fez algumas simulações hipotéticas e contrafactuais sobre redução da população mundial, de acordo com os perfis e Patrimônio Líquido Ambiental (PLA) de cada um dos países. Quais são esses resultados?

18) O Balanço Contábil das Nações dos estados brasileiros concluiu que todos os 26 estados e o Distrito Federal apresentaram deterioração energético-ambiental no período analisado, relacionada com o dispêndio energético na formação do PIB ou acúmulo de emissões. A conclusão principal indicou que são necessárias estratégias e políticas urgentes para o Brasil priorizar a manutenção de seu maior potencial de riqueza futura. Qual é esse potencial de riqueza?

19) O Balanço Contábil das Nações dos estados brasileiros apontou uma redução de 15% na taxa *Return on Investment* (ROI) para o consolidado do país, no período de 2002 a 2008. Explique esse conceito. E quais os estados em destaque?

20) Do que trata o projeto "Cenário promissor para o Brasil se tornar uma futura Superpotência Verde"? Reflita sobre as prováveis hipóteses desta pesquisa.

21) Quais os estados brasileiros que mais emitem carbono? Qual o estado campeão e que já passou São Paulo?

22) Quais são os estados brasileiros em que o número de BOIS é maior do que o número de habitantes? Reflita sobre a situação brasileira.

23) Quais são os estados brasileiros em que o percentual de florestas ainda é maior do que as terras utilizadas para agricultura?

24) A situação de coleta e de tratamento de esgoto no Brasil é deficiente. Quais são os estados brasileiros que mais exigem cuidados?

25) Reflita sobre a seguinte questão: Quantas pessoas no país realmente trabalham agregando valor à economia nacional? Se considerarmos que há 46 milhões de pessoas que vivem do programa Bolsa Família, 30 milhões são crianças com menos de dez anos e há 69 milhões de inativos, isso representa um contingente de 145 milhões de pessoas ou 71% da população que, digamos dessa forma, não trabalham para agregar valor ou, se trabalham, o fazem para o seu sustento não agregando valor para a economia. Assim, apenas uma parcela de 29% da população realmente trabalha para agregar valor aos demais.

Relato Integrado

O Relato Integrado é um processo de harmonização e de convergência dos sistemas de **gestão** e de **comunicação corporativa** que se baseia em um modelo de negócios que contempla os desafios do desenvolvimento sustentável. Esse novo modelo pressupõe que os valores não tangíveis ou *goodwill*, refletidos no preço das ações ou em cálculos internos de *valuation*, representam a maior parcela no valor de uma companhia e no equilíbrio de seus fluxos de caixa futuros.

É uma resposta às palavras proferidas por Sua Alteza o Príncipe de Gales, na primeira reunião do IIRC, em Londres, quando mencionou que *"estamos no momento lutando para enfrentar desafios do século XXI com, na melhor das hipóteses, sistemas de relatórios e de tomada de decisão do século XX ou anterior"*.[1]

Com esse escopo, o *framework* inicial do Relato Integrado propôs um conjunto de princípios e elementos de conteúdo, com o intuito de provocar profunda mudança mental e de atitudes de membros de conselhos de administração e diretores executivos, em um movimento *top-down*, que incorpore em suas estratégias os valores de criação sustentável de riquezas em toda a organização.

Não se trata de novos conceitos, pois o ciclo da história empresarial é de sucesso diante dos desafios enfrentados nos últimos séculos, mas de ampliar o foco das comunicações corporativas que hoje é predominantemente financeiro, elevando o nível de transparência com a abordagem de outros repositórios de riquezas oriundos dos capitais não financeiros. E a essência dessa convergência está centrada no princípio do pensamento integrado, como será abordado ao longo deste capítulo.

A íntegra da primeira norma internacional, publicada em 9/12/2013, pode ser obtida facilmente na internet nos *sites* do IIRC, da CBARI ou do NECMA e sua leitura é um complemento recomendável durante a incursão neste livro. Este capítulo não tem por objetivo discutir cada um dos parágrafos distribuídos nas 38 páginas do *framework* (ou 37 na versão original, em inglês), mas contribuir com reflexões e provocações para o aprimoramento dos relatos corporativos.

Com o objetivo de compreender a proposta do Relato Integrado, este capítulo está estruturado da seguinte forma:

- Evolução dos relatos corporativos
- *Framework Integrated Reporting* – versão 1.0 (conteúdo do *framework* do Relato Integrado)
- Mitos e verdades sobre o Relato Integrado

8.1 Evolução dos relatos corporativos

Max Weber (1864-1920), economista e sociólogo alemão, afirmou que a contabilidade foi a mola propulsora do crescimento do capitalismo, quando os comerciantes passaram a segregar e controlar separadamente seus negócios e de suas famílias. E, com o advento desse princípio da Entidade,[2] desenvolveram-se muitas ferramentas de gestão econômica e financeira voltadas para o aumento da riqueza dos acionistas.

---

[1] Registros do NECMA/USP com base nas anotações pessoais do Professor Nelson Carvalho, agosto/2010.

[2] Um dos princípios basilares da contabilidade é o da Entidade, que pressupõe que a pessoa de uma organização deve se distinguir da pessoa proprietária, segregando e controlando distintamente as suas operações.

Hoje, o mundo reconhece o meio ambiente como uma terceira entidade contábil, distinta das pessoas físicas e jurídicas, e as externalidades ambientais sinalizam novos riscos e desafios para as empresas, principalmente aquelas com forte dependência de recursos naturais, muitas vezes obtidas de forma gratuita.

No início do século passado, as empresas tiveram que internalizar o custo de oportunidade de usar os bens ou membros da família em suas operações, para se tornarem rentáveis e competitivas. Neste novo século, elas terão que incluir em suas operações o custo de suas externalidades ambientais e, provavelmente, arcar com a fatura pelo pagamento dos serviços ambientais (PSA).

Nesse sentido, os relatos corporativos com enfoque predominantemente financeiro tornam-se insuficientes para atender às necessidades de seus investidores e dos demais *stakeholders* diante da premissa de que a postura da companhia e um maior nível de transparência agregam valor às suas operações.

Para ilustrar o processo evolutivo dos relatos corporativos, fizemos um corte bastante radical e apresentamos a seguir:

- **1900-1929**: nos primeiros vinte anos do século passado, os relatos corporativos eram bastante modestos, tímidos e a linha de pensamento era focada em economia e finanças; e a péssima qualidade dos relatórios contábeis contribuiu para a crise de 1929. As ações eram negociadas sem muitas informações, sem muita transparência, as próprias práticas contábeis na época eram muito flexíveis e não impunham nenhum rigor metodológico ou profundidade nas análises.
- **1930-1960**: a partir de 1929, e em função da quebradeira geral de empresas, muitas medidas foram colocadas em vigor pelos governos, visando atacar as razões dessa crise. Os relatórios financeiros e os pareceres de auditoria ficaram mais robustos, com publicações de normas mais frequentes e amplas, houve uma grande melhora no processo de comunicação, direcionada para vários usuários como credores, investidores, sindicatos, funcionários, governos etc. E, além da contabilidade societária, surgiu a contabilidade gerencial, ajustada para o processo de tomadas de decisões gerenciais.
- **1960-1980**: no início dos anos 1960, surgiu no horizonte uma preocupação de adicionar aos relatórios financeiros algumas informações de natureza não financeira, relacionadas com aspectos de governança corporativa, com as comunidades e, então, viu-se espaço para os relatórios de sustentabilidade. No Brasil, a Demonstração do Resultado do Exercício começava pela linha do Lucro Bruto e as empresas relutaram até evidenciarem os seus faturamentos.
- **1980-2000**: a partir da década de 1980, surgiram os primeiros relatórios de sustentabilidade, com informações de natureza econômica, social, ambiental e de governança, a exemplo do Balanço Social, Demonstração do Valor Adicionado, Relatório IBASE e o Relatório GRI.

Nesse contexto, e antes de abordar a origem e proposta do Relato Integrado, elencamos a seguir as principais iniciativas incluindo informações de natureza não financeira nos relatos corporativos.

8.1.1 Relatório de administração (1976)

A Lei 6.404, de 15 de dezembro de 1976, conhecida com a Lei das Sociedades por Ações, dispôs em seu artigo 133 sobre o conjunto de documentos a serem apresentados pela administração, a saber:

1. Relatório da administração sobre os negócios sociais e os principais fatos administrativos.
2. Demonstrações financeiras: Balanço Patrimonial, Demonstração do Resultado do Exercício, Demonstração de Fluxos de Caixa e Demonstração do Valor Adicionado, complementadas por notas explicativas.
3. Parecer do Conselho Fiscal.
4. E demais documentos pertinentes a assuntos incluídos na ordem do dia.

O relatório da administração, diferentemente das notas explicativas que são complementares às demonstrações contábeis, é redigido de forma narrativa e, como a empresa tem certa liberdade de apresentar notícias, ele passou a ser um espaço para incluir informações de natureza não financeira, tais como: conjuntura econômica na qual se insere a atividade empresarial, estatísticas de desempenho econômico e financeiro, indicadores sociais e ambientais, eventos subsequentes, planos de expansão e perspectivas futuras, mensagens da Diretoria etc.

Uma análise dos relatórios de administração das companhias abertas brasileiras (SILVA; RODRIGUES; ABREU, 2007) verificou que estes relatórios são influenciados pelo viés da administração e as principais conclusões revelam que os relatórios otimistas apresentam maior volume de frases sobre reforma administrativa; já os relatórios pessimistas centram sua atenção na conjuntura econômica.

A Demonstração do Valor Adicionado (DVA), quando não era uma demonstração financeira obrigatória, às vezes era publicada no relatório de administração. E, ao nosso ver, é possível que o relatório de administração se torne um espaço para que as empresas iniciem o seu processo de Relato Integrado, incluindo alguns dos elementos de conteúdo do *framework*.

8.1.2 Balanço Social IBASE (1997) e Resolução 1003 do CFC (2004)

O Instituto Brasileiro de Análises Sociais e Econômicas (IBASE) é uma organização sem fins lucrativos, criada em 1981 por Herbert de Souza, o Betinho, como organização de cidadania ativa, que produz e formula conhecimentos, análises, questões e propostas com argumentos para a ação democrática e transformadora. A frase seguinte retrata os seus objetivos: "*Queremos um país democrático, onde a política se realize através da ética e onde a ética seja uma forma superior de realização da política*" (BETINHO, 1997).

O Balanço Social IBASE foi criado por Betinho em 1997, como forma pioneira e para incentivar a divulgação voluntária de informações não monetárias. A simplicidade deste modelo permitiu a adoção por muitas empresas, independentemente de porte ou setor.

O Modelo Balanço Social IBASE é um demonstrativo publicado anualmente pelas empresas e com o objetivo principal de tornar pública a responsabilidade social empresarial, fortalecendo vínculos entre a empresa, a sociedade e o meio ambiente. Reúne um conjunto de informações sobre projetos, benefícios e ações sociais dirigidas aos empregados, investidores, analistas de mercado, acionistas e à comunidade. O conteúdo do Balanço Social IBASE inclui os seguintes itens:

1. Base de cálculo (origens dos recursos)
2. Indicadores sociais internos
3. Indicadores sociais externos
4. Indicadores ambientais
5. Indicadores do corpo funcional
6. Informações do exercício da cidadania
7. Outros indicadores

Para exemplificar a aplicação do modelo, apresentamos na Tabela 8.1 o Balanço Social IBASE da FENAE Corretora de Seguros e Administração de Bens S.A., publicado em seu *site*.

Na Tabela 8.2, como outro exemplo, vemos o relatório do próprio IBASE, relativo ao período de 2017 e com destaque para alguns aperfeiçoamentos em sua estrutura, a saber:

1. Identificação
2. Origens dos recursos (base de cálculo)
3. Aplicações dos recursos
4. Indicadores sociais internos
5. Projetos, ações e contribuições para a sociedade (indicadores sociais externos)
6. Outros Indicadores
7. Indicadores do corpo funcional
8. Qualificação do corpo funcional
9. Informações relevantes quanto a ética, transparência e responsabilidade social
10. Outras informações (notas explicativas)

Em 1º/1/2006, entrou em vigor a Resolução do CFC 1.003/2004, que aprovou a norma brasileira de contabilidade NBTC-15 (Balanço Social), tratando especificamente de procedimentos para evidenciação de informações de natureza social e ambiental pelas empresas. Esse modelo adotado pelo Conselho Brasileiro de Contabilidade é muito semelhante ao modelo indicado pelo IBASE e também é conhecido por

Tabela 8.1 FENAE – Balanço Social IBASE

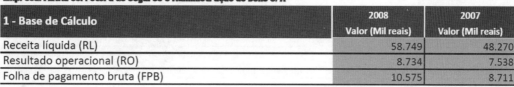

(*continua*)

(continuação)

Empresa: FENAE Corretora de Seguros e Administração de Bens S/A

2 - Indicadores Sociais Internos	2008 Valor (Mil reais)	2007 Valor (Mil reais)
Alimentação	2.928	2.132
Encargos sociais compulsórios	2.577	1.914
Previdência privada	0	0
Saúde	1.321	1.275
Segurança e saúde no trabalho	26	28
Educação	0	198
Cultura	0	0
Capacitação e desenvolvimento profissional	1.387	937
Creches ou auxílio-creche	313	224
Participação nos lucros ou resultados	331	270
Outros	1.153	1.039
Total - Indicadores sociais internos	10.036	8.017

Empresa: FENAE Corretora de Seguros e Administração de Bens S/A

3 - Indicadores Sociais Externos	2008 Valor (Mil reais)	2007 Valor (Mil reais)
Educação	68	7
Cultura	44	10
Saúde e saneamento	0	0
Esporte	659	946
Combate à fome e segurança alimentar	0	0
Outros	132	976
Total das contribuições para a sociedade	903	1.939
Tributos (excluídos encargos sociais)	7.799	6.565
Total - Indicadores sociais externos	8.702	8.504

Empresa: FENAE Corretora de Seguros e Administração de Bens S/A

4 - Indicadores Ambientais	2008 Valor (Mil reais)	2007 Valor (Mil reais)
Investimentos relacionados com a produção/ operação da empresa	0	0
Investimentos em programas e/ou projetos externos	0	0
Total dos investimentos em meio ambiente	0	0
Quanto ao estabelecimento de "metas anuais" para minimizar resíduos, o consumo em geral na produção/ operação e aumentar a eficácia na utilização de recursos naturais, a empresa	( ) não possui metas ( ) cumpre de 51 a 75% ( ) cumpre de 0 a 50% ( ) cumpre de 76 a 100%	( ) não possui metas ( ) cumpre de 51 a 75% ( ) cumpre de 0 a 50% ( ) cumpre de 76 a 100%

Empresa: FENAE Corretora de Seguros e Administração de Bens S/A

5 - Indicadores do Corpo Funcional	2008 Valor (Mil reais)	2007 Valor (Mil reais)
Nº de empregados(as) ao final do período	814	646
Nº de admissões durante o período	451	207
Nº de empregados(as) terceirizados(as)	13	8
Nº de estagiários(as)	96	96
Nº de empregados(as) acima de 45 anos	28	20
Nº de mulheres que trabalham na empresa	640	490
% de cargos de chefia ocupados por mulheres	42,11%	35,29%
Nº de negros(as) que trabalham na empresa	310	232
% de cargos de chefia ocupados por negros(as)	21,05%	11,76%
Nº de pessoas com deficiência ou necessidades especiais	3	0

(continua)

(continuação)

Empresa: FENAE Corretora de Seguros e Administração de Bens S/A

6 - Informações relevantes quanto ao exercício da cidadania empresarial	2008			Metas 2009		
Relação entre a maior e a menor **remuneração** na empresa	39,56			38,04		
Número total de acidentes de trabalho	0			0		
Os projetos sociais e ambientais desenvolvidos pela empresa foram definidos por:	( ) direção	(x) direção e gerências	( ) todos(as) empregados(as)	( ) direção	(x) direção e gerências	( ) todos(as) empregados(as)
Os pradrões de segurança e salubridade no ambiente de trabalho foram definidos por:	( ) direção e gerências	( ) todos(as) empregados(as)	( ) todos(as) + Cipa	( ) direção e gerências	( ) todos(as) empregados(as)	(x) todos(as) + Cipa
Quanto à liberdade sindical, ao direito de negociação coletiva e à representação interna dos(as) trabalhadores(as), a empresa:	(x) não se envolve	( ) segue as normas da OIT	( ) incentiva e segue a OIT	( ) não se envolverá	( ) seguirá as normas da OIT	(x) incentivará e seguirá a OIT
A previdência privada contempla:	(x) direção	( ) direção e gerências	( ) todos(as) empregados(as)	( ) direção	( ) direção e gerências	(x) todos(as) empregados(as)
A participação dos lucros ou resultados contempla:	( ) direção	( ) direção e gerências	(x) todos(as) empregados(as)	( ) direção	( ) direção e gerências	(x) todos(as) empregados(as)
Na seleção dos fornecedores, os mesmos padrões éticos e de responsabilidade social e ambiental adotados pela empresa:	( ) não são considerados	(x) são sugeridos	( ) são exigidos	( ) não serão considerados	(x) serão sugeridos	( ) serão exigidos
Quanto à participação de empregados(as) em programas de trabalho voluntário, a empresa:	( ) não se envolve	( ) apóia	(x) organiza e incentiva	( ) não se envolverá	( ) apoiará	(x) organizará e incentivará
Número total de reclamações e críticas de consumidores(as):	na empresa	no Procon	na Justiça	na empresa	no Procon	na Justiça
% de reclamações e críticas atendidas ou solucionadas:	na empresa ___%	no Procon ___%	na Justiça ___%	na empresa ___%	no Procon ___%	na Justiça ___%
Valor adicionado total a distribuir (em mil R$):	Em 2008: 43409			Em 2007: 35872		
Distribuição do Valor Adicionado (DVA):	___% governo ___% acionistas	___% colaboradores(as) ___% terceiros	___% retido	___% governo ___% acionistas	___% colaboradores(as) ___% terceiros	___% retido

Empresa: FENAE Corretora de Seguros e Administração de Bens S/A

7 - Outras Informações

Alexandre Siqueira Monteiro - Diretor Executivo.
A empresa não utiliza mão-de-obra infantil ou trabalho escravo

Fonte: http://www.fenae.org.br/portal/lumis/portal/file/fileDownload.jsp?fileId=3DFEE68235FD0EA00136EFE5CC360B93. Acesso em: 27 maio 2019.

"Balanço Social" e "Demonstração das Informações de Natureza Social e Ambiental (DINSA)".

Segundo esta resolução, a adoção do relatório não é obrigatória e os dados podem ser obtidos da contabilidade tradicional ou de outras fontes alternativas. E entende-se por informações de natureza social e ambiental quatro aspectos:

1. A geração e distribuição de riqueza (ou demonstração do valor adicionado)
2. Os recursos humanos
3. A interação da entidade com o ambiente externo
4. A interação com o meio ambiente

A geração e distribuição de riqueza deve ser apresentada no formato da Demonstração do Valor Adicionado (DVA). Os recursos humanos devem exibir dados referentes à remuneração, benefícios, corpo funcional, as contingências e os Passivos trabalhistas da entidade.

Nas informações relativas à interação da entidade com o ambiente externo, devem constar dados sobre o relacionamento com a comunidade na qual a entidade está presente, com os clientes e com os fornecedores.

Tabela 8.2 IBASE: relatório 2017

1 - Identificação

Nome da instituição: Instituto Brasileiro de Análises Sociais e Econômicas - Ibase	**Tipo/categoria :** ONG - Organização não-governamental

Natureza jurídica: [x] associação [ ] fundação [ ] sociedade **sem fins lucrativos?** [x] sim [ ] não
Isenta da cota patronal do INSS? [x] sim [ ] não

Possui Certificado de Entidade Beneficente de Assistência Social (CEAS)? [x] sim [ ] não
Possui registro no: [x] CNAS [ ] CEAS [x] CMAS

De utilidade pública? [ ] não **Se sim,** [x] federal [x] estadual [ ] municipal
Classificada como OSCIP (lei 9790/99)? [ ] sim [x] não

Tipo/categoria: autoclassificação/denominação da organização que está preenchendo o BS (por exemplo: organização social, ONG, sindicato, fundação, instituição formal de ensino, organização do terceiro setor, instituição de ensino superior, entre outras).

2 - Origem dos recursos

	2017 Valor (mil reais)		2016 Valor (mil reais)	
Receitas Totais (*a)	3,512	100%	4,753	100%
a. Recursos governamentais (subvenções)		0.00%		0.00%
b. Doações de pessoas jurídicas	54	1.53%	54	1.14%
c. Doações de pessoas físicas	57	1.63%	80	1.68%
d. Contribuições		0.00%		0.00%
e. Convênios e Patrocínios	336	9.55%	1,200	25.25%
f. Cooperação internacional	2,565	73.01%	2,319	48.79%
g. Prestação de serviços e/ou venda de produtos		0.00%		0.00%
h. Outras receitas	501	14.27%	1,100	23.14%

Receitas de contribuições: receitas recebidas pelas entidades dos sócios/associados e demais contribuições regulares mediante contrapartida. Receitas de doações: originam-se do setor privado tanto de pessoa física o de pessoa jurídica e destinam-se a projetos. Receitas de recursos governamentais (subvenções): originam-se do poder público.

3 - Aplicação dos recursos

	2017 Valor (mil reais)		2016 Valor (mil reais)	
Despesas Totais	3,741	100%	5,589	100%
a. Projetos, programas e ações sociais (excluindo pessoal)	1,508	40.31%	1,402	25.08%
b. Pessoal (salários + benefícios + encargos)	1,480	39.56%	3,725	66.65%
c. Despesas diversas (somatório das despesas abaixo)	753	20.13%	462	8.27%
Operacionais	737	97.88%	443	95.89%
Impostos e taxas	10	1.33%	11	2.38%
Financeiras	6	0.80%	8	1.73%
Capital (máquinas + instalações + equipamentos)	0	0.00%	0	0.00%
Outras (que devem ser discriminadas conforme relevância)	0	0.00%	0	0.00%

4 - Indicadores sociais internos
(Ações e benefícios para os(as) funcionários(as))

	2017 Valor (mil reais)	% sobre receita	2016 Valor (mil reais)	% sobre receita	Metas 2018
a. Alimentação	58	1.65%	156	0.00%	AUMENTAR
b. Educação (*b)		0.00%		0.00%	AUMENTAR
c. Capacitação e desenvolvimento profissional (*b)		0.00%		0.00%	AUMENTAR
d. Creche ou auxílio-creche (*b)		0.00%		0.00%	
e. Saúde	223	6.34%	365	0.00%	AUMENTAR
f. Segurança e medicina no trabalho	1	0.03%	1	0.00%	MANTER
g. Transporte	23	0.66%	56	0.00%	AUMENTAR
h. Bolsas/estágios	29	0.82%	36	0.00%	AUMENTAR
i. Outros		0.00%		0.00%	
Total - Indicadores sociais internos	334	9.51%	614	0.00%	

Metas 2018: Valores em Mil Reais.

(continua)

(continuação)

5 - Projetos, ações e contribuições para a sociedade (As Ações e programas aqui listados são exemplos, ver instrução)	2017 Valor (mil reais)	% sobre receita	2016 Valor (mil reais)	% sobre receita	Metas 2018
Áreas de Incidências (*c)	**R$ 3,741**	**106.52%**	**R$ 5,589**	**117.59%**	
a. Cidades, Territórios, Justiça Socioambiental e Cidadania	82	1.34%	1,774	37.32%	AUMENTAR
	Nº pessoas beneficiadas: 5.688 Nº entidades beneficiadas: 1.174		Nº pessoas beneficiadas: 12.236 Nº entidades beneficiadas: 1.794		
b. Disputa por Outro Desenvolvimento	1,333	21.96%	1,372	28.87%	AUMENTAR
	Nº pessoas beneficiadas: 852 Nº entidades beneficiadas: 25		Nº pessoas beneficiadas: 595 Nº entidades beneficiadas: 495		
c. Universalização de Políticas Públicas e Direitos	0	0.00%	62	1.30%	
	Nº pessoas beneficiadas: Nº entidades beneficiadas:		Nº pessoas beneficiadas: 425 Nº entidades beneficiadas:		
d. Democracia, Debate Público e Reforma Política	0	0.00%	0	0.00%	
	Nº pessoas beneficiadas: Nº entidades beneficiadas:		Nº pessoas beneficiadas: 45.598 Nº entidades beneficiadas:		
e. Brasil Mudanças Geopolíticas e Desafios para Cidadania	0	0.00%	27	0.57%	
	Nº pessoas beneficiadas: Nº entidades beneficiadas:		Nº pessoas beneficiadas: 15.500 Nº entidades beneficiadas: 1.400		
f. Desenvolvimento Institucional	2,060	33.94%	2,354	49.53%	MANTER
	Nº pessoas beneficiadas: 500.000 Nº entidades beneficiadas:		Nº pessoas beneficiadas: 500.000 Nº entidades beneficiadas:		
g. Disputa de Cidadania, Direitos Humanos e Políticas Públicas (*c)	266	4.39%			AUMENTAR
	Nº pessoas beneficiadas: 4.159 Nº entidades beneficiadas: 70				

6 - Outros indicadores	2017	2016	Metas 2018
Nº total de alunos(as)	NA	NA	NA
Nº de alunos(as) com bolsas integrais	NA	NA	NA
Valor total das bolsas integrais	NA	NA	NA
Nº de alunos(as) com bolsas parciais	NA	NA	NA
Valor total das bolsas parciais	NA	NA	NA
Nº de alunos(as) com bolsas de Iniciação Científica e de Pesquisa	NA	NA	NA
Valor total das bolsas de Iniciação Científica e de Pesquisa	NA	NA	NA

7 - Indicadores sobre o corpo funcional	2017	2016	Metas 2018
Nº total de empregados(as) ao final do período	16	22	MANTER
Nº de admissões durante o período	3	4	MANTER
Nº de prestadores(as) de serviço	3	3	MANTER
% de empregados(as) acima de 45 anos	65%	59%	MANTER
Nº de mulheres que trabalham na instituição	10	14	MANTER
% de cargos de chefia ocupados por mulheres	50%	60%	MANTER
Idade média das mulheres em cargos de chefia	56	55	MANTER
Salário médio das mulheres	5,629	5,275	MANTER
Idade média dos homens em cargos de chefia	63	62	MANTER
Salário médio dos homens	6,543	5,195	MANTER
Nº de negros(as) que trabalham na instituição (*d)	5	7	MANTER
% de cargos de chefia ocupados por negros(as)	50%	40%	MANTER
Idade média dos(as) negros(as) em cargos de chefia	54	53	MANTER
Salário médio dos(as) negros(as)	7,807	5,320	MANTER
Nº de brancos(as) que trabalham na instituição	7	15	MANTER
Salário médio dos(as) brancos(as) (*e)	6,396	5,212	MANTER
Nº de estagiários(as) (*f)	1MN	3 (1MB,2MN)	AUMENTAR
Nº de voluntários(as)	0	0	AUMENTAR
Nº de pessoas com deficiência	0	0	
Salário médio pessoas com deficiência	0	0	

O nº de negros(as) corresponde ao somatório do nº de pessoas classificadas/autodeclaradas como de cor de pele preta e parda; e o nº de brancos(as) como o somatório do nº de brancos(as) e amarelos(as), ambos conforme informados anualmente na RAIS.

(continua)

(continuação)

8 - Qualificação do corpo funcional	2017	2016	Metas 2018
Nº total de docentes	0	0	
Nº de doutores(as)	0	0	
Nº de mestres(as)	0	0	
Nº de especializados(as)	0	0	
Nº de graduados(as)	0	0	
Nº total de funcionários(as) no corpo técnico e administrativo (*g)	16	22	AUMENTAR
Nº de pós-graduados (especialistas, mestres e doutores)	6	7	MANTER
Nº de graduados(as)	8	12	AUMENTAR
Nº de graduandos(as)	2	2	MANTER
Nº de pessoas com ensino médio	0	0	
Nº de pessoas com ensino fundamental	0	1	
Nº de pessoas com ensino fundamental incompleto	0	0	
Nº de pessoas não-alfabetizadas	0	0	

9 - Informações relevantes quanto à ética, transparência e responsabilidade social	2017	Metas 2018
Relação entre a maior e a menor remuneração (*h)	0.00	0.00
O processo de admissão de empregados(as) é: (*i)	0 % por indicação 100% por seleção/concurso	0% por indicação 100% por seleção/concurso
A instituição desenvolve alguma política ou ação de valorização da diversidade em seu quadro funcional?	[X] sim, institucionalizada [ ] sim, não institucionalizada [ ] não	[X] sim, institucionalizada [ ] sim, não institucionalizada [ ] não
Se "sim" na questão anterior, qual?	[X] negros [X] gênero [ ] orientação sexual [ ] pessoas com deficiência [ ] _____	[X] negros [X] gênero [X] orientação sexual [ ] pessoas com deficiência [ ] _____
A organização desenvolve alguma política ou ação de valorização da diversidade entre alunos(as) e/ou beneficiários(as)?	[X] sim, institucionalizada [ ] sim, não institucionalizada [ ] não	[X] sim, institucionalizada [ ] sim, não institucionalizada [ ] não
Se "sim" na questão anterior, qual?	[X] negros [x] gênero [ ] orientação sexual [ ] pessoas com deficiência [ ] _____	[X] negros [x] gênero [ ] orientação sexual [ ] pessoas com deficiência [ ] _____
Na seleção de parceiros e prestadores de serviço, critérios éticos e de responsabilidade social e ambiental: (*j)	[ ] não são considerados [X] são sugeridos [ ] são exigidos	[ ] não são considerados [X] são sugeridos [ ] são exigidos
A participação de empregados(as) no planejamento da instituição:	[ ] não ocorre [ ] ocorre em nível de chefia [X] ocorre em todos os níveis	[ ] não ocorre [ ] ocorre em nível de chefia [X] ocorre em todos os níveis
Os processos eleitorais democráticos para escolha dos coordenadores(as) e diretores(as) da organização:	[X] não ocorrem [ ] ocorrem regularmente [ ] ocorrem somente p/cargos intermediários	[X] não ocorrem [ ] ocorrem regularmente [ ] ocorrem somente p/cargos intermediários
A instituição possui Comissão/Conselho de Ética para o acompanhamento de:	[ ]todas ações/atividades [ ]ensino e pesquisa [ ]experimentação animal/vivissecção [X] não tem	[ ]todas ações/atividades[ ]ensino e pesquisa [ ]experimentação animal/vivissecção [X] não tem

(continua)

(continuação)

10 – Outras informações

NOTAS EXPLICATIVAS:

ITEM 2 – ORIGENS E RECURSOS

(*a) Durante o período de 2017 as principais fontes de recursos foram:

COOPERAÇÃO INTERNACIONAL:
Pão para o Mundo DKA Áustria, Fundação Ford, Charles Stewart Mott Foundation.

PATROCÍNIO, CONVÊNIOS E ACORDOS DE PARCERIAS:
Oxfam Brasil, Fundação Heinrich Böell Brasil.

OUTRAS RECEITAS:
Rendimentos sobre aplicações financeiras e saldo de caixa final/2016

ITEM 4 – INDICADORES SOCIAIS INTERNOS

(*b) Os benefícios auxílio-educação para dependentes, auxílio creche-escola e o auxílio do plano de educação continuada-PEC já foram oferecidos pelo Ibase no passado e foram suspensos em acordo com os funcionários. O Ibase considera esses benefícios muito importantes para seu corpo funcional e só os suspendeu devido à situação financeira.

ITEM 5 – PROJETOS, AÇÕES E CONTRIBUIÇÕES PARA A SOCIEDADE - (*C)

1) Os percentuais informados referem-se aos valores investidos em relação à receita total (item 2 Origem dos Recursos).

2) O público beneficiado foi calculado considerando aqueles(as) diretamente beneficiados(as) pelas atividades dos projetos: pessoas presentes em seminários, fóruns, palestras, que recebem publicações e informes via correio ou via eletrônica; nº de acessos aos sites do Ibase; participantes de listas de discussões e de comitês; lideranças locais envolvidas; pessoas capacitadas em cursos e oficinas, professores, alunos pesquisadores.

3) O detalhamento das atividades e projetos desenvolvidos encontra-se neste Relatório de atividades 2017.

4) Em 2017 as áreas de incidência foram reavaliadas e ajustadas. As três áreas com as quais o Ibase trabalhou foram Cidades, Territórios, Justiça Socioambiental, Disputas por uma Nova Economia e Disputa de Cidadania de Direitos Humanos e de Políticas Públicas.

ITEM 7 – INDICADORES SOBRE CORPO FUNCIONAL

(*d) As informações sobre raça/etnia foram apuradas por meio de autodeclaração dos(as) funcionários(as), considerando os(as) trabalhadores(as) negros(as) o somatório de indivíduos autodeclarados como de cor de pele preta e parda, conforme a Relação Anual de Informações Sociais (RAIS).

(*e) O Ibase trabalha com um Plano de Cargos e Salários que garante um grau de equanimidade entre profissionais na mesma categoria. A diferença entre a média salarial de mulheres e homens deve-se ao fato de que um número maior de mulheres trabalha em funções com menores remunerações.

(*f) Este nº inclui uma mulher negra cuja função é de Estagiária.

ITEM 8 – QUALIFICAÇÃO DO CORPO FUNCIONAL

(*g) O Ibase adota a política de contratação de pessoas levando em consideração a duração dos seus projetos, na modalidade "Contrato de Trabalho por Prazo Determinado", conforme a Lei nº 9.601 de 21 de janeiro de 1998.

ITEM 9 – INFORMAÇÕES RELEVANTES QUANTO À ÉTICA, TRANSPARÊNCIA E RESPONSABILIDADE SOCIAL

(*h) O Ibase pratica a equidade nos salários e benefícios.

(*i) Para alguns cargos que implicam em representação institucional, a seleção é restrita, feita a partir de análise de currículos.

(*j) O Ibase exige os documentos legais nos âmbitos federal, estadual e municipal.

Fonte: https://ibase.br/pt/prestacao-de-contas/relatorios/. Acesso em: 26 maio 2019.

Nas informações relativas à interação da entidade com o meio ambiente, devem ser evidenciados os investimentos e gastos incorridos para a melhoria do meio ambiente, na preservação e recuperação de ambientes degradados, Passivos e contingências ambientais. Essa demonstração deve ser assinada pelo profissional contábil, bem como atestada por auditores e especialistas nas informações de natureza não contábil.

Na prática, as empresas que já divulgavam o Balanço social de acordo com o Modelo IBASE passaram a mencionar que se tratava também do modelo da NBTC-15 do CFC, como pode ser visto como exemplo o Balanço social do Banco do Brasil, facilmente obtido na internet.

E, por fim, tanto o modelo IBASE como o modelo CFC foram substituídos pelo modelo do Relatório de Sustentabilidade do GRI, por ser mais completo e abrangente, e objeto do próximo tópico deste capítulo.

8.1.3 Global Reporting Initiative – GRI (2002)

O padrão global de relatórios GRI é, certamente, a iniciativa mais difundida a respeito das diretrizes de comunicação sobre a responsabilidade social, ambiental e econômica das empresas. O seu objetivo é promover a elaboração de relatórios de sustentabilidade como forma de ajudar empresas e organizações a se tornarem mais responsáveis e contribuírem para o desenvolvimento de uma economia global e sustentável.

Anne Louette publicou dois compêndios de sustentabilidade contendo as principais ferramentas globais utilizadas por empresas (2007) e os principais indicadores utilizados pelas nações (2008). Destacou a importância dos Relatórios GRI como a primeira iniciativa em escala mundial com o propósito de chegar a um consenso a respeito das diretrizes de sustentabilidade das organizações (LOUETTE, 2007).[3]

A *Global Reporting Initiative* (GRI) é uma entidade sem fins lucrativos, com sede em Amsterdã, Holanda, cuja missão é desenvolver e disseminar globalmente diretrizes para a elaboração de relatórios de sustentabilidade. A iniciativa surgiu em 1997 a partir de uma parceria com a *Coalition for Environmentally Responsible Economies* (CERES),[4] instituição não governamental composta por organizações ambientais, de trabalhadores, religiosos, profissionais de investimento socialmente responsável, investidores institucionais e o Programa das Nações Unidas para o Meio Ambiente (PNUMA).

A primeira versão da GRI surgiu em 2002 como uma nova abordagem para se fazer negócios, com inclusão social, respeito à diversidade cultural e aos interesses de todos os envolvidos, a otimização do uso dos recursos naturais e a redução do impacto sobre o meio ambiente. Em maio de 2013, foi divulgada a versão G-4 para ser utilizada obrigatoriamente pelas empresas a partir dos exercícios de 2015.

Nas primeiras versões era previsto um conjunto de "selos" que atestavam o nível de aderência das empresas às diretrizes GRI (autodeclarado, examinado por terceiros e examinado pela GRI) e em seis classificações de *ranking* (C, C+, B, B+, A e A+), mas a partir da versão G4 não há mais essa percepção de *ranking*, pois não se trata de um *ranking* de qualidade, como o mercado interpretava erroneamente. Havia excelentes relatórios C e péssimos relatórios A e os esforços se concentravam em atingir o A e não fazer um relatório de qualidade.

A versão G-4 do GRI, em suas 272 páginas, reúne um conjunto amplo de orientações, de princípios e conteúdos para a elaboração de forma padronizada dos "relatos"[5] de sustentabilidade, com a seguinte estrutura:

1. **Introdução**
2. **Como o manual de implementação deve ser utilizado**
3. **Princípios para o relato**: sobre conteúdo e qualidade dos relatórios
4. **Conteúdos**
   a. **conteúdos padrão**: conteúdos gerais, estratégia e análise, perfil organizacional, aspectos de materialidade, engajamento de *stakeholders*, perfil do relatório, governança, ética e integridade;

---

[3] A saudosa Anne Louette (1954-2003) coordenou a edição, em diversos idiomas, do *Compêndio para a sustentabilidade: ferramentas de gestão de responsabilidade socioambiental para empresas* (2007) e do *Compêndio de sustentabilidade das nações* (2009). E deixou o caminho e o desafio para que alguém no futuro possa dar continuidade à terceira obra, que ela havia previsto, sobre indicadores da sociedade civil, a completar a trilogia sobre indicadores de sustentabilidade.

[4] A CERES foi fundada em 1976 e, por ser americana, suspeitava-se que alguns países não quisessem aderir às diretrizes globais sobre relatórios de sustentabilidade. Por meio de uma audiência pública, a Holanda foi escolhida para abrigar essa nova organização não governamental (GRI) a partir de 1997.

[5] Ao invés de "relatórios", na mesma abordagem adotada pelo IIRC, por entender que se trata mais de um processo do que um relatório específico.

b. **conteúdos específicos**: orientações sobre a forma de gestão, orientações para indicadores e informações, indicadores econômicos, indicadores ambientais, indicadores sociais (práticas trabalhistas e trabalho decente, direitos humanos, sociedade e responsabilidade pelo produto).

5. **Referências**
6. **Glossário**
7. **Observações gerais**
8. **Desenvolvimento de conteúdos**

A GRI, que também é um dos membros fundadores do *International Integrated Reporting Council* (IIRC), na iniciativa de promover o Relato Integrado, divulgou em outubro de 2016 uma espécie de atualização da versão G-4 e manteve o foco nas suas principais características, na qualidade e na profundidade de suas informações.

Essas orientações passam a valer a partir de 2018 e incluem, entre outras mudanças: não há mais diretrizes, mas agora são tratadas como normas e estão divididas em 36 documentos individuais; os indicadores passam a se chamar "*disclosure*" ou itens de divulgação; e permanecem as duas opções para que a empresa possa declarar se está de acordo com a norma, "essencial" e "abrangente", ou seja, se querem cumprir com toda a norma ou reportar apenas tópicos individuais.

A estrutura dos conteúdos padrões do GRI, na versão G-4, possui 136 indicadores de desempenho, de acordo com a seguinte estrutura:

- **Gestão Econômica (EC)** – 9 indicadores incluindo desempenho econômico, presença de mercado, impactos econômicos indiretos e práticas de compra.
- **Meio Ambiente (EM)** – 30 indicadores incluindo materiais, energia, água, biodiversidade, emissões, resíduos e efluentes, produtos e serviços, conformidade, transporte, geral, avaliação ambiental de fornecedores.
- **Relações Trabalhistas (LA)** – 15 indicadores incluindo emprego, relação entre os trabalhadores e a governança, saúde e segurança no trabalho, treinamento e educação, diversidade e igualdade de oportunidades, igualdade de remuneração entre homem e mulher, avaliação de práticas trabalhistas de fornecedores.
- **Direitos Humanos (HR)** – 11 indicadores incluindo investimentos, não discriminação, liberdade de associações e negociação coletiva, trabalho infantil, trabalho forçado ou análogo ao escravo, práticas de segurança, direitos indígenas, avaliação de direitos humanos em fornecedores.
- **Sociedade (SO)** – 10 indicadores incluindo comunidade local, anticorrupção, políticas públicas, concorrência desleal, conformidade, avaliação de impactos de fornecedores na sociedade.
- **Responsabilidade pelo Produto (PR)** – 9 indicadores incluindo saúde e segurança do cliente, rotulagem de produtos e serviços, comunicações de marketing, conformidade e *compliance*.

Os Quadros 8.1 e 8.2, extraídos diretamente da norma, permitem ter uma visão mais abrangente desses indicadores.

Esses indicadores são incluídos no relatório de acordo com um direcionamento para as informações mais relevantes, determinado por uma matriz de materialidade, conforme ilustra a Figura 8.1, extraída da própria norma.

O eixo das ordenadas é representando pelo grau de influências sobre as avaliações e decisões dos *stakeholders*; e as abcissas, pelo grau de importância dos impactos econômicos, ambientais e sociais. E o quadrante de impacto serve de orientação para a seleção dos aspectos do relatório, bem como o uso dos indicadores.

Como é o Relatório de Sustentabilidade GRI?

Geralmente, o Relatório de Sustentabilidade GRI é publicado juntamente com o relatório anual de uma empresa, com mensagens da administração e as informações de natureza econômica, social, ambiental e de governança estruturadas de acordo com as diretrizes do GRI e, obviamente por isso, acaba sendo abrangente, porém volumoso.

Para exemplificar, citamos o caso do Banco Itaú, cujos relatórios podem ser obtidos facilmente na internet. O Relatório Anual Consolidado de 2016 (Figura 8.2), de acordo com as diretrizes do GRI, possui 475 páginas e atende também ao Formulário 20-F da *Securities and Exchange Commission* (SEC), contra 75 páginas na versão do Relato Integrado (Figura 8.3). O Relato Integrado de 2019 pode ser acessado no *site* da empresa: https://www.itau.com.br/relatorio-anual/relato-integrado/.

8.1.4 Formulários de Referência 20-F (SEC) e Instrução 480 (CVM)

Como exemplificado no tópico anterior, o Banco Itaú também negocia papéis nos EUA e, por isso, seu Relatório Anual Consolidado está de acordo com o

Quadro 8.1 G4: Resumo dos conteúdos padrão gerais

ESTRATÉGIA E ANÁLISE

G4-1, G4-2

PERFIL ORGANIZACIONAL

G4-3, G4-4, G4-5, G4-6, G4-7, G4-8, G4-9, G4-10 (UNGC), G4-11 (OCDE/UNGC), G4-12, G4-13, G4-14, G4-15, G4-16

ASPECTOS MATERIAIS IDENTIFICADOS E LIMITES

G4-17, G4-18, G4-19, G4-20, G4-21, G4-22, G4-23

ENGAJAMENTO DE STAKEHOLDERS

G4-24, G4-25, G4-26, G4-27

PERFIL DO RELATÓRIO

G4-28, G4-29, G4-30, G4-31, G4-32, G4-33

GOVERNANÇA

G4-34, G4-35, G4-36, G4-37, G4-38, G4-39, G4-40, G4-41, G4-42, G4-43, G4-44, G4-45, G4-46, G4-47, G4-48, G4-49, G4-50, G4-51, G4-52, G4-53, G4-54, G4-55

ÉTICA E INTEGRIDADE

G4-56, G4-57, G4-58

Fonte: http://www.b3.com.br/data/files/F7/07/8C/C9/5B243510DF0CA135790D8AA8/GRI-G4-Manual-de-Implementacao.pdf. Acesso em: 25 maio 2019.

Quadro 8.2 Resumo dos conteúdos padrão específicos

INFORMAÇÕES SOBRE A FORMA DE GESTÃO

G4-DMA

Indicadores por Aspectos

CATEGORIA: ECONÔMICA

Desempenho Econômico — OCDE

G4-EC1, G4-EC2, G4-EC3, G4-EC4

Presença no Mercado

G4-EC5, G4-EC6

Impactos Econômicos Indiretos

G4-EC7, G4-EC8

Práticas de Compra

G4-EC9

CATEGORIA: AMBIENTAL — OCDE/UNGC

Materiais

G4-EN1, G4-EN2

Energia

G4-EN3, G4-EN4, G4-EN5, G4-EN6, G4-EN7

Água

G4-EN8, G4-EN9, G4-EN10

Biodiversidade

G4-EN11, G4-EN12, G4-EN13, G4-EN14

Emissões

G4-EN15, G4-EN16, G4-EN17, G4-EN18, G4-EN19

G4-EN20, G4-EN21

Efluentes e Resíduos

G4-EN22, G4-EN23, G4-EN24, G4-EN25, G4-EN26

Indicadores por Aspectos

CATEGORIA: AMBIENTAL — OCDE/UNGC

Produtos e Serviços

G4-EN27, G4-EN28

Conformidade

G4-EN29

Transportes

G4-EN30

Geral

G4-EN31

Avaliação Ambiente de Fornecedores

G4-EN32, G4-EN33

Mecanismos de Queixas e reclamações Relativas a Impactos Ambientais

G4-EN34

CATEGORIA: SOCIAL

PRÁTICAS TRABALHISTAS E TRABALHO DECENTE — OCDE/UNGC

Emprego

G4-LA1, G4-LA2, G4-LA3

Relações Trabalhistas — UNGC

G4-LA4

Saúde e Segurança no Trabalho — OCDE

G4-LA5, G4-LA6, G4-LA7, G4-LA8

Treinamento e Educação — OCDE

G4-LA9, G4-LA10, G4-LA11

Diversidade e Igualdade de Oportunidades

G4-LA12

Igualdade de Remuneração entre Mulheres e Homens

G4-LA13

(continua)

(continuação)

Indicadores por Aspectos		
PRÁTICAS TRABALHISTAS E TRABALHO DECENTE		OCDE/UNGC
Avaliação de Fornecedores em Práticas Trabalhistas		
G4-LA14, G4-LA15		
Mecanismos de Queixas e Reclamações Relacionadas a Práticas Trabalhistas		OCDE
G4-LA16		
DIREITOS HUMANOS		OCDE/UNGC
Investimentos		
G4-HR1, G4-HR2		
Não discriminação		OCDE/UNGC
G4-HR3		
Liberdade de Associação e Negociação Coletiva		OCDE/UNGC
G4-HR4		
Trabalho Infantil		OCDE/UNGC
G4-HR5		
Trabalho Forçado ou Análogo ao Escravo		OCDE/UNGC
G4-HR6		
Práticas de Segurança		
G4-HR7		
Direitos Indígenas		
G4-HR8		
Avaliação		
G4-HR9		
Avaliação de Fornecedores em Direitos Humanos		
G4-HR10, G4-HR11		
Mecanismos de Queixas e Reclamações Relacionadas a Direitos Humanos		
G4-HR12		

Indicadores por Aspectos		
SOCIEDADE		
Comunidades Locais		OCDE/UNGC
G4-SO1, G4-SO2		
Combate à Corrupção		OCDE/UNGC
G4-SO3, G4-SO4, G4-SO5		
Políticas Públicas		OCDE/UNGC
G4-SO6		
Concorrência Desleal		OCDE
G4-SO7		
Conformidade		OCDE
G4-SO8		
Avaliação de Fornecedores em Impactos na Sociedade		OCDE
G4-SO9, G4-SO10		
Mecanismos de Queixas e Reclamações Relacionadas a Impactos na Sociedade		OCDE
G4-SO11		
RESPONSABILIDADE PELO PRODUTO		OCDE
Saúde e Segurança do Cliente		OCDE
G4-PR1, G4-PR2		
Rotulagem de Produtos e Serviços		
G4-PR3, G4-PR4, G4-PR5		
Comunicações de Marketing		
G4-PR6, G4-PR7		
Privacidade do Cliente		
G4-PR8		
Conformidade		
G4-PR9		

Fonte: http://www.b3.com.br/data/files/F7/07/8C/C9/5B243510DF0CA135790D8AA8/GRI-G4-Manual-de-Implementacao.pdf. Acesso em: 25 maio 2019.

Cap. 8 • Relato Integrado | 189

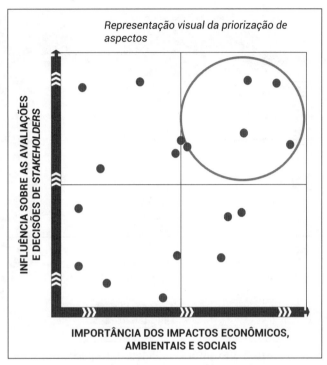

Figura 8.1 Matriz de materialidade

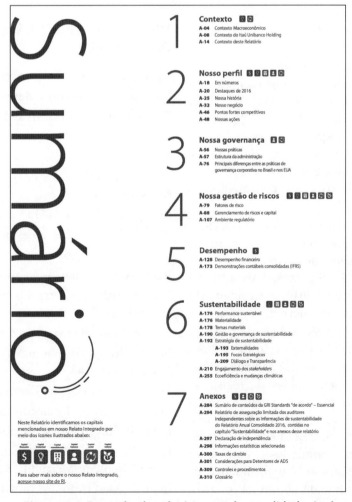

Figura 8.2 Exemplo de relatório anual consolidado: Itaú

Figura 8.3 Exemplo de Relato Integrado: Itaú

Relatório 20-F, exigido pela *Securities and Exchange Commission* (SEC).

Esse relatório ressalta a complexidade e o estágio atual no processo evolutivo dos relatos corporativos. É um relatório padronizado pela SEC que deve ser apresentado anualmente por todas as empresas estrangeiras com ações negociadas nas bolsas de valores nos EUA e traz um panorama de cada um dos negócios, apresentando os resultados financeiros e operacionais, fatores de risco e o andamento dos investimentos.

Embora não seja objeto deste livro, é oportuna a apresentação, mesmo que superficial, da estrutura dessa exigência dos órgãos norte-americanos, por meio do Formulário 20-F (Figura 8.4) da empresa CEMIG de 31 de dezembro de 2016, que contém 411 páginas, facilmente obtido na internet.

No Brasil, as empresas de capital aberto também estão sujeitas à exigência da Comissão de Valores Mobiliários (CVM) e são obrigadas a divulgar formulários de referências nos moldes da legislação norte-americana, além dos informes anuais e trimestrais de suas demonstrações contábeis. A instrução CVM 480/2009, por meio de seu anexo 24, regulamenta o conteúdo desses formulários e, para se ter uma ideia de sua extensão, veja o formulário de referência da Cemig, facilmente obtido na internet, que contém 685 páginas.

ÍNDICE – ESTRUTURA DO RELATÓRIO 20-F DA CEMIG

Apresentação das Informações Financeiras
Posição de Mercado e demais Informações
Declaração e Expectativas Futuras

PARTE I

Item 1. Identificação de Conselheiros, Diretores e Consultores 8

Item 2. Estatísticas da Oferta e Cronograma Previsto 8

Item 3. Informações Relevantes 8

Item 4. Informações sobre a Companhia 40

Item 4A. Comentários Não Resolvidos da Equipe 100

Item 5. Análise e Perspectivas Operacionais e Financeiras 100

Item 6. Conselheiros, Diretores e Empregados 133

Item 7. Principais Acionistas e Transações com Partes Relacionadas 143

Item 8. Informações Financeiras 149

Item 9. Oferta e Listagem 158

Item 10. Informações Adicionais 163

Item 11. Divulgações Quantitativas e Qualitativas sobre Riscos de Mercado 181

Item 12. Descrição de Outros Títulos de Participação 182

**UNITED STATES
SECURITIES AND EXCHANGE COMMISSION**
WASHINGTON, D.C. 20549

FORMULÁRIO 20-F

☐ DECLARAÇÃO DE REGISTRO CONFORME A SEÇÃO 12(b) OU (g) DO SECURITIES EXCHANGE ACT OF 1934

ou

☒ RELATÓRIO ANUAL CONFORME A SEÇÃO 13 OU 15(d) DO SECURITIES EXCHANGE ACT OF 1934

Para o exercício fiscal encerrado em 31 de dezembro de 2016

ou

☐ RELATÓRIO DE TRANSIÇÃO CONFORME ARTIGO 13 OU 15(d) DO SECURITIES EXCHANGE ACT OF 1934

ou

☐ RELATÓRIO DA *SHELL COMPANY* CONFORME ARTIGO 13 OU 15(d) DO SECURITIES EXCHANGE ACT OF 1934

Data do evento exigindo o presente relatório de shell company: N/A

Número de Registro na Comissão: 1-15224

COMPANHIA ENERGÉTICA DE MINAS GERAIS – CEMIG
(Razão Social do requerente conforme especificado no seu Estatuto Social)

Figura 8.4 Formulário 20-F da CEMIG (2016)
Fonte: http://ri.cemig.com.br/ptb/s-17-ptb-2016.html. Acesso em: 25 maio 2019.

PARTE II

Item 13. Inadimplência, Dividendos em Atraso e Mora 185

Item 14. Alterações Relevantes dos Direitos de Detentores de Valores Mobiliários 185

Item 15. Controles e Procedimentos 185

Item 16A. Especialista Financeiro do Comitê de Auditoria 186

Item 16B. Código de Ética 187

Item 16C. Principais Honorários e Serviços dos Auditores 187

Item 16D. Isenções de Padrões de Listagem para os Comitês de Auditoria 187

Item 16E. Aquisição de Valores Mobiliários pela Emissora e por Adquirentes Afiliados 188

Item 16F. Alterações no Credenciamento de Auditores Certificados da Requerente 188

Item 16G. Governança Corporativa 188

Item 16H. Informações sobre Segurança Minerária 189

Item 17. Demonstrações Financeiras 189

Item 18. Demonstrações Financeiras 189

Item 19. Anexos 191

O Formulário 20-F deve ser entregue no prazo de 180 dias após o fechamento do exercício e inclui um conjunto grande de informações detalhadas, a exemplo da Declaração e Expectativas Futuras ou das Informações Relevantes do item 3, que somente podem ser obtidas com um certo nível de maturidade e integração entre os gestores. É a cultura do pensamento integrado que iremos discutir neste capítulo.

No ambiente brasileiro, a Instrução CVM 480/2009 regulamenta detalhadamente o conteúdo dos relatórios de referência.

8.1.5 Relate ou Explique – relatórios de sustentabilidade (2012)

Por ocasião da Rio+20, a atual B3 (antiga BM&F-Bovespa) passou a recomendar às empresas listadas que indicassem no formulário de referência, no item 7.8 – Descrição das relações de longo prazo relevantes da companhia – se publicavam relatórios de sustentabilidade, Relato Integrado ou similar. E, em caso negativo, as empresas deveriam explicar o porquê não o faziam.

Essa iniciativa ficou conhecida como "Relate ou Explique" e foi realizada em parceria com a *Global Reporting Initiative* (GRI) e em apoio ao *International Integrated Reporting Council* (IIRC), objetivando a adesão progressiva das companhias à prática de reportar para os investidores informações e desempenhos relacionados às dimensões econômica, ambiental, social e de governança ou *Environmental Social and Governance* (ESG). O ano de 2015 foi o último de seu formato original, pois a Comissão de Valores Mobiliários (CVM) passou a exigir no formulário de referência como item obrigatório e as empresas passaram a reportar informações socioambientais a partir de 2016.

8.1.6 Relate ou Explique – os 17 ODS (2017)

Tendo em vista esse *case* de sucesso, em 2017 a B3 lançou a iniciativa "Relate ou Explique para os Objetivos do Desenvolvimento Sustentável (ODS)", que objetiva estimular a transparência das estratégias e ações das companhias listadas em relação aos 17 Objetivos do Desenvolvimento Sustentável (ODS) estabelecidos pela ONU em substituição aos antigos Objetivos do Desenvolvimento do Milênio (ODM).

Os 17 ODS são uma agenda mundial adotada durante a Cúpula das Nações Unidas para o Desenvolvimento Sustentável em setembro de 2015, composta por 17 objetivos e 169 metas a serem atingidas até 2030. Eles foram construídos em um processo de negociação mundial e abrangem questões de natureza social, ambiental, econômica e institucional. A Figura 8.5 dá uma ideia sobre cada um desses objetivos e o tema é tratado com mais detalhe em tópico específico no próximo capítulo.

8.1.7 Índice de Sustentabilidade Empresarial – ISE/B3 (2005)

O Índice de Sustentabilidade Empresarial (ISE) – https://www.isebvmf.com.br/ – é uma carteira teórica que mede o retorno médio das empresas listadas na B3 com as melhores práticas de sustentabilidade, envolvendo o engajamento das empresas em quatro pilares: econômico, social, ambiental e governança corporativa.

B3 (Brasil, Bolsa, Balcão) é a denominação da antiga BM&FBovespa, que se juntou com a Cetip a partir de abril de 2017, caracterizada como a terceira maior bolsa do mundo, a primeira bolsa a se tornar signatária do Pacto Global da ONU (2004) e a primeira de mercados emergentes a se tornar signatária dos Princípios para o Investimento Responsável (PRI) da ONU (2010).

O ISE é iniciativa pioneira na América Latina, lançado em 2005, e o quarto índice mundial, criado a partir das experiências de seus pares e com destaque para a linha do tempo, a saber:

- (1999) Dow Jones Sustainability Index (DJSI)
- (2001) FTSE The Index Company London Stock Exchange
- (2003) FTSE/JSE (Africa Index Series)
- **(2005) Índice de Sustentabilidade Empresarial (ISE/B3 Brasil)**
- (2005) AUSSI The Australian SAM Sustainability Index
- (2007) Deutsche Börse Groupe (Frankfurt)
- (2008) FTSE4GOOD Ibex Index Madrid Exchange
- (2008) Nasdaq Omx (Países Nórdicos)
- (2008) S&P ESG (Índia)
- (2009) Wiener Börse (Viena)
- (2009) IDX Indonesia Stock Exchange Bursa Efek
- (2009) KRX Korea Exchange
- (2010) HKE China Exchange

Figura 8.5 Objetivos de Desenvolvimento Sustentável da ONU
Fonte: https://nacoesunidas.org/pos2015/. Acesso em: 15 maio 2019.

- (2010) The Egyptian Exchange
- (2011) IPC Sustentable (Bolsa Mexicana de Valores)
- (2014) SIX Swiss Exchange
- (2014) FTSE4GOOD Global
- (2015) Bolsa Comercio Santiago
- (2016) SGX Singapore Exchange

Iniciado em 2005, o ISE foi originalmente financiado pela *International Finance Corporation* (IFC), braço direito do Banco Mundial, seu desenho metodológico é responsabilidade do Centro de Estudo em Sustentabilidade (CES/FGV) e a Bolsa de Valores B3 é responsável pelo cálculo e pela gestão técnica do índice.

O Conselho Deliberativo do ISE (CISE), presidido por Sonia Favaretto, é composto por onze instituições:

- **B3** – Brasil, Bolsa, Balcão
- **APIMEC** – Associação dos Analistas e Profissionais de Investimentos do Mercado de Capitais
- **ABRAPP** – Associação Brasileira das Entidades Fechadas de Previdência Complementar
- **ANBIMA** – Associação Brasileira das Entidades dos Mercados Financeiros e de Capitais
- **ETHOS** – Instituto Ethos de Empresas e Responsabilidade Social
- **IBGC** – Instituto Brasileiro de Governança Corporativa
- **IBRACON** – Instituto dos Auditores Independentes do Brasil
- **IFC** – *International Finance Corporation* (World Bank Group)
- **GIFE** – Grupo de Institutos e Fundações de Empresas, associado aos investidores sociais do Brasil
- **MMA** – Ministério do Meio Ambiente
- **PNUMA** – Programa das Nações Unidas para o Meio Ambiente no Brasil

A Figura 8.6 foi extraída dos *slides* apresentados por Sonia Favaretto[6] na FEA/USP e evidencia o processo de seleção das empresas nesta carteira diferenciada da B3.

Como principais características desta carteira, são selecionadas no máximo 40 empresas, dentre as 200 ações mais líquidas e negociadas na Bolsa de Valores naquele determinado período (janeiro a dezembro).

A Bolsa envia um questionário com sete dimensões (ambiental, econômico-financeiro, geral, governança corporativa, mudança do clima, natureza do produto e social) e as empresas respondem voluntariamente.

O Centro de Estudos em Sustentabilidade (CES/FGV) processa os questionários recebidos, o Conselho

---

[6] Veja o vídeo da palestra da presidente do Conselho Deliberativo do ISE/B3, Sonia Consiglio Favaretto, aos alunos da disciplina EAC0558 Relato Integrado e Sustentabilidade: http://www.fea.usp.br/videos/indice-de-sustentabilidade-empresarial-bmfbovespa-disciplina-eac0558-relato-integrado-e. Acesso em: 15 maio 2019.

- Até 40 empresas dentre as emissoras **das 200 ações mais líquidas**.
- Participação **voluntária**.
- Metodologia se baseia em **questionário com 7 dimensões e envio de evidências**. Questionário elaborado por **meio de construção coletiva**.
- Vigência: **Janeiro a Dezembro.**
- No mercado: **EFT – Exchange Traded Fund**, fundo de índice do ISE.
- Parceiro técnico: **GVces – Centro de Estudos em Sustentabilidade da FGV**.
- Parceiro de Asseguração: **KPMG**.
- Parceiro de monitoramento de imprensa: **Imagem Corporativa**.

INFORMAÇÃO PÚBLICA   B3.COM.BR

Figura 8.6 Parte de apresentação sobre processo de seleção de empresas

do ISE (CISE) conclui a avalição e alguns parceiros (KPMG e IMAGEM) são responsáveis pela asseguração e divulgação na imprensa dessas empresas que irão compor esta carteira de investimentos por 12 meses.

Qualquer empresa, incluindo, por exemplo, as dos setores de armas, bebidas e fumo (*Sin Stocks* ou ações do pecado),[7] pode participar concorrendo à carteira ISE ou em outras categorias como "treineira" e "simulado".

Esse é um assunto bastante polêmico, mas o ISE tomou a decisão de ser um índice inclusivo e, desde que uma empresa opere no país legalmente, pague seus impostos, gere empregos, tenha fornecedores etc., é importante que ela esteja na carteira e se esforce para se tornar sustentável.

O índice tem uma dimensão denominada "natureza do produto" e, obviamente, essas empresas terão que dar explicações sobre os riscos de seus produtos relacionados com morte, prejuízos à saúde, obesidade etc.

Há três formas de participar do ISE-B3, conforme ilustra a Figura 8.7.

A primeira forma é ser uma das 200 ações mais líquidas e participar concorrendo a uma posição na carteira; a segunda é optar por participar na condição de "treineira", para algum dia concorrer oficialmente; e a terceira, ainda mais leve, para qualquer empresa listada na bolsa, é a condição de "simulado". Independentemente do tipo ou porte, qualquer empresa ou pessoa pode ter acesso ao questionário, bem como participar das audiências de atualização.

Quando uma empresa envia o questionário ao ISE ("*send*"), automaticamente a FGV envia um relatório comparando as suas respostas com o respectivo setor, ou seja, é um excelente diagnóstico de sustentabilidade e sua posição no mercado. E essas respostas, quando a empresa concorda em sua divulgação, tornam-se públicas e podem ser acessadas no próprio *site*: www.isebvm.com.br.

No início, as respostas dos questionários não eram divulgadas e havia discussões internas pró e contra essa iniciativa de transparência. O próprio Instituto Brasileiro de Relações com Investidores (IBRI) era contra e manifestou essa opinião em carta aos seus associados, no que foi seguido pela Associação Brasileira das Companhias Abertas (ABRASCA). Foi contestado pelos *Principles for Responsible Investment* (PRI), o que gerou diálogos abertos e interessantes.

A justificativa do IBRI, e com razão, era de que o questionário era muito "binário" (sim ou não) e isso prejudicaria empresas que estivessem em um estágio intermediário de implantação de alguma questão ou procedimento. Com isso o Conselho do ISE se reuniu e, pela primeira vez, acatou as sugestões e promoveu melhorias no processo e dos questionários, incluindo espaço para observações caso uma empresa respondesse NÃO (ex.: estamos em fase de implantação) e, como se pode ver na versão 2017, há muitas alternativas de respostas complementares ao SIM e NÃO.

Trevizan e Kassai (2015) notaram que, em 2015, a maioria das empresas (85%) autorizavam a divulgação de suas respostas. Reuniram uma série de conclusões interessantes, a saber:

> Verificou-se uma boa apresentação de práticas de governança, com ações de criação de comitês, que vão além

---

[7] Ao contrário do Brasil, o Índice de Sustentabilidade de Londres não permite.

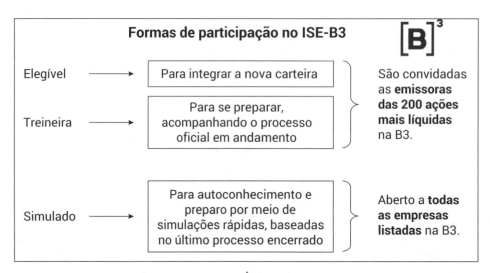

Figura 8.7 Formas de participação no Índice de Sustentabilidade Empresarial

dos aspectos legais, porém com grande discrepância de gênero presente nos conselhos; também não há um mapeamento claro de riscos, sem avaliação da probabilidade de ocorrência e ações para mitigá-los. Em contrapartida existe um foco muito grande na identificação das oportunidades pela empresa que busca mostrar seu potencial de retorno e a geração de valor para o usuário da informação; é perceptível a existência de um grande esforço em evidenciar informações positivas a respeito da organização das empresas. Não estão presentes, de forma eficiente e clara nos relatórios, as informações sobre impactos negativos na capacidade de geração de valor, principalmente a médio e longo prazo. Apesar disto, existem boas informações a respeito da estrutura e do controle interno das empresas que foram avaliadas, que contribuem para a confiabilidade da informação gerada e relatada nos relatórios de sustentabilidade. Por fim, fica evidente que todas as empresas analisadas buscam descrever em detalhes qual é o objeto de seu negócio e qual o mercado em que atuam, de forma a deixar claro para o usuário da informação o seu propósito e as diretrizes de seu negócio.

A partir de 2011, foi incluída uma questão específica (GER 1) para que a empresa manifestasse a sua concordância ou não em divulgar as suas respostas, conforme destaca o *print* do questionário na Figura 8.8.

O caso da Petrobras, que figurou nas carteiras do ISE nos anos de 2007 e 2008, é outra história de bastidores que se conta nas principais mídias e jornais, pois um dos integrantes do Conselho do ISE, o Instituto Ethos, vazou a informação de que a Petrobras seria excluída por não cumprir as regras dos níveis de enxofre no diesel. **Isso é um mito**, segundo a própria presidente do CISE, e as verdadeiras razões são de conhecimento apenas da FGV e do próprio CISE. O que se sabe é que a Petrobras não mais pertenceu a essa carteira, nem se ela mesma respondeu a novos questionários.[8]

---

[8] O Instituto Ethos foi excluído do Conselho do ISE por um ano. Hoje, está de volta.

Afinal, quem são essas empresas que foram selecionadas para compor esse índice de sustentabilidade empresarial, quais as vantagens de compor esta elite de investimentos do mercado?

O Quadro 8.3 evidencia, em ordem alfabética, todas as empresas que compuseram a carteira ISE desde o início de sua fundação. A carteira foi divulgada no final de 2005 e figurou no ano de 2006. Note que atingiu o seu limite (40 empresas) apenas nos anos de 2014 e 2015.

E, afinal, empresa sustentável dá lucro? Esse é, sem dúvida, o tema preferido dos alunos da FEA/USP em suas monografias, dissertações e teses, e as pesquisas científicas na última década têm procurado não só mostrar o lado ecológico (biodiversidade e mudanças climáticas), mas também chegar ao cerne das discussões econômicas, ou seja, provar ao empresário que uma empresa sustentável não só garante licença para operar, como também agrega valor econômico.

Uma das primeiras pesquisas que trataram desse tema com robustez foi realizada na Universidade Harvard por um dos integrantes do IIRC, o professor Robert G. Eccles (ECCLES; IOANNOU; SERAFEIM, 2017), e foi destaque em um artigo do presidente do Instituto Ethos, Jorge Abrahão (ABRAHÃO, 2013).

Esta pesquisa partiu das empresas norte-americanas que pertenciam aos principais índices de bolsa (Bloomberg, Thomson Reuters) no período de 18 anos (1992 a 2010) e, com a definição *a priori* de uma lista de 27 possíveis políticas ambientais, sociais e de governança, selecionou 675 empresas que haviam adotado pelo menos três dessas políticas, excluindo-se de antemão as instituições financeiras.

Com base nessa lista, fez-se um *ranking* e a classificação em dois grupos: empresas de **alta sustentabilidade**, considerando-se aquelas que adotaram mais de dez das políticas mencionadas, e empresas de

---

INDICADOR 7. DIVULGAÇÃO — **Publicação das respostas**

GER 1. Com relação às respostas fornecidas no questionário, a empresa:

(P) A divulgação das respostas marcadas pelas empresas que vierem a integrar a carteira será realizada em página específica no *website* www.isebvmf.com.br por meio da apresentação de uma cópia digital do questionário respondido. Não serão disponibilizadas informações confidenciais da companhia apresentadas como evidências no processo de verificação.

☐ a) Autorizada a divulgação
☐ b) Não autoriza a divulgação

Figura 8.8 Questionário: inclusão da questão GER 1

Quadro 8.3 Empresas componentes da carteira ISE/B3

Nº	1ª ISE (2006)	2ª ISE (2007)	3ª ISE (2008)	4ª ISE (2009)	5ª ISE (2010)	6ª ISE (2011)	7ª ISE (2011)	8ª ISE (2013)	9ª ISE (2014)	10ª ISE (2015)	11ª ISE (2016)	12ª ISE (2017)	13ª ISE (2018)	14ª ISE (2019)
1	All America	Acesita	Acesita	AES Tietê	AES Tietê	AES Tietê	AES Tietê	AES Tietê	AES Tietê	AES Tietê	AES Tietê	AES Tietê	AES Tietê	AES Tietê
2	Aracruz	All America	AES Tietê	B. Brasil	B. Brasil	Anhanguera	Anhanguera	B. Brasil	B. Brasil	B2W Digital	B2W Digital	B2W Digital	B2W Digital	B2W Digital
3	B. Brasil	Aracruz	Aracruz	Bradesco	Bradesco	B. Brasil	B. Brasil	BicBanco	BicBanco	B. Brasil	B. Brasil	B. Brasil	B. Brasil	B. Brasil
4	Belgo Mineira	Arcelor	B. Brasil	Braskem	Braskem	BicBanco	BicBanco	Bradesco	Bradesco	BicBanco	Bradesco	Bradesco	Bradesco	Bradesco
5	Bradesco	B. Brasil	Bradesco	Celesc	BRF	Bradesco	Bradesco	Braskem	Braskem	Bradesco	Braskem	Braskem	Braskem	Braskem
6	Braskem	Bradesco	Braskem	Cemig	Cemig	Braskem	Braskem	BRF	BRF	Braskem	BRF	BRF	CCR	CCR
7	CCR	Braskem	CCR	Cesp	Cesp	BRF	BRF	CCR	CCR	BRF	CCR	CCR	Celesc	Cemig
8	Celesc	CCR	Cemig	Coelce	Coelce	CCR	CCR	Cemig	Cemig	CCR	Cemig	Celesc	Cemig	Cielo
9	Cemig	Celesc	Cesp	CPFL	Copel	Cemig	Cemig	Cesp	Cesp	Cemig	Cesp	Cemig	Cielo	Copel
10	Cesp	Cemig	Coelce	Dasa	CPFL	Cesp	Cesp	Coelce	Cielo	Cielo	Cielo	Cielo	Copel	Duratex
11	Copel	Coelce	Copel	Duratex	Dasa	Coelce	Coelce	Copasa	Coelce	Coelce	Copel	Copel	CPFL	Ecorodovias
12	Copesul	Copel	CPFL	EDP	Duratex	Copasa	Copasa	Copel	Copasa	Copel	CPFL	CPFL	Duratex	EDP
13	CPFL	CPFL	Dasa	Eletrobrás	EDP	Copel	Copel	CPFL	Copel	CPFL	Duratex	Duratex	Ecorodovias	Eletrobrás
14	Dasa	Dasa	EDP	Embraer	Eletrobrás	CPFL	CPFL	Duratex	CPFL	Duratex	Ecorodovias	Ecorodovias	EDP	Engie
15	Eletrobrás	EDP	Eletrobrás	Engie	Eletropaulo	Duratex	Duratex	Ecorodovias	Duratex	Ecorodovias	EDP	EDP	Eletropaulo	Fibria
16	Eletropaulo	Eletrobrás	Eletropaulo	Eletrobrás	Embraer	EDP	Ecorodovias	EDP	Ecorodovias	EDP	Eletrobrás	Eletrobrás	Engie	Fleury
17	Embraer	Embraer	Embraer	Eletropaulo	Engie	Eletrobrás	EDP	Eletrobrás	EDP	Eletrobrás	Eletropaulo	Eletrobrás	Fibria	Itaú Unibanco
18	Engie (Tractebel)	Engie	Engie	Gerdau	Even	Eletropaulo	Eletrobrás	Eletropaulo	Eletrobrás	Eletropaulo	Embraer	Embraer	Fleury	Itaúsa
19	Gol	Gerdau	Gerdau	Gerdau Met	Fibria	Embraer	Eletropaulo	Engie	Eletropaulo	Embraer	Engie	Engie	Itaú Unibanco	Klabin
20	Iochpe-Maxion	Gerdau Met	Gerdau Met	Light	Gerdau	Engie	Embraer	Even	Embraer	Engie	Even	Fibria	Itaúsa	Light
21	Itaú Unibanco	Gol	Iochpe-Maxion	Natura	Gerdau Met	Even	Engie	Fibria	Engie	Even	Fibria	Fleury	Klabin	L. Americana
22	Itaúsa	Iochpe-Maxion	Itaú Unibanco	Odontoprev	Itaú Unibanco	Fibria	Even	Gerdau	Even	Fibria	Fleury	Itaú Unibanco	Light	L. Renner
23	Natura	Itaú Unibanco	Light	Perdigão	Itaúsa	Gerdau	Fibria	Gerdau Met	Fibria	Fleury	Itaú Unibanco	Itaúsa	L. Americana	MRV
24	Perdigão	Itaúsa	Natura	Sabesp	Light	Gerdau Met	Gerdau	Itaú Unibanco	Fleury	Gerdau	Itaúsa	Klabin	L. Renner	Natura
25	Suzano	Localiza	Perdigão	Sadia	Natura	Itaú Unibanco	Gerdau Met	Itaúsa	Gerdau	Gerdau Met	Klabin	Light	MRV	Santander
26	Unibanco	Natura	Petrobras	Suzano	Redecard	Itaúsa	Itaú Unibanco	Light	Gerdau Met	Itaú Unibanco	Light	L. Americana	Natura	Telefônica
27	VCP	Perdigão	Sabesp	Telemar	Romi	Light	Itaúsa	Natura	Itaú Unibanco	Itaúsa	L.Americana	L. Renner	Santander	TIM
28	WEG	Petrobras	Sadia	Tim	Sabesp	Natura	Light	Sabesp	Itaúsa	JSL	L. Renner	MRV	Telefônica	Vale
29		Suzano	Suzano	Unibanco	SulAmerica	Redecard	Natura	Santander	Klabin	Klabin	Natura	Natura	TIM	Weg
30		Suzano Petro	Suzano Petro	VCP	Suzano	Romi	Redecard	SulAmerica	Light	Light	Santander	Santander	Weg	
31		Tam	VCP		Telemar	Sabesp	Sabesp	Suzano	Natura	L.Americana	SulAmerica	SulAmerica		
32		Ultrapar	Weg		Tim	Santander	Santander	Telefônica	OI	L. Renner	Telefônica	Telefônica		
33		Unibanco			Usiminas	SulAmerica	SulAmerica	Telemar	Sabesp	Natura	TIM	TIM		
34		VCP			Vivo	Suzano	Suzano	Ultrapar	Santander	Sabesp	Weg	Weg		
35						Telemar	Telemar	VALE	SulAmerica	Santander				
36						Tim	Tim	WEG	Suzano	SulAmerica				
37						Ultrapar	Ultrapar		Telefônica	Telefônica				
38						VALE	VALE		TIM	Tim				
39						Vivo			VALE	VALE				
40									WEG	Weg				
	28 empresas	34 empresas	32 empresas	30 empresas	34 empresas	38 empresas	38 empresas	37 empresas	40 empresas	40 empresas	34 empresas	34 empresas	30 empresas	30 empresas

baixa sustentabilidade que haviam adotado menos de quatro políticas.

O resultado foi o seguinte:

- As 90 empresas de alta sustentabilidade apresentaram melhores taxas de retorno.
- O patrimônio das empresas de alta sustentabilidade valorizou 33 vezes, enquanto que nas empresas de baixa sustentabilidade foi de 26 vezes.
- O retorno das empresas de alta sustentabilidade em 2010 foi 7 vezes o valor investido em 1992; ao passo que o retorno das empresas de baixa sustentabilidade foi de 3,5 vezes; ou seja, o dobro.
- Nos momentos de queda nas bolsas, a desvalorização das empresas de alta sustentabilidade foi significativamente menor do que a das empresas de baixa sustentabilidade.

O melhor desempenho das empresas de alta sustentabilidade em relação às empresas de baixa sustentabilidade se baseia nos seguintes pressupostos: engajamento dos *stakeholders*, levantamento de riscos e oportunidades para o negócio, atuação com proatividade e transparência, orientações de natureza socioambiental, sistemas de remuneração e distribuição de resultados atrelados a indicadores financeiros e não financeiros e, entre outros, manutenção de um comitê de sustentabilidade e a ideia de que sustentabilidade é de responsabilidade expressa da diretoria.

Samuel Seo, em monografia de graduação (SEO; KASSAI, 2016), partiu da hipótese de que existe uma relação significativa entre o valor corporativo e boas práticas de sustentabilidade empresarial e comparou a diferença entre os retornos gerados pelo ISE/B3 em relação ao Índice Bovespa.

Com base em diversas métricas, como retorno de investimento (ROI), desvio-padrão (dp), índice de Sharpe (IS), índice de Treynor (IT), *value at risk* (VAR) e *risk adjusted return on capital* (RAROC), chegou à conclusão de que a carteira ISE/B3 apresenta desempenhos significativamente superiores ao índice Bovespa na rentabilidade (ROI) e, principalmente, aos índices de volatilidade ou risco da carteira.

No caso do mercado brasileiro, há inúmeras outras pesquisas que já mostram evidências de que uma empresa sustentável também é rentável e, embora não seja uma questão simples, podemos notar no próprio índice acumulado da carteira ISE/B3, desde o seu início (2005-2017), um desempenho superior ao do próprio iBovespa, conforme ilustra o Gráfico 8.1, disponível no *site* da B3.

Desde março de 2011, o ISE vem mostrando uma *performance* superior à do iBovespa, abriu uma "boca de jacaré" consistente ao longo dos anos e, na crise financeira de 2008, o ISE se destacou, presumindo-se que o mercado precificou os aspectos positivos de governança, políticas ambientais, sociais e econômicas dessa carteira.

A volatilidade também é menor, ou seja, o risco dessa carteira é menor e, como se pode pesquisar no *site* da B3, a *performance* do ISE/B3 é melhor do que a evolução do DJS World e, valorizando a situação brasileira, a composição do índice brasileiro é melhor do que a norte-americana!

Segundo Sonia Favareto (2015), no dia anterior ao da apresentação dos novos integrantes, a carteira ISE apresenta um ganho anormal acumulado médio de 1,9%, mostrando que o mercado antecipa as expectativas e precifica essas boas ações. E há depoimentos,

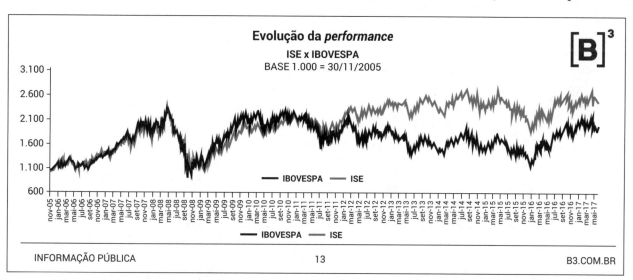

Gráfico 8.1 Evolução de índices de desempenho – ISE/B3 × iBovespa

também, de empresas que deixaram de participar do ISE e, com a reação de baixa do mercado, correram para se candidatar novamente.

E se a Souza Cruz resolver se candidatar à carteira do ISE, tendo em vista que em seu balanço há menção de investimentos na área de sustentabilidade? Esta foi uma das perguntas dos alunos da FEA direcionadas a Sonia Favaretto, que teve a oportunidade de responder com brilhantismo. Sim, ela disse, aceitaremos com muito prazer essa e qualquer empresa e procuraremos direcionar as suas ações para as sete dimensões do questionário. Ela comentou inclusive a situação da Vale, que em outros países seria proibida de participar de qualquer índice de sustentabilidade, tendo em vista a sua própria natureza, mas que é louvável a sua iniciativa de procurar mitigar as suas externalidades.

Apesar de ser uma carteira "teórica", é possível investir no chamado *Exchange Trade Funding* (ETF), ou Fundo de Índice, que pode ser comprado ou vendido como uma ação no pregão da bolsa e se destaca pela diversificação e baixo custo. Na prática são fundos que representam índices negociados em bolsa, sem a necessidade de comprar cada Ativo individualmente. No caso do ISE, o lançamento do ETF ocorreu em outubro de 2011 e qualquer um pode comprar a partir de cem reais.

Certamente, o ISE/B3 é um instrumento de sucesso no mercado brasileiro e mundial, pois conseguiu integrar de forma efetiva as quatro dimensões (econômica, social, ambiental e governança corporativa) de um novo patamar de relato corporativo. Por essa razão, achamos oportuno abordar neste livro um pouco mais da estrutura de suas questões.

Os questionários podem ser obtidos facilmente no *site* do ISE – www.isebvm.com.br – e, na versão 2017, compreendem um conjunto de 246 páginas e 340 questões, distribuídos em sete dimensões mais um glossário. O Gráfico 8.2 ilustra a densidade de cada uma das dimensões do questionário, em número de páginas e quantidades de questões, a saber:

1. **Dimensão Ambiental**: seis tipos diferenciados de questionários para setores empresariais específicos (Grupos A, B, C, D, E, F), política ambiental, gestão, desempenho e cumprimento legal.
2. **Dimensão Econômico-Financeira**: política financeira, gestão, desempenho e cumprimento legal.
3. **Dimensão Geral**: compromissos, alinhamento, transparência e corrupção.
4. **Dimensão Governança Corporativa**: propriedade, conselho de administração, auditoria e fiscalização, conduta e conflitos de interesse.
5. **Dimensão Mudança do Clima**: política climática, gestão, desempenho e reporte.
6. **Dimensão Natureza do Produto**: impactos pessoais, impactos difusos, princípio da precaução, informação ao consumidor.
7. **Dimensão Social**: política social, gestão, desempenho e cumprimento legal.
8. **Glossário**: 260 conceitos explicitados em 54 páginas sobre o conteúdo dos questionários.

O conteúdo desse extenso questionário, em cada uma de suas dimensões, é praticamente um roteiro de autoconhecimento para a empresa e um diagnóstico profundo de seus negócios e operações e de suas políticas de governança. Foi obtido pela experiência do Conselho do ISE e, como se pode observar, com referência em diversos outros relatórios e orientações, como as normas do GRI e do IIRC, as ISO 14000 e

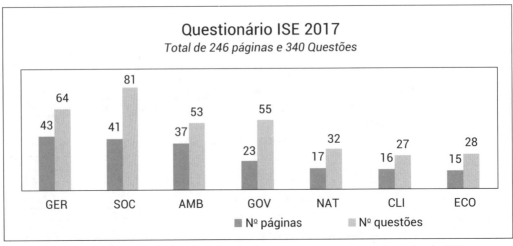

Gráfico 8.2 Densidades das dimensões presentes em questionário de ISE

ISO 26000, os formulários de referência da CVM e da SEC e os 17 ODS.

É indispensável o acesso direto ao *site* da B3 para se conhecer o conteúdo detalhado do Questionário do ISE, **pois, em nossa opinião, esse é um dos mais completos relatórios sobre várias dimensões de uma organização e referência para o Relato Integrado.** No entanto, essa tarefa pode exigir um pouco de paciência para o leitor iniciante, ou até desestimular a sua pesquisa, pois compreende 13 arquivos (em .pdf ou .doc) com 246 páginas e, para cada uma das 340 questões, há orientações técnicas, glossários e escolhas múltiplas no formato binário.[9]

Pensando nisso e na importância de se conhecer minimamente os conteúdos das dimensões desses questionários, elaboramos a seguir uma síntese bem resumida (5% do total de páginas) e que poderá ser apreciada com uma leitura dinâmica.

8.1.7.1 Questionário ISE – 2017

Dimensão Ambiental (AMB)

AMB 1. A companhia possui uma **Política Corporativa** que contempla os seus aspectos ambientais e cujas diretrizes são refletidas nos seus processos de planejamento e gestão?

AMB 1.1 Quais mecanismos são utilizados para verificação do nível de conhecimento e comprometimento do público interno em relação à **política corporativa** que contemple o aspecto de meio ambiente?

AMB 2. A companhia possui uma **política corporativa** que contemple aspectos de Saúde e Segurança do Trabalhador (SST), cujas diretrizes são refletidas nos seus processos de planejamento e gestão?

AMB 2.1 Quais mecanismos são utilizados para verificação do nível de conhecimento e comprometimento do público interno em relação à **política corporativa** que contemple aspectos de Saúde e Segurança do Trabalhador (SST)?

AMB 3. Indique para quais níveis hierárquicos da companhia há atribuições relacionadas ao meio ambiente e a Saúde e Segurança do Trabalhador (SST) na descrição formal das funções (descrição de cargo).

AMB 4. O principal gestor ambiental da companhia responde diretamente a qual nível hierárquico?

AMB 5. A companhia avalia os **riscos** e oportunidades derivados da relação de suas operações com os **serviços ecossistêmicos**?

AMB 6. Qual a situação da companhia em relação à **avaliação periódica** de seus **aspectos e impactos ambientais**?

AMB 7. Qual a situação da companhia em relação à avaliação periódica de perigos e riscos para a **Saúde e Segurança do Trabalhador (SST)**?

AMB 8. Qual a abordagem utilizada pela companhia para a avaliação de seu **desempenho ambiental**?

AMB 9. Qual a situação da companhia em relação a pesquisa, desenvolvimento e inovação tecnológica para o uso eficiente de recursos e para **produção mais limpa**?

AMB 10. Indique o percentual dos processos e atividades da companhia (PPA), considerados potencial ou efetivamente geradores de **impactos ambientais** e/ou **riscos ocupacionais significativos**, que é orientado por procedimentos operacionais específicos.

AMB 11. Indique as práticas da companhia relacionadas à melhoria do **desempenho ambiental** na **cadeia de suprimentos**.

AMB 12. Quais as ações da companhia em relação ao consumo/**uso sustentável** de seus produtos/serviços?

AMB 13. Qual a condição da companhia quanto a certificação ambiental, de saúde e segurança do trabalhador, de responsabilidade social? Utiliza Sistema de Gestão Ambiental?

AMB 14. Qual a condição da companhia quanto a certificação florestal?

AMB 15. Indique a situação da companhia quanto à comunicação com **partes interessadas** em relação ao meio ambiente e saúde e segurança no trabalho.

AMB 16. Selecione a alternativa que descreve a situação da companhia com relação aos impactos de suas atividades, produtos ou serviços sobre a biodiversidade.

AMB 17. Indique quais as ações desenvolvidas pela companhia em prol da conservação e **uso sustentável** da biodiversidade e dos **serviços ecossistêmicos**: Conservação ambiental, pagamentos por serviços ambientais, fundos ambientais etc.

AMB 18. Qual a referência mínima de **desempenho ambiental** da companhia?

AMB 19. Qual a referência mínima para o desempenho da companhia em **Saúde e Segurança do Trabalhador (SST)**?

AMB 20. O uso de **serviços ecossistêmicos** e de **recursos naturais** pela organização gera, ou gerou nos **últimos 3 anos**, conflitos ou restrição de uso destes pela comunidade local?

AMB 21. Com relação aos processos produtivos da companhia, selecione cada opção caso a ação indicada seja uma prática na gestão: consumo de água, efluentes líquidos, consumo de energia, intensidade energética, emissões, geração de resíduos sólidos.

AMB 22. Com relação aos processos administrativos da companhia, selecione cada opção caso a ação indicada seja uma prática na gestão: consumo de água, energia e resíduos sólidos.

AMB 23. Assinale o percentual da água utilizada em processos administrativos (escritórios, refeitórios, banheiros) que é oriunda de reuso da água e/ou captação de água da chuva (pluvial).

AMB 24. Qual o percentual das instalações dedicadas a processos administrativos que utilizam tecnologias de uso eficiente de água?

AMB 25. Assinale o percentual de reuso da água nos processos produtivos.

---

[9] Menos de 10% dos alunos que frequentaram a disciplina Relato Integrado afirmaram consultar na íntegra os questionários no *site* da B3. Dependendo do computador ou da internet, pode-se levar horas simplesmente para acessar os arquivos e dias para uma leitura atenta.

AMB 26. Assinale a alternativa que caracteriza a condição dos **efluentes líquidos** gerados nos processos produtivos pela companhia: em conformidade ou não com a legislação.

AMB 27. Assinale a alternativa que caracteriza a condição dos esgotos domésticos ou **efluentes líquidos** gerados nos processos administrativos pela companhia: em conformidade ou não com a legislação.

AMB 28. Assinale a alternativa que caracteriza a condição das **emissões atmosféricas** da companhia: monitora ou não suas emissões.

AMB 29. Assinale a alternativa que indica a prática da companhia com relação à geração e destinação de **resíduos sólidos classe I, IIA e/ou IIB**: inventários, metas anuais de reuso ou reciclagem, monitoramento, conformidade legal etc.

AMB 30. Assinale a situação da companhia em relação ao **Plano de Gerenciamento de Resíd. Sólidos (PGRS)**, conformidade legal etc.

AMB 31. A companhia adota procedimentos específicos para a gestão de emissões e resíduos críticos não contemplados na legislação e normas ambientais?

AMB 32. A companhia adota procedimentos específicos para a gestão de aspectos ambientais que, mesmo não estando contemplados na legislação vigente, representam risco ou à saúde pública ou ao meio ambiente?

AMB 33. Indique a situação da companhia em relação às coberturas de seguro ambiental contratadas para suas instalações e operações: seguro ambiental, tipos de cobertura etc. poluição subida, acidental e gradual.

AMB 34. Qual a condição das propriedades rurais da companhia em relação ao Cadastro Ambiental Rural (CAR)?

AMB 35. Qual a condição das propriedades rurais de terceiros e utilizadas pela companhia (arrendamento, cessão ou outra forma de uso) em relação ao Cadastro Ambiental Rural (CAR)?

AMB 36. Qual a condição da companhia em relação às suas **Áreas de Preservação Permanente (APP)**?

AMB 37. Qual a condição da companhia em relação à **Reserva Legal**?

AMB 38. A companhia possui **Passivos Ambientais**?

AMB 38.1 Qual a previsão para o saneamento integral desses **Passivos Ambientais**?

AMB 38.2 A companhia provisionou recursos financeiros para o saneamento dos seus **Passivos Ambientais**?

AMB 38.3 A companhia divulga os seus **Passivos Ambientais**?

AMB 39. Qual a situação da companhia em relação ao licenciamento ambiental de suas instalações e processos: monitoramento, conformidade legal etc.?

AMB 40. Nos **últimos 3 anos**, a companhia recebeu alguma sanção administrativa de natureza ambiental?

AMB 40.1 A companhia possui **Termo(s) de Compromisso de Execução Extrajudicial** assinado(s) neste período?

AMB 40.1.1 A companhia está inadimplente em relação a algum(ns) compromisso(s) assumido(s) (prazo ou objeto) em decorrência da assinatura deste(s) Termo(s)?

AMB 41. Nos **últimos 3 anos**, a companhia sofreu algum processo judicial ambiental cível?

AMB 41.1 A companhia foi condenada?

AMB 41.2 Houve acordo(s) judicial(ais) objetivando a composição das partes, que está(ão) sendo cumprido(s) dentro dos prazos e critérios estabelecidos?

AMB 42. Nos **últimos 3 anos**, a companhia ou seus administradores, sofreu algum processo judicial ambiental criminal?

AMB 42.1 Houve condenação transitada em julgado?

AMB 42.2 Houve transação ou suspensão condicional do(s) processo(s) que está(ão) sendo efetivamente cumprido(s) dentro dos prazos e critérios estabelecidos?

Dimensão Econômico-Financeira (ECO)

ECO 1. A companhia possui uma **Política Corporativa** para a **gestão de riscos e oportunidades corporativos** que considera aspectos de curto, médio e longo prazo?

ECO 1.1 Na elaboração da(s) política(s) foram considerados os **impactos econômicos indiretos** das atividades da companhia?

ECO 2. Os aspectos socioambientais de curto, médio e longo prazo são incorporados nas projeções quantitativas de: receitas, custos e despesas, ativos operacionais, custo de capital etc.

ECO 3. Indique para quais **Ativos Intangíveis** a companhia adota política(s) específica(s): capital intelectual, humano, social e de relacionamento, natural.

ECO 4. Existem **processos e procedimentos** implementados de **gestão de riscos corporativos** que considerem aspectos de curto, médio e longo prazo, acompanhados pelo **Conselho de Administração**?

ECO 4.1 Indique dentre os tipos de risco a seguir, aqueles cuja quantificação também considera aspectos socioambientais de curto, médio e longo prazo: risco estratégico, operacional, financeiro (mercado, crédito e liquidez), reputacional e risco legal ou regulatório.

ECO 4.1.1 Para os tipos de risco identificados na PERGUNTA 4.1, há **monitoramento** periódico?

ECO 4.2 Para qual área o principal responsável pela gestão de risco da companhia, que considera aspectos socioambientais de curto, médio e longo prazo, responde diretamente? Primeiro nível, principal executivo, conselho de administração.

ECO 4.3 Quais das práticas relacionadas a seguir fazem parte do processo de gestão de **riscos de mercado** da companhia, especificamente no que se refere a posições mantidas em instrumentos financeiros derivativos: valor marcado a mercado, limites de exposição financeira, testes de estresse etc.?

ECO 4.4 A companhia restringe o uso de instrumentos financeiros derivativos para fins exclusivos de proteção (*hedge*)?

ECO 4.4.1 A companhia divulga separadamente a exposição nos instrumentos financeiros derivativos que visam à proteção patrimonial (*hedge*) das posições?

ECO 5. Existem **processos e procedimentos** implementados para **gestão de oportunidades** corporativas que considere aspectos socioambientais de curto, médio e longo prazo?

ECO 5.1 Estes processos e procedimentos se concretizaram em negócios inovadores do ponto de vista socioambiental? Em caso afirmativo, qual o estágio mais avançado em que esses negócios se encontram?

ECO 6. Existem **processos e procedimentos** implementados para monitorar **impactos econômicos indiretos** das atividades da companhia?

ECO 7. A companhia possui **plano de contingência**?

ECO 7.1 Indique quais aspectos são testados periodicamente no **plano de contingência** da companhia: para desastres naturais, impactos ambientais, sociais, de infraestrutura etc.

ECO 8. Indique qual a abrangência de coberturas de seguro que as unidades da companhia dispõem para: riscos nomeados, operacionais, responsabilidade civil geral, lucros cessantes, dados, fraudes e desastres naturais.

ECO 9. Existem **processos e procedimentos** implementados de gestão de **Ativos Intangíveis**, além dos registrados na contabilidade oficial?

ECO 10. Existe sistema de gestão de desempenho baseado em indicadores vinculados ao planejamento estratégico?

ECO 11. Assinale as alternativas que caracterizam as práticas da companhia em relação às demonstrações financeiras: não prepara, prepara, publica, faz atualização monetária.

ECO 12. As **Notas Explicativas** abordam de forma quantitativa: benefícios pós-emprego, gestão de risco socioambiental etc.?

ECO 13. Nas Demonstrações Financeiras, o **Investimento Social Privado** é divulgado: no relatório da administração, em notas explicativas, DVA etc.?

ECO 14. A companhia calcula o **lucro econômico** ou outras medidas de geração de **valor econômico**?

ECO 14.1 A companhia: disponibilizado ao público interno, executivos, base para remuneração variável etc.?

ECO 15. Com relação ao **equilíbrio do crescimento** a companhia: calcula, divulga etc.?

ECO 16. Nos **últimos 5 anos,** a companhia ou seus **administradores,** quando aplicável: foi condenado por decisão em processo administrativo, infrações à ordem concorrencial, ressalva pelos auditores etc.?

ECO 17. Nos **últimos 5 anos,** a companhia ou seus **administradores** quando aplicável, foi condenada, no Brasil e/ou no exterior, por decisão/sentença definitiva em processo administrativo? Bacen, CVM, entidades de regulamentação etc.?

ECO 18. Em caso de condenação administrativa pelo Conselho Administrativo de Defesa Econômica (CADE) – ou órgão equivalente no exterior – em decisão/sentença definitiva, a companhia tomou providências para certificar-se que o evento não se repita?

Dimensão Geral (GER)

GER 1. O compromisso com o **Desenvolvimento Sustentável** está formalmente inserido na **cultura** e na estratégia da companhia?

GER 1.1 Este compromisso está formalmente expresso: na visão, missão, código de conduta, política da organização, objetivos e metas socioambientais etc.?

GER 1.2 Assinale os temas expressamente contemplados neste compromisso: Respeito ao meio ambiente, Práticas leais de operação, Promoção dos Direitos Humanos, Melhoria das condições de trabalho, emprego e renda, Relações com clientes e consumidores, Envolvimento com a comunidade e seu desenvolvimento, Governança Organizacional, Combate à **corrupção,** Redução das desigualdades sociais etc.

GER 1.3 A companhia mantém **programa** de sensibilização e educação sobre o tema?

GER 1.3.1 Este programa efetivamente atinge: Público interno em nível gerencial e lideranças, Público interno em todos os demais níveis, **Fornecedores críticos,** Todos os demais fornecedores, Consumidores e/ou clientes, Outras **partes interessadas** além das mencionadas acima?

GER 1.3.2 Este programa é implementado de forma sistemática e estruturada, possuindo: a) Planejamento e implementação que atendem ao compromisso da companhia com o Desenvolvimento Sustentável, b) Planejamento e implementação integrados com a estratégia de sustentabilidade da companhia, c) Monitoramento e avaliação sistemática de resultados, d) Duração igual ou superior a dois anos, e) Nenhuma das anteriores.

GER 1.4 Indique as opções adotadas para sua divulgação ampla: a) Publicação na área de livre acesso do *website* da companhia, b) Publicação de versões adaptadas para públicos com necessidades específicas de acessibilidade, c) Publicação de versões adicionais, que facilitem sua compreensão, considerando peculiaridades e interesses específicos de diferentes partes interessadas, d) Nenhuma das anteriores.

GER 2. A companhia aderiu formal e publicamente a **compromissos voluntários** amplamente legitimados, relacionados ao **Desenvolvimento Sustentável**, comprometendo todas suas unidades, bem como todas suas subsidiárias ou controladas?

GER 2.1 No planejamento e gestão das práticas empresariais decorrentes de sua adesão a **compromissos voluntários**, a companhia considera o referencial representado pela **Agenda 2030** e pelos **ODS (Objetivos do Desenvolvimento Sustentável)** nela referidos?

GER 2.1.1 A companhia realizou análise para identificar se há relação direta e relevante entre as práticas empresariais decorrentes de seus **compromissos voluntários** e os **ODS**?

GER 2.1.1.1 Indique na próxima célula como as práticas empresariais decorrentes da adesão da companhia a **compromissos voluntários** contribuem para o avanço de cada um dos 17 ODS.

GER 2.1.1.1.1 Em relação ao conjunto de **ODS** a companhia: a) Analisa, pelo menos qualitativamente, as implicações das práticas empresariais consideradas, em relação ao conjunto dos ODS, b) Prevê o estabelecimento de indicadores e metas tendo em conta as métricas em estudo para os ODS pela Organização das Nações Unidas ou seu correspondente para o Brasil, assim como a magnitude dos resultados esperados e o prazo para atingi-los, c) Prevê o dimensionamento e alocação de recursos compatíveis com o nível de ambição dado pelos seus objetivos e metas, d) Considera potenciais possibilidades de cooperação com outros *stakeholders* e/ou empresas para atingimento dos seus objetivos e metas, e) Nenhuma das anteriores?

GER 2.2 A companhia realiza autoavaliações, monitora e publica relatório com indicadores apropriados referente aos compromissos assumidos?

GER 2.2.1 A companhia estabelece metas de melhoria para estes indicadores e estabelece planos de ação para o seu alcance?

GER 2.3 Indique de que forma essa adesão é divulgada: a) Sim, em pelo menos um idioma, além do português; b) Sim, na área de livre acesso do *website* da companhia ou em seus relatórios corporativos; c) Sim, em documentos públicos e com versões adaptadas para públicos com necessidades específicas de acessibilidade; d) Sim, em versões e canais adicionais, que facilitem sua compreensão, difusão e possibilidade de participação, considerando peculiaridades e interesses específicos de diferentes **partes interessadas;** e) Nenhuma das anteriores.

GER 3. A companhia possui um **Comitê de Sustentabilidade ou de Responsabilidade Empresarial** formalmente estabelecido? a) Sim; b) Sim, que se reporta ao **Conselho de Administração** ou a um comitê ou subgrupo de integrantes do conselho; c) Não, porque o tema é tratado transversalmente, e está formalmente incluído nas responsabilidades atribuídas e cobradas de cada um dos órgãos diretivos da companhia; d) Não, uma declaração formal assinada pelo DRI da companhia (ou pelo principal executivo/CEO, no caso de empresas onde inexista um DRI), prestando as informações requeridas e atestando sua veracidade.

GER 3.1 Se SIM para a PERGUNTA 3, este Comitê inclui pelo menos um **Conselheiro de Administração?** a) Sim; b) Não, porque a companhia não tem um Conselho de Administração; c) Não.

GER 4. A companhia possui uma diretoria que se reporte diretamente à alta direção (primeiro escalão) e com atribuição de tratar questões relativas à sustentabilidade?

GER 5. A companhia possui instrumento formal estabelecendo que suas políticas e procedimentos relativos à sustentabilidade sejam observados em todas as suas unidades e controladas incluindo, se aplicável, sua operação em outros países em que se localizem ou atuem?

GER 6. A companhia acompanha sistematicamente seus indicadores de sustentabilidade, independentemente de demandas específicas?

GER 6.1 A coleta e organização de informações para os indicadores de sustentabilidade é tarefa de: a) Profissionais de nível operacional ou estagiários, com dedicação permanente a esta tarefa; b) Equipe dedicada, supervisionada diretamente por um **profissional de nível gerencial;** c) Equipe dedicada, supervisionada diretamente por um **profissional de nível executivo;** d) Nenhuma das anteriores.

GER 6.2 A coleta e organização das informações baseia-se, principalmente, em dados coletados automaticamente por meio de um sistema informatizado integrado ao sistema de informações gerenciais da companhia?

GER 7. A companhia busca identificar os temas mais relevantes do ponto de vista da sustentabilidade por meio de um processo estruturado de identificação de seus impactos econômicos, ambientais e sociais significativos, e conduzido com participação das principais **partes interessadas?**

GER 8. A companhia tem **Política Corporativa** visando assegurar princípios para o relacionamento com suas **partes interessadas,** buscando engajá-las em suas atividades e decisões?

GER 8.1 Indique quais **partes interessadas** consideradas como prioritárias para companhia, estão contempladas nesta política: a) Acionistas e Investidores; b) Empregados diretos; c) Demais integrantes da **força de trabalho;** d) Fornecedores; e) Consumidores/Clientes; f) Comunidade; g) Governo; h) Sociedade civil organizada; I) Outras partes interessadas.

GER 8.2 Indique quais práticas estão contempladas explicitamente nesta política: a) Prestação de contas e recebimento de *feedback;* b) Gestão dos impactos e relacionamentos decorrentes da atividade usual da companhia; c) Gerenciamento de crises ou situações de conflito com uma ou mais **partes interessadas;** d) Avaliação dos impactos de um novo projeto/produto ou significativas modificações nos já existentes; e) Planejamento de um novo projeto/produto, ou de significativas modificações nos existentes; f) Busca de oportunidades para inovação e criação de valor; g) Nenhuma das anteriores.

GER 9. A companhia integra aspectos de sustentabilidade em suas práticas de gestão de desempenho? a) Separadamente; b) Separadamente, identificando a remuneração fixa e a variável; c) Em blocos (um bloco para o Conselho e outro bloco para a Diretoria); d) Em blocos (um bloco para o Conselho e outro bloco para a Diretoria), identificando a remuneração fixa e a variável; e) Consolidada (montante global); f) Nenhuma das anteriores.

GER 10. A companhia divulga os tipos e os critérios de remuneração e benefícios atribuídos aos seus **administradores** (conselheiros de administração e diretores)?

GER 11. A remuneração variável (reajustes salariais diferenciados, bônus, prêmios) está vinculada a **metas de desempenho socioambiental** da companhia?

GER 12. O sistema de remuneração variável da companhia prevê algum dispositivo que propicie uma correlação entre os riscos assumidos, a remuneração efetivamente paga e o resultado da companhia?

GER 13. Existe processo institucionalizado de planejamento estratégico, aprovado no âmbito do Conselho de Administração ou, caso este inexista, da instância mais elevada de gestão da companhia?

GER 13.1 Assinale os itens que estão formalmente considerados neste processo institucionalizado de planejamento estratégico: impactos socioambientais, cadeia de valor, posicionamento, outros públicos, análise de tendências e desafios, Agenda 2030 ODS.

GER 14. Nos processos de formulação de estratégias e/ou Pesquisa & Desenvolvimento voltados à definição dos seus produtos e/ou modelos de negócio, a companhia: a) Considera as implicações das potenciais mudanças nos padrões de oferta e demanda do **capital natural** para **posicionamento** ou **reposicionamento** dos seus produtos e/ou modelos de negócios; b) Busca soluções para compatibilizar o atendimento das necessidades de inclusão de um número crescente de clientes/consumidores com os limites na disponibilidade de **capital natural**, em escala local, regional e/ou global; c) Nenhuma das anteriores.

GER 14.1	A companhia realiza regularmente pesquisa e investigação sobre as demandas potenciais e a satisfação dos clientes/consumidores, visando compreender suas necessidades e orientar o desenvolvimento de produtos e/ou serviços que conciliem o bom atendimento dessas necessidades com a sustentabilidade?
GER 14.1.1	A participação de **entidades representativas de clientes/consumidores** ocorreu na maioria (mais de 50%) das pesquisas realizadas?
GER 15.	Qual a situação da companhia em relação à revisão de seu **negócio**, visando avaliar seus impactos sociais e ambientais (positivos e negativos) e identificar alternativas sinérgicas com a sustentabilidade, externalidades, sinergia, alternativas, adoção de medidas etc.? adota, não adota, amplamente, integralmente?
GER 16.	A companhia conhece a extensão de sua **cadeia de valor** e identifica os elos mais importantes de acordo com o seu negócio?
GER 16.1	Assinale a seguir os elos da **cadeia de valor** que a companhia conhece e monitora: produtores e fornecedores, distribuidores e revendedores, agentes de promoção e marketing, consumidores e clientes, agentes pós-consumo, outros atores envolvidos etc.
GER 17.	Com relação à adoção de práticas para promover a sustentabilidade na **cadeia de valor**, indique na célula a seguir as que melhor representam a atuação da companhia, e os níveis em que são aplicadas: são aplicadas em situações específicas, com base na experiência de relacionamento, com base em estudos prévios etc.
GER 18.	A companhia possui **processos e procedimentos** implementados em relação à aplicação de critérios socioambientais para identificação e gestão de seus **fornecedores críticos**?
GER 18.1	Marque a seguir as células correspondentes aos critérios e etapas do processo cobertas pelos **processos e procedimentos** relativos à gestão dos **fornecedores críticos**: seleção, monitoramento, desenvolvimento de fornecedores, estímulo etc.
GER 19.	A companhia possui **processos e procedimentos** implementados em relação à aplicação de critérios socioambientais na gestão dos principais integrantes de sua **cadeia de valor** envolvidos no processo de venda, uso e/ou **pós-consumo** de seus **produtos**?
GER 20.	A companhia adota política contínua de esclarecimento aos funcionários sobre **defesa da concorrência**?
GER 20.1	Indique quais instrumentos são utilizados pela companhia para implantar medidas de **defesa da concorrência**: informativos internos, palestras, cursos, área comercial, procedimentos gerenciais etc.
GER 21.	A companhia possui **compromisso formal** em relação ao combate a todas as formas de **corrupção**? a) Sim, em seu **Código de Conduta;** b) Sim, como uma **Política Corporativa** específica sobre o tema; c) Sim, por meio de adesão formal ou declaração pública relativa a compromissos e iniciativas voluntárias sobre o tema; d) Não.
GER 21.1	Este **compromisso formal**: a) Explicita medidas de prevenção sobre o envolvimento ativo ou passivo em situações que caracterizam alguma forma de **corrupção** na companhia e na **cadeia de valor;** b) Explicita as normas internas e as leis que regem a relação de qualquer representante da companhia com o poder público; c) Orienta o encaminhamento de ações para promover o **engajamento** da **cadeia de valor;** d) Prevê medidas de incentivo para ideias e outras contribuições visando ampliar e garantir seu cumprimento; e) Indica áreas ou profissionais responsáveis por promover sua implementação e observância; f) Indica os meios para obtenção dos resultados visados e os responsáveis por sua disponibilização; g) Indica a necessidade de **monitoramento** e fiscalização de seu cumprimento na cadeia de valor, apontando os meios necessários para isto; h) Prevê medidas disciplinares e/ou legais para situações de descumprimento ocorridas na companhia; i) Prevê medidas disciplinares e/ou legais para situações de descumprimento ocorridas na cadeia de valor; j) Tem seu cumprimento monitorado e fiscalizado pela própria companhia; k) Tem seu cumprimento monitorado e fiscalizado por uma terceira parte independente, contratada para este fim; l) Prevê a utilização de critérios éticos na seleção de fornecedores, utilizando, por exemplo, **cadastros públicos positivos ou negativos de empresas.**
GER 21.2	Este **compromisso formal** é divulgado?; a) Sim, em pelo menos um idioma, além do português; b) Sim, na área de livre acesso do *website* da companhia e/ou em seus relatórios corporativos; c) Sim, em versões adaptadas para públicos com necessidades específicas de acessibilidade; d) Sim, em versões ou canais adicionais, que facilitem sua compreensão, difusão e possibilidade de participação, considerando peculiaridades e interesses específicos de diferentes **partes interessadas;** e) Nenhuma das anteriores.
GER 22.	A companhia engaja seu público interno e seus parceiros comerciais na prevenção e no combate a todas as formas de **corrupção** nas suas relações com: a) Fornecedores diretos; b) Fornecedores indiretos (fornecedores dos fornecedores); c) Distribuidores, consumidores e/ou clientes; d) **Agentes Públicos;** e) Outras **partes interessadas;** f) Nenhuma das anteriores.
GER 23.	A companhia possui **processos e procedimentos** implementados que permitem o gerenciamento de situações envolvendo qualquer forma de **corrupção** e/ou **conflitos de interesses**?
GER 23.1	Estes **processos e procedimentos** incluem: a) Um sistema de verificação das práticas éticas que oriente o encaminhamento de denúncias sobre quaisquer formas de **corrupção** envolvendo atividades da companhia e de todas suas controladas, no Brasil ou no exterior; b) Medidas para prevenir retaliação a denunciantes, como, por exemplo, um canal confidencial para o recebimento de denúncias de situações que envolvam qualquer forma de corrupção, nas operações da companhia e em sua **cadeia de valor;** c) A apuração e resposta a denúncias de situações que envolvam qualquer forma de corrupção, em todas as operações da companhia e em sua cadeia de valor; d) O monitoramento e divulgação do andamento e tratamento das denún-

cias, reclamações, críticas ou sugestões recebidas, de forma que o autor da denúncia possa acompanhar o andamento do processo; e) Mecanismos internos de verificação e comprovação da proporcionalidade e razoabilidade dos pagamentos feitos a representantes, agentes, mandatários e outras pessoas ou organizações, especialmente em decorrência de serviços prestados junto a instituições ou agentes públicos; f) Um sistema de controle financeiro que analise detalhadamente receitas, despesas e custos, visando detectar e evitar pagamentos ou recebimentos que possam ser relacionados a diferentes formas de corrupção (por exemplo, práticas rigorosas para impedir receitas/despesas não contabilizadas, ou acompanhamento de indicadores que apontem desproporções entre custos e preços cobrados ou pagos); g) Nenhuma das anteriores.

GER 24. A companhia procura concretizar seu compromisso com o **desenvolvimento sustentável** por meio da elaboração, avaliação, implantação ou monitoramento de políticas voltadas ao interesse público, atuando nas instâncias competentes de forma transparente e articulada com as demais **partes interessadas**?

GER 25. Ao participar da elaboração, avaliação, implantação ou monitoramento de **políticas públicas**, a companhia e/ou o órgão de classe correspondente adota práticas de transparência adequadas, dando publicidade às suas propostas e posicionamentos?

GER 26. Nos **últimos 4 anos**, a companhia financiou ou apoiou candidatos a cargos públicos e/ou partidos políticos, dentro ou fora de períodos eleitorais?

GER 26.1 A companhia publica informação completa a respeito dos valores, dos candidatos e dos partidos em seu **Relatório de Sustentabilidade** ou na área de livre acesso de seu *website* ou outro instrumento público?

GER 27. Os indicadores de sustentabilidade estratégicos para a companhia são publicados em área de livre acesso do *website* da companhia ou outro instrumento público?

GER 28. No **último ano**, a companhia publicou **Relatório de Sustentabilidade**?

GER 28.1 Este relatório é parte integrante do **Relatório Anual**? a) Sim, em documentos separados, mas publicados/divulgados simultaneamente; b) Sim, compondo um documento único; c) Não.

GER 28.2 Este relatório é elaborado seguindo padrões internacionalmente aceitos? a) Sim, as diretrizes da **GRI**; b) Sim, outro padrão; c) Não.

GER 28.3 Neste relatório é possível encontrar: a) Apresentação de todas as organizações sujeitas ao controle ou à **influência significativa** da companhia (controladas, coligadas, subsidiárias, *joint ventures* etc.); b) Temas e desafios, atuais e futuros, relacionados à sustentabilidade do setor em que atua, especialmente aqueles apontados por terceira parte (parceiros, governo, concorrência etc.); c) Demonstração de conformidade com as normas, leis, acordos internacionais, mandatórios ou voluntários com importância estratégica para a companhia e suas **partes interessadas;** d) **Externalidades** negativas geradas para a sociedade e ao meio ambiente decorrentes do uso do seu produto, serviço ou atividade (considerando-se o princípio da **materialidade**); e) Informações quantitativas sobre implicações econômicas de questões relacionadas à sustentabilidade, como, por exemplo, demonstração de lucros e perdas ambientais, valoração de serviços ecossistêmicos, e análise de custo-benefício ou retorno do investimento incluindo aspectos socioambientais; f) Parecer de auditor independente sobre a verificação de todo seu conteúdo (não apenas das Demonstrações Contábeis, Financeiras, Balanço Patrimonial etc.); g) Nenhuma das anteriores.

GER 28.4 Assinale na célula a seguir caso este relatório contenha as informações sobre as metas assumidas e sua prestação de contas nos aspectos ambiental, social e econômico: assume metas, presta contas?

GER 28.5 Assinale as alternativas que caracterizam o processo de **engajamento** realizado pela companhia para a elaboração do **Relatório de Sustentabilidade**: a) Foi constituído para integrar as demandas de partes interessadas no planejamento estratégico e é também considerado na elaboração do relatório de sustentabilidade; b) Identifica as **partes interessadas**, utilizando uma metodologia de engajamento específica para este fim, e prioriza, de modo sistemático, as questões relevantes que impactam ou influenciam as decisões das mesmas, considerando sua **materialidade**; c) Está descrito e explicado no relatório; d) Inclui consultas com **participação livre** das partes interessadas; e) Recebeu demandas de partes interessadas e respondeu a todas, atendendo-as ou justificando o seu não atendimento; f) Nenhuma das anteriores.

GER 28.6 O relatório foi: a) Integralmente disponibilizado em pelo menos um idioma, além do português; b) Divulgado em **versão adaptada** especificamente a **partes interessadas** que têm necessidades específicas de acessibilidade; c) Divulgado em versões adicionais, que visem à sua compreensão e estimulem sua leitura pelas diferentes partes interessadas, considerando suas peculiaridades e interesses específicos; d) Nenhuma das anteriores.

GER 28.7 Existe envolvimento direto dos **administradores** da companhia na definição do **Relatório de Sustentabilidade**?

GER 29. Em relação à produção de relatos baseados na integração entre informações econômicas, sociais, ambientais e de governança, a companhia: estuda o tema, adota medidas, publica relatos?

Dimensão Governança Corporativa (GOV)

GOV 1. Os **acionistas preferencialistas** têm direito a voto em matérias relevantes?

GOV 2. Com relação às operações societárias que resultam na alienação ou na aquisição do controle acionário e/ou reorganizações societárias, quais direitos são garantidos aos acionistas pelo **Estatuto Social** da companhia? (assinale todas as alternativas que se apliquem): a) *Tag along* de 100% para as ações ordinárias (ON); b) *Tag along* de 100% para as ações preferenciais (PN), ou a companhia não possui ações preferenciais (PN) emitidas; c) Previsão de tempo suficiente aos acionistas para que decidam de forma fundamentada, refletida e independente sobre a OPA, e o envio, pela companhia, tempestiva e equitativamente de todas as informações necessárias para a avaliação e deliberação dos acionistas; d) Previsão de emissão de parecer pelo conselho de administração contendo, entre outras informações relevantes: opinião da administração sobre a OPA; valor econômico da companhia; e impacto estimado da transação sobre as partes relacionadas e sobre a estratégia de longo prazo da companhia; e) Adesão ao **Comitê de Aquisição e Fusões (CAF)**.

GOV 3. Indique a seguir as práticas adotadas pela companhia com relação às **Assembleias**: a) Possui formalmente e divulga, em seu *website*, canal de comunicação para apresentação de recomendações de **acionistas** e sua apreciação pelo **Conselho de Administração** para serem incluídas nas pautas das Assembleias; b) Convocação ocorre com, no mínimo, 30 dias de antecedência à Assembleia; c) Em conjunto com a convocação para a Assembleia são encaminhados a pauta e os documentos necessários para as deliberações, com possibilidade de acesso a eles de forma eletrônica e/ou remota; d) São disponibilizados canais de comunicação para os acionistas enviarem perguntas à Diretoria antes da Assembleia; e) Possui Manual para participação nas Assembleias, contendo as **regras de votação**, além de outras informações; f) Disponibiliza meios para voto à distância; g) Nenhuma das anteriores.

GOV 4. O **Estatuto Social** da companhia estabelece a **arbitragem** como meio para a solução de **conflitos societários**?

GOV 5. O **Estatuto Social** prevê com clareza que as bases econômico-financeiras para o recesso de acionistas, fechamento de capital e a saída de um segmento de listagem da B3 não sejam inferiores ao **valor econômico**?

GOV 6. O **Estatuto Social** e, se existente, o **Acordo de Acionistas** da companhia: a) Não possuem cláusula de vinculação do **exercício do direito de voto dos Conselheiros de Administração** (um ou mais conselheiros); b) Não preveem, em qualquer circunstância, a indicação de qualquer diretor (incluindo o presidente) diretamente pelos sócios, sendo esta função unicamente do Conselho de Administração; c) Nenhuma das anteriores; (b) Trechos do estatuto social indicando a forma de indicação e eleição dos diretores (incluindo o presidente) e declaração indicando a inexistência de acordo de acionistas ou apresentação do acordo de acionistas vigente sem a presença de cláusula de indicação de diretores (incluindo o presidente) pelos acionistas.

GOV 7. O controle da companhia é exercido: a) Por meio de **estruturas piramidais**, com clara e completa indicação do(s) controlador(es) até o nível de pessoa física; b) Por meio de estruturas piramidais, porém sem clara e completa indicação do(s) controlador(es) até o nível de pessoa física, pois se trata de Fundo de Pensão, Fundo de Investimento em ações ou **Sociedade de Economia Mista**; c) Por meio de estruturas piramidais, porém sem clara e completa indicação do(s) controlador(es) até o nível de pessoa física; d) De forma direta, com clara e completa indicação do(s) controlador(es) até o nível de pessoa física; e) De forma direta, porém sem clara e/ou completa indicação do(s) controlador(es) até o nível de pessoa física; f) De forma clara e direta, porém sem indicação do controlador até o nível de pessoa física, pois se trata de Fundo de Pensão, Fundo de Investimento em ações ou Sociedade de Economia Mista; g) Não há controle definido (controle é pulverizado ou disperso).

GOV 8. Com relação ao **mecanismo de proteção à tomada de controle** (*poison pill*) previsto em estatuto, assinale as alternativas que se apliquem: a) Não prevê penalidade para os acionistas que votarem pela sua supressão ou modificação; b) Prevê a possibilidade de os acionistas, em assembleia, aceitarem alterações nas condições previstas em estatuto para realização da oferta pública de aquisição (OPA); c) Prevê a possibilidade de os acionistas, em assembleia, dispensarem a realização da OPA pelo adquirente; d) Não possui tal mecanismo previsto em estatuto.

GOV 9. A companhia é Sociedade de Economia Mista?

GOV 9.1 A companhia divulga, conforme recomendações do Ofício Circular CVM/SEP nº 01, de 2017, informações sobre (assinale todas as alternativas que se apliquem): a) Riscos relacionados ao fato de que a companhia seja orientada de modo a atender o interesse público que justificou sua criação; b) Regras aplicáveis ao reajuste tarifário ou à formação de preços; c) Decisões tomadas em função de orientações recebidas do acionista controlador – investimentos, celebração de contratos, política de preços, entre outros; d) Principais investimentos realizados (em curso e previstos) em decorrência do exercício de políticas públicas (incluindo metas de universalização e programas governamentais); e) Estimativa dos impactos dos investimentos mencionados nas alternativas (a) e (d) no desempenho da companhia; f) Nenhuma das anteriores.

GOV 9.2 Nos **últimos 5 anos**, em função de orientação recebida do acionista controlador, a companhia atendeu a interesses e objetivos não relacionados ao seu objeto social ou ao interesse social específico que justificou a sua criação?

GOV 9.3 Há um procedimento formal, com processo, critérios e qualificações bem definidas para: a) A indicação dos diretores pelo principal executivo (presidente), para posterior ratificação pelo conselho de administração; b) A escolha do principal executivo (presidente) pelo conselho de administração; c) Nenhuma das anteriores.

GOV 9.4 A companhia aderiu ao **Programa Destaque em Governança de Estatais** da B3?

GOV 10. A companhia realiza **reuniões públicas** presenciais, com analistas e demais agentes do mercado de capitais, no Brasil?

GOV 10.1 Nessas reuniões a companhia apresenta e discute, juntamente com as informações financeiras, aspectos sociais e ambientais relacionados à companhia e/ou suas operações?

GOV 11. Assinale todas as alternativas que se apliquem em relação aos processos administrativos, arbitrais ou judiciais contra a companhia, os **administradores** ou o acionista controlador, envolvendo tratamento não equitativo de **acionistas mi-**

noritários e/ou quebra do dever fiduciário de administradores, ocorridos nos **últimos 5 anos**: a) Houve alguma sentença de condenação/decisão irrecorrível; b) Houve encerramento com celebração de termo de compromisso com a CVM em algum processo; c) Há processos ainda em andamento; d) Houve absolvição irrecorrível em todos os processos; e) Não houve qualquer processo nos últimos 5 anos.

GOV 11.1 Houve processo por infração grave, conforme definida pela CVM?

GOV 11.2 Para as alternativas (a) ou (b) da PERGUNTA 11, houve, para algum administrador e/ou acionista, pena de suspensão, inabilitação, cassação ou proibição?

GOV 12. A companhia exige formalmente (por meio de **Política Corporativa**, **Estatuto Social**, determinação formal do conselho de administração ou da diretoria etc.) que em suas controladas, coligadas e/ou subsidiárias nas quais haja a participação de outros acionistas, haja uma estrutura de governança corporativa própria, compatível ao seu porte, complexidade e relevância no grupo econômico?

GOV 13. A companhia acompanha formalmente a adequação de suas controladas, coligadas e/ou subsidiárias com relação às questões de conformidade (*compliance*)?

GOV 14. Indique de que forma se dá a participação dos executivos da companhia no **Conselho de Administração**: a) O **Principal Executivo** não é conselheiro, mas participa das reuniões do Conselho de Administração como convidado; b) Os demais diretores não são membros do Conselho de Administração, mas podem participar como convidados; c) Há prática regular de **sessões executivas/exclusivas**; d) As posições de Presidente do Conselho de Administração e Principal Executivo são ocupadas por pessoas diferentes; e) Nenhuma das anteriores.

GOV 15. Assinale as alternativas que caracterizam o **Conselho de Administração** da companhia: a) Tem no mínimo 5 e no máximo 11 membros; b) Possui **conselheiro(s) independente(s)** em sua composição; c) O mandato dos conselheiros é de no mínimo 1 ano e no máximo 2 anos; d) Há previsão de reavaliação periódica da independência dos conselheiros independentes, ou previsão de número máximo de mandatos consecutivos para esses conselheiros; e) Há previsão sobre o número máximo de outros conselhos, comitês e/ou cargos executivos que podem ser acumulados por seus conselheiros de administração; f) Não há conselheiros suplentes; g) Nenhuma das anteriores.

GOV 15.1 A companhia possui pelo menos 30% de **conselheiros independentes** (esse percentual tem que representar, no mínimo, 2 conselheiros)?

GOV 16. O **Conselho de Administração**, diretamente ou por meio de um comitê do conselho, avalia e discute formalmente questões relativas à diversidade (no mínimo gênero e/ou raça/cor), visando promover a igualdade de oportunidade de acesso dos diferentes grupos aos cargos de alta administração da companhia?

GOV 17. Em relação à participação de mulheres no **Conselho de Administração**, indique a situação da companhia: a) Não há mulheres no Conselho de Administração; b) Há a participação de uma ou mais mulheres; c) Há a participação de uma ou mais mulheres como conselheiras titulares, e há políticas ou planos formalizados para promover a diversidade e o equilíbrio de gênero; d) Não há mulheres nem planos para promover a diversidade e o equilíbrio de gênero.

GOV 18. Em relação à participação de negros no **Conselho de Administração**, indique a situação da companhia: a) Não há a participação de negros; b) Há a participação de um ou mais negros como conselheiros titulares; c) Há a participação de um ou mais negros, há planos formalizados ou políticas para promover a diversidade e o equidade racial; d) Não há negros, no Conselho de Administração e não há planos para promover a diversidade e a equidade racial.

GOV 19. Algum dos documentos que normatizem as atividades do **Conselho de Administração** (**Regimento Interno**, **Estatuto Social** ou **Código de Conduta**) dispõe sobre tratamento de situações de **conflito de interesses** especificamente no âmbito do conselho?

GOV 20. Com relação aos mecanismos formais de avaliação periódica, no mínimo anual, do **Conselho de Administração** e de seus conselheiros individualmente, assinale as alternativas que se apliquem: a) Há avaliação do conselho como colegiado; b) Há avaliação dos conselheiros individualmente; c) A companhia divulga em seu relatório anual, relatório de administração, assembleia ou *website* de RI, informações sobre o processo de avaliação, a síntese dos principais pontos identificados para melhoria do órgão e as ações corretivas implementadas; d) Não há avaliação do conselho ou dos conselheiros.

GOV 21. Com relação à função de secretaria do **Conselho de Administração ou secretaria de governança**: a) Essa função é exercida por algum dos conselheiros (ou há um rodízio entre eles); b) Essa função é exercida por algum dos executivos/diretores; c) Essa função é exercida por um profissional que não se dedica exclusivamente a essa função; d) Essa função é exercida por um profissional exclusivamente dedicado à função; e) Essa função é exercida por um profissional exclusivamente dedicado à função, que responde diretamente ao presidente do Conselho de Administração; f) Não há um profissional que exerça essa função.

GOV 22. De que maneira o **Conselho de Administração** se assegura de que as questões de ordem social e ambiental estejam integradas ao planejamento estratégico da organização e ao dia a dia de suas operações? a) Existência de **política corporativa** para tratamento dos temas sociais e ambientais; b) Garante que diretrizes sociais e ambientais estejam presentes no planejamento estratégico; c) Inclusão de critérios/indicadores relacionados ao desempenho socioambiental da companhia entre as métricas de avaliação e de remuneração variável dos **administradores (conselheiros e/ou diretores)**; d) Avaliação/discussão periódica desses temas nas reuniões do conselho ou de comitê do conselho de administração; e) Incorpora, no processo de seleção de administradores (conselheiros e diretores estatutários), critérios e aspectos relativos à sua conduta e a seus conhecimentos sobre aspectos sociais e ambientais; f) Divulgação periódica ao mercado de informações sobre questões sociais e ambientais (relatório anual, relatório da administração, *website* de RI, reuniões com investidores etc.); g) Discussão, no conselho de administração, sobre as **externalidades** decorrentes da atuação da companhia e as formas de lidar com elas; h) Existência de **política corporativa** que trate sobre a comunicação com *stakeholders* em geral (não apenas acionistas e investidores).

GOV 23. Em relação às questões de **compliance** e de combate à corrupção, o **Conselho de Administração:** discute, avalia e monitora periodicamente as políticas e práticas adotadas pela companhia contra a corrupção e compromissos?

GOV 24. Existe um processo formalizado de avaliação do desempenho do executivo principal pelo **Conselho de Administração**, com frequência, no mínimo, anual?

GOV 25. Existe um processo formalizado de avaliação dos demais executivos pelo executivo principal com frequência, no mínimo, anual?

GOV 26. Existe plano atualizado e formalizado de sucessão, aprovado pelo **Conselho de Administração**, para: a) **Principal Executivo;** b) Demais **executivos-chave** da companhia; c) Não existem planos atualizados de sucessão.

GOV 27. Foram reportadas pelos **auditores independentes, nos últimos 3 anos,** deficiências significativas nos controles internos da companhia?

GOV 27.1 A Companhia solucionou as deficiências apontadas?

GOV 28. Com relação ao **Comitê de Auditoria**, assinale as alternativas que se aplicam: a) Está formalmente estabelecido no estatuto social; b) Possui maioria (ou totalidade) de **conselheiros independentes** em sua composição; c) Possui ao menos um membro especialista em assuntos contábeis, controles internos, informações e operações financeiras, e auditoria independente; d) É coordenado por um conselheiro independente; e) Não possui conselheiros que acumulem funções executivas na organização em sua composição; f) Não possui executivos da organização como membros do comitê; g) Não possui Comitê de Auditoria.

GOV 28.1 Este comitê se reúne, no mínimo, trimestralmente?

GOV 28.2 O **Comitê de Auditoria** realiza reuniões pelo menos trimestrais com os **auditores independentes**?

GOV 29. O **Conselho de Administração** realiza pelo menos duas discussões anuais com os **auditores independentes**?

GOV 30. Com relação a outros serviços que não sejam auditoria das demonstrações financeiras prestados pelos **auditores independentes**, assinale as alternativas que se aplicam: a) Houve prestação de serviços com valores superiores a 5% dos honorários cobrados pela auditoria das demonstrações financeiras; b) Há uma política formal aprovada pelo **Conselho de Administração** para a contratação desses serviços; c) Não houve prestação de outros serviços ou o montante pago foi inferior a 5% dos honorários cobrados pela auditoria das demonstrações financeiras; Para a alternativa (a) Item 2.2 do Formulário de Referência; para a alternativa (b) Política aprovada pelo Conselho de Administração ou ata (extrato do trecho correspondente) da reunião do Conselho de Administração onde o tema foi deliberado.

GOV 31. O **Conselho de Administração** se posiciona formalmente a respeito da declaração de independência dos **auditores independentes**?

GOV 32. O **Conselho de Administração** se assegura de que o **sistema de controles internos** seja avaliado no mínimo anualmente?

GOV 33. A companhia possui uma área ou profissional responsável pelas funções de auditoria interna?

GOV 34. Existe **Conselho Fiscal** instalado?

GOV 35. Dentre os **níveis diferenciados de governança corporativa** da B3, a companhia faz parte do: a) Nível 1; b) Nível 2; c) Novo Mercado; d) Outros níveis de listagem (Tradicional, Bovespa Mais etc.).

GOV 36. Assinale todas as alternativas que indicam informações que compõem o **modelo de governança corporativa** e que estão disponíveis no *website* da companhia: a) Estrutura do **Conselho de Administração** (com menção aos **Comitês do Conselho de Administração** existentes); b) Regimentos Internos dos Comitês do Conselho de Administração existentes; c) **Regimento Interno do Conselho de Administração;** d) Estrutura da diretoria; e) Documento consolidando princípios e práticas de governança definidos pela companhia; f) Política formal de negociação de valores mobiliários de acordo com o **Artigo 15 da Instrução CVM 358** aplicável a todos os **detentores de informações privilegiadas** (*insiders*); g) Política formal que trate da questão da divulgação de informações; h) Política formal que trate da questão de contribuições e doações; i) Nenhuma das anteriores.

GOV 37. A companhia possui regras formais para transações com **partes relacionadas**?

GOV 37.1 Essas regras: a) São divulgadas ao mercado; b) Exigem a divulgação completa dos detalhes das operações realizadas com **partes relacionadas;** c) Preveem hipóteses de conflito; d) Preveem que as transações devam ser realizadas em condições equivalentes às de mercado; e) Preveem que as transações devam ser aprovadas por comitê independente ou administradores não conflitados; f) Nenhuma das anteriores.

GOV 38. A companhia proíbe empréstimos e garantias em favor do **controlador**, dos **administradores** e de outras **partes relacionadas**? a) Sim, constando de política do **Conselho de Administração;** b) Sim, constando do **Estatuto Social;** c) Não, mas a legislação em vigor específica do setor já proíbe; d) Não; e) Não, a companhia é uma *holding* que empresta para outras partes com a mesma composição societária.

GOV 38.1 A companhia divulga ao mercado informações detalhadas dos empréstimos e garantias concedidos?

GOV 39. Com relação ao código de conduta da companhia, assinale todas as alternativas que se apliquem: a) Aplica-se a todos os **administradores, executivos** e demais empregados; b) Está disponível na área de livre acesso no *website* da companhia; c) Exige adesão formal (termo de adesão ou outro meio de adesão formal) de todos os funcionários quando contratados; d) Exige que todos os funcionários confirmem sua adesão quando houver alteração (mesmo que de forma eletrônica); e) Prevê a existência de comitê para monitorar o seu cumprimento, aplicar e revisar seus dispositivos; f) Prevê a realização de treinamentos periódicos para os atuais e novos colaboradores sobre o Código, e a companhia os realiza como estabelecido; g) Prevê penalidades, punições ou procedimentos a serem adotados em caso de descumprimento do código; h) Não possui Código de Conduta.

GOV 39.1   Em uma ou mais das alternativas (a) a (g), o código prevê encaminhamento em caso de situações de **conflito de interesses** no âmbito de atuação da companhia, tanto interno quanto externo?

GOV 39.1.1   Com relação ao encaminhamento previsto em caso de situações de conflito de interesses no âmbito de atuação da companhia, tanto interno quanto externo, o código exige que a pessoa envolvida: a) Acuse o conflito; b) Se retire da reunião imediatamente; c) Não participe da decisão; d) Nenhuma das anteriores.

GOV 39.2   Em uma ou mais das alternativas (a) a (g), o código prevê mecanismos para a prevenção e encaminhamento de situações relacionadas às questões de *compliance* e corrupção? a) **Compliance**; b) Corrupção; c) Não.

GOV 40.   Existe canal para comunicações anônimas com ampla divulgação e fácil acesso, com garantia de sigilo, que se destina a receber denúncias, dúvidas e sugestões relativas ao cumprimento de seu **Código de Conduta**, ou sobre outras questões, que possam acarretar prejuízos aos princípios e interesses da companhia, de suas subsidiárias e de seus acionistas?

Dimensão Mudança do Clima (CLI)

CLI 1.   A companhia possui **política corporativa** que contemple os aspectos sobre mudança do clima?

CLI 1.1   Indique quais diretrizes para o processo de planejamento e gestão da companhia estão contempladas nessa política: a) Incorporação da análise de emissões de **Gases de Efeito Estufa (GEE)** na seleção e desenvolvimento de fornecedores e prestadores de serviço; b) Promoção e incentivo à eficiência energética; c) Promoção e incentivo ao uso de **energias renováveis alternativas;** d) Promoção e incentivo à redução das emissões de GEE associadas ao transporte e **logística**; e) Promoção e incentivo à inovação tecnológica e P&D para a redução de emissões de GEE na produção e comercialização de bens ou serviços; f) Promoção e incentivo à concepção de novos produtos, serviços e/ou modelos de negócio que possibilitem a redução nas emissões de GEE; g) Internalização das externalidades geradas pelas emissões de GEE da empresa por meio de instrumentos econômicos, como precificação interna de carbono; h) Estabelecimento de metas de redução de emissões de GEE; i) **Compensação de emissões de GEE**; j) Estabelecimento de remuneração variável (reajustes salariais diferenciados, bônus, prêmios) associada ao desempenho na redução de emissões de GEE para seus executivos e funcionários; k) Identificação dos riscos e **vulnerabilidades**, visando a **adaptação** à mudança do clima; l) Desenvolvimento de plano de ação, com medidas de adaptação, para mitigação de riscos e fortalecimento de resiliência frente à mudança do clima; m) Nenhuma das anteriores.

CCI 1.2   Esta política está disponível na área de livre acesso do *website* da companhia?

CLI 1.2.1   Assinale para quais partes interessadas a companhia utiliza versões e canais para a divulgação desta política: a) Acionistas e Investidores; b) Funcionários diretos; c) Demais integrantes da **força de trabalho**; d) Fornecedores; e) Consumidores/Clientes; f) Comunidade; g) Governo; h) Sociedade civil organizada; i) Outras partes interessadas; j) A companhia não utiliza versões e canais adicionais.

CLI 2.   A companhia aderiu formal e publicamente a compromissos sobre mudança do clima?

CLI 2.1   Assinale os tipos de ação considerados nesse compromisso: a) **Compensação** de parte das emissões de **GEE**; b) **Compensação** do total de emissões de Escopos 1 e 2; c) Redução de emissões de **GEE** próprias; d) Adoção de um **preço interno** para as emissões de **GEE** próprias; e) Análise dos riscos e oportunidades frente à mudança do clima; f) Planejamento da atuação em **adaptação** a partir da análise de riscos e oportunidades frente à mudança do clima; g) Nenhuma das anteriores.

CLI 3.   A companhia participa de fóruns e/ou grupos que tenham por objetivo o diálogo, o compartilhamento de boas práticas para a gestão da mudança do clima e a proposição de políticas públicas?

CLI 4.   O principal responsável sobre o tema mudança do clima na companhia responde diretamente a qual nível hierárquico? a) **Segundo nível**; b) **Primeiro nível**; c) **Principal executivo**; d) Nenhum dos anteriores.

CLI 5.   Indique para quais níveis hierárquicos são atribuídos objetivos, metas e/ou indicadores de *performance* à gestão dos riscos e oportunidades relacionadas à mudança do clima: a) **Funcionários do nível operacional**; b) **Segundo nível**; c) **Primeiro nível** ; d) **Principal executivo**; e) Nenhum dos anteriores.

CLI 6.   Indique para quais níveis hierárquicos é estabelecido incentivo econômico (remuneração variável, reajustes salariais diferenciados, bônus, prêmios) vinculado a metas de redução das emissões de **GEE**: a) Funcionários do nível operacional; b) **Segundo nível**; c) **Primeiro nível**; d) **Principal executivo**; e) Nenhum dos anteriores; f) A companhia não possui incentivo econômico vinculado a metas de redução das emissões de GEE.

CLI 7.   Indique que ações de sensibilização ou treinamento a companhia promove voltados ao seu público interno, incluindo funcionários diretos e trabalhadores terceirizados, e/ou outros públicos: sobre mudanças do clima, emissões GEE, reduções GEE, análises de riscos e vulnerabilidades climáticas; para público interno e outros públicos.

CLI 8.   A companhia elabora inventário de emissões de **GEE** por escopo e o mantém atualizado? Emissões diretas, indiretas e outras emissões?

CLI 8.1 Quais as atividades consideradas como "**Outras emissões indiretas**": a) Transporte e distribuição; b) Resíduos gerados; c) Viagens a negócios; d) Deslocamento de funcionários de/para o local de trabalho; e) Outras.

CLI 9. A companhia possui metas de redução de emissões de **GEE** formalmente estabelecidas?

CLI 10. Que alternativa melhor representa a atuação da companhia no **último ano**, em relação à **mitigação** das suas próprias emissões? a) A companhia utilizou a compensação de emissões como principal meio para atingir suas metas relacionadas às emissões de GEE; b) A redução de emissões próprias foi a principal estratégia da companhia para o atingimento de suas metas relacionadas às emissões de GEE, e não utilizou compensação de emissões como instrumento complementar; c) A redução de emissões próprias foi a principal estratégia da companhia para o atingimento de suas metas relacionadas às emissões de GEE, e utilizou compensação de emissões como instrumento complementar; d) Nenhuma das anteriores.

CLI 11. A companhia elaborou, em algum momento, no período dos **últimos três anos**, um estudo de pegada de carbono de algum de seus produtos (bens ou serviços)?

CLI 12. A companhia solicitou, em algum momento, nos **últimos três anos**, a pegada de carbono de algum produto (bem ou serviço) de ao menos um fornecedor?

CLI 13. A companhia já adotou, em algum momento, preço interno para o carbono em um grupo de projetos, linha de produtos (bem ou serviço) e/ou processo de tomada de decisão sobre investimentos, como ferramenta para promover a redução das emissões?

CLI 14. A companhia realizou em algum momento, nos últimos três anos, estudos sobre suas **vulnerabilidades** frente à mudança do clima e potenciais impactos no seu negócio?

CLI 15. A companhia considera a **adaptação** à mudança do clima na concepção e/ou revisão de seus empreendimentos, processos, produtos e/ou serviços?

CLI 16. A companhia considera os riscos e oportunidades apresentados pela mudança do clima no planejamento estratégico e/ou no gerenciamento de riscos?

CLI 17. A companhia considera as emissões de **GEE** em sua matriz de materialidade ou em outro processo de avaliação sistemática de aspectos e impactos ambientais de suas atividades?

CLI 17.1 Existem **processos e procedimentos** específicos para a gestão de emissões de **GEE** relacionadas a: a) Compras e contratações; b) Produção de bens ou prestação de serviços; c) Transporte e **logística**; d) Novos produtos, serviços e modelos de negócio; e) Instalação, manutenção ou ampliação de empreendimentos ou processos; f) Compra de energia; g) Nenhuma das anteriores.

CLI 18. A companhia pode comprovar a redução da emissão de **GEE** no **último ano**? Emissões absolutas indireta, emissões relativas, emissões diretas etc.?

CLI 19. As metas de redução de **GEE** previamente estabelecidas, absolutas e/ou relativas, foram atingidas pela companhia no **último ano**?

CLI 20. A companhia divulga o inventário de emissões de **GEE**?

CLI 21. A companhia respondeu ao *Carbon Disclosure Project*?

Dimensão Natureza do Produto (NAT)

NAT 1. O **consumo ou utilização normal** de produtos e serviços oferecidos pela companhia ou por suas **controladas** poderá ocasionar: § morte do usuário/consumidor ou de terceiros, e/ou; § dependência química ou psíquica do usuário/consumidor, e/ou; § riscos ou danos à saúde e integridade física do usuário/consumidor ou de terceiros?

NAT 1.1 O percentual do faturamento (da companhia ou consolidado, no caso de grupos econômicos) representado pelo conjunto dos referidos produtos é: a) Menor ou igual a 5%; b) Maior que 5% e menor ou igual a 10%; c) Maior que 10% e menor ou igual a 40%; d) Maior que 40%.

NAT 1.1.1 Caso o percentual de faturamento da PERGUNTA 1.1 seja superior a 10%, indique a seguir a faixa que corresponde ao percentual de redução no **volume produzido e/ou comercializado** destes produtos em relação ao ano anterior: a) Não houve redução; b) Menor ou igual a 10%; c) Maior que 10% e menor ou igual a 40%; d) Maior que 40%.

NAT 1.2 A companhia financia ou investe em companhias que produzem ou comercializam esse tipo de produto?

NAT 1.2.1 Indique qual o percentual do total dos financiamentos a essas companhias, em relação ao total da sua carteira de financiamentos.

NAT 1.2.2 Indique qual o percentual do total dos investimentos a essas companhias, em relação ao total da sua carteira de investimentos.

NAT 1.2.3 A companhia publica em seu **Relatório de Sustentabilidade** o valor desses financiamentos e investimentos, e sua participação sobre o total de sua carteira, indicando a quais produtos e/ou setores se referem?

NAT 2. Com relação aos combustíveis fósseis e/ou seus derivados cuja queima contribui para o agravamento das mudanças climáticas, a companhia: a) Produz; b) Comercializa; c) Não produz nem comercializa.

NAT 2.1 As alternativas (a) e/ou (b) da PERGUNTA 2, indique qual o percentual do faturamento (da companhia ou consolidado, no caso de grupos econômicos) que corresponde a esses produtos.

NAT 2.2 A alternativa (a) da PERGUNTA 2, indique qual o percentual de investimentos sobre a receita total da companhia (**CAPEX** + Pesquisa e Desenvolvimento), para os próximos 4 anos, destinados à substituição dos referidos produtos por alternativas de menor impacto sobre as mudanças climáticas.

NAT 2.3 A alternativa (c) da PERGUNTA 2, a companhia financia ou investe em companhias que produzem ou comercializam esses produtos?

NAT 2.3.1 Indique qual o percentual do total dos financiamentos dados a essas companhias, em relação ao total da sua carteira de financiamentos.

NAT 2.3.2 Indique qual o percentual do total dos investimentos feitos a essas companhias, em relação ao total da sua carteira de investimentos.

NAT 2.3.3 A companhia publica em seu **Relatório de Sustentabilidade** o valor desses financiamentos e investimentos, e sua participação sobre o total de sua carteira, indicando a quais produtos e/ou setores se referem?

NAT 3. O **consumo ou a utilização normal** de produtos ou serviços oferecidos pela companhia ou por suas **controladas** poderá ocasionar riscos ou **danos efetivos à saúde e segurança pública**, ou à **segurança alimentar e nutricional** da população?

NAT 3.1 Indique qual o percentual do faturamento da companhia que corresponde aos produtos acima.

NAT 3.2 A companhia financia ou investe em companhias que produzem ou comercializam estes produtos?

NAT 3.2.1 Indique qual o percentual do total dos financiamentos dados a essas companhias, em relação ao total da sua carteira de financiamentos.

NAT 3.2.2 Indique qual o percentual do total dos investimentos a essas companhias, em relação ao total da sua carteira de investimentos.

NAT 3.2.3 A companhia publica em seu **Relatório de Sustentabilidade** o valor desses financiamentos e investimentos, e sua participação sobre o valor total de sua carteira, indicando a quais produtos e/ou setores se referem?

NAT 3.3 A companhia promove atividades para **educação nutricional do consumidor e promoção de estilos de vida saudáveis** como forma de prevenir ou minimizar os possíveis impactos negativos do consumo de alimentos industrializados que produz ou comercializa sobre a saúde?

NAT 3.3.1 Estas atividades contam com a participação regular de entidades representativas de consumidores e/ou especializadas nesse tema?

NAT 3.3.1.1 A participação destas entidades se dá nas atividades de: a) Concepção; b) Planejamento; c) Realização/produção; d) Avaliação; e) Comunicação institucional; f) Promoção de produtos.

NAT 4. A companhia mantém um sistema de informação quanto a potenciais riscos de segurança ou sanidade que os produtos e serviços oferecem e que possam trazer aos seus consumidores, à **saúde pública** e/ou ao meio ambiente, decorrentes de seu **consumo ou utilização normal**, formulação, componentes e/ou processos de produção?

NAT 4.1 Algum dos produtos ou serviços oferecidos pela companhia são objeto de questionamento ou estudo sobre os riscos potenciais mencionados acima?

NAT 4.1.1 Indique as alternativas que melhor descrevem a política de comunicação da companhia em relação ao aspecto questionado: a) Divulga as informações apenas conforme exigido por lei ou decisão judicial; b) Informa mediante demanda de quaisquer partes interessadas; c) Divulga publicamente todas as informações relevantes, por meio de relatórios públicos, *outdoors*, TV, rádio e *website;* d) Divulga claramente todas as informações relevantes em rótulos, embalagens, correspondências, boletos, manuais ou outros itens que acompanham o produto ou promovem sua comercialização; e) Não divulga informações relacionadas ao aspecto.

NAT 5. Algum produto da companhia está sujeito à lei, regulamento ou padrão normativo que requeira a apresentação de informações ou alertas para o consumidor final quanto à sua composição ou modo de produção?

NAT 5.1 Em relação a todos os produtos enquadrados nos itens assinalados acima, a companhia garante a apresentação das informações ou alertas para o consumidor final: a) Com base exclusivamente nas informações recebidas de seus fornecedores; b) Controlando sua veracidade e exatidão por meio de relatórios de auditoria e/ou amostragem e testes em seus próprios processos; c) Controlando sua cadeia de suprimentos, de modo a certificar-se quanto à exatidão de todas as informações necessárias; d) Nenhuma das anteriores.

NAT 6. A companhia e todas suas **controladas** possuem um sistema de monitoramento de processos judiciais e administrativos decorrentes de riscos ou danos efetivos à saúde ou à segurança de seus consumidores ou de terceiros, ocasionados pelo **consumo ou utilização normal** dos produtos e serviços que oferece?

NAT 6.1 Assinale as alternativas que melhor caracterizam a situação da companhia: a) Existem em tramitação processos judiciais movidos contra a companhia ou qualquer uma de suas **controladas** por indivíduos ou grupos de indivíduos; b) Nos **últimos 3 anos**, houve alguma decisão transitada em julgado condenando a companhia ou qualquer uma de suas controladas em processo judicial movido por indivíduos ou grupos de indivíduos; c) Existem em tramitação processos judiciais ou administrativos movidos contra a companhia ou qualquer uma de suas controladas por órgão fiscalizador, agente público ou correlato; d) Nos últimos 3 anos, houve alguma decisão transitada em julgado condenando a companhia ou qualquer uma de suas controladas em processo judicial movido por órgão fiscalizador, agente público ou correlato; e) Nenhuma das anteriores.

NAT 7. Para as alternativas não assinaladas, anexar certidão negativa expedida pelos órgãos competentes, ou declaração assinada pelo DRI da companhia atestando, sob as penas de lei, a inexistência dos processos em questão. Observação: pressupõe-se que a companhia possua relatório gerado por seu sistema de monitoramento, listando as ações que eventualmente a envolvam. A companhia e todas as suas **controladas** possuem um sistema de monitoramento das autuações ou advertências por órgão regulador, por não informar corretamente consumidores e clientes sobre os riscos associados à manipulação, armazenagem, transporte, consumo e/ou descarte do seu produto?

NAT 7.1 **Nos últimos 3 anos**, a companhia, ou qualquer de suas **controladas,** sofreu alguma medida corretiva ou penalidade relacionada ao objeto de autuação ou advertência?

Dimensão Social (SOC)

SOC 1. Assinale os temas para os quais a companhia possui **compromisso formal**: a) Erradicação do **trabalho infantil** (TI); b) Erradicação do **trabalho forçado ou compulsório** (TF); c) Combate à **prática de discriminação** em todas as suas formas (DI); d) **Valorização da diversidade** (DV); e) Prevenção do **assédio moral e do assédio sexual** (AS); f) Respeito à **livre associação sindical e direito à negociação coletiva** (LA); g) Nenhum dos anteriores.

SOC 1.1 Para as alternativas assinaladas na PERGUNTA 1, indique de que forma este compromisso está expresso: a) Código de Conduta; b) Política Corporativa; c) Adesão formal ou declaração pública relativa aos compromissos e iniciativas.

SOC 1.2 Com relação aos compromissos assinalados na PERGUNTA 1, indique quais ações são contempladas explicitamente no(s) referido(s) documento(s): a) diretrizes; b) prevenção; c) cadeia de valor; diretrizes junto à sua cadeia de suprimento.

SOC 1.3 Com relação aos compromissos expressos na PERGUNTA 1, indique as opções adotadas para sua **divulgação ampla**: a) Publicação na área de livre acesso do *website* da companhia; b) publicação de versões adaptadas para público com necessidades específicas de acessibilidade; c) promoção de ações das partes interessadas.

SOC 1.3.1 Indique as **partes interessadas** para as quais é disponibilizada essa versão específica: a) Acionistas e investidores; b) Funcionários diretos; c) demais integrantes da força-trabalho; d) Fornecedores; e) Consumidores e clientes; f) Comunidade; g) Governo.; h) Sociedade civil organizada.

SOC 1.4 A companhia possui **compromisso formal** relativo ao combate à exploração sexual de crianças e adolescentes?

SOC 2. A companhia possui uma **política corporativa** que contemple o tema de relacionamento com a **comunidade local**?

SOC 2.1 Indique quais diretrizes de gestão da companhia estão contempladas nessa política: a) mapear, b) adotar, c) garantir, d) promover, e) assegurar, f) nada.

SOC 2.2 Esta política está disponível na área de livre acesso do *website* da companhia?

SOC 3. A companhia possui uma **política corporativa** que contemple o tema de **Investimento Social Privado (ISP)**?

SOC 3.1 Indique quais diretrizes de gestão da companhia estão contempladas nessa política: a) contribuir, b) dialogar, c) valorizar, d) participar, e) atribuir, f) estabelecer, g) nada.

SOC 3.2 Esta política está disponível na área de livre acesso do *website* da companhia?

SOC 4. A companhia tem **política corporativa** visando impedir que sejam utilizadas de forma não previamente autorizada as **informações sobre clientes**/consumidores ou outras partes com as quais se relaciona no curso de suas atividades usuais ou em seus esforços comerciais, visando preservar a privacidade do cliente/consumidor e do cidadão em geral?

SOC 5. A companhia tem **política corporativa** visando autorregular o uso de instrumentos de marketing de suas atividades e produtos, incorporando preceitos éticos e de respeito ao consumidor, ao cidadão e ao meio ambiente?

SOC 5.1 Esta política garante o respeito aos espaços públicos? Contempla mecanismos que evitem a veiculação de informação ou comunicação publicitária enganosa ou abusiva e, em particular, que incite à violência, explore o medo ou a superstição, se aproveite da deficiência de julgamento e experiência da criança ou de outros grupos vulneráveis, desrespeite valores ambientais, ou que seja capaz de induzir o público a se comportar de forma prejudicial ou perigosa à sua saúde ou segurança?

SOC 6. Assinale as alternativas que caracterizam os **processos e procedimentos** implementados pela companhia, incluindo trabalhadores terceirizados: a) relação direta, b) indicação de recursos, c) monitoramento e fiscalização, d) sanção por meio de medidas.

SOC 7. Indique que práticas estão presentes nos **processos e procedimentos** para fazer respeitar os acordos e as negociações coletivas firmadas com organizações legitimamente representativas dos trabalhadores.

SOC 8. A companhia promove o **engajamento** do seu público interno, incluindo funcionários diretos e trabalhadores **terceirizados**, no combate a qualquer **prática de discriminação** em matéria de emprego e ocupação?

SOC 9. O compromisso com a **valorização da diversidade** em matéria de emprego e ocupação abrange as atividades de: a) Seleção e contratação; b) Promoção; c) Acesso a treinamento; d) Sensibilização dos funcionários diretos e trabalhadores terceirizados para o tema; e) Nenhuma das anteriores.

SOC 10. A companhia oferece mecanismos formais de denúncia aos funcionários diretos e trabalhadores **terceirizados**?

SOC 11. Ao estabelecer a remuneração de seus funcionários, a companhia: a) Considera a relação entre o menor salário da companhia e o salário-mínimo vigente e/ou o custo de vida local para o estabelecimento da remuneração dos funcionários; b) Contempla a realização de pesquisa para medir a satisfação dos funcionários quanto à remuneração e benefícios oferecidos pela companhia; c) Inclui o(s) sindicato(s) representativo(s) do(s) funcionário(s) na negociação de sua política salarial, além da negociação de reajustes nas datas-bases de cada categoria; d) Nenhuma das anteriores.

SOC 12. Indique para quais aspectos a seguir a companhia avalia a satisfação de seus funcionários e implementa ações de melhoria contínua: a) clima organizacional, b) carga de trabalho, c) remuneração, d) benefícios, e) não avalia a satisfação de seus funcionários.

SOC 13. Em relação à preocupação com a qualidade de vida de seus funcionários, a companhia: a) oferece benefícios, b) conscientiza, c) acompanha, d) possui programas, e) nada.

SOC 14. As operações da companhia implicam em impactos significativos sobre a **comunidade local**?

SOC 14.1 Se SIM para a PERGUNTA 14, indique por meio de quais práticas cotidianas a companhia busca construir um relacionamento com a **comunidade local** visando o **desenvolvimento local**: a) mapeia os impactos, b) assegura acesso às informações, c) possui metodologias, d) internaliza o aprendizado, e) atua em parceria com a comunidade, f) engaja a comunidade, g) mapeia a cadeia de valor, h) participa de políticas públicas, i) evita dependência com a comunidade local, j) nada.

SOC 14.2 Indique por meio de quais práticas cotidianas, a companhia busca construir um relacionamento com a **comunidade local** visando o **desenvolvimento local**: a) articula, b) assegura, c) promove, d) avalia, e) participa de fóruns, f) políticas públicas, g) nada.

SOC 15. A companhia promove iniciativas de **Investimento Social Privado (ISP)**?

SOC 15.1 Sobre a relação entre os investimentos sociais e as políticas públicas e/ou agendas coletivas para o desenvolvimento sustentável, a companhia: a) As considera como uma referência geral para a definição dos investimentos sociais, mas sem incidência direta nas políticas; b) Atua em parceria com o poder público em nível municipal, estadual ou federal na formulação ou execução de alguma política pública; c) Atua em parceria com a comunidade e outros *stakeholders* na formulação ou execução de alguma agenda coletiva; d) Não as considera na construção ou implementação dos seus investimentos sociais.

SOC 15.2 Dentre os critérios para definição dos investimentos sociais, a companhia leva em conta a importância de se obter resultados concretos, e considera: a) A avaliação dos resultados das iniciativas apoiadas; b) A auditoria sobre os resultados e gestão das iniciativas apoiadas; c) Criação de condições para autossuficiência financeira e organizacional dos projetos (visão longo prazo); d) Nenhuma das anteriores.

SOC 15.3 Em relação aos seus investimentos sociais, a companhia: a) Define de forma clara a estratégia, indicadores e metas específicas para o investimento social; b) Avalia regularmente os resultados; c) Adota práticas de transparência sobre as ações e recursos empregados; d) Realiza consultas com *stakeholders* relevantes para a definição das prioridades de investimento; e) Nenhuma das anteriores.

SOC 15.4 A companhia realiza investimentos sociais com recursos disponíveis por meio de incentivos fiscais?

SOC 15.4.1 A companhia: a) Adota medidas para evitar que sua comunicação sobre o investimento realizado com recursos de incentivo fiscal (renúncia fiscal) seja compreendida pelo público como investimentos com recursos próprios da companhia; b) Adota medidas para evitar a descontinuidade desses investimentos mesmo quando o incentivo fiscal não estiver disponível; c) Nenhuma das anteriores.

SOC 16. Em **investimentos sociais de natureza não voluntária**, a empresa adota em toda extensão possível medidas análogas às que pratica em relação ao ISP?

SOC 17. A companhia incentiva o voluntariado por meio de programa estruturado, incluindo etapas de monitoramento e avaliação, respeitando as aptidões e desejos do funcionário?

SOC 18. Os produtos e serviços da companhia são dirigidos predominantemente para: a) Pessoas físicas, que os adquirem diretamente da Companhia ou por meio de revendedores, como redes de varejo ou distribuidores; b) Outras empresas, que os utilizam em seus próprios processos produtivos.

SOC 18.1 Dentre os procedimentos adotados pela companhia visando garantir o respeito à privacidade e o **uso adequado e consentido** das informações coletadas sobre seus clientes/consumidores ou outras partes com as quais se relaciona no curso de suas atividades usuais ou em seus esforços comerciais incluem-se: a) auditoria externa, b) verificação interna, c) solicitação prévia aos clientes, d) disponibilização de meios para que os clientes peçam a interrupção no uso de seus dados; e) nada.

SOC 18.2 Em seu serviço de atendimento a demandas de consumidores, a companhia: a) monitora, b) estabelece e monitora o cumprimento, c) estimula e favorece o uso deste canal de acesso pelo público, d) viabiliza o atendimento personalizado, e) disponibiliza um canal secundário para atendimento, f) nada.

SOC 18.3 A companhia promove a participação regular de grupos de consumidores, ou de entidades que os representem, no processo de avaliação dos impactos sociais de seus produtos e/ou serviços?

SOC 18.4 As campanhas de comunicação, que visam promover a **educação para a sustentabilidade** de consumidores, contam com a participação regular de **entidades representativas de consumidores** e/ou especializadas nesse tema?

SOC 18.4.1 Indique de que forma ocorre esta participação: a) Concepção; b) Planejamento; c) Realização e/ou produção; d) Avaliação; e) Nenhuma das anteriores.

SOC 18.5 A companhia oferta seus produtos e/ou serviços em locais cuja estrutura está de acordo com as normas de acessibilidade presentes na NBR 9050/ABNT?

SOC 18.6 A companhia disponibiliza informações de seus produtos e/ou serviços de forma acessível? a) informa, b) divulga, c) divulga em rótulos, d) considera a demanda do público, e) nada.

SOC 18.7 Na relação com seus clientes a companhia: a) adota medidas, b) fornece informações claras, c) disponibiliza canais de atendimentos ao cliente, d) garante mecanismos de queixas, e) articula o desenvolvimento territorial, f) promove iniciativas de desenvolvimento sustentável, g) nada.

SOC 18.8 A companhia realiza periodicamente pesquisa de satisfação dos clientes?

SOC 19. Indique na célula a seguir a diferença de proporção entre pessoas que ocupam **cargos de gerência e** cargos de diretoria, considerando os critérios raça/cor e gênero: a) mulheres com cargos de gerência, b) negros em cargos de gerência, c) mulheres em cargos de diretoria, d) negros em cargos de diretoria.

SOC 20. Em relação à diferença de proporção entre **cargos de gerência** ocupados por homens e mulheres, a companhia tem metas para reduzir as diferenças?

SOC 21. Em relação à diferença de proporção entre cargos de diretoria ocupados por homens e mulheres, a companhia tem metas para reduzir as diferenças?

SOC 22. Em relação à diferença de proporção entre **cargos de gerência** ocupados por negros(as) e pessoas de outras raças/cores, a companhia tem metas de redução das diferenças?

SOC 23. Em relação à diferença de proporção entre cargos de diretoria ocupados por negros(as) e pessoas de outras raças/cores, a companhia tem metas de redução das diferenças?

SOC 24. Indique na célula a seguir o Fator de Equidade na Remuneração (FER) que relaciona a remuneração dos integrantes de cada um dos grupos indicados e a remuneração do conjunto de todos os ocupantes de **cargos de gerência** e diretoria: a) mulheres em cargos de gerência, b) negros em cargos de gerência, c) mulheres em cargos de diretoria, d) negros em cargos de diretoria.

SOC 25. Em relação à diferença na remuneração de pessoas ocupantes de **cargos de gerência** e cargos de diretoria associada ao gênero, a companhia tem como meta reduzir as diferenças?

SOC 26. Em relação à diferença na remuneração de pessoas ocupantes de **cargos de gerência** e cargos de diretoria associada à raça/cor, a companhia tem como meta reduzir as diferenças?

SOC 27. A companhia divulga em seu **Relatório de Sustentabilidade** a proporção entre o maior salário pago e a média salarial de todos os demais funcionários da companhia?

SOC 28. A relação entre o maior e o menor salário pago pela companhia é: a) Maior que 30; b) Maior que 20 e menor ou igual a 30; c) Maior que 10 e menor ou igual a 20; d) Menor ou igual a 10; e) Registros internos, declarações devidamente assinadas ou outro documento oficial da companhia onde constem os dados requeridos.

SOC 29. A companhia estabelece metas para reduzir a distância entre a maior e a menor remuneração pagas?

SOC 30. Indique o percentual de funcionárias que retornaram da licença-maternidade e permaneceram por no mínimo 12 meses após o retorno, nos **últimos 3 anos**: a) Menor ou igual a 70%; b) Maior que 70% e menor ou igual a 90%; c) Maior que 90%; d) Não monitora essa informação; e) Não se aplica.

SOC 31. Indique as medidas adotadas pela companhia visando respeitar a diversidade em termos de orientação sexual: a) Possibilita a indicação de pessoas do mesmo sexo como cônjuges; b) Inclui o tema em suas atividades de sensibilização e valorização da diversidade; c) Nenhuma das anteriores.

SOC 32. Indique as medidas adotadas pela companhia visando promover a empregabilidade de pessoas com deficiência: a) Investimento em meios de acessibilidade; b) Investimento em tecnologias adequadas para a realização do trabalho; c) Capacitação profissional; d) Sensibilização e conscientização de seus funcionários para a recepção e boa convivência profissional; e) Nenhuma das anteriores.

SOC 33. A companhia possui infraestrutura de acordo com as normas de acessibilidade presentes na NBR 9050/ABNT – acessibilidade?

SOC 34. Indique as práticas adotadas pela companhia visando maximizar o benefício social dos **contratos de aprendizagem**: a) Promoção da capacitação técnica do aprendiz em sua área de atuação específica; b) Promoção do desenvolvimento da iniciativa, da autonomia, da capacidade de planejamento e da criatividade do aprendiz; c) Recrutamento e contratação dentro de comunidades de baixa renda, nas proximidades das instalações da companhia; d) Recrutamento e contratação por meio de organizações especializadas, atuantes no desenvolvimento e/ou recuperação de jovens; e) Adoção de planos de efetivação e/ou encaminhamento profissional; f) Não adota nenhuma medida nesse sentido; g) Não se aplica (controlada no exterior).

SOC 35. A companhia mantém práticas de gestão de seus fornecedores que viabiliza a identificação e acompanhamento de **fornecedores críticos**, do ponto de vista da sustentabilidade?

SOC 35.1 Tendo como base o total de **fornecedores críticos** ativos durante o **último ano**, assinalar o percentual que corresponde aos que foram incluídos em cada uma das atividades indicadas: a) sensibilização das questões de sustentabilidade, b) práticas produtivas e gerenciais de sustentabilidade, c) fornecedores e práticas socioambientais, d) processo de gestão com critérios socioambientais.

SOC 36. Indique a seguir o **volume de negócios** realizados com: a) fornecedores locais, b) pequenos e médios fornecedores.

SOC 37. Indique a seguir o **volume de negócios** realizados com fornecedores que são monitorados pela companhia e objeto de verificação externa independente, com base em cada um dos princípios a seguir: a) não utilização de trabalho infantil, b) trabalho forçado, c) discriminação, d) pagamento pontual.

SOC 38. Os produtos e serviços da companhia são dirigidos predominantemente para: a) Pessoas físicas, que os adquirem diretamente da Companhia ou por meio de revendedores, como redes de varejo ou distribuidores; b) Outras empresas, que os utilizam em seus próprios processos produtivos.

SOC 38.1 Indique o percentual representado pelas "reclamações" dentre o total de atendimentos a consumidores prestados pela companhia, no **último ano**, por meio de canais especialmente dedicados ao contato com este público.

SOC 38.2 Indique o percentual do total de "reclamações" recebidas no **último ano**, que foram resolvidas no prazo máximo de 5 (cinco) dias úteis.

SOC 38.2.1 Essas informações são publicadas em área de livre acesso do *website* da companhia?

SOC 38.3 A companhia: a) Monitora sistematicamente o desempenho dos canais de atendimento, de denúncia, de violação de privacidade de dados ou outros que evitem práticas abusivas na relação com clientes; b) Avalia a satisfação dos clientes sobre as informações disponibilizadas relativas a seus produtos e serviços; c) Nenhuma das anteriores.

SOC 39. A companhia cumpre a legislação relativa à contratação de pessoas com deficiência?

SOC 40. O percentual de aprendizes contratados na companhia corresponde a no mínimo 5% e no máximo 15% dos trabalhadores, por localidade?

SOC 41. Os produtos e serviços da companhia são dirigidos predominantemente para: a) Pessoas físicas, que os adquirem diretamente da Companhia ou por meio de revendedores, como redes de varejo ou distribuidores; b) Outras empresas, que os utilizam em seus próprios processos produtivos.

SOC 41.1 Em relação aos processos judiciais ou administrativas decorrentes do relacionamento da companhia com clientes/consumidores dos produtos e serviços oferecem: a) Existem em tramitação processos judiciais movidos por órgão fiscalizador, agente público ou correlato; b) Existem em tramitação processos administrativos; c) Houve, nos **últimos 3 anos**, alguma sentença de condenação/decisão irrecorrível; d) Houve, nos últimos 3 anos, alguma medida corretiva decorrente de autuação ou advertência por órgão regulador das atividades de comunicação, propaganda e marketing; e) Nenhuma das anteriores.

SOC 41.2 Nos **últimos 3 anos**, a companhia atendeu ao menos 80% das **reclamações fundamentadas** apresentados contra ela por consumidores, perante órgãos de defesa do consumidor?

SOC 41.3 Em relação aos processos judiciais ou administrativos decorrentes do relacionamento da companhia com os clientes/consumidores dos produtos e serviços: a) Existem em tramitação processos judiciais movidos por órgão fiscalizador, agente público ou correlato; b) Existem em tramitação processos administrativos; c) Houve, nos **últimos 3 anos**, alguma sentença de condenação/decisão irrecorrível; d) Houve, nos últimos 3 anos, alguma medida corretiva decorrente de autuação ou advertência por órgão regulador das atividades de comunicação, propaganda e marketing; e) Nenhuma das anteriores.

SOC 42. Em relação aos processos judiciais ou administrativos decorrentes de práticas envolvendo **trabalho forçado ou compulsório** e/ou **trabalho infantil**, em suas próprias operações ou em sua **cadeia de suprimentos**: a) Existem em tramitação processos judiciais movidos por órgão fiscalizador, agente público ou correlato; b) Existem em tramitação processos administrativos; c) Houve, nos **últimos 3 anos**, alguma sentença de condenação/decisão irrecorrível; d) Houve, nos últimos 3 anos, alguma medida corretiva decorrente de autuação ou advertência por órgão público; e) Nenhuma das anteriores.

SOC 43. A companhia, nos **últimos 3 anos**, foi responsabilizada pelo Ministério do Trabalho e Emprego e/ou o Ministério Público do Trabalho por **trabalho forçado ou compulsório** e/ou **trabalho infantil**, em suas próprias operações ou em sua **cadeia de suprimentos**?

SOC 43.1 A situação é: a) Relativa às suas próprias operações e teve suas causas integralmente resolvidas; b) Relativa às operações de algum integrante de sua **cadeia de suprimentos**, e as causas foram resolvidas estabelecendo e controlando um processo de ajuste de conduta junto ao fornecedor ou parceiro comercial que a originou; c) Nenhuma das anteriores.

SOC 44. Em relação aos processos judiciais ou administrativos decorrentes de práticas envolvendo **assédio moral** ou **sexual** e/ou **discriminação** em suas próprias operações ou em sua **cadeia de suprimentos**: a) Existem em tramitação processos judiciais; b) Existem em tramitação processos administrativos; c) Houve, nos **últimos 3 anos**, alguma sentença de condenação/decisão irrecorrível; d) Houve, nos últimos 3 anos, alguma medida corretiva; e) Nenhuma das anteriores.

SOC 45. A companhia, nos **últimos 3 anos**, foi responsabilizada pelo Ministério do Trabalho e Emprego e/ou o Ministério Público do Trabalho por práticas envolvendo **assédio moral** ou **sexual** e/ou **discriminação** em suas próprias operações ou em sua **cadeia de suprimentos**?

SOC 45.1 A situação é: a) Relativa às suas próprias operações e já resolveu integralmente suas causas; b) Relativa às operações de algum integrante de sua **cadeia de suprimentos**, e resolveu a questão estabelecendo e controlando um processo de ajuste de conduta junto ao fornecedor ou parceiro comercial que a originou; c) Nenhuma das anteriores.

8.1.8 Índice de Carbono Eficiente – ICO2/B3 (2013)

O Índice de Carbono Eficiente (ICO2) também é uma carteira teórica de investimento, criada em 2010 como um recorte das mudanças climáticas do Índice de Sustentabilidade Empresarial (ISE) que se originou de uma iniciativa em parceria entre a B3 e o Banco Nacional de Desenvolvimento Econômico e Social (BNDES).

A primeira carteira do ICO2 foi lançada em 7/1/2013, mas ao invés de convidar as 200 ações mais negociadas da Bolsa como o ISE, concentra-se nas 50 maiores empresas listadas no índice IBrX-50 da bolsa e que respondem voluntariamente ao questionário de inventaria de suas emissões dos gases de efeito estufa (GEE).

O desempenho da carteira ICO2 também tem sido superior ao índice IBrX-50 e ao iBovespa e é possível investir no seu equivalente ETF-Renda Variável.

O objetivo desta carteira é incentivar as empresas emissoras das ações mais negociadas na Bolsa a aferir, divulgar e monitorar suas emissões de GEE, preparando-se para atuar em uma economia chamada de "baixo carbono". A participação é voluntária e se torna um desafio de maior transparência para as empresas com elevados níveis de poluição, a exemplo dos setores de mineração, energia e agricultura.

No cenário global, segundo dados da Environmental Protection Agency (2017), o Brasil é responsável por aproximadamente 2% do total estimado de emissões de gases do efeito estufa (GEE) no planeta, sendo que China (30%) e EUA (15%) lideram o *ranking* dos maiores poluidores, seguidos pela União Europeia (9%), Índia (7%), Rússia (5%) e Japão (4%). E, em nível mundial, as emissões são oriundas das seguintes atividades: produção de energia (25%), agricultura e desmatamento (24%), industrialização (21%), transporte (14%), construção (6%) e outros (10%). É o que ilustra o Gráfico 8.3.

No caso do Brasil, 51% de suas emissões são oriundas das atividades agrícolas (agropecuária e desmatamento), seguida pela produção de energia (37%), atividades industriais (7%) e tratamento de resíduos (5%), conforme dados do SIRENE/2017. Veja o Gráfico 8.4.

E, para se ter uma ideia da relevância do ICO2/B3, as empresas integrantes da carteira 2017 correspondem a um terço do total das emissões brasileiras relativo a processos industriais, o que mostra a efetividade desta iniciativa entre a B3 e o BNDES em prol da descarbonização do país.

Obviamente que só essa iniciativa não é suficiente para que o Brasil cumpra a sua intenção (NDC) junto ao Protocolo de Paris, pois há que se tomar medidas rigorosas sobre o setor agrícola/pecuária, incluindo-se principalmente medidas para desincentivar os desmatamentos, e sobre a matriz energética priorizando fontes limpas e renováveis.[10]

Mostramos no Quadro 8.4 a relação das 26 empresas que compõem a carteira do ICO2 (2017), com destaque para um índice apurado como o quociente entre o seu inventário de emissões, em tonelada de CO_2 equivalente, e o montante do faturamento ou receita em milhões de reais.

E, para mostrar o nível de carbonização dessas atividades, elencamos a empresa em ordem decrescente desse coeficiente de nível de poluição. Note o elevado nível de carbonização da atividade dos setores químico, papel e celulose, indústria; ao contrário das atividades de intermediação financeira das instituições financeiras.

Para finalizar este tópico, segue na Figura 8.9 uma síntese do Anexo I – Formulário Padrão do ICO2 da B3, elaborado em parceria com a GV/CES.

8.1.9 Sistemas Integrados de Gestão – *International Organization for Standardization* (ISO)

A *International Organization for Standardization* (ISO)[11] é uma organização não governamental, fundada em 23 de fevereiro de 1947, e atualmente conta com o apoio de milhares de especialistas e membros de 162 países, incluindo a Associação Brasileira de Normas Técnicas (ABNT).

O acrônimo "ISO" vem da palavra em grego que significa "igual" e, por isso, essa abreviatura é adotada

---

[10] É muito provável que as próximas gerações não utilizem carros individuais e nem consumam carne como fazemos hoje!

[11] Fonte: https://www.iso.org. Acesso em: 17 maio 2019.

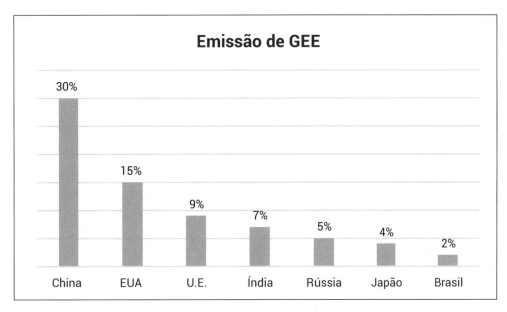

Gráfico 8.3 Emissões de gases de efeito estufa, por país
Fonte: Environmental Protection Agency (2017).

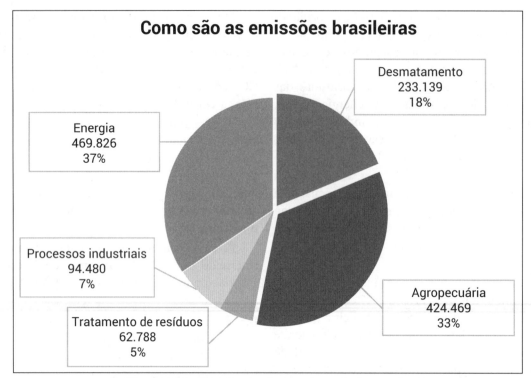

Gráfico 8.4 Distribuição das fontes de emissões no Brasil
Fonte: Sistema de Registro Nacional de Emissões (SIRENE/2017).

Quadro 8.4 Empresas integrantes da carteira ICO2/B3 – 2017

Nº	Empresa	Setor	Receita(R$ milhões)	Emissões (tCO$_2$e)	Coeficiente
1	Braskem	Químico	54.125	12.984.975	239,9
2	Suzano	Papel	11.263	1.970.469	174,9
3	Fibria	Papel	12.895	1.672.529	129,7
4	Itausa	Indústria	6.165	687.489	111,5
5	Klabin	Papel	6.746	674.290	100,0
6	BR Malls	Participações	1.479	60.683	41,0
7	JBS	Alimentos	169.395	6.910.167	40,8
8	CPFL	Energia	33.909	1.301.715	38,4
9	Multiplan	Imobiliários	1.183	40.546	34,3
10	BRF	Alimentos	37.235	1.130.435	30,4
11	Cemig	Energia	32.842	976.604	29,7
12	Ultrapar	Participações	78.028	1.432.611	18,4
13	AMBEV	Bebidas	97.214	1.455.970	15,0
14	WEG	Motores	11.143	117.979	10,6
15	CCR	Transporte	9.043	70.027	7,7
16	Hypermarcas	Farmacêutica	3.283	17.638	5,4
17	GPA	Varejo	77.054	397.243	5,2

(continua)

(continuação)

Nº	Empresa	Setor	Receita(R$ milhões)	Emissões (tCO₂e)	Coeficiente
18	MRV	Construção	4.888	23.637	4,8
19	L. Americanas	Varejo	20.715	96.446	4,7
20	L. Renner	Varejo	8.073	36.555	4,5
21	Telefônica	Comunicação	60.997	245.923	4,0
22	B3	Financeiro	2.459	4.045	1,6
23	Cielo	Financeiro	12.237	13.154	1,1
24	Bradesco	Financeiro	188.478	138.840	0,7
25	Itaú Unibanco	Financeiro	203.382	139.846	0,7
26	B.Brasil	Financeiro	214.497	134.931	0,6

Fonte: B3, 2019.

Anexo I – Formulário Padrão do ICO2

Formulário Padrão
Todas as informações são obrigatórias, salvo os itens especificados como opcionais (em azul)

- Nome da Empresa:
- Responsável pelo inventário:
- Email:
- Telefone:

I. Receita bruta do exercício incluída nas demonstrações financeiras consolidadas (em R$ milhões)[11]:

II. Relato das emissões de gases de efeito estufa para fins do ICO2

1 – Período considerado para a elaboração deste inventário de GEE[12]: De __/__/_____ até __/__/_____

2 – O inventário foi verificado por terceira parte?
☐ Não
☐ Sim
   Nome da verificadora:
   (forneça uma cópia do certificado de verificação em formato PDF junto ao Formulário Padrão preenchido)

3 – Relação com outras metodologias, diretrizes ou programas específicos

Figura 8.9 Síntese do Anexo I – Formulário padrão do ICO2

3.1 – Sua empresa (ou parte dela) baseou-se em alguma metodologia, diretriz ou programa específico existente na elaboração do Inventário do ICO2?
☐ Não ☐ Sim
3.2 – Qual(is)?
☐ Programa Brasileiro GHG Protocol (PBGHGBP) ☐ The Greenhouse Gas Protocol (GHG Protocol internacional do WRI) ☐ ISO 14064 ☐ The Climate Registry – (EUA) ☐ Carbon Trust – (GB) ☐ Bilan Carbone – (FR) ☐ Outra (indique e referencie):
3.3 – Foram necessárias adaptações nos limites organizacionais e na abordagem de consolidação das emissões considerados por essa(s) metodologia(s), diretriz(es) ou programa(s) acima para que os dados pudessem ser considerados para fins do ICO2? Se sim, descreva brevemente as adaptações.

4 – Limites Geográficos

4.1 – Liste todos os países onde a empresa possui operações inseridas no inventário	4.2 – Cite brevemente as principais operações realizadas em cada país
Ex.: Angola	Ex.: plataforma de extração de petróleo e escritório executivo.
...	

5 – Limites Organizacionais

5.1 – Liste a controladora e todas as investidas em que a empresa possui controle ou controle compartilhado	5.2 – A empresa controladora detém controle total ou compartilhado da investida?	5.3 – Qual a % da **receita bruta**[13] que foi consolidada?	5.4 – Qual a % das **emissões** que foi utilizada para fins do ICO2?
Controladora			
Controlada A	☐ Total (100%) ☐ Compartilhado		
Controlada B	☐ Total (100%) ☐ Compartilhado		
...	...	...	...

Figura 8.9 *Continuação*

6 – Dados de emissões

6.1 – Dados de emissões estimadas ou calculadas para todos os GRR
Considere todas as operações e unidades dentro dos limites do ICO2

GEE	em toneladas métricas de cada gás			em tCO$_2$ equivalente				
	Escopo 1	Escopo 2	Escopo 3		Escopo 1	Escopo 2	Escopo 3	
			Transporte e distribuição	Viagens e negócios			Transporte e distribuição	Viagens e negócios
CO$_2$								
CH$_4$								
N$_2$O								
HFCs								
PFCs								
SF$_6$								
Total de emissões estimadas ou calculadas (tCO$_2$e):								
6.2 – Total de emissões extrapoladas (tCO$_2$e)								
6.3 – Total de emissões consolidadas (tCO$_2$e)[14]								
6.4 – Percentagem (%) de emissões extrapoladas em relação ao total de emissões consolidadas								
6.5 – Total de emissões consolidadas (Escopo 1 + Escopo 2 + Escopo 3) (tCO$_2$e)								

7 – Emissões desagregadas por categorias de fontes

7.1 – Emissões Escopo 1 desagregadas por categorias de fontes (tCO$_2$e) (OPCIONAL)

Combustão estacionária	Combustão móvel	Emissões de processos	Emissões fugitivas	Atividades agrícolas	Emissões de resíduos	Total

7.2 – Emissões Escopo 2 desagregadas por categorias de fontes (tCO$_2$e) (OPCIONAL)

Aquisição de energia elétrica	Aquisição de energia térmica	Total

8 – Dados de emissão de CO2 advindos da combustão de biomassa (tCO2)[15] (OPCIONAL)

	Escopo 1	Escopo 1	Escopo 1
Fontes Estacionárias			
Fontes Móveis			
Compra de vapor			
Outros (identifique): _____			

9 – Relate as emissões desagregadas por escopo para cada país, ou grupo de países, listado no item 4 (OPCIONAL)

País	Emissões de tCO$_2$e		
	Escopo 1	Escopo 1	Escopo 1
Total:			

Figura 8.9 *Continuação*

10 – Extrapolação

10.1 – Detalhe o método de extrapolação de todas as instalações para qual ele foi aplicado. Veja exemplo abaixo:

<table>
<tr><td rowspan="11">1.
E
X
E
M
P
L
O</td><td rowspan="5">Dados da(s) instalação(ões) que possui(em) emissões desconhecidas</td><td colspan="2">Descrição da fonte, grupo de fontes, subcategoria, categoria ou escopo que terão as emissões extrapoladas</td><td>Loja 2: não foi possível obter dados sobre o serviço de entregas terceirizado da Loja 2</td></tr>
<tr><td rowspan="2">Classificação</td><td>Escopo</td><td>☐ Escopo 1 ☐ Escopo 2 ☒ Escopo 3</td></tr>
<tr><td>Categoria(s)[16]</td><td>Transporte e distribuição</td></tr>
<tr><td rowspan="3">Dado de extrapolação utilizado</td><td>Descrição</td><td>Nº de remessas
(de entrega terceirizada de produtos no ano)</td></tr>
<tr><td>Valor [A]</td><td>560</td></tr>
<tr><td>Unidade</td><td>–</td></tr>
<tr><td rowspan="4">Dados da(s) instalação(ões) que possui(em) as emissões conhecidas</td><td colspan="2">Descrição</td><td>Loja 1: instalação com as características mais próximas da Loja 2 nesta categoria, sendo que fica na mesma região, tem a mesma atividade econômica e possui as emissões de transporte e distriubição já estimadas.</td></tr>
<tr><td rowspan="2">Dado de extrapolação</td><td>Valor [B]</td><td>3120</td></tr>
<tr><td>Unidade</td><td>–</td></tr>
<tr><td colspan="2">Emissões [C] (tCO₂e)</td><td>13000</td></tr>
<tr><td>Emissões extrapoladas
(utilizadas no inventário)</td><td colspan="2">Resultado [=A.C/B] (tCO₂e)</td><td>2333</td></tr>
</table>

10.2 – Replique o modelo abaixo conforme número de vezes que o método de extrapolação foi aplicado.

<table>
<tr><td rowspan="11">M
O
D
E
L
O</td><td rowspan="5">Dados da(s) instalação(ões) que possui(em) emissões desconhecidas</td><td colspan="2">Descrição da fonte, grupo de fontes, subcategoria, categoria ou escopo que terão as emissões extrapoladas</td><td></td></tr>
<tr><td rowspan="2">Classificação</td><td>Escopo</td><td>☐ Escopo 1 ☐ Escopo 2 ☒ Escopo 3</td></tr>
<tr><td>Categoria(s)</td><td></td></tr>
<tr><td rowspan="3">Dado de extrapolação utilizado</td><td>Descrição</td><td></td></tr>
<tr><td>Valor [A]</td><td></td></tr>
<tr><td>Unidade</td><td></td></tr>
<tr><td rowspan="4">Dados da(s) instalação(ões) que possui(em) as emissões conhecidas</td><td colspan="2">Descrição</td><td></td></tr>
<tr><td rowspan="2">Dado de extrapolação</td><td>Valor [B]</td><td></td></tr>
<tr><td>Unidade</td><td></td></tr>
<tr><td colspan="2">Emissões [C] (tCO₂e)</td><td></td></tr>
<tr><td>Emissões extrapoladas
(utilizadas no inventário)</td><td colspan="2">Resultado [=A.C/B] (tCO₂e)</td><td></td></tr>
</table>

Figura 8.9 *Continuação*

11 – METODOLOGIA

11.1 – Especifique **todas** as metodologias, ferramentas de contabilização e quantificação e fontes de fatores de emissão utilizados para a elaboração do inventário. *(mencione igualmente, caso tenha sido utilizado um fator de emissão ou metodologia próprios)*		
Metodologias e/ou ferramentas:		
Nome da metodologia ou ferramenta:	Referência e/ou link (OPCIONAL)	A quais categorias de fonte de emissão foi aplicada? (OPCIONAL)
...		
Fatores de emissão: (OPCIONAL)		
Fontes de fatores de emissão utilizados (OPCIONAL)		Referência e/ou link (OPCIONAL)
...		

Figura 8.9 *Continuação*

pela entidade em qualquer que seja o país ou língua e está associada à sua missão de incentivar a padronização por meio de normas e diretrizes internacionais.

O objetivo das regras da ISO é tornar as coisas funcionais. Elas oferecem especificações para produtos, serviços e sistemas, segurança e eficiência e são fundamentais para facilitar o comércio global. Já foram publicadas 21.790 normas (ISO, 2017) sobre os mais diferentes assuntos, dos quais citamos alguns:

- **ISO 1**: Especificações geométricas de produtos e temperaturas
- **ISO 16**: Frequência de afinação acústica e musical
- **ISO 31**: Tamanhos e unidades
- **ISO 216**: Formatos e dimensões de papel[12]
- **ISO 3602**: Romanização da língua japonesa
- **ISO 14040**: Princípios e estrutura da Análise de Ciclo de Vida (ACV)
- **ISO 19005**: Arquivos no formato PDF
- **ISO 9000**: Sistema de Gestão da Qualidade (SGQ)
- **ISO 14000**: Sistema de Gestão Ambiental (SGA)
- **ISO 18001**: Sistema de Saúde e Segurança Ocupacional (SSSO)
- **ISO 26000**: Sistema de Gestão Socioambiental (SGSA)
- **ISO 31000**: Sistema de Gestão de Riscos (SGR)

Além de diretrizes pontuais, a exemplo da ISO 216 que regulamenta o formato e dimensões do papel utilizado na maioria dos países (exceto nos EUA e Canadá), há um conjunto de normas que se caracterizam em abrangentes sistemas de gestão empresarial, a exemplo das séries ISO 9000 (SGQ), ISO 14000 (SGA) e ISO 26000 (SGSA), que constituem a base dos chamados Sistemas Integrados de Gestão (SIG).

Essa padronização internacional dos sistemas de gestão começou nas áreas de eletrônica e de engenharia, com a criação da *International Electrotechnical Commission* (EIC) em 1922, e aprofundou-se nas questões de qualidade total (ISO 9000) com o acentuado movimento de globalização na década de 1980. No início da década de 1990, expandiu sua atuação para os impactos ambientais gerados pelo desenvolvimento industrial e econômico do mundo (ISO 14000) e, em outubro de 2010, divulgou o primeiro conjunto de normas e diretrizes sobre responsabilidade social (ISO 26000).

Apesar de as normas internacionais serem voluntárias ou de adoção opcional, as normas nacionais equivalentes são obrigatórias.

A série ISO 9000 compreende um grupo de normas técnicas que estabelecem um modelo de gestão da qualidade para as companhias, independentemente

---

[12] O formato de papel segue o padrão alemão Deutsches Institut für Normung (DIN), cuja proporção entre altura e largura é sempre igual à razão "1 para raiz quadrada de 2", ou seja, igual a 1,414. Por exemplo, papel A4 (297 / 210 = 1,414); papel A3 (420 / 297 = 1,414) etc. (assim como a raiz quadrada é a hipotenusa de um triângulo de catetos igual a um).

de setor ou porte. Essas normas estabelecem requisitos que auxiliam a melhoria dos processos internos, a maior capacitação dos colaboradores, o monitoramento do ambiente de trabalho e a verificação da satisfação dos clientes, colaboradores e fornecedores, em um processo contínuo de melhoria do Sistema de Gestão da Qualidade (SGQ). A gestão da qualidade total ou *Total Quality Management* (TQM) é baseada em pensamentos estratégicos que antecedem o agir e o produzir, voltados para a criação de uma consciência de qualidade em todos os processos organizacionais.

A série ISO 14000 estabelece as melhores práticas a serem adotadas no gerenciamento dos Sistemas de Gestão Ambiental (SGA) e permite estabelecer ações para aumentar a produtividade e melhorar a qualidade dos produtos e serviços, assim como melhorar a qualidade de vida das pessoas no ambiente de trabalho e entorno. A implementação dos SGA inclui aspectos ambientais na estratégia da empresa, de uma forma organizada, sistemática e contínua e permite que se avaliem continuamente a mitigação das externalidades ambientais e o desafio de novas oportunidades para o empreendimento.

A série ISO 26000 tem como objetivo traçar diretrizes para ajudar as empresas na implantação e desenvolvimento de políticas baseadas na sustentabilidade e se baseia em sete princípios: responsabilidade, transparência, comportamento ético, partes interessadas, legalidade, normas internacionais e direitos humanos. Envolve as áreas de práticas trabalhistas, meio ambiente, operações, combate à corrupção e propina, consumidores e participação comunitária. A norma ABNT NBR ISO 26000/2010 é a regulamentação desse conjunto de orientações socioambientais no país.

A Série ISO 31000 compreende uma série de normas técnicas da *International Organization for Standardization* (ISO) que estabelecem princípios e diretrizes sobre gestão de riscos em qualquer tipo de organização. Envolve a identificação dos tipos de riscos e incertezas, gestão de risco, estruturas e políticas, apetite e aversão ao risco, plano de gestão de risco, proprietário do risco, processos de gestão de riscos, estabelecimento do contexto interno e externo, comunicação e consulta, partes interessadas, avaliação de riscos, fontes de riscos, probabilidades, perfil de riscos, análises de riscos, nível de risco, controle, risco residual, monitoramento, análise crítica, matriz de risco (probabilidade e consequências) etc.

Com a implantação de diversos sistemas de gestão, a exemplo dos três mencionados (qualidade, ambiental e socioambiental), é natural que a empresa busque uma integração para diminuir os serviços de avaliações e de auditorias, bem como otimizar o processo de tomadas de decisão. Essa não é uma tarefa simples e, apesar de ainda não ter uma ISO específica para este fim, a *British Standards Institution* (BSI), que é um dos membros da ISO internacional, emitiu em 2006 uma norma com essa finalidade, a PAS-99 (*Publicly Available Specification*).

A PAS 99 fornece um modelo para que as organizações integrem em uma única estrutura todas as normas e especificações dos diversos sistemas de gestão utilizados, com objetivo de simplificar o processo e melhorar a eficácia do sistema de gestão. Com essa integração, os seguintes benefícios são destacados: redução de custos, por evitar a duplicação de documentos e rotinas como as auditorias internas; redução do tempo dedicado, devida à simplificação do sistema integrado; desburocratização, devida à melhoria dos processos e à racionalização dos trabalhos; menor quantidade de conflitos e incoerências entre os sistemas, se pensados isoladamente; melhoria na comunicação corporativa etc.

Como se pode ver, a própria ISO, ao longo de mais de 70 anos de existência, também está em busca de um novo patamar de sistema integrado de gestão (SIG) e, embora não possa ser comparado ao *International Integrated Reporting Council* (IIRC) por terem objetivos e finalidades distintas, essa evolução paralela é importante para aprofundar as discussões do que realmente se espera de um Relato Integrado.

Se fôssemos simplesmente "juntar" as informações existentes em uma empresa, bastaria incluir os indicadores contábeis e financeiros no Sistema Integrado de Gestão (SIG) proposto pela PAS-99 e teríamos o mais completo *Integrated Reporting*. Por isso, o *framework* do Relato Integrado está focado em princípios que orientam mudanças culturais baseadas no pensamento integrado.

Curiosamente, segundo o *site* da ISO, todos os padrões foram desenvolvidos ao longo do tempo pelas próprias pessoas que precisavam deles e tornaram-se referências globais após o consenso entre os especialistas. Isso nos faz acreditar que a **iniciativa do Relato Integrado, da forma como está sendo compartilhado, deverá se tornar um padrão global nesta nova etapa dos relatos corporativos; e quiçá uma ISO.**

8.1.10 Relato Integrado ou *Integrated Reporting*

Nos tópicos anteriores deste capítulo, foram demonstrados as principais iniciativas e os relatórios que as empresas passaram a adotar para reportar seu desempenho perante públicos internos e externos. O Relato Integrado surgiu como uma proposta dos usuários para unir os esforços em uma mesma direção, tendo como foco a comunicação da geração de valor, conforme ilustra a linha do tempo no Gráfico 8.5.

Nas primeiras décadas do século passado, os relatórios contábeis eram muito simples e não permitiam análises mais consistentes sobre a situação de uma companhia, principalmente após a crise de 1929, quando surgiram diversas iniciativas no sentido de aprimorar os relatórios e incluir informações estratégicas e de natureza não financeira, a saber:

- **1929**: após a crise de 1929, a contabilidade das empresas se tornou mais rigorosa e os processos de auditoria e de *compliance*, bem como de governança corporativa, ficaram mais complexos. A criação da SEC nos EUA e o foco dos profissionais de contabilidade e auditoria naquele país em formalizarem de maneira mais concreta e robusta as normas contábeis foram de grande valia para esse objetivo.
- **1976**: no Brasil, evento marcante foi o aprimoramento do Relatório da Administração (RA), previsto na Lei das Sociedades Anônimas (Lei 6.404/1976). Foi a formalização do primeiro instrumento utilizado pelos dirigentes para reportar comunicações estratégicas e com informações financeiras e não financeiras, inclusive sobre o futuro da companhia.
- **1997**: o Balanço Social IBASE foi idealizado por Betinho com base em modelos adotados na Europa, na década de 1960, e abrangia os aspectos econômicos, sociais e ambientais.
- **1999**: pesquisas acadêmicas na USP deram origem ao atual modelo de Demonstração do Valor Adicionado (DVA), que se tornou peça obrigatória por força de lei no Brasil com a adoção das IFRS.
- **2002**: o GRI teve origem em 1976 na entidade norte-americana CERES, mas as primeiras diretrizes pela entidade europeia GRI foram divulgadas em 2002, sendo atualmente o modelo mais completo e utilizado pelas empresas globais. O GRI é uma das entidades fundadoras do Conselho Internacional do Relato Integrado (IIRC).
- **2004**: o Conselho Federal de Contabilidade, com base na Resolução 1.003/2004, aprovou a norma brasileira de contabilidade (NBTC-15) instituindo a Demonstração das Informações de Natureza Social e Ambiental (DINSA), conhecida também como Balanço Social. Esta demonstração é voluntária e muito parecida com o modelo IBASE.
- **2005**: a BM&FBovespa, hoje B3, criou o Índice de Sustentabilidade Empresarial (ISE/B3), composto por uma carteira teórica de empresas que se destacam em seus desempenhos econômico, social, ambiental e de governança. O questionário preenchido pelas empresas participantes é um ex-

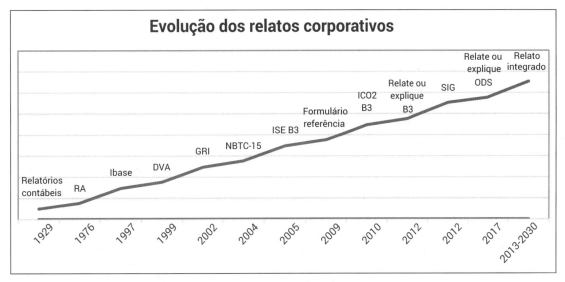

Gráfico 8.5 Linha do tempo de relatos corporativos

tenso e completo relatório corporativo, englobando inclusive questões do GRI e dos formulários de referência. Outras bolsas de valores do mundo também criaram, ao longo dos últimos anos, índices que envolvem variações na postura de sustentabilidade das companhias abertas.

- **2009**: os formulários de referências exigido para empresas de capital aberto no Brasil, exigidos pela CVM, e seus equivalentes nos EUA, exigidos pela SEC, com centenas de páginas, são relatórios profundos e abrangentes que exigem um conhecimento minucioso de todas as áreas e estratégias das companhias.
- **2012**: a iniciativa "Relate ou Explique", adotada pela B3 e outras entidades brasileiras, incentivou as empresas a publicarem relatórios de sustentabilidade ou dizer os motivos pelos quais optaram por não fazê-lo. Isso promoveu um movimento de transparência e hoje é uma prática comum e quase obrigatória entre as empresas de capital aberto.
- **2012**: surgiram diversos sistemas de gestão para controlar o desempenho dos processos e atividades industriais, a exemplo do sistema de gestão da qualidade total (SGQ), Sistema de Gestão Ambiental (SGA) e sistema de gestão socioambiental (SGSA). E isso originou a necessidade de promover uma integração entre esses diversos sistemas, surgindo a norma PAS-99, que trata do sistema integrado de gestão (SIG). Essa norma ainda não foi regulamentada pela ISO, mas torna evidente a necessidade de unificar os esforços em uma base em comum. O desafio é completude e, ao mesmo tempo, concisão.
- **2017**: com o sucesso da campanha anterior sobre os relatórios de sustentabilidade, a B3 instituiu uma nova iniciativa intitulada "Relate ou Explique" em relação ao engajamento das empresas com os 17 Objetivos do Desenvolvimento Sustentável (ODS). É uma prática louvável, tendo em vista que se trata da Agenda 2030 comum a todos os países signatários e membros da ONU e o seu cumprimento é uma condição para conter o aquecimento global em níveis controláveis.
- **2013-2030**: com a união dos esforços de diversos usuários e entidades ligadas ao meio corporativo, foi criado o Conselho Internacional do Relato Integrado (IIRC) em 2010 e, após longo período de discussões (2010-2013), inclusive com iniciativas bem-sucedidas para incluir o parágrafo 47[13] no relatório final da Rio+20, finalmente foi divulgada em 9/12/2013 a primeira norma sobre o tema, o *Framework Integrated Reporting*. Essa norma é baseada em um conjunto de princípios e elementos de conteúdo que orientam a comunicação baseada no processo de geração de valor de uma companhia ao longo do tempo, e tem por objetivo servir de orientação para a próxima etapa evolutiva dos relatos corporativos.

8.2 *Framework Integrated Reporting* – versão 1.0

A norma sobre Relato Integrado emitida pelo *International Integrated Reporting Council* é composta – além de sumário executivo, glossário e apêndice – pelos seguintes tópicos:

1. Utilizando a estrutura
2. Conceitos fundamentais
3. Princípios básicos
4. Elementos de conteúdo

Uma das críticas relatadas pelos alunos que já estudaram este documento é justamente sobre a sua falta de concisão, pois há repetições de conceitos e de conteúdos ao longo de suas 38 páginas (ou 37 na versão no idioma inglês) e de seus 168 parágrafos. Mas isto é perfeitamente compreensível por ser a primeira norma sobre o tema e por se tratar de um processo de elaboração de relatos corporativos que implica em mudanças comportamentais nos processos de comunicação e de gestão corporativa.

Por tal motivo, esse *framework* é de natureza "principiológica" e não um mero *check list* de como fazer "mais do mesmo", e a entidade que irá fazer o seu primeiro Relato Integrado tem liberdade para adaptá-lo à sua realidade. Mas, mesmo não se tratando de um roteiro rigoroso de "como fazer", a empresa iniciante pode se concentrar no que este documento

---

[13] "47. We acknowledge the importance of corporate sustainability reporting and encourage companies, where appropriate, especially publicly listed and large companies, to consider integrating sustainability information into their reporting cycle. We encourage industry, interested governments and relevant stakeholders with the support of the United Nations system, as appropriate, to develop models for best practice and facilitate action for the integration of sustainability reporting, taking into account experiences from already existing frameworks and paying particular attention to the needs of developing countries, including for capacity building" (*The future we want*. United Nations, Rio+20 United Nations Conference on Sustainable Development, 20-22 June 2012).

denomina de "conteúdo mínimo", descrito em 19 parágrafos identificados em **negrito** e *itálico* ao longo do texto e que resumimos em **11 pontos**:[14]

1. Identificação da empresa.
2. Declaração dos responsáveis pela governança em relação à integridade do relato e o pensamento coletivo.
3. Deve ser conciso.
4. Deve apresentar o modelo de negócio da organização, o que faz e a circunstância em que atua, para onde deseja ir e como pretende chegar lá.
5. Deve apresentar uma visão das relações que a organização mantém com as partes interessadas e os seus legítimos interesses e necessidades.
6. Deve responder até que ponto a organização já alcançou seus objetivos estratégicos para o período e como se relaciona com a capacidade de geração de valor.
7. Deve mostrar a inter-relação entre os fatores que afetam significativamente a capacidade de gerar valor no tempo em relação aos seus capitais ou repositórios de valor.
8. Deve apresentar os riscos e oportunidades que afetam a capacidade de agregar valor, bem como os desafios e incertezas ao perseguir sua estratégia e implicações para seu modelo de negócio e desempenho futuro.
9. Deve mostrar como a estrutura de governança apoia a capacidade de gerar valor da empresa em curto, médio e longo prazo.
10. Deve abranger todos os temas relevantes, positivos ou negativos, e explicar como são determinados, quantificados ou avaliados.
11. Deve ser apresentado em bases coerentes e que permitam um grau suficiente de comparação entre organizações em relação a aspectos que sejam relevantes para a capacidade de geração de valor.

A seguir, apresentamos os principais tópicos do *framework*.

8.2.1 Utilizando a estrutura do *framework*

Para que um relato corporativo possa ser considerado um "Relato Integrado" de acordo com as normas do Conselho Internacional, é necessário seguir minimamente as orientações deste *framework*, como apresentamos a seguir.

---

[14] No tópico 8.2.1.7, constam na íntegra os 19 capítulos mencionados.

8.2.1.1 Definição de Relato Integrado

O Relato Integrado é um processo mais coeso e eficiente de relatos corporativos, cujo objetivo é melhorar a qualidade da informação disponível aos provedores de capitais (financeiros e não financeiros), evidenciando o desempenho e as perspectivas de uma organização em relação à sua capacidade de gerar valor ao longo do tempo.

No texto original, o foco principal é para os provedores de capitais financeiros ou investidores (e não discordamos disto), mas devido às possibilidades de transações e negociações futuras que envolvam capitais não financeiros, relacionados com bens e recursos difusos, principalmente relacionados com entidades governamentais, sem fins lucrativos, pequenas empresas, pagamentos por serviços ambientais etc., preferimos adotar como usuários do Relato Integrado os provedores de quaisquer tipos de capitais que detenham de alguma forma influência ou controle nas negociações e transações com a companhia.

8.2.1.2 Objetivo da estrutura do framework

O objetivo desta estrutura é estabelecer um conjunto de três conceitos fundamentais, sete princípios básicos e oito elementos de conteúdo que orientem a elaboração de um Relato Integrado.

Os três conceitos fundamentais que orientam a elaboração de um Relato Integrado são:

1. O processo de geração de valor para si e para o outro
2. Os seis capitais
3. Novo modelo de negócios

Os sete princípios básicos que orientam a elaboração de um Relato Integrado são:

1. Foco estratégico e orientação para o futuro
2. Conectividade da informação
3. Relação com as partes interessadas
4. Materialidade
5. Concisão
6. Confiabilidade e completude
7. Coerência e comparabilidade

Os oito elementos de conteúdo que orientam a elaboração de um Relato Integrado são:

1. Visão geral da organização e ambiente externo
2. Governança
3. Modelo de negócios

4. Riscos e oportunidades
5. Estratégia e alocação de recursos
6. Desempenho
7. Perspectivas
8. Base de preparação

A estrutura do Relato Integrado foi idealizada originalmente para as empresas privadas, mas pode ser implementada com os mesmos propósitos em outros tipos de organizações, como empresas públicas, entidades sem fins lucrativos, pequenas empresas, países etc.

8.2.1.3 Usuários do Relato Integrado

Os provedores de recursos da organização são os principais usuários de um Relato Integrado e, além da figura dos investidores, incluem-se também os gestores internos, que utilizam esse novo instrumento de comunicação corporativa como referencial para o aprimoramento das relações interpessoais e de seus processos decisoriais.

Como o foco do Relato Integrado está relacionado com a capacidade de geração (ou destruição) de valor de uma corporação, o conjunto dessas informações é útil para todos os *stakeholders* interessados, como empregados, clientes, fornecedores, parceiros comerciais, comunidades, governos, formuladores de políticas públicas e, entre outros, a própria população civil.

A figura do investidor continua como a do principal usuário, e a visão complementar que o relato oferece, principalmente sobre os aspectos não financeiros que podem influenciar na capacidade de geração de valor, proporciona, simultaneamente, mais conforto em suas decisões e o desafio de tornar a empresa cada vez mais transparente.

Ter uma atitude mais transparente pode melhorar a relação da empresa com o seu mercado e tornar-se uma nova fonte de valor.

8.2.1.4 Abordagem baseada em princípios

Esta estrutura inicial tem uma abordagem de natureza principiológica e não objetiva oferecer um *check list* ou roteiro para a elaboração de um Relato Integrado, pois o exercício é individual e envolve um esforço para encontrar um equilíbrio adequado que reconheça a grande variedade de circunstâncias individuais e que permita um grau suficiente de comparabilidade entre as organizações.

Cada companhia possui o seu modelo de negócio – os riscos e oportunidades e as externalidades positivas e negativas são peculiares e a capacidade de geração de valor está relacionada diretamente com as estratégias adotadas. Por isso, são necessários habilidades, comprometimentos, pensamento coletivo, diversidade, bom senso e um período de aprendizado da equipe responsável pela elaboração de um Relato Integrado.

Determinar quais os assuntos são materiais e como devem ser divulgados não é uma simples tarefa que envolve apenas uma "matriz de materialidade" e recursos audiovisuais. Esse exercício pode se tornar uma janela de oportunidades para novos negócios e enriquecer o processo de planejamento estratégico.

8.2.1.5 Informações de naturezas quantitativas e qualitativas

O Relato Integrado não tem por objetivo principal mensurar monetariamente o valor de uma organização em um dado momento nem se refere a um processo de cálculos de *valuation*, quer seja pela valorização dos preços das ações ou cotas ou pelo valor presente dos fluxos de caixa futuros.

No entanto, como o pressuposto que sustenta o Relato Integrado supõe que o valor de uma companhia atualmente é formado, em sua maior parte, por capitais de natureza intangível, a utilização de métricas quantitativas e qualitativas, complementares às medidas monetárias, pode ser útil para melhor explicar como uma organização gera valor e afeta os seus diferentes tipos de capitais.

O *framework* menciona seis tipos de capitais – financeiro, manufaturado, intelectual, humano, social e de relacionamento e ambiental –, que representam uma visão mais detalhada do *Triple Bottom Line* (econômico, social e ambiental) ou do "*Triple P*" ou 3P (*Planet, People and Profity*).

A contabilidade possui instrumentos que permitem mensurar monetariamente alguns desses capitais dentro de algum nível de precisão, mas nem sempre essa tarefa é simples ou possível, e, às vezes, nem necessária. Nesses casos, a utilização de métricas quantitativas e qualitativas, a exemplo dos *Key Performance Indicators* (KPI), podem ser úteis.

8.2.1.6 Formato dos relatos

O Relato Integrado não é necessariamente um novo relatório, pode ser uma parte distinta, destacada e acessível de outros relatórios ou pode representar a "porta de entrada" para informações mais detalhadas em outras fontes.

Na prática, pode ser apresentado no formado de um relatório da administração, em conjunto com um relatório de sustentabilidade GRI, como uma síntese adaptada dos formulários de referência, por meio de um vídeo ou comunicação dos dirigentes ou até mesmo por meio de um relatório específico e de acordo com a conveniência da corporação.

Nesses primeiros anos após a edição do *framework* (2013), temos visto as empresas pioneiras divulgarem seus relatos integrados no formato de um novo relatório, com número menor de páginas em relação aos seus relatórios anuais e complementados por vídeos, ilustrações e mensagens escritas.

Os integrantes do NECMA/USP, sob a regência de um dos membros do IIRC – o Professor Nelson Carvalho –, têm insistido em denominar essa nova proposta de "Relato" Integrado e não de "relatório", sob a argumentação de se tratar de um "**processo**" de comunicação corporativa que envolve o pensamento coletivo (ou pensamento integrado) e a inter-relação pessoal entre os dirigentes e as áreas.

Entretanto, suspeitamos que haverá recaídas e talvez seja inevitável no futuro adotarmos a denominação mais comum no mercado,[15] mas até lá vamos continuar insistindo e incentivando a divulgação do "pensamento integrado".

8.2.1.7 Conteúdo mínimo do Relato Integrado: textos em negrito e itálico

No tópico 8.2, resumimos os 19 parágrafos destacados no texto original em **negrito** e *itálico* e, por representarem o conteúdo mínimo exigido para um Relato Integrado e a base para a asseguração de acordo com esta estrutura, transcrevemos cada um deles no Quadro 8.5.

O NECMA/USP tem utilizado esse conteúdo mínimo como referencial nos trabalhos de asseguração dos Relatos Integrados e nas verificações externas e independentes, com o objetivo de conferir mais credibilidade e confiança e antecipar-se às futuras regulamentações e questionamentos dos mercados e *stakeholders*.

---

[15] Haja vista a utilização da denominação "relatório" integrado por dezenas de entidades, como: Votorantim, Bradesco, Ethos, EDP, Saraiva, Weg, Fibria, EY, Wilson Sons, Brisa, SB Eventos, AME, Abrasca etc. (2017).

8.2.1.8 Declaração dos responsáveis pela elaboração do Relato Integrado

Finalizando o item "Utilizando a Estrutura" do *framework*, um Relato Integrado deve incluir uma declaração dos responsáveis pela governança da empresa, com:

- O reconhecimento de sua responsabilidade por assegurar a integridade do Relato Integrado.
- O reconhecimento de terem aplicado o conceito fundamental do pensamento coletivo (ou pensamento integrado) na preparação e na apresentação.
- O parecer quanto ao fato de o Relato Integrado estar de acordo com a estrutura.

Em caso de omissão das questões acima, deve-se providenciar uma declaração explicando-se os seguintes fatos:

- O papel desempenhado pelos responsáveis pela governança na preparação e na apresentação do Relato Integrado.
- As medidas que estão sendo tomadas para incluir tal declaração em relatos futuros.
- O prazo para fazê-lo não deverá ultrapassar o terceiro Relato Integrado.

Como exemplos, citamos declarações de algumas empresas:

Itaú-Unibanco em seu Relato Integrado 2016: *"Esse relato foi aprovado pelos responsáveis por nossa governança e seu processo de asseguração foi conduzido pela PwC."*

Bradesco (2016) faz menção às normas da GRI, a saber: *"Nosso Relatório Integrado é produto de um esforço coletivo no qual diversas áreas fizeram um exercício de transparência sobre os temas de interesse dos nossos mais diversos stakeholders. Acreditamos que o Relatório continuou a evoluir, com mais indicadores e com o aperfeiçoamento de nossa Matriz de Relevância (GRI-G4.18)."*

Coca-Cola (2015): *"Este Relato Integrado Anual cumpre com o Padrão de Garantia AA1000AS, a Iniciativa Global Reporting Initiative (GRI G4) e os requisitos dos 10 Princípios do Pacto Global das Nações Unidas. Além disso, está alinhado com os princípios e elementos do International Integrated Reporting Council (IIRC) e do Climate Change Reporting Framework (CDSB)."*

O Itaú-Unibanco apresentou uma declaração bastante simples e não há uma menção direta ao *framework* IIRC. O Bradesco utiliza os elementos de conteúdo do IIRC, mas menciona as normas do

Quadro 8.5 19 parágrafos – conteúdo mínimo do Relato Integrado	
1.12	Um Relato Integrado deve ser uma comunicação designada e identificável.
1.17	Qualquer comunicação que afirme ser um Relato Integrado e faça referência a esta estrutura deve atender a todas as exigências identificadas em negrito e itálico, a menos que: - a indisponibilidade de informação confiável ou proibições legais específicas causem uma incapacidade de divulgar informações relevantes; - a divulgação de informação relevante cause um dano concorrencial significativo.
1.18	Em caso de indisponibilidade de informações confiáveis ou de proibições legais específicas, um Relato Integrado deve: - indicar a natureza da informação omitida; - explicar a razão da omissão; - em caso de indisponibilidade de dados, devem ser identificadas as medidas tomadas para obter a informação e o prazo esperado para que isso aconteça.
1.20	Um Relato Integrado deve incluir uma declaração dos responsáveis pela governança com: - o reconhecimento de sua responsabilidade por assegurar a integridade do relato; - o reconhecimento de terem aplicado o pensamento coletivo (ou pensamento integrado) na preparação e na apresentação do relato; - sua opinião ou conclusão quanto ao fato de o relato estar de acordo com esta estrutura ou, se ele não contiver tal declaração, deve explicar o motivo; - o papel desempenhado pelos responsáveis pela governança na preparação e na apresentação do Relato Integrado; - as medidas que estão sendo tomadas para incluir tal declaração em relatos futuros; - o prazo para fazê-lo, que não deverá ultrapassar o terceiro Relato Integrado da organização que faça referência a esta estrutura.
3.03	Um Relato Integrado deve oferecer uma visão da estratégia da organização e como ela se relaciona com a capacidade que a organização tem de gerar valor em curto, médio e longo prazo, bem como com seu uso e seus impactos sobre os capitais.
3.06	Um Relato Integrado deve mostrar uma imagem holística da combinação, da inter-relação e das dependências entre os fatores que afetam a capacidade da organização de gerar valor ao longo do tempo.
3.10	Um Relato Integrado deve prover uma visão da natureza e da qualidade das relações que a organização mantém com suas principais partes interessadas (stakeholders), incluindo como e até que ponto a organização entende, leva em conta e responde aos seus legítimos interesses e necessidades.
3.17	Um Relato Integrado deve divulgar informações sobre assuntos que afetam, de maneira significativa, a capacidade de uma organização de gerar valor em curto, médio e longo prazo.
3.36	Um Relato Integrado deve ser conciso.
3.39	Um Relato Integrado deve abranger todos os temas materiais, tanto positivos quanto negativos, de maneira equilibrada e isento de erros significativos.
3.54	As informações em um Relato Integrado devem ser apresentadas: - em bases coerentes ao longo do tempo; - de maneira a permitir uma comparação com outras organizações na medida em que seja material para a capacidade da própria organização de gerar valor ao longo do tempo.
4.04	Um Relato Integrado deve responder à pergunta: "O que a organização faz e quais são as circunstâncias em que ela atua?"
4.08	Um Relato Integrado deve responder à pergunta: "Como a estrutura de governança da organização apoia sua capacidade de gerar valor em curto, médio e longo prazo?"
4.10	Um Relato Integrado deve responder à pergunta: "Qual é o modelo de negócios da organização?"
4.23	Um Relato Integrado deve responder à pergunta: "Quais são os riscos e oportunidades específicos que afetam a capacidade que a organização tem de gerar valor em curto, médio e longo prazo, e como a organização lida com eles?"
4.27	Um Relato Integrado deve responder à pergunta: "Para onde a organização deseja ir e como ela pretende chegar lá?"
4.30	Um Relato Integrado deve responder à pergunta: "Até que ponto a organização já alcançou seus objetivos estratégicos para o período?"
4.34	Um Relato Integrado deve responder à pergunta: "Quais são os desafios e as incertezas que a organização provavelmente enfrentará ao perseguir sua estratégia, e quais são as potenciais implicações para seu modelo de negócio e seu desempenho futuro?"
4.40	Um Relato Integrado deve responder à pergunta: "Como a organização determina os temas a serem incluídos no Relato Integrado e como estes temas são quantificados ou avaliados?"

GRI. E a Coca-Cola apresenta um relato bastante integrado com as orientações do GRI, IIRC, ONU, CDP e CDSB.

Por se tratar de uma norma de adoção voluntária, é provável que as empresas que adotem o Relato Integrado não sigam na íntegra as exigências desta declaração dos responsáveis e, segundo a Comissão Brasileira de Acompanhamento do Relato Integrado (CBARI), o mais importante é o fato desse conteúdo já estar sendo disseminado e usado pelo mercado, mesmo que ainda em um estágio inicial. Essa também é a nossa opinião.

8.2.2 Conceitos fundamentais do Relato Integrado

Três conceitos fundamentais orientam a elaboração de um Relato Integrado, segundo a estrutura do IIRC: o processo de geração de valor para si e para o outro, os seis capitais e o novo modelo de negócios e que serão abordados a seguir.

8.2.2.1 Geração de valor para si e para o outro

O foco principal de um Relato Integrado, como já foi destacado anteriormente, está relacionado com a capacidade de uma empresa gerar valor ao longo do tempo, e essa é a característica principal que o diferencia de outras iniciativas que procuram integrar informações de naturezas quantitativas, qualitativas e monetárias em um mesmo relatório.

Segundo o *framework*, o processo de geração de valor é influenciado pelos ambientes internos e externos e depende de como a empresa interage com os seus seis capitais e com as partes relacionadas.

O valor gerado ao longo do tempo se manifesta por meio de acréscimos, decréscimos ou transformações de capitais causados por suas atividades e produtos e é gerado em uma via de mão dupla, ou seja, para si e para o outro.

Como o pressuposto básico adota a dimensão temporal de gerar valor no curto, no médio e no longo prazo, a condição de perpetuação depende de um jogo "ganha-ganha" e o valor é gerado para a própria organização, o que permite retornos financeiros aos provedores de capitais e, também, para as partes interessadas e a sociedade em geral. Esse é o segredo da perpetuidade dos negócios no longo prazo.

Uma organização mantém a sua capacidade de gerar valor ao longo do tempo adotando três estratégias: pode oferecer os mesmos produtos ou serviços cobrando menos por isso, pode oferecer mais produtos e serviços cobrando o mesmo valor, ou pode adotar essas duas estratégias conjuntamente.

A Figura 8.10, constante do *framework*, ilustra esse processo de geração de valor para si e para os outros e destaca que quando interações, atividades e relacionamentos da empresa com o seu mercado forem relevantes, devem ser incluídos no Relato Integrado.

Esse é um dos pontos mais importantes que envolvem a elaboração de um Relato Integrado e os primeiros exercícios de uma empresa pioneira podem ser árduos se ainda não houver um amadurecimento nas relações internas e no compartilhamento do pensamento coletivo ou pensamento integrado. Para facilitar esse processo, o *framework* prevê a abordagem dos seis capitais, a serem explanados no tópico seguinte.

Figura 8.10 Processo de geração de valor para si e para outros

8.2.2.2 Os seis capitais

As externalidades podem ser positivas ou negativas, ou seja, podem agregar ou destruir valores de uma organização ao longo do tempo. Por este motivo, os provedores do capital financeiro necessitam de informações sobre as externalidades mais relevantes para poder avaliar seus efeitos e alocar recursos de maneira apropriada.

Todas as organizações dependem de diversas formas de capital para o seu sucesso e, como o valor é agregado ao longo de diferentes períodos de tempo, para diferentes partes interessadas e por meio de diferentes tipos de capitais, é improvável que ele seja gerado por meio da maximização de um único capital em detrimento dos demais, principalmente quando se contempla a diversidade de ramos de negócio. Por exemplo, o capital intelectual certamente tem importância e dimensão distinta do capital manufaturado ou físico quando comparamos um escritório de advocacia ou uma firma de auditoria com uma siderúrgica ou uma hidrelétrica.

O *framework* do Relato Integrado considera os capitais como repositórios de valor que aumentam, diminuem ou se transformam por meio de atividades e produtos da organização, e os classifica em seis tipos de capitais: financeiro, manufaturado, intelectual, humano, social e de relacionamento e natural, conforme ilustra a Figura 8.11.

- **Capital financeiro**: é o montante de dinheiro (instrumentos financeiros, primários ou secundários/derivativos) disponível em moeda mais os títulos, obrigações, certificados e outros papéis negociáveis e conversíveis em moeda e que podem ser obtidos pela organização em suas operações ou captados por meio de emissão de dívidas ou ações. Contabilmente, o capital financeiro é classificado nos Ativos Circulantes e Não Circulantes e refletidos nos Passivos e Patrimônio Líquido oriundos das fontes de financiamentos de capitais próprios e de terceiros.

- **Capital manufaturado**: é o conjunto das estruturas físicas, materiais e tecnológicas colocadas à disposição da organização para a realização de suas atividades e produtos, como, por exemplo prédios, máquinas, infraestruturas, estoques etc. Contabilmente, o capital manufaturado pode estar classificado no Ativo Circulante (estoques, por exemplo) e no Não Circulante (imobilizado) ou extra contabilmente como parte intangível não contabilizado.

- **Capital intelectual**: é representado por Ativos Intangíveis relacionados com a propriedade intelectual e a inteligência organizacional de uma organização, tais como marcas, patentes, direitos autorais, *software*, direitos, licenças, sistemas, procedimentos, protocolos, *know-how*, conhecimento técnico dos profissionais, metodologias

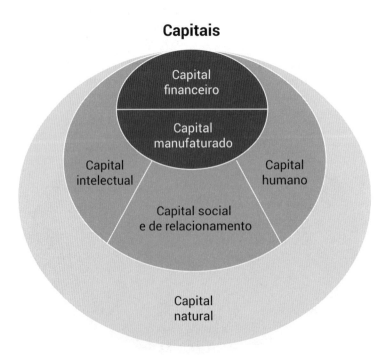

Figura. 8.11 Os seis tipos de capitais segundo o *framework* do Relato Integrado

etc. Contabilmente, o capital intelectual pode estar classificado no Ativo Circulante Intangível ou, extracontabilmente, como parcela de *goodwill* quando adquirido.

- **Capital humano**: é formado pelas pessoas e pelo conjunto de suas habilidades, engajamento e treinamento, que as mantém motivadas e alinhadas com os propósitos da organização. O capital humano é essencial e reconhecido extracontabilmente como parcela intangível e de mais-valia. O pensamento contábil, acadêmico e profissional, ainda não encontrou uma métrica aceitável para registrar contabilmente o capital humano nas demonstrações contábeis convencionais.
- **Capital social e de relacionamento**: é composto por capitais intangíveis provenientes do relacionamento da organização com a comunidade e suas partes interessadas e é pautado por valores, princípios, compromissos, confiança, reputação, licença para operar, conhecimentos, redes e padrões compartilhados. O capital social e de relacionamento é reconhecido extracontabilmente como parcela intangível.
- **Capital natural**: é o conjunto dos bens, recursos e serviços ambientais disponíveis para que a organização realize suas atividades e produtos e inclui terras, florestas, biodiversidade, água, sol, ar, qualidade do ecossistema. O capital natural pode estar contabilizado no Ativo Circulante e Não Circulante ou figurar extracontabilmente como parte intangível.

Como exceção do capital financeiro, os cinco outros capitais não financeiros podem estar classificados extracontabilmente como parte do intangível ou *goodwill* e estão compreendidos no valor da companhia como um todo. E, se imaginarmos que o capital financeiro também pode ser representado pelo potencial futuro de obtenção de recursos financeiros, como é o caso de empresas que detêm um bom cadastro aprovado pelas partes interessadas, então poderíamos inferir que todos os tipos de capital geram valores intangíveis além de seus registros contábeis tradicionais.

O estoque geral de capitais disponíveis para que uma organização desempenhe os seus propósitos não permanece fixo ao longo do tempo, pois há um fluxo constante à medida que eles aumentam, diminuem ou se transformam continuamente. Por exemplo, quando uma empresa incorre em gastos com treinamento de pessoal, isso resulta no aumento do capital humano e na diminuição do capital financeiro, mas nem sempre essa relação é linear, pois empregados e empregadores podem valorizar o treinamento de formas diferentes.

A relação entre esses fluxos contínuos dos diversos capitais nem sempre ocorre às mesmas taxas e impactos, e em muitas organizações, essa tarefa pode se tornar mais complexa à medida em que elas utilizam mais capitais de difícil mensuração e que não estejam registrados de alguma forma em sua contabilidade. Um desses casos são as atividades agrícolas e pecuárias que utilizam intensamente recursos naturais gratuitos (ex.: água dos rios, sol) e com risco de futuramente arcarem pelo pagamento de serviços ambientais.

Por isso, ressaltamos que o Relato Integrado não se refere a um processo de *valuation* da organização, mas é fundamental que as partes envolvidas em sua elaboração saibam identificar as capacidades de geração de valor de acordo com as principais estratégias da organização. Lembre-se de que o processo de geração de valor é influenciado não apenas por essas relações internas, mas principalmente pelos mercados e a sociedade; que a geração de valor para si depende da geração de valor para o outro, é uma relação de troca e o pressuposto básico da perpetuidade dos negócios a longo prazo.

Como o próprio *framework* menciona, uma organização pode categorizar os capitais de maneiras diferentes, mas é importante que se analise a capacidade de geração de valor na visão dos capitais mais relevantes e não se negligencie o capital usado ou afetado por ela. Os membros do NECMA/USP apreciam essa classificação nos seis tipos de capital e tem-se observado que algumas empresas no mercado, mesmo sem mencionarem que se trata de um Relato Integrado, utilizam esses conceitos fundamentais dos seis capitais.

8.2.2.3 O novo modelo de negócio orientado para valor

O terceiro princípio básico do Relato Integrado, segundo o seu *framework*, trata de um novo modelo de negócio baseado no processo de geração de valor e sob as dimensões dos seis capitais mencionados.

Conceitualmente, é semelhante aos modelos tradicionais de negócios desenvolvidos desde o século passado, com "**input – atividades operacionais – output**", e as vantagens dessa nova abordagem, ao nosso ver, referem-se ao convite para que as organizações tornem mais transparentes a estrutura de geração de valor de suas atividades operacionais e a postura diante de suas principais externalidades. É muito mais uma mudança comportamental do que uma novidade conceitual ou teórica.

Nesse sentido, a visão multidimensional dos seis capitais torna-se uma ferramenta que pode revolucionar não apenas os relatos corporativos, mas até o processo de gestão das atividades operacionais, incorporando uma visão mais responsável diante de todos os elos da cadeia produtiva e proporcionando novas oportunidades de negócios.

A Figura 8.12 (figura 2 do *framework*) ilustra esse novo modelo de negócio.

- **Input**: do lado esquerdo entram os recursos utilizados pela organização em suas atividades operacionais. A análise sob a ótica dos seis capitais amplia a visão das atividades, evidenciando que pode-se agregar valor não apenas com recursos materiais ou financeiros, mas também com capitais intangíveis, às vezes abundantes ou até sem custos para a organização. É o caso da energia do sol e das águas das chuvas, das facilidades de acesso das vias regionais, da proximidade da população consumidora e trabalhadora, dos conhecimentos e tecnologias disponíveis das mais variadas formas etc.
- **Atividades operacionais**: o modelo de negócio se baseia no conjunto da missão, crenças e valores de uma organização, mas com maior apelo ao engajamento com as questões de longo prazo e de sustentabilidade. A empresa é convidada a refletir sobre as suas práticas de governança corporativa, envolvendo os riscos e oportunidades dos negócios e as estratégias de alocação de recurso dentro dessa nova visão sustentável. O processo operacional tende a ser mais transparente mostrando a criação ou destruição de valores, e os indicadores de *performance* e de panorama futuro mostram não apenas os seus resultados financeiros, mas também a postura diante de suas principais externalidades.
- **Output**: do lado direito saem os produtos e serviços gerados pela organização e ofertados para seus clientes e comunidades. Na visão dos seis capitais e do princípio de geração de valor "para si e para o outro", evidencia não apenas o resultado financeiro ou a entrega física de seus produtos, mas também a retroalimentação como *input* de novos capitais e no fortalecimento das relações e perpetuação dos negócios.

Um exercício de imaginação pode visualizar a figura acima em um formato tridimensional[16] e os seis capitais do lado do *input* podem estar girando um sobre o outro e interagindo entre si, provocando diminuições e aumentos de valor para favorecer o processo das atividades operacionais de uma organização. Do lado

---

[16] ... ou hexadimensional.

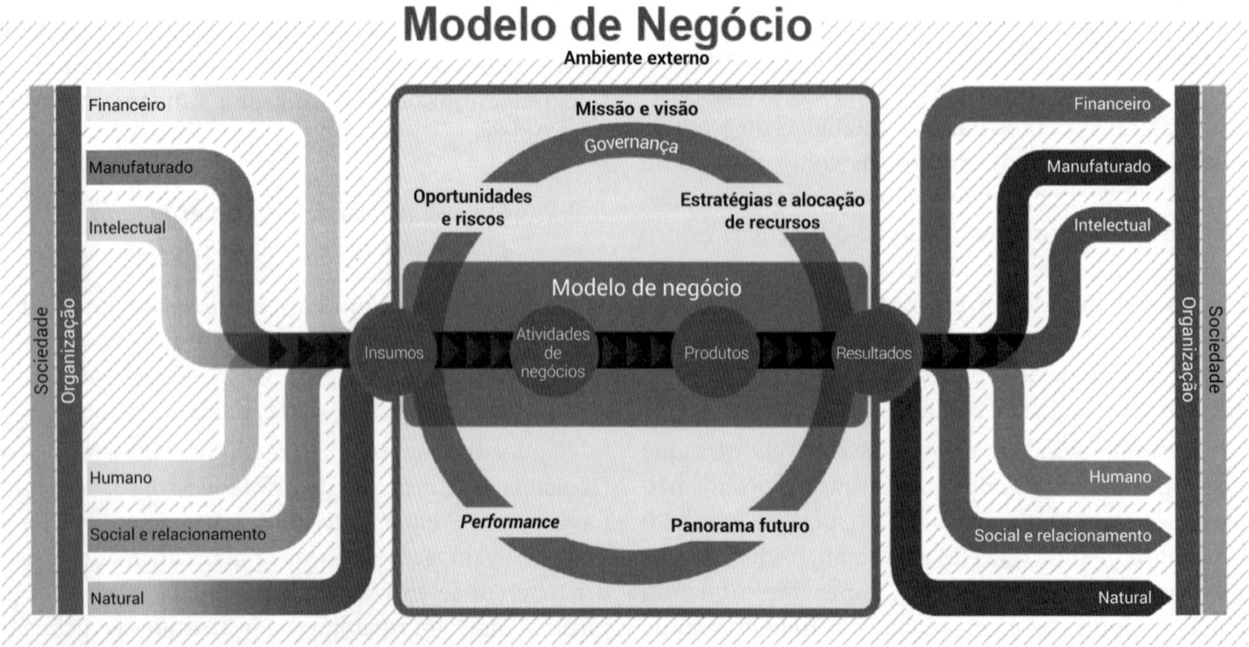

Figura 8.12 Visão multidimensional dos seis capitais

do *output*, igualmente, os seis capitais aumentam a visão dos produtos e serviços gerados, evidenciando não apenas a sua entrega física, mas principalmente as inter-relações de valores, confiança, satisfação, descartes e responsabilidades pelo produto que se retroalimentam do lado do *input* como novos recursos.

O monitoramento contínuo dos impactos sobre os capitais, na visão desta nova abordagem do modelo de negócio, torna-se um instrumento importante para gerenciar os riscos e oportunidades relevantes à organização e oferece subsídios para as suas ações estratégicas, tendo em vista que o processo de geração de valor é dinâmico e requer revisões frequentes.

Para finalizar este tópico, exemplificamos o modelo de negócios do Itaú-Unibanco (2017), de forma narrativa:

> *O modelo de negócio é a representação de um sistema organizacional que transforma capitais em produtos e serviços, por meio de estruturas de negócios e atividades operacionais, visando ao cumprimento das estratégias definidas pela gestão. O modelo de negócios está alinhado à visão, à cultura e aos valores da organização e sintetiza o seu ciclo de criação de valor ao longo do tempo. Nossa visão: é ser o banco líder em performance sustentável e em satisfação dos clientes. Nossas causas: atuar para transformar o mundo num lugar melhor e ajudar as pessoas a fazerem melhores escolhas financeiras. Ser um banco cada vez mais digital. Simples, sempre. Fanáticos por performance. Gente é tudo para a gente. Só é bom para a gente se for bom para o cliente. O melhor argumento é o que vale. Pensamos e agimos como donos. Ética é inegociável. Capital humano: totalizamos 95 mil colaboradores e 42 mil terceiros. Capital intelectual: o valor da nossa marca está avaliado em 26,6 bilhões. Capital social e de relacionamento: nos relacionamos com mais de 55 milhões de clientes detentores de cartões de crédito ou débito. Capital financeiro: nossos recursos financeiros totalizam R$ 1,328 trilhão. Capital manufaturado: nossos canais digitais atendem 73% das transações dos clientes. Capital natural: consumimos basicamente água, energia elétrica e papel e* **geramos impactos**[17] *relacionados a emissões e descarte.*

8.2.3 Princípios básicos do Relato Integrado

Além dos três conceitos básicos vistos no tópico anterior – geração de valor, seis capitais e novo modelo de negócios –, o *framework* nos fornece sete princípios básicos que orientam a elaboração do Relato Integrado, a saber:

1. Foco estratégico e orientação para o futuro
2. Conectividade da informação
3. Relação com as partes interessadas
4. Materialidade
5. Concisão
6. Confiabilidade e completude
7. Coerência e comparabilidade

Esses princípios se aplicam individualmente e coletivamente e exigem bom senso em sua aplicação, principalmente quando houver conflitos entre eles, como é o caso de concisão *versus* completude.

8.2.3.1 Foco estratégico e orientação para o futuro

Um Relato Integrado deve priorizar os aspectos estratégicos que influenciam a capacidade de geração de valor e os seus impactos sobre os capitais de uma organização ao longo do tempo.

Essa visão voltada para o futuro e relacionada com a identificação dos principais pontos fortes e fracos e das ameaças e oportunidades é o fator de convergência que orienta os aspectos relevantes que devem constar em um Relato Integrado.

8.2.3.2 Conectividade da informação e coerência

Um Relato Integrado deve evidenciar a conectividade entre as informações de forma coerente e fidedigna, por meio de uma linguagem clara, inteligível e livre de jargões, e as seções devem ser estruturadas harmonicamente e com as respectivas referências cruzadas.

Isso implica reconhecer que as informações devem ser coerentes entre si e ao longo do tempo, evitando-se informações falsas ou conflitantes. Por exemplo: mencionar que a empresa valoriza o seu capital humano, enquanto que no Passivo há provisões de reclamações trabalhistas; dizer que é uma empresa preocupada com o meio ambiente e não relatar a existência de contingências ambientais; informar que a estratégia da empresa está bem orientada para agregar valor e desprezar riscos e oportunidades eminentes; não respeitar a conectividade entre os diversos relatórios distintos, como a contabilidade, o relatório da administração, o parecer de auditoria e do conselho fiscal, veículos de notícias etc.

8.2.3.3 Relações com partes interessadas e *accountability*

Um Relato Integrado deve mostrar a relação da organização com as suas principais partes interessadas

---

[17] Hipervago!

e prover uma visão da natureza e qualidade dessa relação, mostrando os níveis de interdependência e os legítimos interesses envolvidos.

Óbvio que um Relato Integrado não deve ter por objetivo fornecer informações detalhadas para todas as partes interessadas, pois provavelmente perder-se-ia o foco e a concisão. Como, porém, a criação de valor para si e para o outro é um pressuposto básico, é fundamental manter transparência com aqueles que influenciam significativamente a geração de valor ao longo e fazer a devida prestação de contas, mantendo a resiliência e confiança entre as partes.

Essa prestação de contas envolve inclusive os capitais que são de propriedade de outros e também aqueles que não possuem donos ou são fornecidos gratuitamente pela natureza, e, nesse caso, o relato deve atender às legislações e às responsabilidades éticas e morais.

8.2.3.4 Materialidade

Um Relato Integrado deve divulgar informações sobre assuntos que afetam de maneira significativa a capacidade de uma organização de criar valor ao longo do tempo, e o processo para determinar o seu conteúdo e a apresentação se baseia em duas etapas: identificação dos limites do relato e dos aspectos materiais, conforme ilustra a Figura 8.13.

Os limites do Relato Integrado de uma organização envolvem a respectiva entidade contábil representada em seus relatórios financeiros, individuais ou consolidados, e inclui outras partes relacionadas que, de alguma forma, interferem em sua capacidade de criação ou destruição de valor. A identificação desta entidade se baseia nas regras aplicáveis nos relatórios financeiros e giram em torno do conceito de propriedade, controle ou influência significativa. Inclui também a natureza ou proximidade dos riscos, oportunidades e impactos.

O objetivo de olhar além dos limites financeiros da entidade principal é identificar o conjunto dos riscos, oportunidades e impactos que afetam a capacidade da organização de gerar valor. Embora essas outras entidades ou partes relacionadas possam não ter nenhuma relação formal com a organização, podem agregar ou destruir valor ao longo do tempo. São exemplos os problemas trabalhistas de fornecedores, questões graves na cadeia de suprimento ou energia, escassez de água na região, corrupção etc.

Uma vez determinados os limites do Relato Integrado, centrado na entidade referenciada nas demonstrações contábeis e incluindo outras partes relacionadas, o processo de determinação do conteúdo e apresentação se baseia no conceito de materialidade.

O processo para determinar a materialidade para fins de preparação e apresentação de um Relato Integrado envolve três etapas: (1) identificação dos temas relevantes, com base na sua capacidade de afetar a geração de valor; (2) priorização dos temas relevantes com base na sua importância relativa baseada na

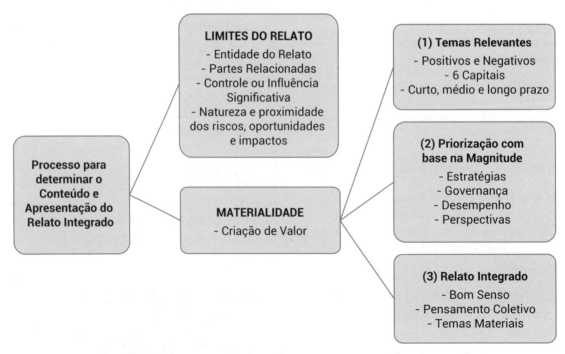

Figura 8.13 Apresentação das informações em um Relato Integrado

magnitude de seus efeitos; e (3) determinação das informações a serem divulgadas sobre temas relevantes.

Temas relevantes são aqueles que afetam ou podem afetar a capacidade de uma organização de gerar valor no curto, médio e longo prazo e devem considerar as externalidades positivas ou negativas e com informações de natureza financeira e não financeira, tendo como referência os seis capitais (financeiro, manufaturado, intelectual, humano, social e de relacionamento e natural).

Nem todos os temas relevantes são considerados materiais para serem incluídos em um Relato Integrado e a sua importância é avaliada com base na magnitude de seus efeitos sobre a estratégia, a governança, o desempenho e as perspectivas futuras de uma organização. Ao avaliar a magnitude do efeito, a organização deve levar em conta fatores quantitativos e qualitativos, perspectivas financeiras, estratégicas, de reputação e regulatórios, área impactada, tipo e duração do impacto. A avaliação da magnitude de um tema não implica, necessariamente, quantificar seu efeito, e dependendo do tema uma avaliação qualitativa pode ser mais apropriada. A avalição dos riscos envolvidos é a palavra-chave e que orienta esse processo.

Uma vez identificado o grupo de temas importantes, eles são priorizados com base na sua magnitude e isso ajuda a focar nos temas mais importantes e determinar como eles serão relatados. Além dessa priorização dos temas relevantes, com base na análise dos aspectos de materialidade, a equipe deve utilizar do bom senso das pessoas envolvidas e das vantagens de se trabalhar de forma integrada e com pensamento coletivo. Em outras palavras, esse processo é bastante individual e promove um amadurecimento das pessoas e da cultura da organização.

Como exemplo de como determinar os temas importantes, reproduzimos no Quadro 8.6 o caso em que os alunos elaboraram uma matriz de materialidade da FEA/USP,[18] considerando como temas relevantes: **graduação**, **pós-graduação**, entidades acadêmicas, biblioteca, **gestão salarial e profissional** e **infraestrutura e segurança**. A priorização dos temas mais materialmente relevantes foi definida pela matriz que combinou em um gráfico cartesiano (Gráfico 8.5) os pesos e opiniões da equipe responsável (**coordenação**) comparativamente com a dos *stakeholders* (**alunos, professores, funcionários, sociedade**).

O resultado dessa priorização dos temas materialmente relevantes pode ser visualizado no Gráfico 8.5, evidenciando que graduação, gestão salarial e profissional, e infraestrutura e segurança são os temas que deveriam estar incluídos em um Relato Integrado, conforme o Gráfico 8.5.

8.2.3.5 Concisão

Um Relato Integrado deve ser conciso, e ponto final!

Essa tarefa é um enorme desafio, pois ao mesmo tempo em que se busca a completude e confiabilidade das informações, é necessário simplificar ao máximo o conteúdo e forma de apresentação do relato para otimizar o tempo e despertar a atenção dos seus usuários.

Esse processo envolve a análise de materialidade dos temas relevantes, sugere uma estrutura lógica com referências cruzadas para evitar repetições e pode ser conectado com informações ou relatórios mais

---

[18] Com base na palestra proferida por **Alex Anderson Silva**, ex-aluno da FEA/USP e atualmente trabalhando na elaboração de Relato Integrado do Itaú-Unibanco (NECMA, 26/11/2015), pode ser visto na videoteca da USP: http://iptv.usp.br/portal/video.action;jsessionid=72C5182EA4EE5BEF66B6D7EB-5D40AA41?idItem=31198. Acesso em: 15 maio 2019.

Quadro 8.6 Caso: matriz de materialidade da FEA/USP

Quais questões devem ser priorizadas financeiramente?	Coordenação	Alunos	Professores	Funcionários	Sociedade	Total
Peso	100%	25%	25%	25%	25%	100%
Graduação	6	6	4	4	6	5
Pós-graduação	2	1	3	3	5	3
Entidades acadêmicas	1	3	1	1	3	2
Biblioteca	3	4	2	2	2	3
Gestão salarial e profissional	5	2	6	5	1	4
Infraestrutura e segurança	4	5	5	6	4	5

Stakeholders

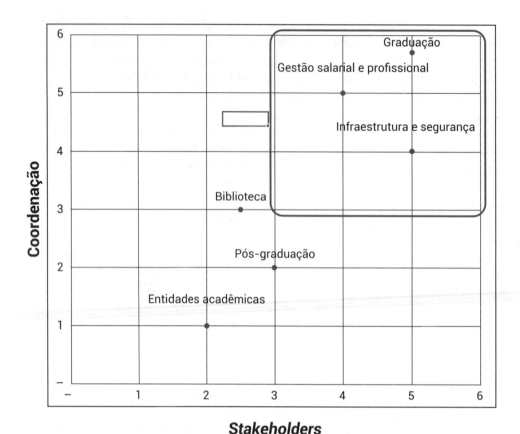

Gráfico 8.6 Relevância de temas em um Relato Integrado

detalhados e que não mudam com frequência. Além disso, é recomendável utilizar linguagem simples e evitar jargões e terminologias altamente técnicas ou divulgações muito genéricas.

Uma dica para se fazer um relato conciso é focar o objeto do relato para o outro e não para si, priorizando informações que possam ser úteis aos investidores e principais usuários e, em menor escala, com os principais atributos da própria organização.[19]

Por óbvio, a redução do número de páginas não é o principal indicador para um relato conciso, mas inegavelmente é uma das primeiras constatações pelos usuários e analistas. Paula Álvares Maciel (2015) foi uma das primeiras a elaborar uma dissertação de mestrado sobre o tema Relato Integrado e, ao analisar as principais empresas pioneiras na época, constatou que houve uma redução de significativa do número de páginas dos relatórios apresentados no primeiro ano de vigência do *framework* (2014), conforme mostramos na Tabela 8.3.

Das seis empresas citadas na Tabela 8.3, houve uma redução média de 37% no número de páginas,

Tabela 8.3 Evolução do número de páginas em relatórios de empresas

Número de páginas			
Empresas pioneiras	2013	2014	Variação
AES Brasil	54	39	−28%
CCR	73	46	−37%
CPFL	146	133	−9%
Itaú-Unibanco	31	36	16%
Natura	73	36	−51%
Votorantim	239	101	−58%
total de páginas ...	**616**	**391**	**−37%**

Fonte: Maciel (2015).

---

[19] Um exemplo de dinâmica realizada em sala de aula com os alunos na apresentação do curso de Sustentabilidade é o seguinte: ao invés de solicitar que o aluno fale de si e os seus propósitos em relação à sociedade, pedimos que o mesmo diga como pode contribuir com a sociedade e quais são suas características pessoais. O resultado é visivelmente mais conciso e objetivo e, em torno de um minuto, o aluno consegue dar o seu recado de forma empolgante e contagiar os colegas com suas principais qualidades. No outro formato, às vezes os alunos dispendiam cinco ou mais minutos falando sobre muitos atributos e *hobbies* pessoais e não relacionavam com a questão social em foco.

com destaque para a Votorantim que reduziu pela metade o seu relato.

No caso do Itaú-Unibanco, relativo ao período de 2016/2017, houve uma redução brutal de 84% se comparado o seu Relato Integrado (75 páginas) com o seu relatório da administração tradicional (475 páginas). E, com base em depoimentos dos profissionais desta organização, os investidores estão preferindo o novo formato do Relato Integrado, mais conciso e objetivo, e os demais relatórios são utilizados eventualmente como referências.

8.2.3.6 Confiabilidade e completude

Um Relato Integrado deve ser confiável e completo, ou seja, deve abranger todos os temas materialmente relevantes, tanto positivos quanto negativos, de maneira equilibrada e isento de erros significativos. E lembrando: também tem que ser conciso!

A Figura 8.14 facilita a compreensão desse conteúdo explicitado no *framework*.

A **confiabilidade** de um Relato Integrado pode ser obtida com a observância de três aspectos: a declaração dos responsáveis, a asseguração interna ou externa e o equilíbrio de conteúdos.

A **declaração dos responsáveis** pelo relato, por si só, é um atestado de confiabilidade e, ao declarar que os conteúdos mínimos exigidos pelo *framework* foram seguidos, mostra o engajamento da empresa e de seus principais gestores com um nível mais elevado de transparência e o comprometimento com o futuro e com o ambiente em que a organização atua.

A **asseguração** do Relato Integrado pode ser reforçada por controles internos e trilhas de auditoria interna ou ser obtida com parecer de terceiros.[20] E, por envolver questões mais abrangentes e relacionadas com o futuro da organização, é importante a evidenciação dos níveis de probabilidade das estimativas adotadas.

O **equilíbrio** de um Relato Integrado significa que ele não é tendencioso e as informações contidas não são manipuladas para encobrir erros ou externalidades negativas. Isso pode ser obtido tendo-se cuidado com o formato das apresentações, com equilíbrio entre as informações descritivas e visuais, com a exposição clara tanto dos aspectos positivos como os negativos

---

[20] Os alunos da FEA/USP já estão praticando o conhecimento adquirido na disciplina com a realização de serviços de asseguração de Relatos Integrados.

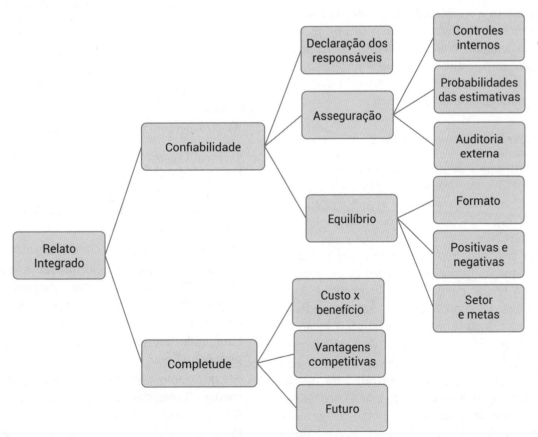

Figura 8.14 Temas de um Relato Integrado conforme segundo confiabilidade e completude

e, preferencialmente, comparativamente com as metas da organização e referências do setor.

A **completude** de um Relato Integrado, tão importante quanto a concisão vista anteriormente, significa incluir todas as informações materialmente relevantes, relacionadas com as externalidades positivas e negativas. Envolve possíveis preocupações sobre a relação custo-benefício, vantagens competitivas e informações orientadas para o futuro.

Uma organização pode avaliar **custo versus benefício** ao determinar a extensão, o nível de especificidade e a exatidão das informações necessárias para que o relato cumpra o seu propósito, mas não deve omitir a divulgação sobre um tema materialmente relevante. Se uma informação é importante para gestão do negócio, o custo não pode ser um fator para impedir que se relate de forma adequada.

O Relato Integrado tem como objetivo relatar todos os temas materialmente relevantes. Entretanto, a organização deve tratar adequadamente as informações que possam influenciar em suas **vantagens competitivas** em relação ao mercado ou concorrentes, descrevendo a essência dos assuntos, sem identificar informações específicas que possam levar a uma perda significativa de valor.

Para garantir a completude de um Relato Integrado, as informações orientadas para o **futuro**, mesmo que sujeitas a maior nível de incerteza, não devem ser omitidas caso sejam consideradas materialmente relevantes. E, nesse caso, é recomendável informar o nível de probabilidade de ocorrência.

8.2.3.7 Coerência e comparabilidade

As informações de um Relato Integrado devem ser apresentadas em bases coerentes ao longo do tempo e de maneira a permitir a comparabilidade com outras organizações. Cada organização tem as suas peculiaridades e gera valor de sua própria maneira, mas isso não impede que se busque utilizar procedimentos uniformes e consistentes em relação ao longo do tempo e em sintonia com outras organizações afins. Quando acontecer alguma mudança significativa, a organização deve explicar a razão da mudança e, quando possível, quantificar seu efeito.

O conteúdo mínimo do *framework*, apesar de não ser um *check list*, serve de orientação para que as empresas adotem formas de apresentação dos relatos integrados mais consistentes ao longo do tempo e uniformes em relação às demais empresas. A estrutura dos seis capitais, a evidenciação de um novo modelo de negócio interligado com as questões sociais e ambientais, a interdependência entre os capitais e os aspectos que interferem na criação de riquezas, as principais estratégias da organização e a sua postura em relação às principais externalidades são itens de um Relato Integrado que o leitor busca naturalmente em suas análises. E a comparação com os relatos de períodos anteriores evidencia o amadurecimento de toda a equipe em torno do pensamento integrado ou coletivo.

8.2.4 Elementos de conteúdo do Relato Integrado

Além dos três conceitos fundamentais (geração de valor, seis capitais, modelo de negócios) e dos sete princípios básicos (foco estratégico, conectividade, partes interessadas, materialidade, concisão, confiabilidade-completude e coerência-comparabilidade), vistos anteriormente, o *framework* prevê oito elementos de conteúdo que orientam a elaboração de um Relato Integrado, conforme a Figura 8.15.

Esses oito elementos de conteúdo representam informações essenciais de um planejamento estratégico, e a maneira como foram expostos no *framework* facilita a sua aplicação em qualquer organização, pois ao invés de um *check list* de itens de verificação, são apresentados na forma de "perguntas". Assim, atende-se ao estágio de governança e as peculiaridades de cada empresa e permite-se que se use do bom senso na aplicação dos princípios básicos e conceitos fundamentais.

As oito perguntas são as seguintes:

1. O que a organização faz e quais são as circunstâncias em que ela atua?
2. Como a estrutura de governança da organização apoia sua capacidade de gerar valor em curto, médio e longo prazo?
3. Qual o modelo de negócio da organização?
4. Quais são os riscos e oportunidades específicos que afetam a capacidade que a organização tem de gerar valor ao longo do tempo e como ela lida com eles?
5. Para onde a organização deseja ir e como ela pretende chegar lá?
6. Até que ponto a organização já alcançou seus objetivos estratégicos para o período e quais são os impactos no tocante aos efeitos sobre os capitais?
7. Quais são os desafios e as incertezas que a organização provavelmente enfrentará ao perseguir sua

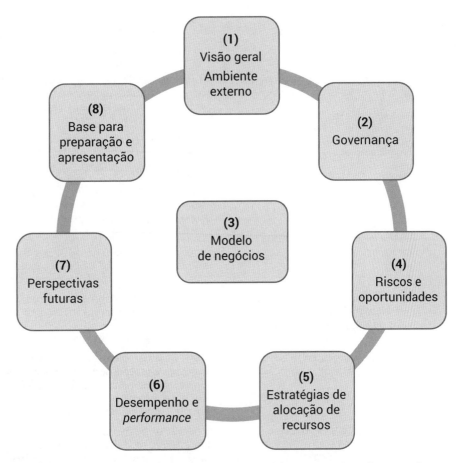

Figura 8.15 Os oito elementos de conteúdo previstos no *framework*

estratégia e quais são as potenciais implicações para seu modelo de negócios e seu desempenho futuro?

8. Como a organização determina os temas a serem incluídos no Relato Integrado e como esses temas são quantificados ou avaliados?

Com base no conteúdo do *framework*, elaboramos um quadro-resumo (Quadro 8.7) relacionando os oito elementos de conteúdos com as respectivas questões principais e, complementarmente, com sugestões de tópicos ou temas a serem explorados.

8.2.4.1 Visão geral da organização e ambiente externo

Um Relato Integrado deve responder à pergunta: "O que a organização faz e quais são as circunstâncias em que ela atua?".

Esse é um dos mais importantes, ou talvez o mais expressivo dos questionamentos de uma organização, pois representa as bases de sua própria existência e a condição de perpetuidade, e está relacionado com o conjunto de sua missão, visão para o futuro, crenças e valores.

A missão é uma declaração concisa dos propósitos de uma empresa e traduz as respostas para as questões: por que a empresa existe, o que ela faz e para quem. E a visão é a descrição do futuro desejado para a organização dentro desse propósito. As crenças e valores representam um conjunto de princípios e regras que norteiam o comportamento moral e ético e consideram a cultura predominante do ambiente em que a organização atua e aquilo de que ela não abre mão.

Nem todas as empresas possuem essa visão geral da organização e de seu ambiente externo descritas formalmente, ou às vezes se restringem ao conteúdo dos objetos sociais descritos em seus contratos ou estatutos sociais. Esse é um exercício que possibilita não apenas entender melhor o verdadeiro propósito de uma organização, mas também um refinamento de seus propósitos diante de novos desafios e cenários.

Recomenda-se utilizar frases práticas e realistas e evitar jargões que denotam metas inatingíveis. O *framework* inclui diversos tópicos como: missão, visão, cultura, ética e valores, composição acionária, estrutura operacional, principais atividades, cadeia de

Quadro 8.7 Quadro-resumo dos elementos de conteúdo do RI

Nº	Elementos de conteúdo	Perguntas	Sugestão de tópicos
1	Visão geral da organização e de seu ambiente externo	O que a organização faz e quais são as circunstâncias em que ela atua?	Missão, visão, cultura, ética e valores, composição acionária, estrutura operacional, principais atividades, cadeia de valor, posicionamento de mercado, contexto comercial, ambiental, social, legal e político etc.
2	Governança	Como a estrutura de governança da organização apoia sua capacidade de gerar valor em curto, médio e longo prazo?	Estrutura de liderança, variedade de formação, gênero, experiências, exigências regulatórias, processos decisórios, cultura da organização, atitudes em relação ao risco, questões éticas e de integridade, monitoramento das estratégias e riscos, práticas que excedem as normas, responsabilidade dos dirigentes pela inovação, sistemas de compensação e incentivos etc.
3	Modelo de negócios	Qual o modelo de negócio da organização?	Diagrama do modelo de negócios, insumos-atividades-produtos, fluxo narrativo das particularidades, partes interessadas, riscos e oportunidades, desempenhos, impactos, múltiplos modelos de negócios etc.
4	Riscos e oportunidades	Quais são os riscos e oportunidades que afetam a capacidade de gerar valor da organização e como ela lida com eles?	Fontes de riscos e oportunidades, probabilidades e magnitudes, medidas para gerenciamento etc.
5	Estratégias de alocação de recursos	Para onde a organização deseja ir e como ela pretende chegar lá?	Objetivos estratégicos de curto-médio-longo prazo, planos de alocação de recursos, medidas das realizações e impactos, elementos de conteúdos envolvidos, relação com o modelo de negócios, vantagens competitivas, engajamento com partes interessadas etc.
6	Desempenho e *performance*	Até que ponto a organização já alcançou seus objetivos estratégicos e quais são os impactos sobre os capitais?	Impactos sobre os capitais, relacionamento com partes interessadas, medidas quantitativas-qualitativas-monetárias, não conformidades com legislações etc.
7	Perspectivas futuras	Quais são os desafios e as incertezas que a organização provavelmente enfrentará e quais são as potenciais implicações para seu modelo de negócios e seu desempenho futuro?	Mudanças ao longo do tempo, possíveis desafios e incertezas críticos, asseguração das perspectivas *versus* realidade, exigências legais ou regulatórias etc.
8	Base para preparação e apresentação	Como a organização determina os temas a serem incluídos no Relato Integrado e como estes temas são quantificados ou avaliados?	Papel dos responsáveis pela governança, matriz de materialidade dos temas, limites do relato e da entidade, outras limitações e dificuldades, métodos utilizados para quantificar os efeitos, temas materiais e capitais, efeitos a curto-médio-longo prazo, limitação da entidade do relato etc.

valor, posicionamento de mercado, contexto comercial, contexto ambiental, contexto social, contexto legal e político que afetam a capacidade que a organização tem de gerar valor ao longo do tempo.

8.2.4.2 Governança

Um Relato Integrado deve responder à pergunta: "Como a estrutura de governança da organização apoia sua capacidade de gerar valor em curto, médio e longo prazo?".

As características das pessoas envolvidas, bem como a estrutura do processo decisório e gerencial, são fundamentais para que uma organização continue gerando valor a curto, médio e longo prazo.

O *framework* lista alguns tópicos para reflexão, como: estrutura de liderança da organização, habilidades e diversidade, variedade de formação, gênero, exigências regulatórias, processos decisórios, cultura da organização, atitudes em relação ao risco, questões éticas e de integridade, monitoramento das estratégias e riscos, práticas que excedem as normas, responsabilidade dos dirigentes pela inovação, sistemas de compensação e incentivos ligados à capacidade da empresa de geração de valor etc.

8.2.4.3 Modelo de negócios

Um Relato Integrado deve responder à pergunta: "Qual é o modelo de negócios da organização?".

O modelo de negócios proposto pelo *framework* segue os tradicionais modelos sistêmicos "entrada-processamento-saída", mas difere pelo foco na capacidade de geração de valor da organização e o estímulo a um maior nível de transparência. Caracteriza-se pela transformação de insumos através das atividades empresariais em produtos e impactos que visam cumprir os propósitos estratégicos da organização e gerar valor em curto, médio e longo prazo.

O *framework* ilustra alguns tópicos como: diagrama do modelo de negócios, insumo-atividades-produtos, fluxo narrativo das particularidades, as principais partes interessadas, riscos e oportunidades envolvidos, desempenhos, principais impactos positivos e negativos, existência de múltiplos modelos de negócio etc.

8.2.4.4 Riscos e oportunidades

Um Relato Integrado deve responder à pergunta: "Quais são os riscos e oportunidades específicos que afetam a capacidade que a organização tem de gerar valor em curto, médio e longo prazo e como a organização lida com eles?".

As questões estratégicas e operacionais que envolvem os riscos e oportunidades de uma organização são basicamente as mesmas tratadas nos modelos tradicionais de reportes corporativos. O que difere na proposta do Relato Integrado é o convite a um maior nível de transparência em relação aos aspectos que impactam na capacidade de gerar valor de uma organização, incluindo também os aspectos negativos e alguma forma de mensuração ou quantificação.

O *framework* menciona alguns tópicos: fontes específicas de riscos e oportunidades, ambientes interno e externo, avaliação do nível de probabilidade de ocorrência e da magnitude de seus efeitos, divulgação do grau de incerteza, medidas tomadas para minimizar ou gerenciar os principais riscos ou para gerar valor a partir das principais oportunidades, metas, KPIs, avaliação da materialidade dos riscos etc.

8.2.4.5 Estratégia e alocação de recursos

Um Relato Integrado deve responder à pergunta: "Para onde a organização deseja ir e como ela pretende chegar lá?".

Uma organização que utiliza o formato do Relato Integrado incrementa as suas estratégias de alocação de recursos com um maior nível de transparência, destacando os seus objetivos estratégicos de curto, médio e longo prazo, seus planos de alocação de recursos, avaliação das realizações e impactos, os principais elementos de conteúdos envolvidos e a relação com o modelo de negócio, as principais vantagens competitivas, o grau de engajamento com as partes interessadas etc.

Esse maior nível de transparência é reconhecido e valorizado pelas partes interessadas quando a organização busca minimizar as suas externalidades negativas com a alocação responsável de seus recursos e mostrando que é capaz de gerar valor para si e para todos os elos da cadeia produtiva.

8.2.4.6 Desempenho

Um Relato Integrado deve responder à pergunta: "Até que ponto a organização já alcançou seus objetivos estratégicos para o período e quais são os impactos no tocante aos efeitos sobre os capitais?".

Uma organização que utiliza a proposta do Relato Integrado, e obviamente uma que adota o compromisso de não negligenciar as suas externalidades negativas, possui um rol de vantagens para evidenciar o seu desempenho de forma mais abrangente. Isso se deve à estrutura dos seis capitais e a utilização de medidas quantitativas, qualitativas e monetárias na avaliação dos impactos positivos e negativos, nos efeitos junto às partes relacionadas, nas análises de conformidades com legislações etc.

O foco excessivamente financeiro para as avaliações de lucratividade é substituído pelas análises de retorno de investimentos a longo prazo, que consideram as seis moedas ou capitais propostos no *framework*.

8.2.4.7 Perspectivas

Um Relato Integrado deve responder à pergunta: "Quais os desafios e as incertezas que a organização provavelmente enfrentará ao perseguir sua estratégia e quais são as potenciais implicações para seu modelo de negócios e seu desempenho futuro?".

O diferencial do Relato Integrado em relação aos relatórios tradicionais, como as demonstrações contábeis ou os relatórios de administração, é justamente a sua implicação em relação às perspectivas futuras. A organização é convidada a refletir e opinar sobre as possíveis mudanças ao longo do tempo que possam interferir significativamente em sua capacidade de gerar valor.

Isso implica avaliar o ambiente interno e externo, os possíveis efeitos ao longo do tempo, como poderá afetar a organização e como ela vai responder aos desafios e incertezas críticos que podem surgir. É um forte compromisso dos dirigentes da organização para com todos os investidores e demais *stakeholders* e um sinal de que estão antenados com o futuro da entidade.

8.2.4.8 Base para preparação e apresentação do Relato Integrado

Um Relato Integrado deve responder à pergunta: "Como a organização determina os temas a serem incluídos no Relato Integrado e como estes temas são quantificados ou avaliados?".

Nem todos os temas relevantes devem ser incluídos em um Relato Integrado, mas aqueles considerados materialmente relevantes. Assim, a base para preparação e apresentação de um Relato Integrado envolve três etapas: o processo da organização para determinar a materialidade dos temas importantes; uma descrição da entidade e os limites do relato; e a descrição dos métodos utilizados para quantificar ou avaliar temas materiais.

No tópico 8.2.3.4, foram apresentados o processo de identificação da materialidade dos temas relevantes e os limites de um Relato Integrado. Consideram-se o papel dos responsáveis pela governança, a matriz de materialidade, os limites da entidade, as dificuldades e limitações, os métodos utilizados para quantificar os efeitos, os temas materiais e os principais capitais etc.

8.3 Mitos e verdades sobre o Relato Integrado

Neste tópico, discutimos alguns mitos e verdades sobre o Relato Integrado, com o intuito de permitir um melhor entendimento de sua essência. Iniciamos com a seguinte questão: Por que o Relatório de Sustentabilidade GRI não se tornou o próprio Relato Integrado, tendo em vista que é um dos mais completos e contém informações de natureza econômica, ambiental e social?

O ex-presidente do GRI Ernest Ligteringen, quando esteve no Brasil e participou do evento "Diálogo IFRS & GRI", realizado na USP em 12/5/2010,[21] confidenciou-nos que o GRI fora vítima de seu próprio sucesso, que o conjunto de duas centenas de indicadores, amparados por princípios e diretrizes, ainda era insuficiente para atingir o *status* de principal relato de uma companhia na visão dos investidores e dos principais *stakeholders*. Ele afirmou que era necessário "pegar carona" e "integrar" o GRI com os tradicionais relatórios contábeis e financeiros, haja vista o *know-how* adquirido ao longo dos últimos séculos como linguagem padrão do mercado.

As discussões iniciais versaram sobre a integração "GRI × Relatórios Financeiros", mas logo se deu conta de que poderia estar cometendo os mesmos erros, perpetuando a produção de comunicações volumosas, desconexas e estáticas, ou seja, "mais do mesmo".

Muito se discutiu no âmbito do *International Integrated Reporting Council* (IIRC) e o *framework* inicial, que estava previsto para ser divulgado internacionalmente no dia 5/12/2013, somente foi liberado alguns dias depois, no dia 9/12/2013. O Professor Nelson Carvalho, que estava em reunião em Londres, nos enviava mensagens através de seu celular informando o teor das discussões e o propósito firme do grupo em não abrir mão de suas convicções. E o Professor Robert Eccles,[22] também membro do IIRC e autor do livro *One report*, estava no Brasil e se reuniu com os membros do NECMA/USP, no dia 10/12/2013, para discutir o tão esperado *framework* do Relato Integrado.

Os membros do IIRC mantiveram-se convictos de que esta primeira norma deveria ser de natureza principiológica e não um *check list*, e apesar de sua rápida aceitação já nos primeiros anos de sua vigência, no Brasil e países do G20, é de se esperar que os relatos corporativos continuem caminhando para um amadurecimento ao longo das próximas décadas.

Assim, para complementar o conteúdo do *framework* já apresentado, elencamos alguns questionamentos e provocações sob a forma de MITOS e VERDADES sobre Relato Integrado, a seguir:

1. **O Relato Integrado veio para se tornar um Relatório Único?**
   - ✓ **MITO** – pois ele não veio para substituir os relatórios de sustentabilidade, nem as demonstrações contábeis, nem o relatório de administração, nem quaisquer outros relatórios utilizados pela empresa. Cada qual deve continuar com seus propósitos e níveis de detalhamento específicos.

---

[21] Os vídeos desta reunião estão disponíveis na videoteca da USP, no *link*: http://iptv.usp.br/portal/video.action?idItem=1452&idVideoVersion=1419. Acesso em: 15 maio 2019.

[22] O vídeo desta reunião está disponível em: http://iptv.usp.br/portal/video.action?idItem=19903.

2. **O Relato Integrado é um novo relatório a ser elaborado pela empresa?**

   ✓ TALVEZ – apesar da não obrigatoriedade de uma nova peça, tem-se observado nas empresas pioneiras um relato distinto denominado "Relato Integrado", obviamente mais sucinto, com as informações mais importantes e em uma linguagem de fácil entendimento.

3. **"Relato" Integrado é a mesma coisa que "Relatório" Integrado?**

   ✓ MITO – relutamos chamar de relatório, pois consideramos que o Relato Integrado diz respeito a mais um processo de comunicação baseado no pensamento integrado. Talvez seja inevitável no futuro, mas por enquanto insistimos em chamar de "relato" para incentivar a eliminação dos "silos" e a integração entre as áreas.

4. **O Relato Integrado é o próximo passo na evolução dos relatos corporativos?**

   ✓ VERDADE – pois a proposta do Conselho Internacional buscou incluir tudo aquilo que era essencial e faltava no conjunto dos relatórios existentes, para atender aos novos desafios e oportunidades deste século. Se faltou algo, o tempo e as próximas versões irão corrigir.

5. **O Relato Integrado é um relato de "terceira geração"?**

   ✓ VERDADE – o Professor Aron Belinky foi muito feliz ao cunhar a expressão "Terceira Geração" (BELINKY, 2016) para os relatórios de sustentabilidade, definindo com a integração da sustentabilidade aos negócios.

6. **Os seis capitais (financeiro, manufaturado, intelectual, humano, social e de relacionamento e natural) são definitivos?**

   ✓ MITO – pois referem-se apenas ao consenso obtido dos profissionais e especialistas do Conselho Internacional, baseado em um detalhamento do *Triple Bottom Line* (econômico, social e ambiental) e do "*triple P*" (*planet*, *person* e *profit*), mas a empresa pode sintetizar ou ampliar a visão dos seus repositórios de riqueza.

7. **É obrigatório relatar todos os seis capitais?**

   ✓ MITO – é recomendável que se avalie o desempenho da empresa em pelo menos esses seis capitais, mas a empresa pode reportar apenas aqueles que julgar mais relevantes em suas estratégias de agregação de valor. Algumas sugestões feitas pelos alunos da USP incluíam um sétimo capital, de natureza política, para avaliar empresas como a Petrobras e a repercussão do caso Lava Jato, mas alguns deles entendiam que esses aspectos já estariam considerados no capital social e de relacionamento. Outra sugestão seria excluir o capital manufaturado e considerá-lo juntamente com o capital financeiro ou, em relação aos itens intangíveis, com o capital intelectual.

8. **O capital financeiro é o mais importante?**

   ✓ TALVEZ – provavelmente é um capital a ser relatado por todas as empresas, pois o *know-how* financeiro sem dúvida é uma ferramenta útil para o equilíbrio dos seus fluxos de caixa e o mundo atual é predominantemente capitalista. Quiçá no futuro as moedas não financeiras, o ganha-ganha da teoria dos jogos, a cooperação mútua etc. se tornem mais abundantes; nesse caso, o caminho já estaria aberto pela proposta do Relato Integrado.

9. **O Capital Manufaturado é totalmente de natureza financeira?**

   ✓ MITO – pois não se refere apenas às máquinas, equipamentos ou estoques contabilizados nos Ativos das empresas, mas em algumas empresas pode se constituir de relevantes Ativos Intangíveis de difícil mensuração monetária. Como já mencionado, há quem diga que a parcela tangível do capital manufaturado pudesse ser incluída no próprio capital financeiro e a parcela intangível no capital intelectual. E também há entendimento de que os capitais devessem se chamar de Ativos, a exemplo da estrutura do Balanço Patrimonial.

10. **O capital intelectual é predominantemente de marcas e patentes?**

    ✓ MITO – Na Petrobras, por exemplo, pode estar representado em uma plataforma marítima do pré-sal, juntamente com o capital manufaturado e, em uma das *Big Four* de auditoria e consultoria, sem dúvida é concentrado na figura de seus principais diretores ou capital humano.

11. **O capital humano é passível de contabilização nos Ativos de uma empresa?**

    ✓ MITO – felizmente, a humanidade ultrapassou o período de escravidão e não se usam mais essas contas de estoques ou de imobilizado. Apesar da possibilidade de se mensurar a parcela intangível relativa ao capital humano, é mais adequado relacionar com o preço das ações ou com os cálculos de *valuation*.

12. **O capital social e de relacionamento não agrega valor, pois é um bem difuso?**
    ✓ **MITO** – pois o valor agregado nas operações é gerado não apenas por capitais de propriedade, mas também por aqueles que a empresa detém algum nível de controle sobre eles, mesmo que temporariamente. É o caso das vendas diretas realizadas por uma rede de donas de casa contratadas pelas empresas de cosméticos, ou de empresas que se utilizam, muitas vezes gratuitamente, de sua localização geográfica e dos benefícios decorrentes, a exemplo do Uber.

13. **O capital natural pode ser mensurado 100% na contabilidade?**
    ✓ **MITO** – esse é sem dúvida um mito que deve ser quebrado, principalmente diante dos leigos em contabilidade e finanças. Há uma ilusão de que tudo pode ser mensurado com exatidão e precisão, mas é necessário entender que as avaliações são realizadas no contexto de cada caso e seguem diversos métodos, cada qual com graus de subjetividades diferentes, tais como: custo histórico, custo corrigido, custo de mercado, preço de reposição, preço espelho, custo de substituição, analogias históricas, valor de mercado, valor presente dos fluxos futuros, lei da oferta e procura etc.

14. **O que não pode ser medido não pode ser gerenciado?**
    ✓ **TALVEZ** – tudo pode ser quantificado monetariamente dentro de algum nível de precisão, como nos lembra a célebre frase de John Maynard Keynes (1883-1946): "*It's better to be roughly right than precisely wrong.*" No entanto, é importante esclarecer que nem tudo pode ser medido com precisão e objetividade. Há vários métodos de mensuração como custo histórico, custo corrigido, custo de reposição, valor de mercado, valor presente dos fluxos de caixa futuros etc.

15. **Os seis capitais serão 100% contabilizados na empresa?**
    ✓ **MITO** – o Relato Integrado não veio como proposta de registrar 100% dos capitais na contabilidade – e isso nem seria possível. A sua proposta central é relatar tendo como foco o valor agregado no conjunto da empresa, por isso é necessário imbuir-se do "pensamento integrado".

16. **O *framework* é um *check list* para elaboração do Relato Integrado?**
    ✓ **MITO** – o *framework*, apesar de conter um extenso conjunto de orientações, não é um *check list* para elaboração de um Relato Integrado. Nosso entendimento é de que um *check list*, nesta fase inicial, iria "engessar" o processo de pensamento integrado, dificultando o processo de envolvimento das pessoas, cada qual com o seu tempo, valores, crenças, conceitos e possibilidades de contribuições diversas.

17. **O Relatório de Sustentabilidade GRI pode ser tornar um Relato Integrado?**
    ✓ **MITO** – apesar de o Relatório GRI ser o mais completo relatório de sustentabilidade, contendo inclusive informações de natureza financeira, o seu foco não se baseia no processo de criação de valor de uma organização ao longo do tempo e o nível de detalhamento não condiz com o princípio da concisão. É provável que as discussões iniciais do IIRC consideraram essa possibilidade, mas nesse caso perder-se-ia a riqueza desse banco de dados.

18. **O relatório da administração pode se tornar um Relato Integrado?**
    ✓ **TALVEZ** – essa possiblidade existe, pois o relatório da administração originou-se como evolução dos relatórios contábeis, como forma de relatar uma síntese da situação financeira e outros aspectos não financeiros voltados também para o futuro.

19. **O Relato Integrado garante o sucesso de uma empresa?**
    ✓ **TALVEZ** – apesar de não ser o objeto principal, se uma empresa adota o Relato Integrado, supõe-se que seus dirigentes adotem bons princípios de governança, modelos de negócios baseado em estratégias de agregação de valor ao longo do tempo, equipe gerencial integrada etc. e,

nesse caso, tudo conspira para o sucesso da empresa. Mas não é condição *sine qua non*.

20. **O modelo de negócios proposto pelo Relato Integrado tem que estar de acordo com o desenvolvimento sustentável?**

    ✓ **VERDADE** – essa é uma das premissas desse novo modelo de negócios, e o que o diferencia dos modelos adotados pelas empresas no passado, pois encarar os desafios do futuro é uma postura responsável e uma maneira de se antecipar novos negócios. Obviamente que uma empresa não precisa mudar radicalmente as suas atividades, mas é um ponto de partida para começar a refletir sobre as suas externalidades, pois certamente todas as empresas serão sustentáveis no final deste século.

21. **O Relato Integrado não pode ser implementado em empresas de setores como cigarro, armas, jogos de azar etc.**

    ✓ **MITO** – qualquer empresa pode adotar o Relato Integrado, pois o seu objetivo é avaliar as condições para a garantia de sua própria continuidade. Essa discussão foi objeto de amplas discussões na criação do Índice de Sustentabilidade Empresarial (ISE/B3) e o consenso geral, não por unanimidade, foi de que o vício do cigarro, por exemplo, é muito mais antigo do que as indústrias tabagistas. Obviamente, no futuro as empresas terão que encarar responsabilidades por prejuízos à saúde, risco de morte, excesso de poluição, contaminação de lençóis freáticos etc. e contabilizar os seus riscos.

22. **O Relato Integrado é um relatório com número de páginas reduzido?**

    ✓ **TALVEZ** – embora saibamos que o número de páginas não é um indicador substancial para medir a qualidade do Relato Integrado, ou de qualquer outro relatório, curiosamente é uma das vantagens mencionadas pelas empresas pioneiras.

23. **O Relato Integrado exige um mínimo de conhecimento de contabilidade e finanças?**

    ✓ **VERDADE** – essa resposta poderia ser "mito", da mesma forma que se poderiam exigir conhecimentos mínimos sobre estratégia, marketing, operações, mercado, logística, engenharia, produção, energia, água, poluição, aquecimento global etc., mas não se pode negligenciar que a linguagem financeira não é privilégio apenas dos especialistas, se tornando um padrão de comunicação empresarial.

24. **As empresas que já adotam o Relatório GRI têm mais facilidade para adotar o Relato Integrado?**

    ✓ **VERDADE** – é fato que as empresas que já passaram pela implantação do Relatório de Sustentabilidade com base nas orientações e diretrizes do GRI estão a um passo do Relato Integrado. O GRI é um verdadeiro "raio X" que avalia amplamente a empresa, com duas centenas de indicadores nas seguintes dimensões: econômica, ambiental, práticas trabalhistas e trabalho decente, direitos humanos, sociedade e responsabilidade pelo produto.

25. **O Relato Integrado é indicado apenas para empresas de capital aberto?**

    ✓ **MITO** – apesar de ser direcionado inicialmente para as grandes empresas de capital aberto, o Relato Integrado é perfeitamente aplicável em qualquer tipo, tamanho ou segmento de empresa, em especial para as pequenas empresas, empresas públicas e entidades sem fins lucrativos que, em sua essência, trabalham efetivamente com os capitais não financeiros.

26. **As pequenas empresas têm mais facilidade para implementar o Relato Integrado?**

    ✓ **VERDADE** – pois compreendem mais facilmente a essência do pensamento e da gestão integrada. O dirigente de uma pequena empresa familiar, por exemplo, pode acordar de manhã ao lado de seu sócio majoritário, faz a primeira reunião de diretoria no café da manhã e realizam as atividades do dia de forma integrada. E, como vantagem competitiva, os seus relatórios são necessariamente concisos, com informações relevantes e de fácil entendimento.

27. **As entidades sem fins lucrativos têm mais facilidade para implementar o Relato Integrado?**

    ✓ **VERDADE** – acredita-se que sim, pois o capital financeiro nem sempre é o capital mais relevante no conjunto de suas atividades. Em uma entidade governamental, por exemplo, o orçamento é apenas um dos capitais, e os indicadores das atividades de saúde, educação, mobilidade urbana, área ambiental etc. são estratégicos na condução do plano geral de metas.

28. Os temas materialmente relevantes são sempre os mesmos nos Relatos Integrados das empresas?

✓ MITO – pois o que determina as questões mais relevantes a serem incluídas no Relato Integrado é um exercício baseado no pensamento e na gestão integrada, que pode ser operacionalizado por meio de uma "matriz de materialidade". Os pesos e medidas adotados nesta matriz de materialidade são definidos internamente, de acordo com o consenso das partes envolvidas e com base nas estratégias atuais de uma empresa. É um processo dinâmico que pode se alterar ao longo do tempo, pois materializa as intenções e ações da empresa para agregar valor a curto, médio e a longo prazo.

29. O Conselho Internacional do Relato Integrado (IIRC) será o órgão responsável para padronizar as normas e orientações sobre o tema?

✓ MITO – esta não é a função principal do *International Integrated Reporting Council* (IIRC) e, no futuro, eventualmente outras entidades poderão regulamentar em suas respectivas áreas, a exemplo da Bolsa da África do Sul, que estabelece o Relato Integrado como condição para ingressar em seus mercados. O próprio mercado, os reguladores e as empresas já estão fomentando e aprimorando esse novo instrumento corporativo.

30. O Relato Integrado é passível de comparação e auditoria?

✓ VERDADE – com o objetivo de garantir credibilidade e confiança, o Relato Integrado é passível de comparação e auditoria, mas em um escopo diferente dos relatórios tradicionais, tendo em vista a sua abrangência e o nível de subjetividade do conjunto de informações. Os pareceres de conformidade podem assumir esse papel inicialmente, relatando o grau de aderência aos princípios e elementos de conteúdo e se o modelo de negócio está alinhado com as questões econômicas, sociais, ambientais e de governança.

31. O processo do Relato Integrado pode contribuir para melhorar o pensamento integrado?

✓ VERDADE – o exercício de elaborar o Relato Integrado, passando pela experiência de desenhar o modelo de negócio e determinar o que é mais relevante juntamente com os seus pares, é uma experiência que contribui para melhorar o engajamento das pessoas e estimular o pensamento integrado.

32. O Relato Integrado é uma proposta consolidada?

TALVEZ – é um mito acreditar que a proposta contida na primeira versão do *framework* do Relato Integrado (2013) não tenha deixado de incluir alguma outra variável importante. No entanto, como pudemos acompanhar, muitas pessoas contribuíram com o que tinham de melhor para esta iniciativa que acreditamos ser a próxima etapa na revolução dos relatos corporativos.

Avaliação de aprendizagem

Neste capítulo, incluímos avaliações de aprendizagem sobre o conteúdo do *framework* do Relato Integrado, a saber:

- Leitura dinâmica do *framework*
- Cem conceitos do *framework*
- Teste de conhecimento geral do *framework* (múltipla escolha)

Leitura dinâmica do *framework*

A seguir apresentamos uma tabela contendo frases ou conceitos extraídos do *framework* do Relato Integrado, dispostos em ordem alfabética. Esta atividade consiste em identificar o número de pelo menos um parágrafo correspondente no texto original.

Você poderá visualizar previamente os 133 conceitos, identificar aqueles que lhe são familiares e, durante a leitura no *framework* original, entender como foi tratada essa vastidão de conceitos do ambiente corporativo.

Após a conclusão, pode-se solicitar em sala de aula que o aluno discorra aleatoriamente sobre o significado dos conceitos e se os mesmos foram tratados adequadamente no documento pelo *International Integrated Reporting Council* (IIRC).[23]

A maioria das pessoas consegue concluir esta atividade somente a partir da segunda ou terceira leitura, enquanto algumas o fazem já na primeira

---

[23] Sugestões de melhorias neste *framework* podem ser enviadas à Comissão Brasileira de Acompanhamento do Relato Integrado (CBRI), que tanto contribuiu junto à Comissão Internacional IIRC, ou aos autores deste livro.

tentativa. Isso se deve não apenas à sua aptidão pela leitura, mas também à familiaridade com o ambiente corporativo. Boa atividade!

Nº	Conteúdo do *framework*	Parágrafo(s)
1	Acréscimos, decréscimos ou transformações de capitais	
2	Ambiente político que podem afetar sua estratégia	
3	*Audit Trail*	
4	Auditoria Interna e externa	
5	*Balanced Integrated Report*	
6	Bom senso (*Judgement*)	
7	Capitais de propriedade de outros	
8	Capital Financeiro	
9	Capital Humano	
10	Capital Intelectual	
11	Capital Manufaturado	
12	Capital Natural	
13	Capital Social e de Relacionamento	
14	Como a organização explora o Capital Intelectual	
15	Como gerar valor ao longo do tempo	
16	Contato com partes interessadas	
17	Controle internos	
18	Custo *versus* benefícios	
19	Dados não controlados pela entidade	
20	Dano concorrencial	
21	Declaração dos responsáveis pela governança	
22	Desempenho passado e futuro	
23	Diagrama do modelo de negócio	
24	Disposição dos fornecedores	
25	Divulgação de assuntos materiais	
26	Divulgação sobre a incerteza	
27	EC Base para apresentação	
28	EC Desempenho	
29	EC Estratégia e alocação de recursos	
30	EC Governança	
31	EC Modelo de negócios	
32	EC Perspectivas	
33	EC Riscos e oportunidades	
34	EC Visão geral organizacional e ambiente externo	
35	Efeitos relevantes sobre capitais ao longo da cadeia produtiva	
36	Elementos do modelo de negócio	

Nº	Conteúdo do *framework*	Parágrafo(s)
37	Empresas privadas, sem fins lucrativos e setor público	
38	*Entities/Stakeholders*	
39	Estoque global de capitais	
40	Evitar divulgações genéricas	
41	Exigências de *Compliance*	
42	Exigências para ser um Relato Integrado (negrito/itálico)	
43	Expectativas da organização quanto ao ambiente externo	
44	Experiências anteriores e direções estratégicas	
45	Externalidades relevantes	
46	Fatores significativos que afetam o ambiente externo	
47	Fluxo narrativo do modelo de negócio	
48	IIRC	
49	Impactos internos/externos e positivos/negativos	
50	Incerteza não é motivo para excluir informação	
51	Indicadores de desempenho (KPIs)	
52	Indicadores sobre metas, riscos e oportunidades	
53	Informações essenciais indetermináveis	
54	Informações financeiras, gerenciais e do Conselho	
55	Informações quantitativas e qualitativas	
56	Informações semelhantes e reconciliação	
57	*Integrated Report*	
58	*Integrated Reporting*	
59	*Integrated Thinking*	
60	Interesses de curto, médio e longo prazo	
61	Legítimos interesses das partes interessadas	
62	Licença para operar	
63	Licença social para operar	
64	Limites de um Relato Integrado (*boundary*)	
65	Limites do planeta	
66	Livre de jargões ou terminologia técnica	
67	Mais do que um resumo de informações	
68	Marcos referenciais (*Benchmark data*)	
69	Medidas específicas para minimizar riscos	
70	Menor número possível de palavras	
71	Métodos de divulgação	

Nº	Conteúdo do *framework*	Parágrafo(s)
72	Métodos de mensuração	
73	Missão e a visão de uma organização	
74	Modelo de negócio e adaptação às mudanças	
75	Mudanças tecnológicas	
76	Múltiplos negócios e reduzir complexidade	
77	Não deverá passar o terceiro RI	
78	Necessidades de todas as partes interessadas	
79	Nem todos os capitais são relevantes	
80	Novas oportunidades de negócio	
81	Objetivos do *framework* 1.0 IIRC	
82	Os 3 conceitos fundamentais	
83	Os 7 princípios básicos do RI	
84	Os 8 elementos de conteúdo do RI (EC)	
85	Outra definição do capital intelectual	
86	Para onde ir e como chegar lá	
87	Parceiros comerciais	
88	Partes interessadas do modelo de negócio	
89	Partes interessadas externas	
90	Passado, o presente e o futuro	
91	Pensamento Coletivo	
92	Pensamento Integrado enraizado	
93	Perda significativa de vantagem competitiva	
94	Pessoas responsáveis pela preparação do RI	
95	Prazos mais curtos: quantificação ou à monetização	
96	Prazos mais longos: natureza mais qualitativa	
97	Prestação de contas	
98	Princípio da Coerência e comparabilidade	
99	Princípio da Concisão	
100	Princípio da Conectividade da informação	
101	Princípio da Confiabilidade e completude	
102	Princípio da Materialidade	
103	Princípio das Relações com partes interessadas	
104	Princípio do Foco estratégico e orientação para o futuro	
105	Priorização de temas materiais	
106	Processo de geração de valor	

Nº	Conteúdo do *framework*	Parágrafo(s)
107	Processo para determinar Materialidade	
108	Produtos, subprodutos e resíduos	
109	Provedores de Capital Financeiro	
110	Relatório em formato eletrônico e *hyperlinks*	
111	Relatório impresso e anexos	
112	Relatório independente ou parte distinta	
113	Relatórios Corporativos	
114	Repositórios de Valor	
115	Reputação da organização	
116	Retorno financeiro aos provedores de capital	
117	Riscos e oportunidades associados a outras entidades	
118	Riscos, oportunidades e impactos	
119	Satisfação dos clientes	
120	Sistemas de mensuração e monitoramento	
121	Sustentabilidade	
122	Sustentação teórica do conceito de geração de valor	
123	Temas a serem incluídos	
124	Temas importantes (magnitude e impacto)	
125	Temas relevantes *versus* materiais	
126	Temas sociais e ambientais dão vantagens competitivas	
127	*The Value creation PROCESS*	
128	Tomada de decisão integrada	
129	Tópicos de conteúdo	
130	*Value created for others*	
131	Visão de longo prazo do IIRC	
132	Visão estratégica	
133	www.theiir.org	

Cem conceitos do *framework*

Esta atividade consiste em descrever cada um desses 100 conceitos selecionados do *framework* do Relato Integrado e pode ser realizado em duas etapas:

- Identificar quais e quantos desses cem conceitos o leitor conhece antes do acesso à leitura do documento original.

- Descrever de forma sucinta cada um dos conceitos, por escrito ou verbalmente. Podem-se promover reuniões em grupos para a troca de respostas, antes de iniciar a consulta ao documento original.

1	Ambiente político
2	*Audit Trail*
3	Auditoria do RI
4	*Balanced Integrated Report*
5	Base para apresentação
6	*Benchmark data*
7	Bom senso (*Judgement*)
8	Capital Financeiro
9	Capital Humano
10	Capital Intelectual
11	Capital Manufaturado
12	Capital Natural
13	Capital Social e de Relacionamento
14	Conceitos fundamentais do RI
15	Controles internos do RI
16	Dano concorrencial
17	Declaração dos responsáveis pela governança
18	Desempenho
19	Diagrama do modelo de negócio
20	Divulgações genéricas
21	Elementos de conteúdo do RI
22	Elementos do modelo de negócio
23	Entities/*Stakeholders*
24	Estoque global de capitais
25	Estratégia e alocação de recursos
26	Exigências de *Compliance*
27	Externalidades relevantes
28	Fluxo narrativo do modelo de negócio
29	*Framework* 1.0 IIRC
30	Governança
31	IIRC
32	Impactos internos e externos
33	Impactos positivos e negativos
34	Indicadores de desempenho (KPIs)
35	Indicadores sobre metas, riscos e oportunidades
36	Informações essenciais indetermináveis
37	Informações qualitativas
38	Informações quantitativas
39	Informações semelhantes e reconciliação
40	*Integrated Report*
41	*Integrated Reporting*
42	*Integrated Thinking*
43	Jargões e terminologias técnicas
44	Licença para operar
45	Licença social para operar
46	Limites de um Relato Integrado (*boundary*)
47	Limites do planeta
48	Menor número possível de palavras
49	Métodos de divulgação
50	Métodos de mensuração

51	Missão e a visão de uma organização
52	Modelo de negócios
53	Mudanças tecnológicas
54	Múltiplos Negócios
55	Parceiros Comerciais
56	Pensamento Coletivo
57	Pensamento Integrado enraizado
58	Perspectivas
59	Pessoas responsáveis
60	Prestação de contas
61	Princípio da Coerência e comparabilidade
62	Princípio da Concisão
63	Princípio da Conectividade da informação
64	Princípio da Confiabilidade e completude
65	Princípio da Materialidade
66	Princípio das Relações com partes interessadas
67	Princípio do Foco estratégico e orientação para o futuro
68	Princípios básicos do RI
69	Priorização de temas materiais
70	Processo de geração de valor
71	Processo para determinar Materialidade
72	Produtos, subprodutos e resíduos
73	Provedores de Capital Financeiro
74	Relatório em formato eletrônico e *hyperlinks*
75	Relatório impresso e anexos
76	Relatório independente ou parte distinta
77	Relatórios Corporativos
78	Repositórios de Valor
79	Reputação da organização
80	Retorno Financeiro
81	Riscos e Oportunidades
82	Riscos, oportunidades e impactos
83	Satisfação dos clientes
84	Sistemas de mensuração e monitoramento
85	Sustentabilidade
86	Sustentação teórica do conceito de geração de valor
87	Temas a serem incluídos
88	Temas importantes (magnitude e impacto)
89	Temas relevantes *versus* materiais
90	Temas sociais e ambientais
91	*The Value creation PROCESS*
92	Tomada de decisão integrada
93	Tópicos de conteúdo
94	Transformações de capitais
95	*Value created for others*
96	Vantagem Competitiva
97	Visão de longo prazo do IIRC
98	Visão estratégica
99	Visão organizacional e ambiente externo
100	www.theiir.org

Quiz sobre o Relato Integrado (múltipla escolha)

Esta atividade em forma de *quiz* ou questionário de múltipla escolha tem por objetivo avaliar o conhecimento adquirido sobre o Relato Integrado, preferencialmente após a realização das atividades anteriores e a leitura do capítulo.

Mas, se preferir, você pode realizar essa atividade mesmo antes da leitura do *framework*, pois, da forma como as questões foram elaboradas, o bom senso e a sua experiência no ambiente corporativo permitem ratificar a resposta correta. Também pode exercitar o seguinte exercício: por que as demais alternativas estão erradas?

Mãos à obra e confira o gabarito logo em seguida.

1) Quantas vezes você leu integralmente o *framework* 1.0 *Integrated Reporting*?
   a) ( ) Nenhuma vez.
   b) ( ) Apenas parcialmente.
   c) ( ) Apenas uma vez.
   d) ( ) Duas ou mais vezes.

2) Quando foi divulgado internacionalmente o *framework* 1.0 do IIRC?
   a) ( ) 12 de maio de 2010.
   b) ( ) 16 de abril de 2013.
   c) ( ) 9 de dezembro de 2013.
   d) ( ) 9 de dezembro de 2014.

3) Qual foi o primeiro evento realizado no país para discutir a integração de relatórios financeiros e não financeiros?
   a) ( ) Lei 6.404, de 15/12/1976, conhecida como a Nova Lei das Sociedades Anônimas.
   b) ( ) Lei 11.638, de 28/12/2007, que passou a exigir as IFRS no Brasil.
   c) ( ) Diálogo IFRS & GRI, realizado na FEA/USP, em 12/5/2010.
   d) ( ) Lançamento mundial do *Exposure Draft* Relato Integrado na B3, em 16/4/2013.

4) A estrutura internacional do Relato Integrado foi desenvolvida para:
   a) ( ) Estabelecer os alicerces para o futuro e compartilhar a visão de que comunicar o lucro econômico deverá ser o próximo passo evolutivo para relatos corporativos.
   b) ( ) Estabelecer os alicerces para o futuro e compartilhar a visão de que comunicar o *Economic Value Added* (EVA) é o próximo passo evolutivo para relatos corporativos.
   c) ( ) Estabelecer os alicerces para presente e compartilhar a visão de que comunicar as diretrizes da *Global Reporting Initiative* deverá ser o próximo passo evolutivo para relatos corporativos.
   d) ( ) Estabelecer os alicerces para o futuro e compartilhar a visão de que comunicar a geração de valor deverá ser o próximo passo evolutivo para relatos corporativos.

5) Como é composto o *framework* 1.0 *Integrated Reporting*?
   a) ( ) Quatro capítulos: utilizando a estrutura, conceitos fundamentais, princípios básicos e elementos de conteúdo, distribuídos em 37 páginas (38 na versão original em inglês).
   b) ( ) Quatro capítulos: utilizando a estrutura, conceitos fundamentais, princípios básicos e elementos de conteúdo, distribuídos em 38 páginas (37 na versão original em inglês).
   c) ( ) Dois capítulos: Introdução e O Relato Integrado, distribuídos em 427 parágrafos.
   d) ( ) Três capítulos: Sumário Executivo, Introdução e O Relato Integrado, distribuídos em 427 parágrafos.

6) A visão de longo prazo do IIRC é:
   a) ( ) Agregar valor ao acionista.
   b) ( ) De um mundo em que o pensamento integrado está enraizado nas principais práticas comerciais dos setores público e privado.
   c) ( ) Pensamento e Relato Integrado que levam à alocação eficiente e produtiva de capital para conferir estabilidade financeira e sustentabilidade.
   d) ( ) As alternativas B e C estão corretas.

7) Pensamento integrado é:
   a) ( ) A consideração transversal que uma organização dá aos relacionamentos entre suas diversas unidades operacionais e funcionais, bem como os capitais que usa ou afeta.
   b) ( ) A consideração efetiva que uma organização dá aos relacionamentos entre suas diversas unidades operacionais e funcionais, bem como os capitais que usa ou afeta.
   c) ( ) A consideração multidisciplinar que uma organização dá aos relacionamentos entre suas diversas unidades operacionais e funcionais, bem como os capitais que usa ou afeta.
   d) ( ) A consideração interdisciplinar que uma organização dá aos relacionamentos entre suas diversas unidades operacionais e funcionais, bem como os capitais que usa ou afeta.

8) O Relato Integrado:
   a) ( ) Promove uma abordagem mais coesa e eficiente ao processo de elaboração de relatos corporativos, visando melhorar a qualidade da informação disponível aos provedores de capital financeiro, permitindo a alocação de capital de maneira mais eficiente e mais produtiva.

b) ( ) Promove uma abordagem mais coesa e eficiente ao processo de elaboração de relatos corporativos, visando melhorar a qualidade da informação disponível para todos os *stakeholders* e não apenas aos provedores de capital financeiro.

c) ( ) Promove uma abordagem mais abrangente e detalhada ao processo de relatos corporativos, visando melhorar a qualidade da informação disponível para todos os *stakeholders* e não apenas aos provedores de capital financeiro.

d) ( ) Todas as respostas estão corretas.

9) O *framework* é composto por 168 parágrafos distribuídos em:

a) ( ) 19 (estrutura), 28 (conceitos fundamentais), 56 (princípios básicos) e 65 (elementos de conteúdo).

b) ( ) 20 (estrutura), 29 (conceitos fundamentais), 57 (princípios básicos) e 62 (elementos de conteúdo).

c) ( ) 21 (estrutura), 30 (conceitos fundamentais), 58 (princípios básicos) e 59 (elementos de conteúdo).

d) ( ) 22 (estrutura), 31 (conceitos fundamentais), 59 (princípios básicos) e 56 (elementos de conteúdo).

10) O parágrafo 1.17 do *framework* 1.0 menciona que "Qualquer comunicação que afirme ser um Relato Integrado e faça referência a esta estrutura deve atender a todas as exigências identificadas em negrito e itálico". Pergunta-se: quantos são esses parágrafos?

a) ( ) 16 parágrafos, sendo: 3 (modelo), 5 (princípios) e 8 (elementos de conteúdo).

b) ( ) 19 parágrafos, sendo: 4 (modelo), 7 (princípios) e 8 (elementos de conteúdo).

c) ( ) 17 parágrafos, sendo: 3 (modelo), 5 (princípios) e 9 (elementos de conteúdo).

d) ( ) 27 parágrafos, sendo: 7 (modelo), 11 (princípios) e 9 (elementos de conteúdo).

11) O *framework* 1.0 prevê em seu conjunto:

a) ( ) 6 capitais, 8 princípios básicos e 9 elementos de conteúdo.

b) ( ) 6 capitais, 7 princípios básicos e 8 elementos de conteúdo.

c) ( ) 3 capitais, 5 princípios básicos e 6 elementos de conteúdo.

d) ( ) 3 capitais, 7 princípios básicos e 9 elementos de conteúdo.

12) De acordo com o Capítulo 1, o principal objetivo de um Relato Integrado é:

a) ( ) Explicar aos provedores de capital financeiro como uma organização gera valor ao longo do tempo.

b) ( ) Explicar aos diversos *stakeholders* informações de natureza econômica, social e ambiental.

c) ( ) Explicar aos diversos *stakeholders* informações de natureza financeira, manufaturado, intelectual, humano, social e relacionamento, e ambiental.

d) ( ) Explicar aos diversos *stakeholders* como a empresa agrega valor com base nos seis capitais e como enfrentará as externalidades negativas.

13) Em relação ao uso de indicadores de desempenhos (KPIs), métodos de mensuração ou divulgação de temas individuais no Relato Integrado, o Capítulo 1 afirma:

a) ( ) Esta estrutura impõe a obrigatoriedade de conteúdo mínimo do setor.

b) ( ) Esta estrutura impõe a obrigatoriedade de indicadores da *Global Reporting Initiative* (GRI).

c) ( ) Esta estrutura impõe a obrigatoriedade apenas de indicadores contábeis e financeiros.

d) ( ) Esta estrutura não impõe a obrigatoriedade e sugere que as pessoas responsáveis exerçam o bom senso para determinar quais assuntos são materiais ou como serão divulgados.

14) Um Relato Integrado deve incluir uma declaração dos responsáveis por sua elaboração?

a) ( ) Não, pois é voluntário.

b) ( ) Não, desde que tenha a assinatura do contador.

c) ( ) Sim, os responsáveis pela governança devem assegurar a integridade do relato, com base nesta estrutura e no uso do pensamento coletivo.

d) ( ) Sim, os responsáveis pela governança devem assegurar a veracidade do relato com base em uma auditoria interna ou externa das informações financeiras e não financeiras.

15) Caso o Relato Integrado não contenha uma declaração dos responsáveis por sua elaboração:

a) ( ) Deve explicar o papel desempenhado pelos responsáveis pela governança na preparação e na apresentação do Relato Integrado.

b) ( ) Deve explicar as medidas que estão sendo tomadas para incluir tal declaração em relatos futuros.

c) ( ) Deve explicar o prazo para fazê-lo, o que não deverá ultrapassar o terceiro Relato Integrado.

d) ( ) Todas as alternativas estão corretas.

16) O Relato Integrado explica como uma organização gera valor ao longo do tempo, considerando que:

a) ( ) Valor não é gerado apenas pela organização ou dentro dela.

b) ( ) É influenciado pelo ambiente externo e criado por meio das relações com as partes interessadas.

c) ( ) Se manifesta por meio de acrescimentos, decrescimentos ou transformações de capitais e é gerado para a própria organização ou aos provedores de recursos e também para outras partes interessadas.

d) ( ) Todas as alternativas estão corretas.

17) Externalidades podem ser positivas ou negativas (ou seja, podem acarretar um aumento ou redução no valor dos capitais). Portanto, os provedores de capitais financeiros:

a) ( ) Necessitam de informações sobre todas as externalidades não relevantes para poder avaliar seus efeitos e alocar recursos de maneira apropriada.

b) ( ) Necessitam de informações apenas sobre capitais financeiros.

c) ( ) As alternativas A e B estão corretas.

d) ( ) Todas as alternativas estão incorretas.

18) Capitais são repositórios de valor e todas as organizações dependem de diversas formas de capitais para o seu sucesso. Nesta estrutura, são classificados em:

a) ( ) Financeiro, manufaturado, intelectual, humano, social e de relacionamento.

b) ( ) Econômico, social, ambiental e de governança.

c) ( ) Disponíveis, estoques, imobilizado, fornecedores, financiamentos e capital social.

d) ( ) Financeiro, manufaturado, intelectual, humano, social e de relacionamento, e natural.

19) Nem todos os capitais são relevantes ou aplicáveis a todas as organizações. Embora a maioria das organizações interaja, até certo ponto, com todos os capitais, estas interações podem ser relativamente insignificantes ou tão indiretas que não sejam suficientemente importantes para serem incluídas no Relato Integrado.

a) ( ) A afirmação está correta de acordo com o *framework*.

b) ( ) A afirmação está correta, exceto para o capital financeiro.

c) ( ) As alternativas A e B estão incorretas, pois todos os capitais são igualmente importantes para todas as organizações.

d) ( ) A alternativa B está correta se incluir também a exceção para o capital manufaturado que está presente em todas as organizações.

20) O capital financeiro é representado pelo conjunto de recursos que:

a) ( ) Está disponível a uma organização para ser utilizado na produção de bens ou serviços.

b) ( ) É obtido por meio de financiamentos, tais como dívidas, ações ou subvenções.

c) ( ) Empresas sem fins lucrativos não utilizam capital financeiro.

d) ( ) As alternativas A e B estão corretas.

21) O capital manufaturado é representado por:

a) ( ) Objetos físicos, muitas vezes produzidos por outras organizações, disponíveis a uma organização para uso na produção de bens ou serviços.

b) ( ) Objetos físicos (excetos naturais) disponíveis a uma organização para uso na produção de bens ou serviços, incluindo: prédios, equipamentos, infraestrutura etc.

c) ( ) As alternativas A e B estão corretas.

d) ( ) O capital natural é o mesmo que o capital manufaturado.

22) O capital intelectual é representado por:

a) ( ) Propriedade intelectual, como patentes, direitos autorais, *software*, direitos e licenças, mas somente se estiverem registrados contabilmente.

b) ( ) Propriedade intelectual, como patentes, direitos autorais, *software*, direitos e licenças, registrados contabilmente ou não e incluindo os capitais organizacionais, como conhecimento, sistemas, procedimentos e protocolos etc.

c) ( ) Propriedade intelectual, como patentes, direitos autorais, *software*, diretos e licenças, adquiridos de terceiros.

d) ( ) As alternativas B e C estão corretas.

23) O capital humano é representado por:

a) ( ) Competências, habilidades e experiências das pessoas e suas motivações para inovar e liderar.

b) ( ) Alinhamento das pessoas e apoio à estrutura de governança.

c) ( ) Lealdade e motivação das pessoas para melhorar processos, bens e serviços.

d) ( ) Todas as alternativas estão corretas.

24) O capital social e de relacionamento:

a) ( ) É representado pelas instituições e pelos relacionamentos entre as comunidades e partes interessadas e a capacidade para melhorar o bem-estar individual e coletivo.

b) ( ) Inclui padrões compartilhados e valores e comportamentos comuns.

c) ( ) Inclui relacionamentos com as principais partes interessadas e a confiança e compromisso que uma organização desenvolve e procura interagir com as partes interessadas externas.

d) ( ) Todas as alternativas estão corretas e inclui, também, intangíveis associados com marcas e reputação, licenças sociais para operar etc.

25) O capital natural é representado por:

a) ( ) Todos os recursos ambientais renováveis e não renováveis e processos ambientais que fornecem bens ou serviços que apoiam a prosperidade passada, presente e futura de uma organização.

b) ( ) Água, terra, minerais, florestas, biodiversidade, ecossistemas etc.

c) ( ) Os recursos ambientais não renováveis não estão incluídos no capital natural.

d) ( ) As alternativas A e B estão corretas.

26) "Os responsáveis pela governança são responsáveis por criar uma estrutura adequada de supervisão para apoiar a capacidade da organização de gerar valor." Esta frase está de acordo com o seguinte elemento de conteúdo:

a) ( ) Visão geral organizacional e ambiente externo.

b) ( ) Governança.

c) ( ) Modelo de negócios.

d) ( ) Riscos e oportunidades.

27) Os seguintes princípios básicos sustentam a preparação e apresentação de um Relato Integrado, informam o conteúdo do relato e a maneira pela qual a informação é apresentada:

a) ( ) Foco estratégico e orientação para o passado, conectividade da informação, relações com partes interessadas, materialidade, concisão, confiabilidade e completude, coerência e comparabilidade.

b) ( ) Foco estratégico e orientação para o passado, desconectividade da informação, relações com partes desinteressadas, imaterialidade, concisão, confiabilidade e completude, coerência e comparabilidade.

c) ( ) Foco estratégico e orientação para o futuro, conectividade da informação, relações com partes interessadas, materialidade, concisão, confiabilidade e completude, coerência e comparabilidade.

d) ( ) Todas as alternativas estão corretas.

28) "Um Relato Integrado deve divulgar informações sobre assuntos que afetam, de maneira significativa, a capacidade de uma organização de gerar valor em curto, médio e longo prazo", de acordo com o seguinte princípio básico:

a) ( ) Materialidade.

b) ( ) Concisão.

c) ( ) Confiabilidade e completude.

d) ( ) Coerência e comparabilidade.

29) O processo para determinar materialidade para fins de preparação e apresentação de um Relato Integrado envolve:

a) ( ) A identificação de temas relevantes, com base na sua capacidade de afetar a geração de valor.

b) ( ) A avaliação da importância de temas relevantes no tocante a seu efeito sobre geração de valor.

c) ( ) A priorização de temas com base na sua importância relativa.

d) ( ) Todas as alternativas estão corretas para a determinação de informações a serem divulgadas no RI.

30) Temas relevantes são aqueles que afetam ou podem afetar:

a) ( ) A capacidade de uma organização de gerar lucro.

b) ( ) A capacidade de uma organização de gerar valor.

c) ( ) A capacidade de uma organização de ficar famosa.

d) ( ) A capacidade de uma organização no curto prazo.

31) Nem todos os temas relevantes são considerados materiais. Para ser incluído no Relato Integrado, um tema também precisa ser suficientemente importante no que diz respeito a seu efeito conhecido ou potencial sobre a geração de valor. Isto envolve:

a) ( ) A avaliação da magnitude do efeito do tema e o julgamento da auditoria externa.

b) ( ) A avaliação da magnitude do efeito do tema e o julgamento do presidente da companhia.

c) ( ) A avaliação da magnitude do efeito do tema e a probabilidade de que o mesmo venha a ocorrer.

d) ( ) A avaliação da magnitude do efeito do tema e a julgamento do departamento de marketing.

32) Um Relato Integrado deve ser conciso e incluir contexto suficiente para atender a estratégia, a governança, o desempenho e as perspectivas da organização, sem se preocupar com:

a) ( ) Informações menos relevantes.

b) ( ) Informações mais relevantes.

c) ( ) Informações das empresas concorrentes.

d) ( ) Informações confidenciais.

33) A organização deve procurar atingir um ponto de equilíbrio no seu Relato Integrado entre concisão e os demais princípios básicos. Para alcançar a concisão, um relato deve:

a) ( ) Aplicar o processo de determinação de materialidade e limitar a repetição.

b) ( ) Preferir linguagem simples à utilização de jargões ou terminologias altamente técnicas.

c) ( ) Expressar os conceitos de maneira clara e com o menor número possível de palavras, e evitar divulgações genéricas que não sejam específicas à organização.

d) ( ) Todas as alternativas estão corretas.

34) Um Relato Integrado deve abranger todos os temas materiais, tanto positivos quanto negativos, de maneira equilibrada e isenta de erros significativos, com base no seguinte princípio básico:

a) ( ) Materialidade.

b) ( ) Concisão.

c) ( ) Confiabilidade e completude.

d) ( ) Coerência e comparabilidade.

35) A confiabilidade das informações depende de seu equilíbrio e isenção de erros significativos e aumenta com o uso de mecanismos de controles internos, contato com as partes interessadas, auditoria interna e asseguração externa independente, com base no seguinte princípio básico:

a) ( ) Materialidade.

b) ( ) Concisão.

c) ( ) Confiabilidade e completude.

d) ( ) Coerência e comparabilidade.

36) Os responsáveis pela governança têm a responsabilidade final pela maneira como a estratégia, a governança, o desempenho e as perspectivas da organização levam à geração de valor ao longo do tempo. São responsáveis por assegurar a efetiva liderança e tomada de decisões sobre a preparação e a apresentação de um Relato Integrado,

incluindo a supervisão dos empregados ativamente envolvidos no processo.

a) ( ) Correto.
b) ( ) Incorreto, pois o Relato Integrado pode ser elaborado por terceiros.
c) ( ) Incorreto, pois o Relato Integrado pode ser assinado pelo contador.
d) ( ) Incorreto, pois o Relato Integrado é voluntário.

37) Manter uma trilha de auditoria durante a preparação de um Relato Integrado ajuda a alta administração e os responsáveis pela governança a revisar o relato e avaliar se as informações são suficientemente confiáveis para inclusão.

a) ( ) Não, pois a auditoria não é obrigatória.
b) ( ) Sim, e recomenda-se descrever os mecanismos utilizados para assegurar a confiabilidade.
c) ( ) Sim, e recomenda-se descrever os mecanismos utilizados para assegurar a comparabilidade.
d) ( ) Não, pois a auditoria pode não ser independente.

38) As informações no Relato Integrado não devem ser tendenciosas, ponderadas, enfatizadas, minimizadas, combinadas, compensadas ou de outra maneira "manipuladas" para alterar a probabilidade de serem recebidas de maneira favorável ou desfavorável:

a) ( ) Sim, com base no princípio da lei do Gerson.
b) ( ) Sim, com base no princípio da esperteza.
c) ( ) Sim, com base no princípio da Materialidade.
d) ( ) Sim, com base no princípio do Equilíbrio.

39) Um Relato Integrado deve incluir todas as informações materiais, tanto positivas quanto negativas, e leva-se em consideração o que organizações do mesmo setor relatam, pois certos temas provavelmente são materiais a todas as organizações que dele fazem parte:

a) ( ) Sim, com base no princípio da concisão.
b) ( ) Não, pois as informações negativas não devem ser informadas.
c) ( ) Sim, com base no princípio da completude.
d) ( ) Sim, com base no princípio da materialidade.

40) As informações em um Relato Integrado devem ser apresentadas em bases coerentes ao longo do tempo, de maneira a permitir uma comparação com outras organizações na medida em que seja material para a capacidade da própria organização de gerar valor ao longo do tempo:

a) ( ) Sim, com base no princípio da Coerência e Comparabilidade.
b) ( ) Sim, com base no princípio da Materialidade.
c) ( ) Sim, com base no princípio da Concisão.
d) ( ) Todas as alternativas estão corretas.

41) A informação específica em um Relato Integrado varia de uma organização para outra, pois cada uma delas gera valor de sua maneira particular e pode-se melhorar a comparabilidade incluindo:

a) ( ) Usar marcos referenciais, como os adotados pela indústria ou pela região.
b) ( ) Apresentar informações com índices.
c) ( ) Relatar indicadores quantitativos normalmente usados por outras organizações.
d) ( ) Todas as alternativas estão corretas.

42) Um Relato Integrado inclui os seguintes 8 elementos de conteúdo:

a) ( ) Visão geral organizacional e ambiente interno, Governança, Modelo de negócios, Riscos e oportunidades, Estratégia e alocação de recursos, Desempenho, Perspectivas e Base de preparação.
b) ( ) Visão geral organizacional e ambiente externo, Desgovernança, Modelo de negócios, Riscos e oportunidades, Estratégia e alocação de recursos, Desempenho, Perspectivas e Base de preparação.
c) ( ) Visão geral organizacional e ambiente externo, Governança, Modelo de negócios, Riscos e oportunidades, Estratégia e alocação de recursos, Desempenho, Perspectivas e Base de preparação.
d) ( ) Em verdade, são 9 os elementos de conteúdo, incluindo na resposta B Orientações gerais sobre relatos.

43) Um Relato Integrado deve responder à pergunta: "O que a organização faz e quais as circunstâncias em que ela atua?", com base no seguinte elemento de conteúdo:

a) ( ) Modelo de negócio.
b) ( ) Estratégia e alocação de recursos.
c) ( ) Visão geral organizacional e ambiente interno.
d) ( ) Visão geral organizacional e ambiente externo.

44) Como a cultura, a ética e valores da organização se refletem nos capitais que ela usa e afeta, incluindo suas relações com partes interessadas? Esta visão que interfere na capacidade de gerar valor da empresa está relacionada com o seguinte elemento de conteúdo:

a) ( ) Governança.
b) ( ) Riscos e oportunidades.
c) ( ) Desempenho.
d) ( ) Modelo de negócio.

45) Um Relato Integrado deve descrever o modelo de negócio, incluindo os principais:

a) ( ) Insumos e produtos.
b) ( ) Atividades empresariais.
c) ( ) Impactos.
d) ( ) Todas as alternativas estão corretas.

46) Um Relato Integrado deve incluir a avaliação, pela organização, da probabilidade de que os riscos ou as oportunidades ocorram e a magnitude de seus efeitos, caso isso aconteça, de acordo com um grau de incerteza.

a) ( ) Sim, com base no elemento de conteúdo Estratégia e Alocação de Recurso.

b) ( ) Sim, com base no elemento de conteúdo Modelo de Negócios.

c) ( ) Não, pois não se pode mensurar objetivamente.

d) ( ) Sim, com base no elemento de conteúdo Riscos e Oportunidades.

47) "Para onde a organização deseja ir e como ela pretende chegar lá?" Esse questionamento está previsto em qual elemento de conteúdo?

a) ( ) Modelo de negócio.
b) ( ) Desempenho.
c) ( ) Estratégia e alocação de recursos, mas não é obrigatório, pois não é um parágrafo em itálico e negrito.
d) ( ) Estratégia e alocação de recursos, obrigatoriamente.

48) Um Relato Integrado deve responder à pergunta: "Até que ponto a organização já alcançou seus objetivos estratégicos para o período e quais os impactos no tocante aos efeitos sobre os capitais?", com base em qual elemento de conteúdo?

a) ( ) Modelo de negócios.
b) ( ) Desempenho.
c) ( ) Estratégia e alocação de recursos.
d) ( ) Perspectivas.

49) Um Relato Integrado deve responder à pergunta: "Quais são os desafios e as incertezas que a organização provavelmente enfrentará ao perseguir sua estratégia e quais são as potenciais implicações para seu modelo de negócios e seu desempenho futuro?", com base em qual elemento de conteúdo?

a) ( ) Modelo de negócios.
b) ( ) Desempenho.
c) ( ) Estratégia e alocação de recursos.
d) ( ) Perspectivas.

50) A dimensão do tempo futuro a ser considerada na preparação e apresentação de um Relato Integrado é:

a) ( ) Igual ao período do relatório anual.
b) ( ) Igual ao ciclo operacional ou um ano, dos dois o maior.
c) ( ) Mais extensa que em outras formas de relato (ex.: indústria automobilística, oito a dez anos).
d) ( ) A alternativa C está correta e, apesar de não ter uma resposta única, as informações sobre assuntos de prazos mais longos talvez sejam de natureza mais qualitativa, enquanto informações sobre assuntos de prazos mais curtos se adequam melhor à quantificação ou à monetização.

GABARITO

1-d	11-b	21-c	31-c	41-d
2-c	12-a	22-d	32-a	42-c
3-c	13-d	23-d	33-d	43-d
4-d	14-c	24-d	34-c	44-a
5-b	15-d	25-d	35-c	45-d
6-d	16-d	26-b	36-a	46-d
7-b	17-d	27-c	37-b	47-d
8-a	18-d	28-a	38-d	48-b
9-b	19-a	29-d	39-c	49-d
10-b	20-d	30-b	40-a	50-d

9

Outras Ações para o Desenvolvimento Sustentável

Elencamos neste capítulo outros temas e ações importantes em torno do desenvolvimento sustentável. Apesar de merecerem abordagens mais profundas ou capítulos individuais, optamos neste momento em fazer uma explanação breve.[1]

9.1 Relatório Brundtland (*Nosso futuro comum*)

A primeira grande reunião da ONU para discutir as questões ambientais e sociais em nível global, hoje conhecida como a "Conferência de Estocolmo-72", foi realizada entre os dias 5 e 16 de junho de 1972 na capital da Suécia e, embora não tenha sido possível estabelecer acordos concretos, houve dois destaques: foi concebido um documento político chamado "Declaração da Conferência das Nações Unidas sobre o Meio Ambiente Humano"[2] e se constituiu uma Comissão Mundial sobre o Meio Ambiente e Desenvolvimento (WCED – sigla do inglês *World Commission on Environment and Development*).

No início da década de 1980, essa Comissão Mundial sobre o Meio Ambiente, chefiada pela primeira-ministra da Noruega, **Gro Harlem Brundtland**, retomou os debates sobre as questões ambientais e, em 1987, concluiu o que hoje conhecemos como **Relatório Brundtland** ou "Nosso Futuro Comum"

---

[1] Você poderá ter acesso *on-line* a esses e outros materiais disponíveis na Biblioteca do NECMA/USP, todos conteúdos abertos e sem necessidade de senhas (Plataforma Moodle ou Erudito). Veja em: https://edisciplinas.usp.br/course/view.php?id=15798&section=3.

[2] *Declaration of the United Nations Conference on the Human Environment* (6/6/1972) – trata-se do primeiro documento do direito internacional a reconhecer o direito humano a um meio ambiente de qualidade.

(BRUNDTLAND/ONU, 1987) e propôs um novo conceito sobre Desenvolvimento Sustentável:

> *Desenvolvimento Sustentável é aquele que atende às necessidades do presente sem comprometer a possibilidade de as gerações futuras atenderem às suas necessidades.*

O documento foi publicado em 4/8/1987, após três anos de audiências com líderes de governo e o público em geral, ouvidos em todo o mundo, em regiões pobres e ricas, sobre questões relacionadas com agricultura, silvicultura, água, energia, transferência de tecnologias, meio ambiente e desenvolvimento sustentável em geral.

Esse documento, em suas 318 páginas, apontou para a incompatibilidade entre desenvolvimento sustentável e os padrões de produção e de consumo, trazendo à tona a necessidade de uma **nova relação entre o ser humano e a natureza** e a discussão de problemas como o aquecimento global e a destruição da camada de ozônio (conceitos novos naquela época).

Entre as medidas apontadas pelo Relatório Brundtland, constam como soluções uma série de medidas que deveriam ser tomadas pelos países para promover o desenvolvimento sustentável, como por exemplo:

- Atendimento das necessidades básicas de saúde, educação e moradia.
- Aumento da produção industrial nos países não industrializados com base em tecnologias ecologicamente adaptadas.
- Banimento das guerras.
- Consumo nacional de água e de alimentos.
- Controle da urbanização desordenada e integração entre campo e cidades menores.
- Diminuição do consumo de energias não renováveis e desenvolvimento de tecnologias de fontes limpas.

- Garantia de recursos básicos a longo prazo (água, alimentos e energia).
- Limitação do crescimento populacional (havia 5 bilhões de habitantes em 1987).
- Novas fontes de energia, como solar, eólica e geotérmica.
- Preservação da biodiversidade e dos ecossistemas.
- Reciclagem de materiais.
- Redistribuição de zonas residenciais e industriais.
- Redução do uso de produtos químicos prejudiciais à saúde na produção de alimentos.
- Uso de novos materiais na construção.

Como podemos ver, essas discussões não são "novas" e estão sendo discutidas há mais de quatro décadas.

9.2 Relatório *Blue Planet Prize – The Imperative to Act* (2012)

O *Blue Planet Prize* é um prêmio Nobel do meio ambiente criado na Rio-92 e financiado por uma fundação japonesa, a Asahi Glass Foundation. Assim como o prêmio Nobel de economia, que é financiado pelo Banco Central da Suécia, não é iniciativa original da Fundação Alfred Nobel, que abrange apenas quatro temas: química, física, medicina e paz.

Por ocasião da comemoração do vigésimo aniversário do *Blue Planet Prize*, os laureados,[3] incluindo o brasileiro José Goldemberg (USP), se reuniram e produziram um documento intitulado "*Environment and Development Challenges: The Imperative to Act*" e o apresentaram durante as atividades da Rio-20, em junho de 2012.

Esse documento contém 171 páginas e relata os principais desafios ambientais e de desenvolvimento que o planeta enfrenta, bem como as soluções propostas na opinião desses ilustres cientistas. O capítulo introdutório começa da seguinte forma:

> Temos um sonho – um mundo sem pobreza – um mundo equitativo – um mundo que respeite direitos humanos – um mundo com comportamento ético melhorado e melhorado em relação à pobreza e aos recursos naturais – um mundo ambientalmente, social e economicamente sustentável, e onde o crescimento econômico é realizado dentro dos limites da realização de objetivos sociais de erradicação da pobreza e equidade social e dentro dos limites da vida e da natureza aonde os desafios como a mudança climática, a perda de biodiversidade e a desigualdade foram abordada com sucesso.
>
> Este é um sonho viável, mas o sistema está quebrado e o mundo caminha sem perceber isso. Infelizmente, o comportamento da humanidade permanece totalmente inadequado para lidar com as consequências potencialmente letais, oriundas de uma combinação de evolução tecnológica cada vez mais rápida com uma evolução ético-social muito lenta. A habilidade humana para fazer superou amplamente a capacidade de entender.

Dentre as principais contribuições, o documento destaca algumas mensagens-chave:

- O tamanho da população, o crescimento econômico e os padrões de consumo são os elementos críticos e relacionados com a degradação ambiental e social.
- O crescimento insustentável é promovido por subsídios prejudiciais ao meio ambiente em áreas como energia, transporte e agricultura os quais devem ser eliminados. Os custos ambientais dessas externalidades devem ser considerados.
- O caminho será muito mais difícil de gerenciar se não conseguirmos medir os principais aspectos do crescimento de maneira mais abrangente; os governos[4] devem reconhecer as graves limitações do PIB como medida de crescimento econômico e incluir outras dimensões (financeira, natural, humano, social). É necessário criar impostos verdes e extinguir os subsídios.
- O sistema atual é fortemente dependente de combustíveis fósseis – o acesso universal a energias limpas é vital para os pobres e para transição para uma economia de baixo carbono, que requer uma rápida evolução tecnológica na eficiência do uso de energias.
- As emissões de GEE são uma das maiores ameaças à nossa prosperidade no futuro.

---

[3] Veja os laureados pelo *Blue Planet Prize (1992-2016)*: Pavan Sukhdev (2016), Markus Borner, Partha Dasgupta, Jeffrey Sachs, Herman Daly, Daniel Hunt Janzen, INBio, Taroh Matsuno, Daniel Sperling, William Rees, Mathis Wackernagel, Thomas Lovejoy, Jane Lubchenco, Barefood College, Hirofumi Uzana, **Nicolas Stern**, Claude Lorius, **José Goldemberg (2008)**, Joseph L. Sax, Amory Lovins, Akira Miyawaki, Emil Salim, Nicholas Shackleton, Gordon Hisashi Sato, Susan Solomon, **Gro Harlem Brundtland (2004)**, James Gustave Speth, F. Herbert, Vo Quy, Harold Mooney, Robgert May, Norman Myers, The Colborn, Karl Henrik Robert, Paul Ralph Ehrlich, Qu Geping, Mikhail Budyko, David Broewr, **James Lovelock (1997)**, Conservação Internacional, Wallace S. Broecker, Ms Swaminathan Resesearch Foundation, **Maurice Strong (1995)**, Bert Bolin, Eugen Seibold, **Lester Brown (1994)**, **Charles Keeling (1993)**, IUCN, Syukuro Manabe e IIED (1992).

[4] O presidente Temer sancionou em 17/10/2017 a Lei 13.493, que estabelece o Produto Interno Verde (PIV), em cujo cálculo será considerado o patrimônio ecológico nacional.

- A biodiversidade tem valores sociais, econômicos, culturais, espirituais e científicos essenciais e é extremamente importante para a sobrevivência humana.
- Há graves falhas nos sistemas de governança em nível local, nacional e global e as tomadas de decisões são influenciadas por interesses particulares e distintos.
- Os tomadores de decisão devem aprender com ações de natureza ampla e multidisciplinar em áreas como energia, alimentação, água, recursos naturais, finanças e governanças. E programas de treinamento devem ser implantados para multiplicar a quantidade de tomadores de decisões conscientes.
- Todos os problemas mencionados no relatório exigem que aumentemos os investimentos em educação, pesquisa e avaliação de conhecimentos.
- Se quisermos alcançar o nosso sonho, o momento de agir é agora. Nós sabemos o suficiente para agir e estamos diante de um problema de gerenciamento de risco em uma escala imensa. A falta de ação vai empobrecer as atuais e futuras gerações.

O professor José Goldemberg, um dos coautores, resumiu em cinco pontos as ações prioritárias contidas neste documento e em ordem de importância, a saber:[5]

1. Substituir o PIB como indicador de desenvolvimento, incluindo indicadores de capital humano, capital social e capital ambiental.
2. Eliminar os subsídios concedidos no setor de energia e que não consideram o custo das externalidades.
3. Evitar o crescimento desordenado da população, tendo em vista que a humanidade caminha para 9 bilhões de habitantes em meados deste século.
4. Tomar medidas urgentes para evitar o desmatamento e preservar a biodiversidade.
5. Investir prioritariamente em conhecimentos para aprendermos qual rumo tomar.

9.3 Relatório Stern (2006)

O Relatório Stern, ou *Stern Review*, foi divulgado em 30/10/2006 e é o mais amplo documento sobre as discussões dos efeitos das mudanças climáticas na economia mundial. Foi elaborado pelo então chefe do Serviço Econômico do Reino Unido, lorde **Nicholas Herbert Stern**, presidente do *Grantham Research Institute on Climate Change and the Environment*, professor da *London School of Economics and Political Science* e vice-presidente do Banco Mundial (2000-2003).

Apesar de não ser biólogo, químico, físico nem meteorologista, Nicholas Stern analisou os relatórios elaborados por mais de 2,5 mil cientistas do *Intergovernmental Panel on Climate Change* (IPCC) e conseguiu quantificar em "dólares", os riscos das mudanças climáticas e das emissões dos gases de efeito estufa, argumentando que os benefícios de uma ação global hoje são muito maiores do que os custos de mitigação no futuro.

Esses custos de mitigação, de acordo com os níveis de probabilidade, variam de 5% a 20% do PIB mundial e equivalem de 3,9 a 15,8 trilhões de dólares anuais. Com essa abordagem, o relatório atraiu a atenção de um novo ator para as questões de mudanças climáticas e sustentabilidade: as empresas e o mercado.

Em suas 700 páginas, incluindo um resumo executivo em língua portuguesa, o relatório apresenta um cenário mundial para os próximos 50 anos e o seu conteúdo, que já sofreu atualizações e se tornou livros publicados em diversos idiomas, é uma leitura obrigatória.

As principais conclusões apresentadas nesse relatório são as seguintes:

- Os benefícios de uma ação forte e imediata para enfrentar as mudanças climáticas ultrapassam de longe os custos de não fazer nada. Com investimentos equivalentes a 1% do PIB mundial é possível economizar até 20% que seriam gastos com as externalidades.
- A mudança climática afeta os elementos básicos da vida da população: acesso à água, à agricultura, à saúde e ao meio ambiente. Centenas de milhões de pessoas podem sofrer com fome, escassez de água e inundações costeiras.
- Com base em modelos econômicos, o custo e risco das mudanças climáticas equivalem de 5 a 20% do PIB mundial por ano.
- Se as emissões continuarem no ritmo atual, em 2035 teremos o dobro de gases do efeito estufa do que antes da Revolução Industrial, um aumento da temperatura média do planeta em 2 graus Celsius e, a longo prazo, em mais de 5 graus. Stern acredita que 5-6 graus Celsius de aumento de temperatura é uma possibilidade real.

---

[5] Assista ao vídeo da palestra do Professor José Goldemberg na FEA/USP, realizada no dia 25/5/2012 ou disponível na internet pelo IPTV USP ou na videoteca da FEA/USP: http://iptv.usp.br/portal/video.action?idItem=1714.

- Todas as nações serão afetadas, os mais pobres sofrerão mais, justamente aqueles que menos contribuíram para esse desastre. É a mais injusta das equações.
- Os efeitos das mudanças climáticas não podem mais ser evitados nos próximos 20 a 30 anos, mas deve ser feito um esforço para adaptação das economias, especialmente dos países em desenvolvimento.
- Os níveis atuais de emissões de CO_2 são atualmente 430 ppm e crescem 2 ppm por ano. Os riscos serão reduzidos significativamente se os níveis forem mantidos em 450-500 ppm e isso equivale à redução de no mínimo 25% das emissões até 2050. Estabilizar nos níveis atuais exigiria uma redução de 80% (improvável).
- Os países desenvolvidos devem cortar suas emissões em 60-80% até 2050. As emissões podem ser reduzidas por meio do aumento da eficiência energética, mudança na demanda e adoção de tecnologias limpas para energia, aquecimento, transporte, agricultura, desmatamento.
- O quadro mundial apresenta os seguintes elementos-chave: comércio de carbono, cooperação tecnológica, redução do desmatamento e fundos internacionais para adaptação.
- A transição para uma economia de baixo carbono traz desafios para a competitividade, mas também oportunidades de crescimento.
- Estabelecer um preço do carbono, por meio de impostos, negociações e regulamentações, é essencial para a política de mudanças climáticas.
- Ainda há tempo para evitar os piores impactos das mudanças climáticas se uma ação coletiva forte começar agora.

Logo após a divulgação desse relatório, Nicholas Stern esteve no Brasil, em reunião com professores da USP e das principais universidades brasileiras, e incentivou o professor Jacques Marcovitch (FEA/USP) a coordenar a elaboração de uma versão brasileira contendo os cenários para o país até o final deste século.

9.4 Relatório Economia da Mudança do Clima no Brasil – EMCB (2009)

Este estudo foi inspirado no Relatório Stern, abordado no tópico anterior, e, certamente, é a primeira iniciativa dessa magnitude realizada com a cooperação das principais universidades e entidades do país, envolvendo 80 autores, revisores, membros do conselho de orientação, editores e colaboradores.[6]

Essa equipe interdisciplinar, sob a coordenação geral do professor Jacques Marcovitch (FEA/USP), concluiu o estudo tendo como premissa o rigor científico, modelos computacionais e a busca de consenso por meio de diálogos entre os envolvidos e, devido ao seu pioneirismo, os resultados foram vistos inicialmente como ensaios sobre um tema complexo, mas que, no decorrer desta primeira década, tornaram-se previsões reais.

O relatório foi divulgado em 25/11/2009 sob o título *Economia da Mudança do Clima no Brasil: Custos e Oportunidades* (EMCB) e, diferentemente do Relatório Stern, contém não apenas as estimativas dos riscos futuros, mas também discussões de soluções e oportunidades.

Em suas 84 páginas, o Relatório EMCB faz previsões sobre os cenários de clima no Brasil até meados e final deste século, incluindo os impactos ambientais, econômicos e sociais, adaptações às mudanças do clima nos setores agrícola, energética e zona costeira, análises macroeconômicas e redução de emissões.

Dentre as principais conclusões, do seu resumo executivo, destacamos:

---

[6] **Jacques Marcovitz** (USP), Sergio Margulis (Banco Mundial), Carolina Burle Schmidt Dubeux (Coppe/UFRJ), Alisson Barbieri (Cedeplar/UFMG), Alexandre Szko (Coppe), Bernardo Baeta Neves Strassburg (GAEA/East Anglia), **Carlos Azzoni** (USP), Eduardo Assad (Embrapa), **Eduardo Haddad** (USP), Emílio La Rovere (Coppe), Eneas Salati (FBDS), Hilton Pinto (Unicamp), José Feres (IPEA), José Marengo (INPE), Paulo Cesar Rosman (UFRJ), Paulo Moutinho (Ipam), Robert Schneider (consultor), Roberto Schaeffer (Coppe), Ulisses Confalonieri (Fiocruz), Carlos Afonso Nobre (INPE), Carlos Henrique de Brito Cruz (Fapesp), Fábio Feldman (FPMC), Francisco de Assis Leme Franco (MF), Israel Klabin (FBDS), José Domingos Gonzalez Miguez (MCT), **José Goldemberg** (USP), José Domingos Gonzalez Miguez (MCT), Luciano Coutinho (BNDES), Luiz Gylvan Meira Filho (USP), Luiz Manuel Rebelo Fernandes (Finep), Luiz Pinguelli Rosa (Coppe), Marcio Pochmann (Ipea), Marco Antonio Zago (CNPq), Marcos Sawaya Jank (Única), Pedro Leite da Silva Dias (CNPq), Sergio Barbosa Serra (MRE), Suzana Kahn Ribeiro (MMA), Temistocles Marcelos (FBOMS), Thelma Krug (IAI). **Além desses autores, o relatório menciona os seguintes colaboradores:** Alan Alan Charlton, Ana Carsalade, André Nassar, Christophe de Gouvello, Christopher Taylor, Cristiane Fontes, David Corderi, Daniel Bradley, Dimitri Zenghelis, Dorte Verner, Eduardo Sousa, Eustáquio Reis, Ines Iwashita, Iran Magno, James Keough, James Warren Evans, John Briscoe, **José Eli da Veiga**, Laura Tuck, Luciana Carrijo, Marcia Guimarães, Marcia Sumire, Mark Lundel, Miranda Munro, Octavio Tourinho, Osvaldo Soliano Pereira, Peter Collecot, Ronaldo Seroa da Motta, Stephanie Al-Qaq, Thatyanne Moreira e **Nicholas Stern**.

- Estima-se para 2050 o PIB brasileiro em torno de 15,3 a 16 trilhões de reais e perdas até 3,6 trilhões de dólares com os impactos das mudanças do clima.
- As regiões mais vulneráveis às mudanças do clima no Brasil seriam a Amazônia e o Nordeste.
- Na Amazônia o aquecimento pode chegar a 7-8 graus Celsius em 2100 e estima-se uma **redução de 40%** da cobertura florestal na região sul--sudeste-leste da Amazônia, que será substituída pelo bioma savana.
- No Nordeste, as chuvas tenderiam a diminuir de 2 a 2,5 mm/dia até 2100, causando perdas agrícolas em todos os estados da região, reduzindo em 25% a capacidade de pastoreio de bovinos de corte, favorecendo assim um retrocesso à pecuária de baixo rendimento.
- O declínio de precipitação afetaria a vazão de rios em bacias do Nordeste, importantes para geração de energia, com redução de **vazões em até 90%** entre 2070 a 2100.
- Haveria perdas expressivas para a agricultura em todos os estados, com exceção dos mais frios no Sul-Sudeste, que passariam a ter temperaturas mais amenas.
- Recursos hídricos: as projeções seriam bastante alarmantes para algumas bacias, principalmente na região Nordeste, com uma diminuição brusca das vazões até 2100.
- Energia: perda de confiabilidade no sistema de geração de energia hidrelétrica, com redução de 29,3% a 31,5% da energia firme.
- Agropecuária: com exceção da cana-de-açúcar, todas as culturas sofreriam redução das áreas com baixo risco de produção, em especial a soja (−34%), milho (−15%) e café (−18%).
- Zonas costeiras: considerando o pior cenário de elevação do nível do mar e de eventos meteorológicos extremos, a estimativa das perdas é de 136 a 208 bilhões de reais.
- Oportunidades: aumento do preço médio de carbono para conter o desmatamento, substituição de combustíveis fósseis por energias limpas, exportação de etanol, mudanças na agricultura, taxação de carbono, ganhos no setor energético com reduções de emissões etc.
- Prioridades: políticas de proteção social das regiões mais afetadas (norte e nordeste), associar crescimento com a redução de emissões, agenda marrom, agenda verde, matriz energética limpa, estancar o desmatamento da Amazônia, desenvolvimento de modelos climáticos e impactos, pesquisas agrícolas, quantificar natureza e riscos dos eventos extremos, adoção de negociações internacionais para tornar o Brasil uma potência ambiental.

Esse relatório foi pioneiro em estimar as ocorrências futuras no país dentro dos níveis de probabilidade, e provavelmente será atualizado ou aperfeiçoado com o avanço das tecnologias existentes e apoio de outras entidades.

9.5 Carta da Terra (2000)

Por ocasião do lançamento do Relatório Brundtland (1987), a Comissão Mundial sobre o Meio Ambiente e Desenvolvimento da ONU recomendou a redação de um documento com o objetivo de ajudar a construir no século XXI uma sociedade global justa, sustentável e pacífica. Mas foi somente em 1992, em um evento paralelo da Rio-92, que surgiu a primeira versão, denominada "Carta da Terra".

Após ampla discussão por milhares de pessoas em todos os continentes, foi lançada oficialmente a Carta da Terra no ano de 2000, no Palácio da Paz em Haia, capital da Holanda, atraindo adesões de organizações representando milhões de pessoas, inclusive associações nacionais e internacionais como UNESCO e IUCN e pessoas das cidades de todo o mundo foram convidadas a endossar o seu conteúdo.

Em um ato simbólico na luta por um planeta mais justo e sustentável, a FEA/USP, por iniciativa de seu diretor, o Professor Reinaldo Guerreiro, aderiu em agosto/2013 à Carta da Terra e aos seus princípios que pregam valores éticos e ambientais para a construção de uma sociedade mais digna.

Embora tenha sido lançada há quase duas décadas, é importante divulgar a sua existência e conteúdo, que por si só já contribui para melhorar as relações humanas e construir um mundo melhor, como destaca o preâmbulo da Carta da Terra:

> Estamos diante de um momento crítico na história da Terra, numa época em que a humanidade deve escolher o seu futuro. À medida que o mundo [se torna] mais interdependente e frágil, o futuro enfrenta, ao mesmo tempo, grandes perigos e grandes promessas. Para seguir adiante, devemos reconhecer que, no meio de uma magnífica diversidade de culturas e formas de vida, somos uma família humana e uma comunidade terrestre com um destino comum. Devemos somar forças para gerar uma sociedade sustentável global baseada no respeito pela natureza, nos direitos humanos universais,

na justiça econômica e numa cultura da paz. Para chegar a este propósito, é imperativo que nós, os povos da Terra, declaremos nossa responsabilidade uns para com os outros, com a grande comunidade da vida, e com as futuras gerações.

Contribuindo com o papel de divulgar o seu conteúdo, sintetizamos os 16 princípios da Carta da Terra em ação, distribuídos em quatro temas principais: respeitar e cuidar da comunidade da vida; integridade ecológica; justiça social e econômica; e democracia, não violência e paz:

RESPEITAR E CUIDAR DA COMUNIDADE DA VIDA

1. Respeitar a Terra e a vida em toda a sua diversidade.
2. Cuidar da comunidade da vida com compreensão, compaixão e amor.
3. Construir sociedades democráticas que sejam justas, participativas, sustentáveis e pacíficas.
4. Garantir as dádivas e a beleza da Terra para as atuais e as futuras gerações.

INTEGRIDADE ECOLÓGICA

5. Proteger e restaurar a integridade dos sistemas ecológicos da Terra, com especial preocupação pela diversidade biológica e pelos processos naturais que sustentam a vida.
6. Prevenir o dano ao ambiente com o melhor método de proteção ambiental e, quando o conhecimento for limitado, assumir uma postura de preocupação.
7. Adotar padrões de produção, consumo e reprodução que protejam as capacidades regenerativas da Terra, os direitos humanos e o bem-estar comunitário.
8. Avançar o estudo da sustentabilidade ecológica e promover a troca aberta e ampla aplicação do conhecimento adquirido.

JUSTIÇA SOCIAL E ECONÔMICA

9. Erradicar a pobreza como um imperativo ético, social e ambiental.
10. Garantir que as atividades e instituições econômicas em todos os níveis promovam o desenvolvimento humano de forma equitativa e sustentável.
11. Afirmar a igualdade e a equidade de gênero como pré-requisito para o desenvolvimento sustentável e assegurar o acesso universal à educação, assistência de saúde e às oportunidades econômicas.
12. Defender, sem discriminação, os direitos de todas as pessoas a um ambiente natural e social, capaz de assegurar a dignidade humana, a saúde corporal e o bem-estar espiritual, concedendo especial atenção aos direitos dos povos indígenas e minorias.

DEMOCRACIA, NÃO VIOLÊNCIA E PAZ

13. Fortalecer as instituições democráticas em todos os níveis e proporcionar-lhes transparência e prestação de contas no exercício do governo, participação inclusive na tomada de decisões e acesso à justiça.
14. Integrar, na educação formal e na aprendizagem ao longo da vida, os conhecimentos, valores e habilidades necessárias para um modo de vida sustentável.
15. Tratar todos os seres vivos com respeito e consideração.
16. Promover uma cultura de tolerância, não violência e paz.

No caminho adiante, a Carta da Terra faz um convite para promover uma mudança na mente e no coração e requer um novo sentido de interdependência global e de responsabilidade universal. A vida muitas vezes envolve tensões entre valores importantes e isso significa escolhas difíceis. Porém, é necessário encontrar caminhos para harmonizar a diversidade com a unidade, o exercício da liberdade com o bem comum, objetivos de curto prazo e com metas de longo prazo. Todo indivíduo, família, organização e comunidade têm um papel vital a desempenhar. As artes, ciências, religiões, instituições educativas, os meios de comunicação, as empresas, as organizações não governamentais e os governos são todos chamados a oferecer uma liderança criativa.

Para construir uma comunidade global sustentável, as nações do mundo devem renovar seu compromisso com as nações unidas, cumprir com suas obrigações respeitando os acordos internacionais existentes e apoiar a implementação dos princípios contidos nesta Carta da Terra, como um instrumento internacional legalmente unificador quanto ao ambiente e ao desenvolvimento.

E o trecho final deste documento encerra com a seguinte frase: que o nosso tempo seja lembrado pelo despertar de uma nova reverência face à vida, pelo compromisso firme de alcançar a sustentabilidade, a intensificação pela justiça e pela paz e a alegre celebração da vida.

9.6 Felicidade Interna Bruta – FIB (1972)

Felicidade Interna Bruta (FIB) ou *Gross National Happiness* (GNH) é um conceito de desenvolvimento criado em 1972 pelo rei do Butão, **Jigme Singye Wangchuck** (nasc. 1955), em contrapartida às limitações do PIB.

Ao suceder a seu pai, aos dezessete anos de idade, e diante das críticas que afirmavam que a economia de seu país crescia miseravelmente, o jovem rei indicou como seu primeiro ministro um monge budista, **Jigme Yoser Thinley** (nasc. 1952), que adotou como políticas públicas princípios baseados na convicção de que o homem é compelido pela natureza para buscar felicidade, e este é o maior e único desejo de todo cidadão.

A Constituição do Butão diz que o Estado e o Governo têm como responsabilidade utilizar o FIB como um árbitro sério de políticas públicas, como reflexão de valores, de padrões de referência e monitoramento das políticas públicas.

Jigme Yoser Thinley nasceu no Butão e exerceu vários cargos políticos em seu país, como ministro das relações exteriores, da cultura, vice-ministro e, após receber um diploma de pós-graduação na Pennsylvania State University, tornou-se membro do Conselho Consultivo da ONU (2009), recebendo diversas honrarias, como a medalha Druk Thuksey e Silver Jubilee, The Royal Orange Scarf, medalha Druk Wangyal e diploma de honra ao mérito da Université Catholique de Louvain, na Bélgica.

O FIB é constituído por 72 indicadores e o seu cálculo global é obtido pela ponderação dos principais componentes da felicidade e do bem-estar das pessoas, divididos em nove dimensões, a saber:

1. Bem-estar psicológico
2. Uso adequado do tempo
3. Vitalidade comunitária
4. Acesso à cultura
5. Boa saúde
6. Educação de qualidade
7. Proteção ambiental
8. Padrão de vida econômico
9. Bons critérios de governança

O Butão é um país situado aos pés do Himalaia e faz fronteira com a China e a Índia. O FIB tem sido aplicado desde então, com resultados expressivos no desenvolvimento do país e na qualidade de vida de seus habitantes.

Para se ter uma ideia de seu conteúdo, destacamos a seguir os 72 indicadores que compõem as nove dimensões do FIB:

INDICADORES DE BEM-ESTAR PSICOLÓGICO

1. Questionário geral sobre saúde
2. Frequência de orações
3. Frequência de meditação
4. Levar em conta o carma na vida cotidiana
5. Egoísmo
6. Inveja
7. Calma
8. Compaixão
9. Generosidade
10. Frustrações
11. Considerações de cometer suicídio

INDICADORES DE USO ADEQUADO DO TEMPO

12. Total de horas trabalhadas
13. Quantidade de horas de sono

INDICADORES DE VITALIDADE COMUNITÁRIA

14. Sentimento de confiança em relação aos vizinhos
15. Vizinhos se ajudam dentro da comunidade
16. Trabalho de intercâmbio com os membros da comunidade
17. Socialização com os amigos
18. Os membros de sua família realmente se cuidam entre si
19. Seu desejo era não fazer parte desta família
20. Os membros de sua família discordam muito entre si
21. Existe muita compreensão em sua família
22. Sua família tem recursos reais para lhe proporcionar conforto
23. Quantidade de parentes que vivem na mesma comunidade
24. Vítima de crime
25. Sentimentos de segurança em relação a danos humanos
26. Sentimento de inimizade na comunidade
27. Quantidade de dias dedicados aos serviços voluntários
28. Quantidade de doações financeiras
29. Disponibilidade para apoio social

INDICADORES DE ACESSO À CULTURA

30. Qual a primeira língua a falar

31. Frequência com que brinca com jogos tradicionais
32. Aptidão para *Zorig Chusum* (13 artes de excelente qualidade e valor artístico: pintura, escultura em argila, escultura em madeira, caligrafia, papel, fundição, bordado, tecelagem, carpintaria, alvenaria, tecelagem em bambu e cana, ouro e prata, ferreiro)
33. Importância da disciplina (ou *Drig*) para as crianças
34. Ensinar às crianças a importância da imparcialidade entre ricos, pobres etc.
35. Conhecimento da máscara e de outras festas realizadas em *Tshechus* (são festas sociais realizadas com o intuito de integrar as pessoas e a sociedade; são realizadas sempre num dia 10, dependendo de cada local)
36. Importância da reciprocidade
37. Matar
38. Roubar
39. Mentir
40. Mau comportamento sexual
41. Quantidade de dias que reservou durante o ano para os festivais da comunidade

INDICADORES DE BOA SAÚDE
42. Autorrelato do estado de saúde
43. Longo prazo de deficiência
44. Saúde nos últimos 30 dias
45. Índice de massa corpórea
46. Conhecimento sobre as formas de transmissão do vírus HIV
47. Tempo de amamentação exclusiva para as crianças
48. Distância percorrida a pé até o centro de saúde mais próximo

INDICADORES DE EDUCAÇÃO DE QUALIDADE
49. Nível de educação
50. Taxa de alfabetização
51. Capacidade de compreensão
52. Histórico de alfabetização (lendas locais, folclores etc.)

INDICADORES DE PROTEÇÃO AMBIENTAL
53. Poluição dos rios
54. Erosão do solo
55. Método de eliminação de resíduos
56. Nomes e espécies de planta e animais
57. Cercas vivas ao redor de sua casa (árvores)

INDICADORES DE PADRÃO DE VIDA ECONÔMICO
58. Renda domiciliar
59. Renda suficiente para suprir as necessidades diárias
60. Insegurança alimentar
61. Possuir casa própria
62. Número de dormitórios
63. Comprar roupas usadas
64. Dificuldade em contribuir para festas da comunidade
65. Postergar reparos urgentes e manutenção de sua casa

INDICADORES DE BONS CRITÉRIOS DE GOVERNANÇA
66. *Performance* do Governo em reduzir as diferenças entre ricos e pobres
67. *Performance* do Governo no combate à corrupção
68. Direito de liberdade de expressão e opinião
69. Não discriminação de raça, sexo, religião, língua, política ou outras formas
70. Confiança nos Ministérios do Governo
71. Confiança na administração *dzongkhar* – gestores públicos locais (legislativo e judiciário)
72. Confiança na imprensa

O governo do Butão estabelece uma linha de corte para cada um desses 72 indicadores em suas respectivas dimensões e as diferenças significativas são objeto de discussões das interligações existentes e tratadas nas políticas públicas. O desempenho é medido comparando-se esses indicadores entre si, nas nove dimensões, ao longo do tempo, por região, por gênero, ocupação, faixa etária, por gravidade de privações, grau de satisfação etc.

Resumindo as nove dimensões do FIB, destacam-se as seguintes reflexões:[7]

1. **Bem-estar psicológico**: avalia o grau de satisfação e de otimismo da pessoa em relação à sua própria vida, a frequência das emoções positivas e negativas e a comparação entre elas.
2. **Uso adequado do tempo**: avalia a possibilidade que cada um tem de escolher como aproveitar melhor seus dias, dedicados ao trabalho, ao sono, para os amigos e familiares, esportes, artes etc.
3. **Vitalidade comunitária**: avalia as forças e fraquezas dos relacionamentos interpessoais nas comuni-

---

[7] Conforme Budismo Petrópolis (2015).

dades, a confiança e sensação de pertencimento, vitalidade dos relacionamentos afetivos, segurança em casa e na comunidade, prática de doação e de voluntariado etc.

4. **Acesso à cultura**: valorização da própria cultura e predisposição para conhecer outras neste mundo globalizado.
5. **Boa saúde**: inclui padrões de comportamentos arriscados, exposição às condições de riscos, *status* nutricional, práticas saudáveis e condições de higiene, atitudes preventivas com a saúde.
6. **Educação de qualidade**: acesso à educação formal, predisposição para aprender, leitura, contato com terceiros, com o mundo ao redor, aceitação de ideias diferentes às próprias.
7. **Proteção ambiental**: mede a qualidade da água, do ar, do solo e da biodiversidade, se o lugar em que vive proporciona qualidade de vida e o quanto as rotinas são sustentáveis.
8. **Padrão de vida econômico**: relação do padrão de vida com a renda pessoal ou familiar, segurança em relação às finanças, nível de endividamento, estresse com dinheiro, prosperidade etc.
9. **Bons critérios de governança**: refere-se à opinião das pessoas em relação ao Governo, a imagem em relação à responsabilidade, à honestidade e à transparência. E, também inclui a gestão individual que cada um tem em relação à sua própria vida, se está sendo líder de si mesmo, se sabe gerir adequadamente seus próprios recursos e o seu futuro.

Como se pode observar, os indicadores que compõem o índice FIB são bastante abrangentes e foram desenvolvidos para esse pequeno país de 2 milhões de habitantes. Embora alguns desses indicadores sejam difíceis de serem aplicados no ocidente, podem inspirar os gestores de todo o mundo.

9.7 Protocolo de Kyoto e o Acordo de Paris

O Acordo de Paris pode ser considerado como a continuação do Protocolo de Kyoto, cuja vigência se encerra em 2020, e a partir do qual se inicia a primeira etapa do Acordo de Paris. Por isso, abordamos essas duas políticas a seguir.

9.7.1 Protocolo de Kyoto – COP3 (1997)

O Protocolo de Kyoto é um tratado internacional que se originou na COP-3 (Conferência das Partes – ONU), realizada em Kyoto, Japão, no ano de 1997 e se refere ao primeiro compromisso rigoroso para a redução de 5,2% das emissões dos gases do efeito estufa em relação aos níveis de 1990, com vigência no período de 2008 a 2012, para conter o aquecimento global por meio de mudanças nos setores de energia e transportes, uso de energias renováveis, eliminação de mecanismos financeiros inapropriados e proteção das florestas e sumidouros de carbono.

As discussões iniciais surgiram na Conferência de Toronto em 1988, mas foi aberto para assinatura em 11/12/1997 e ratificado em 15/3/1999, após várias negociações. Como a exigência mínima previa um compromisso de redução de 55% do total das emissões em relação aos níveis de 1990, o Protocolo de Kyoto entrou em vigor somente em 16/2/2005, depois da ratificação pela Rússia em 2004.

Os EUA, atualmente o segundo maior emissor do planeta, negou-se a ratificar o protocolo com a alegação de que seria ruim para a sua economia. Na verdade, o então o vice-presidente Al Gore assinou o protocolo de Kyoto em substituição a George W. Bush, mas o documento não foi ratificado pelo Congresso.

Os países-membros do acordo foram classificados em dois grupos: países desenvolvidos e países em desenvolvimento. Os países desenvolvidos tiveram a responsabilidade de assumir o compromisso de redução das emissões, diminuindo em pelo menos 5,2% de suas emissões no período de 2008 a 2012. Os países em desenvolvimento, como Brasil, Argentina, México e Índia, não receberam metas obrigatórias, mesmo assim deveriam realizar ações sustentáveis por meio de projetos destacados pelo Mecanismo de Desenvolvimento Limpo (MDL).

O protocolo de Kyoto previu três tipos de mecanismos de flexibilização:

- **Implementação Conjunta (CI)**: mecanismo que incentiva a criação de projetos que reduzam a emissão dos gases do efeito estufa, implementado por dois ou mais países e, nesse caso, com possibilidade de comercialização do excedente.
- **Comércio de Emissões ou Comércio Internacional de Emissões (CIE)**: mecanismo em que os países desenvolvidos que já reduziram a emissão de gases além de sua meta e, nesse caso, com possibilidade de comercializar o excedente para países que não atingiram a meta.
- **Mecanismo de Desenvolvimento Limpo (MDL)**: mecanismo de compensação baseado na implementação de projetos de redução ou captura de gases

poluentes que envolvem países que já cumpriram suas metas e aqueles que ainda não atingiram seus objetivos. Com isso, os países recebem o certificado "Reduções Certificadas de Emissões" (RCE), emitido pelo Conselho Executivo do MDL/ONU, podendo comercializar tais reduções no mercado internacional.

9.7.2 Resultados do Protocolo de Kyoto (2005-2012)

O Protocolo de Kyoto teve o seguinte diagnóstico por ocasião da Rio+20: o acordo fracassou em reduzir as emissões mundiais dos gases GHG e, ao contrário do que se esperava, houve um aumento de 16,2% no período de 2005 a 2012, conforme ilustra o Gráfico 9.1.[8]

Entretanto, apesar de não ter atingido a meta, esse primeiro acordo internacional não foi totalmente inócuo, contabilizando os seguintes pontos positivos:

- Serviu para conscientizar a sociedade e implantar projetos ambientais, tecnológicos e de desenvolvimento econômico para prevenir o agravamento do aquecimento global.
- Um balanço da Convenção-Quadro das Nações Unidas sobre Mudança Climática destacou que 37 países, a maioria da União Europeia, superaram sua meta de reduzir 5,2% suas emissões até o ano de 2012 (apesar de o IPCC ter se pronunciado dizendo que não mais seria possível conter o aumento da temperatura inferior a 2 graus Celsius).
- Sem o protocolo de Kyoto o mundo não estaria avançando na produção de energias renováveis, segundo afirmação da secretária-executiva da UNFCCC, Christiana Figueres.
- Foram criados 7.800 projetos de apoio a países em desenvolvimento para sequestro de carbono da atmosfera por meio de recuperação e ampliação de florestas e outras ações, inclusive com transferência de tecnologia e geração de emprego.
- Se olharmos quantitativamente para as emissões, o protocolo falhou, mas sem ele a União Europeia não teria atingido grandes avanços nas reduções, segundo o climatologista Carlos Nobre.
- A Alemanha mostrou que é possível reduzir os gases do efeito estufa sem diminuir o seu PIB.
- A COP-18 realizada em Doha/Catar em 2012 renovou o Protocolo de Kyoto até 2020, mantendo as metas da primeira fase e incluindo no texto o financiamento de 10 bilhões de dólares por ano a serem doados pelos países desenvolvidos para auxiliar o combate às mudanças climáticas nas nações em desenvolvimento.
- E deixou a esperança de se discutir metas mais ousadas nas próximas Conferências das Partes (COP/ONU), como é o caso da COP-21, em Paris.

9.7.3 Acordo de Paris – COP-21 (2015)

A COP-21, realizada em Paris entre os dias 30 de novembro e 12 de dezembro de 2015, dentre outras

---

[8] *Folha de S. Paulo.* Gráfico de Emissões Protocolo de Kyoto com base nos dados da ONU, 16/2/2015.

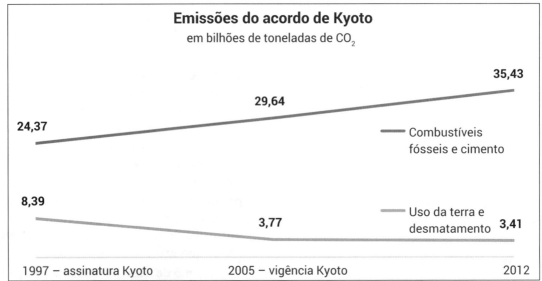

Gráfico 9.1 Emissões de CO_2 a partir da assinatura do Protocolo de Kyoto
Fonte: FSP (16/2/2015).

ações estabeleceu por consenso o Acordo de Paris que irá substituir o Protocolo de Kyoto a partir de 2020.

O documento foi ratificado pelas 195 partes da Convenção Quadro das Nações Unidas e pela União Europeia. O secretário-geral da ONU, Ban Ki-Moon, afirmou que o acordo de Paris marca um momento decisivo de transformação para reduzir os riscos das mudanças climáticas: "*Pela primeira vez, cada país do mundo se compromete a reduzir a suas emissões, fortalecer a resiliência e se unir em uma causa comum para combater a mudança do clima, o que já foi impensável se tornou realidade*" (ONU, 2015).

Para entrar em vigor, era necessária a ratificação de pelo menos 55% das emissões de GHG pelos países membros. O secretário-geral da ONU, em uma cerimônia em Nova York no dia 22/4/2016, abriu para assinatura oficial do acordo e, surpreendentemente, essa condição foi atingida no dia 4/10/2016 com a adesão de 92 países, incluindo os dois países mais poluidores do planeta (China e EUA), que representam 45% do total das emissões, e o Brasil, que corresponde a 2% do total das emissões. Assim, após 30 dias, o Acordo de Paris entrou em vigor em 4/11/2016 com o início das metas a partir de 2020.

Os principais pontos desse acordo são:

- Os países devem trabalhar para que o aquecimento fique abaixo de 2 graus Celsius, buscando limitá-lo a 1,5 grau Celsius.
- Os países ricos devem garantir financiamentos de 100 bilhões de dólares por ano para ajudar os países menos favorecidos na mitigação dos efeitos da mudança no clima.
- Não há menção de uma porcentagem de corte nas emissões de GHG e cada país deve estabelecer as suas metas em um documento chamado *National Determined Contribution* (NDC) ou Contribuição Nacionalmente Determinada (CND).[9] O Brasil, por exemplo, definiu uma redução de 37% abaixo dos níveis de 2005 a ser atingida até 2025 e de 43% em 2030.
- O Acordo deve ser revisto a cada cinco anos, ou em gatilhos menores, tendo em vista que, na opinião dos cientistas, essas medidas são insuficientes.
- Os países signatários não podem abandonar o Acordo antes de três anos, além de um quarto de ano para que o procedimento seja completado.

Assim, com a retirada dos EUA em 1º/6/2017, o Presidente Trump não poderia se livrar dos vínculos legais antes de 2020 sem cometer uma violação do direito internacional.

Apresentamos no Quadro 9.1 um resumo das NDCs do Brasil e de alguns outros países.[10]

A NDC do Brasil está concentrada basicamente no uso da terra e no setor florestal, e a **redução do desmatamento** é a principal ação a ser alcançada, tendo em vista que a pecuária é responsável por dois terços do total das emissões brasileiras. As demais metas não são ambiciosas e o país poderia aumentar o seu comprometimento, pois a bioenergia já responde por 17,6% (meta de 18%), a média de energias renováveis 2004-2014 na matriz energética é de 43,64% (meta 45%) e a participação de energia renovável não hidrelétrica representa 27,9% (meta 28%). A NDC brasileira foi classificada como "média" pela *Climate Action Tracker*.

9.7.4 Orçamento de Carbono Global (2014)

O 5º Relatório do IPCC (AR5), cuja versão final foi divulgada em 2014, fez uma abordagem interessante sobre as medidas necessárias para conter as mudanças climáticas, denominada de "Orçamento de Carbono Global". No tópico anterior, pôde-se observar que a África do Sul foi o primeiro país a adotar essa metodologia e que, ao invés de declarar as suas metas NDC em porcentagens de redução de gases GHG em relação a uma determinada base de dados, adotou unidades absolutas em toneladas de CO_2.

O IPCC AR5 estimou que as emissões acumuladas de dióxido de carbono relacionadas às atividades humanas precisam ser limitadas a 1 trilhão de toneladas de carbono (1.000 Pgc) desde o início da revolução industrial. Se quisermos ter uma chance provável de limitar o aquecimento a 2 graus Celsius, esse é o nosso "orçamento de carbono". O relatório mostra também que, conforme dados IPCC/2011, a humanidade já emitiu aproximadamente 515 Pgc desde a Revolução Industrial, ou seja, nós queimamos 52% do nosso orçamento de carbono e restam-nos 485 Pgc. Levamos 250 anos para gastar metade desse orçamento e, se continuarmos no mesmo ritmo, utilizaremos o saldo restante nas próximas três décadas.

Em 2016, a WWF atualizou os dados desse orçamento e, com base nos níveis atuais de emissões, constatou que apenas mais cinco anos (em 2021) de

---

[9] A palavra *"intend" nationally determined contribution* (iNDC), ou "pretendido", foi utilizada pelos países antes da formalização do Acordo de Paris, mas com a sua entrada em vigor, passa automaticamente para NDC.

[10] Silva e Sanquetta (2017).

Quadro 9.1 Resumo das NDCs

País	Ratificado em:	Metas de emissões em relação a 2005	Principais ações:
Brasil	21/9/2016 "NDC média" segundo a Climate Action Tracker	• Reduzir 37% até 2015 • Reduzir 43% até 2030	• Alcançar desmatamento ilegal ZERO na Amazônia e compensar as emissões legais. • Restaurar 12 milhões Ha de florestas e 15 milhões Ha de pastagens • Aumentar 5 milhões de Ha os sistemas lavoura-pecuária-florestas • Aumentar 18% de bioenergia • Assegurar 45% até 2030 de energia renovável • Assegurar 28% a 33% de energia renovável não hidrelétrica (solar, eólica, biomassa, etanol) • Suas emissões representam 2,34% do global
China	3/9/2016 "NDC média"	• Reduzir de 60% a 65% por unidade de PIB	• Alcançar pico de emissões em 2030 • Limitar em 20% a participação de energias não fósseis no consumo de energia primária • Aumentar 4,5 bilhões m³ de florestas até 2030 • Reduzir a participação de carvão na matriz energética (que hoje é de 73,9%) para 58% • Controlar emissões de edifícios e transportes • É o maior emissor mundial (30%)
Índia	2/10/2016 "NDC média"	• Reduzir de 33% a 35% por unidade de PIB	• Aumentar energia não fóssil em 40% até 2030 • Criar reservatório de carbono 2,5 a 3 GtCO$_2$ • Aumentar florestas • A população é a principal emissora • É o terceiro maior emissor (6,96%)
Rússia	Assinou mas ainda não ratificou "NDC fraca"	• Limitar de 70% a 75% em relação a 1990 (obs.: já reduziu 30% no Protocolo de Kyoto)	• É o quarto maior emissor de GHG (5,36% das emissões mundiais) • Energia corresponde a 92,88% das emissões com gás natural
África do Sul	1/11/2016 "NDC fraca"	• Limitar de 398 a 614 milhões de TonCO$_2$ • (emitiu 563 TonCO$_2$ em 2010)	• Aumento de energias renováveis • Representa 1,07% das emissões mundiais sendo 40% oriundo de energia • Sua matriz energética é 99% não renovável, sendo 72% carvão, 22% petróleo, 3% gás e 3% nuclear • Como a NDC, é ampla (dificulta a prestação de contas)
EUA	Ratificado em 3/9/2016 por Obama e anúncio da saída em 1º/6/2017 por Trump	• Reduzir 17% em 2020 • Reduzir de 26% a 28% até 2025	• Contribuir com o fundo de 100 bilhões por ano para ajudar aos países em dificuldade • Por meio de legislações, regulamentos e medidas nacionais • Economia de combustíveis, reduzir emissões de edifícios, eletrodomésticos, novas plantas • É o segundo maior emissor (15%)
Japão	7/11/2016	• Reduzir 26% até 2030	• Desenvolver tecnologia inovadora para redução das emissões e ajudar os países em desenvolvimento • Contribuir com o fundo de 100 bilhões por ano para ajudar aos países em dificuldade

emissões de CO_2 seriam suficientes para esgotar a cota disponível para que tenhamos uma boa chance (probabilidade de 66%) de manter o aumento da temperatura global abaixo de 1,5 grau Celsius. E considerando-se a limitação da temperatura entre 2 e 3 graus Celsius, haveria um saldo equivalente a 20 anos (em 2036) e 55 anos (em 2071), respectivamente.

9.8 Os 17 Objetivos do Desenvolvimento Sustentável (ODS)

Os antigos Objetivos do Desenvolvimento do Milênio (ODM) tiveram a sua vigência de 2000 a 2015 e, em substituição, entraram em vigor os 17 Objetivos do Desenvolvimento Sustentável (ODS), com vigência de 2016 até 2030, motivo pelo qual também são conhecidos como "Agenda 2030".

Constituem uma iniciativa da Organização das Nações Unidas (ONU) e consistem um conjunto de políticas públicas nacionais e atividades de cooperação internacional. Essa agenda mundial foi divulgada durante a Cúpula das Nações Unidas sobre o Desenvolvimento Sustentável em setembro de 2015 e é composta por 17 objetivos e 169 metas a serem atingidos até 2030.

Nessa agenda, estão previstas ações mundiais nas áreas de erradicação da pobreza, segurança alimentar, agricultura, saúde, educação, igualdade de gênero, redução das desigualdades, energia, água e saneamento, padrões sustentáveis de produção e de consumo, mudança do clima, cidades sustentáveis, proteção e uso sustentável dos oceanos e dos ecossistemas terrestres, crescimento econômico inclusivo, infraestrutura, industrialização entre outros.

As Nações Unidas trabalharam junto aos governos, sociedade civil e outros parceiros para aproveitar o impulso gerado pelos ODM e levar à frente uma agenda de desenvolvimento pós-2015 bastante ambiciosa e com o seguinte lema: "O caminho para a dignidade até 2030: acabando com a pobreza, transformando todas as vidas e protegendo o planeta".

Na FEA/USP foi criada uma disciplina optativa para os alunos de graduação, a partir de 2016, denominada "Os 17 ODS e as Escolas de Negócios"[11] e que tem atraído a atenção de muitos alunos e ouvintes interessados. Os motivos que levaram a essa iniciativa baseiam-se em nossa opinião de que os Objetivos do Desenvolvimento Sustentável (ODS) representam, hoje e até 2030, a melhor tradução do que é a sustentabilidade, trazendo esse conceito de forma clara para a sociedade e revelando sua natureza interdisciplinar.

Como já foi mencionado no tópico 8.1.6, a bolsa de valores brasileira (B3) instituiu uma nova campanha a partir de 2017 denominada "Relate ou Explique – ODS" e, assim como ocorreu em relação aos relatórios de sustentabilidade, as empresas de capital aberto são convidadas a mencionar em seus relatos o seu engajamento com essa agenda mundial a ser atingida até 2030.

Essa agenda mundial é abrangente e contém a cartilha das principais ações para a construção de um mundo melhor, baseados nos princípios contidos nos "Cinco Ps": pessoas, planeta, parcerias, paz e prosperidade.

- **Pessoas**: erradicar a pobreza e a fome de todas as maneiras e garantir a dignidade e a igualdade.
- **Planeta**: proteger os recursos naturais e o clima do nosso planeta para as gerações futuras.
- **Parcerias**: implementar a agenda por meio de uma parceria global sólida.
- **Paz**: promover sociedades pacíficas, justas e inclusivas.
- **Prosperidade**: garantir vidas prósperas e plenas, em harmonia com a natureza.

Para se ter uma ideia da magnitude das ações dessa agenda global, apresentamos a seguir um quadro com as 169 metas dos 17 Objetivos do Desenvolvimento Sustentável (ODS) para serem alcançados até o ano de 2030. Observe o Quadro 9.2. O leitor verificará que há metas desde as mais simples até aquelas consideradas genéricas ou impossíveis de serem atingidas e, como orientação, vale a seguinte dica de classificação em três tipos de metas:

- Metas que já deveriam ter sido adotadas há muito tempo.
- Metas que exigirão grandes esforços por parte dos governos, empresas, academias e da sociedade civil.
- Metas consideradas impossíveis de serem atingidas, mas que provavelmente no futuro se tornarão viáveis com novas descobertas.[12]

A título de curiosidade, selecionamos quarenta verbos que estão contidos na redação das 169 metas dos Objetivos do Desenvolvimento Sustentável (dispostos na Figura 9.1 conforme a frequência em que aparecem) e 80% deles estão contidos em 18 verbos.

Convidamos o leitor para se engajar nessa agenda que, provavelmente, irá muito além de 2030.

9.9 Encíclica do Papa Francisco – *Laudato Si* (2015)

Às vésperas da Cúpula do Clima de Paris (COP 21), o Vaticano publicou em 18/6/2015 a encíclica papal nº 298, denominada **Laudato Si** (Louvado Seja), onde o Papa Francisco expôs seus argumentos científicos, teológicos e morais para que sejam desenvolvidas estratégias contra as mudanças climáticas, classificadas por ele como urgentes e inadiáveis.

---

[11] O conteúdo dessa disciplina está disponível na internet, na Plataforma Moodle (livre de senha) ou pelo *link* https://edisciplinas.usp.br/course/view.php?id=17809. Acesso em: 16 maio 2019.

[12] É oportuno relembrar a frase dita por Henry Ford (1863-1947) ao fundar a sua empresa: *"Se perguntássemos às pessoas o que elas queriam naquela época, provavelmente diriam: carroças mais velozes."*

Quadro 9.2 Os 17 Objetivos do Desenvolvimento Sustentável

Objetivo	Metas até 2030
ODS 1: Acabar com a pobreza em todas as suas formas, em todos os lugares	1. Erradicar a pobreza extrema, atualmente medida como pessoas vivendo com menos de US$1,25 por dia (esse valor não paga água e luz de uma família em um mês) 2. Reduzir pelo menos à metade o número de pessoas que vivem na pobreza. 3. Implementar medidas e sistemas de proteção social para todos, incluindo pisos e atingir a cobertura substancial dos pobres vulneráveis. 4. Garantir que todos tenham direitos iguais aos recursos econômicos, acesso a serviços básicos, propriedade e controle sobre a terra e propriedade, herança, recursos naturais, novas tecnologias apropriadas e serviços financeiros, incluindo microfinanças. 5. Construir a resiliência daqueles em situação de vulnerabilidade e reduzir em relação a eventos extremos do clima e desastres econômicos, sociais e ambientais. 6. Mobilizar recursos de diversas fontes, inclusive da cooperação para o desenvolvimento e proporcionar meios adequados para que os países em desenvolvimento e de menor desenvolvimento implementem programas e políticas para acabar com a pobreza em todas as suas dimensões. 7. Criar marcos políticos sólidos, em nível nacional, regional e internacional, com base em estratégias de desenvolvimento a favor dos pobres e sensíveis a gênero com investimentos acelerados nas ações da erradicação da pobreza.
ODS 2: Acabar com a fome, alcançar a segurança alimentar e melhoria da nutrição e promover a agricultura sustentável	8. Acabar com a fome e garantir o acesso a alimentos seguros, nutritivos e suficientes durante todo o ano. 9. Acabar com a desnutrição, o nanismo e caquexia em crianças e atender às necessidades nutricionais dos adolescentes, mulheres grávidas e lactantes e pessoas idosas. 10. Dobrar a produtividade agrícola e a renda dos pequenos produtores de alimentos, particularmente das mulheres, indígenas, agricultores familiares, pastores e pescadores acesso à terra, recursos produtivos e insumos, conhecimentos, serviços financeiros, mercados e oportunidades de agregação de valor e de emprego não agrícola. 11. Garantir sistemas sustentáveis de produção de alimentos e implementar práticas agrícolas resilientes, que aumentem a produtividade e a produção, ajudem a manter os ecossistemas, capacidade de adaptação às mudanças climáticas, às condições meteorológicas extremas, secas, inundações e outros desastres, e que melhorem a qualidade da terra e do solo. 12. Manter a diversidade genética de sementes, plantas cultivadas, animais de criação e domesticados e suas respectivas espécies selvagens, bancos de sementes e plantas diversificados e bem geridos, garantir a repartição justa e equitativa da utilização dos recursos genéticos e conhecimentos tradicionais associados. 13. Aumentar investimentos, inclusive da cooperação internacional, em infraestrutura rural, pesquisa e extensão de serviços agrícolas, tecnologias, banco de genes de plantas e animais, aumentar a capacidade agrícola. 14. Prevenir restrições ao comércio e distorções nos mercados agrícolas mundiais, eliminação de todas as formas de subsídios à exportação e medidas equivalentes, de acordo com Doha. 15. Garantir o funcionamento dos mercados de commodities de alimentos e seus derivados e facilitar o acesso ao mercado, inclusive sobre as reservas de alimentos para limitar a volatilidade extrema dos preços dos alimentos.
ODS 3: Assegurar uma vida saudável e promover o bem-estar para todos, em todas as idades	16. Reduzir a taxa de mortalidade materna global para menos de 70 mortes por 100 mil nascidos vivos. 17. Acabar com as mortes evitáveis de recém-nascidos e crianças menores de 5 anos, reduzir a mortalidade neonatal para menos de 12 por mil nascidos vivos e a mortalidade de crianças menores de 5 anos para menos de 25 por 1000 nascidos vivos. 18. Acabar com as epidemias de AIDS, tuberculose, malária e doenças tropicais negligenciadas, combater a hepatite, doenças transmitidas pela água e outras doenças transmissíveis. 19. Reduzir em um terço a mortalidade prematura por doenças não transmissíveis via prevenção e tratamento e promover a saúde mental e o bem-estar. 20. Reforçar a prevenção e o tratamento do abuso de substâncias, abuso de drogas entorpecentes e uso nocivo do álcool. 21. Reduzir pela metade as mortes e os ferimentos globais por acidentes em estradas. 22. Assegurar o aceso universal aos serviços de saúde sexual e reprodutiva, planejamento familiar, informação e educação, bem como a integração da saúde reprodutiva em estratégias e programas nacionais. 23. Atingir a cobertura universal de saúde, proteção do risco financeiro, acesso a serviços de saúde essenciais de qualidade e o acesso a medicamentos e vacinas essenciais seguros, eficazes, de qualidade e a preços acessíveis para todos.

(continua)

(continuação)

Objetivo	Metas até 2030
	24. Reduzir substancialmente o número de mortes e doenças por produtos químicos perigosos, contaminação e poluição do ar e água do solo. 25. Implementar a Convenção-Quadro para o Controle do Tabaco da OMS em todos os países. 26. Apoiar a pesquisa e desenvolvimento de vacinas de medicamentos para doenças transmissíveis e não transmissíveis que afetam os países em desenvolvimento, proporcionar acesso a medicamentos e vacinas essenciais a preços acessíveis, de acordo com a Declaração de Doha sobre o acordo TRIPS e Saúde Pública. 27. Aumentar o financiamento da saúde e o recrutamento, desenvolvimento, treinamento e retenção do pessoal de saúde nos países em desenvolvimento e pequenos estados insulares. 28. Reforçar a capacidade de todos os países, particularmente os países em desenvolvimento, para o alerta precoce, redução e gerenciamento de riscos nacionais e globais à saúde.
ODS 4: Assegurar a educação inclusiva e equitativa e de qualidade, promover oportunidades de aprendizagem ao longo da vida para todos	29. Garantir que todas as meninas e meninos completem o ensino primário e secundário livre, equitativo e de qualidade, que conduza a resultados de aprendizagem relevantes e eficazes. 30. Garantir o acesso a um desenvolvimento de qualidade na primeira infância, cuidados e educação pré-escolar e preparo para o ensino primário. 31. Assegurar a igualdade de acesso para todos os homens e mulheres à educação técnica, profissional e superior de qualidade, a preços acessíveis, incluindo universidades. 32. Aumentar o número de jovens e adultos que tenham habilidades relevantes, inclusive competências técnicas e profissionais, para emprego, trabalho decente e empreendedorismo. 33. Eliminar as disparidades de gêneros na educação e garantir a igualdade de acesso a todos os níveis de educação e formação profissional para os mais vulneráveis, incluindo as pessoas com deficiência, indígenas e as crianças em situação de vulnerabilidade. 34. Garantir que todos os jovens e uma substancial proporção de adultos tenham adquirido o conhecimento básico de matemática. 35. Garantir que todos os alunos adquiriram conhecimentos e habilidades necessárias para promover o desenvolvimento sustentável, inclusive por meio da educação, e estilos de vida sustentáveis, direitos humanos, igualdade de gêneros, promoção de cultura de paz e não violência, cidadania global e valorização da diversidade cultural e da contribuição da cultura para o desenvolvimento sustentável. 36. Construir e melhorar instalações físicas para educação, apropriadas para crianças e sensíveis às deficiências e ao gênero, com aprendizagem segura, não violenta, inclusiva e eficaz para todos. 37. Ampliar globalmente o número de bolsas de estudos disponíveis para os países em desenvolvimento, em particular estados insulares e países africanos, para o ensino superior, formação profissional, de tecnologia da informação e da comunicação, programas técnicos, de engenharia e científicos em países de ponta, até 2020. 38. Ampliar o contingente de professores qualificados, inclusive por meio da cooperação internacional para formação de professores, especialmente nos países menos desenvolvidos.
ODS 5: Alcançar a igualdade de gênero e empoderar todas as mulheres e meninas	39. Acabar com todas as formas de discriminação contra todas as mulheres e meninas em toda parte. 40. Eliminar todas as formas de violência contra todas as mulheres e meninas nas esferas públicas e privadas, incluindo o tráfico e exploração sexual e de outros tipos. 41. Eliminar todas as práticas nocivas, como casamentos prematuros, forçados e de crianças e mutilações genitais femininas. 42. Reconhecer e valorizar o trabalho de assistência e doméstico não remunerado, por meio da disponibilização de serviços públicos, infraestrutura e políticas de proteção social, bem como a promoção da responsabilidade compartilhada dentro do lar e da família, conforme os contextos nacionais. 43. Garantir a participação plena e efetiva das mulheres e a igualdade de oportunidades para liderança em todos os níveis de tomadas de decisão na vida política, econômica e pública. 44. Assegurar o acesso universal à saúde sexual e reprodutiva e os direitos reprodutivos, como acordado em conformidade com o Programa de Ação da Conferência Internacional sobre População e Desenvolvimento e com a Plataforma de Ação de Pequim e os documentos resultantes de suas conferências de revisão. 45. Empreender reformas para dar às mulheres direitos iguais aos recursos econômicos, acesso à propriedade, serviços financeiros, herança e recursos naturais, de acordo com as leis nacionais. 46. Aumentar o uso de tecnologias de base, informação e comunicação, para promover o empoderamento das mulheres. 47. Adotar e fortalecer políticas sólidas e legislação aplicável para a promoção da igualdade de gênero e o empoderamento de todas as mulheres e meninas, em todos os níveis.

(continua)

(continuação)

Objetivo	Metas até 2030
ODS 6: Assegurar a disponibilidade e gestão sustentável da água e saneamento para todos	48. Alcançar o acesso universal e equitativo a água potável e segura para todos. 49. Alcançar o acesso a saneamento e higiene adequados e equitativos para todos e acabar com a defecação a céu aberto. 50. Melhorar a qualidade da água, reduzindo a poluição, eliminando despejo e minimizando a liberação de produtos químicos e materiais perigosos, reduzindo à metade a proporção de águas residuais não tratadas e aumentando substancialmente a reciclagem e reutilização segura globalmente. 51. Aumentar a eficiência do uso da água em todos os setores e assegurar retiradas sustentáveis e o abastecimento de água doce para enfrentar escassez de água e reduzir o número de pessoas que sofrem com a escassez de água. 52. Implementar a gestão integrada dos recursos hídricos em todos os níveis, inclusive via cooperação transfronteiriça. 53. Proteger e restaurar ecossistemas relacionados com a água, incluindo montanhas, florestas, zonas úmidas, rios, aquíferos e lagos até 2020. 54. Ampliar a cooperação internacional e o apoio ao desenvolvimento de capacidades para os países em desenvolvimento em atividades e programas relacionados a água e ao saneamento, incluindo coleta de água, dessalinização, eficiência no uso da água, tratamento de efluentes, reciclagem e reuso. 55. Apoiar e fortalecer a participação das comunidades locais para melhorar a gestão da água e do saneamento básico.
ODS 7: Assegurar o acesso confiável, sustentável, moderno e a preço acessível à energia para todos	56. Assegurar o acesso universal, confiável, moderno e a preço acessível a serviços de energia. 57. Aumentar a participação de energias renováveis na matriz energética global. 58. Reforçar a cooperação internacional para facilitar o acesso a pesquisa e tecnologias de energia limpa, renováveis, eficiência energética e combustíveis fósseis avançados e mais limpos, promover investimento em infraestrutura de energia e em tecnologias de energia limpa. 59. Expandir a infraestrutura e modernizar a tecnologia para o fornecimento de serviços de energia modernos e sustentáveis, para todos os países em desenvolvimento e pequenos estados insulares e nos países em desenvolvimento sem litoral, de acordo com seus respectivos programas de apoio.
ODS 8: Promover o crescimento econômico sustentado, inclusivo e sustentável, emprego pleno e produtivo e trabalho decente para todos	60. Sustentar o crescimento econômico *per capita* de acordo com as circunstâncias nacionais e um crescimento anual de pelo menos 7% do PIB nos países menos desenvolvidos. 61. Atingir níveis elevados de produtividade das economias por meio da diversificação, modernização tecnológica e inovação, principalmente em setores de alto valor agregado e dos setores intensivos de mão de obra. 62. Promover políticas orientadas para o desenvolvimento em atividades produtivas, geração de emprego decente, empreendedorismo, criatividade e inovação, incentivar a formalização e o crescimento das micros, pequenas e médias empresas, inclusive com acesso a serviços financeiros. 63. Melhorar a eficiência dos recursos globais no consumo e na produção, dissociar o crescimento econômico da degradação ambiental de acordo com o Plano Decenal de Programas sobre Produção e Consumo Sustentáveis, com os países desenvolvidos assumindo a liderança. 64. Alcançar o emprego pleno e produtivo e trabalho decente para todos, inclusive para os jovens e as pessoas com deficiência e remuneração igual para trabalho de igual valor. 65. Reduzir a proporção de jovens sem emprego, educação ou formação (geração nem-nem: nem estuda e nem trabalha!) 66. Erradicar o trabalho forçado imediatamente, acabar com a escravidão moderna e o tráfico de pessoas. Assegurar a proibição e eliminação das piores formas de trabalho infantil, de recrutamento e utilização de crianças-soldados e acabar com o trabalho infantil em todas as suas formas até 2025. 67. Promover ambientes de trabalhos seguros, direitos trabalhistas para todos os trabalhadores, incluindo os migrantes, as mulheres e as pessoas com empregos precários. 68. Implementar políticas de turismo sustentável que gerem empregos e promoção da cultura e produtos locais. 69. Fortalecer a capacidade das instituições financeiras nacionais de incentivar a expansão do acesso aos serviços bancários, de seguros e financiamentos para todos. 70. Aumentar o apoio da Iniciativa de Ajuda para o Comércio (*Aid for Trade*) para os países em desenvolvimento, inclusive por meio do Quadro Integrado e Reforçado para a Assistência Técnica Relacionada com o Comércio para os países de menor desenvolvimento relativo. 71. Desenvolver e operacionalizar uma estratégia global para o emprego dos jovens e implementar o Pacto Mundial para o Emprego da OIT.

(continua)

(continuação)

Objetivo	Metas até 2030
ODS 9: Construir infraestruturas resilientes, promover a industrialização inclusiva e sustentável e fomentar a inovação	72. Desenvolver infraestrutura de qualidade, confiável e resiliente em âmbito regional e transfronteiriço, para apoiar o desenvolvimento e o bem-estar humano com foco no acesso a preços acessíveis para todos. 73. Promover a industrialização inclusiva e sustentável, aumentar a participação da indústria no setor de emprego e no PIB e dobrar a participação dos países menos desenvolvidos. 74. Aumentar o acesso das pequenas empresas aos serviços financeiros, créditos acessíveis e sua integração em cadeias de valor e mercados. 75. Modernizar a infraestrutura e as indústrias de forma sustentável, aumentando a eficiência no uso de recursos com a adoção de tecnologias e processos limpos e ambientalmente corretos. 76. Fortalecer a pesquisa científica, melhorar a capacidade tecnológica dos setores industriais, incentivando a inovação e aumentando o número de trabalhadores e os gastos públicos e privados em pesquisas e desenvolvimento. 77. Facilitar o desenvolvimento de infraestrutura sustentável e resilientes em países em desenvolvimento, por meio de apoio financeiro, tecnológico e técnico aos países africados, de menor desenvolvimento relativo, sem litoral, insulares em desenvolvimento. 78. Apoiar o desenvolvimento tecnológico a pesquisa e inovação nos países em desenvolvimento, garantindo um ambiente político propício para diversificação industrial e agregação de valor às *commodities*. 79. Aumentar o acesso às tecnologias de informação e comunicação e oferecer acesso universal e a preços acessíveis à internet nos países menos desenvolvidos até 2020.
ODS 10: Reduzir a desigualdade dentro dos países e entre eles	80. Alcançar e sustentar o crescimento da renda dos 40% da população mais pobre a uma taxa maior que a média nacional. 81. Empoderar e promover a inclusão social, econômica e política de todos, independentemente da idade, gênero, deficiência, raça, etnia, origem, religião, condição econômica ou outros fatores. 82. Garantir a igualdade de oportunidades e reduzir as desigualdades de resultados, por meio da eliminação de leis, políticas e práticas discriminatórias e da promoção de legislação, políticas e ações adequadas. 83. Adotar políticas fiscal, salarial e de proteção social e alcançar igualdade para todos. 84. Melhorar e fortalecer a regulamentação e monitoramento dos mercados e instituições financeiras globais. 85. Assegurar a representatividade dos países em desenvolvimento em tomadas de decisão nas instituições econômicas e financeiras globais, tornando-as mais eficazes, críveis, responsáveis e legítimas. 86. Facilitar a migração ordenada, segura, regular e responsável das pessoas, por meio de políticas planejadas e bem geridas. 87. Implementar o princípio do tratamento especial e diferenciado para países em desenvolvimento e de menor desenvolvimento relativo, em conformidade com os acordos da Organização Mundial do Comércio (OMC). 88. Incentivar a assistência oficial ao desenvolvimento e fluxos financeiros, incluindo investimentos externos, para os países necessitados, em particular para os países de menor desenvolvimento relativo, países africanos, países insulares e os países em desenvolvimento sem litoral, de acordo com seus planos e programas nacionais. 89. Reduzir para menos de 3% os custos de transação de remessas dos migrantes e eliminar "corredores de remessa" com custos superiores a 5%.
ODS 11: Tornar as cidades e os assentamentos humanos inclusivos, seguros, resilientes e sustentáveis	90. Garantir acesso de todos à habitação segura, adequada e a preço acessível e aos serviços básicos e urbanizar as favelas. 91. Proporcionar acesso a transportes seguros e sustentáveis a preços acessíveis para todos, melhorar a segurança rodoviária, com especial atenção às pessoas em situação de vulnerabilidade, mulheres, crianças, deficientes e idosos. 92. Aumentar a urbanização inclusiva e sustentável e planejar e gerir os assentamentos humanos de forma participativa, integrada e sustentável. 93. Proteger e salvaguardar o patrimônio cultural e natural do mundo. 94. Reduzir o número de mortes e de pessoas afetadas por catástrofes, perdas econômicas, desastres relacionados à água e proteger as pessoas em situação de vulnerabilidade. 95. Reduzir o impacto ambiental negativo das cidades, relacionados à qualidade do ar, gestão de resíduos e outros. 96. Proporcionar acesso universal a espaços públicos seguros, inclusivo, acessíveis e verdes a todos. 97. Apoiar relações econômicas, sociais e ambientais positivas entre áreas urbanas, periurbanas e rurais, reforçando o planejamento nacional e regional de desenvolvimento.

(continua)

(continuação)

Objetivo	Metas até 2030
	98. Aumentar o número de cidades e assentamentos que adotam políticas e planos integrados de inclusão, eficiência de recursos, mitigação e adaptação à mudança do clima, resiliência a desastres, de acordo com o "Marco de Sendai" para redução do risco de desastre 2015-2030 em todos os níveis. 99. Apoiar os países menos desenvolvidos, por meio de assistência técnica e financeira, construções sustentáveis e resilientes, utilizando materiais locais.
ODS 12: Assegurar padrões de produção e de consumo sustentáveis	100. Implementar o Plano Decenal de Programas sobre Produção e Consumo Sustentável, com os países desenvolvidos assumindo a liderança. 101. Alcançar a gestão sustentável e o uso eficiente dos recursos naturais. 102. Reduzir pela metade o desperdício de alimentos ao longo da cadeia de extração, produção, abastecimento e pós-colheita. 103. Alcançar o manejo ambientalmente saudável dos produtos químicos e resíduos ao longo de todo o seu ciclo de vida e reduzir a sua liberação para o ar, água e solo. 104. Reduzir a geração de resíduos por meio da prevenção, redução, reciclagem e reuso. 105. Incentivar as empresas a adotarem práticas sustentáveis e **relatórios de sustentabilidade.** 106. Promover práticas de compras públicas sustentáveis de acordo com políticas e prioridades nacionais. 107. Garantir a todos informações relevantes e conscientização para o desenvolvimento sustentável e estilos de vida em harmonia com a natureza. 108. Apoiar países em desenvolvimento para que fortaleçam suas capacidades científicas e tecnológicas rumo à padrões mais sustentáveis de produção e consumo. 109. Desenvolver e implementar ferramentas para monitorar os impactos do desenvolvimento sustentável para o turismo sustentável que gera empregos e promove a cultura e os produtos locais. 110. Reduzir subsídios ineficientes aos combustíveis fósseis que encorajam o consumo exagerado, eliminando distorções de mercado, reestruturação fiscal e a eliminação gradual desses subsídios prejudiciais, tendo em vista minimizar os possíveis impactos adversos ao desenvolvimento, de maneira que projeta os pobres e as comunidades afetadas.
ODS 13: Tomar medidas urgentes para combater a mudança climática e seus impactos	111. Reforçar a resiliência e a capacidade de adaptação a riscos relacionados ao clima e às catástrofes naturais. 112. Incluir medidas da mudança do clima nas políticas, estratégias e planejamentos. 113. Melhorar a educação, aumentar a conscientização e a capacidade humana e institucional sobre mitigação, adaptação, redução de impacto e alerta da mudança do clima. 114. Implementar o compromisso assumido pelos países desenvolvidos partes da Convenção-Quadro das Nações Unidas sobre Mudança do Clima, para mobilizar a meta conjunta de US$ 100 bilhões por ano até 2020, de todas as fontes, para atender às necessidades dos países em desenvolvimento, no contexto de ações significativas de mitigação e transparência na implementação. Operacionalizar e capitalizar o Fundo Verde para o Clima, o mais cedo possível. 115. Promover mecanismos de capacitação para o planejamento relacionado à mudança do clima e à gestão eficaz nos países menos desenvolvidos, inclusive com foco em mulheres, jovens e comunidades locais e marginalizadas.
ODS 14: Conservação e uso sustentável dos oceanos, dos mares e dos recursos marinhos para o desenvolvimento sustentável	116. Reduzir a poluição marinha de todos os tipos advindas de atividades terrestres e detritos marinhos e a poluição por nutrientes até 2025. 117. Gerir e proteger os ecossistemas marinhos e costeiros para evitar impactos adversos e tomar medidas de restauração para assegurar oceanos saudáveis e produtivos até 2020. 118. Minimizar e enfrentar os impactos da acidificação dos oceanos por meio de cooperação científica. 119. Regular a coleta de peixes, acabar com a sobrepesca ilegal, não reportada e não regulamentada e destrutiva, e implementar planos de gestão com base científica para restaurar populações de peixes e produção sustentável até 2020. 120. Conservar pelo menos 10% das zonas costeiras e marinhas com base em informações científicas e legislações nacional e internacional. 121. Proibir subsídios que estimulem a sobre pesca e eliminar os subsídios que contribuem para a pesca ilegal, envolvendo também os países em desenvolvimento e a Organização Mundial do Comércio (OMC). 122. Aumentar os benefícios econômicos aos pequenos estados insulares e aos países menos desenvolvidos por meio do uso sustentável dos recursos marinhos e de uma gestão sustentável da pesca, aquicultura e turismo.

(continua)

(continuação)

Objetivo	Metas até 2030
	123. Aumentar o conhecimento científico, capacidade de pesquisas e transferir tecnologias marinhas, tendo em conta os critérios sobre "Transferência de Tecnologia Marinha da Comissão Oceanográfica Intergovernamental", para melhorar a saúde dos oceanos e da biodiversidade marinha, para os países em desenvolvimento, insulares e de menor desenvolvimento relativo. 124. Proporcionar aos pescadores artesanais de pequena escala acesso aos recursos marinhos e mercados. 125. Assegurar a conservação e o uso sustentável dos oceanos e de seus recursos pela implementação do direito internacional, refletido na "Convenção das Nações Unidas sobre o Direito do Mar", arcabouço legal conforme o artigo 158 do relatório da Rio+20 O Futuro que Queremos.
ODS 15: Proteger, recuperar e promover o uso sustentável dos ecossistemas terrestres, gerir de forma sustentável as florestas, combater a desertificação, deter e reverter a degradação da terra e a perda de biodiversidade	126. Assegurar a conservação, recuperação e uso sustentável dos ecossistemas terrestres e de água doce, em especial florestas, zonas úmidas, montanhas e terras áridas em conformidade com os acordos internacionais, até 2020. 127. Implementar a gestão sustentável das florestas, deter o desmatamento, restaurar florestas degradadas e aumentar florestamento e reflorestamento até 2020. 128. Combater a desertificação, restaurar a terra e o solo degradado, incluindo terrenos afetados pela desertificação, secas e inundações. 129. Assegurar a conservação das montanhas e sua biodiversidade. 130. Reduzir a degradação de habitats naturais, deter a perda de biodiversidade e proteger e evitar a extinção de espécies ameaçadas. 131. Garantir a repartição justa e equitativa dos benefícios decorrentes da utilização dos recursos genéticos e promover acesso adequado a esses recursos. 132. Acabar com a caça ilegal e o tráfico de espécies da flora e fauna protegida, abordando tanto a demanda quanto a oferta desses produtos ilegais da vida selvagem. 133. Evitar e reduzir o impacto de espécies exóticas invasoras em ecossistemas terrestres e aquáticos e controlar ou erradicar as espécies prioritárias. 134. Incluir as questões do ecossistema e da biodiversidade nos planejamentos nacional e local, nos processos de desenvolvimento, redução da pobreza e nos sistemas de contas nacionais. 135. Aumentar os recursos financeiros para a conservação e o uso sustentável da biodiversidade e dos ecossistemas. 136. Mobilizar os recursos financeiros para o manejo florestal sustentável, conservação e reflorestamento e incentivos adequados aos países em desenvolvimento. 137. Combater a caça ilegal e o tráfico de espécies protegidas e aumentar a capacidade das comunidades locais em oportunidades de subsistência sustentável.
ODS 16: Promover sociedades pacíficas e inclusivas para o desenvolvimento sustentável, proporcionar o acesso à justiça para todos e construir instituições eficazes, responsáveis e inclusiva em todos os níveis	138. Reduzir todas as formas de violência e taxas de mortalidade. 139. Acabar com abuso, exploração, tráfico e todas as formas de violência e tortura contra crianças. 140. Promover o estado de direito e garantir a igualdade de acesso à justiça de todos, em nível nacional e internacional. 141. Reduzir os fluxos financeiros e de armas ilegais, recuperar os recursos desviados e combater as formas de crime organizado. **142. Reduzir substancialmente a corrupção e o suborno em todas as suas formas.** 143. Desenvolver instituições eficazes, responsáveis e transparentes. 144. Garantir a tomada de decisão responsável, inclusiva, participativa e representativa em todos os níveis. 145. Ampliar e fortalecer a participação dos países em desenvolvimento nas instituições de governança global. 146. Fornecer identidade legal para todos, incluindo registro de nascimento. 147. Assegurar acesso público à informação e proteger as liberdades fundamentais em conformidade com legislações nacional e acordos internacionais. 148. Assegurar o acesso público à informação e proteger liberdades fundamentais em conformidade com a legislação nacional e acordos internacionais. 149. Fortalecer as instituições nacionais e capacitação para prevenção da violência e o combate ao terrorismo e crimes. 150. Fazer cumprir leis e políticas não discriminatórias para o desenvolvimento sustentável.
ODS 17: Fortalecer os meios de implementação e revitalizar a parceria global para o desenvolvimento sustentável	**Finanças:** 151. Destinar recursos aos países em desenvolvimento, tanto internos quanto por meio de apoio internacional, para melhorar a capacidade para arrecadação de impostos e outras receitas. 152. Implementar acordos internacionais para destinar 0,7% do PIB dos países desenvolvidos aos países em desenvolvimento, com base nos programas de Assistência Oficial ao Desenvolvimento (AOD).

(continua)

(continuação)

Objetivo	Metas até 2030
	153. Mobilizar recursos financeiros adicionais para os países em desenvolvimento a partir de múltiplas fontes. 154. Ajudar os países em desenvolvimento a alcançar sustentabilidade da dívida de longo prazo e a reestruturação da dívida externa para reduzir o superendividamento. 155. Promover investimentos para os países menos desenvolvidos. **Tecnologia:** 156. Melhorar a cooperação Norte-Sul, Sul-Sul e triangular regional e internacional, e o acesso à ciência, tecnologia e inovação e, por meio da ONU, compartilhar conhecimentos e mecanismos de facilitação de tecnologia global. 157. Promover o desenvolvimento, transferência, disseminação e difusão de tecnologias ambientalmente corretas para os países em desenvolvimento. 158. Operacionalizar o "Banco de Tecnologia" e o mecanismo de capacitação em ciência, tecnologia e inovação para os países menos desenvolvimentos até 2017, em particular as tecnologias de informação e de comunicação. **Capacitação:** 159. Reforçar o apoio internacional da capacitação em países em desenvolvimento para apoiar os planos nacionais em todos os ODS, inclusive por meio da cooperação Norte-Sul, Sul-Sul e triangular. **Comércio:** 160. Promover um sistema multilateral de "comércio universal" não discriminatório e equitativo no âmbito da OMC e da agenda de desenvolvimento de Doha. 161. Aumentar as exportações dos países em desenvolvimento e duplicar a participação dos países menos desenvolvidos nas exportações globais até 2020. 162. Implementar acesso a mercados livres de cotas e taxas, duradouro, de acordo com a OMC e com facilidades de importação para os países menos desenvolvidos. **Questões sistêmicas:** 163. Aumentar a estabilidade macroeconômica global por meio da coordenação e da coerência política. 164. Aumentar a coerência das políticas para o desenvolvimento sustentável. 165. Respeitar o espaço político e a liderança de cada país para implementação de políticas de erradicação da pobreza e o desenvolvimento sustentável. 166. Reforçar a parceria global multissetorial e o compartilhamento de conhecimento, expertise, tecnologia e recursos financeiros para apoiar a realização dos ODS em todos os países, particularmente em países em desenvolvimento. 167. Promover parcerias públicas, público-privadas e com a sociedade civil eficazes a partir dessas próprias experiências. 168. Reforçar a capacitação dos países em desenvolvimento e estados insulares para aumentar a disponibilidade de dados de alta qualidade, atuais, confiáveis, desagregados por renda, gênero, idade, raça, etnia, status migratório, deficiências, localização geográfica e outras características relevantes. 169. Valer-se de iniciativas existentes para desenvolver medidas para o progresso do desenvolvimento sustentável que complementem o PIB e apoiem a capacitação estatística nos países em desenvolvimento.

É a primeira vez que um papa aborda a questão da preservação ambiental, e este documento se destaca em relação às demais agendas do desenvolvimento sustentável por incluir em suas discussões a necessidade de se promover mudanças internas e comportamentais.

O documento contém 246 parágrafos distribuídos em seis capítulos e foi elaborado pela Pontifícia Academia de Ciências do Vaticano, sob a coordenação do Chanceler Dom Marcelo Sorondo. Inclui ganhadores do prêmio Nobel e especialistas, a exemplo do inglês Stephen Hawking (1942-2018) e do brasileiro Professor Virgílio Maurício Viana, um dos maiores especialistas em florestas amazônicas.

Apresentamos no Quadro 9.3 um resumo dos principais conteúdos.[13]

9.10 Análise de Ciclo de Vida (ACV) e *carbon footprint*

A Análise de Ciclo de Vida (ACV) é uma técnica para avaliar os impactos em todos os estágios de um

---

[13] A versão original no idioma italiano tem 192 páginas e a versão em português, 88 páginas. Conteúdos extraídos da própria encíclica, da Wikipédia e Observatório do Clima, datada de 24/5/2015 e divulgada oficialmente em 18/6/2015 na Conferência de Paris (cop ONU).

Cap. 9 • Outras Ações para o Desenvolvimento Sustentável | 277

Reduzir
Aumentar – Garantir
Promover – Implementar
Assegurar – Acabar – Melhorar
Apoiar – Alcançar – Fortalecer
Proteger – Reforçar – Desenvolver
Eliminar – Proporcionar – Ampliar – Combater

"Verbos" utilizados nos 17 ODS

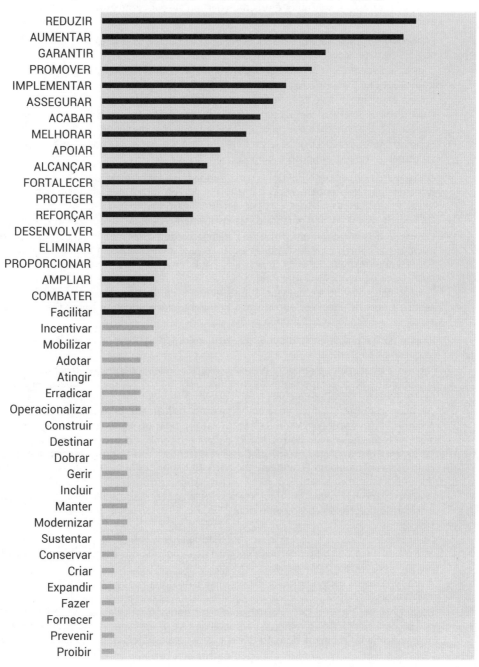

Figura 9.1 Os verbos utilizados na redação dos Objetivos do Desenvolvimento Sustentável

Quadro 9.3 Principais conteúdos da encíclica papal nº 298

Capítulo	Principais conteúdos
Capítulo 1: O que está acontecendo com a nossa casa	Analisa a situação do planeta a partir do conhecimento científico disponível e propõe "ouvir o grito da criação" e reconhecer a contribuição que cada um pode oferecer, com base nas seguintes ideias: • Mudanças climáticas: o impacto mais pesado dessas alterações recai sobre os mais pobres. • Água: privar os pobres do acesso à água significa negar-lhes o direito à vida, um direito à sua dignidade inalienável. • Preservação da biodiversidade: nossos filhos não poderão ver as espécies extintas. Quando a intervenção humana se coloca a serviço das finanças e do consumismo, faz com que a terra se torne menos rica e bela, cada vez mais limitada e cinzenta. • Dívida ecológica: existe uma dívida econômica, social e ambiental sobretudo do Norte em relação ao Sul e as responsabilidades dos países desenvolvidos são maiores. • Fraqueza nas reações: diante dos dramas de tantas pessoas, falta predisposição para mudar estilos de vida, produção e consumo; é urgente criar um sistema normativo que inclua limites invioláveis e assegure a proteção dos ecossistemas.
Capítulo 2: O evangelho da criação	• Estabelece uma ligação entre o conhecimento científico e as tradições judaico-cristãs, com as seguintes considerações: • O meio ambiente é um bem coletivo, patrimônio de toda a humanidade e responsabilidade de todos. • A existência humana se baseia em três relações fundamentais, com o Criador, com o próximo e com o meio ambiente, e hoje essas relações estão abaladas. • O sentimento de união com os outros seres da natureza somente pode ser autêntico se houver no coração ternura, compaixão e preocupação com os seres humanos. • Estamos unidos por laços invisíveis e formamos uma espécie de família universal que nos impele a ter respeito sagrado, amoroso e humilde.
Capítulo 3: A raiz humana da crise ecológica	• O sistema de organização política e social fundado na supremacia dos técnicos (tecnocracia) e o excessivo "autorreferencial" do ser humano é a raiz dos problemas ambientais, pois destroem a natureza e exploram as pessoas e as populações mais vulneráveis. • O mercado, por si só, não garante o desenvolvimento humano integral nem a inclusão social. • O excesso de antropocentrismo, ou seja, a ideia de que o ser humano é considerado o centro do mundo e as demais espécies e coisas existem para servi-lo, faz com que o ser humano assuma uma posição autorreferencial, centrada exclusivamente em si mesmo e no próprio poder. Isso justifica uma lógica do descartável que trata o outro e a natureza como simples objetos. • O valor inalienável do ser humano é independente do seu grau de desenvolvimento, e quando a técnica ignora os princípios éticos acaba por considerar legítima qualquer prática dificilmente sendo capaz de autolimitar o seu próprio poder.
Capítulo 4: Ecologia integral	• Propõe uma ecologia integral que inclua as dimensões humanas e sociais, indissoluvelmente ligadas às questões ambientais. • Tudo está interligado, o tempo e o espaço não são independentes, os próprios átomos e as partículas subatômicas, os componentes físico-químico-biológicos e todas as espécies vidas formam uma só trama. Por isso, os conhecimentos fragmentados e isolados podem se tornar uma forma de ignorância, quando resistem a integrar-se em uma visão mais ampla da realidade. • A natureza não é algo separado de nós. As razões pelas quais um lugar se contamina exigem uma análise do funcionamento da sociedade, da sua economia, do seu comportamento, das suas maneiras de entender a realidade, e não é possível encontrar uma resposta específica e independente para cada parte do problema. É fundamental encontrar soluções integrais que considerem as interações do ser humano com a natureza. • O nosso corpo nos coloca em uma relação direta com o meio ambiente e com os outros seres vivos; a aceitação do próprio corpo como dom divino é necessária para acolher e aceitar o mundo como a casa comum. • Os espaços urbanizados devem considerar não apenas a beleza de seus projetos, porque tem ainda mais valor servir outro tipo de beleza: a qualidade de vida das pessoas, a sua harmonia com a natureza, o encontro e a ajuda mútua. • A propriedade da casa tem muita importância para a dignidade das pessoas e o desenvolvimento das famílias. • É indispensável incluir o valor do trabalho; o ser humano foi colocado no Jardim do Éden, não só para cuidar, mas também para trabalhar nele. A intervenção humana que favorece o desenvolvimento prudente da natureza é a forma mais adequada de cuidar dela.

(continua)

(continuação)

Capítulo	Principais conteúdos
Capítulo 5: Algumas linhas de orientações e ação	• Graças à dedicação de muitas organizações da sociedade civil o movimento ecológico mundial tem estado na agenda pública e tornou-se um convite permanente para pensar no futuro. • A estratégia de compra-venda de créditos de emissões pode levar a uma nova forma de especulação financeira, que não ajudaria a reduzir a emissão global de GHG. • Para os países pobres, as prioridades devem ser a erradicação da miséria e o desenvolvimento social dos seus habitantes, e devem examinar o nível de corrupção de alguns setores e contrastar melhor a corrupção. • A lógica que dificulta a tomada de decisões drásticas para inverter a tendência ao aquecimento global é a mesma que não permite cumprir o objetivo de erradicar a pobreza. • Um estudo de impacto ambiental não deveria ser posterior à elaboração de projetos ou qualquer política, e a corrupção esconde o verdadeiro impacto ambiental em troca de favores. • A igreja não pretende definir as questões científicas nem substituir as políticas, mas convida a um debate honesto e transparente, para que as necessidades particulares ou as ideologias não lesem o bem comum. • A proteção ambiental não pode ser assegurada somente com base em cálculos financeiros de custos e benefícios, o meio ambiente é um dos bens que os mecanismos existentes não estão aptos a defender ou a promover adequadamente. • O princípio da maximização do lucro, que tende a isolar-se de todas as outras considerações, é uma distorção conceitual da economia, pois as empresas tendem a pagar uma parte ínfima dos custos. • A gravidade da crise ecológica obriga-nos a pensar no bem comum e a prosseguir pelo caminho do diálogo, que requer paciência, ascese e generosidade, lembrando-nos sempre que a realidade é superior à ideia.
Capítulo 6: Educação e espiritualidade ecológica	• Antes de tudo, é a humanidade que precisa mudar; falta a consciência de que a origem da humanidade é uma só, de um pertencimento mútuo e um futuro compartilhado por todos. • O mercado cria um mecanismo consumista compulsivo para vender os seus produtos e incentivar compras e gastos supérfluos, que é reflexo de um paradigma que faz crer que todos são livres para consumir, quando na realidade é privilégio de uma minoria que detém o poder econômico e financeiro. • Quanto mais vazio está o coração da pessoa, tanto mais necessita de objetos para comprar, possuir e consumir. Por isso, não pensemos só nos desastres naturais, mas também nas catástrofes resultantes de crises sociais, porque a obsessão por um estilo de vida consumista, sobretudo quanto poucos têm possibilidades de o manter, só poderá provocar violência e destruição recíproca. • Mas nem tudo está perdido, porque os seres humanos são capazes de olhar a si mesmos com honestidade, externar o próprio pesar e iniciar caminhos novos. Não há sistemas que anulem, por completo, a abertura ao bem, à verdade e à beleza, nem a capacidade de reagir que está no fundo dos nossos corações. • Sempre é possível desenvolver a capacidade de sair de si mesmo rumo ao outro, de reconhecer o valor das outras criaturas, de sentir interesse em cuidar de algo para os outros e de impor limites para evitar sofrimentos ou degradação do que nos rodeia. Essa atitude de se autotranscender, rompendo com a consciência isolada e autorreferenciada, é a raiz que possibilita o cuidado dos outros e do meio ambiente. • Muitos estão cientes de que não basta o progresso atual e a mera acumulação de objetos ou prazeres para dar sentido e alegria ao coração humano. Os jovens têm uma nova sensibilidade ecológica e um espírito generoso, mas cresceram em um contexto de altíssimo consumo e bem-estar que torna difícil a maturação de outros hábitos. Por isso, estamos perante um desafio educacional. • Quanto menos, tanto mais. O excesso de possibilidades para consumir distrai o coração e o impede de dar o devido apreço a cada coisa e a cada momento. Regressar à simplicidade, parar e saborear as pequenas coisas, agradecer o que a vida oferece sem se apegar ao que possuiu, nem entristecer-se por aquilo que não possui. • Sobriedade livre e consciente é libertadora. As pessoas que saboreiam mais e vivem melhor cada momento e experimentam o que significa dar apreço a cada pessoa e cada coisa, aprendem a familiarizar com as coisas mais simples e alegrar-se com elas, conseguem reduzir o número das necessidades insatisfeitas e diminuem o cansaço e a ansiedade. • É possível necessitar de pouco e viver muito, sobretudo quando se é capaz de dar espaços a outros prazeres e encontrar satisfação nas amizades, no trabalho, na frutificação dos próprios carismas, na música, na arte, no contato com a natureza, na reflexão e na disponibilidade para as múltiplas possibilidades que a vida oferece.

(continua)

(continuação)

Capítulo	Principais conteúdos
	• A sobriedade e a humildade não gozaram de positiva consideração no século XX, mas quando se debilita o exercício dessas virtudes, isso acaba por provocar desequilíbrios sociais e ambientais. Por isso, não basta falar apenas de integridade dos ecossistemas; é preciso falar da integridade da vida humana. O desaparecimento da humildade, em um ser humano excessivamente entusiasmado com a possibilidade de dominar tudo sem limite algum, só pode acabar por prejudicar a sociedade e o meio ambiente. • A educação ambiental, no início, estava centrada na informação científica e na conscientização e prevenção de riscos ambientais, mas agora tende a incluir uma crítica aos "mitos" da modernidade: individualismo, progresso ilimitado, concorrência excessiva, consumismo, mercado sem regras. E, agora, tende a recuperar o equilíbrio ecológico: o interior consigo mesmo, o solidário com os outros, o natural com todos os seres vivos, a sintonia com o Universo, o crescimento na solidariedade, na responsabilidade e no cuidado atrelado à compaixão. • Os desertos exteriores se multiplicam no mundo, porque os desertos interiores se tornaram tão amplos. A crise ecológica é um apelo a uma profunda conversão interior. Para se resolver uma situação tão complexa como esta que enfrenta o mundo atual, não basta que cada um seja melhor, pois os indivíduos isolados podem perder a capacidade e a liberdade de vencer. Será necessária uma união de forças e uma conversão comunitária. • O amor fraterno só pode ser gratuito e nos leva a amar e aceitar o vento, o sol e as nuvens. • É necessário voltar a sentir que precisamos uns dos outros, que temos uma responsabilidade para com os outros e o mundo, que vale a pena sermos bons e honestos. • O amor, cheio de pequenos gestos de cuidado mútuo, é também civil e político, manifestando-se em todas as ações que procuram construir um mundo melhor. • É muito nobre assumir o dever de cuidar da natureza com pequenas ações diárias e, por meio da educação, é possível dar forma a um estilo de vida, incentivando ações como: reduzir uso de plástico, papel e água, diferenciar o lixo, cozinhar apenas aquilo que razoavelmente irá comer, tratar com desvelo os outros seres vivos, servir-se de transportes públicos ou partilhar com várias pessoas, plantar árvores, apagar as luzes desnecessárias. Tudo isso faz parte da criatividade generosa que mostra o melhor do ser humano e utilizar algo em vez de desperdiçar rapidamente pode ser um ato de amor que exprime a nossa dignidade. • Não pense que esses pequenos esforços são incapazes de mudar o mundo: essas ações se espalham na sociedade e provocam um bem que se difunde invisivelmente. E o exercício desses comportamentos restitui o sentimento da dignidade, leva-nos a uma maior profundidade existencial e permite experimentar que vale a pena a passagem por este mundo.

processo de uma cadeia produtiva, desde a **extração-transporte-produção-distribuição-consumo-descarte** de uma determinada atividade ou produto.

Também conhecida como *Life Cycle Assessment* (LCA), ecoefiência, *cradle-to-grave analysis* ou análise do berço ao túmulo, a ACV permite avaliar os impactos relacionados não apenas ao uso de recursos, mas também em relação à eficiência ecológica quanto ao uso de energias renováveis e não renováveis e às emissões diretas ou indiretas de gases do efeito estufa.

Incluímos esse tema, pois, ao nosso ver, não se pode falar em aprimorar os relatos corporativos, ou adotar uma gestão mais responsável e sustentável, sem conhecer realmente os impactos provocados por uma empresa, seus produtos e serviços e essa ferramenta permite mensurar quantitativamente todos esses efeitos.

Esse tema tem sido abordado como tópico obrigatório na FEA/USP e, apesar de envolver conceitos de outras áreas (química e física, por exemplo), tem despertado o interesse dos alunos de escola de negócios para possibilidades de novas oportunidades de consultorias relacionadas com os inventários empresariais.

Para se ter uma ideia da abrangência desses inventários, conforme Kutianski (NECMA/USP, 2017),[14] a análise dos impactos de um inventário pode envolver:

- Ar, água e solo
- Saúde humana
- Meio natural biótico & abiótico
- Recursos naturais bióticos & abióticos
- Meio ambiente antrópico biótico e abiótico

E compreender os seguintes níveis de detalhes:

- Toxicidade humana
- Casualidades
- Formação de *smog* fotoquímico

---

[14] Os vídeos dessas aulas estão disponíveis na videoteca da USP e foram abordados pelo engenheiro químico Láercio Kutianski José Romeiro, da Poli/USP (NECMA/USP, 2017).

- Depleção da camada de ozônio
- Mudança climática
- Emissões
- Resíduos
- Oxidantes fotoquímicos
- Acidificação
- Eutrofização
- Ecotoxidade
- Uso do solo
- Dispersão de espécies e organismos
- Depleção dos recursos abióticos (minerais, energia, água doce)
- Depleção dos recursos bióticos

Dentre essas diversas possibilidades de inventários de ACV, destaca-se a pegada de carbono, ou *carbon footprint*, que mede o impacto ambiental provocado pela emissão de gases de efeito estufa ao longo do processo de fabricação e distribuição de uma organização. E, dependendo do tipo de atividade ou produto, leva em consideração elementos como: quantidade de água, os KW de eletricidade, litros de combustíveis, toneladas de agrotóxicos, cabeça de gado etc.

A pegada de carbono (*carbon footprint*) pode ser utilizada como instrumento de escolhas de produtos mais eficientes e sustentáveis, inclusive para efeito de redução das emissões corporativas para fins de certificados de compensação e créditos de carbono.

Esses inventários são realizados por profissionais competentes e podem estar sujeitos a verificação externa ou regulação legal, segundo normas como: ISO 14025 (*Environmental declarations*), ISO 14021 (*Ecodesign*), ISO 14067 (*Carbon footprints of products*), IS0 14045 (*Eco-efficiency*), GHG Protocol product carbon reporting, PAS 2050, ISO 14040, 14044 etc.

9.11 Análise emergética (contabilidade emergética)

A análise emergética é uma metodologia fundamentada em três áreas de conhecimentos: termodinâmica, ecologia e teoria geral de sistemas e, apesar de ser conhecida como "contabilidade emergética", em nossa opinião ainda não agregou todos os principais conceitos contábeis e financeiros.

A Termodinâmica é o ramo da física que estuda as relações de troca de calor (energia) e o trabalho realizado na transformação de um sistema físico, envolvendo variações de temperatura, pressão e de volume.[15]

A Ecologia de Sistemas é a ciência que estuda as condições de existência dos seres vivos e suas interações com o seu meio. Os ecossistemas são constituídos por três componentes: bióticos (seres vivos), abióticos (ambiente físico e fatores químicos e físicos), e energia (força motriz que produz biomassa a partir de componentes inorgânicos).

A Teoria Geral de Sistemas – ou TGS – surgiu com os trabalhos do biólogo austríaco Ludwig von Bertalanffy (1901-1972), priorizando a análise do todo em relação às suas partes. Essa abordagem global permite a avaliar as inter-relações de assuntos de naturezas diferentes.

E a Contabilidade é a ciência que tem por objetivo o estudo das variações patrimoniais e se baseia na seguinte equação fundamental de causa e efeito ou de equilíbrio: Ativos menos Passivos é igual ao Patrimônio Líquido, ou seja, cada aplicação tem a sua respectiva origem e não se pode gastar mais do que se ganha. Tal princípio pode ser comparado com a primeira lei da termodinâmica e também figura na teoria de sistemas.

A proposta do Relato Integrado ampliou a abrangência da contabilidade nas dimensões dos seis capitais, mas ainda predominam as mensurações de natureza monetária. A possibilidade de inclusão de novas metodologias, como é o caso da emergia, certamente poderia ampliar o seu alcance.

---

[15] Há cinco Leis da Termodinâmica, sendo quatro leis e uma lei básica a saber:
- **Lei Zero**: se dois corpos estão em equilíbrio térmico com um terceiro, então todos estão em equilíbrio e um não passa energia para o outro.
- **1ª Lei da Termodinâmica**: a energia de um sistema não pode ser destruída nem criada, somente transformada.
- **2ª Lei da Termodinâmica**: as transferências de calor ocorrem sempre do corpo mais quente para o corpo mais frio e atingem o equilíbrio igualando-se as temperaturas. Como o calor é uma energia que se degrada, não é possível que se converta integralmente em outras formas de energia.
- **3ª Lei da Termodinâmica**: a entropia de um sistema no zero absoluto tende a um valor mínimo ou mesmo zero. Zero absoluto é uma medida teórica que equivale a – 273,15º C ou – 459,67º F, ou zero nas escalas Kelvin e Rankine.
- **4ª Lei da Termodinâmica**: Lotka (1880-1949) sugeriu que o seu princípio da potência máxima poderia ser a quarta lei da termodinâmica, enunciando o seguinte: na luta pela existência, conseguem sobreviver aqueles organismos cujos mecanismos de captura de energia potencial são mais eficientes; a seleção natural tende a maximizar o fluxo de entrada de energia, porém respeitando as limitações que operam sobre o sistema.

Nesse sentido, Bacic, Ortega e Kassai (2010)[16] concordam que seria muito interessante se a contabilidade financeira das corporações pudesse incorporar a metodologia da análise emergética; e isso seria "maravilhoso", pois possibilitaria contabilizar qualquer tipo de evento por meio de um só denominador (emergia) e retratar de forma mais eficaz o desempenho nas dimensões econômica-social-ambiental-política das organizações e regiões.

Essa moeda comum, denominada "emergia", foi desenvolvido por Howard Thomas Odu (1924-2002).[17] Algumas de suas definições:

- Consiste em uma medida equivalente de energia incorporada, ou memória energética (*energy memory*) contida em todas as coisas ou produtos.
- É a energia que a biosfera investe para produzir seus bens e serviços e pode ser classificada em renovável e não renovável.
- É o valor biosférico dos recursos da Terra.
- É a energia disponível (exergia) de um mesmo tipo (ex.: energia solar equivalente) utilizada, direta ou indiretamente, para produzir produtos ou serviços.
- Pode ser considerada como o custo que a natureza teve para produzir determinado recurso.
- É medida em unidades de energia solar equivalente (seJ) ou em seu equivalente econômico "em dólar".

A grande inovação de Odum (1996), segundo o Professor Carlos Alberto de Agustini (2015),[18] foi estruturar uma metodologia que possibilita contabilizar e mensurar diferentes tipos de recursos e processos, utilizando uma métrica comum para medir a EMERGIA denominada **joule de energia solar (seJ)**.

Para isso, Odum idealizou o conceito de "transformidade solar" que é a quantidade de energia solar empregada, direta ou indiretamente, na obtenção de um joule de determinado produto o processo (seJ/J). Com isso, é possível calcular de forma cumulativa a quantidade de emergia de um produto ou serviço.

Por exemplo, 10.000.000 joules solares são necessários para gerar 5.000 joules de biomassa e equivalem a 125 joules de carvão, ou 33 joules de eletricidade, ou 1 joule de trabalho humano. E, nesses casos, os coeficientes de transformidades (seJ/j) seriam:

- Biomassa = 2.000 seJ/J
- Carvão = 80.000 seJ/J
- Eletricidade = 303.030 seJ/J
- Trabalho humano = 10.000.000 seJ/J ou 1E7 seJ/J

Como esses números representam grandezas muito grandes ou muito pequenas, eles podem ser escritos em uma notação científica em forma de potência de base 10, com expoentes positivos ou negativos, lembrando que um Joule compreende a quantidade de energia correspondente a aplicação de uma força de um newton durante um percurso de um metro.

Para a realização das mensurações em unidades de emergia, pode-se recorrer a diversas bases de dados disponíveis, como é o caso do Laboratório de Engenharia Ecológica da Unicamp (LEIA).[19] Exemplificamos a seguir alguns desses coeficientes padrões de transformidades:

- Sol = 1 seJ/J
- Vento = 1.496 seJ/J
- Chuva = 18190 seJ/J
- Solo fértil = 73.770 seJ/J
- Combustível = de 20.000 até 80.000 seJ/J
- Eletricidade = de 50.000 até 300.000 seJ/J
- Produto agrícola = de 20.000 até 200.000 seJ/J
- Fertilizante = de 10.600 até 5.107.000 seJ/J
- Trabalho humano = de 10.600 até 1.500.000 seJ/J
- Informação = de 105.000 até 10.015.000 seJ/J
- Carvão inorgânico = 780.000 seJ/J
- Nitrato = 26.000.000 seJ/J ou 10.5E11 seJ/Kg
- Fosfato = 38.000.000 seJ/J ou 95E11 seJ/Kg
- Eletricidade de carvão = 160.000 seJ/J
- Eletricidade hidroelétrica = 80.246 seJ/J
- Eletricidade fotovoltaica = 416.666 seJ/J
- Fertilizante fosfatado = 10.100.000 seJ/J 08 39E11 seJ/Kg
- Pesticidas = 1.970.000 seJ/J ou 1.48E13 seJ/Kg
- Etanol = 86.200 seJ/J
- Carvão de madeira = 107.000 seJ/J
- Leite = 1.060.000 seJ/J
- Carne de boi = 1.730.000 seJ/J

---

[16] Bacic (economista), Ortega (químico) e Kassai (contador) (2010).

[17] Odum (1996).

[18] Os vídeos do professor Agustini sobre Emergia e Relato Integrado estão disponíveis na videoteca (iptv.usp.br) ou pelo *link*: http://www.fea.usp.br/videos/emergia-e-mercado-de-capitais. Acesso em: 15 maio 2019.

[19] Laboratório de Engenharia Ecológica (LEIA/Unicamp) – Tabela de coeficientes de transformidades. Disponível em: http://www.unicamp.br/fea/ortega/curso/transformid.htm. Acesso em: 15 maio 2019.

- Carne de peixe = 8.000.000 seJ/J
- Camarão = 13.000.000 seJ/J
- Grãos = 68.000 seJ/J
- Cana-de-açúcar = 24.600 seJ/J
- Cimento = 748.000.000 seJ/J
- Madeira = 34.000 seJ/J
- Papel = 215.000 seJ/J
- Minério de ferro = 60.000.000 seJ/J
- Trabalho humano simples no meio rural = 400.000 seJ/J
- Trabalho operador máquina meio rural = 1.200.000 seJ/J
- Trabalho de professor universitário = 8.000.000 seJ/J
- Emergia/PIB nos EUA = 1.21E12 seJ/US$
- Emergia/PIB no Brasil = 4.82E12 seJ/US$

Para demonstrar como se faz uma avaliação emergética, apresentamos um exemplo simplificado da produção de um cereal (AGUSTINI, 2015), em que o autor identifica os principais elementos envolvidos em seu processo de fabricação, incluindo não apenas os elementos de custos que incorreram em desembolsos financeiros (fertilizantes, combustíveis, maquinários e mão de obra), mas também a energia incorporada da natureza (energia solar, chuvas, vento, calor geotérmico) e externalidades ambientais (erosão do solo), bem como se o recurso é renovável (R), não renovável (N) ou financeiro (F), conforme a Tabela 9.1.

Como se pode observar, o processo de avaliação emergética é relativamente simples, e as principais dificuldades em sua operacionalização envolvem a identificação das variáveis envolvidas no processo, o desenho dos fluxos sistêmicos e a obtenção dos coeficientes de transformidades de emergia.[20]

Note, nesse exemplo de produção de cereal, informações úteis para um planejamento que envolve não apenas as questões financeiras, como também fatores ambientais e sociais que podem repercutir no futuro de um empreendimento. Os tomadores de decisões podem privilegiar o uso de recursos renováveis em substituição aos recursos não renováveis, principal-

---

[20] Não se trata de uma dificuldade real, mas nem todo aluno de escola de negócios possui uma calculadora com mais de dez dígitos e às vezes ele não se lembra como fazer cálculos utilizando potências em bases decimais; ao contrário dos profissionais de química, química ou biologia!

Tabela 9.1 Produção de cereal em unidades emergéticas (seJ/ano)

Elementos	Unidade	Anual	seJ/unidade	seJ/ano	10^{15} seJ/ano	R/N
Renováveis (R):						
Energia solar	J	6,41E+15	1	6.410.000.000.000.000	6,41	R
Chuvas	g	9,10E+11	8,99E+04	81.810.000.000.000.000	81,81	R
Vento	J	8,82E+10	1,50E+03	132.300.000.000.000	0,13	R
Calor geotérmico	J	4,41E+12	2,55E+04	112.455.000.000.000.000	112,46	R
Mão de obra	J	5,81E+09	7,38E+06	42.877.800.000.000.000	42,88	R
Não renováveis (N):					243,69	31%
Erosão do solo	J	7,12E+10	7,38E+04	5.254.560.000.000.000	5,25	N
Fertilizantes	g	4,64E+07	4,89E+09	226.896.000.000.000.000	226,90	N
Combustíveis	J	2,67E+12	6,60E+04	176.220.000.000.000.000	176,22	N
Maquinários	g	2,11E+07	6,70E+09	141.370.000.000.000.000	141,37	N
					549,74	69%
				793.425.660.000.000.000	793,43	100%

- **1ª coluna**: são informados os elementos de custos identificados no processo de fabricação do cereal, incluindo recursos renováveis (R) e não renováveis (N). Pode-se também identificar os elementos que geram desembolsos financeiros (F), como a mão de obra, erosão do solo, fertilizantes, combustíveis e maquinários.
- **2ª coluna**: são informadas as respectivas unidades de medida de cada item.
- **3ª coluna**: identifica a quantidade anual de recursos em joules de cada item.
- **4ª coluna**: identifica os respectivos coeficientes de transformidade de cada item.
- **5ª coluna**: apresenta o resultado de cada item, obtido pela multiplicação da quantidade anual multiplicada pelo respectivo coeficiente de transformidade, totalizando 793.425.660.000.000.000 seJ/ano.
- **6ª coluna**: idem a 5ª coluna, mas expresso em notação científica ou potência de dez elevada a quinze, totalizando 793,43 × 10^{15} seJ/ano.
- **7ª coluna**: identifica neste exemplo que a produção desse cereal utiliza 31% de recursos renováveis e 69% de não renováveis. Os recursos que geram desembolsos financeiros correspondem a 75% e os recursos obtidos de graça da natureza correspondem a 25%.

mente aqueles obtidos gratuitamente da natureza, proporcionando ganhos econômicos e energéticos e prolongando a vida dos ecossistemas.

A utilização de recursos não renováveis de maneira equilibrada e que não ultrapasse a velocidade de substituição pelos recursos renováveis é uma prática que está de acordo com as leis da termodinâmica. Essa deveria ser a orientação principal para o desenvolvimento sustentável, para a escolha de produtos sustentáveis e as empresas que seguirem essa prática são as que provavelmente subsistirão no futuro.[21] É uma questão de eficiência financeira além de energética.

Outro estudo (CAVALETT; ORTEGA, 2007) revela o potencial da análise emergética no planejamento das atividades empresariais, nesse caso em relação à produção de soja no estado de Mato Grosso. Veja a Tabela 9.2.

O estudo comparou a produção de soja de pequenas propriedades em relação à produção transgênica de médias/grandes propriedades e constataram que a primeira é mais vantajosa, pois o coeficiente de transformidade das pequenas propriedades (81.000 seJ/J) é menor do que o das médias/grandes propriedades (107.000 seJ/J); e o índice de renovabilidade das pequenas (30,4%) é superior ao das grandes (27,5%).

Assenheimer, Campos e Gonçalves Jr. (2009)[22] também realizaram análises emergéticas da cultura de soja, comparando os sistemas orgânicos (SO) e convencional (SC) e os resultados apontaram que, embora os resultados financeiros tenham sido próximos, o sistema orgânico apresentou melhor eficiência emergética com 12.254 MJ por hectare contra 16.723 MJ por hectare do sistema convencional. O maior consumidor de energia do SO foi o fertilizante com 5.409 MJ.ha^{-1}, enquanto o de SC foi o herbicida com 8.838 MJ.ha^{-1}.

Agustini (2015) fez uma interessante análise emergética das empresas brasileiras de capital aberto e, em relação às empresas de saneamento básico, iden-

Tabela 9.2 Potencial da análise emergética na produção de soja (Mato Grosso/2007)

Produtos de soja	Emergia (seJ/J)	Renovabilidade (%)
Pequenos produtores	81.000	30,4%
Médios/grandes produtores	107.000	27,5%

tificou a relação com o meio ambiente esquematizada na Tabela 9.3.

Agustini calculou a emergia dos serviços de tratamento e coleta de água e esgoto oferecida para os moradores, incluindo todos os recursos utilizados no processo, quer sejam renováveis ou não renováveis e com desembolsos financeiros ou obtidos gratuitamente da natureza. Em seguida ele comparou com a emergia correspondente ao valor pago pelos moradores, com base no faturamento dessas empresas de saneamento, e concluiu que os moradores ou consumidores recebem mais do que o dobro de recursos (emergia) do que eles desembolsam pelo pagamento das tarifas de água e esgoto.

Note na Tabela 9.3 que a empresa que mais oferece essa vantagem emergética é a Companhia Catarinense de Águas e Saneamento (Casan), sendo o valor pago pelos consumidores equivalente a 36% dos serviços emergéticos oferecidos, ou seja, os consumidores recebem 2,78 vezes o valor pago em serviços. As demais empresas também oferecem mais serviços emergéticos do que cobram de seus consumidores e, embora isso possa significar que a tarifa de água e esgoto poderia sofrer uma majoração, essa ação somente se justificaria se esse excedente fosse reinvestido na proteção do meio ambiente envolvido; e não como lucros passíveis de distribuição de dividendos.

Finalizando, a contabilidade emergética proposta por Odum (2016) usa a base termodinâmica de todas as formas de energia, recursos e serviços humanos ou da própria natureza e os converte em equivalente de "emergia" solar. Os passos para se realizar uma avaliação emergética são os seguintes:

- Em primeiro lugar, desenha-se um diagrama de sistema do problema em análise, incluindo todas as variáveis de entrada, processamento e saída.

---

[21] A bolsa de valores brasileira, a partir de 2008, tornou obrigatório para as empresas de capital aberto informarem o montante de seus recursos renováveis e não renováveis.
[22] Assenheimer et al. (2009).

Tabela 9.3 Relação de troca entre o meio ambiente e empresas de saneamento

Emergia (seJ/J)	Sabesp	Copasa	Sanepar	Casan
Paga pelos moradores	1,65E+21	3,51E+20	3,16E+20	8,50E+19
Recebida pelos moradores	3,85E+21	8,84E+20	7,44E+20	2,35E+20
Pago/recebido (F + R)	43%	40%	42%	36%

- A partir do diagrama, constrói-se uma tabela com os fluxos reais de recursos, renováveis e não renováveis, financeiros e não financeiros, bem como as externalidades positivas e negativas.
- A etapa final consiste da avaliação emergética envolvendo a quantificação dos recursos em joules, a conversão pelos coeficientes de transformidades e na interpretação dos resultados quantitativos e qualitativos.
- Os resultados permitem comparar alternativas excludentes ou avaliar a maximização da viabilidade econômica, social, ambiental dos projetos.
- Há diversos indicadores de desempenhos criados nessa metodologia de análise emergética, como: razão saldo emergético (EYR), taxa de carga ambiental (ELR), índice de sustentabilidade emergética (ESI), intensidade de sustentabilidade emergética, renovabilidade emergética (R), preço emergético, razão de intercâmbio emergético (EER) etc.

Esse tema tem sido apresentado regularmente nas aulas de Relato Integrado, e a nossa intenção é despertar o interesse de jovens pesquisadores das escolas de negócios para essas novas metodologias de mensuração.[23]

9.12 Benchmarking Brasil – os legítimos da sustentabilidade

O programa Benchmarking Brasil, idealizado por Marilena Lavorato, é um dos mais respeitados "selos de sustentabilidade" do país. Ele reconhece, certifica e compartilha as melhores práticas socioambientais das organizações brasileiras. Sua metodologia foi reconhecida oficialmente pela ABNT e conta com mais de 200 especialistas de diferentes países que participaram das comissões técnicas de avaliação dos *cases benchmarking*.

É considerado como uma inteligência coletiva em sustentabilidade e conta com diversos livros publicados e mais de 60 encontros técnicos realizados. O programa foi o grande vencedor na categoria Humanidades do Prêmio Von Martius de Sustentabilidade da Câmara Brasil-Alemanha. É considerado a fotografia da gestão socioambiental brasileira, registrando seu nível de maturidade e evolução em sustentabilidade.

As principais modalidades do programa Benchmarking Brasil são: Sustentabilidade como uma nova fronteira de inovação; O futuro já chegou, pessoas que transformam realidades com suas trajetórias de vida; A conexão da arte com a sustentabilidade; Novas tecnologias que ajudam a construir uma nova consciência e cultura; e Benchmarking Indicadores.

Dentro desses programas, o leitor pode ter acesso ao maior banco de dados de *cases*, com práticas, técnicas, projetos, tecnologias, estratégias e ações que contribuem com a melhoria do meio ambiente natural, social e econômico, todos alinhados com os ODS e a agenda 2030. Esse banco de dados está subdividido nas seguintes categorias gerenciais:

- **Arranjos produtivos**: práticas, técnicas, tecnologias, estratégias e ações para novos *designs* de produção que otimizem o desempenho ambiental do processo produtivo.
- **Educação, informação e comunicação socioambiental**: ações que atuam na formação socioambiental do indivíduo e estabelecem diálogos e intercâmbios a sociedade.
- **Emissões**: ações para a redução, tratamento e destinação de gases poluentes causadores do efeito estufa.
- **Energia**: ações para inovações que resultem em maior eficiência ou substituição da matriz energética por fontes mais limpas e renováveis.
- **Ferramentas e políticas de gestão**: ações para a gestão da sustentabilidade nas organizações e na sociedade.
- **Manejo e reflorestamento**: ações para recuperação e manutenção da flora e fauna nativas, assim como dos recursos naturais diversos.
- **Pesquisas científicas e novos produtos**: ações para pesquisas e soluções que contribuam com a proteção e a preservação ambiental e social e mudanças de hábitos de consumo.
- **Proteção e conservação**: ações que contribuem com a recuperação, manutenção e ampliação de espaços ambientais em áreas delimitadas, como parques de preservação, reservas etc.
- **Recursos hídricos e efluentes**: ações para a conservação, recuperação, melhoria da qualidade e uso racional de águas nas organizações e sociedade.
- **Resíduos**: ações para minimização, destinação, tratamento e reinserção de resíduos na cadeia produtiva.

---

[23] Curiosamente, as siglas da FEA/USP e FEA/Unicamp são semelhantes, mas abrigam respectivamente alunos dos cursos de Economia/Administração/Contabilidade/Atuária e de Engenharia de Alimentos. Seria muito produtivo promover maior intercâmbio entre essas áreas multidisciplinares para a discussão de temas comuns.

O Banco Digital do Programa Benchmarking é um rico acervo construído em mais de uma década e serve de fonte de pesquisas e consultas em seis modalidades: Sênior, Indicadores, Júnior, Hackathon, Artes e Pessoas.

- **Sênior**: modelos gerenciais de excelência desenvolvidos pelas instituições, e que uma vez aplicados, comprovam a eficiência nos pilares social, ambiental e econômico.
- **Indicadores**: servem para medir a evolução das melhorias geradas com as práticas de sustentabilidade.
- **Júnior**: seleciona e certifica projetos de inovações verdes desenvolvidos por alunos de escolas técnicas profissionalizantes.
- *Hackathon*: propostas que visam a disseminação de informações educacionais para promover a mobilização da sociedade com foco em temas específicos de sustentabilidade.
- **Artes**: reconhece e divulga o trabalho de artistas envolvidos com a sustentabilidade, como ativistas, empreendedores, educadores ou como forma de expressão.
- **Pessoas**: reconhece o ativismo de resultados e trajetórias que deixam um legado para as gerações futuras e prestam homenagens àqueles que inspiram com seus atos e exemplos de vida.

Esse acervo digital é uma riquíssima biblioteca que vale a pena ser consultada e, para se ter uma ideia, apresentamos a lista dos *cases* de boas práticas socioambientais ganhadores na modalidade sênior, no período de 2003 a 2017, no Quadro 9.4.

Ao longo dos anos de 2003 a 2017 foram distribuídos 373 selos de sustentabilidade Benchmarking Brasil, sendo que 80% dessas empresas situam-se e quatro estados: SP, RJ, MG e SC, conforme o Gráfico 9.2.

Se considerarmos o primeiro lugar no *ranking* em cada ano, no período de 2003 a 2017, SP e PR abrangem 96% dos selos de sustentabilidade obtidos, sendo a empresa Itaipu Binacional a campeã *honoris causa*.

Quadro 9.4 *Cases* de Boas Práticas Socioambientais (2003 a 2017)

Ano	Ranking	Empresa	Case Benchmarking	UF
2003	1	Vivo	Gerenciamento ambiental avançado	PR
2003	2	Embratel	Agenda 21 Embratel	RJ
2003	3	PM Potim	Potim mais verde	SP
2003	4	Sonoco do Brasil	Recuperação da mata ciliar do Ribeirão Quati	PR
2003	5	VM Florestal	Energia renovável para a indústria	MG
2003	6	Caraíbas Metais	Fenômeno das Andorinhas	BA
2003	7	Ambev	Gestão de recursos hídricos e reciclagem de resíduos	SP
2003	8	Unimed	Manual de responsabilidade social eticamente correto	SP
2003	9	Cooperativa Aurora	A turminha da reciclagem	SC
2003	10	Sabesp	Morada dos pássaros	SP
2003	11	Cefet SC	Conservação e eficiência energética	SC
2003	12	Fundação Alphaville	Terra Limpa	SP
2003	13	Casa da Comunicação	Manguezal do Rio Passa Vaca	BA
2003	14	Fluídos da Amazônia	Ecoparcerias Facilitando o Trabalho	PA
2004	1	Ambev	Sistema de reciclagem integrado	SP
2004	2	Apae Xaxim	Lixo útil	SC
2004	3	Senac SP	Programa ecoeficiência	SP
2004	4	Faber-Castell	Projeto Animalis	SP
2004	5	Aché	Projeto Minhocário	SP
2004	6	Basf	WMT (*Waste Minimization Tool*)	SP
2004	7	Astrazeneca	Integrando a gestão ambiental ao gerenciamento organizacional	SP
2004	8	Sabesp	Saneamento e gestão de resíduos sólidos	SP

(*continua*)

(continuação)

Ano	Ranking	Empresa	Case Benchmarking	UF
2004	9	Cosipa	Revolução do *design* ecológico	SP
2004	10	Senai RS	Programa de prevenção da poluição	RS
2004	11	Daimler Chrysler	Projeto Água	SP
2004	12	Sadia	Projeto Câmbio Verde	PR
2004	13	Alumar	Minimização de resíduos sólidos	MA
2004	14	Kurita	Sistema integrado de Gestão (SIG)	SP
2004	15	Givaudan	Comunidade da Ilha de Cotijuba	SP
2004	16	Vianorte	Monitoramento e recuperação da diversidade biológica	SP
2004	17	Ford	Prêmio Ford Motor Company de conservação ambiental	SP
2004	18	Unimed	Unimed Cidadania e Flora	SC
2004	19	Instituto Embratel	Adoção de 21 famílias de micos-leões-dourados	RJ
2004	20	Ciba	Tratamento de gases de exaustão	SP
2005	1	Ceagesp	Sistema de reciclagem integrado	SP
2005	2	Newpower	PRAC	SP
2005	3	Vivo	Transformando com arte e vida	PR
2005	4	Schering Plough	Gestão integrada de recursos hídricos	RJ
2005	5	Instituto Via Viva	Sistema de barreiras rodoviárias	SP
2005	6	Siderúrgica de Tubarão	Uso racional das águas	ES
2005	7	Rohm and Hass Quím	Sementes plantando um futuro melhor	SP
2005	8	Portobello	Teoria dos sistemas	SC
2005	9	Materna	Sistema de gestão ambiental educacional	SP
2005	10	Bunge Fertilizantes	Centro de educação ambiental	MG
2005	11	Voith Paper	Voith recicla	SP
2005	12	Correios	Dia nacional da mobilização social	SP
2005	13	Vianorte	Gestão arqueológica	SP
2005	14	Inst Amb Vale do Rio Doce	Pesquisas científicas, proteção e conservação	ES
2005	15	PM Poços de Caldas	Modelo de gestão de resíduos	MG
2005	16	AES Tietê	Reflorestamento de áreas de APP	SP
2005	17	TV Globo	Gestão ambiental	RJ
2005	18	Usina Capricho Açucareira	Mata ciliar e cultura de subsistência	AL
2005	19	Henkel	Conscientização ambiental	SP
2005	20	Vale do Rio Doce	Revista Biodiversidade	RJ
2005	21	Souza Cruz	Sistema de tratamento terciário de efluentes	MG
2005	22	Eurofarma	De mãos dadas com a escola	SP
2005	23	Klabin	Responsabilidade ambiental pilar estratégico	SP
2005	24	Usina Santa Cruz	Gestão empresarial com responsabilidade	RJ
2006	1	Klabin	Programa Caiubi de educação ambiental	SP
2006	2	Fundação Espaço Eco	Espaço Eco	SP
2006	3	Basf	Programa sementes do amanhã	SP
2006	4	Rio Paracatu Mineração	Programa de educação ambiental	MG
2006	5	Alumar	10 anos do parque ambiental Alumar	MA
2006	6	Belgo Siderurgia	Descarte Zero de efluentes	MG
2006	7	Dow AgroSciences	Acerte o alvo	PR

(continua)

(continuação)

Ano	Ranking	Empresa	Case Benchmarking	UF
2006	8	AES Tietê	Manejo pesqueiro	SP
2006	9	Daimler Chrysler	Gerenciamento de resíduos sólidos	SP
2006	10	Souza Cruz	Educação ambiental	RS
2006	11	Grupo ORSA	Manejo florestal sustentável	PA
2006	12	CST Arcelor	Centro de monitoramento ambiental	ES
2006	13	Autovias	Programa vias das águas	SP
2006	14	Bandeirantes Energia	Inclusão de áreas de proteção ambiental	SP
2006	15	Petrobras	Programa de educação ambiental	SP
2006	16	Siemens	Comunicação e educação ambiental	SP
2006	17	Bayer	Bayer Youg Environmental Envoy	SP
2006	18	AES Uruguaiana	Conexões globais e gestão do meio ambiente	RS
2006	19	VIVO Telerj	Programa de educação ambiental continuada	RJ
2006	20	Firmenich	Estabelecimento de parcerias	SP
2006	21	Embraer	Reflorestamento da mata ciliar de Riberião Vidoca	SP
2006	22	Nossa Caixa	Responsabilidade socioambiental solidária	SP
2006	23	Dori Alimentos	Efluentes industriais para fertirrigação	PR
2006	24	Vomm	Transformando resíduos em receitas	SP
2006	25	Eurofarma	Gincana ecológica	SP
2006	26	Alcoa	Projeto de expansão da linha III	SP
2006	27	Corn Products	Programa de educação e ação ambiental na escola	SP
2007	1	Itaipú	Cultivando águas boa	PR
2007	2	Faber- Castell	15 anos do projeto Animalis	SP
2007	3	Phillips	Aprendendo com a natureza	SP
2007	4	Copebras	Estudo da biodiversidade	SP
2007	5	Itautec	Redução de substâncias nocivas ao meio ambiente	SP
2007	6	Duratex	ARM	SP
2007	7	Celulose Irani	Mecanismo de desenvolvimento limpo	SC
2007	8	Duke Energy	Controle de plantas aquáticas	SP
2007	9	Sabesp	Gestão participativa no tratamento de esgoto	SP
2007	10	Klabin	Fomento Florestal Klabin	SP
2007	11	Souza Cruz	Gerenciamento de resíduos	MG
2007	12	Bayer	Projeto biodiversidade	SP
2007	13	Braskem	Projeto EcoBraskem	BA
2007	14	Unimed	Programa consumo consciente Unimed	SP
2007	15	AGCO	Gestão sustentável de recursos hídricos	RS
2007	16	Alcoa	Gerenciamento ambiental no projeto ALREF U2	SP
2007	17	Johnson & Johnson	Resíduo: matéria-prima da transformação social	SP
2007	18	Bayer	Escola verde	SP
2007	19	Areva	Eco-Atitude	SP
2007	20	Correios	Caixas de correspondências com material Reciclado	SP
2007	21	Inpev	Campanha educativa: a natureza agradece	SP
2007	22	Bradesco	Clickarvore e florestas do futuro	SP
2007	23	Vianorte	Neutralização de carbono	SP

(continua)

(continuação)

Ano	Ranking	Empresa	Case Benchmarking	UF
2007	24	Souza Cruz	Parque Ambiental Souza Cruz	RS
2007	25	Consórcio Propeno	A importância do sistema de gestão socioambiental	SP
2007	26	Arcellor Mittal	O valor da biodiversidade da Arcelor Mittal Tubarão	ES
2008	1	Anglo American Brasil	Biodiversidade Brasil	SP
2008	2	Subprefeitura Itaim Paulista	Projeto Fluir	SP
2008	3	Bradesco	Fundação Amazons Sustentável (FAS)	SP
2008	4	Klabin	Monitoramento da biodiversidade	SO
2008	5	Arcellor Mittal	Agricultores por natureza	MG
2008	6	Walmart	Clube de produtores	SP
2008	7	Samarco	Projeto Salvamar – educação e ação ambiental	ES
2008	8	Agco do Brasil	Reciclar para o social	RS
2008	9	Bandeirantes Energia	Programa de comunicação e educação	SP
2008	10	Daee	Programa Água Limpa	SP
2008	11	Duratex	Inovação da área de Vivência Ambiental Piatan AVAP	SP
2008	12	Boticário	Biosconsciência	PR
2008	13	Inpev	Logística reversa	SP
2008	14	Souza Cruz	Parque Ambiental	MG
2008	15	Celulose Irani	Inventário de emissões e sumidouros de GHG	SC
2008	16	Arcellor Mittal	Recifes artificiais à base de escória siderúrgica	ES
2008	17	Braskem	Redução de emissões de compostos orgânicos Unib	BA
2008	18	Dana	A natureza reduzindo os resíduos e efluentes	RS
2008	19	Alumar	Redução de consumo de água e descarga de efluentes	MA
2008	20	Duke Energy	Mitigação de impactos na hidrelétrica Taquaruçu	SP
2008	21	Sabesp	Operação Natureza – córrego limpo	SP
2008	22	Itautec	Gestão ambiental aplicada na cadeia de valor	SP
2008	23	Ambev	Reciclagem solidária	SP
2008	24	NemoRio	Programa de educação ambiental HEMOCICLE	RJ
2008	25	Avon	Projeto viva o amanhã	SP
2008	26	CEF	Projeto Ilhas de Impressão	DF
2008	27	Suzano	Bioindex	BA
2008	28	Yagasa	Coleta de coco verde	SP
2008	29	Volkswagen Caminhões	Pensando o ciclo de vida e a tecnologia ambiental	RJ
2008	30	Fundação Espaço Eco	Seebalance – análise de sócio-ecoeficiência	SP
2009	1	Duratex	Pesquisas em biodiversidade	SP
2009	2	Walmart	Consumo consciente de sacolas plásticas	SP
2009	3	Itaipú	Educação ambiental para a sustentabilidade	PR
2009	4	Daee	Recuperação animais silvestres Orlando Villas Boas	SP
2009	5	INB Ind Nucleares Brasil	Restauração ambiental Bioma Mata Atlântica	RJ
2009	6	RodoNorte	Projeto SacoLona	PR
2009	7	Caraibas Metais	Água Ácida	BA
2009	8	Agco do Brasil	Gestão de resíduos sólidos	RS
2009	9	Duke Energy	Corredor florestal Parte Estadual Morro do Diabo	SP
2009	10	Anglo American Brasil	Otimização do resíduo de água ORAC	SP

(continua)

(continuação)

Ano	Ranking	Empresa	Case Benchmarking	UF
2009	11	CPFL	Repotenciação de pequenas centrais hidrelétricas	SP
2009	12	Johnson & Johnson	Tecnologia limpa	SP
2009	13	IBG	Estudante sustentável	MG
2009	14	CEF	Agenda Caixa para a sustentabilidade	DF
2009	15	Celulose Irani	Modernização Estação de tratamento de efluentes	SC
2009	16	Arcellor Mittal	Gestão sustentável resíduos e coprodutos	ES
2009	17	Bradesco	Programa de gestão da ecoeficiência	SP
2009	18	Klabin	Ganhos ambientais em tratamento de efluentes	SP
2009	19	Valtra	Reuso de Água	SP
2009	20	Alcoa	Guia Sustentabilidade Projetos Hidrelétricos	SP
2009	21	Sabesp	Programa de Capacitação e Gestão Sociedade Civil	SP
2009	22	Firmenich	O que é essencial dura para sempre	SP
2009	23	Instituto Embratel	Educação para desenvolvimento sustentável	RJ
2009	24	Souza Cruz	Inventário de emissões e sumidouros de GHG	RJ
2009	25	Cemig	Programa Al6%	MG
2009	26	Alumar	Alteamento de depósito de resíduos	MA
2009	27	Givaudan	Projeto Mãos em Ação	SP
2009	28	Consórcio Gasvap	As práticas socioambientais	SP
2009	29	Construtora Cowan	Plante esta Ideia	MG
2009	30	Intermédica Saúde	Boas Ideias para todo mundo	SP
2010	1	Sama Mineração	Programa Sambaíaba	GO
2010	2	Walmart	Sustentabilidade de Ponta a Ponta	SP
2010	3	Duke Energy	Restauração da mata ciliar	SP
2010	4	Souza Cruz	Otimização gestão de resíduos sólidos	MG
2010	5	Neoenergia	Projeto energia verde	BA
2010	6	Cabanellos Schuh	Tecnologia aplicada ao Direito	RS
2010	7	Firmenich	Produção mais limpa	SP
2010	8	Rio Paracatu Mineração	Programa de educação ambiental	MG
2010	9	Andrade Gutierrez	Preservação do habitat natural das baleias	SP
2010	10	Moto Honda	Motocicleta biocombustível	SP
2010	11	Eucatex	Casa da natureza	SP
2010	12	Celulose Irani	Programa de educação ambiental	SC
2010	13	Carbocloro	Programa fábrica aberta	SP
2010	14	Arcellor Mittal	Programa de sustentabilidade	MG
2010	15	EDP	Letras de Luz	SP
2010	16	Arcellor Mittal	Programa novos caminhos	ES
2010	17	Instituto Embratel	Tecnologia em serviços de educação ambiental	RJ
2010	18	Bradesco	Destinação de resíduos tecnológicos	SP
2010	19	Alumar	Recuperação do manguezal Área Portuária	MA
2010	20	Agco	Educação ambiental	SP
2010	21	Braskem	Unidade de reuso e reciclo da UNIB	BA
2010	22	Agco	Gestão meio ambiente, segurança e saúde ocupac.	RS
2010	23	Suzano	Matriz de desempenho social/MDS	PI

(continua)

(continuação)

Ano	Ranking	Empresa	Case Benchmarking	UF
2010	24	Souza Cruz	Carta aos varejistas	SP
2010	25	PepsiCo	Conscientização ambiental – calculadora de impacto	SP
2010	26	LLX	Cenário educacional das comunidades pesqueiras	RJ
2010	27	PepsiCo	Programa de sustentabilidade para fornecedores	SP
2011	1	Itaipú	Espaço rural	PR
2011	2	Ambev	Banco Cyan	SP
2011	3	Grupo Baram	Programa de sustentabilidade	RS
2011	4	Neoenergia	Projeto Vale Luz	BA
2011	5	Fundo Vale	Conservação de recursos naturais e des. local	RJ
2011	6	Andrade Gutierrez	Utilização de palha de carnaúba isolamento térmico	SP
2011	7	Celulose Irani	Recuperação de APP	SC
2011	8	PepsiCo	Gincana vida sustentável	SP
2011	9	KinrRoss	Revitalização e preservação de nascentes Paracatu	MG
2011	10	Ecovias	Viveiro de mudas	SP
2011	11	Cargil	Projeto salto limpo	MG
2011	12	Walmart	Sustentabilidade na comunicação visual das lojas	SP
2011	13	Arcellor Mittal	Biodiversidade	ES
2011	14	Sabesp	Córrego limpo	SP
2011	15	LLX	Investimento social da pesca	RJ
2011	16	Firmenich	Cadeia sustentável da Copaíba Amazônica	SP
2011	17	AGCO	100% biodiesel	SP
2011	18	LLX	Recolocação Porto Sudeste	RJ
2011	19	Diagea Brasil	Todo mundo reciclando vidro	SP
2011	20	Klabin	Fomento Florestal Klabin	SP
2011	21	Duratex	Educação e inclusão social	SP
2011	22	Instituto Embratel	Reciclagem de lonas vinílicas	RJ
2011	23	Duke Energy	Conservação ambiental Parque Estadual	SP
2011	24	Fundação Pró HemoRio	Projeto Infocycle	RJ
2011	25	PepsiCo	Display reciclável	SP
2011	26	Sabesp	Programa abraço verde	SP
2011	27	R&A Comunicação	22 anos de pioneirismo fazendo negócios sustentáveis	SP
2011	28	CCPR Itambé	Cooperativismo sustentável	MG
2012	1	Itaipu	Gestão bacias hidrográficas como unid. Plan. Territ.	PR
2012	2	Ambev	Energia limpa	SP
2012	3	Arcellor Mittal	Mudanças climáticas	ES
2012	4	PepsiCo	Desmaterialização de resíduos	SP
2012	5	Samarco	Taboa Lagoa – desenvolvimento comunitário	RJ
2012	6	Instituto Bióleo	Programa bióleo	SP
2012	7	Alumar	Substituição de argila por cinzas leves	MG
2012	8	Celulose Irani	Gestão socioambiental	SC
2012	9	Braskem	Gestão de emissões GHG	BA
2012	10	Neoenergia	Sistema solar fotovoltaico Pituaçu Solar	BA
2012	11	Sabesp	Bairro ecológico	SP

(continua)

(continuação)

Ano	Ranking	Empresa	Case Benchmarking	UF
2012	12	Firmenich	Community Day – dia da comunidade	SP
2012	13	PepsiCo	Casca de aveia como geração de energia	SP
2012	14	Ecovias	De bem com a Via	SP
2012	15	Carbocloro	Voluntários do rio	SP
2012	16	Duke Energy	Interação peixamento	SP
2012	17	Instituto Embratel	Tecnologias a serviço da educação e desenvolvimento sustentável	RJ
2012	18	Schneider	Projeto BipBop Brasil	SP
2012	19	UFRPE	Gampe solidário e liderança	PE
2012	20	Nestlé	Programa Nestlé até Você	SP
2012	21	Aurora	Programa a Turminha da Reciclagem	SC
2012	22	AACD	Nova plataforma de captação	SP
2012	23	Verde Gaia Ed. Amb.	Educação ambiental por meio de atividades lúdicas	MG
2013	1	Consórcio Alumínio MA	Redução de pegada hídrica por meio de parcerias	MA
2013	2	Itaipú	Sustentabilidade de comunidades indígenas	PR
2013	3	LLX	Agricultura familiar	RJ
2013	4	Braskem	Projeto água viva	BA
2013	5	Gerdau	Programa Gerdau Germinar	RS
2013	6	Avon	Projeto Dut of The Box	SP
2013	7	Arcellor Mittal	Programa novos caminhos	ES
2013	8	Duke Energy	Projeto nascentes protegidas	SP
2013	9	LLX	Manejo da RPPN Caruara	RJ
2013	10	Scheneider	Projeto Villa Smart	SP
2013	11	DEB	Conservação genética e reposição de peixes nativos	SP
2013	12	Duke Energy	Corredor ecológico	SP
2013	13	Danone	Case de sensibilização ambiental	SP
2013	14	Ambev	Jovens de responsa	SP
2013	15	KinrRoss	Tambores de óleos vazios	MG
2013	16	Damha	Transformando vidas	SP
2013	17	Casa da Moeda do Brasil	Reaproveitamento de água em processo gráfico	RJ
2013	18	Consórcio Santo Antonio	Rampa de lavagem e lubrificação ecológica	RR
2013	19	Celulose Irani	Gestão de recursos hídricos	SC
2013	20	Ekofootprint	Impressão sustentável de documentos	MG
2013	21	Fleury	Unidade sustentável de saúde	SP
2013	22	Sabesp	Cliente de Olho no Futuro	SP
2013	23	BRF	Gestão das águas	SP
2013	24	Intel	Voluntariado corporativo	SP
2013	25	Instituto Embratel	Comunidade e pesquisa conectados	RJ
2013	26	Ecotech Consultoria	Compra verde	SP
2013	27	Diagea Brasil	Programa Learning for Life	SP
2013	28	Cooperativa Aurora	Gestão ambiental Compromisso de Todos	SC
2013	29	Agência Nacional de Águas	Servidor Consciente preserva o meio ambiente	DF
2013	30	Instituto do Câncer	Projeto Reciclarte	SP
2014	1	Ambev	Movimento Cyan – projetos bacias	SP

(continua)

(continuação)

Ano	Ranking	Empresa	Case Benchmarking	UF
2014	2	Sabesp	Programa Se Liga na Rede – MO	SP
2014	3	Gerdau	Reciclagem inclusiva	RS
2014	4	Danone	Projeto novo ciclo	SP
2014	5	CPFL	Educacionais	RS
2014	6	Braskem	Evolução – mudanças climáticas	BA
2014	7	Duke Energy	Circuito de educação ambiental	SP
2014	8	SESI	Susten´ARTE SESI SP	SP
2014	9	Cemig	Programa peixe vivo	MG
2014	10	Cargil	Ação Renove o Meio Ambiente	SP
2014	11	Prumo Logística	Reassentamento Vila da Terra	SP
2014	12	Arcellor Mittal	Programa tempo de leitura	ES
2014	13	Verallia	Reciclagem de para-brisa	SP
2014	14	Casa da Moeda do Brasil	Gestão total de resíduos	RJ
2014	15	Ecovias	Capacitar promovendo a cidadania	SP
2014	16	Duke Energy	Gibi, a reprodução dos peixes	SP
2014	17	Itaipú	Programa de coleta solidária	PR
2014	18	Intel	Inclusão digital EAC	SP
2014	19	Samarco	Ecoeficiência na gestão ambiental	RJ
2014	20	Suape	Projeto pedagogia ambiental	PE
2014	21	Alumar	Redução de emissões de GHG	MA
2014	22	Flexibrás	Juntos por uma ilha mais limpa	ES
2014	23	Instituto do Câncer	Economia 10 e desperdício zero	SP
2014	24	JBS ambiental	JBS ambiental gestão de resíduos	SP
2014	25	Sistema Ciclo	Rede resíduo na Camargo Correa	SP
2014	26	Furnas	Pavimentação sustentável	RJ
2014	27	Instituto Embratel	Claro Recicla	RJ
2014	28	TFT	Transformando Histórias	SP
2014	29	Essencis	Melhores práticas ecomembrana	MG
2014	30	Damha	Valoração da cultura regional	SP
2014	31	Renova Energia	Saberes tradicionais Alto Sertão	BA
2014	32	Sicredi	Recuperando nascentes	MT
2015	1	Itaipú	Mais peixe em nossas águas	PR
2015	2	Cargil	Pomarola mais sustentável	SP
2015	3	Triunfo Transbrasiliana	Multiplicadores em educação ambiental	SP
2015	4	Abbott	Compostagem de resíduos	RJ
2015	5	Fundação Alphaville	Programa Jovem Sustentável	SP
2015	6	Ambev	Ação coletiva para preservar água	SP
2015	7	Sabesp	Gestão da escassez de água	SP
2015	8	Arcellor Mittal	Plano diretor de águas	ES
2015	9	Petrobras	Gestão energética predial	RJ
2015	10	Dana	Reciclagem de borracha na Dana	RS
2015	11	Casa da Moeda do Brasil	Restauração florestal da CMB	RJ
2015	12	Avon	Out of The Box	SP

(continua)

(continuação)

Ano	Ranking	Empresa	Case Benchmarking	UF
2015	13	Instituto Embratel	ITGCs e Turmas do Sítio FUNSAG	RJ
2015	14	Alumar	Fontes de energia de sucesso	MA
2015	15	Suape	Projeto pedagogia ambiental	PE
2015	16	Renova Energia	Museu do Alto Sertão da Bahia	BA
2015	17	Aurora	Programa amigo energia	SC
2015	18	Subprefeitura Itaim Paulista	Ação integrada	SP
2015	19	CHESF	Impressão verde	PE
2015	20	Cemig	Sistema Siságua Cemig	MG
2015	21	Bauducco	Projeto Aterro Zero	SP
2015	22	Braskem	Sustentabilidade em TI	BA
2015	23	KinrRoss	Curvas de nível verde para RAD	MG
2015	24	Precon Engenharia	Solução habitacional Precon	MG
2015	25	Samarco	Gestão adequada de resíduos	ES
2015	26	Brasilprev	Projetos de vida na ponta do lápis	SP
2015	27	Shahini Ambiental	Sustentabilidade nas escolas	SP
2015	28	Instituto do Câncer	Descarte de medicamentos	SP
2016	1	Itaipú	Biodiversidade nosso patrimônio	PR
2016	2	Ceagesp	Reduzindo o desperdício	SP
2016	3	CEF	Geração de renda e energia	DF
2016	4	Furnas	Furnas educa	RJ
2016	5	Dana	Fertirrigação beneficia Rio	RS
2016	6	Fundação Alphaville	Dilema comum, solução compartilhada	SP
2016	7	Alumar	Ações ecológicas em manguezal	MA
2016	8	Casa da Moeda do Brasil	Produção sustentável	RJ
2016	9	Biosev	Programa de segurança veicular	SP
2016	10	Instituto Embratel	Rede + Criança	RJ
2016	11	Cargil	Prêmio Cargill – uso racional da água	SP
2016	12	Copel GeT	Museu 15 anos de história	PR
2016	13	Instituto do Câncer	Retorno de medicamentos ao estoque	SP
2016	14	Grupo Neoenergia	Programa Diálogo Neoenergia	RJ
2016	15	Labor Educacional	Educação e sustentabilidade	SP
2016	16	Fundação Vunesp	Sistema agroflorestal Rikwil	SP
2016	17	Biosev	Prevenção de incêndios	SP
2017	1	Itaipú	Plantas medicinais	PR
2017	2	Sebrae MT	Prédio energia zero	MT
2017	3	Aurora	Coleta segura e destino ambiental	SC
2017	4	Coelba Celpe Cosern RJ	Pauxá e Paramim	RJ
2017	5	Colorado Máquinas	Sustent´Arte Pallets	SP
2017	6	KinrRoss	Viveiros comunitários	MG
2017	7	Cargil	Campanha pró Código Florestal	SP
2017	8	Voltalia	Projeto água e renda	RJ
2017	9	Fundação Alphaville	Jovem sustentável aprendiz	SP
2017	10	CHESF	Programa vivendo e aprendendo	PE

(continua)

(continuação)

Ano	Ranking	Empresa	Case Benchmarking	UF
2017	11	Copel GeT	Programa Linha Verde	PR
2017	12	Instituto Embratel	Educonex@o	RJ
2017	13	Sebrae MT	Programa de gestão sustentável	MT
2017	14	Alumar	Redução de pegada de resíduos	MA
2017	15	VLI	Plantio social Murtura	MG
2017	16	Agência Nacional de Águas	Papel zero	DF
2017	17	Instituto do Câncer	BMS uma solução inteligente	SP

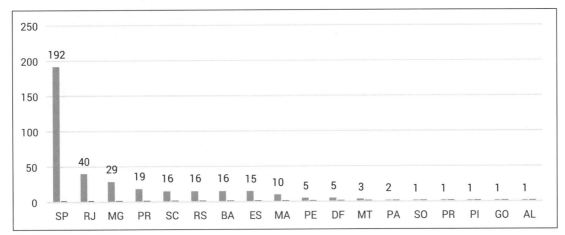

Gráfico 9.2 Distribuição estadual das concessões do selo de sustentabilidade Benchmarking Brasil (2003 a 2017)

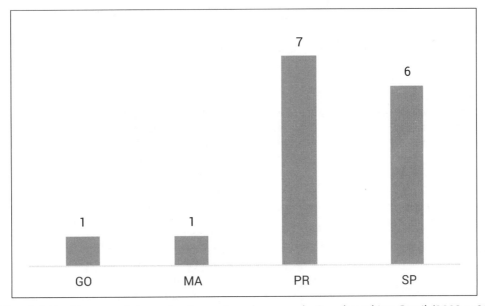

Gráfico 9.3 *Ranking* anual dos primeiros colocados no selo Benchmarking Brasil (2003 a 2017)

9.13 Plataforma Liderança Sustentável (Ricardo Voltolini)

A Plataforma Liderança Sustentável (PLS) é um movimento lançado em junho de 2011, às vésperas da Rio+20, que reúne presidentes de grandes empresas brasileiras em torno da missão de conectar, inspirar e educar líderes de negócios para o tema sustentabilidade. A iniciativa é da Ideia Sustentável, uma empresa de consultoria criada em 1993 pelo jornalista Ricardo Voltolini, autor do livro *Conversa com líderes sustentáveis*.

É um portal riquíssimo, com vídeos,[24] artigos, estudos e notícias que tem inspirado os alunos e jovens empreendedores com os depoimentos e entrevistas de presidentes de grandes corporações de sucesso, como: Fábio Barbosa (ex-Banco Real), Guilherme Leal (Natura), Luiz Ernesto Gemignani (Promon), Franklin Feder (Alcoa), José Luciano Penido (Fibria), Kess Kruythoff (Unilever), Paulo Nigro (Tetra Pak), Miguel Crigsner (Boticário), Héctor Núñez (ex-Walmart), José Luiz Alquéres (ex-Light), dentre outros.

Voltolini identificou cinco pontos comuns nas empresas em que o conceito de sustentabilidade mais avançou:

- A presença de um líder que acredita apaixonadamente no tema.
- A prevalência da noção de oportunidade.
- A inserção na estratégia do negócio.
- A capacidade de envolver e educar as partes interessadas.
- A capacidade de comunicar.

E destaca as seguintes características de um líder sustentável:

- O líder sustentável ou para a sustentabilidade é um líder muito bem-sucedido em seus negócios; não é um abraçador de árvores ou um benemérito, mas sim um líder de negócio que enxerga o negócio sob a ótica da sustentabilidade.
- Considera que é importante obter lucros, lucros bons, cada vez melhores, mas com respeito ao meio ambiente e com promoção do desenvolvimento da sociedade.
- São líderes que enxergam mais à frente, eles não estão preocupados somente com o lucro trimestral. Enxergam o legado que a empresa vai deixar para as próximas gerações.
- Eles são fortemente comprometidos com valores e princípios e colocam esses valores a serviço do negócio.
- São líderes muito preocupados e sensíveis com as pessoas.
- Acreditam que a escassez de recursos e as mudanças do clima irão redesenhar o mundo dos negócios.

Entre os diversos materiais que podem ser consultados livremente pela internet (plataforma.ideia-sustentavel.com.br), destacamos a seguir exemplos de algumas videopalestras inspiradoras:

---

[24] Assista ao vídeo institucional da PLS: http://plataforma.ideiasustentavel.com.br/o-que-e-a-plataforma.php. Acesso em: 16 maio 2019.

- Alessandro Carlucci (Natura)
- Andrea Alvares (PepsiCo)
- Anielle Guedes (Urban 3D)
- Antonio Joaquim de Oliveira (Duratex)
- Antonio Joaquim de Oliveira e Guilherme Brammer (Duratex)
- Armando Valle (Whirlpool)
- Britaldo Soares (AES Brasil)
- Caio Bonatto (Tacverde)
- Carlos Nomoto (Santander)
- Carlos Terepins (Even)
- Dal Marcondes (Envolverde)
- Dalberto Adulis (ABDL)
- Daniela Gentil (Ultragaz)
- David Canassa (Votorantin)
- Day Muszkat (Even)
- Denise Alves (Natura)
- Denise Hills (Itaú)
- Didier Tisserand (L'Oréal)
- Eduardo Leduc (BASF)
- Elisa Prado (Tetra Pak)
- Emilio Graziano (BASF)
- Fabio Abdala (Alcoa)
- Fábio Barbosa (ex-Santander)
- Fábio Coelho (Google)
- Fábio Villas Boas (Tecnisa)
- Fernando Figueiredo (Schneider)

- Fernando Von Zuben (Tetra Pak)
- Franklin Feder (Alcoa)
- Gleice Donini (Cielo)
- Guilherme Leal (Natura)
- Héctor Núñez (ex-Walmart)
- Ivo Faria (Ponta Engenharia)
- João Carlos Brega (Whirlpool)
- João Redondo (Duratex)
- Jorge Lopez (SM)
- Jorge Samek (Itaipu)
- Jorge Soto (Brasken)
- José Luciano Penido (Fibria)
- Juliana Nunes (Comunicação)
- Kees Kruythoff (Unilever)
- Lígia Camargo (Danone)
- Luciana Alvarez (Duratex)
- Luciano Guidolin (Brasken)
- Luiz Ernesto Gemignani (Promon)
- Luiz Rielli (AES Brasil)
- Maike Mohr (Unimed)
- Carolina Fagundes (Brasken)
- Marcelo Lyra (Brasken)
- Márcio Coelho (Johnson & Johnson)
- Marcos Madureira (Santander)
- Marcus Nakagawa (ESPM)
- Maria das Graças D. Souza (Souza Construções)

- Maria Luiza Pinto e Paiva (Santander)
- Marise Barroso (Masisa)
- Masthias Becker (Renova)
- Maurício Menezes (Toctao)
- Mauro Dottori (MPD Engenharia)
- Miguel Krigsner (Boticário)
- Milton Bicucci (MBigucci)
- Nadine Gasman (ONU Mulheres)
- Oscar Clarke (HP)
- Paula Bellizia (Microsoft)
- Paulo Nigro (Tetra Pak)
- Paulo Stark (Siemens)
- Pedro Massa (Coca-Cola)
- Pedro Massa e Mariana Vasconcelos (Coca-Cola)
- Pedro Suarez (Dow)
- Raissa Lumack (Coca-Cola)
- Ricardo Voltolini (Ideia Sustentável)
- Ricardo Young (Instituto Ethos)
- Robert Henry Srou7 (USP)
- Roberto Lima (Natura)
- Rodrigo Kede (IBM)
- Silvio Gava (Even)
- Suênia Souza (Sebrae)
- Tania Cosentino (Schneider)
- Tito Martins (Votorantin)
- Walter Dissinger (Votorantin)

Avaliação de aprendizagem

Para avaliar e aprimorar o conteúdo abordado neste capítulo, seguem algumas sugestões de atividades e questões:

1) O conceito de "desenvolvimento sustentável" foi estabelecido em 1987 pela Comissão Mundial do Meio Ambiente (WCED), criada na Conferência de Estocolmo-72. Quem presidiu essa comissão (WCED) e qual o conceito estabelecido?

2) Reflita sobre o conceito de "desenvolvimento sustentável", criado há mais de três décadas, e opine em relação ao seu conteúdo e validade para atingirmos um futuro próspero ao final do século XXI.

3) Você sabia que o prêmio Nobel de economia não é um prêmio Nobel legítimo da Fundação Alfred Nobel? Considerando-se os outros "nobeis" alternativos, identifique os brasileiros laureados.

4) Por que Alfred Nobel decidiu criar a Fundação Alfred Nobel? Como é financiada?

5) O que é o prêmio *Blue Planet Prize*, quando foi criado e quem são os principais laureados e suas respectivas contribuições? Há algum brasileiro homenageado?

6) Os laureados do *Blue Planet Prize* produziram um documento e o apresentaram na Rio+20, qual o conteúdo e principais tópicos deste relatório?

7) O que é o Relatório Stern e por que ele mudou a concepção sobre sustentabilidade e desenvolvimento sustentável?

8) Como se chama a "versão brasileira" do Relatório Stern, como foi produzida e quais os principais conteúdos?

9) Quem coordenou o Relatório EMCB e quais são as áreas geográficas do país que estão mais sujeitas às consequências climáticas?

10) O que é a "Carta da Terra" e quais os seus 16 princípios?

11) O que é o *Gross National Happiness* (GNH) e por quem foi criado?

12) Quais são as nove dimensões do FIB?

13) Promova uma discussão e reflexão sobre os 72 indicadores do FIB e incentive os alunos a fazerem apresentações de grupos sobre cada uma das nove dimensões.

14) Compare o Protocolo de Kyoto (1997) com o Acordo de Paris (2015) e avalie as principais mudanças.

15) Você sabia que os EUA assinaram o protocolo de Kyoto? Discorra sobre o ocorrido no final da década de 1990.

16) O que são mecanismos de desenvolvimento limpo (MDL)?

17) Quais foram os principais resultados e avaliações do Protocolo de Kyoto e quando termina a sua vigência?

18) Por que o Acordo de Paris foi aprovado e entrou em vigor rapidamente (2015-2016), sendo que o Protocolo de Kyoto levou quase uma década (1997-2005)?

19) Comente sobre a saída dos EUA do Acordo de Paris, quando isso seria possível, e sobre o seu possível retorno em um acordo mais amplo em prol do meio ambiente.

20) Qual a diferença entre os termos NDC e INDC?

21) Qual o conteúdo e metas da NDC brasileira? E qual a sua nota média?

22) O que são avaliações fraca-média-forte das NDCs dos países membros da ONU, segundo a *Climate Action Tracker*?

23) O quinto relatório do IPCC (2014) lançou o chamado "Orçamento de Carbono Global" como o estoque de carbono disponível para a humanidade estimado em 1 trilhão de TonC. Quanto

deste estoque já foi emitido em quanto tempo? Qual o saldo remanescente?

24) Qual a diferença entre ODS e ODM? Discorra.

25) Quais são os 17 Objetivos do Desenvolvimento Sustentável? Quais as principais metas?

26) Promova uma reflexão individual com as pessoas sobre os temas abordados nos 17 ODS e peça para que cada uma delas se identifique com algum desses temas, de acordo com afinidade, preferência e objetivo de vida.

27) A título de curiosidade, os 18 verbos mais mencionados no conteúdo dos 17 ODS e suas 169 metas, na ordem de maior incidência, são: REDUZIR, AUMENTAR, GARANTIR, PROMOVER, IMPLEMENTAR, ASSEGURAR, ACABAR, MELHORAR, APOIAR, ALCANÇAR, FORTALECER, PROTEGER, REFORÇAR, DESENVOLVER, ELIMINAR, PROPORCIONAR, AMPLIAR e COMBATER. Peça para que as pessoas elaborem frases sobre o desenvolvimento sustentável, iniciando com cada um desses verbos.

28) Do que trata a segunda Encíclica do Papa Francisco (2015) denominada *Laudato Si*?

29) Quais os diferenciais da Encíclica *Laudato Si* em relação aos 17 ODS?

30) O que é Análise de Ciclo de Vida (ACV) e qual a sua importância para o aprimoramento da gestão e dos relatos corporativos?

31) ACV é *"cradle-to-grave"* ou *"cradle-to-cradle"*? Discorra sobre.

32) O que é "análise emergética" e para que serve?

33) Qual a relação da análise emergética com as leis da termodinâmica?

34) Quais as principais leis da termodinâmica e qual sua relação com o desenvolvimento sustentável?

35) O que é "contabilidade emergética"?

36) O Benchmarking Brasil é um dos mais respeitados "selos de sustentabilidade" e possui um rico acervo digital com boas práticas socioambientais das empresas. Efetue uma análise descritiva sobre esses *cases* e empresas e discuta os resultados. Avalie as empresas que mais participam, em quais regiões do país esses projetos são realizados e quais as áreas de sustentabilidade mais exploradas.

37) A Plataforma Liderança Sustentável (2011) reúne um rico material sobre práticas socioambientais das empresas, dentre eles vídeos com depoimentos dos presidentes das maiores empresas brasileiras. Promova com os alunos sessões individuais de vídeos e peça para que cada um deles comente alguns desses depoimentos.

38) Promova discussões com os alunos sobre outros temas abordando o Desenvolvimento Sustentável e identifique outros temas relevantes.

Glossário Geral

3Rs: Reduzir, Reutilizar e Reciclar são conceitos criados pela queniana e ganhadora do prêmio Nobel Wangari Maatai, baseados na palavra japonesa *mottainai* (desperdícios) e em suas observações quando em viagem ao Japão.

A4S: *Accounting for Sustainability* é uma rede criada por Sua Alteza o Príncipe de Gales para inspirar líderes empresariais e financeiros para a construção de modelos de negócios resilientes e sustentáveis – www.accountingforsustainability.org.

ABC: *Activity Based Costing*, ou custeio baseado em atividades, é um sistema contábil de acumulação de custos que difere dos sistemas tradicionais por focar na mensuração dos processos e atividades empresariais.

Accountability: é um conceito da esfera ética relacionado com o ato de responsabilidade e de prestação de contas de acordo com princípios éticos e de boa governança.

Acordo de Paris (2015): o Acordo de Paris foi criado na Conferência das Partes (COP-21) realizada em 2015, em Paris. Trata-se do segundo acordo global para a descarbonização da economia mundial, com vigência a partir de 2020, quando se encerra o Protocolo de Kyoto. O Acordo de Paris surpreendeu o mundo ao entrar em vigor em 2016 com a adesão da maioria dos países-membros, incluindo EUA e China que respondem por 45% do total das emissões globais. Mesmo antes da saída dos EUA em 2017, as metas deste acordo eram consideradas insuficientes para conter o aumento da temperatura média do planeta abaixo de 2 graus Celsius. A segunda etapa deste acordo, provavelmente, deverá exigir metas mais rigorosas.

Ágio e Deságio: é a diferença para mais (ágio) ou para menos (deságio) entre o valor de mercado de um determinado Ativo em relação ao seu valor contábil.

Agricultura familiar: é a atividade realizada por pequenos produtores rurais e familiares e, de acordo com a Lei 11.326/2006, abrange as propriedades até quatro módulos fiscais, com uso de mão de obra e gerenciamento da própria família. No Brasil, responde por mais de 80% da alimentação direta do ser humano. O Programa Nacional de Fortalecimento da Agricultura Familiar (PRONAF) promove o desenvolvimento sustentável da agricultura familiar por meio de financiamentos subsidiados.

Agricultura sintrópica: é um sistema de produção agrícola sustentável idealizado e difundido pelo suíço Ernst Gotsch no início da década de 1980, que promove a recuperação do solo pelo próprio uso, baseando-se em processos que mimetizam a regeneração natural e os processos sintrópicos da vida no planeta. É também conhecida como Sistema de Cultivo Agroflorestal (SAF), baseado no conceito de sintropia (contrário de entropia), caracterizado pela organização, integração, equilíbrio e preservação de energia no ambiente. Na agricultura sintrópica cova passa a ser berço, sementes passam a ser genes, a capina é a colheita, concorrência e competição dão lugar à cooperação e as pragas são agentes de fiscalização do sistema; é uma mudança na própria forma de ver, interpretar e se relacionar com a natureza.

Agricultura Yoko: é um sistema de produção agrícola sustentável idealizado e difundido pelo boliviano Masashi Asano Yamaguchi, no início da década de 1970, que tem como objetivo principal a recuperação do solo e da biodiversidade e, como subproduto, a produção de alimentos orgânicos. Assemelha-se aos métodos de agricultura orgânica, sintrópica e permacultura em relação ao uso de adubos orgânicos e em sintonia com a natureza, e inclui o uso de palavras positivas e sentimento de gratidão como estímulos ao crescimento das plantas.[1]

Amazônia Internacional: engloba nove países da América do Sul: Brasil, Bolívia, Peru, Equador, Colômbia, Venezuela, Guiana, Guiana Francesa (departamento ultramarino da França) e Suriname e equivale a 7 milhões de km², sendo que 60% dessa área está no Brasil. Essa floresta tropical da Amazônia é uma das maiores do mundo e tem clima quente e úmido, com chuvas abundantes (seis meses por ano) e riquíssima biodiversidade.

Amazônia Legal: é uma região sociopolítica instituída pela Lei 1.806/1953, durante o Governo Vargas, e atualizada pela Lei 5.172/1966, Lei Complementar 31/1977, Medida Provisória 2.146/2001 e Lei Complementar 124/2007. Atualmente, engloba nove estados pertencentes à Bacia Amazônica e a área de ocorrência das vegetações amazônicas e corresponde a parte do estado do Maranhão e a totalidade dos estados Acre, Amapá, Amazonas, Mato Grosso, Pará, Rondônia, Roraima e Tocantins. Compreende uma área de 5.217.423 km² e representa 61% do território brasileiro, além de abrigar todo o bioma amazônico brasileiro e parte do cerrado e do pantanal mato-grossense. A população residente é de 22 milhões de habitantes, incluindo 250 mil indígenas ou 56% da população indígena nacional e se estende por 772 municípios.

Análise de Ciclo de Vida (ACV): é um método de avaliação e quantificação de possíveis impactos ambientais associados a produtos ou processos e abrange toda a cadeia produtiva (extração-produção-distribuição-consumo-descarte). A ISO 14040 estabelece que a ACV é a compilação de avaliação das entradas, saídas e dos impactos ambientais potenciais de um sistema de produção ao longo do seu ciclo de vida. É também conhecida como análise "*cradle-to-grave*" ou "*cradle-to-cradle*".

Análise emergética: é um método de avaliação e quantificação de desempenho de processos e atividades com base em seus fluxos de memória energética (*memory energy*) ou energia necessária para um ecossistema produzir determinado recurso. Foi idealizado por T. Odum (1924-2002). Utiliza coeficientes de transformidades e equivalentes de energia (joule) e possibilita avaliações econômicas, sociais e ambientais. Na Unicamp esse tema é tratado como "Contabilidade Emergética" pelo professor Enrique Ortega e tem despertado o interesse de pesquisadores de áreas multidisciplinares.

APA: Área de Proteção Ambiental é uma extensa área natural destinada à proteção e conservação dos atributos bióticos (fauna e flora), estéticos ou culturais existentes, importantes para a qualidade de vida da população local e para a proteção dos ecossistemas regionais. Podem ser estabelecidas em áreas de domínio público ou privado, pela União, Estados ou Municípios, sem a necessidade de desapropriação de terras, pois permitem a ocupação humana de modo sustentável. As APAs foram criadas pela Lei 6.902/1981 e reguladas pela Lei 9.985/2000.

APP: Área de Preservação Permanente, conforme a Lei 12.651/2012, é uma área protegida, coberta ou não por vegetação nativa, com a função ambiental de preservar os recursos hídricos, a paisagem, a estabilidade geológica e a biodiversidade, facilitar o fluxo gênico (migração de genes) de fauna e flora, proteger o solo e assegurar o bem-estar das populações humanas. Em 2015, o Código Florestal determinou que são APP as seguintes áreas urbanas e rurais: as faixas marginais de qualquer curso d'água natural, seja perene ou intermitente (30 metros), as áreas no entorno dos lagos naturais urbanos (30 metros) ou rurais (100 metros), áreas no entorno de nascentes e olhos d'água (50 metros), as encostas, restingas, manguezais, chapadas, topo de morros, montes, montanhas e serras, áreas em altitude superior a 1.800 metros e as veredas.

Aquecedor solar a vácuo: é um sistema de aquecimento de águas com tubos a vácuo, desenvolvidos em países com pouca incidência de sol, proporciona melhor eficiência e isolamento térmico do que os aquecedores solares tradicionais (com placas solares). Em torno de uma hora a água atinge 100 graus Celsius.

Aquecimento Global: é o fenômeno de aumento da temperatura média dos oceanos e da atmosfera da Terra, causado principalmente pelas emissões de gases do efeito estufa (GHG) originados pelas atividades humanas, especialmente pela queima de combustíveis fósseis e pela mudança do uso da

---

[1] Akabane, Kassai e Gualhardi (2017).

terra e desmatamento. A temperatura média do planeta já aumentou em quase um grau Celsius e o nível de GHG atual excedeu a variação natural dos últimos 650 mil anos.

ARL: Área de Reserva Legal é uma área localizada no interior de uma propriedade ou posse rural, com a função de assegurar o uso econômico de modo sustentável dos recursos naturais do imóvel rural, auxiliar a conservação e a reabilitação dos processos ecológicos e promover a conservação da biodiversidade, bem como o abrigo e a proteção de fauna silvestre e da flora nativa. Sua dimensão mínima em termos percentuais relativos à área do imóvel depende de sua localização, sendo: em 80% em área de floresta, 35% em área de cerrado e 20% em área de campos gerais e demais regiões (20%).

Artigo 225 da CF: "Todos têm direito ao meio ambiente ecologicamente equilibrado, bem de uso comum do povo e essencial à sadia qualidade de vida, impondo-se ao poder público e à coletividade o dever de defendê-lo e preservá-lo para as presentes e futuras gerações. § 1º Para assegurar a efetividade desse direito, incumbe ao Poder Público [...]; § 2º Aquele que explorar recursos minerais fica obrigado a recuperar o meio ambiente degradado de acordo com solução técnica exigida pelo órgão público competente, na forma da lei. § 3º As condutas e atividades consideradas lesivas ao meio ambiente sujeitarão os infratores, pessoas físicas ou jurídicas, a seções penais e administrativas, independentemente da obrigação de reparar os danos causados. § 4º A Floresta Amazônica brasileira, a Mata Atlântica, a Serra do Mar, o Pantanal Mato-grossense e a Zona Costeira são patrimônios nacionais e sua utilização far-se-á na forma da lei, dentro das condições que assegurem a preservação do meio ambiente, inclusive quanto ao uso dos recursos naturais. § 5º São indisponíveis as terras devolutas ou arrecadadas pelos Estados, por ações discriminatórias, necessárias à proteção dos ecossistemas naturais. § 6º As usinas que operem com reator nuclear deverão ter sua localização definida em lei federal, sem o que não poderão ser instaladas".[2]

Ativo Circulante (AC): constitui-se no grupo de contas contábeis que registra as disponibilidades (caixa, bancos e aplicações financeiras), os títulos negociáveis (duplicatas a receber), os estoques e outros créditos realizáveis no curto prazo.

Ativo Não Circulante (ANC): constitui-se no grupo de contas contábeis que registra os bens e direitos de permanência duradoura e destinados ao funcionamento da entidade. Compõe-se dos subgrupos: Ativo Realizável a Longo Prazo (RLP), investimento, imobilizado e intangível.

Balanço Contábil das Nações (BCN): é um método de elaboração de balanços contábeis de países ou regiões, desenvolvido por Kassai et al. (2008), com base na equação fundamental da contabilidade: Ativo – Passivo = Patrimônio Líquido. O trabalho original elaborou o BCN de sete países nos cenários de mudanças climáticas globais, avaliando o Ativo com base no PIB deduzido da depreciação calculada em função do consumo de energia em tonelada equivalente de petróleo (TEP); o Patrimônio Líquido foi avaliado com base no saldo residual de carbono precificado pelo custo de captura (US$); e o Passivo foi determinado por equivalência contábil e representa o ônus econômico, social e ambiental de cada país.

Base da Pirâmide: é um conceito extraído da economia e representa o grupo mais pobre da sociedade que, conforme visto neste livro, abrange dois terços da humanidade, com destaques para alguns indicadores críticos, a saber: analfabetos (10%), subnutrição crônica e falta de água (11%), fome (12%), extrema pobreza global (13%), obesidade (25%), não têm acesso a saneamento básico (32%), má nutrição (33%), extrema pobreza saúde/educação (40%), não têm acesso à internet (51%), extrema pobreza ambiente (60%). É por isso que o primeiro objetivo do desenvolvimento sustentável (ODS-1) trata justamente sobre a erradicação da pobreza em todas as suas formas e em todos os lugares.

Beautility: é uma expressão resultante da fusão do belo e o útil (*beautiful* + *useful*) e suscita um novo papel do *design* em busca da construção de objetos e produtos que compartilhem a busca de beleza, harmonia, equilíbrio, materiais simples e duradouros. É o contrário da Obsolescência Programada.

Beta: ou índice beta, é um coeficiente de avaliação de risco utilizado para medir a relação do nível de Risco Não Diversificável de um determinado empreendimento ou produto em relação ao mercado. O índice pode ser próximo, maior ou menor do que a unidade (um) e representa, respectivamente, um nível de risco igual, maior ou menor do que a média do mercado.

---

[2] Você já leu a Constituição Federal?

Biomagnetizer: é um dispositivo magnético fabricado de ímãs de cerâmica natural que promove a economia de combustíveis e a redução de poluição em veículos automotores. É uma patente brasileira e facilmente encontrado na internet.

Biomimetismo: ou biomimética, é uma área da ciência que tem por objetivo o estudo das estruturas biológicas e das suas funções, procurando aprender com a natureza, suas estratégias e soluções, e utilizar esses conhecimentos em diferentes domínios da ciência. A designação desta recente e promissora área de estudo científico provém da combinação das palavras gregas *bíos* (vida) e *mímesis* (imitação), ou seja, é a imitação da vida. É definido, na revista *Nature*, como o campo disciplinar ou o ato de aplicar os estudos de processos biológicos, químicos e ecológicos ao *design* de sistemas artificiais. Como exemplo, os aviões foram desenvolvidos observando-se os pássaros, o capacete de futebol americano foi criado observando-se o pica-pau, o velcro foi inspirado em gancho de certas sementes, roupas de baixo atrito dos nadadores foram criadas observando-se os peixes etc. Os biomimetistas encontram na natureza um modelo perfeito de inspiração e de imitação.

Biomimetismo Contábil: ou Contabilmimetismo, é uma interpretação da ciência contábil de acordo com a biomimética, esta recente área de estudo científico e cujo conceito provém das palavras gregas *bíos* (vida) e *mímesis* (imitação). Nesse enfoque, a relação entre os Ativos, Passivos e Patrimônio Líquido de uma entidade contábil engloba todas as questões da vida no planeta e a capacidade de renovação dos recursos naturais. E a equação fundamental da contabilidade (Ativo – Passivo = PL), pressupõe que não se pode gastar mais do que se ganha e o total dos Passivos não deve ser maior do que o total de Ativos, mas sob uma ótica abrangente e incluindo não apenas os aspectos econômicos, mas também sociais, ambientais e culturais.

***Blue Planet Prize* (1992)**: ou Prêmio Planeta Azul, é uma espécie de prêmio Nobel do meio ambiente criado na Rio-92 e patrocinado por uma fundação japonesa chamada Asahi Glass. O brasileiro professor Dr. José Goldemberg (USP) foi agraciado com este prêmio em 2008. Às vésperas da Rio+20, os laureados deste prêmio se reuniram em Londres e produziram um documento chamado *The Imperative to Act*, com quase 200 páginas, propondo soluções para resolver as grandes questões deste século.

Bluewashing* e *greenwashing: são práticas ou estratégias de marketing enganosas utilizadas por empresas que se dizem agir de acordo com valores sociais (*bluewashing*) ou ambientais (*greenwashing*), mas, na prática, utilizam de maquiagens ou de informações falsas, irrelevantes ou confusas que induzem ao consumidor pensar que são atitudes sustentáveis.

BP: Balanço Patrimonial é o principal relatório contábil que evidencia a situação econômica, financeira e patrimonial de uma entidade. Do lado esquerdo, tem-se o Ativo (bens e direitos), e do lado direito, o conjunto dos Passivos (dívidas) e do Patrimônio Líquido (riqueza líquida).

Break-Even Point: ou ponto de equilíbrio, é a denominação dada ao ponto em que uma empresa atinge o equilíbrio entre as receitas e despesas e, consequentemente, resultado nulo. Pode ser expresso em quantidades de produtos vendidos ou em montante de faturamento, níveis de eficiência e considerando-se ou não custos de oportunidades pela remuneração do capital próprio.

Cálculo de análise discriminante: é uma técnica estatística multivariada utilizada para classificar elementos de um determinado conjunto em duas ou mais categorias e consiste em determinar uma equação ou função discriminante para posteriores classificações, a exemplo das regressões lineares.

Cálculo de correlação: ou coeficiente de correlação, é uma medida da relação que existe entre duas ou mais variáveis dentro de uma mesma escala métrica. O valor do coeficiente varia de menos um a mais um e pode ser interpretado como forte (próximo da unidade), fraco (próximo de zero), positivo (quando tem o mesmo sentido) ou negativo (quando é inversamente relacionado).

Cálculo de desvio-padrão: é uma medida matemática de dispersão em torno da média e quanto maior o desvio-padrão, maior é a dispersão dos dados e vice-versa. É obtido também pela raiz quadrada da variância.

Cálculo de programação: são cálculos matemáticos que envolvem matrizes e determinantes ou equações e inequações e se aplicam em situações e planejamentos com múltiplas possibilidades de limitações e resultados. Nas planilhas Excel, esses cálculos podem ser realizados pela função Solver.

Cálculo de regressão: são cálculos matemáticos que envolvem a determinação da equação de uma reta a partir de um conjunto de dados. Podem ser lineares ou não lineares e podem ser obtidos pela abordagem dos mínimos quadrados.

Cap and Trade: é um mecanismo criado pelo Protocolo de Kyoto e extensivo ao Acordo de Paris e demais acordos de redução das emissões de gases do efeito estufa. Consiste em negociar (comprar ou vender) permissões para poluir. Para cumprir as suas metas, os países signatários estabelecem metas de redução e, consequentemente, limitações para as suas empresas, e quando uma delas não atinge esse limite é possível vender esse excedente. O MDL é um outro mecanismo adotado que consiste na obtenção de certificados negociáveis oriundos de projetos de redução de poluição.

Capital Circulante Líquido (CCL): ou capital de giro líquido, é definido como a diferença entre o total do Ativo Circulante (AC) e o total do Passivo Circulante (PC) e significa o excedente do montante de recursos em dinheiro, créditos e estoques em relação ao montante de suas dívidas de curto prazo. Se esse valor for negativo, pressupõe-se que a empresa está com problemas financeiros.

Capital de Terceiros (CT): corresponde ao montante dos Passivos onerosos (sujeitos ao pagamento de juros), sejam de curto ou de longo prazo que financiam os investimentos de uma determinada empresa. Em um contexto mais geral, o conceito de capital de terceiros pode englobar inclusive os Passivos não onerosos e representados pela soma dos grupos do Passivo Circulante e Passivo Não Circulante.

Capital Próprio (CP): corresponde ao total dos recursos próprios ou dos acionistas que financiam os investimentos de uma organização e engloba o total do Patrimônio Líquido (PL).

CAPM: *Capital Asset Pricing Model* é um modelo de precificação de Ativos desenvolvido por William F. Sharpe, Jack Treynor, John Lintner e Jan Mossin, baseado no trabalho de Harry Markowitz sobre diversificação e teoria moderna de portfólio. O Modelo CAPM considera que o retorno esperado exigido pelos investidores é igual à taxa dos títulos livre de risco ou *Risk Free* (RF) adicionado a um prêmio de risco em relação à Taxa de Retorno Média do Mercado (RM) e o respectivo nível de risco (β) e é determinado pela seguinte formulação: CAPM = RF + β (RM − RF).

Carbon Disclosure Project **(CDP)**: *Carbon Disclosure Project* é uma organização internacional, sem fins lucrativos, que tem como objetivo promover um sistema global único para que empresas e cidades mensurem, publiquem, divulguem, gerenciem e compartilhem informações relacionadas a emissões de gases de efeito estufa e outros aspectos ambientais.

Carta da Terra (1987): é uma declaração de 16 princípios éticos fundamentais para a construção do século XX, de uma sociedade global justa, sustentável e pacífica e foi lançada oficialmente em 29/6/2000 no Palácio da Paz em Haia após anos de discussões com milhares de pessoas desde a sua idealização na Rio-92.

CERES: *Coalition for Environmentally Responsible Economies* é uma entidade sem fins lucrativos com sede em Boston, Massachusetts, fundada em 1989 com a missão de mobilizar a liderança de investidores e negócios para construir uma economia global próspera e sustentável. Deu origem aos indicadores de sustentabilidade da *Global Reporting Initiative* (GRI) e, atualmente, tem sua sede na Holanda.

Chorume: é um líquido de cor escura e odor nauseante originado de processos biológicos, químicos e físicos da decomposição de resíduos orgânicos, geralmente presentes no lixo, e que polui os lençóis freáticos e o meio ambiente.

Ciclo de Caixa: é o prazo em número de dias determinado pelo Prazo Médio de Renovação dos Estoques (PMRE) mais o Prazo Médio de Recebimento das Vendas (PMRV), ou o ciclo operacional, menos o Prazo Médio de Pagamento das Compras (PMPC). O resultado positivo denota uma situação favorável, indicando que a organização recebe antes de pagar e vice-versa.

Ciclo Operacional: é o prazo em número de dias determinado pelo Prazo Médio de Renovação dos Estoques (PMRE) mais o Prazo Médio de Recebimento das Vendas (PMRV) e representa o tempo desde a entrada da matéria-prima até o recebimento das vendas.

Clube de Roma (1966): é um grupo de cientistas e de pessoas ilustres fundado em 1966 pelo italiano Aurelio Peccei e pelo escocês Alexander King e tornou-se conhecido a partir de 1972 por meio do livro intitulado *Os limites do crescimento*, elaborado por uma equipe do Massachusetts Institute of Technology (MIT) e chefiado por Dana Meadow. A conclusão deste livro foi de que se a humanidade continuasse a consumir os recursos naturais no mesmo ritmo que o da época, por consequência da industrialização, eles se esgotariam em menos de 100 anos. A repercussão foi muito grande e o Clube de Roma sofreu muitas críticas por nomes importantes da política mundial, que diziam que o Clube queria frear o crescimento econômico.

CNEP: Cadastro Nacional de Empresas Punidas, é um banco de dados que consolida a relação das empresas que sofreram qualquer das punições previstas na Lei 12.846/2013 (Lei Anticorrupção) e acordos de leniências. Esta lei trouxe a obrigatoriedade para os entes públicos de todos os poderes e esferas de governo de manter o CNEP atualizado. Disponível em: dados.gov.br/datset/cnep.

Colapso Malthusiano: Thomas Robert Malthus (1766-1834), economista inglês, clérigo, professor e demógrafo foi um dos primeiros a prever uma catástrofe mundial no início do século XIX, relacionada com o crescimento exponencial da população e a limitação de produção de alimentos. O adjetivo "malthusiano" é usado hoje para descrever uma previsão pessimista da desaparição de uma humanidade condenada à fome, hipótese que só não se realizou graças ao milagre da agricultura, ou seja, o impacto da tecnologia na produção agrícola com pesticidas, adubos químicos, mecanização etc.

Compostagem: é o processo de decomposição de materiais orgânicos com a finalidade de obter, no menor tempo possível, materiais ricos em húmus e nutrientes minerais para fertilização natural dos solos. A adubação orgânica orienta a seguinte composição do solo: ar (25%), terra (45%), água (25%), húmus (4%), micro-organismos (0,5%) e raízes (0,5%).

Conferências das Partes (COP): é um órgão da Convenção-Quadro das Nações Unidas sobre Mudança do Clima (UNFCCC) que reúne anualmente os países-membros em conferências mundiais e suas decisões, coletivas e consensuais, só podem ser tomadas se forem aceitas unanimemente pelas partes, sendo decisões soberanas e valendo para todos os países signatários. A primeira COP-1 foi realizada em Berlim em 1995, e o Acordo de Paris foi criado na COP-21 em 2015.

Contabilmimetismo: ver Biomimetismo Contábil.

Consumo Consciente: ou consumir de forma consciente, é levar em consideração os impactos ambientais e sociais desde a extração, produção, distribuição, consumo, descarte e reciclagem dos produtos e serviços.

Coopetition: ou Coopetição, é um termo utilizado para descrever a relação simultânea de cooperação e competição entre pessoas ou organizações. Trata-se de uma situação em que, simultaneamente, as empresas cooperam e competem, com objetivo de criarem e capturarem valor para os seus *stakeholders*. É um jogo ganha-ganha, em que todos saem lucrando.

Correção Monetária de Balanço (CMB): é uma sistemática de correção monetária de balanço que vigorou de 1977 a 1995 e consistia na atualização dos principais itens não monetários do Balanço Patrimonial de uma organização, com base nos índices gerais de inflação. É uma técnica genuína brasileira que facilitou o processo de cálculos e de atualização monetária.

Correção Monetária Integral (CMI): é uma sistemática de correção monetária de balanço em que se efetua os cálculos de atualização monetária de todos os itens monetários e não monetários, bem como a apuração dos ganhos e perdas com os itens monetários. Era uma técnica adotada pelas grandes empresas ou de capital aberto e foi extinta juntamente com a sistemática CMB em 31/12/1995.

Curva de Keeling (1958): a Curva de Keeling é um ícone da ciência das mudanças climáticas e representa o registro contínuo mais antigo da presença da concentração de dióxido de carbono na atmosfera. Estas medições foram realizadas pelo químico Charles David Keeling (1928-2005) a partir de março de 1958 no pico do Mauna Loa, quando notou uma concentração de 316 partes-por-milhão (ppm). Hoje está acima de 400 ppm, e, por milhares de anos anteriores, a concentração do CO_2 manteve-se em 280 ppm.

Custeamento Direto ou Variável: é um método de custeio que considera apenas os custos variáveis ou custos diretos aos produtos.

Custeamento por Absorção: é um método de custeio que considera todos os custos aos produtos, quer sejam fixos ou variáveis, diretos ou indiretos.

Custo Corrigido: é o custo original de um determinado Ativo atualizado monetariamente por algum índice de inflação.

Custo das Vendas: ou Custo dos Produtos Vendidos (CPV), ou Custo das Mercadorias Vendidas (CMV), refere-se à parcela do custo de produção ou da formação dos estoques de mercadorias que foram vendidos em um determinado período. A parcela que não foi vendida permanece contabilizada nos estoques.

Custo de Reposição: é o preço de mercado para repor aquele determinado item dos estoques ou do Ativo em geral.

Custo Fixo: são tipos de custos que permanecem fixos ou independem da quantidade de produção ou do volume de atividade, por exemplo: aluguel de um galpão, grande parte da folha de pagamento etc.

Custo Histórico: é o preço pago para adquirir um determinado Ativo ou gasto naquele momento histórico.

Custo Variável: são tipos de custos que variam em função da quantidade de produção ou do volume de atividade, por exemplo: matéria-prima, mão de obra horista etc.

Depreciação Ambiental: é a desvalorização de um determinado Ativo Ambiental em função da perda de valor econômico, decorrente do uso ou extração que excede à sua capacidade de resiliência.

Depreciação e Amortização: depreciação é a desvalorização de um determinado Ativo em função da perda de valor econômico, decorrente de uso, desgastes físicos ou por obsolescência. Amortização é a desvalorização de Ativos Intangíveis ou de direitos, decorrente do tempo decorrido ou da perda de valor econômico.

Desenvolvimento Sustentável: é o desenvolvimento que satisfaz as necessidades presentes, sem comprometer a capacidade das gerações futuras de suprir suas próprias necessidades (BRUNDTLAND/ONU, 1987).

DFC – direto: Demonstração de Fluxos de Caixa pelo método direto é uma demonstração contábil que evidencia toda a movimentação de entradas e saídas ou pagamentos e recebimentos de caixa.

DFC – indireto: Demonstração de Fluxos de Caixa pelo método indireto é uma demonstração contábil que evidencia a movimentação de caixa de forma indireta, ou seja, parte-se do lucro contábil e por variações das contas chega-se no saldo de caixa.

DJSI: *Dow Jones Sustainability Index* é um indicador global de *performance* financeira de empresas que leva em considerações aspectos de sustentabilidade, criado em 1999 pela Bolsa de Nova York. O índice equivalente no Brasil foi criado em 2005 e denomina-se Índice de Sustentabilidade Empresarial (ISE/B3).

DOAR: Demonstração das Origens e Aplicações de Recursos é uma demonstração contábil que deixou de ser exigida com a adoção das normas internacionais a partir de 2010. Ela demonstra as principais origens e aplicações de recursos financeiros e evidencia a variação do capital de giro ou Capital Circulante Líquido (CCL).

DRE: Demonstração do Resultado do Exercício é o segundo principal relatório contábil e evidencia a criação ou destruição de resultados em um determinado período. Inicia pelas receitas de faturamento, deduzidas dos impostos, custos e despesas até chegar na linha do Lucro Líquido e na determinação dos valores agregados.

DVA: Demonstração do Valor Adicionado é uma demonstração contábil que passou a ser exigida no Brasil a partir de 2010 com a adoção das normas internacionais de contabilidade. Diferentemente da Demonstração de Resultado do Exercício (DRE), que foca basicamente na última linha (Lucro Líquido), a DVA foca o valor agregado pela empresa e como foi distribuído no período.

EBIT: é a sigla *Earning Before Interest and Taxes*, ou Lucro Antes dos Juros e do Imposto de Renda e Contribuição Social sobre o Lucro (LAJIR).

EBITDA: é a sigla *Earning Before Interest, Taxes, Depreciation and Amortization* ou Lucro Antes dos Juros, Impostos, Depreciações e Amortizações (LAJIDA). Apesar de mencionado em algumas literaturas, o EBITDA (ou EBIDA) não é uma medida precisa de lucro operacional nem de geração de caixa, mas pode ser útil na comparação de desempenho entre empresas de países diferentes, justamente por não considerar essas variáveis macroeconômicas (juros, impostos, depreciações).

Ecodesign: é toda forma de criar e desenvolver projetos que minimizem o impacto ambiental durante seu ciclo de vida. É conhecido também como *design* ecológico, *ecofriendly*, *design* sustentável, *green design* etc.

Ecologia: a palavra "ecologia" foi empregada pela primeira vez pelo biólogo alemão H. Haeckel, em 1866, em sua obra *Generalle Morphologie der Organismen*. Origina-se de duas palavras gregas: *Oikós* (casa) e *Logos* (estudo) e significa a ciência que estuda as condições de existência dos seres vivos e suas interações com o seu meio.

Ecological Footprint: ou pegada ecológica, refere-se à quantidade de terra e água que seria necessária para sustentar as gerações atuais, em função dos recursos materiais e energéticos gastos por uma determinada pessoa ou população.

Efeito Estufa: é um dos fenômenos naturais que fazem com que a temperatura da superfície da Terra seja favorável à existência de vida no planeta. Consiste na retenção de parte dos raios infravermelhos na atmosfera em função da ação de alguns gases de efeito estufa (GHG). O aquecimento global é decorrência do aumento da quantidade desses gases.

EIA: Estudo de Impacto Ambiental é uma exigência legal na fase de Licença Prévia (LP) dos licenciamentos ambientais, instituída pela PNMA e exigida em obras ou empreendimentos que possam gerar impactos significativos de poluição ou degradação do meio ambiente. O EIA deve conter o diagnóstico ambiental da área de influência do projeto, envolvendo o meio físico, biológico, ecossistemas naturais e o meio socioeconômico, bem como as análises dos impactos ambientais do projeto, as alternativas de mitigações e programa de acompanhamento e monitoramento. O EIA é elaborado por especialistas e o seu acesso é restrito, pois pode conter informações sigilosas a respeito da atividade; enquanto que o Relatório de Impacto Ambiental (RIMA) é um relatório público e conclusivo.

ELP: Exigível a Longo Prazo é um subgrupo do Passivo que corresponde ao endividamento da organização no longo prazo, ou seja, prazos superiores a um ano.

Environmental Doomsday Clock: é um relógio simbólico mantido desde 1947 pelo *Bulletin of the Atomic Scientists* da Universidade de Chicago. O dispositivo utiliza uma analogia pela qual a raça humana está a "minutos para a meia-noite", sendo que a meia-noite representa a destruição da humanidade. Originalmente, previa o risco de guerras nucleares e atualmente inclui os fenômenos de mudanças climáticas globais. Em 2002, apontava sete minutos e em 2018 reduziu para dois minutos para meia-noite.

ESG: *Environmental Social and Governance* é um termo utilizado nos mercados de capitais que expressa a avaliação dos investimentos envolvendo questões econômicas, ambientais, sociais e de governança.

Estocolmo/72: foi a primeira grande Conferência das Nações Unidas sobre o Homem e o Meio Ambiente, realizada no período de 5 a 16 de junho de 1972, e tornou-se um marco nas tentativas de melhorar as relações do homem com o meio ambiente e estabelecer um equilíbrio entre o desenvolvimento econômico e a redução da degradação ambiental, que mais tarde evoluiria para a noção de desenvolvimento sustentável. As outras duas grandes reuniões foram a Rio-92 e a Rio+20.

EVA: *Economic Value Added*, ou valor econômico adicionado, é um conceito contábil que expressa o lucro econômico, obtido deduzindo-se a remuneração do capital próprio do Lucro Líquido contábil.

FAS-Amazonas (2008): é uma instituição privada, não governamental e sem fins lucrativos brasileira, criada em 2008 em parceria com o governo do Amazonas e empresas privadas e cujas ações estão voltadas principalmente para projetos de redução de desmatamentos e a preservação da biodiversidade em áreas da Amazônia, melhorando assim a qualidade de vida das populações tradicionais.

FIB: Felicidade Interna Bruta é um conceito de desenvolvimento sustentável criado como crítica ao tradicional Produto Interno Bruto (PIB), criado em 1972 pelo rei do Butão e por seu primeiro-ministro, um monge budista. Engloba nove dimensões a saber: bem-estar psicológico, saúde, uso do tempo, vitalidade comunitária, educação, cultura, meio ambiente, governança e padrão de vida.

Fluxo de Caixa Descontado (FCD): é um dos mais conhecidos métodos utilizados nas avaliações de investimentos ou *valuation* e baseia-se no método de cálculo do Valor Presente Líquido ou *Present Value* (PV).

Formas de tributação das empresas: as atividades empresariais estão sujeitas a diversas formas de tributação nos níveis federal (Imposto de Renda, CSL, IPI, PIS, COFINS etc.), estadual (ICMS) e municipal (ISS). Em relação ao Imposto de Renda e à Contribuição Social sobre o Lucro, as empresas podem ser tributadas pelo lucro real ou pelo lucro presumido.

Formas jurídicas de empresa: há três formas jurídicas pelas quais uma empresa pode se representar na sociedade: firma individual, sociedade empresária e sociedade civil. A firma individual é formada por uma pessoa física que dará o seu nome à firma ficando como único responsável por todos os atos da empresa. A sociedade empresária deve ser formada por dois ou mais sócios e é regulamentada pelo direito comercial, estando sujeita à falência, e compreende sociedade em nome coletivo, sociedade comandita simples, sociedade limitada (Ltda.), sociedade anônima (S.A.) e sociedade em comandita por ações. A sociedade civil

(SC) deve ser formada por dois ou mais sócios, se restringe a atividades de prestação de serviços, é regulamentada pelo Código Civil e não está sujeita à falência.

FSC: *Forest Stewardship Council* é um conselho global sobre o manejo florestal responsável pela certificação da produção responsável de produtos florestais. O FSC tem sede na Alemanha, é representado em mais de 70 países e, no Brasil, iniciou as atividades em 1996 com o Conselho Brasileiro de Manejo Florestal (FSC Brasil).

Fundo Verde do Clima: ou *Green Climate Fund* (GCF), é uma iniciativa global concebida para atender às necessidades de mitigação e adaptação ao aquecimento global. Foi criada nas conferências da ONU em que os países desenvolvidos se comprometem a canalizar para o fundo em torno de 100 bilhões de dólares por ano até 2020, oriundos de entidades privadas e estatais. Começou a operar em 2015, com a gestão pelo Banco Mundial.

GAF: Grau de Alavancagem Financeira é um indicador utilizado para avaliar a alavancagem dos ganhos de um empreendimento relacionados com a participação de recursos de terceiros. Pode ser interpretado pela razão entre o *Return on Equity* (ROE) e *Return on Investment* (ROI).

GAO: Grau de Alavancagem Operacional é um indicador utilizado para avaliar os efeitos provocados sobre o Lucro Operacional (LO) pelas variações ocorridas no montante das vendas ou faturamento. Pode ser interpretado pela razão entre a variação percentual do lucro operacional em relação à variação no percentual do montante de vendas.

GHG Protocol: é uma ferramenta utilizada para entender, quantificar e gerenciar emissões de gases de efeito estufa (GEE) que foi originalmente desenvolvida nos EUA em 1988 pelo *World Resources Institute* (WRI) e é hoje utilizada mundialmente pelas empresas e governos para a realização de inventários de GEE. É compatível com a norma ISO 14064 e os métodos do IPCC. Em 2008, essa ferramenta foi adaptada e adotada no Brasil pela CES/FGV em parceria com o MMA, CEBDS, WBSCD e empresas fundadoras.

GHG: *Greenhose Gases*, ou gases do efeito estufa (GEE), são substâncias gasosas que absorvem parte da radiação infravermelha e dificultam seu escape para o espaço, originando o efeito estufa responsável por manter a Terra aquecida. Os seis principais GHG são: dióxido de carbono (CO_2), óxido nitroso (N_2O), metano (CH_4), clorofluorcarbonetos (CFC), hidrofluorcarbonetos (HFC), perfluorcarboneto (PCF) e hexafluoreto de enxofre (SF_6).

Giro do Ativo: é um indicador utilizado para avaliar a eficiência do total de Ativos em relação ao montante de faturamento de uma organização. Pode ser interpretado pela razão entre o montante do faturamento em relação ao total de Ativos e, em princípio, quanto maior melhor.

Goodwill: é o conjunto de elementos não materiais ou intangíveis que compõe o valor de um determinado Ativo ou empreendimento. Pode ser definido como um lucro anormal, além do esperado e que não está diretamente vinculado aos seus Ativos.

Governança corporativa: é o sistema ou forma pelo qual as empresas e demais organizações são dirigidas, monitoradas e incentivadas, envolvendo os relacionamentos entre os sócios, conselho de administração, diretoria, órgãos de fiscalização e controle e demais partes interessadas. É o conjunto de processos, costumes, políticas, leis, regulamentos e instituições que regulamentam a maneira como uma empresa é administrada.

GRI: *Global Reporting Initiative* é uma organização sem fins lucrativos com sede na Holanda, fundada em 1997, com a finalidade de emitir normas e diretrizes sobre relatórios de sustentabilidade, envolvendo os aspectos econômicos, sociais, ambientais e de governança. Abrange seis dimensões: econômica, ambiental, práticas trabalhistas e trabalho descente, direitos humanos, sociedade e responsabilidade pelo produto.

Hotspots **de Biodiversidade**: ou *Hotspot* Ecológico, é uma denominação criada por Norman Myers, em 1988, que se refere a uma região biogeográfica ou uma reserva de biodiversidade que está sujeita a ameaças de destruição e inspira cuidados. O critério utilizado por Myers para identificar essas áreas tem a seguinte composição: áreas com mais de 1.500 espécies endêmicas (aquelas que só existem na região em questão) e que já perderam três quartos de sua vegetação original. Os *Hotspots* no Brasil são a Mata Atlântica e o Cerrado. Não se inclui (ainda) a Amazônia.

IBASE: o Instituto Brasileiro de Análises Sociais é uma organização sem fins lucrativos dedicada à cidadania e foi fundada em 1981 pelo sociólogo Herbert de Souza, o Betinho, e os economistas Carlos Afonso e Marcos Arruda. Em 1997, o IBASE lançou o pioneiro Balanço Social IBASE, incentivando as empresas a relatarem informações de natureza econômica, social, ambiental, trabalhistas e de cidadania.

IBrX-50: ou Índice Brasil 50, é um dos índices da Bolsa de Valores de São Paulo (B3), lançado a partir de 2004, que avalia o retorno de uma carteira teórica composta pelas 50 ações mais negociadas na Bolsa. Além disso, essas ações devem ter sido negociadas em pelo menos 80% dos pregões ocorridos nos doze meses e não incluem companhias em regime de recuperação judicial, processo falimentar, situação especial ou que sujeitas à suspensão de negociação.

Ice Core: ou núcleo de gelo, refere-se a uma das pesquisas mais importantes que constatou que o aumento da temperatura está correlacionado com o aumento dos gases do efeito estufa. Foram perfurados quase 4 mil metros de profundidade no gelo da Antártida e os tubos de gelos extraídos mostraram o ar atmosférico aprisionado ao longo de milhares de anos, evidenciando que a concentração de CO_2 aumentou de 180 a 280 ppm nos últimos períodos glaciares, permaneceu em torno de 280 ppm nos últimos milhares de anos e, nos últimos 150 anos, começou a aumentar de forma anormal e, atualmente, encontra-se acima de 400 ppm. De acordo com a ONU, esse aumento de 45% de CO_2 em relação à era pré-industrial tem potencial de aumentar o nível do mar em 20 metros e de aumentar a temperatura em 3 graus Celsius.

ICMS ecológico: O Imposto sobre a Circulação de Mercadorias e sobre Prestação de Serviços de Transporte e de Comunicação (ICMS) é o tributo de maior relevância dos estados brasileiros e 25% dessa arrecadação é repassada aos municípios, sendo três quartos desse repasse em função do valor agregado de cada município e um quarto definido em lei estadual. É aqui que entra o ICMS ecológico (ou ICMS Verde): o estado que aderir a esse instrumento pode repassar esta parcela (um quarto de 25% que é igual a 6,25% da arrecadação) para os municípios que possuem áreas de proteção ambiental e de mananciais. O Paraná foi o primeiro estado a adotar esse instrumento fiscal, que atualmente é regulamentado em 17 estados.

ICO2: é um índice da Bolsa de Valores de São Paulo (B3) formado por uma carteira teórica composta pelas empresas participantes do índice IBrX-50 que responderam voluntariamente ao questionário com informações sobre emissões dos gases de efeito estufa (GEE). Portanto, são as melhores empresas da bolsa, e no quesito ambiental procuram aferir, divulgar e monitorar suas emissões, preparando-se para atuar em uma economia de "baixo carbono".

IDH: Índice de Desenvolvimento Humano, criado por Mahbub ul Haq com a colaboração do economista e nobel Amartya Sen, é uma medida comparativa usada para classificar os países pelo seu grau de desenvolvimento humano em três dimensões: renda (produto interno *per capita*), educação (anos médios de estudo) e saúde (longevidade ou expectativa de vida). Este índice vai de 0 a 1 e é classificado em baixo (0 a 0,499), médio (0,500 a 0,799), alto (0,800 a 0,899) e muito alto (0,900 a 1,000).

IEVA: Índice de Especulação de Valor Agregado é um indicador de múltiplos, desenvolvido por Kassai (2001), que identifica o nível de especulação existente no preço das ações de uma companhia em relação ao seu cálculo de *valuation* com base no valor presente dos lucros futuros. Quando o seu valor é próximo da unidade significa que as expectativas dos mercados ou investidores estão em harmonia com as empresas e seus gestores; e o preço das ações pode estar subavaliado (menor do que um) ou superavaliado (maior do que um).

IFRS: *International Financial Reporting Standards* são normas internacionais de contabilidade emitidas pelo *International Accounting Standards Board* (IASB), com sede em Londres. O Brasil fez a sua adoção integral com a Lei 11.638/2007 e as empresas privadas tiveram o período 2007-2010 para se adequarem.

IIRC: *International Integrated Reporting Council* (IIRC), ou Conselho Internacional do Relato Integrado, é uma coalizão global formada por órgãos reguladores, empresas, profissionais e entidades do setor contábil e por um grupo de investidores que detém uma carteira de 16 trilhões de dólares. Foi criada oficialmente em 2010, sob a liderança de Sua Alteza o Príncipe de Gales, com o objetivo de desenvolver relatos corporativos que atendam às necessidades e desafios do século XXI. Em 9/12/2013, publicou a primeira versão do *Framework Integrated Reporting*.

Impairment: é um termo em inglês conhecido no cenário contábil e o seu significado está relacionado com deterioração ou perda de valor de um determinado ativo. O Comitê de Pronunciamento Contábil emitiu a norma CPC-01 que trata sobre o *Impairment* e seus principais tópicos, destacando que o valor recuperável de um Ativo é o maior valor entre o seu valor justo líquido de despesas de vendas e o seu valor em uso.

Índice PL: é a razão entre o preço de mercado da ação de uma empresa em relação ao seu lucro por ação (LPA) e pode ser interpretado como o número de anos que se levaria para reaver o capital investido na compra de uma ação.

Inflação: refere-se ao aumento contínuo e generalizado dos preços em uma economia e pode ser dividido em três categorias: de demanda, de custos e inercial. A inflação de demanda ocorre quando se observa um desequilíbrio entre o aumento do poder aquisitivo da população em relação a capacidade do mercado de prover os bens e serviços demandados. A inflação de custos ocorre quando os insumos necessários para a produção de bens e serviços ficam mais caros e os custos de produção são repassados ao consumidor. A inflação inercial é resultante de um impacto psicológico de tendência inflacionária em períodos anteriores.

***Integrated Reporting* (IR):** ou Relato Integrado (RI), é uma iniciativa global do *International Integrated Reporting Council* (IIRC) com o propósito de tornar-se um novo padrão de relatos corporativos em que as organizações deixarão de produzir comunicações volumosas, desconexas e estáticas e passarão a comunicar o seu processo de geração de valor como alicerce para um futuro sustentável.

***Integrated Sustainability Reporting*:** esta denominação de relato de sustentabilidade integrado com as informações financeiras foi introduzida em 2002, por ocasião do lançamento do código "King II" de princípios de governança corporativa, desenvolvido por Marvyn King (ex-presidente do Supremo Tribunal da África do Sul), por ocasião da Cúpula da Terra de Johanesburgo (Rio+10). Em 2009, foi lançado o código "King III", já com a expressão *Integrated Reporting*.

***Integrated Thinking*:** ou pensamento integrado, é um princípio básico do *framework* do Relato Integrado e que consiste em uma sinergia e profunda mudança mental e de atitudes de membros de conselhos de administração e diretores executivos, em um movimento *top-down* que incorpore os valores de criação sustentável de riquezas por toda a organização, como parte da estratégia da firma.

Intersecção de Fisher: é o ponto de intersecção entre duas retas representativas da comparação de dois projetos de investimentos em um gráfico cartesiano, cujas abcissas e ordenadas representam respectivamente a Taxa Interna de Retorno (TIR) e o Valor Presente Líquido (VPL). É importante o seu entendimento para não cair em "armadilhas" matemáticas na escolha de investimentos, pois, dependendo da Taxa Mínima de Atratividade (TMA), as escolhas podem se inverter. Veja o tópico 4.3.4, no Capítulo 4.

IPCC: *Intergovernmental Panel on Climate Change*, ou Painel Intergovernamental sobre Mudanças Climáticas, é uma organização científica criada em 1988 no âmbito da ONU pela iniciativa do Programa das Nações Unidas para o Meio Ambiente (PNUMA) que tem como objetivo principal sintetizar e divulgar o conhecimento mais avançado sobre as mudanças climáticas, apontando suas causas, efeitos e riscos para a humanidade e o meio ambiente, sugerindo maneiras de combater os problemas. O IPCC não produz pesquisa original, apenas reúne e resume o conhecimento produzido por cientistas de todo o mundo. O quinto relatório do IPCC foi divulgado em 2013 com o alerta de que a temperatura média do planeta pode atingir 4,8 graus Celsius neste século.

ISE: Índice de Sustentabilidade Empresarial (ISE) é uma carteira teórica que mede o retorno médio das empresas listadas na B3 com as melhores práticas de sustentabilidade, envolvendo o engajamento em quatro pilares: econômico, social, ambiental e governança corporativa. É uma iniciativa pioneira na América Latina, e o quarto índice global, promovido pela antiga BM&FBovespa, atual B3.

ISO 14000: compreende uma série de normas técnicas da *International Organization for Standardization* (ISO) que estabelecem as melhores práticas a serem adotadas no gerenciamento dos Sistemas de Gestão Ambiental (SGA) com ações para aumentar a produtividade e melhorar a qualidade dos produtos e serviços, assim como melhorar a qualidade de vida das pessoas no ambiente de trabalho e no seu entorno. A implementação dos SGA inclui aspectos ambientais na estratégia das empresas, avaliações contínuas e mitigação das externalidades ambientais.

ISO 26000: compreende uma série de normas técnicas da ISO que estabelecem diretrizes para ajudar na implementação e desenvolvimento de políticas baseadas na sustentabilidade e se baseia em sete princípios: responsabilidade, transparência, comportamento ético, partes interessadas, legalidade, normas internacionais e direitos humanos. Envolve também as áreas de práticas trabalhistas, meio ambiente, operações, combate à corrupção e propina, direito dos consumidores e participação comunitária.

ISO 31000: compreende uma série de normas técnicas da ISO que estabelecem princípios e diretrizes sobre gestão de riscos em qualquer tipo de organização. Envolve a identificação dos tipos de riscos e incertezas, gestão de risco, estruturas e políticas, apetite e aversão ao risco, plano de gestão de risco, proprietário do risco, processos de gestão de riscos, estabelecimento do contexto interno e externo, comunicação e consulta, partes interessadas, avaliação de riscos, fontes de riscos, probabilidades, perfil de riscos, análises de riscos, nível de risco, controle, risco residual, monitoramento, análise crítica, matriz de risco (probabilidade e consequências) etc.

ISO 9000: compreende uma série de normas técnicas da ISO que estabelecem um modelo de Sistema de Gestão da Qualidade (SGA) para as companhias, com requisitos que auxiliam na melhoria dos processos internos, na maior capacitação dos colaboradores, no monitoramento do ambiente de trabalho, na verificação da satisfação dos clientes, colaboradores e fornecedores, e em um processo contínuo de melhoria. A gestão da qualidade total é baseada na criação da consciência de qualidade em todos os processos organizacionais e antecede o agir e o produzir.

ISO: *International Organization for Standardization* é uma organização não governamental, fundada em 23/2/1947, e atualmente conta com o apoio de milhares de especialistas e membros de 162 países, incluindo a Associação Brasileira de Normas Técnicas. A ISO tem como objetivo tornar as coisas iguais (do grego *iso*) e sua missão é incentivar a padronização por meio de normas e diretrizes internacionais.

Jean-Batiste Joseph Fourier (1768-1830): o matemático e físico francês Jean-Baptiste Joseph Fourier foi o primeiro a propor, em 1827, que os gases da atmosfera são os responsáveis por proporcionar uma temperatura constante ao planeta pelo processo do "efeito estufa". Sete décadas mais tarde, o químico sueco Svante August Arrhenius (1859-1927), prêmio Nobel de química de 1903, associou o dióxido de carbono (CO_2) ao efeito estufa.

Joseph Black (1728-1799): o químico e físico escocês Joseph Black descobriu, em 1754, a presença do dióxido de carbono (CO_2) na atmosfera (0,03%) e que a sua presença é fundamental para a manutenção da vida no planeta. Sem o CO_2 as plantas e outros organismos não realizariam o processo de fotossíntese, que transforma energia solar em energia química e produz oxigênio para os outros seres vivos.

Ke (*equity capital*): Custo do Capital Próprio, ou *equity capital*, refere-se à parcela do custo de capital da empresa financiada com recursos ou capitais próprios dos acionistas e pode ser calculado por meio da formulação do *Capital Asset Pricing Model* (CAPM).

Ki (*debt capital*): Custo do Capital de Terceiros, ou *debt capital*, refere-se à parcela do custo de capital da empresa financiada com recursos de terceiros e pode ser calculado pela taxa média ponderada dos empréstimos e financiamentos obtidos.

King III: ou "Código King III", é a denominação do documento lançado em 2009, por Mervyn King (ex-presidente do Supremo Tribunal da África do Sul) e intitulado *King Report on Governance for South Africa*. O documento estabelece e recomenda princípios de governança corporativa e introduziu o termo *Integrated Reporting*, ou Relato Integrado, ao se referir à integração de informações financeiras e de sustentabilidade. Esse código teve influência não apenas na África do Sul, mas principalmente no Reino Unido e, a partir de março de 2010 tornou-se obrigatória sua a adoção pelas empresas listadas na bolsa de valores de Johanesburgo. A versão "King I" foi lançada em 1994 com princípios de governança corporativa e a versão "King II" foi lançada em 2002, por ocasião da Rio+10, introduzindo o termo *Integrated Sustainability Reporting*, baseado no modelo GRI e na abordagem TPL. Adrian Cadbury (1929-2015), considerado o pai da governança corporativa, afirmou: "*a governança de ontem tinha foco em elevar a eficácia dos conselhos; a governança de hoje é direcionada ao papel das organizações na sociedade; e a governança de amanhã será direcionada pelo King III*". A versão "King IV" foi lançada em 2016 com base no *Framework Integrated Reporting* (2013) e com o compromisso da *International Federation of Accountants* (IFC) de promover o Relato Integrado nos países do G20.

LAIR: Lucro Antes do Imposto de Renda é uma medida intermediária de lucro da DRE obtida antes da dedução do Imposto de Renda (IR) e da Contribuição Social sobre o Lucro (CSL). A taxa de Imposto de Renda (25% mais adicional de 10%) mais a CSL (9%) pode atingir 34% sobre as empresas brasileiras e pode ser calculada pelo regime de lucro real ou presumido.

Laudato Si: é a segunda encíclica do Papa Francisco, escrita em 24/5/2015 e publicada em 18/6/2015 pelo Vaticano. O título significa Louvado Seja. Contém 246 parágrafos distribuídos em seis capítulos que abordam argumentos científicos e morais para que sejam desenvolvidas estratégias contra as mudanças do clima, classificadas pelo Papa como urgentes e inadiáveis. Complementa os demais relatórios da ONU, pois além de abordar questões sobre o meio ambiente, incentiva também uma mudança interior e no sentimento dos seres humanos, como amor, compaixão, beleza, honestidade e respeito ao próximo. Foi elaborada pela Pontifícia Academia de Ciências do Vaticano que é composto por ganhadores do prêmio Nobel e especialistas como o inglês Stephen Hawking (1942-2018) e o brasileiro professor Virgílio Maurício Vianna.

LB: Lucro Bruto é uma medida intermediária de lucro da DRE obtida a partir da receita bruta de vendas ou faturamento menos as deduções dos impostos sobre vendas e dos custos dos produtos ou serviços vendidos.

LC: Liquidez Corrente é um índice de análise de balanços obtido pela razão entre o total dos Ativos Circulantes (AC) e o montante dos Passivos Circulantes (PC). Intuitivamente, quanto mais próximo ou maior do que a unidade, melhor. Se a LC é igual a R$ 0,66, por exemplo, significa que para cada um real de dívida contratada a curto prazo, a empresa dispõe de apenas 66 centavos para quitá-la a curto prazo.

Lei 12.187/2009 PNMC: a Lei 12.187, de 29/12/2009, dispõe sobre a Política Nacional sobre Mudança do Clima (PNMC), buscando garantir que o desenvolvimento econômico e social contribuam para a proteção do sistema climático global. Essa lei oficializou o compromisso do Brasil junto ao Protocolo de Kyoto, com o compromisso de redução de emissões dos gases de efeito estufa entre 31,1% a 38,9% projetados até 2020. Com a ratificação junto ao Acordo de Paris, o Brasil se comprometeu em reduzir 37% das emissões até 2025 e 43% das emissões até 2030.

Lei 12.305/2010 PNRS: a Lei 12.305, de 23/12/2010, regulamenta a Política Nacional de Resíduos Sólidos (PNRS) e cria o Comitê Interministerial da Política Nacional e o Comitê Orientador para Implantação dos Sistemas de Logística Reversa. Institui a responsabilidade compartilhada dos geradores de resíduos: fabricantes, importadores, distribuidores, comerciantes, cidadãos e titulares de serviços de manejo dos serviços urbanos na logística reversa dos resíduos e embalagens pós-consumo. Tem por objetivo trazer o fim dos lixões e aterros a céu aberto.

Lei 13.576/2009 LT: a Lei do Estado de São Paulo 13.576, de 6/7/2009, institui normas e procedimentos para a reciclagem, gerenciamento e destinação final de lixo tecnológico, considerados os aparelhos eletrodomésticos e os equipamentos e componentes eletroeletrônicos de uso doméstico, industrial, comercial ou no setor de serviços que estejam em desuso e sujeitos à disposição final, como componentes e periféricos de computadores, monitores e televisores, acumuladores de energia (baterias e pilhas) e produtos magnetizados.

Lei 13.798/2009 PEMC: a Lei do Estado de São Paulo 13.798, de 9/11/2009, institui a Política Estadual de Mudanças Climáticas (PEMC). Curiosamente, esta lei é anterior à lei federal (12.187/2009) e o estado de São Paulo se compromete com uma meta de redução global de 20% das emissões de dióxido de carbono até 2020, bem como manter o registro público de emissões.

Lei 6.938/1981 PNMA: a Lei 6.938, de 31/8/1981, dispõe sobre a Política Nacional do Meio Ambiente (PNMA) e foi recepcionada pela Constituição Federal de 1988 em seu artigo 225, referente ao meio ambiente equilibrado simultaneamente ao dever de responsabilidade, ou seja, é proibido utilizar algum bem indiscriminadamente quando sua utilização colocar em risco o equilíbrio ambiental.

Lei Anticorrupção: a Lei 12.846, de 1º/8/2013, também conhecida como a Lei Anticorrupção, dispõe sobre a responsabilização administrativa e civil de pessoas jurídicas pela prática de atos contra a administração pública, nacional ou estrangeira. Estabelece punições de até 20% do faturamento bruto, perdas dos bens, direitos e valores, suspensão ou interdição de suas atividades, dissolução da pessoa jurídica, proibições de receber incentivos, bem como a reparação integral do dano causado pelo ato ilícito. Cria também o cadastro nacional de empresas punidas (CNEP).

Leis da Termodinâmica: a termodinâmica é o ramo da física que estuda as relações de troca entre o calor e o trabalho realizado na transformação de um sistema físico, envolvendo temperatura, pressão e volume. Há cinco leis da termodinâmica: Lei

Zero: se dois corpos estão em equilíbrio térmico com um terceiro, então todos estão em equilíbrio e um não passa energia para o outro; 1ª Lei: a energia de um sistema não pode ser destruída nem criada, somente transformada; 2ª Lei: as transferências de calor ocorrem sempre do corpo mais quente para o corpo mais frio e atingem o equilíbrio igualando-se as temperaturas; 3ª Lei: a entropia de um sistema no zero absoluto tende a um valor mínimo ou mesmo zero (zero absoluto é uma medida teórica que equivale a –273,15 graus Celsius); 4ª Lei: Lotka sugeriu que o seu princípio de potência máxima poderia ser a quarta lei da termodinâmica, enunciando o seguinte: na luta pela existência, conseguem sobreviver aqueles organismos cujos mecanismos de captura de energia potencial são mais eficientes.

LG: Liquidez Geral é um índice de análises de balanços obtido pela razão entre a somatória dos Ativos Circulantes (AC) com os Ativos Realizáveis a Longo Prazo (RLP) e a somatória dos Passivos Circulantes (PC) com os Passivos Exigíveis a Longo Prazo (ELP). No novo padrão de contabilidade internacional adotado pelo Brasil, os RLP estão classificados no grupo do Ativo Não Circulante (ANC) e os ELP no grupo do Passivo Não Circulante (PNC). A LG difere da LC, pois considera o curto e o longo prazo.

Licenciamento Ambiental: é uma exigência legal que estão sujeitos todos os empreendimentos ou atividades que empregam recursos naturais ou que possam causar algum tipo de poluição ou degradação ao meio ambiente. É um procedimento administrativo pelo qual são autorizadas a localização, instalação, ampliação e operação desses empreendimentos ou atividades. O processo de licenciamento ambiental possui três etapas: licença prévia (LP), licença de instalação (LI) e licença de operação (LO). No caso de uma obra de significativo impacto ambiental, na fase de LP o responsável deve providenciar o Estudo de Impacto Ambiental (EIA) e o Relatório de Impacto Ambiental (RIMA).

Limites do Crescimento: é um livro escrito em 1972 pelo Clube de Roma e equipe do Massachusetts Institute of Technology (MIT) e foi pioneiro em abordar questões como: crescimento populacional, industrialização, poluição, produção de alimentos e esgotamento dos recursos naturais. Em 2008, a *Commonwealth Scientific and Industrial Research Organization* (CSRO) da Austrália publicou um artigo intitulado "Comparação dos limites do crescimento com trinta anos de realidade", concluindo que as previsões originais estavam coerentes. Em 2004, foi publicado a segunda edição (*The 30-Year Update*), incluindo dois conceitos: a necessidade de um desenvolvimento sustentável e a medição do impacto do homem sobre a terra por meio da pegada ecológica.

LL: Lucro Líquido é a última linha da DRE e representa a parcela líquida de resultado à disposição dos acionistas. É obtido de forma dedutiva a partir da receita bruta de vendas ou faturamento e deduzindo-se os impostos sobre vendas, os custos de vendas, as despesas e as parcelas de Imposto de Renda.

LO: Lucro Operacional é um resultado intermediário da DRE, obtido após o Lucro Bruto (LB) e depois da dedução das despesas operacionais. O conceito de LO previsto na legislação brasileira difere do conceito genuíno de lucro operacional estabelecido pelo *Net Operating Profit Less Adjusted Taxes* (NOPLAT).

LPA: Lucro por Ação é a razão formada pela divisão entre o Lucro Líquido da empresa e o número de suas ações.

LS: Liquidez Seca é um índice de análises de balanço estabelecido pela razão entre os Ativos Circulantes menos o montante dos estoques (AC – Estoques) e os Passivos Circulantes (PC). É um índice que complementa a análise da LC.

Marco de Sendai: é um acordo celebrado na terceira Conferência Mundial da ONU para a Redução de Riscos de Desastres Naturais, realizada em 2015 em Sendai/Japão, e consiste no comprometimento dos países-membros se aterem a quatro prioridades: entender os riscos de desastres naturais, fortalecer o gerenciamento de riscos, investir na redução dos riscos e na resiliência e reforçar a prevenção de desastres com respostas efetivas.

Margem de Lucro (M): a margem de lucro é um indicador de análise de balanços determinado pela razão entre o Lucro Líquido (LL) e o montante do faturamento, e quanto maior, melhor. Pode-se aperfeiçoar as análises, por exemplo, adotando-se o lucro operacional (NOPLAT) como o numerador e o montante da receita líquida de vendas como o denominador desta expressão.

Markup: é uma metodologia adotada para elaboração de preços de vendas que considera todas as variáveis envolvidas, como lucro final ou margem de contribuição desejada, impostos incidentes sobre o faturamento, participação dos custos e despesas fixas e variáveis, taxa de juros por vendas a prazo etc. O *markup* pode ser adotado na versão de índice multiplicar (por exemplo: 1,25) ou índice divisor (0,80).

Matriz Energética: é o conjunto de todos os tipos de energia que um país produz e consome e inclui diversas fontes como: hidrelétrica, térmica, nuclear, eólica, solar, biomassa, carvão, petróleo etc. A matriz energética brasileira é bastante privilegiada, pois as fontes renováveis representam mais de 42% (2017), enquanto que a média mundial é inferior a 10%. Há possibilidades reais de se aumentar a participação de energias limpas, como a energia eólica e solar.

MDL: ou mecanismo de desenvolvimento limpo, é um dos mecanismos criados pelo Protocolo de Kyoto (1997) para auxiliar no processo de redução de emissões dos gases do efeito estufa. São títulos que podem ser emitidos em países em desenvolvimento com base em projetos de redução de emissões e podem ser negociados em comércio global com países que necessitam atingir a sua meta. O *Cap and Trade* é outro mecanismo praticado em países que estabelecem limites de poluição para as sua empresas e, quando uma delas consegue emitir menos do que esse limite, pode negociar esse excedente.

Metais Pesados: são materiais mais densos em virtude de sua composição atômica. Em contato com os organismos vivos, acabam atraindo para si as enzimas e proteínas e, ao se fixarem nas paredes celulares, dificultam o transporte de nutrientes. Em casos de altas concentrações, podem ocasionar a morte. Exemplos de metais pesados: chumbo, mercúrio, ferro, zinco, estanho, cromo etc.

Metas de Aichi: a 10ª Conferência das Partes na Convenção da Diversidade Biológica, ocorrida em 2010, em Nagoya, província de Aichi/Japão, estabeleceu o Plano Estratégico para a Biodiversidade com a elaboração de 20 proposições, denominadas "Metas de Aichi", voltadas para a redução da perda da biodiversidade em âmbito global, nacional e regional, a saber: (1) conscientizar as pessoas sobre o valor da biodiversidade; (2) integrar os valores da biodiversidade no desenvolvimento; (3) eliminar incentivos lesivos e implementar incentivos positivos; (4) produção e consumo sustentáveis; (5) reduzir a perda de habitats nativos; (6) pesca sustentável; (7) sustentabilidade da agricultura, psicultura e silvicultura; (8) controle da poluição das águas; (9) controle das espécies exóticas invasoras; (10) redução das pressões sobre recifes e corais; (11) expandir áreas protegidas; (12) evitar extinções das espécies; (13) conservação da agrobiodiversidade; (14) restauração de ecossistemas provedores de serviços essenciais; (15) recuperação dos sistemas degradados para mitigação às mudanças climáticas; (16) implementação do Protocolo de Nagoya; (17) implementação da Estratégia Nacional de Biodiversidade; (18) respeito às populações e conhecimentos tradicionais; (19) ciência e tecnologia para a biodiversidade; e (20) mobilização de recursos financeiros.

Microcrédito: é uma modalidade de empréstimo de valores pequenos e destinados para promover o desenvolvimento de negócios junto a população de baixa renda. Foi inspirado nos trabalhos de Muhammad Yunus, ganhador do Nobel da paz em 2006 e conhecido como banqueiro dos pobres (*banker to the poor*). Yunus afirma que é impossível ter paz com pobreza. O Governo Brasileiro, por meio do Decreto 9.161, de 26/9/2017, regulamentou a Medida Provisória 802, que dispõe sobre o Programa Nacional de Microcrédito Produtivo Orientado. (Embora ainda prevaleça a cultura de altas taxas de *spread* bancário, é desejável que as instituições financeiras se reinventem e limitem à Selic suas taxas de juros praticadas.)

Missão da Empresa: é o detalhamento da razão da própria existência de uma empresa e, em nossa opinião, deveria explicitar o seu processo de geração de valor ao longo do tempo e o seu engajamento em relação ao desenvolvimento sustentável.

Mitigação: é uma intervenção humana com o intuito de reduzir ou remediar um determinado impacto nocivo ao meio ambiente, diminuindo ou suavizando os danos ou consequências. A título de curiosidade, o Relatório Stern (2006) concluiu que com um investimento no valor equivalente a 1% do PIB é possível mitigar ou evitar a perda de 20% do mesmo PIB em um prazo de simulação de 50 anos.

Modelo DuPont: ou análise DuPont, é um método para avaliar o desempenho de uma organização por meio da decomposição da Taxa de Retorno de Investimento. A formulação original baseia-se no *Return on Assets* (ROA), que se decompõe em Margem de Lucro (M) e Giro do Ativo (G), e pode ser aprimorada utilizando-se a formulação do *Return on Investment* (ROI), que se decompõe em Margem Operacional (NOPLAT) e Giro dos Investimentos (G). Alternativamente, pode-se sofisticar essa formulação partindo-se do *Return on Equity* (ROE) e decompondo-se em Margem Operacional (NOPLAT) vezes Giro do Investimento (G) vezes o GAF.

Monocultura: é o sistema de produção em grande escala de um único ou poucos tipos de produto agrícola (unicultura). Por substituir a cobertura vegetal e a biodiversidade original, é considerada uma prática prejudicial ao meio ambiente, pois extingue a biodiversidade e exige a recomposição do solo por meio de adubação química constante.

Monster Countries: é uma expressão criada pelo professor e diplomata americano George Frost Kennan (1904-2005) para designar os países com duas vantagens competitivas essenciais para a preservação das civilizações: grande extensão continental e grande contingente populacional. São cinco os países que compõem os *monster countries*: EUA, Brasil, Rússia, Índia e China, que foram objetos de estudo pelo NECMA/USP no artigo "*The Monster Countries*: reflexões sobre o Balanço Contábil das Nações" (2008).

Mottainai: é uma palavra de origem japonesa cujo significado está relacionado com "desperdício" e refere-se a qualquer tipo de desperdícios, quer seja material, mental ou emocional. *Mottai* é um termo que tem origem budista e refere-se à essência das coisas ou do universo físico e *nai* significa negação e, por isso, *mottai-nai* é uma expressão de tristeza sobre as eventuais desarmonias entre todas as entidades vivas e não vivas. O Japão desenvolveu esse conceito baseado em muita dor e sofrimento ao longo de sua história, devido à densidade de sua população, recursos naturais limitados, poucas terras produtivas e por ter passado por grandes provações com pobreza extrema, fome, guerras, desastres naturais. Por exemplo, deixar um grão de arroz no prato é considerado um profundo desrespeito de acordo com a filosofia *Mottainai*. A queniana Wangari Muta Maathai (1940-2011) conheceu o termo *mottainai* em sua visita ao Japão e, quando retornou ao continente africano, foi ela quem deu origem ao conceito 3Rs (reduzir, reutilizar, reciclar).

Mudanças Climáticas Globais: o termo mudanças climáticas globais, ou mudança do clima, ou mudança climática, ou alteração climática ou aquecimento global, refere-se à variação do clima em escala global ou à mudanças nos climas regionais da Terra ao longo do tempo, quer sejam décadas ou milhões de anos. Essas variações dizem respeito a mudanças de temperatura, precipitação, nebulosidade, correntes marítimas, nível do mar, ciclos biogeoquímicos etc. e podem ser causadas por três fatores: por processos internos ao sistema Terra-Atmosfera, por forças externas (ex.: variações na atividade solar) e, mais recentemente, pelo resultado das atividades humanas e industriais.

MVA: *Market Value Added*, ou Valor de Mercado Adicionado, é um conceito contábil que expressa o excedente de valor de mercado de um empreendimento em relação ao montante de seus investimentos. É uma das formas de se medir o *goodwill* e pode ser mensurada, por exemplo, como o valor presente dos *Economic Value Added* (EVA) futuros ou com base no valor de mercado de uma empresa calculado pelo preço de suas ações menos o montante de seus investimentos.

NBCT 15: é uma norma brasileira de contabilidade de aplicação voluntária e regulamentada pela Resolução 1.003/2004 do CFC. Estabelece procedimentos para a evidenciação de informações de natureza social e ambiental da entidade e compreende quatro aspectos: a geração e a distribuição de riquezas (DVA); os recursos humanos; a interação da entidade com o ambiente externo; e a interação com o meio ambiente.

NDC ou iNDC: *Nationally Determined Contribuition* (NDC), ou Contribuição Nacionalmente Determinada (CND), é um documento emitido pelos países que aderiram ao Acordo de Paris lançado na COP-21 (2015) e consiste na formalização de seu compromisso e metas para a redução das emissões de gases de efeito estufa. Antes da entrada em vigor do Acordo de Paris, os países emitiram um documento chamado *Intended Nationally Determined Contribuition* (INDC), que posteriormente se converteu no NDC. Os maiores emissores mundiais são: China (30%), EUA (15%), União Europeia (9%), Índia (7%), Rússia (5%), Japão (4%) e Brasil (2%) e a NDC Brasileira compreende basicamente a redução do desmatamento e a mudança do uso da terra e pecuária, sendo as metas assumidas: redução de 37% das emissões até 2025 e de 43% até 2030.

NOPLAT: *Net Operating Profit Less Adjusted Taxes* é o conceito genuíno de Lucro Operacional (LO), considerando o resultado de um empreendimento sem o efeito das despesas financeiras e deduzido do Imposto de Renda proporcional.

Obsolescência Programada: é uma estratégia proposital utilizada pelas indústrias que consiste em desenvolver um produto para consumo de forma que se torne obsoleto ou não funcional em pouco tempo, forçando o consumidor a comprar a nova geração do produto.

ODM: os Objetivos do Desenvolvimento do Milênio vigoraram no período de 2001 a 2015 e foram renovados sob a designação dos atuais Objetivos do Desenvolvimento Sustentável (ODS). Apesar de não termos concretizado todos os objetivos firmados na 56ª Sessão da Assembleia Geral das Nações Unidas em 2001, os ODM foram um sucesso do ponto de vida político e social, especialmente no combate à extrema pobreza.

ODS: os Objetivos do Desenvolvimento Sustentável foram adotados pela ONU em continuidade aos antigos Objetivos do Desenvolvimento do Milênio (ODM) e compõem-se de 17 objetivos e de 169 metas a serem atingidas no período de 2016 a 2030. É a mais completa agenda global sobre o desenvolvimento sustentável e aborda os principais temas para a construção de uma civilização ideal. (*vide* a Encíclica Papal 2015 *Laudato Si.*)

Orçamento de Carbono: o quinto relatório do IPCC (AR5-2015) estimou que as emissões acumuladas de dióxido de carbono, relacionadas às atividades humanas, precisam ser limitadas a 1 trilhão de toneladas desde o início da revolução industrial se quisermos limitar o aquecimento global a 2 graus Celsius. O relatório monstra que, conforme os dados de 2011, a humanidade já emitiu aproximadamente 515 bilhões de toneladas de carbono, ou seja, 52% do orçamento global e deverá liquidar esse saldo remanescente antes do final de 2045. Enquanto que a primeira metade desse orçamento foi utilizada durante 250 anos, a segunda metade do orçamento será usada em apenas três décadas, se as emissões continuarem iguais.

Pacto Global: é uma iniciativa proposta pela Organização das Nações Unidas (ONU), lançada em 26/7/2000, desenvolvida pelo ex-secretário Kofi Annan para encorajar empresas a adotar políticas de responsabilidade social corporativa e sustentabilidade. Envolve valores fundamentais e internacionalmente aceitos nas áreas de direitos humanos, relações de trabalho, meio ambiente e combate à corrupção refletidos em 10 princípios. Em 2017, havia mais de 12 mil organizações signatárias articuladas por cerca de 150 redes ao redor do mundo. Os 10 princípios são: DIREITOS HUMANOS: (1) apoiar e respeitar a proteção de direitos humanos reconhecidos internacionalmente; (2) assegurar-se de sua não participação em violações destes direitos; TRABALHO: (3) apoiar a liberdade do direito à negociação coletiva; (4) eliminar todas as formas de trabalho forçado ou compulsório; (5) abolir o trabalho infantil; (6) eliminar a discriminação no emprego; MEIO AMBIENTE: (7) apoiar a prevenção aos desafios ambientais; (8) desenvolver iniciativas para promover maior responsabilidade ambiental; (9) incentivar o desenvolvimento e difusão de tecnologias ambientalmente amigáveis; ANTICORRUPÇÃO: (10) combater a corrupção em todas as suas formas, inclusive extorsão e propina.

Pagamento por Serviços Ambientais: o pagamento por serviços ambientais, ou compensação por serviços ambientais, consiste na transferência de recursos (monetários ou outros) para aqueles que ajudam a manter ou produzir os serviços ambientais. O Ministério do Meio Ambiente (MMA) publicou um Guia para a formulação de políticas públicas de pagamento por serviços ambientais (2017).

Paragráfo 47 (do Relatório da Rio+20): "*We acknowledge the importance of corporate sustainability reporting and encourage companies, where appropriate, especially publicly listed and large companies, to consider integrating sustainability information into their reporting cycle. We encourage industry, interested governments and relevant stakeholders with the support of the United Nations system, as appropriate, to develop models for best practice and facilitate action for the integration of sustainability reporting, taking into account experiences from already existing frameworks and paying particular attention to the needs of developing countries, including for capacity building*". (UNITED NATIONS. *The future we want*. Rio+20 United Nations Conference on Sustainable Development, 20-22 Jun. 2012)

PC: Passivo Circulante é um subgrupo do Passivo Exigível do Balanço Patrimonial que inclui as dívidas e obrigações normalmente pagas dentro de um ano.

PNC: Passivo Não Circulante é um subgrupo do Passivo Exigível do Balanço Patrimonial que inclui as dívidas e obrigações cujos vencimentos ocorrerão após o final do exercício seguinte. Corresponde à antiga classificação agrupada no Passivo Exigível a Longo Prazo (ELP).

Passivos Ambientais: são os danos atuais ou futuros em relação ao meio ambiente representados pelas obrigações e responsabilidades sociais de uma organização com os aspectos ambientais de suas atividades. A identificação dos Passivos Ambientais é utilizada em negociações, avaliações, transferências, fusões e aquisições entre empresas, prevenindo as responsabilidades e obrigações da recuperação ambiental que podem ser atribuídos aos novos administradores.

Passivos Não Onerosos: é uma forma de classificar os Passivos de uma organização considerando-se as dívidas e obrigações que não estão sujeitas a juros e encargos bancários, como, por exemplo: fornecedores, salários a pagar etc.

Passivos Onerosos: é uma forma de classificar os Passivos de uma organização considerando-se apenas as dívidas e obrigações que estão sujeitas a juros e encargos bancários, como, por exemplo: empréstimos e financiamentos de curto ou de longo prazo.

PL: o Patrimônio Líquido, ou Capital Próprio (CP), representa os valores que os sócios ou acionistas possuem na organização em um determinado momento, incluindo o capital social e as reservas. No Balanço Patrimonial, corresponde à riqueza líquida obtida do total do Ativo menos os Passivos exigíveis Circulantes e Não Circulantes.

Payback: ou período de retorno, refere-se a uma ferramenta de análises de investimento que representa o tempo decorrido entre o investimento inicial e o momento no qual o lucro acumulado se iguala ao montante desse investimento. Pode-se utilizar medidas de lucros contábeis ou econômicos, fluxos de caixas, valores nominais ou descontados ao longo do tempo.

PECLD: Perda Estimada de Créditos de Liquidação Duvidosa, corresponde à antiga Provisão para Devedores Duvidosos (PDD) e é reconhecida com base no CPC 38, que considera as perdas efetivamente incorridas medidas pela diferença entre o valor contabilizado e o valor do fluxo de caixa estimado. São contabilizadas como despesas do período em contrapartida de uma conta redutora do Ativo.

Pegada Ecológica: modelo de cálculo que evidencia o rastro individual ou coletivo em relação aos hábitos de consumo e os respectivos recursos naturais necessários, geralmente medidos em quantidades de planetas, hectares etc.

Pensamento Integrado: ou *Integrated Thinking*, é um princípio básico do *framework* do Relato Integrado e consiste em uma sinergia e profunda mudança mental e de atitudes de membros de conselhos de administração, diretores executivos e dos principais gestores em um movimento *top-down* que incorpore os valores de criação sustentável de riquezas por toda a organização, como parte da estratégia da firma.

Permafrost: o termo *permafrost* foi proposto originalmente em 1943 pelo cientista Semon W. Muller (1900-1970) e corresponde a um tipo de solo composto de gelo que ocorre em regiões polares e recebe essa denominação pois permanece congelado por pelo menos dois anos consecutivos. Cerca de um quarto da superfície terrestre está sob esse tipo de solo e é encontrado nas Cordilheiras dos Andes, na Ilha da Groelândia, nas penínsulas escandinavas, nos Alpes, Canadá, Alasca, nordeste da China e na Sibéria (Rússia). O derretimento do *permafrost* é uma preocupação do aquecimento global.

PIB: o Produto Interno Bruto é uma invenção de 1937, apresentada pelo economista russo naturalizado estadunidense Simon Kuznets (1901-1985), que lhe rendeu o Prêmio Nobel de Economia em 1971, mas somente foi adotado depois da Conferência de Bretton Woods, em 1944. O PIB representa a soma em valores monetários de todos os bens e serviços finais produzidos em uma determinada região durante um determinado período. Sua fórmula de cálculo é: PIB = CF + IP + GG + BC, ou seja, o PIB nada mais é do que o Consumo Familiar (CF) somado ao Investimento Privado (IP), que é o gasto das empresas, mais o gasto governamental (GG) e o resultado da balança comercial (GC), que é o valor das exportações diminuído pelo valor das importações. Apesar das críticas e limitações como medidor de desenvolvimento econômico, o PIB ainda perdura por mais de sete décadas.

Placas fotovoltaicas: a primeira placa fotovoltaica para produzir eletricidade a partir do Sol foi criada pelo engenheiro americano Charles Fritts (1850-1903), em 1884, com base em estudos de outros cientistas. Não vingou na época devido a existência de outras fontes de energia mais baratas, a exemplo do carvão e do petróleo.

PMPC: Prazo Médio de Pagamento das Compras é o número de dias relativo ao prazo médio de pagamentos de fornecedores e das principais contas a pagar de uma organização. Pode ser calculado simplificadamente pela fórmula: valor médio de fornecedores dividido pelo montante das compras no período vezes o número de dias do período.

PMRE: Prazo Médio de Renovação dos Estoques é o número de dias relativo ao prazo médio em que os estoques permanecem parados em uma organização. Pode ser calculado simplificadamente pela fórmula: valor médio dos estoques dividido pelo montante do custo das vendas vezes o número de dias do período.

PMRV: Prazo Médio de Recebimento das Vendas é o número de dias relativo ao prazo médio ponderado de recebimento das vendas de uma organização, considerando-se suas vendas à vista e a prazo. Pode ser calculado simplificadamente pela fórmula: valor médio de contas a receber dividido pelo montante das vendas no período vezes o número de dias do período.

PRI: os Princípios para o Investimento Responsável, ou *Principles for Responsible Investment* (PRI), foram desenvolvidos pelo Programa das Nações Unidas para o Meio Ambiente (PNUMA) e pelo Pacto Global e consistem em uma rede internacional de investidores que trabalham em conjunto para colocar em prática os seis princípios para investimentos responsáveis. Os PRI são de aplicação voluntária, e são voltados para as questões de boa governança ambiental, social e corporativa (ESG). Em 2017, havia mais 2 mil signatários de mais de 50 países, representando uma carteira de mais de 70 trilhões de dólares.

Princípio da Precaução: o princípio da precaução é baseado na inversão do ônus da prova e que para não adotar medidas corretivas é necessário demonstrar que certa atividade não causa danos irreversíveis ao meio ambiente ou a saúde humana. O ônus da prova cabe aos proponentes da atividade, pois são eles que possuem maiores informações sobre os riscos envolvidos. Internacionalmente, este princípio é bastante discutível, mas foi incluído, por exemplo, no princípio 15 do documento final da Rio-92 e está implícito no artigo 225 da Constituição Brasileira.

Princípio Poluidor-Pagador: o princípio "poluidor-pagador" é uma norma que consiste em obrigar o poluidor a arcar com os custos da reparação dos danos por ele causados ao meio ambiente. Esse princípio está inserido no contexto do princípio da precaução e está previsto no documento final da Rio-92. Está também consagrado nas legislações brasileiras, a exemplo da Lei 6.938/1991, que estabelece a Política Nacional do Meio Ambiente (PNMA), como destaca o seu parágrafo 4º e inciso VII: I *"A imposição ao poluidor e ao predador, da obrigação de recuperar e ou indenizar os danos causados, e ao usuário, de contribuição pela utilização de recursos ambientais com fins econômicos."*

Princípios do Equador: os Princípios do Equador (PE) são um conjunto de exigências socioambientais aplicadas na concessão de financiamentos de grandes projetos e que funcionam como um controle "não governamental" das atividades ambientalmente impactantes. A primeira versão dos PE foi divulgada em 2003, por iniciativa do Banco Mundial e do ABM Amro, a segunda versão foi divulgada em 2006 e a terceira versão foi divulgada em 2013 com a adesão de uma centena de instituições financeiras de 37 países. São dez os PE e envolvem: (1) análise e categorização dos riscos da atividade; (2) avaliação socioambiental; (3) padrões socioambientais aplicáveis; (4) sistema de gestão ambiental e social e plano de ação; (5) engajamento de partes interessadas; (6) mecanismos de reclamação; (7) análise independente; (8) obrigações contratuais; (9) monitoramento e divulgação; e (10) forma de divulgação e transparência.

Produção mais Limpa: o conceito de Produção mais Limpa (P+L) foi apresentando na Rio-92 como uma aplicação contínua de estratégia ambiental preventiva integrada aos processos, produtos e serviços, com o intuito de aumentar a ecoeficiência e reduzir os riscos à saúde e ao meio ambiente. Os fabricantes devem se preocupar com toda a cadeia produtiva, a Análise de Ciclo de Vida (ACV) e a logística reversa.

Protocolo de Kyoto (1997): foi criado na Conferência das Partes (COP-3) realizada em 1997 em Kyoto, no Japão, e refere-se ao primeiro acordo global para o controle das emissões adotado pelos países da ONU. Como dependia da adesão de pelo menos 55% de países responsáveis pelas emissões do planeta, o Protocolo de Kyoto somente entrou em vigor em 2005 e, recentemente, foi prorrogado até 2020, quando iniciam-se as exigências do Acordo de Paris.

Q de Tobin: é um indicador de múltiplo criado pelo economista americano James Tobin (1918-2002) e sua fórmula de cálculo estabelece a razão entre o valor da firma (valor de mercado mais dívida) e o valor de reposição dos Ativos da empresa. Pode ser interpretado como a capacidade de geração de valor da empresa em relação ao montante de seus investimentos e, quanto maior do que um, melhor.

RDS: as Reservas de Desenvolvimento Sustentável, de acordo com a Lei 9.985/2000, são áreas naturais que abrigam populações tradicionais, cuja existência baseia-se em sistemas sustentáveis de exploração de recursos naturais, desenvolvidos ao longo de gerações e adaptados às condições ecológicas locais e que desempenham papel fundamental na proteção da natureza a na manutenção da diversidade biológica. A primeira RDS implantada no Brasil foi a de Mamirauá, no Amazonas, em 1996.

Receita de Vendas: é o montante do faturamento ou das receitas brutas de vendas e é evidenciada na primeira linha da DRE.

REDD: Redução das Emissões por Desmatamento e Degradação Florestal, ou *Reducing of Emissions from Deforestation and Florest Degradation*, é um conjunto de incentivos econômicos com a finalidade de reduzir as emissões de gases de efeito estufa (GEE) relacionadas com as florestas. O desenvolvimento do mecanismo REDD, que havia sido excluído do protocolo de Kyoto em 1997 por dificuldades na mensuração das emissões florestais, tem progredido com a criação de um Programa das Nações Unidas (UN-REDD) em parceria com o Banco Mundial (FCPF) e o conceito REDD foi ampliado com o sinal "+" (REDD+), incluindo o papel da conservação, do manejo sustentável e o aumento de estoques de carbono nas florestas, indo além do desmatamento evitado e recuperação de florestas.

Registro Público de Emissões: é uma plataforma pioneira no país para divulgação de forma transparente, rápida e simples dos inventários corporativos de emissões de gases de efeito estufa (GEE) das organizações participantes do Programa Brasileiro GHG Protocol. É uma iniciativa do Centro de Estudos em Sustentabilidade da Fundação Getulio Vargas (CES/FGV).

Relato Integrado (RI): ou *Integrated Reporting* (IR), é uma iniciativa global do *International Integrated Reporting Council* (IIRC) com o propósito de tornar-se um novo padrão de relatos corporativos em que as organizações deixarão de produzir comunicações volumosas, desconexas e estáticas e passarão a comunicar o seu processo de geração de valor como alicerce para um futuro sustentável.

Relatório Brundtland (1987): motivados pela Conferência de Estocolmo-1972, a ONU criou o Programa das Nações Unidas para o Meio Ambiente (PNUMA) e convidou, em 1983, a médica e ex-primeira ministra da Noruega Gro Harlem Brundtland (nasc. 1939) para presidir a Comissão Mundial sobre o Meio Ambiente, dando origem em 1987 ao "Relatório Brundtland" ou "Nosso Futuro Comum". Nesse documento, o desenvolvimento sustentável é concebido como "*O desenvolvimento que satisfaz as necessidades presentes, sem comprometer a capacidade das gerações futuras de suprir suas próprias necessidades*".

Relatório EMCB (2009): o relatório "Economia da Mudança do Clima no Brasil – Custos e Oportunidades" é um estudo brasileiro inspirado no Relatório Stern (2006) sob a coordenação do professor e ex-reitor da USP Jacques Marcovitch e do climatologista Carlos Afonso Nobre (INPE), em parceria com diversas instituições públicas brasileiras. O Relatório EMCB faz previsões dos cenários de mudanças climáticas globais para o Brasil até meados deste século e aborda os diversos níveis de probabilidade do aquecimento global em cenários de simulações sobre muitos aspectos no Brasil, como recursos hídricos, energia, produção agrícola, padrão e uso da terra, biodiversidade da Amazônia, zona costeira, região nordeste, desmatamento, biocombustíveis, taxação de carbono e novos negócios. Entre as principais conclusões está que os piores efeitos da mudança do clima recairão sobre as regiões da Amazônia e do Nordeste, as mais pobres do Brasil, e o custo da inação hoje será o aprofundamento das desigualdades regionais e de renda.

Relatório *State of the Future*: ou Estado do Futuro, é uma visão prospectiva sobre dez anos para o futuro, elaborado com base no Projeto Millennium que conecta mais de 3,5 mil "futuristas" ou "futurólogos" de 56 países. As previsões e os conteúdos "*The Millennium Project*" abordam os grandes desafios do futuro, como, por exemplo: (1) desenvolvimento sustentável e mudanças climáticas; (2) água limpa; (3) população; (4) democratização; (5) previsão global e tomada de decisão; (6) convergência global e inteligência artificial; (7) riqueza e pobreza; (8) saúde; (9) educação; (10) paz e conflito; (11) situação das mulheres; (12) crime organizado e corrupção; (13) energia; (14) ciência e tecnologia; e (15) ética global. No Brasil, a professora Rosa Alegria, coordenadora do Núcleo de Estudos do Futuro (NEF) da PUC/SP, coordena as ações locais do projeto Millennium.

Relatório Stern (2006): o Relatório Stern, ou *Stern Review*, foi elaborado pelo economista do Banco Mundial e do Governo britânico Nicholas Stern (nasc. 1946) e refere-se a um estudo encomendado pelo governo britânico sobre os efeitos na economia mundial das alterações climáticas nos próximos 50 anos. Foi o primeiro relatório dessa natureza (financeira) e foi apresentado ao público no dia 30/10/2006, contendo 662 páginas. Sua principal conclusão é que com um investimento de apenas 1% do PIB mundial poderíamos evitar uma perda correspondente a 20% do mesmo PIB. Segue um trecho de seu relatório: *"a alteração climática é resultante da maior falha de mercado que o mundo já viu, as evidências sobre a gravidade dos riscos decorrentes da inação ou da ação adiada é esmagadora. O problema das mudanças climáticas envolve uma falha fundamental nesta equação: não são aqueles que mais contribuíram para as emissões dos gases de efeito estufa que irão pagar a conta"*. Vale a pena conferir esse relatório e também a sua versão brasileira (EMCB-2009).

Relatório Stiglitz-Sen-Fitoussi: é um relatório com mais de 400 páginas elaborado em 2009 pelos economistas Joseph Stiglitz, Amartya Sen (nobeis) e Jean Paul Fitoussi, a pedido do então presidente da França Nicolas Sarkozy, sobre as limitações do PIB como medida de desenvolvimento. É conhecido também como "Relatório da Comissão de Mensuração de Desempenho Econômico e Progresso Social". As principais recomendações deste relatório estabelecem uma distinção entre avaliação do bem-estar presente e avaliação de sua sustentabilidade no tempo e determina que este depende tanto dos recursos econômicos (renda) quanto das características não econômicas da vida das pessoas e de seu ambiente (capital natural, físico, humano e social).

Relatório *The Future We Want*: é um relatório com 55 páginas contendo a Declaração Final da Conferência das Nações Unidas sobre Desenvolvimento Sustentável (Rio+20), realizada em junho de 2012, e intitulado "O Futuro que Queremos". É uma renovação do compromisso político dos países-membros em torno das grandes questões que preocupam o futuro da humanidade e trata sobre economia verde no contexto do desenvolvimento sustentável, abordando diversos temas, como erradicação da pobreza, segurança alimentar, agricultura sustentável, água e saneamento, energia, turismo sustentável, transporte, cidades, emprego, oceanos e mares, países insulares, mudanças climáticas, florestas, biodiversidade, desertificação e solo, montanhas, produtos químicos e resíduos, consumo e produção sustentáveis, mineração, educação e, dentre outros, igualdade de gênero e empoderamento dos mais frágeis.

Relatório *The Imperative to Act*: é um relatório com 171 páginas elaborado pelos ganhadores do *Blue Planet Prize*, uma espécie de prêmio Nobel do Meio Ambiente patrocinado por uma fundação japonesa, a Asahi Glass Foundation. Por ocasião do vigésimo aniversário do *Blue Planet Prize*, os laureados, incluindo o brasileiro José Goldemberg (USP), se reuniram às vésperas da Rio+20 e produziram este documento que então apresentaram na Rio+20. Na opinião desses laureados e em ordem decrescente de importância, são cinco as principais ações necessárias para garantir o futuro da humanidade: (1) substituir o PIB como indicador de desenvolvimento, incluindo indicadores de capital humano, social e ambiental; (2) eliminar os subsídios no setor de energia; (3) conter o crescimento desordenado da população; (4) tomar medidas urgentes para conter o desmatamento e preservar a biodiversidade; (5) investir em conhecimentos para aprender qual o rumo tomar.

Reserva Legal: a Reserva Legal é uma reserva de lucro constituída com base em 5% do lucro de cada exercício e não deve exceder 20% do capital social realizado e tem por finalidade assegurar a integridade do capital social e somente poderá ser utilizada para compensar prejuízos ou aumentar o capital. É registrada na conta Reserva Legal no grupo do Patrimônio Líquido.

Reservas de Lucros: são reservas constituídas pela apropriação de lucros da companhia para garantir os planos da companhia como, por exemplo: Reserva Legal, Reservas Estatutárias, Reservas para Contingências, Reservas de Incentivos Fiscais etc.

Resiliência: é um conceito da psicologia que consiste na capacidade do indivíduo de lidar com problemas, adaptar-se a mudanças, superar obstáculos ou resistir à pressão de situações adversas, sem entrar em nenhum tipo de surto psicológico, emocional ou físico. No contexto da ecologia, a resiliência pode ser interpretada como a capacidade ou aptidão de um determinado sistema em recuperar o seu equilíbrio após algum tipo de agressão. É a capacidade natural de restauração de um sistema. Um estudo liderado pelo *Stockholm Resilience Centre* (SRC/2015) identificou nove dos chamados "limites planetários", relacionados à taxa de resiliência do planeta, e praticamente três dos nove limites já foram ultrapassados (biodiversidade, mudanças climáticas e ciclo do nitrogênio); os outros seis limites são: uso da terra, acidificação dos oceanos, mudança no uso da água, degradação da camada de ozônio, carregamento de aerossóis para a atmosfera e poluição química.

Resolução 482/2012 (ANEEL): a Resolução 482, de 17/4/2012, da Agência Nacional de Energia Elétrica (ANEEL) estabelece as condições gerais para o acesso de microgeração e minigeração distribuídas aos sistemas de distribuição e de compensação de energia elétrica. Isso significa que é possível instalar mecanismos de geração de eletricidade residenciais, por exemplo, solar e eólica. (Em 2012, um sistema de placas fotovoltaicas para um imóvel residencial custava em torno de R$ 36 mil reais e, em 2018, esse valor reduziu para R$ 10 mil reais, com um *payback* inferior a 5 anos.)

RIMA: Relatório de Impacto Ambiental é uma exigência legal na fase de Licença Prévia (LP) dos licenciamentos ambientais, instituída pela PNMA e exigida em obras ou empreendimentos que possam gerar impactos significativos de poluição ou degradação do meio ambiente. Enquanto que o Estudo de Impacto Ambiental (EIA) é restrito e, por vezes, sigiloso, o RIMA é o relatório conclusivo do EIA e deve evidenciar as vantagens e desvantagens do projeto, bem como as consequências ambientais.

Rio+20: A Conferência das Nações Unidas sobre o Desenvolvimento Sustentável, conhecida como "Rio+20", foi a terceira grande reunião dos países-membros da ONU, realizada no período de 13 a 22/6/2012, no Rio de Janeiro. Ela consolidou o conceito de "desenvolvimento sustentável" e produziu um documento intitulado *The Future We Want*. A quarta e próxima grande reunião da ONU será realizada em 2032, quando o mundo provavelmente terá 9 bilhões de habitantes.

Rio-92: A Conferência das Nações Unidas sobre o Meio Ambiente e o Desenvolvimento, também conhecida por "Rio-92" ou "Eco-92" ou "Cúpula da Terra", foi a segunda grande reunião dos países-membros da ONU, realizada no período de 3 a 14/6/1992, no Rio de Janeiro, para discutir as grandes questões do futuro da humanidade. As outras duas grandes reuniões da ONU foram a de Estocolmo (1972) e a Rio+20 (2012).

Risco Setorial das Empresas com Base na Utilização dos Recursos Naturais: é uma escala de risco setorial das principais empresas brasileiras que exercem atividades potencialmente poluidoras, elaborado por Agustini (2012), com base em quatro métodos: poluição incorporada, pegada ecológica, análise emergética (*emergy*) e Análise de Ciclo de Vida (ACV).

Risco Setorial de Atividades Rurais: é uma escala de risco setorial dos principais produtos agrícolas e pecuários, elaborado por Arashiro e Kassai (2007), com base no cálculo dos índices beta de 50 itens ao longo de seis anos e com base na variação de preços desses produtos.

Risco Setorial de Empresas Brasileiras: é uma escala de risco setorial das empresas brasileiras, incluindo empresas de capital fechado e que não negociam suas ações em bolsas de valores, elaborada por Kassai (2001), com base no cálculo dos índices beta em função da Taxa de Retorno de Investimento (ROA) a partir de seus respectivos balanços contábeis.

Risco Setorial de Pequenas Empresas: é uma escala de risco setorial de pequenas empresas, elaborada por Nakao e Kassai (2003), com base no cálculo dos índices beta em função dos "balanços perguntados" e da variação de faturamento.

Risco Setorial dos Estados Brasileiros: é uma escala de risco setorial dos 26 estados brasileiros e do Distrito Federal, elaborada por Kassai e Gallo (2007), com base no cálculo dos índices beta em função da variação da arrecadação tributária ao longo de nove anos.

RLP: Realizável a Longo Prazo é um dos itens do grupo do Ativo Não Circulante e refere-se aos direitos recebíveis ou realizáveis após o término do exercício do ano seguinte.

ROA: *Return on Assets*, ou Taxa de Retorno sobre Ativo, é um índice de análises de balanço representado pela razão entre o Lucro Líquido (LL) e o total do Ativo. Representa uma taxa "aproximada" de retorno de investimento.

ROE: *Return on Equity*, ou Taxa de Retorno sobre o Patrimônio Líquido, é um índice de análises de balanço representado pela razão entre o Lucro Líquido (LL) e o total do Patrimônio Líquido (PL). Representa a Taxa de Retorno dos Acionistas ou o Retorno sobre o Capital Próprio.

ROI: *Return on Investment*, ou Taxa de Retorno de Investimento, é um índice de análises de balanço que representa a genuína taxa de retorno de uma empresa. É representado pela razão entre o Lucro Operacional (NOPLAT) e o montante de Investimentos.

ROS: *Return on Sales* ou Margem das Vendas é um índice de análises de balanço representado pela razão entre o Lucro Líquido (LL) e o montante das vendas ou faturamento.

RROE: *Residual Return on Equity* é um índice de análises de balanço representado pela Taxa de Retorno do Acionista (ROE) menos o respectivo Custo do Capital Próprio (Ke). É o valor residual do acionista em relação ao montante de seu capital próprio investido.

RROI: *Residual Return on Investment* é um índice de análises de balanço representado pela Taxa de Retorno de Investimento (ROI) menos o respectivo Custo Médio Ponderado de Capital (WACC). É o valor residual do investimento operacional.

Sin Stocks: são ações ou investimentos de empresas cujas atividades são consideradas ilegais, imorais ou antiéticas – "ações do pecado" – como, por exemplo: cigarro, bebidas alcoólicas, jogos de azar etc.

Sistemas Agrossilvopastoris: são sistemas de uso da terra e dos recursos naturais que combinam a utilização de espécies florestais, agrícolas e a criação de animais em uma mesma área, objetivando a preservação ambiental e a fixação do homem no campo.

Stakeholders: ou Partes Interessadas, são as pessoas ou organizações que podem afetar a geração de valor de uma empresa ou empreendimento, de forma direta ou indireta, positivamente ou negativamente. Os *stakeholders* são conhecidos por serem as partes interessadas e importantes para a estratégia da empresa, por exemplo: sócio ou investidor, gestor, funcionários, clientes, fornecedores, Governo, mídia, sindicatos, concorrentes, sociedade etc. *Stakeholder* é um conceito mais amplo do que *Shareholder*, pois este se refere apenas aos acionistas.

Sumidouros de carbono: são fontes que absorvem mais carbono do que emitem, por exemplo: florestas, solos, oceanos etc. Segundo o Protocolo de Kyoto (1997), países com saldo positivo de carbono, como é o caso do Brasil, que absorve mais carbono do que emite, poderiam negociar esses créditos de carbono com países deficitários.

Técnica de Analogias Históricas: é uma técnica de projeção baseada na identificação de fatos históricos similares ao objeto em estudo. Por exemplo, no lançamento das TVs coloridas tomou-se por base as experiências verificadas no lançamento das TVs preto e branco.

Técnica de Dramatização de Cenários: é uma técnica de projeção ou de construção de cenários que cria narrativas ou histórias para fomentar a discussão de mais pontos fortes e reduzir os pontos fracos.

Técnica de Investigação Apreciativa: é uma técnica de construção de cenários criada por David Cooperrider (1980) que se baseia na afirmação de que as pessoas estão mais abertas a mudanças e propícias a maior criatividade quando são questionadas a respeito de fatos positivos do que quando questionadas sobre fatos negativos, ou aquilo que lhes falta. A investigação apreciativa (IA) segue quatro passos: descoberta (*discovery*), sonho (*dream*), planejamento (*design*) e destino (*destiny*).

Técnica de Monte Carlo: ou método de Monte Carlo, é uma metodologia estatística que se baseia em uma grande quantidade de amostragens aleatórias ou simulações para se chegar em resultados próximos de resultados reais. O nome "Monte Carlo" surgiu em alusão de uma de suas principais características, a aleatoriedade, o que levou a uma analogia com cassinos, sendo Monte Carlo o nome de um principado famoso por suas casas de jogos. Nas planilhas Excel, podem-se criar simulações de Monte Carlo por meio da função "=aleatório( )".

Técnica de Painel de Especialistas: é uma técnica de projeção ou de construção de cenários baseada no consenso das opiniões de especialistas em um determinado tema. Como alternativa para eliminar o grau de "impessoalidade" desta técnica, pode-se utilizar a técnica Delphi.

Técnica de Pesquisa de Mercado: é uma técnica de projeção ou de construção de cenários, como o próprio nome diz, baseada em pesquisas de mercado e de opiniões públicas. O processo de pesquisa de mercado consiste na definição do problema e dos objetivos de pesquisa, desenvolvimento do plano de pesquisa, coleta de informações, análise, interpretação e apresentação dos resultados.

Técnica Delphi: é uma técnica de projeção ou de construção de cenários baseada no consenso das opiniões de especialistas, mas preservando-se o anonimato dos mesmos. A técnica Delphi, comparada à técnica Painel de Especialistas, é mais demorada, mas pode obter resultados sem o viés pessoal.

Teoria da Manutenção do Capital Financeiro: de acordo com o conceito da manutenção do capital financeiro, o lucro de uma organização é considerado auferido somente se o montante financeiro (ou dinheiro) dos Ativos líquidos no fim do período exceder o seu montante financeiro no início do período, depois de excluídas quaisquer distribuições aos proprietários e seus aportes de capital durante o período.

Teoria da Manutenção do Capital Físico: de acordo com o conceito da teoria de manutenção do capital físico, o lucro de uma organização é considerado auferido somente se a capacidade física produtiva (ou capacidade operacional) no fim do período exceder a sua capacidade física produtiva no início do período, depois de excluídas quaisquer distribuições aos proprietários e seus aportes de capital durante o período. Este conceito se diferencia da teoria de manutenção do capital financeiro, pois leva em consideração não apenas os aspectos financeiros, mas também a sua capacidade física de geração de lucros. Por exemplo: uma fazenda de criação de gado pode ter gerado lucro em dinheiro no final do período, mas constatar que houve prejuízo se o número de cabeças de gado precificado pelo preço da arroba de boi for inferior nessa data.

Termômetro de Insolvência de Kanitz: é uma ferramenta de análises de balanço utilizado para prever a possibilidade de falência de uma empresa, criada por Stephen Charles Kanitz (FEA/USP) e divulgada pioneiramente em um artigo publicado na revista *Exame*, em dezembro de 1974. Sua formulação é dada pela seguinte equação:

$$\text{Kanitz} = 0{,}05\frac{\text{LL}}{\text{PL}} + 1{,}65\frac{(\text{AC} + \text{RLP})}{(\text{PC} + \text{ELP})} + 3{,}55\frac{(\text{AC} - \text{Estoque})}{\text{PC}} - 1{,}06\frac{\text{AC}}{\text{PC}} - 0{,}33\frac{(\text{PC} + \text{ELP})}{\text{PL}}$$

The Imperative to Act: vide Relatório *The Imperative to Act*.

Thomas Alva Edison: o inventor, cientista e empreendedor Thomas Alva Edison (1847-1931) desenvolveu muitos dispositivos importantes e foi um dos primeiros a aplicar os princípios de produção maciça aos processos de invenções, sendo fundador da General Electric (GE) em 1892. Ao todo foram 2.332 patentes, e dentre as suas contribuições universais que proporcionaram uma revolução tecnológica no século 20 encontra-se a lâmpada incandescente (1880).

Thomas Malthus (1801): o pastor anglicano e economista britânico Thomas Robert Malthus (1766-1834) previu em 1801 uma crise de proporções civilizatórias, relacionada com o crescimento exponencial da população e a provável falta de alimentos.

Thomas Newcomen: o engenheiro britânico Thomas Newcomen (1663-1729) patenteou, em 1712, a primeira bomba movida a vapor para drenar águas das minas de carvão. Naquela época, os bombeiros atingiam a profundidade de 5 metros e, com o seu invento, passou-se a atingir 50 metros, alavancando a extração e a queima de combustíveis fósseis e dando início à revolução industrial. (Ele foi o grande culpado pelas mudanças climáticas globais!)

TIR: Taxa Interna de Retorno, ou *Internal Rate of Return* (IRR), é a taxa efetiva de retorno de um determinado projeto ou empreendimento. Por envolver cálculos de polinômios de enésima grandeza, geralmente exige uma calculadora financeira que processe interações algébricas. Nas análises de investimentos, considera-se viável um projeto que apresente uma TIR acima da TMA.

TIRM: Taxa Interna de Retorno Modificada, ou *Modify Internal Rate of Return* (MTIR), é a versão modificada da tradicional TIR e que considera a reinversão dos fluxos de caixa intermediários e positivos à taxas condizentes de reinvestimentos.

TMA: Taxa Mínima de Atratividade é a taxa mínima aceitável para se considerar um investimento viável economicamente e pode ser obtida com base no Custo Médio Ponderado de Capital (WACC).

Transgênicos: são alimentos ou organismos vivos (plantas ou animais) aos quais foram feitas modificações genéticas em seu gene com o intuito de potencializar ou criar determinadas características mais resistentes. Por exemplo: milho ou trigo que são resistentes a uma maior dosagem de pesticidas e, com isso, aumentam a sua produtividade. As sementes *terminator* dos transgênicos são estéreis e obrigam a compra anual por parte do agricultor.

***Tripple Bottom Line* (TBL)**: é o chamado tripé da sustentabilidade em suas dimensões: econômico, social e ambiental e também é conhecido como "*Triple Ps*" ou 3P (*Planet, People and Profity*). Este conceito foi criado nos anos 1990 por John Elkington, autor do livro *Canibais com garfo e faca*.

UC: as Unidades de Conservação são legalmente instituídas pelo poder público e são reguladas pela Lei 9.985/2000, que institui o Sistema Nacional de Unidades de Conservação (SNUC) e que divide em dois grupos, unidades de proteção integral e unidades de uso sustentável. Como unidades de proteção integral têm-se: estações ecológicas, Reservas Biológicas (REBIO), Parque Nacional (PARNA), monumentos naturais e refúgios de vida silvestre. Como unidades de uso sustentável têm-se: Área de Proteção Ambiental (APA), Área de Relevante Interesse Ecológico (ARIE), Floresta Nacional (FLONA), Reserva Extrativista (RESEX), Reserva de Fauna (REFAU), Reserva de Desenvolvimento Sustentável (RDS), Reserva Particular do Patrimônio Natural (RPPN).

Valuation: ou avaliação de empresas, refere-se ao processo de cálculo do valor de mercado de uma empresa ou de um investimento. Há vários métodos de cálculos, por exemplo: valor presente dos fluxos de caixas ou de lucros futuros, precificação pelo preço das ações cotadas em bolsas de valores etc.

Vida Útil: expressa o tempo de durabilidade prevista de um determinado bem ou direito e leva em consideração não apenas o aspecto físico ou biológico, mas também tecnológico ou econômico.

VPA: o Valor Patrimonial da Ação é um indicador de análises de balanços obtido pela razão entre o total do Patrimônio Líquido (PL) e a quantidade de ações.

VPL: Valor Presente Líquido, ou *Net Present Value* (NPV), é um método de avaliação de investimentos determinado pelo valor presente de fluxos de caixa futuros descontados a uma taxa de juros apropriada, menos o custo do investimento inicial. Um investimento é considerado viável economicamente quando o seu VPL é maior ou igual a zero.

VPLM: Valor Presente Líquido Modificado, ou *Modify Net Present Value* (MNPV), é a versão modificada do tradicional VPL que considera a reinversão dos fluxos de caixas intermediários e positivos a taxas condizentes de reinvestimentos (KASSAI, 2001).

WACC: *Weighted Average Cost of Capital*, ou Custo Médio Ponderado de Capital, ou simplesmente custo de capital de uma empresa ou projeto, refere-se à TMA (ou à taxa mínima aceitável) para remunerar adequadamente os seus investimentos. Pode ser calculada ponderando-se a participação do Capital de Terceiros (CT) e do Capital Próprio (CP), com os respectivos Custos de Capital de Terceiros (Ki) e do Capital Próprio (Ke).

Wangari Maathai: a queniana Wangari Muta Maathai (1940-2011) foi a primeira mulher africana e negra a concluir um curso de doutorado e, em 2004, recebeu o Prêmio Nobel da Paz e dedicou a sua vida em prol da conservação ambiental e da proteção dos direitos das mulheres. Em sua visita ao Japão, Wangari Maathai conheceu a filosofia *Mottainai* e foi ela quem deu origem ao conceito dos 3Rs (reduzir, reutilizar e reciclar).

Referências

16 YEARS OF SCIENTIFIC ASSESSMENT in support of the Climate Convention. IPCC, Dec. 2004.

ABRAHÃO, Jorge. Afinal, empresa sustentável dá lucro? *ETHOS*, 13 mar. 2013.

ABRAMOVAY R. Decarbonizing the growth model of Brazil: addressing both carbon and energy intensity. *Journal of Environment & Development*, v. 19, p. 358-375, 2010.

AB'SABER, A. N. *Os domínios de natureza no Brasil*: potencialidades paisagísticas. São Paulo: Ateliê Editorial, 2003.

AGUSTINI, Carlos Alberto Di. *Contribuição para o ranqueamento setorial da dimensão ambiental do ISE da BM&FBOVESPA*. 2012. Tese (Doutorado) – Universidade Paulista, São Paulo.

AKABANE, G.; KASSAI, J. R.; GUALHARDI, A. C. The permanent agriculture as a means of harmony between nature cycle and human being. 2017. Disponível em: http://www.iosrjournals.org/iosr-jestft/papers/vol11-issue%206/Version-3/I1106034655.pdf. Acesso em: 20 maio 2019.

ANP – Agência Nacional do Petróleo, Gás Natural e Biocombustíveis. *Anuário estatístico brasileiro do petróleo, gás natural e biocombustíveis*. 2011. Disponível em: http://www.anp.gov.br/?pg=57890. Acesso em: 20 maio 2019.

ARASHIRO, A.; KASSAI, J. R. *Custo de capital das atividades agrícolas e pecuárias*. 2007. Monografia. FEA/USP, São Paulo.

ASSENHEIMER, Adriane; CAMPOS, Alessandro T.; GONÇALVES JR., Affonso C.G. Análise emergética de sistemas de produção de soja convencional e orgânica. *Ambiência*, Guarapuava, v. 5, n. 3, p. 443-455, set.-dez. 2009.

BACIC, Miguel Juan; ORTEGA, Enrique; KASSAI, José Roberto. Aplicação do conceito de emergia na contabilidade de gestão ambiental. In: CONGRESSO BRASILEIRO DE CUSTOS, 17., Belo Horizonte, 3-5 de nov. 2010. *Anais...*

BALDARELLI, M. G. (Org.). *Civil economy, democracy, transparency and social and environmental accounting research role*. Milano/London: McGraw-Hill, 2010.

BARBOSA, R. I.; CAMPOS, C. Detection and geographic distribution of clearing areas in the savannas (lavrado) of Roraima using Google Earth web tools. *Journal of Geography and Regional Planning*, v. 4, n. 3, p. 122-136, 2011.

BARROS, José de Assunção. Arnold Toynbee e a História Comparada das Civilizações. *Biblos*, n. 23/1, p. 219-229, 2009.

BAUMOL, W. J.; OATES, W. E. *The theory of environmental policy*. 2. ed. Cambridge: Cambridge University Press, 1988.

BELINKY, Aron. A terceira geração da sustentabilidade empresarial. *GV Executivo*, v. 15, n. 2, jul.-dez. 2016.

BM&FBOVESPA. *ISE/B3*. Disponível em: http://www.bmfbovespa.com.br/pt_br/produtos/indices/indices-de-sustentabilidade/indice-de-sustentabilidade-empresarial-ise.htm. Acesso em: 16 maio 2019.

BOYD, N. Nonmarket benefits of nature: what should be counted in green GDP. *Ecological Economics*, v. 61, p. 716-729, 2007.

BRASIL. MMA – Ministério do Meio Ambiente. Projeto de Monitoramento de Desmatamentos dos Biomas brasileiros por Satélite. Brasília: MMA, 2010. Disponível em: http://siscom.ibama.gov.br/monitora_biomas/. Acesso em: 16 maio 2019.

_____. Estado de Roraima. SEPLAN – Secretaria de Planejamento e Desenvolvimento. *Indicadores de Desenvolvimento Sustentável do Estado de Roraima*. Boa Vista: CGEES/SEPLAN-RR, 2010. Disponível em: http://www.seplan.rr.gov.br/. Acesso em: 16 maio 2019.

_____. Serviço Florestal Brasileiro. *Serviço Nacional de Informações Florestais*: estoques florestais. Brasília: SFB, 2012. Disponível em: http://www.florestal.gov.br/snif/recursos-florestais/estoque-das-florestas. Acesso em: 16 maio 2019.

_____. SP. Município de Jundiaí. Disponível em: https://jundiai.sp.gov.br/. Acesso em: 16 maio 2019.

BRUNDTLAND, Gro Harlem; ONU. *Our common future*. 4 aug. 1987.

_____ et al. *Environment and development challenges*: the imperative to act. 2012.

BUDISMO PETRÓPOLIS. Felicidade Interna Bruta. 22 jul. 2015. Disponível em: https://budismopetropolis.wordpress.

com/2015/07/22/felicidade-interna-bruta/. Acesso em: 20 maio 2019.

CARVALHO, J. L. N.; RAUCCI, G. S.; CERRI, C. E. P.; BERNOUX, M.; FEIGL, B. J.; WRUCK, F. J.; CERRI, C. C. Impact of pasture, agriculture and crop-livestock systems on soil C stocks in Brazil. *Soil and Tillage Research*, v. 110, p. 175-186, 2010.

CARVALHO, Nelson. *Métricas de sustentabilidade*. Vídeo. Disponível em: http://iptv.usp.br/portal/transmiss%C3%A3o/video.action;jsessionid=957E2234571EAD1B96E5151F-C123E66D?idItem=1646&idVideoVersion=34931. Acesso em: 31 ago. 2012.

CAVALETT, Otávio; ORTEGA, Enrique. Análise emergética da produção de soja no Mato Grosso. *Revista Brasileira de Agroecologia*, v. 2, n. 1, fev. 2007.

CMEPSP – Commission on the Measurement of Economic Performance and Social Progress. 2009. Disponível em: https://ec.europa.eu/eurostat/documents/118025/118123/Fitoussi+Commission+report. Acesso em: 20 maio 2019.

COPELAND, Tom; KOLLER, Tim; MURRIN, Jack. *Avaliação de empresas*: valuation. São Paulo: Pearson, 2001.

CRIA/FAPESP. *Unidades de conservação em São Paulo*. São Paulo: Centro de Referência em Informação Ambiental / Fundação de Amparo à Pesquisa do Estado de São Paulo, 2008. Disponível em: http://sinbiota.biota.org.br/. Acesso em: 20 maio 2019.

CRISPIM, M. Rio+20: não o fim, mas um novo começo. *O Eco*, 2012. Disponível em: http://www.oeco.com.br/convidados-lista/26176-rio20-nao-o-fim-mas-um-novo-comeco. Acesso em: 20 maio 2019.

DAMODARAN, Aswath. *Avaliação de investimentos*. Rio de Janeiro: Qualitymark, 1997.

DESA – Department of Economic and Social Affairs. *World Economic and Social Survey 2011*: the great green technological transformation. New York: UN, 2011. Disponível em: https://www.un.org/en/development/desa/policy/wess/wess_current/2011wess.pdf. Acesso em: 20 maio 2019.

EC – Ecosecurities Consulting. *A literature review of mid-to-long term carbon price forecast*: a report for NWPCC. Portland: EC, 2009.

ECCLES, Robert G.; IOANNOU, I.; SERAFEIM, G. The impact of Corporate Sustainability on Organizational Processes and Performance. *The National Bureau of Economic Research*, v. 26, 2017.

ELKINGTON, J. *Cannibals with forks*: the triple bottom line of 21st century business. Oxford: Capstone, 1997.

EPE – Empresa de Pesquisa Energética. *Balanço Energético Nacional*. 2010. Disponível em: https://www.ebah.com.br/content/ABAAAewpUAF/relatorio-final-ben-2010. Acesso em: 20 maio 2019.

_____. *Balanço Energético Nacional*. 2012. Disponível em: http://www.epe.gov.br/pt/publicacoes-dados-abertos/publicacoes/Balanco-Energetico-Nacional-2012. Acesso em: 10 jun. 2019.

_____. *Anuário estatístico de energia elétrica*. Brasília: EPE/MME, 2011. Disponível em: http://epe.gov.br/sites-pt/publicacoes-dados-abertos/publicacoes/PublicacoesArquivos/publicacao-160/topico-168/Anu%C3%A1rio%20Estat%C3%ADstico%20de%20Energia%20El%C3%A9trica%202011.pdf. Acesso em: 10 jun. 2019.

FAUCHEAUX, S.; NOEL, J. F. *Economia do meio ambiente e dos recursos naturais*. Lisboa: Instituto Piaget, 1995.

FELTRAN-BARBIERI, R.; KASSAI, J. R.; CINTRA, Y. C.; CARVALHO, L. N. Balanços contábeis dos estados brasileiros: evidências empíricas da deterioração energético-ambiental no período de 2002-2008. In: *Anais do ENGEMA*, 2012.

FOSTER, Gavin L.; ROYER, Dana L.; LUNT, Daniel J. Future climate forcing potentially without precedent in the last 420 million years. *Nature Communications* 8, 4 apr. 2016. Disponível em: http://www.nature.com/articles/ncomms14845. Acesso em: 20 maio 2019.

FURTADO, C. *O mito do desenvolvimento*. São Paulo: Paz e Terra, 1974.

GALDOS, M. V.; CERRI, C. C.; CERRI, C. E. P. Soil carbon stocks under burned and unburned sugarcane in Brazil. *Geoderma*, v. 153, n. 3-4, p. 347-352, 2009.

GALFORD, G. L.; MELILLO, J. M.; KICKLIGHTER, D. W.; CRONIN, T. W.; CERRI, C. E. P.; MUSTARD, J. F.; CERRI, C. C. Greenhouse gas emissions from alternative futures of deforestation and agricultural management in the southern Amazon. *Proceedings of the National Academy of Science of the United states of America*, v. 107, n. 46, p. 19649-19654, 2010.

GOLDEMBERG, José. Energia e limites do planeta. In: CONGRESSO DA CIVILIZAÇÃO YOKO, 5., Rio+20: o futuro que queremos. *Anais...* FEA/USP, 2012.

_____. *Energia e meio ambiente no Brasil*. São Paulo: IEA/USP, v. 59, p. 7-20, 2007.

GOLDMAN SACHS. Building better global economic BRICS. 30 nov. 2001. Disponível em: http://www2.goldmansachs.com/. Acesso em: 20 maio 2019.

GRAY, R. *Accounting for the environment*. London: Paul Chapman, 1993.

GRI – Global Reporting Initiative. *G3.1 Sustainability Reporting Guidelines*. Amsterdam: GRI, 2011. Disponível em: https://www.globalreporting.org/resourcelibrary/GRIG4-Part1-Reporting-Principles-and-Standard-Disclosures.pdf. Acesso em: 20 maio 2019.

HAWKINS, Ed; ORTEGA, Pablo; SUCKLING, Emma. *Estimating changes in global temperature since the pre-industrial period*. 2017. Disponível em: https://journals.ametsoc.org/doi/full/10.1175/BAMS-D-16-0007.1. Acesso em: 20 maio 2019.

HOUWELING, S.; VAN DER WERF, G. R.; GOLDEWIJK, K. K.; ROCKMANN, T.; ABEN, I. Early anthropogenic CH4 emissions and the variation of CH4 and 13CH4 over the last millennium. *Global Biogeochemical Cycles*, v. 22, 1-9, 2008.

IBGE – Instituto Brasileiro de Geografia e Estatística. *Perfil da população brasileira 2015*. Disponível em: http://www.ibge.gov.br/home/estatistica/populacao/perfilidoso/tabela1_1.shtm. Acesso em: 20 maio 2019.

_____. *Brasil em síntese*. 2013. Disponível em: https://cidades.ibge.gov.br/. Acesso em: 15 jun. 2003.

_____. SIDRA – Sistema IBGE de Recuperação Automática. Brazilian Institute of Geography and Statistics' Database 2012. Disponível em: https://sidra.ibge.gov.br/home/ipca15/brasil. Acesso em: 20 maio 2019.

IBRD/WB – The International Bank for Reconstruction and Development/ The World Bank. *Brazil*: low-carbon country case study. Washington: IBRD/WB, 2010. Disponível em: http://siteresources.worldbank.org/BRAZILEXTN/Resources/Brazil_LowcarbonStudy.pdf. Acesso em: 22 maio 2019.

INPE – Instituto Nacional de Pesquisas Espaciais. *Mudanças climáticas*: o clima está diferente. São Paulo, 2012. https://edisciplinas.usp.br/pluginfile.php/1066734/mod_resource/content/0/Mudancas%20Climatica%20-%20versoes%20novos%20logos.pdf . Acesso em: 20 maio 2019.

_____. *Prodes*. Taxas anuais de desmatamento 1998-2011. Brasília: INPE/Prodes, 2012. Disponível em: http://www.obt.inpe.br /prodes/prodes_1988_ 2011.htm. Acesso em: 22 maio 2019.

INTERNATIONAL MONETARY FUND. *World economic outlook database, April 2008*. Disponível em: https://www.imf.org/external/pubs/ft/weo/2008/01/weodata/index.aspx. Acesso em: 22 maio 2019.

IPCC – Intergovernmental Panel Climate Change 2017. Disponível em: http://www.ipcc.ch/. Acesso em: 22 maio 2019.

IPEA – Instituto de Pesquisa Econômica Aplicada. *Ipeadata (2012)*. Banco de Dados. Disponível em: http://www.ipeadata.gov.br/Default.aspx . Acesso em: 20 maio 2019.

IPTV.USP. Reunião do Professor Robert Eccles com o NECMA/USP em 10 dez. 2013. Disponível em: http://iptv.usp.br/portal/video.action?idItem=19903. Acesso em: 22 maio 2019.

ISO – International Organization for Standardization. Disponível em: https://www.iso.org/home.html. Acesso em: 22 maio 2019.

JACKSON, T. *Prosperity without growth*: economics for a finite planet. Oxford: Routledge, 2009.

JESS, A.; KERN, C.; KAISER, P.; OLSHAUSEN, C. V. Considerations concerning the energy demand and energy mix for global welfare and stable ecosystems. *Chemie Ingenieur Technik*, 2011.

KANITZ, Stephen Charles. Como prever a falência de empresas. *Exame*, p. 95-102, dez. 1974.

KASSAI, J. R.; FELTRAN-BARBIERI, R.; SANTOS, F. C.; CARVALHO, L. N.; FOSCHINE A.; CINTRA, Y. C. Environmental equity of nations: reflection on the scenario of climate change" In: BALDARELLI, M .G. (Org.). *Civil economy, democracy, transparency and social and environmental accounting research role*. Milano/London: McGraw-Hill, 2010.

Kassai, J. R. et al. Monster-countries *no cenário de mudanças climáticas globais de acordo com seus balanços contábeis*. São Paulo: RGSA, 2010b.

_____. Inquired balance sheet ou balanço perguntado: uma técnica para elaborar relatórios contábeis de pequenas empresas. In: Congresso Brasileiro de Custos, 21., Porto Seguro, 25-30 jul. 2004a. Anais...

_____. Lucro gasoso: uma interpretação do EVA. *Anais do ENANPAD*, 2004b.

_____. Índice de especulação de valor agregado (EVA). *Revista de Contabilidade e Finanças*, 2002.

_____. *Conciliação entre Return on Investment (ROI) e a Taxa Interna de Retorno (ROI)*. 1996. Dissertação (Mestrado) – FEA/USP, São Paulo.

_____. *Conciliação entre o valor presente líquido (VPL) e o Economic value added (EVA)*. 2001. Tese (Doutorado) – FEA/USP, São Paulo.

_____; KASSAI, Silvia. Desvendando o termômetro de Kanitz. In: XIX EnANPAD, 19., Foz do Iguaçu, 1998. *Anais do Enanpad 1998*. Disponível em: http://www.anpad.org.br/admin/pdf/enanpad1998-ccg-08.pdf. Acesso em: 22 maio 2019.

_____ et al. Escala hierárquica de risco das atividades agrícolas e pecuárias. *Custos e Agronegócios Online*, v. 4, n. 2. maio-ago. 2008.

_____ et al. *Retorno de investimento*: abordagem matemática e contábil do lucro empresarial. 3. ed. São Paulo: Atlas, 2005.

_____; CARVALHO; L. N.; ZARO, E. S.; MÚRCIA, F. D. *Relato integrado*: avaliação de uma disciplina oferecida na USP. NECMA, 2016.

_____; GALLO, M. Custo de capital dos estados brasileiros. In: CONGRESSO BRASILEIRO DE CUSTOS, 2007. Anais...

_____; NAKAO, A. N. Custo de capital das pequenas empresas. In: CONGRESSO BRASILEIRO DE CUSTOS, 10., Guarapari, 15-17 out. 2003. Anais...

_____ ; FELTRAN-BARBIERI, R.; CARVALHO, L. N. G.; CINTRA, Y. C.; FOSCHINE, A. Balanço das Nações: reflexão contábil sob o cenário de mudanças climáticas globais. *BBR – Brazilian Business Review*, v. 9, n. 1, jul.-set. 2012.

_____ ; FELTRAN-BARBIERI, R.; CARVALHO, L. N. G.; CINTRA, Y. C. *Os Monster Countries no cenário de mudanças climáticas globais de acordo com seus balanços contábeis*. DOI: 10.5773/rgsa.v4i2.266, 2010.

_____ ; FELTRAN-BARBIERI, R.; SANTOS, F. C. B.; CARVALHO, L. N. G.; CINTRA, Y. C.; FOSCHINE, A. The environmental equity of nation: a reflection in the scenario of climate change. In: ITALIAN CONFERENCE ON SOCIAL AND ENVIRONMENTAL ACCOUNTING RESEARCH, 2., Rimini, 2008. Proceedings...

_____ ; FELTRAN-BARBIERI, R.; SANTOS, F. C. B.; CARVALHO, L. N. G.; CINTRA, Y. C.; FOSCHINE, A. Balanço das Nações: reflexão contábil sob o cenário de mudanças climáticas globais. In: XV CONGRESSO BRASILEIRO DE CUSTOS, 15., Curitiba, 2008. Anais...

_____ ; FELTRAN-BARBIERI, R.; SANTOS, F. C. B.; CARVALHO, L. N. G.; CINTRA, Y. C.; FOSCHINE, A. Environmental balance sheet of nations: a reflection in the scenario of climate change. In: EMAN 2009: Environmental Accounting – Sustainable Development Indicators, 2009. Prague, apr. 23-24, 2009.

_____ ; CASANOVA, S. P. C.; SANTOS, A.; ASSAF NETO, A. *Retorno de investimento*: abordagem matemática e contábil do lucro empresarial. 3. ed. São Paulo: Atlas, 2005.

KENNAN, George Frost. *Around the Cragged Hill*: a personal and political philosophy. New York: Norton, 1993.

KERNER, M.; KASSAI, J. R. Custo de capital das pessoas físicas. 2006. Monografia (Graduação) FEA/USP, São Paulo.

KIYOSAKI, Robert T.; LECHTER, Sharon L. *Pai rico pai pobre*. São Paulo, Campus, 1997.

LELÉ, S. M. Sustainable development a critical review. *World Development*, v. 19, n. 6, p. 607-621, 1991.

LOUETE, Anne (Org.). *Indicadores de nações*: uma contribuição ao diálogo da sustentabilidade. Willis Harman House: Instituto Antakarana, 2009.

_____. Compêndio para a sustentabilidade: ferramentas de gestão de responsabilidade socioambiental – uma carta para o desenvolvimento sustentável. Willis Harman House: Instituto Antakarana, 2007.

MACIEL, Paula Álvares. *Relato Integrado*: análise da evolução da estrutura conceitual e sua aplicação nos relatórios das empresas no Brasil. 2015. Dissertação (mestrado) – UFRJ, Rio de Janeiro.

MARCONDES, Adalberto Wodianer; BACARJI, Celso Dobes. *ISE*: Índice de Sustentabilidade Empresarial. São Paulo Report Editora, 2010. Disponível em: http://www.b3.com.br/data/files/E1/77/6E/83/684135103A135D25790D8AA8/Livro-ISE.pdf. Acesso em: 2 jun. 2019.

MARCOVITCH, Jacques. *Diálogo IFRS & GRI*. Vídeo. Disponível em: http://iptv.usp.br/portal/video.action?idItem=1452. Acesso em: 17 abr. 2019.

_____. *Métricas de sustentabilidade*. Vídeo. Disponível em: http://www.fea.usp.br/videos_view.php?id=209. Acesso em: 31 maio 2019.

MARTINS, Eliseu; GELBKE, Ernesto Rubens; SANTOS, Ariovaldo dos; IUDÍCIBUS, Sérgio de. *Manual de contabilidade societária*: aplicável a todas as sociedades de acordo com as normais internacionais do CPC. São Paulo: Atlas, 2013.

MEADOWS, D. H.; MEADOWS, D. L.; RANDERS, J.; BEHRENS III, W.W. *The limits to growth*. New York: Universe, 1972.

METZ, B.; DAVIDSON, O.; CONINCK, H.; LOSS, M.; MEYER, L. (Ed.). *Special report on carbon dioxide capture and storage*. IPCC International Panel on Climate Change/Cambridge: Cambridge University Press, 2005.

MILIOLI, Geraldo. O pensamento ecossistêmico para uma visão de sociedade e natureza e para o gerenciamento integrado de recursos. *Desenvolvimento e Meio Ambiente*, Curitiba: UFPR, n. 15, p. 75-87, jan.-jun. 2007.

MYERS, N. et al. Biodiversity hotspots for conservation priorities. *Nature*, v. 403, p. 853-858, 2000.

NAKAO, A. N. *Custo de capital de pequenas empresas*. 2003. Dissertação (Mestrado) – FEA/USP, São Paulo.

NECMA/USP – Núcleo de Estudos em Contabilidade e Meio Ambiente do Departamento de Contabilidade e Atuária da FEA/USP. Disponível em: http://www.erudito.fea.usp.br/portalFEA/Default.aspx?idPagina=47679. 2 jun. 2019.

NOBRE, C. A.; NOBRE A. D. O balanço de carbono da Amazônia brasileira. *Estudos Avançados*, v. 16, n. 45, p. 81-90, 2002.

OBSERVATÓRIO DO CLIMA. *Entenda ponto a ponto a encíclica Laudato Si do papa Francisco*. 2017. Disponível em: http://www.observatoriodoclima.eco.br/a-enciclica-de-francisco-ponto-a-ponto/ Acesso em: 2 jun. 2019.

OCEAN TOMO. Components of S&P 500 Market Value. In: *Ocean Tomo Releases 2015*: Annual Study of Intangible Asset Market Value. Disponível em: https://www.oceantomo.com/intangible-asset-market-value-study/ . Acesso em: 2 jun. 2019.

ODUM, Howard T. *Environmental accounting*: emergy and environmental decision making. New York: Wiley, 1996.

_____; ODUM, Elisabeth C. *A prosperous way down*: principles and policies. Louisville: University Press of Colorado, 2001.

_____; _____. *O declínio próspero*: princípios e políticas. Tradução de Enrique Ortega. Rio de Janeiro: Vozes, 2012.

ONU – Organização das Nações Unidas. Os 17 ODS. Disponível em: https://nacoesunidas.org/pos2015/. 2 jun. 2019.

PETERS, G.P. From production-based to consumption-based national emission inventories. *Ecological Economics*, v. 65, p. 13-23, 2008.

PNUD – Programa das Nações Unidas para o Desenvolvimento. Relatório de Desenvolvimento Humano (RDS) 2011. New York: UN, 2011.

RIBEIRO, A. S. *Contabilidade ambiental*. São Paulo: Atlas, 2005.

RICÚPERO, Rubens. A resiliência do estado nacional diante da globalização. *Estudos Avançados*, São Paulo, v. 22, n. 62, jan.-abr. 2008.

_____. O que faz ou poderia fazer a diferença do Brasil no contexto mundial. *Folha de S. Paulo*, 19 fev. 2007.

ROCKSTROM, Johan et al. A safe operating space for humanity. *Nature*, v. 461, 24 sept. 2009.

RODRIGUEZ, Enrique Ortega. *O mundo como sistema*. Campinas: Unicamp, 2008.

ROMEIRO, Láercio Kutianski José. *Análise de ciclo de vida*. Apresentação aos alunos da FEA/USP. 2017. Disponível em: http://iptv.usp.br/portal/video.action?idItem=22290 Acesso em: 2 jun. 2019.

SACHS I. *Stratégies de l'écodéveloppement*. Paris: Les Éditions Ouvrières, 1980.

_____. Social sustainability and whole development: exploring the dimensions of sustainable development. In: BECKER, E.; JAHN, T. (Ed.). *Sustainability and the social sciences*:

a cross-disciplinary approach to integrating environmental considerations into theoretical reorientation. Paris: Unesco, 2000.

SAWYER, D. Fluxos de carbono na Amazônia e no Cerrado: um olhar sociossistêmico. *Sociedade e Estado*, v. 24, n. 1, p. 149-171, 2009.

SEO, S.; KASSAI, J. R. *Avaliação do desempenho da carteira ISE/BM&F*. 2016. Monografia (Graduação) – FEA/USP, São Paulo.

SCHEDLER, Andreas. *Conceptualizing accountability*. Boulder and London: Lynne Rienner Publishers, 1999.

SILVA, Alex Anderson. *Palestra aos alunos da FEA/USP sobre Relato Integrado e estudo setorial da indústria bancária*. NECMA/USP, 26 nov. 2015. Disponível em: http://iptv.usp.br/portal/video.action;jsessionid=72C5182EA4EE5BEF66B-6D7EB5D40AA41?idItem=3119. Acesso em: 22 maio 2019.

SILVA, Bárbara E. N.; SANQUETTA, Carlos R. Análise da contribuição nacionalmente determinada (NDC) brasileira em comparação aos países do BRICS. *RPGeo*, v. VI, n. I, 2017.

SILVA, Cesar A. T.; RODRIGUES, F. F.; ABREU, R. L. Análise dos relatórios de administração das companhias abertas brasileiras. *Revista de Administração Contemporânea*, Curitiba, v. 11, n. 2, abr.-jun. 2007.

SIMONSEN, M. H. Os segredos da matemática. *Gazeta Mercantil*, 9 jun. 1981.

SOSMA/INPE/SOS Mata Atlântica. *Atlas dos remanescentes de Mata Atlântica período 1995-2000*. São Paulo: SOSMA/INPE, 2003.

_____. *Atlas dos remanescentes de Mata Atlântica período 2000-2005*. São Paulo: SOSMA/INPE, 2008.

_____. *Atlas dos remanescentes de Mata Atlântica período 2005-2008*. São Paulo: SOSMA/INPE, 2009.

_____. *Atlas dos remanescentes de Mata Atlântica período 2008-2010*. São Paulo: SOSMA/INPE, 2011.

STERN STEWART & CO. Disponível em: https://www.sternstewart.com/. Acesso em: 2002 e 2017.

STERN, Nicholas. *Stern Review*. 2006. Disponível em: https://www.sternstewart.com/. Acesso em: 2 jun. 2019.

STIGLITZ, J. E.; SEN, A.; FITOUSSI, J. P. *Report by the Commission on the Measurement of Economic Performance and Social Progress*. Disponível em: https://ec.europa.eu/eurostat/documents/118025/118123/Fitoussi+Commission+report

TAVELIN, Cristina. PIB verde pode se tornar realidade. *Gazeta Mercantil*, 7 abr. 2009.

THE NATIONAL ACADEMIES OF SCIENCES ENGINEERING MEDICINE. Disponível em: http://www.nationalacademies.org/. Acesso em: 2 jun. 2019.

TREVIZAN, D. C.; KASSAI, J. R. *Avaliação das empresas que compõem a carteira do índice de sustentabilidade empresarial (ISE/BM&F) com base em seus relatos integrados*. 2015. Monografia (Graduação) – FEA/USP, São Paulo.

TUFFANI, Maurício. Dez anos depois, Protocolo de Kyoto falhou em reduzir emissões mundiais. *Folha de S. Paulo*, 16 fev. 2016.

UN – United Nations. Integrated environmental and economic accounting. *Series F*, New York: UN, n. 61, 1993.

_____. *The 2017 revision of world population prospects*, 2017. Disponível em: https://esa.un.org/unpd/wpp/. Acesso em: 12 jun. 2019.

_____. *The future we want*. Rio+20 United Nations Conference on Sustainable Development, 20-22 jun. 2012

UNEP – United Nations Environment Programme. *Towards a green economy*: pathways to sustainable development and poverty eradication. Nairobi: UN, 2011. Disponível em: http://wedocs.unep.org/handle/20.500.11822/18966. Acesso em: 2 jun. 2019.

VEIGA, J. E. *Sustentabilidade a legitimação de um novo valor*. São Paulo: Senac, 2010.

VICTOR, P. Questioning economic growth. *Nature*, v. 468, p. 370-371, 2010.

WARD, B.; DUBOS, R. (Org.). *Only one earth*: the care and maintenance of a small planet. New York: Norton, 1972.

WATSON, R. T.; NOBLE, I. R.; BOLIN, B.; RAVIDRANATH, N. H.; VERARDO, D. J.; DOKKEN, D. J. (Ed.). *Land-use, land-use change and forestry*. Cambridge: IPCC/Cambridge University Press, 2000. Disponível em: https://unfccc.int/topics/land-use/workstreams/land-use--land-use-change-and-forestry-lulucf. Acesso em: 2 jun. 2019.

WCDE – United Nations World Commission on Environment and Development. *Our common future*. Oxford: WCDE, 1987.

WEBER, Max. *A ética protestante e o espírito capitalista*. São Paulo: Companhia das Letras, 2004.

WIKIPEDIA. *Laudato Si'*. 2015. Disponível em: https://pt.wikipedia.org/wiki/Laudato_si%27. Acesso em: 22 maio 2019.

WORLDWATCH INSTITUTE. *Vital signs 2005*: the environmental trends that are shaping our future. Washington, 2005.

Pré-impressão, impressão e acabamento

grafica@editorasantuario.com.br
www.graficasantuario.com.br
Aparecida-SP